Mohandas Karamchand Gandhi

ガンディー

インド独立への道

B.R.ナンダ　著
森本達雄　訳

第三文明社

1930年3月12日の朝、「塩の行進」に出発するガンディー

分離独立以前のインド（　）は現呼称

＝藩王国
＝英領インド
アフガニスタン
カシュミール地方
中国
ラホール
アムリッツァル
シムラー
インダス川
パンジャブ州
ハリドワール
デリー
ニューデリー
チョウリ・チョウラ
ラクナウ
チャンパーラン地方
ゴーラクプル
ビハール州
カラチ
アラハーバード
ベンガル地方
ベナレス（ヴァラーナシー）
パトナ
ガンジス川
インパール
グジャラード州
ダッカ
カティヤワール半島
ラージコート
アフマダーバード
シャンティニケタン
バーワーナガル
ポールバンダル
スーラト
カルカッタ（コルカタ）
ジュナーガダ
ダンディー
ワルダー
セヴァーグラム
ボンベイ（ムンバイ）
オリッサ州
プーナ（プネー）
ヤラヴァダー刑務所
ハイダラバード
ベンガル湾
アラビア海
ゴア（ポルトガル領）
ベルガウム
バンガロール
アンダマン諸島
マイソール
マドラス（チェンナイ）
ポンディチェリー（フランス領）
ケララ州
トラヴァンコール
コモリン岬
セイロン島
コロンボ

ガンディー
――インド独立への道

目次

【第四部】悲願達成……587

装幀／藤井国敏

凡例

●本書は、インド独立史ならびにその最高の指導者マハートマ・ガンディー研究の第一人者として高名なB・R・ナンダの主著『マハートマ・ガンディー』の全訳である。原著名はB.R. Nanda: Mahatma Gandi: A Biography, George Allen & Unwin, London, 1958. 翻訳の底本には、インド版初版 Allied Publishers, New Delhi, 1968. を用いた。

●本文中の（　）は、著者の補足であり、［　］は、内容理解を容易にするための訳者の補足・説明である。

●「註」については、原註（※印）と訳註（★印）とに分け、第一部〜第四部にそれぞれ追番号を付し、部ごとに巻末にまとめた。なお、簡単な訳註は、いちいち巻末ページを開く読者の手間をはぶくために、本文中の［　］内に小さな活字で挿入した。

●人名・地名など固有名詞の日本語表記について——日本人の発音・音読になじめるよう、かならずしも原語の綴りに従わなかった。たとえば、「ガーンディー」を「ガンディー」に、「ラージャゴーパーラーチャーリ」を「ラージャゴパラチャーリー」と表記するなどである。実際、現地語の母音の音引きは、日本の音引きほど長くはない。従来は「ガンジー」「ガンヂー」とも表記されていたが、近頃は新聞などを除いて「ガンディー」が一般に定着しつつあるようである。

本書では、地名はすべてイギリス統治時代の慣例的呼称を採用した。つぎに、その主なものの現表記を（　）に記しておく。

カルカッタ（コルタカ）　プーナ（プネー）　ベナレス（ヴァーナラシー）　ボンベイ（ムンバイ）　マドラス（チェンナイ）

なお、日本のインド史関係書では、従来、インド民族運動の中心政党 Indian National Congress は、一般に「インド国民会議派」と訳されてきたが、本書ではあえて「インド国民会議党」とした。これは、同一政党内に、「穏健派（保守派）」「過激派（急進派）」ほか、いくつかの政治グループが並立していたため、「派」内の「派」とする混乱を避けるためである。

●本書の歴史的な記述に鑑み、現在では使わないとされる言葉を用いたところもある。

第一部

人格形成期

第1章　少年時代

「きみはどうして土曜日の体育の授業を欠席したのかね」と、校長は出席簿から十四歳の少年のほうに目をやりながら厳しく訊ねた。少年は校長の前に引き出されたのだった。

「ぼ、ぼくはお父さんの看病をしていたんです」と、少年は答えた――「ぼくは時計を持っていないんです。それで、雲のおかげで時刻がわかりませんでした。ぼくが授業に出たときには、クラスの子たちはみんな帰ったあとでした」。

「きみは嘘をついているな」と、校長はぶっきらぼうに言った。

時は一八八三年、場所《ところ》は西インドの小藩王国の一《ひと》つ、ラージコートであった。アルフレッド高等学校の校長ドラブジー・エダルジー・ギーミー校長は、厳格な規律主義者であった。校長は上級学年の生徒たちに競技《ゲーム》を必修科目に課し、欠席した生徒たちの言い訳はいっさい受けつけなかった。この少年の名はモーハンダース・ガンディーといった。少年は嘘をついていると言われたことがくやしくて我慢がならなかった。少年はどうしようもなく泣き叫んだ。少年は自分が正しいことを知っていたが、校長をどのようにして説得すればよいかがわからなかった。少年はこの出来事を忘れずに考えつづけ、ついに「真実であろうとする者は、また慎重な人であらねばならない」との結論に到達したのだった。少年は二度とふたたび弁明が嘘だときめつけられるような立場に自らをおくまいと、心に誓った。

少年は教室でも運動場でも目立つ生徒ではなかった。物静かで、はにかみやで、引っこみ思案であったため、仲間といてもほとんど口をきくことはなかった。少年は「成績では」凡庸な生徒と言われることはいっこう気にはならなかったが、「人格的な」評判には細心の気配りをしていた。少年は先生や級友たちにも嘘をついたことがないという事実《こと》を誇りにしていた。そのために、彼の性格についてのどんな小さな非難を聞いても、すぐに涙がこぼれた。

この道徳的感性は、十四歳の少年にしてはいささか早熟の感があるように思われるかもしれないが、これはガンディー家の血筋の一部であった。モーハンの父カラムチャンドと祖父のウッタムチャンドは、誠実な人柄と、信念にたいする勇気をもって知られていた。

バニヤー・カースト〔第三カースト、ヴァイシャ（庶民）階級のサブカースト〕に属するガンディー家は、「もとは」食料品を商《あきな》う商人で、ジュナーガダ藩王国の出身であった。ガンディー一族の商魂たくましいハールジーヴァン・ガンディーなる人物が一七七七年にポールバンダルに一軒の家を買い求め、そこで息子たちとともに小さな貿易商を始めた。ところが一家は、ハールジーヴァン・ガンディーの息子のウッタムチャンドが、ポールバンダルの支配者であったラーナー・キマジーに強烈な印象を与えたことからディーワーン〔宰相〕にとりたてられたことで頭角を現わした。

ポールバンダルは、カーティヤーワール地方〔インド北西部のアラビア海に突き出した小半島〕におおよそ三百近くあった藩王国の一つで、誕生《うまれ》の偶然と宗主権者［イギリス］の後押しで王座に据えられていた君主によって支配されていた。カーティヤーワール地方は、構造的には封建的で、政治的には後進的であったが、何世紀にもわたってインドに基本的な結合をもたらしてきた社会改革の風潮に背を向けてきたというわけではなかった。ヒンドゥー教の有名な巡礼地のいくつかはグジャラート地方［インド北西部のグジャラート語を話す地方（州）］に位置しており、最西端にあるドゥワールカは、クリシュナ神［ヒンドゥー教三大主神の一つ］の生涯と死の物語や、ソムナートの由緒ある寺院とのかかわりによって神聖視されていた。ブッダ［仏陀］やマハーヴィーラ［前六世紀ごろ、ブッダとほぼ同時代に活躍したジャイナ教の開祖］やヴァッラバーチャーリア［クリシュナ神を崇拝するヴィシュヌ派の一派ヴァッラバ派の創始者（一四七三～一五三一）］などの教えが、生きとし生けるすべての生類の神聖を強調する共通の思想と混ざっていた。また、ミラーバーイ［十六世紀の王家出身の女流詩人で、熱烈なクリシュナ信者］の歌やナラシンハ・メヘター［十五世紀グジャラートの聖者・詩人ナラシー・メヘターの別称］の詩が民衆の心を鼓舞していた。グジャラートは進取の気性に富んだ商人たちを生み出してきたことでも知られていたが、同時に宗教・社会改革者たちをも輩出してきた。その一人スワミー・ダヤーナンダ[第18章★6参照]は、ヒンドゥー教改革運動の使徒であり、カラムチャンド・ガンディーの同時代人であった。グジャラート人の気質には、ある種の頑固さがあるといわれるが、それがなんらかの使命感と結びつくと、その前ではすべてが一掃されてしまうのだった。ガンディーとジンナー[★1]――二十世紀のインドの歴史に、それぞれ異なった方法でもっとも大きな影響をおよぼしたこれら二人が、ともにグジャラート人の血をひいているのは、あながち偶然ではなかった。

藩王国の一つで宰相を務めるというのは、当時でもけっして閑職とはいえなかった。[★2] わがままなインド人藩王たちや、宗主権を握るイギリス人政治顧問、さらに久しく［圧政に］耐えてきた住民とのあいだで安全な舵取りをしてゆくためには、宰相たる者、高度な外交手腕と実務感覚が必要であった。ウッタムチャンド・ガンディーは卓越した為政者ぶりを発揮して、王国が陥っていた失政と財政難からポールバンダルを救った。［ところが］遺憾なことに、ラーナー・キマジーが夭死《ようし》し、統治権を掌中にして摂政となった女王は、頼るべき宰相の誠実さも自立心も評価しなかった。［まもなく］二人

７歳のころのガンディー。第２の故郷ラージコートで

のあいだに避けがたい衝突の危機《とき》が来た。——事件は、女王の侍女たちを特別扱いすることを拒んだコタリーという名の、正直な下級の蔵役人をウッタムチャンドが個人的にかくまったときに起こった。激怒した女王は、一小隊を遣《つか》わして宰相の家を包囲し、砲撃を命じた。幸い、イギリス人政治顧問が事件を聞きつけて、襲撃を停止させた。ガンディー家の祖先の家には久しくこのときの弾痕が残っていたという。ウッタムチャンドはポールバンダルを去り、生まれ故郷のジュナーガダの村に帰ったが、そこでナワーブ［太守］からあたたかく歓迎された。ところが、その場に居合わせた人たちの伝えるところによると、この亡命宰相は［こともあろうに］ナワーブに左手［インドでは、左手は不浄の手とみなされる］をもって挨拶したという。非礼を問いただされると、彼は答えて言った——女王とはいろいろなことがあったが、右手はすでにポールバンダル［王国］に忠誠を誓っておりますので、と。ウッタムチャンドは宮廷の礼儀にそむいたかどで、十分間、裸足で日向《ひなた》に立って非礼を償《つぐ》わなければならなかったが、ナワーブは騎士道精神に富む寛大な人物であったため、ウッタムチャンドの忠誠心を愛《め》で、彼とその子孫が郷里の村で商売を営むなら、税金は免除すると申し出た。

女王の摂政支配が終わり、ラーナー・ヴィクラムジットが王位を継いだとき、ウッタムチャンド・ガンディーを宰相としてポールバンダルに復帰させようと、いろいろな手が打たれたが、ウッタムチャンドは辞退した。そこで一八四七年に、弱冠二十五歳の息子のカラムチャンド・ガンディーに宰相の地位が与えられた。彼は二十八年にわたってディーワーン［宰相］として藩王国に仕えた。父同様、カラムチャンドも公正で豪宕《ごうとう》な大臣であった。ところが彼もまた君主の不興を買い、弟のトゥルシーダースに宰相の地位を譲って、自らはラージコート［藩王国］へ移った。同地で彼はイギリス人副政治顧問がラージコートの君主のことを悪しざまにののしるのを聞いて、［宰相としての立場上］向こう見ずにもそのイギリス人を叱責した。彼は逮捕されたが、イギリス人官吏に釈明するのを毅然として拒絶した。副政治顧問は、土着大臣の肝のすわった態度に驚き、考えなおして、彼を釈放した。

　カラムチャンド・ガンディーは四たび結婚をした――三人の妻たちは若くして相次いで世を去ったからである。四度目の妻プタリーバーイは夫よりも二十歳近く若かった。彼女はラクシュミダース（愛称カーラー）、カルサンダース（同カルサニア）、モーハンダース（同モハニア［またはモーハンと呼ばれていたが、本書の著者は幼少期のガンディーを、以下家族内の愛称にならって「モーハン」と記している］）の三人の息子と、娘のラリタベーン（同ゴーキー）をもうけたが、この娘は三人の兄弟たちよりも長生きをした。カラムチャンドにはほかに先妻たちのあいだに二人の娘があった。

　［プタリーバーイの三人の息子たちの］末弟で、後世マハートマ［偉大なる魂］の尊称で呼ばれることになったモーハンダースは、一八六九年十月二日に生まれた。［父の］カラムチャンドはポールバンダルの宰相になってからも、父祖伝来の三階建ての家で、五人の兄弟たちとそれぞれの家族と合同生活をいとなんでいた。一家に割り当てられた間取りは、一階の二《ふた》部屋と、ほかに小さな台所とヴェランダであった。部屋の一《ひと》つの広さは、奥行き六メートル、間口四メートル、もう一つは奥行き四メートル、間口三メートル半ほどであった。モーハンダース・ガンディーが兄や姉たち、何人もの叔父夫婦や従兄姉《いとこ》たちといっしょに育ったのは、この家であった。小石を投げればアラビア海に届きそうな

海辺の町ポールバンダルには、狭い小径《こみち》が縦横に走り、雑踏する市場《バザール》がいくつかあったが、それらは、今日ではほとんど崩壊してしまった強固な城壁に囲まれていた。町の建物はお世辞にも建築学的に立派なものとはいえなかったが、白い軟らかな石灰岩で造られ、それが年月を経て固くなり、夕陽に映えると大理石のように輝き、町は「白亜の町」というロマンチックな名称で呼ばれていた。市街のあちこちには寺院が点在し、ガンディー家の旧《ふる》い家も二つの寺院にはさまれるようにして建っていた。そして、この港町の生活は昔も今も、必然的に海と深くかかわっていた。十九世紀後半に入っても、海外との商取り引きをする家が数多く、M・K・(モーハンダース・カラムチャンド・)ガンディーが〔後年〕南アフリカへ導かれたのも、こうした事情と無関係ではなかった。

　モーハンが七歳のとき、両親はポールバンダルの東二百キロほどのラージコートへ移った。一家とポールバンダルとのつながりは変わることはなかったが、ラージコートはその後ガンディーの第二の故郷《ふるさと》となった。ラージコートには、子どもたちが遊べる海岸はなかったし、「白亜の町」と呼ばれる絵のような景観にも欠けていたが、政治的・社会的にはけっして遅れてはいなかったばかりか、むしろ教育施設などは進んでいた。ポールバンダルでは、モーハンの通っていた小学校の児童たちは、指先で砂の上に「アイウエオ」を書いていたが、ラージコートは高等学校があることを誇りにしていた。

　モーハンの母プタリーバーイは有能な女性で、王宮の貴婦人たちとの交友をとおして、宮廷社会でも人目をひいた。しかし、彼女の関心は主として家庭に向けられていた。家族のだれかが病に罹《かか》ると、彼女は昼夜をいとわず看病に専念した。彼女は、同じ年頃や同じ階層の女性たちに共通する弱みである、衣装や宝石にはほとんど目もくれなかった。彼女の生活は断食と誓願に明け暮れた。そのためか、彼女のきゃしゃな肉体《からだ》は信仰の強靭さに支えられているように思われた。彼女は一日を家庭と寺院で過ごしたが、子どもたちはいつも母にまとわりついていた。母の断食と誓願は、子どもたちを当惑させたが魅了もした。彼女は聖典の詩句《ことば》には精通していなかった。彼女のグジャラート語の知識は生半可《なまはんか》というより、実際には文盲に近かった。彼女の宗教についての知識は、家庭や宗教の集会で聞いた講話から聞きかじったものであった。彼女の信仰は旧風で、［ときには］迷信的ですらあった。彼女は子どもたちに「不可触民」に触《ふ》れさせようとはしなかったし、月蝕を見ることを禁じた。モーハンは他の子どもたちより好奇心が強く、どうして、どうしてと、うるさく質問をしたものである。家の掃除人のウカに触れると、どうして穢《けが》れるの、とか、月蝕は見る者にどうして害を与えるの、などといった具合に。そんなときの母の説明はかならずしもモーハンを納得させるものではなかった。疑念は残ったものの、彼は強い絆で母と結ばれていた。そしてその絆の固さを、生涯彼は心にいだいていた。「彼が母のことを語るときには、声までやさしくなり、目には愛の光が輝いていた」と、一九〇八年に三十九歳のガンディーと会ったある観察者が書いている。母は息子の好奇心を満足させることはできなかったし、密《ひそ》かに無神論に走る若者の勇み足を食い止めることもできなかったが、母のありあまる愛情と、無限の厳しさ、鉄の意志は、息子に消えることのない印象を与えつづけたのである。こうした資質は、生涯が自己制御の長い闘いとなり、かつその闘いが他者へと広がり、勝利へと導く人には、潜在的なインスピレーションの源泉となった。彼が母プタリーバーイから吸収した女性のイメージは、愛と犠牲の表象であった。そして、彼女の母性的な愛のなにがしかを、彼は自らも所有することになった。その愛は、彼が成長するにつれて、たえず水嵩《みずかさ》を増しながら流出し、家族や社会とのしがらみを断ち切って、ついには人類全体を包摂したのである。〔後年〕アーシュラム〔修行道場〕で彼がハンセン〔癩〕病患者のただれた傷口を洗浄したことに象徴される病人への看護の情熱ばかりでなく、自己犠牲をとおして人の心に訴えようとする衝動もまた、母に負うていた――それは〔ヒンドゥーの〕妻たちや母たちが遠い昔から実践してきた方法でもあった。

モーハンの父カラムチャンド・ガンディーは正規の教育はほとんど受けていなかったが、こと人間や世事についての経験は豊かであった。彼は息子の言葉によれば、「誠実で勇敢な、寛大な家族思いの人」であった。父は蓄財には無関心で、子どもたちにはほとんど財産は遺さなかった。〔古代インドの〕二大叙事詩『ラーマーヤナ』と『マハーバーラタ』は家庭内でもよく朗読され、ときにはジャイナ教〔前五世紀ごろ仏教とほぼ同時代に発生した徹底した不殺生主義の宗教〕の僧侶や、パールシー〔拝火教〕やムスリム〔イスラーム教〕の聖職者たちとも宗教議論が交わされた。しかし宗教は、カラムチャンドにとっては、主として儀式的な問題であった。息子〔のモハンダースは〕は六十二歳のときに、このように回想している――「あなたがわたしのうちに見る清浄《きよらか》なものは、すべてわたしが母から受け継いだもので、父からではありません」[※1]と。

カラムチャンドと彼の末子《まっし》〔モハンダース〕との隔たりは、父が親愛な仲間というよりも、畏敬の対象であったことである。こうした親子関係を素地にする少年が、神話物語の少年シュラヴァンの両親への尽きせぬ愛を描いた古典劇『シュラヴァンの孝行物語』を読んだのだった。シュラヴァンが目の見えない両親を天秤棒の両端の籠に乗せて巡礼に担いで行く絵は、モーハンの心に消え去らぬ光景として焼きついた。この物語は彼の心に深い感銘を与え、シュラヴァンは彼の模範となり、親孝行が彼のモットーになった。この絶対的な従順の規範が親から先生たちを通してすべての「年長者たち」へとひろがっていった。こうした子どもらしさの特権の放棄は、［モーハンには］過剰なまでの内向性を生みだす結果になったのかもしれない。病的といえるほどの内気さを通り越して、彼は他の子どもたちと遊んだり、話しかけることすらできなかった。学校でなにかのはずみで賞品やメダルをもらうと、彼はそれを分を超えたものと考え、栄誉の品をポケットに隠して持ち歩いた――お粗末な受賞品が他の子たちの目につかないように。

そして、十代の少年の肩身の狭さはこれだけではまだ不十分とでもいうように、彼は十三歳のときに結婚させられた。親の都合と大きな経済的負担から、モーハンと兄のカルサンダース、年上の従兄弟《いとこ》の三人の結婚式が同時にとりおこなわれた。モーハンの花嫁カストゥルバーイの父ゴーカルダース・マカンジーは、ポールバンダルの商人で、ガンディー家とは昵懇《じっこん》の間柄であった。［やがて］子どもたちに愛が芽生えた。とりわけモーハンには、ハリケーンのような勢いで思春期の目覚めが到来した。グジャラート語のある小冊子から、モーハンは妻への終生にわたる貞節の理想を学んだ。このことから彼はまた、妻からも同じ貞節を要求する権利があるものと考えた。そして、彼女の一挙手一投足に監視の目を光らせた。友だちを訪ねたり、寺院に参詣するにも、妻は夫の許可を得なければならなかった。彼がある悪友の影響で嫉妬心を煽《あお》られていたという事実《こと》も、事態をいっそう悪くした。自尊心の高い少女であったカストゥルバーイは、［夫の］こうした横暴な拘束には我慢がならず腹を立てた。そして彼女は、持ち前の物静かではあるが断固とした方法で抵抗した。こうした「疑念と猜疑の暗い日々」は、年端のいかぬ夫には有効な教育となった。何年ものちに、ガンディーはジョン・S・ホイランドにこのように語った――「わたしが妻を自分の意志に従わせようとしたとき、妻から非暴力の教えを学びました。一方でわたしの意志に逆らう彼女の抵抗と、他方わたしの愚劣さに耐えしのぶ彼女の静かな従順さが、最終的にわたしを恥じ入らせ、わたしは妻を支配するよう生まれついているのだと考える自らの愚かさを改めたのです。つまるところ、彼女はわたしの非暴力の師になったのです」と。結婚によってもたらされた直接の結果としてモーハンは学校で一学年遅れたが、これはのちに、飛び級をしてとりもどした。彼と同時に嫁どりをした兄と従兄弟が学業を放棄したのにたいして、幸いなことに、結婚はモーハンの学業を妨げなかった。

モーハンは心中密《ひそ》かに、年長者に従順な子どもであることを誇りにしていた。彼は「年長者の命令は、とやかく考えずに、ただちに実行すること」を学んでいた。しかし、やがてそうした独立心の欠如が傷つきはじめる秋《とき》が来た。青春期がとった反抗の形は、タブーを破ることから始まった。ガンディー家の人たちが生活していたヴァイシュナヴァ派［ヴィシュヌ神を信仰するヒンドゥー教三大宗派の一つ］社会では、肉食と喫煙は恐るべき罪であった。したがって、モーハンの反抗がこれらの禁忌《きんき》を破ることから始まったというのは、驚くにたりない。学友の一人メータブは、あの手この手で誘惑者の役を演じた。彼は肉食の効能をまくしたてた。彼が言うには、学校の先生たちをも含めて、町《まち》の多くのお偉《えら》方《がた》は素知らぬ顔で密かに肉を食べている、それからイギリス人は肉食をするから頑丈で、菜食主義者のインド人の敵《かな》う相手ではない、それから肉は万能薬だから、肉を食べると腫れ物は出ないし、おまけに、睡眠中に弱虫のモーハンを悩ませるお化けを追っ払ってくれる、というのだった。

この友人の言葉巧みな詭弁《きべん》にモーハンの最後の砦《とりで》は落ちた。しかし、両親にショックを与えたくなかったので、モーハンは人気《ひとけ》のない川原で肉食会をすることに応じた。初めての会の夜はさんざんだった。「山羊がわたしの体内でメェーメェーと鳴いた」と、彼は告白している。会食は適当な間隔をおいて繰り返された。そしてしだいにモーハンは、当初の嫌悪感を克服していった。それでも、複雑な気持ちに変わりはなかった。そうした秘密の会食に加わったあとは、食事のときの食欲不振を母に言い訳する口実を考えなければならなかった。自分は不本意ながら嘘をついているのだから、大人になって、だれはばからず肉食ができるようになるまでは、食事法を変えるのはおあずけにしようとの結論に、やがてモーハンは到達した。

喫煙はこの時期のもう一つの違反行為であった。別の少年と、モーハンは叔父の捨てた煙草の吸い殻を拾いはじめた。もちろんそれだけでは十分ではなかった。［といっても］子どもたちには煙草を買う資金がなかったので、彼らは召使いのポケットから小銭をくすねることをおぼえたが、これはそれほど深入りすることはなかった。そこで彼らは、ある野生植物の茎を吸いはじめた。やがて、こうした反抗行為のなかで二人の若い心はついに行き詰まりを感じた。ある日の夕方、途方に暮れた少年たちは、自殺をすることで行き詰まりをひと思いに解決しようと、最期の儀式をとりおこなうべく寺院にしのびこんだ。いざというときに二人の勇気はくじけた。この世におさらばを告げるよりも、煙草を吸うのをやめようと、二人は決心したのである。

それから、この時期のもう一つの逸脱行為に、兄の借金を返済するために「兄が身につけていた腕輪から」少量の金《きん》を削りとって売るという事件があった。罪の意識はモーハンの心に重くのしかかり、ついに耐えられなくなった。彼は告白状をつづり、父の前にさし出した。父と子がともに流した涙は、息子の贖罪《しょくざい》と父の赦《ゆる》しを物語っていた。

モーハンの成長期の嵐は、同年代の子どもたちの多くとくらべて、けっして過剰とはいえなかった。肉食や喫煙、小さな盗みといった禁断の地《くに》への冒険は、同じ年ごろの少年たちにはままあることである。顕著だったのは、彼の冒険の終わり方であった。いずれの場合にも、彼は問題を自ら提起し、道徳的数式を自らあみだすことで解答を求めたのである。「二度とこんなことはすまい」——これがそれぞれの逸脱のあとで彼が自らに誓った数式［約束］であった。

たぶん、異常なまでの気真面目さと内向性のほかには、モーハンを同じ年ごろの他の少年たちから際立たせる特徴は一つもなかったろう。彼は他人をかきわけてでも人前に出しゃばる生徒には見えなかったようだ。けれども、その冷《さ》めた無愛想な外見のもとには、自己改善の燃えるような情熱があった。「自分の意にそわぬことは忘れ、自分の意にそうことを実行しよう」というのが、彼の気質《きしつ》であった。他人が娯楽のために読む本でも、彼はそこからなにかを学ぶために読んだ。数えきれないほどのインドの子どもや大人たちが、プラフラーダやハリシュチャンドラの物語を聞いてきた。神への信仰ゆえになにものにもひるむことなく、語り尽くせぬ苦難に耐えた少年プラフラーダと、真理のために持てるすべてを犠牲にしたハリシュチャンドラ王は、ヒンドゥー神話の主人公として、詩的想像力が創り出した人物であり、そもそもそうした［神話の］人物として扱われてきた。ところがモーハンにとっては、彼らは生きた人間であり、模範であった。歴史も文学も、彼にとっては未発掘の驚異の鉱脈であったばかりか、よりよい、より純粋な生活に通じる霊感《インスピレーション》であった。同じ年ごろの少年たちが、学校で月並みな賞や記念品をもらおうと競っていたとき、感性豊かなこの少年は、自ら道徳的問題を提起し、その解決に苦しんでいたのである。

第2章　イギリス留学

一八八七年にモーハンは大学入学資格試験に合格した。一年前の父の死は、一家の生計を苦しくしていた。家族のなかで一人《ひとり》勉学を続けてきた息子ということで、モーハンに期待が寄せられていた。そこで彼は、大学のある近隣の町バーワナガルへ遣《おく》られることになった。モーハンにとって不都合なことに、大学の授業は英語でおこなわれていた。彼は講義についていけなくなり、進歩は望むべくもなかった。

そんな折、一家と親しくしていたマーヴジー・ダヴェが、弁護士の資格を得るためにモーハンをイギリスに遣《や》ってはどうかと提案した。［イギリスで］法廷弁護士《バリスター》になるのは容易だが、インドの大学で学士号を得るためには、これからまだ多くの時間とエネルギーと金が要る、それでいて［大学出の］市場価値は低い、と彼は言った。ボンベイ大学で学士号を取得しても、せいぜい書記のポストにありつくのが関の山である。モーハンが父や祖父のように、カーティヤーワール［地方の］のどこかの藩王国で宰相《ディーワーン》になりたいというのであれば、［これからは］外国の学位が必要だと、マーヴジー・ダヴェは論じた。［父］カラムチャンド・ガンディーも［祖父］ウッタムチャンド・ガンディーも受けた教育程度は低かったが、［藩王国の］要職につき、みごとに職務を果たした。しかし、もはや時代は変わっていた。大学はいまやマコーリ［イギリス政府の政治顧問として十九世紀インドに英語教育の導入と普及の必要を説いた］が計画した英語教育の申し子として、何千という文学士や法学士が巣立っていた。それにしても、その数は多過《おお》ぎた。したがって、収入のよい官職の地位を競うには、外国の学位を見せびらかすのはそれなりに効果があった。

モーハンは外国行きのアイディアに飛びついた。彼は「哲学者や詩人の国、文明の中心」であるイギリスを見たいと熱望したが、実はそれだけが理由ではなかった。イギリス留学は、教授たちが彼の頭越しにしゃべっているように思われたバーワナガル大学の授業に出席する苦痛から解放してくれる直接の機会を与えてくれることを意味した。彼の兄もその提案が魅力的なものであることを疑わなかったが、はたして費用を工面してやれるかどうか、頭を悩ませていた。母プタリーバーイは狼狽していた。どうして末っ子を、誘惑や危険の待ち受ける外国などに遣《や》れようか。夫が生きていて、彼女には決めかねる問題に裁断をくだしてくれたらと、母はどんなにか願ったことだろう。彼女はモーハンに、ガンディー一族の長老である叔父に助言を求めるよう勧めた。モーハンは牛車と駱駝《らくだ》を乗りついで、叔父に会いにポールバンダルへ向かった。叔父は好意的ではあったが、海を越えて［見知らぬ］不浄の地《くに》へ旅立つのを祝福するのは、明らかに気が進まぬ様子であった。ポールバンダルのイギリス人行政官リーリー氏に会いに行ったとき、モーハンはもう一つの失望を味わわされた。ポールバンダルといえば、ガンディー家の人たちが代々よく仕えた藩王国であり、モーハンはイギリスでの勉学に奨学金くらいは出してもらえるものと思っていた。イギリス人高官は、彼をそっけない態度であしらい、自国の「トップレベルの」ボンベイ大学で学士号を取得し、それから奨学金を要求するのが筋だと言った。これらのことは、どれも失望の材料であったが、モーハンは望みを捨てなかった。イギリス留学に失敗したら、くそおもしろくもないバーワナガル大学の授業にもどらなければならないことを、モーハンは知っていたからである。彼は妻の宝石類を売りとばすことも考えた。彼の気前のよい兄が留学費用を工面してくれることになったとき、この破れかぶれの方法の必要はなくなった。ジャイナ教僧のベチャルジー・スワーミーが若者に、インドの岸を遠く離れているあいだは、酒と女と肉には触れないことを厳しく誓わせたとき、「ようやく」母の不安は解消した。

モーハンがいよいよ船出しようとしていたやさきに、またもや新たな障害が発生した。ガンディー家が所属していたモード・バニヤー・カーストの長老たちが、カースト会議にモーハンを召喚して、イギリスへの旅立ちはヒンドゥーの宗教の掟に違反すると宣告したのである。「このとき」出身高校の送別会ではあがってしまって数言《すうげん》の謝辞を述べることさえできなかった十九歳の若者が、髯をのばしたカーストの長老たちのおどしに抵抗する勇気を奮い起こしたのだった。この反抗的態度に激怒したカースト会議は、モーハンにカースト追放の命令をくだした。しかし、この命令が物議をかもす前の一八八八年九月四日に、当人はボンベイ港を旅立ったのである。

ラージコートののどかな田園風景から、船中の国際的な雰囲気へと環境の変化は、モーハンにとってはとてつもなく大きかった。西洋風の食事や服装、エチケットに適応するのは、つらい過程であった。船客たちから声をかけられると、舌がもつれてうまく答えられなかった。高校や大学で習得した英語の理解力はほとんど役に立たなかった。口を開くときには、自嘲的な気分になって気がめいってしまうのだった。この気おくれに菜食主義の誓いが追い打ちをかけた。給仕人《ウェイター》にメニューの内容をたずねるのが気恥ずかしく、持参した果物と菓子で飢えをしのいだ。彼はいろいろまことしやかな忠告を真《ま》に受けた。一人の船客の言うには、船がアーデン［アラビア半島南西端の旧英国保護領の港］を離れたあとは、肉食をせずにはやっていけないだろう、ということであった。無事アーデンを通過して、紅海を横断したのちは、肉食は絶対不可欠になるだろう、とも教えられた。地中海では、ある占い師から、ビスケー湾に入ったら、死を選ぶか、それとも肉と酒を選ぶか、どちらかを選択しなければならなくなるだろう、とまことしやかに申し渡された。

イギリスに上陸してからは、彼の孤独感はいっそう大きくなっていった。自分は独りぼっちなのだという恐怖感が彼をとらえた。それは一つには、自らがすすんで亡命生活を始めたとき、インド人留学生のだれもが感じる望郷の念であった。さらに、異常なまでに内気で感受性の強い少年の不安がこれに加わったのである。彼の想いは、ラージコートの家のこと、愛する母や妻、生まれたばかりの赤ん坊のことばかりを考えていた。前途は暗澹《あんたん》たるものに思われた。彼は違った気候や見知らぬ環境、新しい生活様式にもなじまなければならなかった。彼が誓願した菜食主義は、永遠の半飢餓状態ばかりではなく、世間の嘲笑を招くことになった。言い知れぬ孤独感に襲われて、モーハンは眠られぬ夜をベッドで泣き明かした。そして、晴れて故郷に帰れる日まで過ごさなければならない、うんざりする長い三年間の歳月を思った。

菜食主義の誓いは、彼にとっては、ひとときも脳裏から離れることのない困惑のたねであった。イギリスの友人たちは、彼の食事の気まぐれが彼の健康を損ね、社会的に無能者になるのではないかと心配してくれた。彼のほうでも、肉食論者を論駁《ろんばく》することはできなかった。そして心中ひそかに、いつも肉を食してみたいと思いつつ、誓約に拘束されていた。彼は途方にくれ、心弱くなると、跪《ひざまず》いて、母と交わした約束が守れますようにと、神に祈った。

ある日、ロンドンの街をさまよい歩いているうちに、たまたまファリントン通りで一軒の菜食主義者向けのレストランに巡り逢った。「このレストランを見つけたときは、子どもが欲しい欲しいと思っていた物を手に入れたときに感じるのと同じ喜びで胸がいっぱいになった」と、後年ガンディーは記している。彼はインドを発ってから初めて心ゆくまで食事をとった。彼はまたこのレストランで、ソルト著『菜食主義への訴え』と題する一冊の本を求めたが、この本の論旨には深く心に訴えるものがあった。以来、肉をとらない食事は彼の心情《こころ》の問題になった。両親への敬愛から始めた菜食主義は、当初は窮屈な義務感であったが、やがてそれは使命感へと変わり、肉体と精神のユニークな訓練法の出発点となり、彼の人生を変革した。このレストランとの出会いは、そのとき彼が考えていたよりも、はるかに重大な意味をもつ事件であった。ロンドンのファリントン街から、南アフリカでのフェニックス農場やトルストイ農場といった二つのセトゥルメント［共同生活施設］へ、さらにはサーバルマティー・アーシュラムとセヴァーグラム・アーシュラム［アーシュラム＝修行道場］へと通じる、長く険しいが、たしかな一本の道がそこには敷かれていた。

菜食主義への転向は、ガンディーに新しい自信をもたらした。それからというもの、彼は「相変わらず、周囲から」変人奇人と思われたかもしれないが、自分ではそうだとは思わなくなった。とはいっても彼の友人たちは、肉なしの食事を主張しつづけることで、彼の勉学も健康も行き詰まるのではないかと懸念した。そんな傍目《はため》の心配を和らげ、また菜食主義のことはさておき、けっして新しい環境にそっぽを向いているのではないことを立証するために、彼は「イギリス文化」の部厚いベニア板「目隠し」を張りめぐらしはじめた。彼が覆《おお》わなければならないことは多々あった。「インドの」学校《スクール》でも大学でも、故郷カーティヤーワールの服装で通してきたため、「イギリスへ向かう」船上や上陸の際にも、洋服を着るのは明らかにおっかなびっくりであった。日常会話ですら、いったん母国語で考えてみて、それからやおら「英語で」しゃべるといった具合であった。

ひとたび「イギリス紳士」になろうと決意すると、ガンディーは時間と金を惜しまなかった。値段のことはいざ知らず、うわべを飾るためには、最高品でなければならなかった。ロンドンでも流行の先端をゆく仕立て屋に新しいスーツを注文した。懐中時計には、インドからわざわざ取り寄せた二重の金の鎖《くさり》を飾りつけ、専門家の指導のもとで雄弁術や、ダンス、音楽［ヴァイオリン］の個人レッスンまで受けるといった始末であった。こうした服装と文化の特訓の結末が、同世代の一人の観察者の筆をとおして伝えられている。一八九〇年二月に［ロンドンの繁華街］ピカデリー・サーカスでガンディーと会ったとき、どんなに面くらったかという話を、［若きガンディーとともにロンドンに学んだ］

サッチダーナンダなる人がこのように語っている――「彼はピカピカに磨き込んだシルクハットをかぶり、固く糊をきかせたグラッドストン［十九世紀の典型的な保守党政治家］ばりの高襟の服を着込み、虹のほとんどすべての色を表わしたかのような派手なネクタイをしめ、その下には細かい格子縞の絹のシャツを身につけていた。上着はモーニング・コート、ダブルのチョッキ、上着に合わせた縦縞のズボン、靴はエナメル革製であるばかりか、その上にスパッツ［靴の甲と足首の上まで覆う短いゲートル］まで巻いていた。手にはなめし皮の手袋と銀を冠せたステッキを持っていたが、さすがに眼鏡はかけていなかった。当世風の流行《はやり》言葉を用いるならば、さしずめ彼はまぬけ、プレイボーイ、だて男であった。つまり、勉学よりも流行や遊びにうつつをぬかすきざ学生であった」[※2]。

とはいっても、ガンディー自身［イギリス紳士になろうとする］実験に完全にのめり込んだわけではなかった。身についた内省的習性は彼を離れることはなかった。イギリスのダンスや音楽は、どうにもしっくりこなかった。洋服店やダンスホールは彼をイギリス紳士らしく変身させたが、それはただ街の紳士にすぎなかった。［しかしそのために］兄は一家の乏しい資金を切り詰めてくれていたのである。たぶん彼がイギリスで勉学を続けることができるようにと、借金までしてくれていたことだろう。こうしたことをあれこれ考えるとき、ガンディーはイギリス紳士という狐火を追いかけることの愚かさに気づいたのだった。

わずか三か月間の短い逸脱のあと、ガンディーは本来の内観の殻にもどった。極端な浪費から細心の節約へと反動がやってきた。彼は一ファージング［古い英国硬貨の最少単位］に至るまで、使った金はいちいち出納簿に記入した。彼は安い部屋に移り、朝食は自分で作り、バス代を節約するために、八マイルから十マイルも歩いた。こうして生活費を月二ポンドまで切り詰めることができた。彼は家族への義務を切実に感じていた。そして、兄に求める生活費の要求を減らすことができたのを喜んだ。生活の簡素化は、生活の内と外とを調和させた。［イギリスに来て］最初の三か月のダンディズムは、彼をイギリス生活になじめない人間ときめこんでいた人たちへの防御の鎧《よろい》にすぎなかったのである。

食事と宗教の関係は、一見こじつけのように思われるかもしれないが、これら二つは、Ｍ・Ｋ・ガンディーの人間的成長と密接にかかわっていた。彼の初期の菜食主義は、ヴァイシュナヴァ派の伝統遺産の一部であった。肉食は両親が忌諱《きき》したために、彼も肉はさし控えていた。頭のよい学友のシェイク・メータブがしばらくのあいだ彼を肉食に誘いこんだが、やがて両親の疑念をかわすために嘘をつかなければならなくなったとき、彼は肉食をやめた。そして、歳をとって親の威光から独立するまでは、この珍味をたのしむのは先延ばしにしようと決意した。イギリスでは肉には触れないという母との約束を正直に守ったが、彼はつねに、それが理性よりも感情的なものであることを意識していた。ソルトの著書を読むまでは、彼は菜食主義の美徳に気づいていなかった。それからというもの、新しい改宗者の情熱をもって、彼はつぎつぎに食餌療法についての書物を渉猟《しょうりょう》し、料理への興味をつのらせ、香辛料への関心を強め、そして味覚のありどころは舌にではなく、心にあるとの賢明な結論に到達した。嗜好の抑制は、後年［肉体と精神の］全体的な純化に至る鍛錬の第一歩となった。健康と経済の両面を考慮して編み出された特有の食餌の実験は、彼の宗教的・精神的成長の一部となった。

菜食主義の直接の効果は、イギリスでの生活に新しい落着きを与え、彼を殻から引き出したことであった。彼は『ヴェジタリアン〔菜食主義者〕』誌に九つの論文を寄稿することで、生まれてはじめてジャーナリズムに挑戦した。これらの論文は主として事実を書き記したもので、インドの食生活や習慣、社会構造や祭礼などを扱った。ところどころに〔彼一流の〕ユーモアのセンスのひらめきが見られた。彼がこうした論文を公表できたということは、バーワナガル大学で英語の授業についていけなかったことと思い合わせると、いちじるしい成長であった。彼はロンドン菜食主義者協会の実行委員のメンバーの一人となり、記章《バッジ》のデザインの考案にも興味をもった。彼は、短期間住んでいたベイズウォーターでは、菜食者クラブまで創立した。すくなくとも彼は、一人の高名な菜食主義者サー・エドウィン・アーノルドの辱知《じょくち》を得た。アーノルドは『アジアの光』『天上の歌』などの著書で知られる〔東洋学者で〕、これら二つの書物はガンディーを深く感動させた。ロンドンの菜食主義のレストランと下宿で、彼は食物についての変り者たちばかりでなく、何人かの敬虔な信仰者たちとも知合いになった。ガンディーを『聖書』へと導いたのも、こうした交友の一つであった。

しかしながら、彼の極端な恥ずかしがりは、イギリスでの三年間でも払拭されることはなかった。菜食主義者協会とは別に、彼に足を向けさせた唯一の組織は、アンジュマン・イスラーミアというインド人＝ムスリム〔イスラーム教徒〕の団体で、会員のほとんどは学生で、軽い茶菓をとりながら、政治や社会問題を論じ合うというものだった。ムスリム以外の学生たちにも、イギリス留学中の数多くの学生たちが共有する問題の論議に参加することが許されていた。彼らの何人かは後年、インドの社会生活で名をあげた。そのなかにはガンディーをはじめ、アブドゥル・ラヒーム、マズハルール・ハク、ムハムマド・シャフィー、サッチチダーナンダ・シンハ、ハルキシャン・ラール・ガウバなどの名があった。ガンディーは〔シンハやハルキシャン・ラールとともに〕政治問題については、民族主義的な考えをいだいていたが、〔会合では〕ほとんど発言することはなかったし、また他の学生たちとは違い、熱烈な主張をする能力にも欠けていた。

〔十九世紀の〕八〇年代、九〇年代のイギリスでは新しい文学・社会・政治勢力が擡頭《たいとう》していたが、ガンディーがそうした時代の影響を受けていたらしい証拠《あと》はほとんど見られない。彼はイギリス滞在中の四十ページにわたる記録〔自叙伝〕のなかで、カール・マルクスやダーウィン、ハクスリー〔二十世紀の代表的なイギリスの生物学者・遺伝学者・思想家〕についてはひとことも触れていない。科学も文学も政治も、彼を興奮させなかった。彼は完全に、個人的・道徳的問題に心を奪われていたのである。彼にとって重要課題は、母と交わした約束を守るために、いかにして彼の内なる能力をうまく駆使し、繰り返される「肉と酒と女」の誘惑と闘い、日常生活に質素と倹約と意味を導入するかに向けられた。ジャーナリズムへの努力といっても、『ヴェジタリアン』誌にコラムを書く程度であったし、読書は『〔バガヴァッド〕ギーター』[★3]や『新約聖書』といった宗教書に限られていた。もしなんらかの問題が彼の内面の生命《いのち》の琴線に触れたかに思われるなら、それは宗教であった。とは言っても、この段階では、彼の宗教の知識――ヒンドゥー教についての知識でさえ、きわめて初歩的なものであった。

一八九一年六月二十日号の『ヴェジタリアン』誌の論文に、ガンディー自身、イギリス滞在が彼にとってどんな意味をもったかについて、このように評価している――「結論的に言えば、わたしは約三年間のわたしのイギリス滞在中に、多くのことをしのこしてしまった。……それでもわたしは、肉と酒を口にすることなく帰国できることに、またわたしの個人的な経験から、多くの菜食主義の仲間たちがいることを知って、大きな安堵《あんど》感をおぼえた」。

ここに、明確ではあるが限られた範囲のことにしか興味をいだかない、真摯ではあるが気の小さい一人の青年がいた。彼が故国に向かって船出したとき、いかなる公正な観察者といえども、この新米の若き法廷弁護士のなかに、あのすぐれた将来の約束を予見することはできなかったろう。彼は輝かしい人生を、とりわけ法律や政治の世界で切り拓くとは思われなかった。

第3章　依頼人の来ない法廷弁護士《バリスター》

　ガンディーが［イギリス］上流社会の洗練された教養を身につけることをあきらめ、彼の注意力を勉学に向けたとき、彼は、法律の勉強に時間のすべてが奪われるほど忙しくないことに、そして基礎教育を向上させる時間のゆとりがあることに気づいた。彼の高等学校時代の教育はつまらなかった。とりわけ英語力の不足は彼を悩ませた。彼にはケンブリッジ大学やオックスフォード大学に学ぶだけの時間も資力もなかったので、ロンドン大学の入学資格試験を受ける準備を始めようと決心した。最初はラテン語の試験に失敗したが、ひるむことなく挑戦して合格した。ラテン語の知識は法律の勉強に役立った。ラテン語は、後に、ローマ法系オランダ法［旧イギリス植民地のうちスリランカ、南アフリカなどの法の基礎となった］が慣習法《コモン・ロー》になっていた南アフリカの法廷で弁護人席に立ったとき、彼にとってある種の強みとなった。ラテン語はまた、直截《ちょくせつ》できびきびした英語力の素養の形成にも役立った。

　当時の法律［弁護士］試験は、それほどむずかしくはなかった。試験官たちは寛大で、合格率は高かった。ほとんどの法学生たちは試験に備《そな》えて教科書の要約を丸暗記したが、ガンディーは融《ゆう》通《ずう》がきかなかったため、そうした安直な方法は採《と》らなかった。彼はラテン語でローマ法を読み、ブルームの『慣習法』や、スネルの『衡平法《エクイティ》』［英米法の歴史的淵源のうちコモン・ローと並ぶ重要なもの］、テューダーの『先例となる判例』、ウィリアム・リアル、エドワード・リアル共著の『財産権』などを四苦八苦しながら読破した。持ち前の生真面目さと気弱さのために、彼は［「それほどむずかしくはない」と言われていた］弁護士試験までも困難な骨折り仕事にしてしまったのである。そして試験に合格しても、新たな疑念と不安にかられた。［すなわち］たしかに自分は数多くの法学書を渉猟《しょうりょう》したが、［はたして］それを実際に適用できるだろうか、と。彼は少人数の集まりでさえ、見知らぬ人に話しかけるのは苦手であった。法廷で相手弁護士と論戦を交わすなど、どうしてできようか。彼はフィロゼッシャー・メヘター卿★4のような法曹界の大先輩についての話を耳にすることはあったが、［同じ弁護士といっても］そんな大物とくらべるとき、自らのみじめな姿を想像はできた。そこで、彼は必死になって助言《アドバイス》を求めて歩いた。そのころイギリスに滞在していた高名なインド人弁護士で政治家でもあったダーダーバーイ・ナオロジー★5には［さすがに］会いに行くだけの勇気はなかったが、一人のイギリス人弁護士が彼に読書の範囲をひろげ、歴史の知識を高め、人間について研究するよう勧めてくれた。無邪気にもガンディーは、早速、人相学の書物を買い求め、弁護士の実務を始めるというむずかしい仕事の準備にとりかかった。彼はこのイギリス人弁護士の考え方から、どんなにか大きな安堵感と慰撫を引き出すことができたことだろう。［すなわち］突出した洞察力や記憶力、能力ばかりが法廷の成功に唯一必要な素質ではなく、正直さや勤勉さもまた［法廷の成功に］役立つことを学んだのである。

て旅立った。

こうして、「希望と失望の入り混ざった少なからぬ酵母をいだいて」ガンディーは故国インドに向かって旅立った。

ボンベイ港に上陸したとき、大きなショックが彼を待ち受けていた。イギリス滞在中［正確には帰路の船上中］に、母が亡くなっていたのである。その悲しい報らせは、慎重に彼の耳に入らないように伏せられていた。それは痛ましい打撃であった。後年彼は、『自叙伝』のなかに「［あのとき］わたしがたいせつに胸にしまっていた願いのほとんどが打ち砕かれてしまった」と書いている。にもかかわらず、母の厳しい日常生活、ゆるがぬ信仰、尽きせぬ愛は、彼の心に深く刻印された。たぶん母は、腰布一枚をまとい、沈黙と断食を誓い、神の手に指導をゆだね、憎しみにたいするに愛をもって応えたマハートマ［偉大なる魂］の形成に、唯一最大の影響をおよぼした人物であったといえるかもしれない。

［帰国した］いま、ガンディーは［三年前に］イギリスへ出発したとき、彼を破門に処したモード・バニヤー・カーストとのあいだを清算しなければならなかった。正統派の人びととのあいだを修復するために、兄に説得されて、彼は［聖地］ナーシクを訪ね、河の聖水に身をひたして罪を洗い流すことにした。この浄めの方法は、モード・バニヤーの一派を宥《なだ》めることになったが、別の宗派は依然として破門を解いてはくれなかった。［そこで］ガンディーは［一般の社会］の慣習を無視した方法でこの圧力に立ち向かった。彼は反対する人びとに正面切って抵抗したり、恨みつらみを表明することはしなかった。事実彼は、自分にたいするボイコット運動に協力したのである。この態度は、カーストの専横の刃《やいば》を鈍《にぶ》らせた。相手の心情《こころ》への訴えかけが的《まと》を射たのである。モード・バニヤーたちのな

かの批判的だった多くの人たちが、後年、彼の社会改革運動や政治運動を心から支持した。こうした若き日の体験は、ガンディーを意固地にさせることはなかった。彼はカースト制度「ヴァルナーシュラマダルマ」[★6]を擁護しつづけた——もっとも後年、その傾向を強めることはなかったが。

ガンディーは、彼の海外での教育に多くの費用を出してくれた家族の期待に応えたいと切望していた。兄は「富と名声」という形での実のある見返りを期待していた。とはいっても法廷弁護士《バリスター》の資格は、法廷の最高位に至る「開けごま」ではなかった。イギリスで学んだ法学の課程には、ヒンドゥー法やイスラーム法は含まれていなかった。ラージコートの土地の［事務］弁護士《ワキール》のほうがインドの法律については［洋行帰りの］法廷弁護士よりよく知っているし、弁護料も安いことにガンディーは気づいた。したがって、ラージコートで弁護士業を始めたのでは、［世間の］物笑いの種になることは火を見るよりも明らかであった。そこでガンディーは友人たちの助言に従って、［大都市］ボンベイに出て、インド法を勉強し、高等裁判所での経験を積み、どんな訴訟事件でもひきうけられるようになろうと決意した。彼は喜び勇んで法律の勉強に打ちこみ、証拠法をこなし、メインの『ヒンドゥー法』をも読破し、民事訴訟法にもとりくんだ。

ガンディーのインド法についての知識は増していったが、いっこうに収入にはつながらなかった。訴訟を斡旋《あっせん》してくれる「仲介人」に手数料を支払うというのは、弁護士業をうまくやってゆくための社会通念になっていたが、どうしてもそれは、ガンディーにとっては、彼の職業の権威をおとしめるものに思われた。訴訟の依頼は、待てど暮らせど来なかった。気が遠くなるほど待ったあとに、やっとマミーバーイという貧しい女性からの最初の依頼事件が舞いこんできた。ガンディーは依頼人《クライアント》に三十ルピーを要求した。［ところが］少額裁判所［小額の賠償・債務にかんする事件を迅速に処理する法廷］で証人の反対尋問に立ち上ったとき、ガンディーは考えをまとめることができず、崩れるように椅子に坐りこみ、依頼人に弁護料を返すと、法廷をあとにして飛び出してしまった。これは不名誉な弁護士デビューであった。そしてそれは、あれほど大きな犠牲を払ってようやく手に入れた職業の将来にたいして、若き法廷弁護士《バリスター》の心を暗い絶望感でいっぱいにした。

　彼が追い込まれた窮地たるや、七十ルピーという安月給の、ボンベイのある高等学校の時間講師に応募したという事実から推して知るべしである。彼は、第二外国語としてラテン語でロンドン大学の検定試験に合格していた。しかし彼は、件《くだん》の高等学校が要求していたインドの大学の学士号をもっていなかった。ロンドン大学の検定資格は、彼に教師の職《ポスト》を与えてはくれなかったが、それは彼の英語力に磨きをかけてくれた。自分には、請願書や訴状を起草する才能があることを、そしてそれによって生計がたてられそうだと知ったとき、ガンディーはようやくある種の安堵感をおぼえた。書状の代書人として身をたててゆ

若き法廷弁護士としてスタートしたガンディー

くためには、なにもこれ以上ボンベイに長くとどまる必要はないではないか。彼は弁護士事務所をたたんで、「郷里の」ラージコートへ帰った。そこでやっと、訴状の代書をしながら、月収三百ルピーを得ることができた。

ガンディーは、彼が渦中に巻きこまれることになった苦境がなければ、「そのまま」弁護士資格を有する代書人として落着いた暮らしをおくっていたかもしれなかった。「ところが」かつて政治的な役職についていた「長」兄のラクシュミダースがイギリス人政治顧問の不興を買っていたことから、ガンディーはイギリス滞在中に面識のあったその駐在官に会ってくれとせがまれた。駐在官「政治顧問」はこのとりなしに腹をたて、若き弁護士を官邸から叩き出した。ガンディーの屈辱は極まった。彼は名誉毀損でイギリス人政治顧問を相手どって告訴することも考えた。世間を、とりわけイギリスの官界を知っている人たちは、そのような訴訟は結局は身を破滅させるだけだと忠告してくれた。ボンベイの大物弁護士サー・フィロゼッシャー・メヘターに相談した。「こうしたことは、「土地の」多くの事務弁護士《ワキール》や法廷弁護士《バリスター》たちがみんな経験していることです。ガンディー君はイギリスから帰ったばかりで、血の気が多いようだ。人がなにがしかの好収入を得たいと思うなら、そうした侮辱に耐えることだ」——これがメヘターの助言であった。この話は、政治的な覚醒《めざめ》が起こる以前の、インドにおけるイギリス統治の全盛期のことである。知的専門職に従事したいと願う若者「ガンディー」は、みじめにも、イギリス人地方役人の逆鱗《げきりん》に触れまいとして、血気盛んな若者としての前途を萎縮《いしゅく》させられたのである。

狭量な藩主やその取り巻きたちのあいだで繰り返される絶え間のない勢力争いのために、カーティヤーワールの政治的雰囲気は、陰謀と腐敗がうずまき、とうていガンディーには耐えられなかった。彼の仕事の大半は、あれからも彼を目の敵《かたき》にして偏見をいだいていた政治顧問の官邸でおこなわれていた。そのような次第で、南アフリカから仕事の口が舞いこんできたとき、ガンディーは一《いち》も二《に》もなく、喜んでそれにとびついた。契約は一年間、四万ポンドの民事訴訟にかかわる仕事であった。報酬は百五ポンドと一等の往復旅費のほか、［住居や食費などの］生活の実費であった。給与はけっして多いとはいえなかった。また彼は、顧問弁護士として雇われるのか、それとも一介の事務員として雇われるのかもまったくわからなかったが、そんなことをとやかく言える立場ではなかった。提示された条件を吟味せずに、ガンディーは申し出を受け容れた。

二度目の船旅が彼を待ち受けていた。皮肉なことにそれは、最初のときと同様、眼前の苦境からの脱出であった。一八八八年のときは、バーワナガル大学で勉学が続けられず、イギリス留学を歓迎したのだった。あれから五年、こんどは故国で自尊心［を損ない］と仕事上の不運をかこっていたため、南アフリカへの一年間の逃亡をガンディーは喜んだ。

これから始まろうとしていた南アフリカでの冒険――すなわち、ガンディーの人間完成と社会奉仕への前途の見通しは、このときはほとんど想像することすらできなかった。若いインド人弁護士を彼の家郷《かきょう》から追い出した思いあがったイギリス人役人は、心ならずも［そのことで］イギリス帝国に仇《あだ》なすことになったのである。

第4章　運命を決した旅

ガンディーは一八九三年五月にダーバン港に上陸した。★7 彼は、ナタール随一の富裕なインド人商人の一人アブドゥッラーの出迎えをうけた。青年弁護士の洋服姿と都会風な物腰を見たとき、眼力鋭い年輩の商人は考えこんだ。これは、とんでもないお荷物を背負いこんだのではないか、と。この若者に、プレトリアへの途上で相手側が仕掛けてくるかもしれない誘惑を拒否できると信じられようか。［しかし］やがて年若い弁護士と老商人が宗教について共通の関心をもっていることがわかったとき、こうした不安は解消した。

ダーバンに一週間滞在したのち、ガンディーは、彼を南アフリカに呼び寄せた任務《つとめ》を遂行すべくプレトリアへ向かった。

ダーバンでの短い滞在中に、ガンディーは人種的偏見の驚くべき実態を見せつけられた。彼はアブドゥッラーに連れられて、ダーバン裁判所を見学に行った。ヨーロッパ人治安判事はガンディーにターバン［ガンディーの出身地グジャラート地方では、男性は頭にターバンを巻く習慣がある］を脱ぐよう命じたが、彼はこれを拒否して法廷をあとにし、彼を「歓迎されざる訪問者」と呼んだ地方新聞に抗議の手紙を送った。それは、彼にとっては新しい経験であった。それまで彼は、露骨な人種差別に遭遇したことはなかった。インドでのイギリス官吏たちの傲慢ぶりも、彼は個人的な逸脱行為のせいにしていた。イギリスでは、多くのイギリス人たちに接し、その人たちの礼儀正しさと善意を心にたいせつにしまっていた。

ところが、そんなダーバンでの経験ですら、ダーバンからプレトリアへ向かう旅行中にふりかかった出来事とくらべれば、物の数ではなかった。汽車が夜遅くマリッツバーグの駅に着いたとき、ガンディーは「列車公安員から」貨車に移るように命じられた。彼がこれを拒否すると、乱暴にも一等車から放り出された。灯《あか》りのないマリッツバーグの駅の待ち合い室に這うようにしてころがりこんだのは、厳しい寒い夜であった。そこで彼は、いましがた起こったことを思いかえしてみた。「契約のとき」依頼人からは、南アフリカで暮らすインド人たちの屈辱的な状況については、あらかじめなんの予備知識も与えられていなかった。契約を破棄してインドに帰るべきか、それとも、こうした恥辱も契約の一部《うち》として受け容れるべきか。

1900年ごろの南アフリカ

彼は［イギリス人］政治顧問の不興を買って以来、もはやラージコートでは暮らしていけなくなり、インドを離れたのだった。いまさら南アフリカが暮らしづらいからといって、インドへ逃げ帰ることなどできようか。彼はいずれか覚悟を決めなければならないと考えた。そして、なにが起ころうとも立ち向かおうと腹をくくって旅を続けた。

当時鉄道の終点であったチャールズタウンで、ガンディーはスタンダートン行きの乗合馬車に乗りつがなければならなかった。彼はヨーロッパ人の乗客といっしょには馬車のなかに坐れないため、駅《ぎょ》者《しゃ》台の横に坐るようにと告げられた。しばらくすると、こんどは踏み台の上に移れと命じられた。彼はこれを拒み、自分には客室内にしかるべき席が与えられているはずだと抗議した。馬車をあずかる白人の親方が癇癪《かんしゃく》を爆発させて、ガンディーに襲いかかり、容赦なく彼を殴りつけた。ついに見るに見かねた何人かのヨーロッパ人乗客が止めに入ってくれた。ガンディーは殴打に耐えながらも「駅者台の横の」席を離れなかった。これは、人種的傲慢と野蛮な暴力に抗した静かな勇気と人間の尊厳を描いた、ある偉大な画家が描いた古典的ともいえる名場面である。

スタンダートンに着いたとき、ガンディーは数人のインド人商人たちに出迎えられた。彼らはガンディーに、彼が遭遇したような事件はトランスヴァールのインド人にとっては日常茶飯事だと説明した。彼は、襲撃者を告訴するつもりはないことを明らかにしたが、駅馬車会社の代表者に事件を報告した。ヨハネスバーグでは、グランド・ナショナル・ホテルに辻馬車で乗りつけたものの、結果的にはインド人は宿泊できないと閉め出された。さらに、プレトリア行きの一等車の切符を入手するためには、鉄道規程集を読みあさり、ヨハネスバーグの駅長に特別な陳情をしなければならなかった。また、ヨーロッパ人の同室の乗客のとりなしがなかったなら、彼はまたもや一等車からつまみ出されていたことだろう。

［こうして］ダーバンからプレトリアまでの五日間の旅は、長い苦闘の連続であった。しかしそれは、南アフリカにおけるインド人移民たちの状況を、ガンディーのために活き活きと見せてくれた。インド人商人たちは、日々の稼ぎを懐に入れるため、そうした屈辱を胸におさめることを学んできたのである。目新しかったのは、ガンディーの嘗《な》めた経験ではなく、それにたいする彼の反応であった。これまでの彼は、はっきりと物を申すタイプではなかった、むしろそれとは逆に、病的なまでの恥ずかしがり屋で、ひっこみ思案であった。しかし、マリッツバーグの鉄道駅の吹きっさらしの駅舎で加えられた侮辱に憤怒《ふんぬ》したとき、なにかが彼の内部に起こったのだった。焼きごてが彼の胸に突きささったのである。思えば、この事件は彼の生涯でもっとも創造的な経験の一つであったと言えるかもしれない。そのときから彼は、不正を南アフリカの自然な、あるいは不自然な社会秩序の一部として容認することを拒んだのである。彼はこの不正を正すために嘆願することを心に決めた——すなわち、支配民族［イギリス人］のよりよい判断力と心中にひそむ人間愛に訴えていこう、と考えたのである。また彼は、反抗はするが、自らすすんで人種的傲慢の餌食《えじき》になることはすまい、と考えた。それは、自分ひとりの自尊心の挽回の問題というよりも、帰属社会と国家、ひいては人類全体の尊厳の問題であった。インド人移住民大衆の無力な忍従——すなわち彼らが無学であり、権利らしい権利はなに一

つ有さず、彼らがもっている権利でさえ、どのように行使すればよいかを知らないという事実、こうしたことすべてがガンディーに、彼の気弱さを霧散させる奇蹟的ともいえる成果をもたらしたのである。イギリス滞在中は学生として、またインドに帰っては新米弁護士として彼につきまとっていた劣等感が消滅した。ボンベイでは小事件法廷でははっきり物を言うことすらできなかったが、プレトリアに来て彼が最初にしたことの一《ひと》つは、インド人住民を招いて、「トランスヴァールの現状の絵を彼らの前に描いて見せる」ための集会を開くことであった。大会は大成功をおさめた。ガンディーは、インド人社会の苦情を声にするための組織の結成を提案した。そのための具体的な行動として、ガンディーは英語を学びたがっているインド人商人たちに、英語を教えることを申し出た。彼の最初の三人の生徒は、理髪師と事務員と小店主で、三人はそれぞれ自宅で無料教授を受けた。やがて彼は、その町のインド人たちのだれかれとも知り合いになった。彼はインド人社会の法的な無力に、プレトリア在住のイギリス人駐在官の注意を向けた。駐在官は同情はしてくれたものの、トランスヴァールはイギリス帝国の権限外のボーア人［南アフリカのオランダ系移民］の州であるため、いかんともしがたいと弁明するだけであった。ボーア人政府は、すでにオレンジ自由国から大半のインド人移民を追放していた。南アフリカでは、自尊心をもつインド人たちの身のおきどころはないかに思われた。ガンディーの心は、こうした事態を正すにはどうすればよいかという問題で、だんだんに鍛えられていった。

この間ガンディーは、彼を南アフリカに呼び寄せた民事訴訟裁判に出席しなければならなかった。

この裁判では、四万ポンドという大金が争点になっていたと同時に、ナタール州のアブドゥッラーとトランスヴァール州のタイエブ・シェートという二大インド人商人のあいだの、商売上の対立と両家の反目がからんでいた。彼らの故地［インド］の訴訟のしきたりに忠実に、二人の商人は白黒決着がつくまでは討死《うちじに》覚悟で戦おうと心に決めていた。ガンディーにはアブドゥッラーの会社の帳簿を精査して弁護士たちの連携に役立てるという、地味な役目が与えられていた。若き法廷弁護士は、会計係のやるような任務《つとめ》を軽視することはなかった。他人には屈辱と思われたかもしれない事柄が、彼には好機に映じた。彼は事件の詳細を掘りさげ、簿記と商取り引きの実際の知識を習得し、会社の会計が記載されているグジャラート語を大量に翻訳することで英語力を増進させた。彼は自分が用意した資料そのものが、事務弁護士《アトーニー》［法律書類の作成にあたり、バリスターと共同して訴訟準備をする弁護士《ソリシター》］によってどのように分類され、訴訟書類が準備されるかを注意深く見まもっていた。

　弁護士の業務の水準の高さは、かつてガンディーには、法廷での雄弁さや、法律書からの自在な引用の巧みさにあるものと思われていた。［ところが］この訴訟事件にかかわる一年におよぶ懸命の労働《はたらき》のあとで、弁護士の仕事は事実をふるいにかけ、真実を見きわめることである、とガンディーは気づいたのである。彼は、自分は雄弁でも博識でもないことを承知していたが、成功するためには、誠実さと勤勉さを頼みにすればよいと考えるようになった。この事件はガンディーに、駆け出し弁護士は老練弁護士の事務所で何を学べばよいかを教えてくれた。そのことは彼に、どんなことがあっても、自分は弁護士として失敗することはないだろうという確信をいだかせた。それは、事実が法律の四分の三を占めるのだから、「われわれが真実を固持すれば、法律のほうからおのずと援助の手をさしのべてくるだろう」という信念であった。

事実を詳しく調べあげたとき、アブドゥッラーの主張のほうが、法的にも、また事実においても理があるように思われた。しかしガンディーは、裁判［での決着］は双方を破滅に導くことに気づいた。弁護士に支払う多額の経費や、会社の通常業務の混乱、さらには周囲に生じる軋轢《あつれき》などを考え合わせると、法廷外での決着のほうが賢明だと、ガンディーは考えた。両社ともに、すすんで彼の調停を受け容れた。調停人の裁定はアブドゥッラー側に好意的であった。しかし、［裁判所の］裁決がただちに施行されていたならば、タイエブ・シェートは破産していただろう。ガンディーは彼の依頼人アブドゥッラーを説得して、勝利のときにこそ雅量が必要であることを示し、支払いの長期分割払いを承認させた。ガンディーは彼の最初の大きな訴訟事件を満足感をもって回想することができた――「わたしは、真《まこと》の法の実践を学んだ。わたしは人間性のよりよい側面を見出し、人間の心のなかに分け入ることを学んだ。弁護士たる者のほんとうの責務は、ばらばらにひきさかれた相対立する双方を結びつけることだと、わたしは悟った」[※3]。

それ以来、相対立する当事者たちをとことん争わせるよりも、法廷の外で和解させるのが、ガンディーのいつもながらの努力《つとめ》となった。その過程で得をするのは訴訟当事者たちだけではなかった。「［そのことで］わたしはなにも失いはしなかった」と、後年彼は［『自叙伝』］に記している――「金銭的にも、ましてや魂《こころ》を失うということはまったくなかった」。

第5章　政治の世界に飛びこむ

プレトリアでの民事訴訟は成功裡《り》に終わった。ガンディーの契約も満了し、彼は帰国の汽船《ふね》に乗るべくダーバンにもどった。さて、［今回の訴訟事件で］ガンディーに恩義を感じていた依頼人のアブドゥッラーが彼のために開催してくれた送別会場で、ガンディーはたまたま『ナタール・マーキュリー』紙の紙面に目をとおしていた。たまたまそのとき、「インド人の参政権」という見出しの一つの記事が目にとまった。インド人居住民から選挙権を剥奪《はくだつ》するための法案が立法府に上程されていたが、パーティーに集まっていた開催者も他の商人たちも、この法案の意味するところを読みとることができないでいた。彼らは白人客と会話をするだけの英語力には事欠かなかったが、新聞を読めるのは少数であった。いわんやナタール立法府の議事録となると、まるで手が出なかった。彼らは商売のためにナタールに来たのであり、政治には関心がなかった。彼らはまだ、政治が彼らの商業活動に影響をおよぼすことに気づいていなかった。つい最近も、オレンジ自由国からインド人商人が追い出されたばかりであったが、いまやナタールでも人種差別法が制定されようとしていたのである。「これは、わたしたちの柩《ひつぎ》に打ち込まれる最初の釘です」と、ガンディーは説明した。インド人商人たちはガンディーに、ひきつづきナタールにとどまって、彼らのために闘ってくれるようにと懇願した。彼らはこれまで、白人の法廷弁護士をたよりきっていたのだった。それゆえにいま、インド人法廷弁護士を仲間うちにもてたことをよろこんだ。ガンディーは帰国を一か月延期することに同意した。そしてそれまでに、インド人選挙人たちの公民権剝奪問題に決着がつくよう希望した。

ガンディーは時を移さず仕事を開始した。送別会そのものが、インド人たちの法案反対を計画する政治委員会に早変わりをした。生まれて初めての政治運動を組織するにあたり、健全な直観力が二十五歳の法廷弁護士に役立った。プレトリア滞在中に培ったインド人居住民問題への洞察力が、おおいに役立った。彼の戦略は三重構造から成り立っていた。まず第一は、団結の精神を、インド人移民たちが形成する雑人種的要素に注入しなければならなかった。ボンベイ出身のムスリム〔イスラーム教徒〕の商人も、彼らのヒンドゥーやパールシー〔拝火教徒〕の書記も、またマドラスから渡ってきた半奴隷状態の年季労働者も、そしてナタール生まれのインド人キリスト教徒も、みんな彼らの共通の出自を知らなければならなかった。インド人キリスト教徒については、彼らがキリスト教徒になったからといって、インド人でなくなったのではないことを、銘記させる必要があった。また〔裕福な〕商人たちには、貧困のために遠く離れたナタールの地で苦役を強いられている無産の年季労働者たちとの血のつながりを認めさせなければならなかった。第二は、選挙権剝奪のもつ意味を、白人世論にもナタール政府にも、またインド人社会にもはっきり理解させなければならなかった。そして最後〔第三」に、インドと大英帝国の国民ならびに政府に道義心を喚起《かんき》するため、できるだけ広範にインド人問題を周知させることであった。インド政府は「イギリス本国政府から」自立してはいなかった。けれども、ナタールのヨーロッパ人たちのより大きな繁栄のために移民を許可した以上、多くの移民たちになんらかの道義的な責任を負うていた。ロンドンの帝国政府はそれが妥当だと考えるならば、ナタールの立法府が通した法案の裁可を差しとめる権限を有していた。ガンディーは、南アフリカの英領インド人民に加えられようとしている人種差別問題に仲裁の労をとってくれるよう、本国「インド」政府を説得できるものと期待していた。

インド国民会議党★8が一八九四年十二月の年次大会で公民権剝奪法案に反対の声をあげたことと、つづく三年間に『ロンドン・タイムズ』紙が南アフリカのインド人問題を八回も社説にとりあげてくれたということは、政治評論家としてのガンディーの力量を示す尺度である。ガンディーが起草し、四百人のインド人が署名した嘆願書がナタール立法府に提出された。この嘆願書はナタール立法府と政府に物議をかもしだしたが、にもかかわらず法案は通過した。インド人は、敗北にめげることはなかった。彼らはすくなくとも、これまでの政治的無気力から目覚めたのである。ガンディーについていえば、彼が投じた最初の政治運動の経験は、かつては救いがたい自意識過剰と思われていたものから彼を救った。「とはいっても」それは、彼が思いがけない自信過剰に襲われたということではなかった。インド国民会議党の有力指導者であり、当時は英国議会の議員でもあったダーダーバーイ・ナオロジー（第3章★5参照）に宛てた一八九四年七月五日付の書簡に、ガンディーは自分の限界をこのように説明している

――「小生自身と小生のやったことについて一言《ひとこと》申しあげますなら、小生は経験の浅い若僧で、それゆえに多く過ちをおかしがちです。小生がひきうけた責務は、小生の力量の間尺に合わないほど大きなものでした。したがって、インド人たちを犠牲にして自分を売り出すために、小生が自らの能力以上の問題をとりあげたのでないことは、おわかりいただけると存じます。小生は［当地では］問題に対応できるただ一人《ひとり》の人間です。それゆえに、もしあなたが小生に方向をお示しくださり、ご指導くださるなら、そして父が子に与えるような必要なご提言をくださるなら、望外の喜びです[*4]」。

劣等感、あるいは控え目という観念は比較の問題である。彼の指導を頼みにする社会にあっては、ガンディーは自らの限界を忘れていた。「問題に対応できるただ一人の人間」として、彼は他の場面であったなら尻ごみしていたかもしれない役割をひきうけたのである。

一《ひと》つだけ最後にチャンスが残されていた。ナタール立法府を通った法案は、立法化されるまえに女王陛下の裁可を得る必要があった。ガンディーはロンドンの植民地相に一大嘆願書を送る決心をした。嘆願には一万人が署名をした。その数はナタールの自由な全インド人人口に相当するものであった。それは、この運動のあらゆる機会をとらえてインド人社会に政治教育を施そうとするガンディー一流の手法の一つでもあった。たとえば、嘆願書の内容を理解して賛成するまでは、だれ一人署名することを許さなかった。嘆願書のコピーが千部印刷され、有力政治家や新聞社に送られた。インドでもイギリスでも、ナタールのインド人問題はひろく報道された。

そうこうするうちに、ガンディーが帰国を延期した約束の一か月が過ぎた。ナタールのインド人移民たちは、彼にひきつづき滞在してくれるよう切望した。イギリス政府が法案の違反を認めて、それを拒否するとは言い切れなかった。さらに、この法案がインド人たちの柩《ひつぎ》に打ち込まれる最初の釘であることを、彼が警告していなかったら、ことはどうなっていただろう。彼は同胞を見捨てて、やりかけた仕事を途中で投げ出すことなどできるだろうか。ガンディーは滞在の延期には同意したものの、さてどう暮らしをたててゆけばよいのか。彼は奉仕活動に報酬などというものを聞いたことはなかったので、どうしたものかと困っていると、二十人の商人たちが年間最低三百ポンドの弁護料を工面することを申し出た。この金額は、ガンディーがダーバンで生活するのに必要な見積り額であった。

［ところが］ナタールの弁護士協会が、最高裁判所のガンディーの弁護士登録に反対した。［結局］裁判長は登録を認可したが、現場の弁護士たちのエチケットに合わせて、彼にターバンを脱ぐよう命じた。一年前、ダーバンの下級法廷を訪ねたときは、ガンディーは「ターバンを脱ぐ」屈辱に従うくらいならと、法廷をあとにしたのだった。ところがいま、最高裁判所の弁護士として、もし彼がほんとうに人種的偏見と闘わなければならないのなら、もっと大きな問題や他の事態に立ち向かわなければならないだろう、そのように考えて、ガンディーは苦い〝丸薬〟を呑みこんだのである。

インド人たちにとっていま急務なのは、彼らの利益を守る恒常的な組織だと、ガンディーは考えた。一八九三年にインド国民会議党の議長を務めたダーダーバーイ・ナオロジーに敬意を表して、ガンディーはこの新しい組織を「ナタール・インド人民会議党」と命名した。彼は、当時はまだ［本国］インド国民会議党の綱領や機構に通じていなかった。そしてこの無知は、かえって有利にはたらいた。

というのは、「ナタール人民会議党」を、ナタールのインド人の必要に対応して、自己流に組織できたからである。この時代のインド国民会議党の年次大会は、知識人たちの華麗な演説ショーなのか、それとも請願と抗議の発言の場なのか、その区別はほとんどつかなかった。これにたいして、ナタール・インド人民会議党は、年間をとおして機能し、政治問題だけではなく、党員たちの道徳的・社会的向上に役立とうとする生きた組織であった。それは、ほとんど政治経験をもたない共同社会《コミュニティー》に奉仕しようとするものであったが、けっして「ガンディーの」ワンマンショーではなかった。彼は、疲れを知らぬ事務局長〔書記長〕ではあったが、つねに民衆の心の関心と熱意を頭に入れていた。彼は会員〔党員〕の募集と党費集めを、通常の活動より重視していた。煮えきらぬ支持者たちに精神的な圧力をかけるために、穏便ではあるが否応のない方法を用いた。あるとき、とある小さな村で、ガンディーは一晩中坐りつづけ、食事をとることすら拒否したため、ついに夜明け方、インド人商人であったその家の主人が三〜六ポンドの党費を払って、ナタール・インド人民会議党に登録することに同意したという。

ロンドンでの留学生時代以来、ガンディーは日々の出費の詳細な出納を記していた。彼はナタール・インド人民会議党の経理についても同様に、細心の注意を怠らなかった。会計簿が能率よく記載されていたために、三十年後に彼はこのように書くことができた――「一八九四年の会計簿は、たぶん今日でもナタール・インド人民会議党の記録に無修正のまま残されているだろう」と。彼は自分のために、公的資金からびた一文懐に入れることを拒んだ。もし彼がインド人社会《コミュニティー》の有給弁護士であったなら、なにはばかることなき奉仕者であり通すことはできなかったろう、と彼は考えた。［このようにして］無給の社会奉仕は、同胞への義務《つとめ》であったばかりではなく、自己の独立の防衛策でもあった。こうして初期の、いわゆる政治的徒弟時代に、ガンディーは政治家としての行為の規範を身につけたのである。政治においては、自分の所属する党派のために、善し悪しを問わず闘わなければならないといった、世間一般の考えをガンディーは受けつけなかった。法の実践に臨んで先年身につけたばかりの事実［真実の重視］への情熱を、彼は政治の支えにすべく導入した。事実が彼に味方してくれるなら、それを粉飾する必要はない。彼は［なにごとによらず］誇張を避け、同志たちにもそれを思いとどまらせた。ナタール・インド人民会議党は、たんにインド人少数派の政治的・経済的利権を擁護するための組織であったばかりではなく、インド人社会の内部改革と統一をはかるための強硬な手段《レバー》でもあった。彼は同胞とて容赦はしなかった。そして、遠慮なくずけずけと欠点を批判した。彼は同胞に、生活水準を改善し、商売に誠実さを実行するよう勧めた。ガンディーは、ナタールのインド人たちの勇敢な戦士であったと同時に、彼らのもっとも厳しい批判者でもあった。

ガンディーとナタール・インド人民会議党が「暗黒の大陸」で果たした役割を評価するためには、ここでいちど歴史的な視点から問題をふりかえり、考えてみる必要があろう。

「アジア人たちは、彼らを受け容れるのを嫌う［白人］社会にむりやり割り込んできたよそ者である」と、ミルナー卿は書いている。［しかし］実際には、［十九世紀の］六〇年代における南アフリカへのインド人移民は、茶やコーヒーや砂糖きびの栽培に適した広大な処女地を所有しながら労働力をもたなかったヨーロッパ人定住者たちの求めに応じて始まったのであった。奴隷制度廃止後は黒人たちを強制的に働かせることはできなくなっていた。そこでナタールのヨーロッパ人たちは、インド政府にはたらきかけて、インド人労働者たちの同国［ナタール］への移住許可をとりつけた。農園主の労働力募集代理業者たちは、マドラスやベンガルの貧困な人口過密地帯のいくつかを旅してまわり、ナタールで働くことに薔薇《ばら》色の未来図を描いて見せた。彼らの人寄せの口上では、渡航費も食費も宿泊費も無料、最初の一年間は一か月十シリングの賃金が支払われ、毎年一シリングが増額される、そして五年間の年季契約終了後は、いつでも自由に帰国のための渡航費を要求する権利がある、［ということは、契約者たちは彼らの赴任地に定住する自由選択権を有する］というものであった。こうした条件は、多くの貧しい無学なインド人たちを、はるばる遠いナタールへと呼び寄せた。

　年季契約労働者たちを満載したインドからの最初の船は、一八六〇年十一月にダーバン港に入港した。そして一八九〇年までに、およそ四万人のインド人が年季契約労働者として輸入された。W・W・ハンター卿［十九世紀イギリスの著名なインド史家。インド政府の統計的調査を指導した］の名文句を借りるならば、彼らの境遇はまさに「半奴隷状態」であった。［もちろん］すべての雇い主が残酷であったとはかぎらなかったが、虐待《ぎゃくたい》を理由に主人を変えることはむずかしかった。労働者たちが五年後に「契約」を更新しないなどと言い出そうものなら、あらゆる種類の制約をもってがんじがらめに拘束された。にもかかわらず、労働者たちの多くは、すでにインドとの縁を切り［帰るべき土地はなく］、ナタールでの定住を選んでいた。彼らは猫の額ほどの小さな土地を手に入れ、野菜をそだて、そこそこの生活をいとなみ、子どもたちには教育も受けさせていた。このことは、ヨーロッパ商人たちの嫉《そね》みを買い、年季を更新しないすべてのインド人労働者たちの本国送還運動へと発展した。言いかえれば、インド人たちはこの地［ナタール］では、奴隷として望まれていたにすぎなかった。一八八五年のあるインド人移民調査委員会によると、ヨーロッパ人世論は農業・商業にかかわらず、自由インド人の存在をひどくうとましく思っていた。調査委員会は、年季契約を終了してのちも滞在を続けるインド人たちは社会の［共有の］財産であり、本国送還は当人にとって不当であるばかりではなく、植民地の経済をも破滅させると考えた。しかしながら、こうした理をわきまえた議論も、インド人はヨーロッパ人の生活水準をひきさげ、ヨーロッパ人の価値を低くするとの強迫観念にとりつかれた白人には、なんら訴えるものとはならなかった。

一八九三年にナタールに責任［自治］政府の認可がおりたとき、ロンドンの植民地担当省は人種差別政策について課せられていたほとんどの制限を撤回してしまった。ナタール［政府］代表団は、すべてのインド人労働者の強制的年季契約と強制送還の承認の提言をインド政府に申し出た。［この提案では］提言のいずれにも従わない場合は、年間二十五ポンドの人頭税が課せられることになっていた。インド駐在のイギリス人官僚たちのナタールについての無知が、その国のヨーロッパ人農園主らを支援せねばとの熱意を喚起した。インド政府は、インドからの移住にさいして交わされた契約どおりに年季契約終了後もナタールに定住する権利を行使しているだけの、労働者の家族全員に三ポンドの人頭税を課すことを認可した。それは、契約労働者の賃金が月額十ないし十二シリングという悲惨な貧困層にとっては、法外な税額であった。貧しく、文字の読めない、おまけに拠《よ》りどころとする組織をもたない彼らは無力であった。彼らが同情と支援を期待できる唯一の頼りは、インド人商人たちであった。

インド人商人というのは、インドからの労働者につづいて南アフリカに渡って来て、労働者や黒人たちのあいだに市場を獲得してきた〔自由人〕である。黒人たちは、インド人商人のほうが白人商人よりも好意的で、貪欲《どんよく》でないと感じていた。ところが、インド人商人たちのこうした繁昌ぶりは、競争相手のヨーロッパ人を刺激した。ガンディーにナタール滞在を延期させた「インド人の公民権剥奪法」は、「そもそも」インド人商人を狙い撃つものであった。五十ポンド相当額の不動産の所有者、または年額の土地使用料十ポンドを支払う者というのが、選挙権の最低資格であったが、有権者名簿に登録されているインド人の数がわずか二百五十名であったのにたいし、白人有権者は一万名であった。少数とはいえ、インド人が有権者として記載されているというのは、ヨーロッパ人にとっては危険信号に思われた。彼らは「ニガー〔黒人（褐色人種、黄色人種を問わず）〕」がナタールの富裕層や政府に割り込むのを認めようとはしなかった。ナタールの政治家たちは、彼らの目的を隠そうとはしなかった。すなわち彼らの目的というのは、政治家たちの一人《ひとり》がくしくも言明したように、「インド人の地位をカーフィル族〔南アフリカのバントゥー族を軽蔑的に指す〕以下にひきさげ、」「さらに白人たちが目下建設中の来たるべき南アフリカ人国民の一部分を形成させるのを妨げる」ことであった。そのための方策が――別の政治家が言ったように――「インド人の暮らしを、ナタールでよりも彼らの郷里《くに》のほうが居心地よくしてやるための」国外追放であった。

インド人から公民権を剝奪するという法案はナタール立法府を通過し、知事の認可を得た。ロンドンの植民地省は、ガンディーによって組織された運動におおいに左右されていたために、同法案はイギリス帝国の他の地域の住民をも差別することになるとの理由で拒否した。ナタールの白人たちは、この拒否に屈することなく、彼らの人種差別をあからさまには口外せずに目的を追求した。修正案は通ったが、それによると、「これまで議会の公民権制度にもとづいて選出されたことのない土着出身者（ヨーロッパ生まれの者はそのかぎりにあらず）は、総督の認可を取得しなければ、選挙人名簿に氏名を記載されることはない」と、明記されていた。修正案は、［先に］イギリス政府に拒否された法案同様、インド人の選挙権を事実上阻止せんとするものであったが、この人種差別を法令集には書き込まないという、ちょっとした工夫がなされていた。

インド人の商売にも移民［規定］にも、苛《いら》立《だ》たしい制限が加えられた。［法案通過］以後、ナタールではなんぴとも許可証なしには商取り引きはできなくなったが、ヨーロッパ人なら申請すれば、簡単にそれを手に入れることができた。インド人が許可証を手に入れようとするには、たいへんな努力と費用がかかった。そのうえ、ヨーロッパの言語のいずれか一つ［英語かオランダ語］の教育を受けているかどうかのテストが必要条件とされたため、インドから来る多数の有能な移民が閉め出されることになった。ただし、半奴隷状態の年季契約労働者たちの入国は、そのかぎりにあらずということであったが。

このインド人締め出し運動では、ナタールの白人［イギリス人］たちは、隣国のトランスヴァールやオレンジ自由国の［オランダ人系］ボーア人たちの方法を踏襲《とうしゅう》していたにすぎなかった。トランスヴァール［のボーア人］共和国の好戦的な大統領クリューガーは、インド人の代表団に向かって言った——「おまえたちはイシュマエルの末裔《まつえい》だ。だからおまえたちは生まれながらにしてエサウの子孫のために奴隷になる運命なのだ」[★9]と。イギリス政府の代表人がプレトリアに派遣されていたが、彼はただ、事態はどうしようもないと、無力を訴えるばかりであった。ボーア戦争[★10]が勃発《ぼっぱつ》したとき、インド人への虐待がボーア人たちにたいする告発の一つになった。［けれども］インド人たちは、南アフリカでは、［あからさまな差別をする］ボーア人からよりもイギリス人から公正を期待するほうがむずかしいことを学ばなければならなかった。

インド人にたいする法的資格剝奪はひどいものであったが、彼らが受けていた日常的な虐待はさらにひどかった。インド人はみんな身分や教育の有無を問わず「クーリー」と、下層労働者にたいする軽蔑的な呼称で呼ばれていた。［たとえば］インド人の教師は「クーリー教師」であり、インド人商店主は「クーリー店主」といった具合であった。ガンディーも「クーリー弁護士」であった。インド人の所有する汽船までが「クーリー船」と呼ばれていた。インド人は一般に「心底《こころ》から呪われるべきアジアの汚物、米を食って生きている悪のかたまり、黒い寄生虫」と称された。法令書でも、インド人は「半未開のアジア人、すなわちアジアの未文明種族に属する者たち」と表現される始末であった。

インド人は歩道を歩くことも、許可なくして夜間外出することも許されなかった。汽車の一等車や二等車の切符はインド人には発行されなかった。白人客に拒否されれば、インド人は否応なしに列車の客室から放り出された。インド人はときには汽車のステップで旅しなければならなかった。ヨーロッパ人専用ホテルには、インド人は入れてもらえなかった。『ケープ・タイムズ』紙に、このような記事が掲載された――「ナタールは、その階層の人たちなしではやっていけない人びとにたいして、このうえない侮辱を楽しむという奇妙なお国柄である。植民地《コロニー》からインド人住民が撤退したときに必然的にともなう商業的な麻痺状況は、想像するだに空《そら》恐ろしい。それでいて、インド人たちはひどく蔑《さげす》まれているのだ」。

トランスヴァールでは、インド人たちは『ロンドン・タイムズ』紙が「ゲットー」と評した特別地区以外では、商売を営むことも居住することも許可されなかった。またオレンジ自由国では、アジア人ほか有色人種は、貿易ならびにいっさいの商業活動を禁じることが法律で定められていた。「インド人はどこへ行っても同じように有用で真面目である。またどのような政府のもとでも法を遵守《じゅんしゅ》し、欲望は慎《つつ》ましく、生活習慣は勤勉である。しかし、こうした美徳がかえってインド人の働く労働市場で、彼らを手に負えない厄介な競争相手と思わせたのである」と、『ケープ・タイムズ』紙は評した。ライオネル・カーティス〔イギリスの著名な法学者〕が後年ガンディーに言ったように、ヨーロッパ人の嫉妬心をかきたて、彼らを政治的な迫害へと向かわせたのは、インド人の悪徳ではなく、むしろ美徳であった。

第6章　リンチ事件

公的活動やら弁護士の仕事やらで、ガンディーはいまやナタールに定住しているかの観があった。一八九六年半ばに、ガンディーは家族を呼び寄せるべくインドへ帰った。そのついでに、［本国でも］南アフリカにおけるインド人問題にできるだけの支援を得ようと奔走した。

カルカッタに上陸後、ボンベイ行きの汽車に乗って［インド亜大陸を横断］、故郷のラージコートへと向かった。汽車がアラハーバードに着いたとき、ガンディーは四十五分間の停車時間を利用して市内見学に出かけた。駅にもどってくると、ちょうど汽車の煙が立ち去ってゆくところであった。やむなく彼はアラハーバードに宿泊することになったが、この間に『パイオニア』紙の編集長のチェズニーを訪ねた。チェズニーは南アフリカの白人たちへの同情を隠さなかったが、彼の新聞の紙面《コラム》はインド人の見解をも公正に扱うことをわざとらしく約束してくれた。

ラージコートに帰ると、ガンディーはおおよそ一か月をかけて、南アフリカのインド人問題の小冊子を執筆した。そしてそれを印刷し、国中の有力な著名人や新聞に発送した。このパンフレットは、ナタールでの以前の小冊子『南アフリカのすべてのイギリス人に訴える』と『インド人公民権問題』

——いずれも今回は前のものより慎重に論じられていたが——と同じ趣旨のものであった。

ガンディーは世論を喚起するために、このパンフレットを持ってひろく各地を旅してまわった。ボンベイの集会には、聴衆に交じって同市の「無冠の帝王」と呼ばれていたサー・フィロゼッシャー・メヘターが出席していた。ガンディーはロンドンでの学生時代以来、畏敬に近い尊敬心をもってこの人を崇《あが》めていた。サー・フィロゼッシャーの名誉ある後援のもとに、ガンディーから南アフリカの実情を聞く集会が催された。ガンディーが準備しておくように言われた演説の草稿を読みあげようと立ちあがったとき、満員の講堂がぐるぐる回るように思われた。手は震え、声はだんだんかすれていった。講演の残りは、土地の雄弁家ワーッチャーが効果満点《まんてん》に読みあげてくれた。

プーナでは、マハーラーシュトラ政界の二人の大立物、ゴーカレ[★11]とティラク[★12]に会った。自らも全身全霊をもって公生活に献身していたゴーカレは、つねづね愛国心あふれる若者を求めていた。南アフリカからやってきた若き法廷弁護士《バリスター》の情熱は、ただちに彼の心に印象づけられた。ガンディーの側でも、彼に「一目ぼれ」をした。おもしろいのは、すべてに対立的であったゴーカレとティラクがその場でともに、南アフリカのインド人たちの苦境について聞く大衆集会をプーナで開催する発起人になることに同意してくれたことである。透徹した政治家の目をもっていたティラクは、ナタールから来た若い弁護士がインドの政治風土にどうしてもなじめないだろうと予見した。

南アフリカでは成りゆき的に、自然とガンディーの掌中に入った政治家としての地位と指導力がインドの土壌には欠落していた。彼は病的なまでに、自分の若さと経験のなさを意識していた。ガンディーの目には、サー・フィロゼッシャー・メヘターは聳《そび》え立つヒマラヤに、ティラクは広大な海に、そしてゴーカレは聖なる河ガンジスに映《えい》じた。ボンベイの集会で講演をやり終えられなかったときの「完全な失敗」は、四年前の地方裁判所での痛ましい挫折を思い出させた。あのときのガンディーは、ボンベイで「せっかく」開設した法律事務所をたたんで、弁護士業に代えて、ラージコートで代書屋の仕事につかざるをえなかった。［その意味で］彼の政治家としての経歴が南アフリカで始まったというのは幸運であった。もしあのとき、ガンディーがインドの政治界にそのまま飛びこんでいたなら、政治家たちの激しい対立の渦中でいたずらにあがくばかりであったろう。本国で彼が思い知らされた自らの未熟さとは別に、当時のインドの政界には、ほんとうに建設的な天才たちといえどもほとんど参入できる入口はなかった。個人的にも党派的にも、彼らは迷路をぐるぐるさまよっていた。ガンディーが高名な政治家たちからいちように受けた好感は、南アフリカの問題では彼が代表的な闘士であったという事実《こと》と、さまざまに意見を異《こと》にする政治家たちのあいだに、海外のインド人問題については共通の認識があったという事実によっていた。

ナタールに多数の年季契約労働者を送り出していた［南部の］マドラス州は、ガンディーを熱烈歓迎した。彼は、世論の先導者たちや新聞、とりわけ有力紙『ヒンドゥー』から惜しみない支持を受けた。南アフリカのインド人の状況を報告したパンフレットは、ホットケーキのように売れ、増刷を必要とした。カルカッタでは、地方の指導者たちや新聞の反響は、それほど熱意のあるものではなかったが、それでも『ステイツマン』『イングリッシュマン』の二大紙の経営者である二人のイギリス人が、ガンディーとのインタヴュー記事を大きくとりあげてくれた。

　カルカッタで大衆集会の開催の計画がもちあがっていたとき、ガンディーはナタールから、即刻南アフリカにもどるよう促す電報を受け取った。［こうして］インド旅行は唐突《とうとつ》に終わった。しかしそのことは、彼に問題の急務を実感させた。そして事態は、海外在住のインド人の状況への、故国の人びとの関心をいやがうえにも痛感させた。［ガンディーの在印中に］主要都市の強力な後援のもとで開催された、いくつかの大衆集会によって、新聞はアングロ・インディアン［英印混血人］問題をも含む帝国の恥部を伝えるはめになったのである。

　ところで、今回の旅の一《ひと》つの確かな失望も記しておかなければならない。それは、南アフリカのインド人への奉仕活動に協力してくれる何人かの若者を連れて帰ろうとする彼の努力が実らなかったことである。実のところ友人の一人は、多くのインド人がいまだに自治の歓びをもてずにいるというのに、遠く離れたナタールくんだりで、ちっぽけなインド人少数社会のために希望《のぞみ》なき闘いに生命をすりへらす愚行はやめたまえ、と忠告してくれた。それでもガンディーは、ひとたび開始した運動を途中で投げ出すような男ではなかった。彼にとって南アフリカは、またとない活動的な社会奉仕の場であり、それゆえにまた、独自の危険と報酬をともなうところでもあった。ナタールへ渡航を勧めていた、ある若い弁護士に宛ててガンディーは書いている――「いずれにせよ、わたしたちのような立場で仕事をしようとする者は、蓄財目的で南アフリカへ渡るべきではないと、わたしは言明します。あなたは自己犠牲の精神をもって行かなければなりません」[※5]。

彼が呼びかけた犠牲の精神は、南アフリカへもどるとき、彼自身がもっとも必要としたものであった。「インドでの」彼の活躍ぶりや発言がいろいろに歪曲されてナタールに伝わり、植民地のヨーロッパ人たちを憤慨させていた。ロイター通信社のロンドン局から送られてくる海底電信は、ナタールの諸紙では特だね並みに報道されていた。たとえばこんな調子《ふう》であった――「九月十四日発。インドで出版されたパンフレットには、ナタールのインド人たちは掠奪や暴行、動物のような扱いを受けても賠償金を得ることすらできない「と記されている」。『タイムズ・オブ・インディア』紙は、こうした証拠のない申し立てを擁護している」。

「もとより」ここに言及されているパンフレットというのは、ガンディーがインドで出版した冊子を指していた。ヨハネスバーグの有力紙『スター』は、かつてガンディーを評して「力強く、控え目に、うまく物を書く人」と、世辞を送った。また『ナタール・マーキュリー』紙は、彼の文章の「冷静さと中立性」について論評した。このたびインドで出版されたパンフレットは、ガンディーがナタールで言ったり書いたりしていたことよりも、どちらかといえば、調子《トーン》は抑制《よくせい》されていた。またインドでの講演は、慎重に用意された原稿をもとにおこなわれたものであった。彼の公正感がことほどさように明らかであったので、カルカッタの新聞『イングリッシュマン』の編集長は、わざわざ彼にたのんで、南アフリカのインド人問題を論じた社説の草稿に目を通してもらったほどであった。

ところが、インドでのガンディーの行動の真相は、ナタールには伝わっていなかった。そんなとき、ロンドンからの電信がガンディーを植民地でもっとも忌《い》むべき人物に仕立てあげたのである。彼は、自分に隠れ家を与えてくれた「恩義ある」国の顔に泥を塗り、「ナタールのヨーロッパ人たちをどぶに引きずりこんで、彼らを自分と同じ黒い肌の人間にした」と、告発された。彼はまた、ナタールをインド人であふれさせるために「移民の」斡旋代理業を組織したとも申し立てられた。ガンディー一家がたまたま乗船していたクーアランド号と、もう一隻のナデリー号とがほとんど同時にボンベイ港からナタールへ向けて出航した。ガンディーの最初の依頼人で友人でもあったアブドゥッラーは汽船の一つの所有者《オーナー》で、他の一隻の汽船会社の代理店主でもあった。二隻の汽船《ふね》には約八百人のインド人が乗船しており、その半数がナタール行きの船客であった。二隻の汽船が一八九六年十一月の終わりにほとんど同時に出航し、十二月十九日にダーバンに入港したのは、まったく偶然の一致であった。すでにロイター通信の報道に激昂していたナタールのヨーロッパ人たちにとっては、この偶然の一致は「仕組まれた」陰謀に思われた。二千人の白人がダーバンの市民公会堂に集まり、ナタール政府に「「年季労働者以外の」自由なインド人たち」の上陸を阻止するようはたらきかけた。彼らは「この集会の参加者は、祖国が彼らに要求するすべてをなすべく政府を援助するであろうことに賛同し、それを誓うものである」との誓願をたてた。船上で待機させられていたインド人にたいしては、力の使用も辞さぬとの暗黙の了解がなされていた。数日後に開かれた別の集会では、「船を沈めてやれ」という罵声が会場に沸き起こった。

　船が港に錨をおろしてからというもの、白人たちはインド人を宥《なだ》めすかしたり、脅したりと、あらゆる手を使って上陸を阻止しようとした。「たとえば」ただちに帰国に応じる者には旅費の支給が約束され、応じない者は海中に投げこむぞと脅迫された。船主たちは歓迎されざる船客の荷物をインドに送り返すよう警告され、さもなければ、ナタール政府とヨーロッパ人たちの怒りを招くことになるぞと脅された。二隻の汽船は検疫のため停泊を命じられた。検疫は［予定の］五日間から三週間に延期されたが、［これには］政治的な圧力がかけられていたことは明らかであった。この策謀は、ナタールの司法長官ハリー・エスカムを含む有力なヨーロッパ人たちの支持を受けていた。もしインド人たち——そのほとんどが無学な、家族連れの初めての船旅体験者であった——が、こうした脅しに屈することがなかったとすれば、それはガンディーの勇気と楽観主義の感化力のせいであったろう。彼にとって、たしかにそれは不安な日々であった。乗船客——そのほとんどを彼は知らなかった——と、彼自身の家族の生命は、彼のせいで危険にさらされていたのである。ナタールの白人たちが恐れていたのは、まさに彼であった。一八九六年のクリスマスに、船長室でささやかな晩餐会が開かれたとき、ある人がガンディーに、もしナタールのヨーロッパ人たちが彼らの言葉どおりに、腕ずくでインド人たちの上陸を阻止するようなことがあれば、あなたはどうされますかとガンディーにたずねた。そのときガンディーは言った——「わたしは、神がわたしにヨーロッパ人たちを赦《ゆる》す勇気と良識を与えたまわんことを、そして彼らにたいして法をもって立ち向かわずにすむことを願います。わたしは彼らに怒りをいだいてはいません。わたしはただ、彼らの無知と偏狭《へんきょう》さを気の毒に思うだけです」と。

二十三日間におよぶ政治的な検疫停泊と脅迫ではインド人たちを威嚇《いかく》できないとわかったとき、一八九七年一月十三日に両船の入港が許可された。白人たちの狂信を煽《あお》るためにいろいろな手を用いてきたエスカム長官は、いまや［掌《てのひら》を返したように］それを抑止しようとしていた。［インド人たちの］上陸に反対しようと集まった四千人近い暴徒たちに、彼は女王陛下の名において解散を命じた。インド人たちは、ガンディーと家族を除く全員が上陸を許可された。ガンディーはエスカムから、夕方まで待つようにとの伝言を受けとった。夕方には水上警察の所長が迎えに来る、というのであった。ところが午後になると、白人弁護士でガンディーの友人でもあったロートンが船にやって来て言うには、危険はすべて終わった。それに、どんなことがあっても、ガンディーともあろう人が「夜陰《やいん》にまぎれてどろぼうみたいに」こそこそダーバンの市《まち》に入るなど、不名誉なことだ、と。そこで、ガンディー夫人と子どもたちは、ただちに馬車でガンディー一家を迎えることになっていたルスタムジー家へと向かい、ガンディーとロートンは追って同家に入ることになった。さほどの距離も行かないかないうちに、白人の少年たちがガンディーに気づいた。人だかりができはじめた。その数がふくれあがるにつれて、脅威が増した。ロートンは友人を救出するために「人力車《リキシャ》」を呼んだが、人力車をひいていたズールー人［南アフリカのバンツー族に属する黒人］の少年は、恐れをなして逃げ去った。ロートンとガンディーがいっしょに歩きはじめると、群衆があとにつづいた。二人がウェスト通りに来ると、ロートンは引き離された。腐った卵や煉瓦の破片のつぶてがガンディーの周りに降りかかった。「こいつは新聞に、あることないことわれわれの悪口を書き立てた野郎だ」と、一人の白人が叫んで、思いっきりガンディーを蹴とばした。ガンディーはほとんど気絶しそうになった。一軒の家の手すりに摑《つか》まって呼吸《いき》をととのえ、よろめきながら立ちあがった。彼は生きて目的地に到着できるという望みをあきらめた。あとになって気づいたことだが、あの危機の瞬間にも、彼は襲撃者たちを告訴すまいと心に決めていた。「その瞬間《とき》、美しくもけなげなことが起こった」のである。土地の警察署長アレグザンダーの夫人がその場に来合《きあわ》せた。夫人はガンディーに気がつくと、彼の傍らに立ちはだかり、飛来物を妨ぐために日傘を開いた。白人たちは血迷っていたが、さすがにヨーロッパ人の女性に手をあげるような真似はしなかった。そのうちに数人の警官が駆けつけて、ガンディーを目的の家まで護送した。

ガンディーの傷口に包帯が巻かれると、早くも白人群衆がその家を取り囲んで、ガンディーを引き渡さなければ、家に火を放つぞと、脅した。警察署長アレグザンダーはその家の門に陣どって、時間かせぎをしようと暴徒たちを宥めていた。その間、署長は、「ガンディー」夫人や子どもたちを含めて、この家の住人みんなが焼き殺されるのを望まないなら、密かに彼らを家から連れ出すことに同意するようにとの伝言をガンディーに送った。ターバンの下に真鍮《しんちゅう》の皿をのせ、インド人警官の制服を着用して、インド人商人に身をやつした刑事に付き添われ、ガンディーは群衆のあいだをすりぬけ、塀を飛び越え、垣根づたいに隣の商店のなかを通って、ようやく警察署にたどりついた。

ガンディーは警察署に長くとどまる必要はなかった。ナタールのヨーロッパ人たちは、インド滞在中のガンディーの活動についてのロイター通信の、短い、いくらか事実を歪曲した報道に腹を立てていたのだったが、ガンディーが襲撃された日の朝、ある新聞記者のインタヴューに答えて、彼は自分に向けられたさまざまな告発にいちいち釈明していたからである。遅ればせながら、彼は誤解の犠牲者であったとの認識がひろがった。「ガンディー氏は不正をはたらいてはいなかった」と、インド人問題にはけっして同情的とはいえなかった『ナタール・マーキュリー』紙が書いた――「彼は公正に、率直に行動したかぎりにおいて、非難されたり、妨害されるいわれはない。われわれの知るかぎり、彼はつねにそのように行動してきたのであり、最近のパンフレットも、彼の視点からすれば、問題の不公正な声明だったとはいえない。ロイター通信は、ガンディー氏の声明のとんでもない誇張であった」と。

ロンドンの植民地担当相がナタール政府に打電して、ガンディーの襲撃者たちを起訴するよう命じた。［これにたいする］ガンディーの反応は一風《いっぷう》変わった彼らしいものであった。彼は言った「法廷の場で個人の間違いをとがめだてしないのが、わたしの主義である。いずれにせよ、影響力のあるヨーロッパ人たち――ダーバンの人びとを煽動して激怒させたナタール政府のお偉方《えらがた》をも含め――の責任を問わずに、頭に血ののぼった数名の若者たちを暴力行為で起訴するのは、ほとんど公正な措置とはいえない」と。

一八九七年一月十三日は運命的な日であった。この日、ガンディーは、九死に一生を得たのである。彼の冷静さと寛大さは、インド人たちの［彼への］愛情を深めただけではなく、ナタールの分別あるヨーロッパ人たちの評価をも高めた。［その後も］彼は相変わらず、ナタール人民会議党に奉仕し、インド人社会の組織強化をつづけた。一八九九年にボーア戦争が勃発《ぼっぱつ》したとき、ガンディーは善かれ悪しかれ、南アフリカの歴史を変えることになった戦争にたいして、インド人社会はいかなる態度をとるべきかという、大きな決断に迫られた。

第7章　パンを求めて石を与えられる★13

一八九九年のボーア戦争の勃発は、南アフリカにおける覇権を争うボーア人〔オランダ系移民〕とイギリス人の最終決戦場であった。インド人たちは〔これまで〕ボーア人とイギリス人の双方から苛酷な扱いを受けてきた——ただし、ボーアによる差別のほうがいっそうあからさまではあったが。そして彼らのある者は、互いに白人の血が流される二つの民族の将来の見通しについて、それほど悲観的ではなかった。〔当時は〕非暴力と平和主義にかんするガンディー自身の考えは、まだそれほど熟してはいなかった。このような危機を前に、いずれの側が正しいかどうかを決めるのは、いずれの側の市民にとっても可能ではないし、またそうすることは望ましくない、と彼は答えた。ナタールのインド人たちは、市民としての基本的な権利を拒否されてきたが、それでもなおガンディーは、権利を求める者は権利に相当する義務から逃れることはできないと説いた。ボーア人のほうが勝ち目がありそうだとか、インド人が中立を守れば、戦後それなりの報酬が得られるだろうとかいったほのめかしを、彼はまったく卑怯だとして退けた。二十年後、彼が〔イギリス帝国の〕忠誠者から反逆者へと身を転じたときにも、一八九九年に彼がボーア戦争でイギリス人を支持しようと決意したことを後悔はしなかった。彼は言った――「もしわたしが今日なお、当時いだいていた大英帝国への信頼をもっているとすれば、また、もしわたしが今日なお［当時と同じように］帝国の庇護のもとで自由を獲得できるとの希望《のぞみ》をいだきつづけているとしたら、わたしは今日も同じ主張を展開するだろう」[※6]と。

ガンディーは、ナタールの大多数のインド人たちを彼の考えに同調させることに成功した。けれども［ナタール］政府は、すぐにはインド人の協力を利用しようとはしなかった。ナタール立法府の議員であったジェイムソンはガンディーに言った――「きみたちインド人は戦争のことはなにも知らない。きみたちは軍隊の足手まといになるだけだろう。きみたちはわれわれの助けになるどころか世話にならなければならんだろう」と。「しかし」とガンディーは抗弁した――「わたしたちにできることはなにもないとおっしゃるのですか。わたしたちは病院にかかわる通常の奉仕者たちの仕事もできないとおっしゃるのですか。たしかにわたしたちは、高度な知識を必要とする仕事を求めているのではありません」。ジェイムソンは答えた――「それは無理だ。そういう仕事には訓練が必要なんだ」。インド人たちの申し出が承認され、インド人野戦衛生看護部隊の結成を見たのは、ブラー将軍［イギリス軍総司令官］の部隊がトゥゲラ河畔《かはん》で多数の死傷者を出し、イギリス軍の士気がすっかり落ち込んだときであった。部隊は約千百名のインド人から成り、英印教団のブース博士を医療隊の最高責任者として迎え、ガンディーが事実上の指導にあたった。部隊はコレンゾーの戦闘の前夜に前線に到着し、そこで奮闘的な一週間を過ごした。つぎの召集はスピオンコップの戦闘の前夜に届いた。部隊はおよそ三週間にわたって戦場にとどまった。火線［戦闘の最前線］の外で負傷兵たちをひき受けて、二十マイルほど離れた野営基地まで担架で運ぶのが「運び屋《ベアラー》〔担架兵〕たち――この言葉はインド人野戦衛生看護兵たちを指すものとして知られていた」の任務であった。奉仕活動の条件として、インド人兵には火線内での活動は求められていなかったが、兵士たちが嬉々《きき》として火線内活動に従事したこともいくたびかあった。

『プレトリア・ニューズ』紙の編集長ヴィア・ステントは、戦場におけるガンディーについて、このような描写を残している――「屈強な男たちをも粉々に打ち砕くような一夜の仕事のあとで、筆者は早朝、ガンディーが軍隊用の規格のビスケットを食べながら、道路脇に坐っているのに出くわした。ブラー将軍の部隊全員が弱りはてて気力を失っていた。彼らはなにもかも心から呪いたい気分であった。ところが、ガンディーの態度は冷静で、楽しげであり、会話は自信にみち、目にはやさしささえみなぎっていた」。

インド人野戦衛生看護部隊は千百名から成っていたが、そのうち、三百名が自由なインド人、残りが年季契約労働者であった。それは、法廷弁護士あり、会計士あり、職人あり、労働者ありといった寄せ集め集団であった。そうした雑多な人間集団をまとめ、彼らが迫害者とみなしてきた人たちへの奉仕の精神を説くのが、ガンディーの役目であった。

インド人野戦衛生看護部隊の活躍は、ブラー将軍の勲功報告書にも公表され、三十七名の指導者たちに従軍勲章が授けられた。インド人の努力はボーア戦争におけるイギリス側の勝利に寄与したものと考えられたが、そのことは、ガンディーがいち早く気づいていたように、たいして重要ではなかった。それは、迫害されてきた少数民族の目からすれば、巧妙なゼスチャーにすぎなかったからである。しばらくは、インド人たちは「帝国の息子たち」などとヨーロッパ系の新聞で書きたてられてのぼせあがっていた。また、個人的にガンディーに讃辞を呈した人びとのなかには、一八九七年にガンディーのリンチ事件を起こしたダーバンの反インド人デモの首謀者たちが数多く名を連ねていた。

戦争の決着がもはや疑いなくなったとき、政治的な風向きの変化によってインドへの帰国が可能になったと、ガンディーは判断した。ナタールのインド人たちは不承不承《ふしょうぶしょう》、彼の帰国に同意した――一年以内に、彼らがガンディーを必要とするときには、かならずもどってくれるとの条件付きで。

一九〇一年暮れに、ボンベイ港に上陸したガンディーは、インド国民会議党のカルカッタ大会に間に合った。彼は会議党の宿営施設《キャンプ》のお粗末な組織にショックを受けた。衛生状態はまさに伝染病の伝播にはもってこいであった。インド人政治家たちのあいだではほとんど顔が知れていなかったので、ガンディーはだれにも気づかれずに自由に歩きまわることができた。そして持ち前の謙虚さをもって、会議党の「事務員兼小使い《ベアラー》」として事務局に奉仕することができた。彼は南アフリカのインド人たちの状況についての決議案を、国民会議党大会に提出することを考えていた。ガンディーは党大会後の一か月ほどをゴーカレとともに過ごした。ゴーカレのガンディーにたいする思いやりのある関心は、一八九六年にガンディーがインドに一時帰国したときの初対面以来、けっして失われることはなかった。ガンディーをインドの社会活動に迎え入れることをゴーカレは望んでいた。二人のあいだには互いに相手を尊敬する強い絆があった。ゴーカレはガンディーの誠実さと熱意、手法に感服していた。いっぽうガンディーは、ゴーカレの祖国への非のうちどころのない献身的態度に魅了されていた。

この間、ガンディーは、急ぎ足でラングーン〔旧ビルマ（現ミャンマー）の首都〕を旅した。彼はそこで黄金のパゴダ〔塔〕を訪ね、仏教僧たちにも会った。そして、「ビルマの女性たちの自立性とエネルギー」を、また「男たちの怠惰ぶり」を目の当《ま》たりにした。カルカッタにひき返し、郷里のラージコートへの汽車旅の途中、ベナレス、アーグラー、ジャイプル、パーランプルをめぐった。彼は三等車の旅を選び、ほとんどは「ダルムシャーラー〔巡礼者などを宿泊させる宗教的施設〕に泊った。旅はけっして快適とはいえなかったが、お蔭で三等車の乗客たちの苦痛と、ヒンドゥーの巡礼地を堕落させていた腐敗の実状をその目で見ることができた。

しばらくラージコートの裁判所で仕事をしたのち、ガンディーはボンベイへ移った。ゴーカレは彼に同地に落着いて、インド国民会議党の業務に手を貸してくれるよう求めた。彼はサンタクルーズの住み心地のよいバンガロー〔周囲にベランダをめぐらせた平屋〕に引っ越し、早速弁護士業を開始した。ゴーカレは喜んだ。たいして強力とはいえない愛国者集団に、有能で熱意のある同志が加わったからである。しかし、ガンディーとゴーカレの計画は、南アフリカから届いた一通の電報ですべて帳消しになってしまった。電報は、インド人居住民たちが直面している危機的な問題を指導すべく、ガンディーに南アフリカへの復帰を要請するものであった。

緊急呼び出しの趣旨は、イギリス内閣の植民地相チェンバリン〔第一次世界大戦中、インド担当国務大臣、のち外務大臣などを歴任、一九二五年にノーベル平和賞を受賞した〕の同国訪問であった。それは、インド人居住民たちの以前からの、と同時に新しい苦情を陳情する好機であった。

ボーア戦争が勃発したとき、イギリスの戦時国務大臣であったランズダウンは、ボーア人たちのあらゆる悪行のなかでも、とりわけトランスヴァールの「英国臣民であるインド人」にたいする処遇ほど悲憤をおぼえるものはない、と言明した。トランスヴァールやオレンジ自由国のボーア人政府は、彼らの人種的傲慢さを隠すことなく、インド人にたいする差別法を平然と立法化した。しかし彼らは、あまりにも多くの偏見――それらは彼らの存在を頻繁に脅かすことになった――をいだいていたために、［かえって］制定した法律を実際に施行することができなかった。

ボーア戦争が終結した［南阿戦争の結果、ボーア人のトランスヴァール共和国、オレンジ自由国の両国はイギリス支配下におかれた］とき、イギリス政府はボーア人の法令書を総点検する委員会を設置し、英国憲法の精神と矛盾する、あるいはヴィクトリア女王の臣民の権利にそぐわぬ法令を廃止した。［しかし］委員会は、「臣民の権利」を「白人臣民の権利」というふうに解釈した。こうしてインド人たちは、改革法のかやの外に置かれたのである。事実、ボーア人体制下で決められた反インド人法は、すべて法律便覧に収録されたままであった。一九〇四年にインド国民会議党の議長を務めたサー・ヘンリー・コトンは明言した――「トランスヴァールのイギリス人支配者たちは、イギリス人特有の精力と確実さをもって、ボーア人の法律を遂行する仕事に専念した。インド人居住民を扱うにあたっては、彼らの小指はクリューガー氏［トランスヴァール大統領］の腰よりも太く丈夫であった。クリューガー氏が鞭《むち》をもって折檻《せっかん》するところでは、イギリス人たちはサソリ［拷問］を用いたのである」。主としてインドで勤務してきたイギリス人行政官たちを配属した新しい部局が、トランスヴァールのアジア人を担当するべく設置された。同局は、官僚主義的独裁主義の手先き機関となり、戦争直後に政府がよく利用した非常事態対処権を利用して、トランスヴァールに長年居住し、戦争の勃発で一時的に同国を離れてきた帰還難民の締め出しをはかった。

一九〇二年十二月にダーバンに上陸したとき、ガンディーは、いまやインド人たちはナタールで彼らの手にかけられた古い鎖からとともに、トランスヴァールで鋳造された新しい鎖からも解放されなければならないことを知った。彼はナタールのインド人代表団を率いて、ダーバンで植民地相に面会した。チェンバリンは例によってインド人代表たちの話に「辛抱強く耳を傾けた」が、そもそも植民地は自治統治だから、インド人は［白人］入植者たちとよく話し合うのがよかろう、と主張した。

植民地相［チェンバリン］はナタールからトランスヴァールを訪問することになっていた。ガンディーは旧友のダーバン警察署長アレグザンダーをとおして、トランスヴァールのインド人問題を植民地相に訴えるために、同国への入国許可証を入手していた。ところがトランスヴァール政府は、植民地相を待っていたインド人代表団の名簿からガンディーの名前を削除していた。これはたんにガンディー個人にたいする侮辱であったばかりでなく、トランスヴァールのインド人たちを待ち受けていたものの前触れであった。

彼がインドから呼びもどされた任務――すなわち植民地大臣との会見は終了した。ガンディーにとっては、家族のもとに帰りたいという衝動とともに、インドでの職業的・社会的活動への誘惑は大きかった。しかしいっぽう、南アフリカのインド人社会の危機はあまりにも明白であり、彼にたいする人びとの期待はあまりにも大きかったので、彼は手前勝手な逃亡を先延ばしすることを決意した。「思えば」一八九三年にガンディーは一年間の契約で南アフリカに渡ってきたのだった。以来、八年間を同地で過ごした。そしていま一九〇二年に、半年間だけ祖国に帰り、ふたたび来たる十二年間をこの地にとどまろうとしていたのである。彼は、「群がる暗雲が霧散《むさん》するまでは、あるいはわたしたちが対抗手段のすべてを出し尽くしてなお、つぎつぎに現われる暗雲のすべてを一掃するまでは」、南アフリカに踏みとどまって生活しなければなるまい、と腹をくくった。

彼は自らすすんでトランスヴァール高等裁判所の事務弁護士《アトーニ》として登録し、ヨハネスバーグに事務所をかまえた。以後そこは、ガンディーの「政治活動の」拠点となった。

新しい局面がガンディーの人生にひらかれた。ナタールとトランスヴァールというヨーロッパ人たちの植民地における人種差別的・反インド人的政治——それは、イギリス人がボーア人に勝利したことで撤回されるどころか、かえって強化されることになった——から新しい刺激を受けた。インド人たちは、白人との平等のためにではなく、基本的人権のために闘わなければならなかった。「なににもまして」彼らは、四半世紀以上にわたって営々と働きつづけ、ようやく手に入れた利権の保持のために闘わなければならなかった。また、闘いはどれほど長びくのか、先は見えなかった。ガンディーは闘争を指導する責任をひきうけるにあたり、背水の陣を敷いた。言いかえると、自分自身の人生のことも家族のことも、これから始めようとしている大義とくらべれば、なにほどのことではなくなった。彼の生活は、外見や様式ばかりではなく、新しい価値を身につけることでも、大きく変化した。

この変化の物語は、物語そのものの興味深さだけではなく、二つの大陸での公的かつ社会的活動で、ガンディーに独自《ユニーク》な役割を果たさせることになる、彼の道徳的・精神的な力の原動力を発動させることになった。

第8章　宗教の探究

ガンディーの父カラムチャンドは、ポールバンダル、後年はラージコートで宰相《ディワーン》を勤めたひとかどの人物であったが、気質的にはほとんど精神的世界とは無縁の世俗の人であった。しかしながら父は、彼の年代と階層の人びとの心得としての宗教的教養は持ち合わせていた。長い闘病生活のあいまに、父はときおりヒンドゥー教の学者や、ジャイナ教の僧侶、パールシー〔拝火教徒〕やムスリム〔イスラーム教徒〕の聖職たちをベッドの傍らに招いて宗教論を討議することがあった。父の介護にあたっていたモーハン〔少年時代のガンディーの愛称〕は、しばしばそうした議論の場に居合わせた。彼は宗論の内容にはほとんどついていけなかったが、異なる宗教の信者たちが友好的な討論を交わしているという光景は、寛容の精神の早期教育には役立った。

ガンディーの母プタリーバーイは、どっぷり宗教にひたっていた。彼女の生活は、断食と宗教儀礼の際限のない繰り返しであった。とはいってもガンディー家では、宗教上の慣例的な教育方針はなかった。このことは、道徳や宗教問題への関心が、どう控え目に見ても「早熟」であったモーハンのような子どもにとっては重大な欠陥であった。宗教儀式のきらびやかさや華やかさは、彼の心を満足させてくれなかった。父の蔵書を読んでいたとき、彼は創造神話『マヌスムリティ〔マヌ法典〕[★14]』に出くわした。しかしそれは、どう読んでも眉つば的な作り話に思われたが、家人のだれも彼の疑問を解く暇《いとま》はなかった。少年の混乱は増すばかりであった。そして、家庭《いえ》の慣習とはうらはらに、肉食をすることは法の賦与《ふよ》者マヌに許されることのように思われた。少年の心は無神論へとひかれはじめた。そしてそれが、すでに述べたように、いっさいの権威にたいする彼の青少年期の反抗の一部となった。

十九歳でロンドンに渡ったときのガンディーの自宗〔ヒンドゥー教二大宗派の一つヴィシュヌ派で、ヴィシュヌ神（クリシュナ神）を信仰する宗派。なお、他はシヴァ神を崇拝するシヴァ派〕についての知識は、このうえもなく貧弱なものであった。ある種のとまどいを感じながら、彼は神智主義者の友人の紹介で、サー・エドゥイン・アーノルドの『天上の歌〔『バガヴァット・ギーター』の英語訳〕』を読んだ。それまで彼は、サンスクリット語の原典はおろか、母語のグジャラート語でも『バガヴァッド・ギーター』を読んだことはなかった。こうしてガンディーは、彼の「精神の指導書」となった一冊の書に導かれたのである。サー・エドウィンのもう一冊の著書『アジアの光』――ゴータマ・ブッダの生涯と出家と教説の物語――も、ガンディーの心を深く感動させた。

ガンディーは神智協会[★15]には参加することはなかったが、協会の文献は彼の宗教への関心を刺激した。

またイギリスでは、一人の熱心な菜食主義者の友人に『聖書』を読むよう勧められた。とりわけ『新約聖書』の「山上の垂訓〔「マタイ福音書」五～七章に伝えられるイエスの教説〕」は、じかに彼の心に響いた。「しかし、わたしは言っておく。悪人に手向かってはならない。だれかがあなたの右の頬を打ったら、左の頬をも向けなさい。あなたを訴えて下着を取ろうとする者には、上着をも取らせなさい」という『聖書』のことばは、ガンディーに子どものころよく唄った、グジャラート語の詩人シャムラール・バットの詩句を思い出させた――

一椀《いちわん》の水が欲しければ、　おいしい食事を与えなさい、
やさしい挨拶のおじぎが欲しければ、　熱意をこめて跪《ひざまず》きなさい、
一枚の銅貨には　金貨をもって返しなさい、
おまえの生命を救いたければ、　生命を惜しんではならない、
ここに賢者の言葉と行ないは成り立つ、
小さな献身のたびごとに　彼は十倍の報酬《むくい》を受ける、
しかし　ほんとうに心の気高い人は　人みなが一《ひと》つであることを知っている、
そして　悪をこうむろうとも　よろこんで善をもって返礼する。

『聖書』とブッダとバットの教えは、彼の心のなかで融《と》け合っていった。憎しみにたいして愛を、悪意にたいして善意をもって応えるという思想は、ガンディーをすっかり夢中にさせた。彼はまだ完全にはその内容を理解してはいなかったが、その思想は、感受性豊かな青年の心のなかで発酵しつづ

けた。ガンディーがイギリスを去るまでには、一時は若げのいたりで踏み迷っていた「無神論というサハラ砂漠[※7]」を渡りきっていたのである。

南アフリカでの最初の一年間に、ガンディーは何人かの熱心なクエーカー教徒［キリスト教の一派で、質素な生活と絶対平和主義を説く］と知り合いになった。彼らはガンディーの宗教的傾斜を感じとって、彼をキリスト教に勧誘しようと考えた。彼らはキリスト教の神学書や歴史書をつぎつぎに惜しみなく与え、話を聞かせた。そして、彼とともに、あるいは彼のために祈ってくれるのだった。ついに彼らは、大勢の信徒たちの感情の高揚に彼の心が影響されるのを願って、プロテスタントの信者たちの大会にガンディーを連れて行った。ガンディーは、クエーカー教徒たちの人格の高潔さに惜しみない讃辞をおくったが、彼にはヒンドゥー教を捨ててキリスト教に改宗しようという、内的な必然性を感じることができない旨を穏やかに、躊躇《ちゅうちょ》なく言ってのけた。

このことは、キリスト教徒の友人たちには、彼がまさに改宗の一歩手前にあると思わせたが、どうした理由《わけ》か、彼らはそれっきり身をひいた。異国でのクエーカー教徒たちの改宗の勧めは、疑いもなく彼に強烈な印象を与えた。しかし彼は、ロンドンで神智協会に入会することを急がなかったように、プレトリアでもキリスト教徒になることを急がなかった。彼のヒンドゥー教についての知識はまだまだ浅薄なものではあったが、自分の生まれついての宗教に強い感情的な絆を感じていた。クエーカー教徒の友人の一人であったコウツが、ヴァイシュナヴァ［ヴィシュヌ］派の信者が吊るしている珠数玉《じゅずだま》の頸飾《くびかざ》りを捨てるように勧めて、「こんな迷信はあなたらしくありません。さあ、頸飾りなんか断ち切りましょう」と言ったとき、ガンディーは答えた――「いや、それはできません、これは母からもらった贈り物ですから」と。「しかしあなたは、そんなものを信じているのですか」と、コウツがたずねた。「わたしには、その不可思議なご利益のことはわかりません。それを身につけていないと、禍《わざわい》がふりかかるとは思いません。ただ、母が愛情をこめてわたしの頸にかけてくれた頸飾りを、これといった理由もなく捨て去るなど、わたしにはできません」[※8]とガンディーは答えた。頸飾りは、彼にとっては象徴であった。彼は、これといった理由もなくヒンドゥー教を放棄できなかったように、頸飾りを捨てることができなかったのである。なぜなら、ヒンドゥー教も頸飾りも愛する両親から引き継いだものであったからである。また、キリスト教のある側面――イエスの生と死、山上の垂訓、知り合いになった何人かのキリスト教徒たちの澄んだ純潔さ――には彼の心に訴えるものはあったが、「いっぽう」どうしても納得のいかない別の側面もあった。少年のころ、ガンディーはラージコートの町角で、キリスト教の宣教師がヒンドゥーの神々や女神たちを茶化して笑いものにするのを聞いたことがあった。それからまた、ガンディー家が所属していたヴァイシュナヴァ派社会では恐るべき罪とみなされていた肉食や、喫煙、飲酒などもキリスト教への改宗問題と結びつけて考えた。ナタールで生まれ、キリスト教に改宗したインド人労働者たちの子どもがヨーロッパ人牧師にあごで使われていることにもガンディーは気づいていた。

　こうした改宗話とは別に、ガンディーは教義論とでも呼ぶべき問題に直面した。彼は、世に流布している信仰とは相容れないキリスト教の解釈に遭遇したのである。それは、トルストイの『神の王国《くに》は汝らのうちにあり』を読んだときであった。ガンディーはそこから、かつてクエーカーの友人たちが彼に借し与えてくれたすべての本からよりも多くを学んだ、と感じた。トルストイは、大衆にたいする教会の権威を維持するために、真のキリスト教の教えを歪めたとして、キリスト教のすべての教派の教会を弾劾し、イエスの教えとキリスト教徒の現実生活との矛盾に痛烈な具眼を向けたのだった。比較的初期の作品『わが信仰は何にあるか』のなかでトルストイは、［イエス］キリストはたんに礼拝や個人の［魂の］救済を説く一宗教の開祖であるばかりではなく、キリストの教えは哲学的・道徳的・社会的な原理を世に成さしめるものであることを主張した。このようなキリスト教無教会派主義的な考え方は、クエーカーの友人たちが試みた思想教化にたいする有効な反論であった。ガンディーには、キリスト教のある種の基本的な信仰はどうしても受け容れがたいものに思われた。彼は歴史上のイエスを信じることはできなかった。「神は一千九百年前にだけ十字架を背負ったのではなく、今日も十字架を背負っているのだ」と、彼は言った。また彼は、イエスは十字架の死と血によって世界の罪を贖《あがな》ったとする教義にも同意できなかった。ガンディーによれば、世界が求めているのは罪の結果から贖われることではなく、罪そのものから贖われることであった。彼はキリスト教を唯一の真《まこと》の宗教だとする排他的な主張を認めることはできなかった。彼には「イエスひとりを神の座に据える」ことはできなかったのである。「イエスがわたしの人生に少なからぬ影響を与えたことは言うまでもない。なぜならわたしは、イエスを神の産みたもうた多くの息子たちの一人として崇敬しているからである。『産みたもうた』という語は、わたしにとっては特別に深い、おそらくは字義的な意味よりも深遠な意味をもっている。わたしにとって、それは精神的なものの誕生を意味するからである」[※9]。

一九〇一年に、ガンディーは「啓蒙」を求めて、ある高名なインド人キリスト教徒を訪ねたが、そのときはすでに改宗の可能性は失われていた。彼は自らの宗教［ヒンドゥー教］をも含めて、他宗教を研究しはじめていた。そして、すべての宗教は正しいが、そのどれもが不完全である、なぜならいずれの宗教も「［人間の］未熟な知性をもって、またときには未熟な心をもって解釈されており、そのうえ、しばしば誤解されているからである」との結論に到達していた。カーライルの『英雄崇拝』[★16]の論文「預言者としての英雄」は、ガンディーをはじめてイスラーム教へと導いた。つぎにガンディーは『コーラン』［イスラーム教の聖典］の翻訳と、ワシントン・アーヴィング［代表作『リップ・ヴァン・ウィンクル』で知られる十九世紀アメリカの文学者］の『預言者ムハンマド』の生涯を読み、偉大な預言者の清貧と敬虔さに、また預言者とその初期の弟子たちが、つぎつぎに襲いかかる屈辱と苦難に敢然と立ち向かった勇気に心をうたれた。

キリスト教やイスラーム教にかんする書物は南アフリカでも容易に入手できたが、ヒンドゥー教の文献は本国インドから取り寄せなければならなかった。ガンディーは宗教問題について、畏友《いゆう》のラーイチャンドバーイ[★17]と文通を始めた。この友人は忍耐強くガンディーに助言を与え、ヒンドゥー教の「思想上の独自な精妙さや深遠さ、その魂《こころ》の洞察力《ヴィジョン》や清澄《せいちょう》さ」の探究を勧めてくれた。ラーイチャンドバーイの学識豊かな説明は、ガンディーのヒンドゥー教への感情の絆を強化し、キリスト教徒の友人たちから洗礼を受ける日が間近いと思われていた時期にも、ヒンドゥー教への信仰をゆるがぬものにしたのだった。

なんといっても最終的に、彼の生涯に最大の影響を与えたと同時に、ヒンドゥー教との強固な絆を形成したのは、聖典『バガヴァッド・ギーター』〔第2章★3参照〕である。ガンディーは『ギーター』を一八九〇年〔二十一歳のとき〕に、サー・エドウィン・アーノルドの〔英語の〕韻文訳『天上の歌』で読んだ。南アフリカでは、他のいくつかの翻訳を原典〔サンスクリット語〕といっしょに学んだが、以来『ギーター』は彼の日々の愛読書となった。彼は毎朝トイレで詩句を一つずつ暗唱し、ついに詩句全部をそらんじてしまった。『ギーター』がその一部をなす大叙事詩『マハーバーラタ』は、カウラヴァとパーンダヴァ両族の対立と抗争を物語の軸とし、ついにクルクシェートラの戦場で両族が最終的に対決するという筋書きで、すくなくとも二千五百年にわたって語りつがれてきた物語である。ガンディーは初めから、叙事詩は歴史的な物語ではなく、寓意的《ぐういてき》な作品であると考えていた。『ギーター』の真の目的は——ガンディーが理解していたとおり——自己実現〔悟り〕の目標を指し示すことであり、結果を惧《おそ》れず、報酬《むくい》を求めぬ「無私の行為」こそが目的を達成する方法《みち》であることを教えるものである。ガンディーは、広い意味での非暴力の原理を固持せずして、この「無私の行為」はありえぬと考えていた。ガンディーは、「進め、そして従兄弟《いとこ》たちを迎え撃て」というクリシュナ神の、戦士アルジュナへの勧告を、詩的表現のままには受けとっていなかった。すなわち、クルクシェートラの戦場は、すべての人間の心中に荒れ狂う善と悪との葛藤の象徴にすぎず、ドゥルヨーダナ〔パーンダヴァ軍と対立するカウラヴァ軍の百五王子の長兄〕と彼の軍隊は、人間の卑俗さの衝動を、〔これにたいして〕アルジュナと彼の軍隊は人間の高貴さの衝動を、そしてクリシュナは「人間の内面《うち》にやどるもの」の象徴と理解された。『マハーバーラタ』の物語をそのまま字句どおりに理解すべしと主張する人たちに向かって、ガンディーは説いた——たとえ物語が額面どおりに受けとられるとしても、『マハーバーラタ』の作者は暴力の無益さをこのうえもなく明白な方法で論述したのである、すなわち戦争というものは、勝利者たちを敗北者たちと変わることのない、共通の荒廃の結果へとみちびくものである、と。

『ギーター』についてのこの見方は、伝統的な研究家たちの見解とも、またバール・ガンガダール・ティラク〔第６章★12参照〕やシュリー・オーロビンド★18といった権威たちとの解釈ともいちじるしく対立していた。クルクシェートラの戦闘の歴史的な記録を否定するのは、学者たちに言わせれば、事実に顔をそむけることであり、学者たちは、ガンディーが自らの非暴力の教説に都合のよいように『ギーター』を曲解したのではないかとの、意地悪い疑念をいだいていた。そして彼らは、ガンディーの『ギーター』観は、『新約聖書』の研究、とりわけ「山上の垂訓」の研究によって色づけされたものだと考えていた。

「山上の垂訓」の——「だれかがあなたの右の頬を打つなら、左の頬も向けなさい」〔「マタイ伝」五—39〕という一節は、ガンディーが学生時代にはじめてこの聖句に出会ったときに、しっかりと彼の心に刻みこまれたのだった。しかし、ヴィンセント・シーアン〔アメリカのジャーナリスト、作家。著書『妙なる道しるべの光』は、ガンディーを描いた好著。なお本文引用は、原註によると同書二九一ページ〕がくしくも指摘したように、「ここからガンディーの思想を『ギーター』のキリスト教的解釈ではなかったかとする仮説は不当な誤りである。もし読者が、クルクシェートラの戦場を人間の心とするガンディーのそもそもの思いきった飛躍的解釈を認めるならば、その他の彼の解釈はすべて『ウパニシャッド』の思想体系と『ギーター』の原典のなかにある。この思い切った飛躍的解釈の論拠は、『ギーター』そのものの長年にわたる研究によって示された自明の（たしかにガンディーにとっては自明の）真理を直観することにもとづくものである」。

　ガンディーは『ギーター』の詩節の一つを解明するのに、何時間も時間を費したが、彼は自分が学者ではないことはよく知っていた。しかし彼は、『ギーター』を学者たちの研究対象の書とはみなしていなかった。『ギーター』のメッセージは生きるためのものである――「『ギーター』の字句どおりの解釈によって、戦争は（行為の）結果にとらわれることのない『放擲《ほうてき》』の精神と両立しうることを認めようではないか。ギーターの教えをわたし自身の生活において完全に実践しようとの四十年にわたる不断の努力のあと、わたしはこのことを心底から謙虚に痛感している――しかし完全な放擲は、どんなことがあろうとも、完全なアヒンサー〔非暴力〕の遵守《じゅんしゅ》なくしては不可能である[※10]」と。

　ガンディーはどんな書物も――それがどんなに神聖な書物であっても、時間と空間を超えて、ただ一つの解釈しかありえない、というようなことは認めなかった。偉大な著作の存在意義は、それが「発展途上」にあるということである。もし『ギーター』の筆者が「無私なる行為」と暴力の矛盾に気づいていなければ、ガンディーは彼なりの判断をくだすこともやぶさかではなかった。

『ギーター』はガンディーの「精神の辞典」であり、「誤ることなき」行為の指南書であった。「わたしは「わたしの心の」地平線上に一条の光明が見えなくなると、『バガヴァッド・ギーター』を繙《ひもと》き、わたしを慰めてくれる詩節を探し求める。わたしはすぐに、わたしを圧倒するような悲痛なきわみのただなかで微笑をうかべる。わたしの人生は傍目《はため》には、つらいこと、悲劇的なことにみちみちている。しかしそれらが、一見わかるような拭いがたい印象を残していないとすれば、それこそ、『バガヴァッド・ギーター』の教えの賜《たまもの》である[※11]」。

「無所有（aparigraha）」と「平静さ（sambhava）」という［『ギーター』の］二つのことば［思想］は、ガンディーに無限の視界をひろげた。「無所有」とは、精神生活を妨げる物質への執着を棄《す》てて、金銭や財産や性への束縛を断ち切り、自らをすべてに執着する所有者としてではなく、受託者とみなさなければならないとの謂《いい》である。また「平静さ」は、苦痛や喜び、勝利や敗北、成功への希望《のぞみ》や怖れをいだかぬ働き、ひとことで言えば、「行為の結果」に左右されない仕事を要求する。このときはじめて彼は、「無礼で、傲慢で、不正な役人たちや、意味もなく対立する昨日の朋友《とも》たちと、つねに変わることなく彼を支えてくれる同志たち」とを分けへだてすることなく、それぞれに向かい合うことができたのである。後年ガンディーは、キリスト教の宣教師の一団にうちあけた――「わたしの知っているヒンドゥー教は、わたしの魂《こころ》を完全に満足させ、わたしの全存在をみたしてくれます。そしてわたしは『バガヴァッド・ギーター』のなかに、『山上の垂訓』のなかにさえ見出せなかった慰《い》藉《しゃ》をおぼえるのです」と。生きとし生けるすべての生命《いのち》はひとつであるというヒンドゥー教の信仰は、彼自身のアヒンサー［非暴力］への信仰を確認し、支えとなった。彼はヒンドゥー教のすべての教義や儀礼をよしとして受け容れたのではなかった。彼はすべての宗教のすべての教義信条に「理性の辛辣《しんらつ》な考査《テスト》」を適用した。非人間的、あるいは不正な慣習を正当化するために聖典の認可が引き合いに出されるとき、ガンディーは率直に不信感を表わした。「女性には自由はない」という句は、法の賦与者マヌ（第8章★14参照）の言葉とされているが、ガンディーはこれをなにものかによって改竄《かいざん》されたものだと考えていた。そうでなければ、マヌの時代には、女性はしかるべき地位を与えられていなかっただけだと、ガンディーは言ってのけた。同様に、『ヴェーダ』の聖句を引き合いに出して不可触民制を擁護する人たちに向かって、ガンディーは痛烈な非難の言葉をあびせた。彼のヒンドゥー教は、最終的につぎのようないくつかの基本的信仰に還元された――すなわち、神を実現〔体得〕する方法としての、最高神〔実在〕への信仰、生命あるいっさいのものの同一性への信仰、愛〔アヒンサー〕の価値への信仰がそれである。この根本宗教には、排他性や不寛容の入りこむ余地はなかった。彼の宗教観によれば、ヒンドゥー教の美点の一つは、「世界のすべての預言者たちを迎える余地がある、ということである。それは通常の言葉の意味での宣教的宗教ではない……。ヒンドゥー教は万人に「他宗教の人びとにも」自分自身の信仰、すなわち自らのダルマ〔法〕にしたがって神を崇敬せよと教える。それゆえヒンドゥー教は、すべての宗教と平和裡に共存することができる」――これが、ガンディーの目に映じたヒンドゥー教の美徳であった。

　彼は改宗を強要する「非宗教的な投機」にたいして、キリスト教の宣教師たちに苦言を呈した。人をよきキリスト教徒、よきムスリム、よきヒンドゥーに導くのは、経文の読誦や祈禱の形式ではなく、人が生き生き方そのものである。それゆえ、魂を救ってやろうという宣教師たちの勧誘は、ガンディーには僭越《せんえつ》に感じられた。ガンディーはアッサムの原住民や山岳住民〔インド北東部の高原地帯に住むモンゴロイド系民族〕たちについて言った――「わたしは〔彼らと同じ〕裸で彼らのところに行く以外に、何を持って行けばよいのでしょうか。わたしは彼らに、わたしの祈りに加わるよう求めるよりも、むしろ、わたしが彼らの祈りに加わろう」。

比較宗教学の研究、神学書の散読、学識者たちとの対談や文通をとおして、ガンディーは、真の宗教とは知性よりも心の問題であることを、また純粋な信仰とは、人が実際に生きる信仰である、との結論に到達した。このことはスウィフト〔『ガリヴァー旅行記』『書物の戦争』などで知られるイギリス十八世紀の諷刺《ふうし》作家〕の言う、互いに愛し合うにたる宗教ではなく、憎み合うだけの宗教しか学ばなかった人たちには、とうてい理解のおよばぬところである。ガンディーは彼の生涯に、さまざまなレッテルを貼られた――たとえば、サナータニスト（正統派）・ヒンドゥーとか、背教的ヒンドゥー、仏教徒、神智学協会員、キリスト教徒、キリスト教に感化されたモハメダン〔イスラーム教徒〕等々である。彼はそのすべてであったと同時に、それらすべてを超えていた。彼は、宗教間の教義や形式の奥に内在する一致《ユニティ》を見ていた。彼は、キリスト教への改宗によって魂の救済を勧めたある人に宛てて書いた――「神は小さな穴を通してのみ近づくことのできる金庫に収められているのではありません。神は、心つつましく清らかな人ならば、だれでも通れる幾千万の穴を通して近づくことができるのです」。

第9章　変　身

一八九一年にイギリスから帰国したとき、ガンディーは、インドの若き法廷弁護士《バリスター》なら実際にそうするものだと思われていたように、生活様式の「近代化」を始めた。オートミールの粥《かゆ》、ココア、西洋式の家具、洋服などは、ガンディーの大世帯の増えるいっぽうの出費に加わった「改革費」のいくつかであった。しかもガンディーは、収入面ではほとんど家計に貢献できなかった。それでも法廷弁護士のスタイルは、いかなる犠牲を払っても維持しなければならなかった。一八九三年に船でダーバンに渡ったときも、彼は一等船客の切符が手に入らないとなると、甲板客として旅する不名誉よりも、船長室に詰めこまれる不便を選んだのだった。南アフリカで体験した屈辱は、いっそう身にこたえた。なぜなら犠牲者たち［インド人住民］は、彼が西洋教育を受け、インナー・テンプルの法廷弁護士の地位にあることを知っていたからである。

妻と二人の子どもがナタールへ同伴したときにも、彼らはヨーロッパ服のつぎに「近代的」と考えられていたパールシー［拝火教徒］の衣服に着替えなければならなかった。彼らはカーティヤーワール地方の服装や食事の気軽さに慣れていたので、そうした変化を受け容れるよう説得するには、骨が折れた。ガンディーは後年、彼らをうんと言わせたのは、彼の論理ではなく、［家長の］権限であったことを認めている。

トルストイは、転向［＝回心、五十歳前後からトルストイの作品は宗教的傾向を強めていった］以前の彼の人生哲学は、「生命や自然より賢くなろうとはせずに、自分自身と家族のために最上のものを手に入れるべく生きることであった」。ガンディーもまた［トルストイ同様］「［宗教的な］回心」を体験したが、その後のまだ［完全に］悔い改めていなかった年月のあいだにおいてさえ、彼は自分自身や家族のために生きることはなかった。ヨハネスバーグでもダーバンでも、彼は千客万来用にテーブルを解放していた。彼の事務員や若い弁護士たちも通常彼と起居をともにし、家族のメンバーとして遇されていた。そのうえ、常時彼の家にはヨーロッパ人やインド人の客［居候］たちがいた。妻にとっては、こうした同居生活者たちはしばしば頭痛の種であった。『自叙伝』には、このような一場面が活写されている――カストゥルバーイは、パンチャマ［第五のカーストの意で、不可触民階層を指す］を両親にもつキリスト教徒の事務員の便器を洗うのを拒んだ。妻の偏見は夫ガンディーにはまったく理由なきものに思われた。嫌な仕事をただこなすだけではなく、嬉々としてやるべきであり、それが嫌なら、その仕事は夫にまかせるべきだと彼は主張した。彼の道徳熱は、怒りで彼を盲目にしていた。そのことが、どんなに妻の心に負担になっているか、彼にはわからなかった。後年ガンディーは、「しかしわたしは、愛妻家であったと同時に残忍な夫でもあった」と記している。

彼自身書いているように、「居心地のよい気楽な」時代にあっても、金をかせぐことにはそれほど興味はなかった。新進の法廷弁護士として、彼は家族の金庫を豊かにすることに寄与したいとは願ってはいたが、儲けはあっても道にはずれた仕事に手をそめようとは思わなかった。月収三千ルピーの業務をもつある弁護士から仲介人をとおして、不正な手数料を払えば［大口の］訴訟事件をまわしてやろうとの勧誘《さそい》を受けたとき、ガンディーは答えた――「わたしにはその人と張り合う必要はありません。わたしは月収三百ルピーで満足していなければなりません。父もそれ以上はかせいでいなかったのですから」と。ガンディーが七十ルピーの安月給で、ボンベイの高等学校の非常勤講師の職を求めてことわられたとき、彼の所持金は底をついていた。南アフリカに来てようやく、彼は自分が弁護士であることに気づいたくらいである。一八九四年に最低の契約料として約束された年棒三百ポンドから始まって、収入は着実に上昇し、最高時には年棒五千ポンドにまでなった。彼の公的生活は彼の職業を確立するうえでは助けとなったが、［いっぽう］それは、彼の時間にいちじるしく侵蝕した。彼は自分のもとに持ち込まれる訴訟事件のすべてをひきうけたわけではなかった。依頼人が間違っていれば、依頼人を擁護することを自分の職業的義務とはみなさなかった。裁判途上でも、依頼人が資料となるべき事実を隠蔽《いんぺい》していたことが判明すると、彼は法廷でもためらうことなく依頼人に弁護の拒否を申し出た。子どものころ、小さな盗みを率直に告白したことが、どんなにか父の心を動かし赦しを得たか、そしてそのことが彼自身に悔悟《かいご》の念をもたらしたかを、ガンディーはけっして忘れることはなかった。間違いは告白されなければならない、そして償《あがな》われなければならない、とガンディーは信じていた。ダーバンの富裕な商人で、ガンディーの近しい友人であったパールシー［拝火教徒］

のルスタムジーが、あるとき関税を脱税して窮地に立たされていた。そこで彼は、ガンディーに助言を求めた。ガンディーは依頼人の罪の弁護にとりかかろうとはせずに、この件ばかりではなく、他の疑わしい取り引きについても、隠し立てをせずすべてを告白し、税金も罰金も支払うよう勧めた。幸いなことに、最終的に悔い改めた商人は、彼の不正行為の告白状をしたため、それを額に入れて、子孫への教訓として壁に吊るしたという。

ガンディーは南アフリカで手がけた最初の民事事件から、裁判は通常、訴訟当事者は面子《メンツ》を、弁護士は報酬を失うのを懼《おそ》れるため、ぐずぐず長びくのだとわかった。彼の依頼人との関係は、金銭上のそれを超えていた。彼は職業上の問題や個人的な問題など、いろいろ助言を求められたが、相談は家計のやりくりから赤ん坊の離乳期にまでおよんだ。依頼人の何人かは彼の看護のもとで「水治療と土治療」を受けていた。そのうちの一人ルターワン・シンの名は、彼がドクター＝弁護士に仕掛けた罠によって『南アフリカにおけるサッティヤーグラハ闘争の歴史』★19の何ページかに消されることなく残されている。七十歳を過ぎた喘息持ちのルターワン・シンはガンディーのもとで断食とマッサージの治療を受けることになったが、治療中はきびしく禁煙を申し渡されていた。ガンディーは患者の回復の遅いのを気遣い、ある夜、患者に気どられないようルターワン・シンを監視できるところで寝ていた。真夜中、小さな焔が見えた。ガンディーが懐中電灯を点けると、ルターワン・シンはこっそり煙草を吸っていた。ルターワンは平謝りに非を詫び、治療中は二度と煙草を吸わないことを約束した。そして、医師《ドクター》［ガンディー］がおおいに満足したように、患者の病状はみるみる快方に向かった。

ガンディーと同世代の弁護士たちのなかには、たしかに彼より有能で豊かな人たちはいた。しかし、法律の仕事にたいする人間的な態度では、ガンディーに匹敵できる者はまずいなかった。依頼人が依頼料を支払わないときにも、ガンディーは法に訴えるようなことはしなかった。損失の責任は、自らの判断の誤りにあったと、ガンディーは言った。また、依頼人たちが日曜日でもおかまいなしにやってくることに苦情を言った同僚弁護士にガンディーは答えた――「貧して苦しんでいる人には、日曜日の休養はありません」と。

イギリスから帰ったあとの十年間には、二つの相対立する傾向が、ガンディーの内部で葛藤していた。一つは、世間一般の慣例、すなわちイギリス仕込みの法廷弁護士の生活水準に沿って生きたいという欲望であり、他は簡素な生き方を希《ねが》う内的衝動であった。ロンドンでガンディーは、放浪の学者ナーラヤン・ヘムチャンドラに会ったが、この人は生まれ故郷のドーティーとクルター〔ヒンドゥーの男性の着る腰布とシャツ〕を身にまとい、ほとんど金銭を所持せず、一つの大陸から他の大陸へと愉しげに漂泊していた。〔ガンディーの〕簡素な生活への憧憬《あこがれ》はまた、彼が日々読誦し、想いをめぐらせていた『ギーター』に由来していた。「無所有（aparigraha）」の理想は、日々つのっていった。なぜ自分は、「どうでもよい」非本質的なもので自らを妨げなければならないのか。たしかに彼には家族はあった。しかし神ではなく、彼が家族のことを慮《おもんぱか》るのは彼の身勝手な、過ぎた思いあがりではないだろうか。彼は、弁舌さわやかな保険勧誘員の巧みな勧めで加入した一万ルピーの生命保険を解約しようと決意した。ガンディーは必要品を切りつめ、中産階級の地位を保つために入り用と思われているものには、しだいに注意を向けなくなっていった。

ある日、ガンディーがワイシャツのカラーから糊《のり》をたらしながら現われたとき、それを見たダーバンの法廷は笑いの渦につつまれた。これは不注意な洗濯屋のへまではなく、ガンディーの初めての洗濯の実験のせいであった。またあるときは、裁判所の同僚弁護士たちは、彼の頭の虎刈《とらが》りをしげしげと眺めて、大笑いをした。そのとき彼は、白人の理髪師が彼の髪を切るのを拒んだので、［わたしが］自分の理髪師になったのだと説明をした。彼はまた、ある慈善病院で薬剤師としての訓練を受け、南アフリカのインド人たちのなかでいちばん貧しいとされていた年季労働者たちの診療に当った。彼は熱心に看護術や助産術の専門書を読んだ。そして、末っ子の誕生にあたって、約束していた助産師が［出産の］刻限に間に合わなかったときには、自ら産婆の役を果たした。理髪師、洗濯屋、薬剤師、看護師であるとともに、彼はまた学校教師でもあった。彼は他人の子どもたちが権利として受けられない教育を、自分の子どもたちに［弁護士の子弟という］特権として認めてよいとは考えなかった。そのために子どもたちは、ヨーロッパ人学校に入れてもらえず、ヨハネスバーグの事務所への行き帰りを父といっしょに歩きながら、父から学ぶわずかばかりの知識で満足しなければならなかった。

簡素生活への傾斜は、一九〇四年にすさまじい刺激とともに始まった。その年のある日の夕方、ガンディーはヨハネスバーグからダーバンまで汽車で旅をしようとしていたが、そのときジャーナリストの友人のポウラクが車中読むようにと一冊の本を彼に手渡した。それは、ラスキンの『この最後の者にも』であった。[★20] ガンディーは夜を徹して、その本を初めから終わりまで読み耽《ふけ》った。ラスキンは、経済を人間の福祉という視点から考えない古典経済学者たちを糾弾し、産業主義がもたらし強化した貧困と不正を告発した。そうしたもろもろの思想は、ガンディーの心中で煮えたぎり、彼の人生観を特徴づけた。しかし、なんといっても、その時その場で彼の心を深く印象づけたのは、手仕事が生きる歓びでなければならないという、シンプル・ライフの理想であった。「この本は、わたしの内奥の確信のいくつかを確認し、強めたのでした」と、彼は『自叙伝』に記している。何年か前、詩人ナールマダー・シャンカールの『ダルマ・ヴィチァール〔ダルマの知識〕』の序文を読んだとき、ガンディーは、宗教研究によってその人に生じた革命的な変革に驚嘆したことがあったが、いまや同じ変化がガンディーにも起こったのである。

翌朝、汽車がダーバンに着いたとき、ガンディーはラスキンの理論を実践に移そうと決意していた。そのころダーバンで『インディアン・オピニオン』紙の仕事に従事していたヨーロッパ人の友人アルバート・ウエストと、新聞事業を農園に移し、そこで居住者たち全員が、文字どおり額に汗して生活してはどうか、といった提案について議論した。サトウキビ農園のなかに湧き水の出る、果樹の生い茂げった、蛇がうじゃうじゃ棲む百エーカー〔一エーカーは約四千四十七平方メートル〕の土地を一千ポンドで購入した。最寄りのフェニックス駅までは農園から二マイル半〔四キロ〕、ダーバンからは十四マイル〔二十二キロ半〕であった。ポウラクとウエストを除く最初の居住者は、〔前回の帰国のときに、インドから〕南アフリカに同行してきたガンディーの数名の従兄弟《いとこ》と甥たちであった。間口五十フィート〔約十五メートル〕、奥行き七十五フィート〔約二十二メートル〕の平屋が新聞印刷工場用に建てられた。

また、なまこ板と藁葺《わらぶ》き屋根の八棟の建物が、小さな入植地《コロニー》に建てられた。泥土の小屋のほうが農民には適しているとされているし、入植者たちも自分たちを農民だと考えていたが、それをまかなう十分な資金はなかったし、おまけにガンディーは計画の完成を急いでいた。三エーカーの小さな耕作地がそれぞれの入植者にあてがわれた。土地の売買は許可されなかったが、他の居住者に譲渡することはできた。衛生施設は簡易ではあったが、それなりに使用に耐えた。井戸を掘る資金がなかったので、小さな入植地は、雨季のあいだに屋上に水を溜めておかなければならなかった。

『インディアン・オピニオン』紙〔南アフリカ時代にガンディーが刊行したグジャラート語と英語の週刊紙〕は、フェニックスから発行されはじめた。小さな入植地では新聞が印刷され、発送準備の日は、まるで蜂の巣をつついたようなあわただしさであった。ガンディーとポウラクが校正にあたり、印刷工たちが訂正された紙面を印刷し、子どもたちが新聞をたたんで包装するといった具合だった。

ガンディーの小屋《コテージ》は、農園の共同生活の拠点であった。毎日曜日には、居住者たち一同が合同祈禱《きとう》集会のために彼の部屋に集まった。そして、『ギーター』と『聖書』の誦読、キリスト教の讃美歌とグジャラート語のバージャン〔宗教歌・讃歌〕がかわるがわるうたわれた。そうすることは聞く者に、それぞれ〔自宗〕の立場を高め、民族や宗教の限界を超えさせた。ガンディーにとっても、その閑静な一隅は都会の喧騒を離れ、人間の欲望と憎悪の渦からしばし逃れられる場所《ところ》であった。自分と理想をともにする人たちにまじって、農園で働くとき、彼は自らの内面の成長について問いかける時間をもった。

ガンディーにとって、この「フェニックスの充実感のある日々」は長続きしなかった。公的活動と職業上の仕事のため、彼はヨハネスバーグにもどることを余儀なくされた。ヨハネスバーグの家庭生活の報告が、同居人の一人ミリー・ポウラク［夫人］の『人間ガンディー』に記されている。ガンディー家は、いわば「共同社会生活《コミュニティー・ライフ》」の縮小版であった。思いやり深い家長としてのガンディーは、他のみんなの世話をやく以外には、［家長としての］特権をもっていなかった。彼はよく人をからかったが、また気安くからかわれもした。子どもたちが毎朝親たちに加わって、手動の挽き臼《うす》で製粉の手伝いをするとき、家中に笑い声が響き渡った。夕食は楽しいひとときであった。軽い会話やまじめな議論がとび交い、ときには、カストゥルバーイの英語の挑戦に食卓は活気づけられた。夕食後ガンディーはよく宗教や哲学について論じ、『ギーター』を諷誦《ふうじゅ》した。三十歳代後半のガンディーについての次のような「ペン描き肖像《ポートレート》」が、ガンディーの最初の伝記作者であり、ヨハネスバーグのバプテスト教会の牧師でもあったジョセフ・J・ドウクによって記されている。[※12] 一九〇七年十二月に、ドウクは初めてガンディーに会った――

……驚いたことに、小柄で、しなやかで、きゃしゃな男が私の前に立っていた。そして、品のある真面目な目が私の顔をのぞきこんでいた。肌は黒く、目の色も黒かったが、その顔を明るくかがやかせている微笑は、嵐のように人の心を打った。私はその男《ひと》の年齢を三十八歳前後とふんだ。そしてその想定は的中していた。けれども、彼の仕事の苦汁の跡は、頭髪の幾筋かの白髪が物語っていた。彼は完璧《かんぺき》な英語を話し、すぐれた教養人であることが明らかであった。

彼の周りには、静かな確信にみちた力がみなぎり、心の大きさと、透明な正廉《せいれん》さが漂っていた。そしてそれらによって、私はその場で、そのインド人の指導者に魅了された。私たち［二人］はその日、友人として別れを告げた。

私たちのインド人の友人は、大方の人たちよりも高度な次元で生きている。彼の行動はベタニアのマリア［エルサレム近郊の小さな村に姉のマルタ、弟のラザロと住んでいた女で、「マルタとマリヤの物語」「ラザロの復活の物語」に登場、イエスへの信仰篤きがゆえに、奇行と思われる挙動があった］のように、しばしば常軌を逸したものと見なされているが、ほとんどの場合が誤解である。彼を知らない人は、彼の行動の背後には、なにか難解で不可思議な動機があると考えるか、またある東洋学者の言うように、そうした浮世離れを説明するには東洋的な「貧しさ」があると考えた。しかし、彼をよく知る人たちは、彼の前に出ると、自らを恥じるのだった。

思うに、金銭は彼には魅力がないもののようだ。彼の同胞たちは頬をふくらませて言う――「ガンディーさんはなに一つ受け取ってくれません。われわれの代表としてイギリスへ渡ったときにも、［せっかく］われわれが手渡した旅行費を、彼はふたたびわれわれに返してくれました。ナタールで彼に贈った寄付金も、彼は運動の基金にとわれわれに返してくれました。彼は自分からすすんで貧しくあろうとするから貧乏なのです」と。

インド人同胞は、彼の挙動に驚嘆し、彼の風変りな無私を腹立たしく思い、誇りと信頼をこめた愛情《こころ》をもって彼を愛する。彼は、その人と肩を並べて歩くことが自由教育の手本であり、その人を知ることが愛することであるような、すぐれた性格の持ち主の一人である。

ドウクはまた、こうも記している――「強い力でしっかりと肉欲をつかんで抑制し、自らの生活の需要を、ソロー[★21]やトルストイのように最少限にとどめることは、ガンディーにとっては積極的な歓びであった。そしてその歓びは、他の人たちにも同じ道を歩ませる歓びによってくらべることができた」と。われわれは次に、彼の個人的・社会的生活に大きな影響をおよぼした、肉体にたいする精神の闘いの勝利について考えてみたい。

第10章　肉体と精神

ガンディーは、当時ヒンドゥー教社会で日常的におこなわれていた「幼児結婚の残酷な習慣」（この風習は現在でもなくなってはいないが）にしたがって、十三歳で結婚させられた。子どもの結婚は、今日の教育がそうであるように、親の義務と考えられていた。結婚式は、一族が相集うまたとない好機であり、従兄弟《いとこ》や又従兄弟《またいとこ》が久しぶりに会って、小さな祝宴を愉しむ機会でもあった。「父」カラムチャンド・ガンディーと、ほとんど年齢《とし》の変わらぬ兄とは、一八八二年に、モーハンとその兄、従兄弟の一人（三人はみな十代の子どもであった）の三組みの結婚式を同時に挙げるという「親として人生「最後の最上の栄《はえ》[※13]」の時をもつことになった。

『自叙伝』は、この上ない公正さ——そこには、ある種の後悔と無念さがにじみ出ているが——をもって、頑是《がんぜ》ない新郎の物語を記している。しかし読者は、成熟したマハートマ自身の少年時代へのあまりにも的確な批評に逆らいがたい印象をもたざるをえない。彼にはなんの発言権もなかった幼い日の結婚についてさえ、彼は自らを非難する。結婚式が催されることになっていたポールバンダルに向かう途中で、「馬車の転覆」事故で父がけがをしたのである。「わたしは結婚式という子どもらしい楽しみのために、父のけがへの心配を忘れていた」と、ガンディーは告白している――「その日のことはなにもかも自然で、適切で、楽しく思われた。それから結婚したいというわたし自身の願望もあった」と。また彼は、彼の幼い妻が「好きでたまらなかった」とも書いている。彼女へのそんな思いが、教室にいても脳裏から離れず、夜も「くだらないおしゃべり」で妻を眠らせなかった。無邪気な子ども夫婦は「なにも知らないうちに人生の海に飛びこんでいた」[※14]のである。

しかし彼は、波間を漂っているときでさえ、沈むまいと必死でもがいていた。心やさしい夫、孝行な息子、善良な生徒であろうとするためには、つらい涙ぐましい努力が必要であった。このことはある意味で、同じ時に結婚したモーハンの兄が学校を続けられなくなったという事実《こと》からもわかるように、[言わば]生き残りをかけた生存競争であった。モーハンはまずこの闘いには勝ったが、それは彼の心に深い傷痕をのこした。その一つは、性に罪意識を負わせたことである。彼は書いている――「わたしは親思いであった。しかし、肉欲のともなう情熱にかられていたこともたしかである。両親への献身的な奉仕のためには、すべての満足や快楽は犠牲にしなければならないということを、そのときはまだ学んでいなかった」と。

人が五十の坂を越すと、十五歳の少年――たとえそれが自分自身のことであったとしても――の心理の問題を判断するのはむずかしい。ガンディーの十代の記録は、回想としては、マハートマと呼ばれた人物には有利ではなかったように思われる。『自叙伝』の隠し立てのない率直さは、[かえって]少年時代に彼が自由奔放に生きたという誇張した印象を増長させている。幼児結婚は、けっして彼が自らすすんで決めたことではなかった。そして、たとえ早熟さが彼の性生活の一つの特徴であったとしても、その消化は別問題であり、たぶんいっそう重要なものであったろう。子どものころ、彼は妻への生涯にわたる貞節を勧めるグジャラート語の小冊子を読んで以来、一夫一婦の理想は彼の心から消えることなく心に深く焼きついた——「他の女性は、わたしにはなんの魅力もなかった——彼女（カストゥルバーイ）がわたしにそうであったのと同じ意味で。わたしはあまりにも貞節な夫であり、母の前で誓った誓約に忠実であったので、他の女性に心を奪われるというようなことはなかった」[※15]。

『自叙伝』でガンディーは読者に、若いころに踏みはずしたいくつかの逸脱のエピソードの秘密をうちあけている。ガンディーの少年期のあやまちのほとんどの元凶であったメータブという名の悪友が、「あるとき」彼を売春宿に連れこんだ。彼は書いている——「わたしは悪徳の巣窟《そうくつ》に入って、ほとんど目が見えなくなり、口がきけなくなった。わたしはベッドの上で女の傍らに坐っていたが、舌がもつれて物が言えなかった。女はもちろん苛立って、嘲罵《ちょうば》と侮辱《ぶじょく》の言葉をあびせながら、「出て行けと」扉の方を指さした」[※16]。　また後年、ある夜イギリスの海辺の保養地でも、彼は「トランプの」ブリッジ・パーティーのとき、猟師の手から逃れた獲物のように心臓をどきどきいわせ、震えながら「誘惑者の罠から」自分の部屋へ走り去ったことがあった[※17]。初めての南アフリカへの船旅の途上でも、彼は船長に「遊び」に連れていかれたことがあった。「遊び」というのは黒人の女の部屋に入るという意味《こと》であった。そのときのことを、後年彼はこう記している——「わたしは部屋に入ったときのままのわたしで、部屋を出た」と。

こうしたすべての事件を考えると、彼はまさに罪の奈落《ならく》の淵に連れていかれながら、「そのつど」無傷のままで生還できたというのは注目に値する。そのことは後年の彼には、神の恩寵――あるいは幸運――であったように思われた。事実、いつも彼は危《あや》ういところで難を逃れた。彼が誘惑の崖《がけ》っぷちで怖れおののいていたとき、彼を引きもどす強力な影響力《ちから》がはたらいた。その力の一つは、彼が少年のころからたいせつに思ってきた一夫一婦主義の理想であり、もう一つは、肉・酒・女には近寄らないという、イギリス留学の許可を得るために母と交わした「便宜上の」誓いであった。さらにもう一つは、彼自身の性格的なはにかみのためでもあった。彼はイギリスでの学生生活についてこのように書いている――「わたしのほうから話しかけなければ、娘たちはだれひとり、わたしと会話をしたり、いっしょに出かけようなどとは思わなかったろう」。

後年、彼を自責の念でいっぱいにした少年時代や青年時代のすべての罪は、結婚というしがらみのなかで犯されたものであった。ここでもまた、彼の性生活の周期は、あまりにも早く完了したように思われる。彼が結婚した十三歳と、イギリスへ旅立った十八歳のあいだに、妻が彼と生活をともにしたのは、わずか三年たらずであった。残りの歳月は、「幼児結婚の」慣習にしたがって、妻は親もとで暮らしたのだった。そして、一八九一年に弁護士の資格をとって帰国したあとも、ガンディーはひっきりなしに、生計の場を求めてあちこち住居を移した。一八九三年に諸般の事情で単身南アフリカへ渡るまでにも、半年と家族と同居することはなかった。「南アフリカから誘いがあったときは、わたしはすでに肉欲からかなり解放されていた」※18と、ガンディーは記している。そのとき、彼はまだ二十四歳であった。一八九六年までは、妻と二人の息子はまだナタールの彼のもとには来ていなかった。そして三年後の一八九九年には、彼はすでに［彼の全生活のうちの］家族の比重を制限する決意をしていた。彼は日ごろから避妊用具の使用に反対していたのだから、この決意は文字どおりの禁欲生活の実践を意味した。そして一九〇六年に、ガンディーは正式にブラフマチャリヤ［ヒンドゥー教の純潔・禁欲・浄行の教え］の誓いをたてたのである。

以来、ガンディー夫妻は、結婚に特徴的な［肉体の］絆以外の多くの絆で結ばれることになった。二人はこのとき、なにものにも妨げられない精神的に安定した夫婦になることができた。齢《よわい》三十を超えて、二人は十代のときの口論《いさかい》を卒業したのである。妻カストゥルバーイは、相変わらずほとんど読み書きはできないままであったが、知性《あたま》では理解できないこともしばしば心では敏感に感じとった。中産階級出身のほとんどの女性たちと同じく、彼女もまた自分と子どもたちの快適で安全な生活を切望していた。一八九七年にナタールの港に上陸したとき、彼女は怖るべき衝撃をもって、ダーバンの通りであわやリンチを受けて殺されそうになったほど、危険と裏腹《うらはら》の夫の知名度を思い知らされた。夫はひとときも落着いてはいられない政治的指導者であった。彼は政治ばかりではなく、あらゆる分野の社会活動にも心を奪われていた。彼の家は事実上、政治仲間や職業上の同僚たちの、いわば下宿《やど》であった。夫婦の貯金は、菜食主義食堂への援助に始まって、政治運動の新聞発行に至るまで、社会的な活動資金として消えていた。家庭そのものも、社会活動の義務《つとめ》の呼びかけに応えて、二つの大陸を往《い》ったり来たりした。電報一つで家族はダーバンからボンベイへ、あるいはその逆の船旅を余儀なくされた。夫ガンディーは自らと家族を自身の社会的理想実現のための実験に供していたが、妻カストゥルバーイはかならずしもそのことを理解してはいなかった。夫が田園生活の青写真として描いたフェニックス農園に到着したときの、彼女の驚きと苛立ちは推して知るべしであった。以来、長い時間をかけて、彼女は金の頸飾りやダイヤモンドの指輪を身につけない自らの運命に慣れていった。しかし、ほんのわずかな安楽《たのしみ》をも放棄し、法廷弁護士の妻から農夫の妻に変身するためには、それなりの努力が必要であった。一九〇六年に妻に向かって、ガンディーが生涯にわたって純潔の誓いをたてたいと宣言したとき、妻は反対しなかったと、ガンディーは書いている。彼女はすでに、「このとき」夫婦の外的環境の変化を認めていたのである。彼女はまた、すでに夫と妻の特別な絆を放棄していたのである。

ブラフマチャリヤ［純潔浄行］の誓願をたてた時期は、一九〇六年のズールー族の反乱の最中で、ガンディーはインド人志願兵から成る衛生看護隊の指揮にあたっていた。ズールーランドのクラールス［伝統的なアフリカの村落］の「厳粛なまでの静寂」のなかを懸命に行進していたとき、彼の心中にこのような想念《おもい》がうかんだ――もし自分が、この先もいまやっているような仕事を繰り返さなければならないとしたら、家庭生活の喜びに耽り、子どもの数を増やし、その養育に専念するだけの仕事には、自分は向かないだろう、と。ひとことで言うならば、肉欲と精神の満足の両方を求めては生きられない、ということであった。肉欲の生活は、事実上、すでにほとんどゼロに近いほど減少していた。一八九九年に、彼はこれ以上子どもはもうけまいと心に決めた――このときすでに、四人の子どもがいたが。十九年後ガンディーは、ブラフマチャリヤの誓いは、たしかに道徳的な基盤にもとづくものではあるが、「彼の場合」その出発点は産児制限から始まったと説明している――「わたし自身の場合《ケース》は、とくにその目的のためであった。大きな道徳的結論は、完全に自然な成り行きとして、あとから考えついたものであった。※19」。「このような仕事を続けていくためには」人は妻との関係においてさえ禁欲を実践しなければならない。このことを、ガンディーは、初めて、「精神《こころ》の危機のときの拠りどころ」とみなしてきたグジャラート人の宝石商で、哲人・詩人でもあったラーイチャンドバーイから学んだのだった。この教えは、はじめのうちはガンディーの耳には不快に聞こえた。ところがラーイチャンドバーイは、「ガンディーの心に」適所適所《ところどころ》に播くべき種を播いたのだった。性の欲望と親孝行の義務《つとめ》のあいだで悩んできた少年時代の葛藤が、性の欲求をひたすら認めることを妨げた。「肉欲の生活」は当初の激流のあと、やがて潮の退《ひ》くように減少し、ついに一九〇六年に、最終的に公然と放棄することになったのである。

誓いをたてた直後の時期についてガンディーは書いている――「当時わたしは、自分が始めた事業の重大さと奥深さについては十分に理解していなかったことを告白しなければならない」と。彼は食物の実験を始め、健康を保ち、同時に情欲を抑える一挙両得の食餌法《しょくじ》を発見するために、塩ぬき、豆ぬき、ミルクなしの食事を試みた。経験から肉体的な抑制だけでは十分でないことも学んでいた。感覚器官の大もとは心にある。したがって意識的な心［知性］を抑制するだけでは十分ではないし、肉欲の問題は意識することなく追求されなければならない。怖るべきことに、彼はときどき、かつて体験した快楽の夢を見るのだった。それに打ち克《か》つためには、片時も怠ることなき警戒心が必要であった。ときどき闘いに勝利したように思えたが、敵は不意討ちを喰らわせてきた。たとえば「[ブラフマチャリヤの]誓願を実行しはじめて九年ほども経った一九一五年に[いよいよ最終的に]インドに帰ったとき、新しい人間関係がふたたび彼の心に悪魔を喚《よ》び覚ました。その悪魔に打ち勝つためには、それなりの努力が必要であった」※20。

ガンディーの他の理想のすべてと同様、ブラフマチャリヤの理想も[いよいよ時とともに]進化の過程をたどった。そしてついに、それは[たんなる]禁欲以上の大きな意味をもつことになり、欲望からの解放のみならず、欲望の想念からも解放されるに至った。その領囲は年とともにひろがり、生活の法《のり》を意味するまでになった。いまやその目的は、人をブラフマン[神]に触れさせることであり、モクシャ[解脱]に導くことであった。このようにして、産児制限の手段として始まったブラフマチャリヤが、時間《とき》とともに発展し、経験の光に照らされながら、解脱への助けとなったのである。そして、ついにガンディーは、性の抑制というだけの狭い意味でのブラフマチャリヤが、行為と言葉と思念のすべての抑制を意味する広義のブラフマチャリヤなくしては完成不可能である、との結論に到達したのである。それはある特定の一つの欲求[たとえば性欲とか嗜欲といった欲望]を自制することではなく、すべての欲求を抑制することである。それは生の法則、すなわち世界観(weltanshauung)でもあった。「ブラフマチャーリー[ブラフマチャリヤの実践者]の生活と、そうでない者とのあいだには明確な一線が劃《かく》されている」と、ガンディーは記している――「二つのあいだの類似は上部《うわべ》だけにすぎない。……両者ともに目を使うが、ブラフマチャーリーは神の栄光を観るために目を使うが、他は身辺のつまらないものを見るために目を用いる。両者ともに耳を使うが、一方が神への讃歌のみを聴くが、他は下卑《げび》た音楽で耳を楽しませる。両者ともに夜更けまで目覚めているが、一方が祈りに時をささげるのにたいして、他は粗野なつまらない祭り騒ぎに時を浪費する。両者ともに腹ごしらえをするが、一方がひたすら、神の寺院《みや》［肉体のこと］をよく護るためにのみ食事を摂《と》るのにたいして、他は腹いっぱいたらふく食らって、神の聖なる器《うつわ》［身体］を臭《くさ》いどぶにする」[※21]。

これこそ、神と人への奉仕に献げる生活の理想であった。その達成は神の恩寵なくしては不可能であり、人間の努力だけでは成就することはできない、とガンディーは言った。

そうした生活を熱望する者へのガンディーの助言は、結婚するべきではない、というのであった。すなわち、同胞への奉仕を唯一の歓びとする者には、他の悦《よろこ》びは必要ないはずだというのである[※22]。ガンディーは、情欲に身を焦《こ》がすよりは、結婚したほうがよい、ただし婚姻を、夫婦の性のもっとも重要な要素とはせず秘跡《サクラメント》として扱われなければならないとする、パウロの勧告［『新約聖書』「コリントの信徒への手紙」7―9］に同意する。彼はまた、既婚者にたいしても禁欲を勧めた。なぜなら、子孫繁栄を目的とするのでなければ、性生活は肉体的に有害であり、精神的に罪だと考えたからである。彼はまた避妊具の使用を非とした。避妊具は自然を欺《あざむ》くばかりか、男からも女からも自制の機能を奪うからである。彼は動物的な情念に蓋《ふた》をする助けとなるような食物・運動・沐浴・読書・休養等についても書き記している。そして、こうしたすべての方策にもかかわらず、肉欲の強さを感じるときは、神の前に跪《ひざまず》き、神の加護を祈らなければならない、と言った。

こうした考え方は、長い時間をかけて、彼の週刊紙の論説や、無数の質問者たちへの返信のなかで〔徐々に〕発展していった。『自己制御と自己放縦』と題してまとめられた選著は、そこに表明された思想の一般性のためというよりも、好奇心のためと思われるが、ベストセラーになった。ガンディーはサンニャーシン〔出家行者・苦行者〕（彼自身、サンニャーシンの尊称で呼ばれることを拒否した）のためにブラフマチャリヤを説くつもりのないことを明言した。彼は言った――「わたしは平均的な能力以下の、平均的な人間にすぎない」[※23]と。もし世の中の彼または彼女が、彼と同じ努力をし、同じ希望と信仰を培うならば、いかなる男女《ひと》も彼が達成したことは成し遂げられるものと、信じて疑わなかった。ここに難点があった。どれほどの人が、ガンディーと同じ努力と希望と信仰を共有できるだろうか。現実は、こうした自律を宣言することと、それを実践することとの乖離《かいり》である。高名な同時代人であり、若き日のガンディーの人格形成に多大な影響をおよぼしたトルストイも人生における性《セックス》の位置について、いくらか同じような考えを述べている。

トルストイは告白した――「人間は地震にも、疫病にも、また難病にも、その他あらゆる種類の苦難に耐えて生き残ってきた。しかしつねに、もっとも痛ましい悲劇は、昔も今も、そしてこれからも寝室の悲劇を繰り返すことであろう」と。『クロイツェル・ソナタ』〔一八九〇年の作品で、ここでトルストイは現代の性道徳を痛烈に批判した〕を世に出したあとトルストイは、神への愛と人への愛というキリスト教の理想は、性的な愛、すなわち結婚とは相容れないものである、なぜなら性的な愛は自己愛に仕えるものだからである、と言い放った。十三人の子どもたちの父であった『クロイツェル・ソナタ』の著者は、年老いて、葡萄《ぶどう》が酢っぱくなってしまったと、口さがない評論家たちにこきおろされた。事実、禁欲を誓ったあと何年ものあいだ、トルストイは日記に多くの証言が記されているとおり、性の葛藤にひきさかれていた。そして彼は八十一歳になるまで、言いかえると死の一年前まで、肉欲から解放されることはなかったのである。

　トルストイの禁欲との闘いは、彼自身の道徳的・精神的な自制心を強化したばかりではなく、彼の結婚生活のすでに壊れかけていた器を［完全に］破壊した。妻はヒステリックになった。「私は死んでしまいたい、どこか遠くへ逃げ出したい、だれかと恋に陥りたい」と、妻ソニアは慨嘆《がいたん》した。［トルストイ］夫婦の生活は、非難の応酬と和解の堂々めぐりであった。『日記』は、こうしたいさかいの物語を、怖るべき判決でしめくくっている――「私たち夫婦のあいだには、死にもの狂いの争いが繰り返されている。神を信じるか、信じないかという」。伯爵夫人［トルストイ家は名門の伯爵家であった］は、夫の理想に従うどころか、理解することすらまったくできなかった。ガンディーが彼の生活に持ちこんだ変化は、トルストイのものほど過激ではなかったし、彼が家族に宣告した理想はそれほど革命的でもなかった。ガンディーの家族がストレスに耐え得たということは、妻の犠牲もさることながら、夫の手腕の巧みさによるものであった。中産階級の他のどの女性たちとも同様、カストゥルバーイは家族が心安らかに、安楽に無事に過ごせることを念願していた。夫が社会運動に蓄財をなげうち、子どもたちが世間並みの学校教育を受けられず、政治的な理由のために家庭生活の挫折を求められ、ついには家族の生活まで社会生活に呑み込まれることになったこの夫人は、たしかに異常な負担を強いられていた。しかしカストゥルバーイは、ヒンドゥーの妻としての信仰に支えられていた。彼女は「夫の足跡」に従ったのである——それがどんなに不本意なものであったとしても。夫の「変革」にたいするカストゥルバーイの対応は、相つぐ当惑、反発、受容、改心、支援の連続であった。不可触民制の撤廃にしろ、「カーディー〔手紡ぎ布〕」の着用にしろ、初めは夫の考え方に従うのは容易ではなかったが、いったん始めると、徹底していた。そして彼女は、自らすすんで他の人たちにもそれを勧めた。トルストイの妻はかつて夫の弟子たちを「暗い陰気な人たち、パリサイ人〔独善的な形式主義的ユダヤ教徒〕、詐欺師、偽善者」などと呼んだが、ガンディー夫人にとっては、夫の弟子たちは彼女自身の子どもたちであった。性生活に変化が来たしたからといって、ガンディー家の生活に不協和音がかき鳴らされることはなかった。ガンディー自身、そうすることによって夫婦生活はいっそう快適に、豊かになったと信じて疑わなかった。性と結婚についてのこのような理解は、ヒンドゥー教の解説者たちが指摘するように、ヒンドゥー教の人生観の中心的な部分ではない。たとえばラーダークリシュナン博士[★22]はその著『ヒンドゥーの人生観』にこのように記している——「そもそも神々は結婚しているのである。絶対的なものへの崇拝にはじまり、人格神を礼拝するとき、神々はつねに夫か妻である。……ここでは、性生活についての不健康や罪意識はみじんも見られない」。また言う——「キリスト教やある種の仏教の宗派〔上座部（いわゆる小乗）仏教派〕が、世俗の生活を僧侶や聖職者の生活に劣ると考え、人類全体を一挙に修道院に入れるのをよしと考えたのにたいして、ヒンドゥー教はサンニャーシン［出家者］の生活を評価しながらも、家住期を非難するのをさしひかえてきた」と。人生の四住期（四つのアーシュラマ）――ブラフマチャーリヤ（修行期［学生期］）、グリハスタ（家住期［世俗にあって家長としての義務を遂行する時期］）、ヴァーナプラシュタ（林住期［世俗から隠退して、つぎの最期にそなえる時期］）、サンヤーサ（遊行期［いっさいを放棄して乞食遊行する解脱への最終期］）のなかで、それぞれの階梯《かいてい》は、それぞれそれ自体が重要であり、ヒンドゥーの生涯の巡礼の旅路の必要な里程標石《マイルストン》である。

ガンディーの性の理論は、心理学者たちの研究成果とは［かならずしも］同列には論じがたい。ガンディーにかんするかぎり、フロイトの視野には入らなかったかもしれない。心理学者たち[★23]は、「自己抑制」にたよることには明確な限界があると考える。また彼らは、強力な性衝動は非難さるべきものではなく、自然な、そして社会的に受け容れられる表現を与えられるべきものだと考える。たしかに、ガンディーの人生観における性の抑制は、肉体と精神のより大きな鍛錬の一部分であった。しかしながら、この、より大きな規律は、近代社会に生きる普通の平均的な人たちには、険しい坂道を登るがごとき苦難の道である。

実のところ、性と結婚についてのガンディーの態度は、とりわけ個人的な現象であった。したがってそれは、彼の個人的・社会的生活の文脈のなかでのみ理解されよう。それは、彼が幼児結婚の渦中に巻きこまれたときの早熟な性の芽生えに始まり、この早熟にたいする反動ゆえの成りゆきであった。それは、ときには男たちを憶病者にする家族の絆を断ち切って社会活動へと走らせる原動力であり、彼には貴重な財産でもあった。このことによって、彼の人格が脆弱《ぜいじゃく》になることはなかったし、また女性にたいする態度も倒錯した潔癖主義に陥ることもなかった。彼は女性を誘惑者、言葉を変えると、「つねに男性という戦艦にぴったり寄り添って、［おりあらば］船をこっぱみじんに吹きとばそうとする火船」のごときものとはみなさなかった。女性たち——もっとも知的で、もっとも心の気高い女性たち——の何人かは、彼の運動の身近な協力者であり、先鋭であった。ガンディーは女性の政治的・社会的進出のこのうえない勇敢な戦士でもあった。彼はパルダ［もともとは「幕」の意味で、女性を家族以外の男性の目から隔離するインドの古い社会習俗］の専横や、幼児結婚の不条理、寡婦の再婚禁止など［ヒンドゥー教の］掟にたいして断固反対した——事実彼は、インドの女性たちを拘束してきたすべてにたいして反対の声をあげたのである。彼はインドの女性たちに、女性自身の尊厳と力を意識するよう目覚ませた。

ブラフマチャリヤの誓いをたてたとき、ガンディーは、トランスヴァール政府がやがて彼を最初のサッティヤーグラハ運動へと駆りたてることになるとは、夢にも思っていなかった。「［天の］呼び声」を聞いたとき、この誓いは彼の闘いの無意識のうちに準備された一歩であったことに、彼は気づいた。彼は人びとに、彼らの良心の命《めい》に敢然と従わせない未練の絆をぷっつりと断ち切って見せたのである。個人的な放棄は、このようにして公生活の貴重な助けとなった。一九一四年に『ヒッバート・ジャーナル』紙に掲載された論説で、ギルバート・マーリ教授［イギリスの古典学者、オックスフォード大学教授、国際連盟協会議長などを務めた］はこのように書いている——「指導者の座につく者は、肉体的な快楽や富、安逸や称讃、栄達などにいっさい関心を示さず、ひたすら自らが正しいと信じることをなそうとする人でなければならない。このような人物こそは、危険で厄介な敵である。なぜなら、支配者がいつでも征服できる彼の肉体は、ほとんど彼の魂とは無縁だからである」。

第11章　サッティヤーグラハの発見

南アフリカの土着民政策は、サー・アラン・バーンズ［バーンズといえば、十九世紀に有色人種の地位を貶《おとし》めることだけに専念したイギリスの行政官・制度立案者として悪名高い］の指摘によれば[※24]、いまや「哀れな白人たち」の擁護に堕していた。文化の相違とか、生活様式の対立といった外見的な事由の背後には、つねに経済的な対立があった。トランスヴァールのイギリス人高官ライオネル・カーティス［一九一九年のインド統治法の改正にあたって、二重政権の制度（統治の機構を中央と地方に分け、中央政府には自治を許さず、州政府にのみ自治を導入するというもの）を制定する中心的役割を果たした政治家］は、一九〇三年にガンディーと交わした対談をつぎのように回想している――

彼［ガンディー］は、彼の同胞の勤勉さや節約、忍耐といったもろもろの美徳について私を納得させようと話しはじめた。私は彼の話に耳を傾けながら、こんなふうに言ったのを覚えている――「ガンディーさん、あなたは釈迦に説法をしていらっしゃる。この国にいるヨーロッパ人たちが恐れているのは、インド人の悪徳ではなく、美徳なのですから」と。[※25]

サトウキビ畠や炭鉱で働かせるために、数多くのインド人年季労働者（半奴隷）たちを輸入してきたナタールのヨーロッパ人［白人］たちは、労働者に混じってやってくる「自由なインド人たち」を、商人や農民として黙認するのを嫌がった。またいっぽう、ボーア戦争後、トランスヴァールのヨーロッパ人たちは「アジア人の侵略」の亡霊に悩まされた。一九〇五年にイギリス高等弁務官が任命した委員会によると、インド人のトランスヴァールへの密入国の告訴は、根拠に欠けるとの結論に達した。戦争勃発後にトランスヴァールを［一時的に］離れた多くのインド人家族が休戦と同時に同地に復帰したとしても、一九〇三年のトランスヴァールのインド人総人口は、一八九九年時点の人口より多くはなかった。

　南アフリカがインド人移民であふれるのではないかというヨーロッパ人の危惧は、たしかにおおげさであった。ガンディーもそれを理由なきものと考えていたが、この問題についてのヨーロッパ人の一途《いちず》な感情の激しさは認めていた。彼には、ヨーロッパ人の偏見を受け容れ、インド人労働者の全体的な「輸出規制」を認めるだけの度量はあった。［しかし］これ以上の年季契約労働者の入国は認められないとしても、インド人商人たちの事務員や会計係りとして、限られた数の読み書きのできるインド人の手を借りる必要があった。ガンディーは、インド人社会とヨーロッパ人社会のあいだのその他の未解決の問題についても、地方政府［イギリス本国政府にたいする南アフリカの地方諸政府を指す］の支援を得つつヨーロッパ人たちにじゅうぶん配慮するつもりであった。認可制によるインド貿易の制限の件も、最高裁判所の管理のもとで地方政府がそれを実施すれば、いままでどおり継続できるだろう。インド人たちのほうでも土地の所有権や居住権について、ヨーロッパ人に適用されている規定が同様に適用されるということであれば、地方自治体の条例に従う用意はあった。［この時点では］ガンディーはまだ選挙権を要求していなかった。「わたしたち［インド人］が望んでいるのは、政治権力ではありません。威厳と自尊心をもって、他のイギリス臣民たちと肩を並べて平和に仲よく暮らすことです」と、ガンディーは南アフリカのイギリス人高等弁務官に語った。［けれども］これこそまさに、ボーア人やイギリス人の望まぬところであった。スマッツ将軍★24は後年このように宣言した――政府は「この国を白人の国にしよう」と決意していたのだ。したがって「この方向への前途にいかなる困難が待ち受けていようとも、われわれは断固として白人の国を実現しようとしていた」。

やがて、「自らも生き、他をも生かそうとする」ガンディーの和解政策がにべもなく拒否されたとき、来たるべき段階が来た。トランスヴァールのインド人の登録問題が暗礁に乗りあげたのである。当初は、署名か、［文字の書けない移民の場合は］親指の押印だけで十分と考えられていた。ところがその後、顔写真が要求され、インド人たちは新しい許可証の交付を受けなければならなくなった。ガンディーがイギリス市民としての義務（当然彼はそう考えていた）を遂行して、ズールー族の反乱から帰還したとき、インド人住民の登録をできるだけ煩瑣《はんさ》で屈辱的な手続きにするための新法案が議論されていた。一九〇六年八月二十二日付の『トランスヴァール・ガゼット』紙上で、そのころトランスヴァール立法府に上程の準備がすすめられていた法案の条文を読んだとき、ガンディーは愕然《がくぜん》とした。

それによると、すべてのインド人――男も女も、八歳以上の子どもまで――は、登録をして、登録証に親指ならびに他の指の押印を求められた。親がなにかの都合で子どもの指印の提出を忘れていた場合、子どもは十六歳になったときにそれをおこなうか、それとも罰金、投獄、国外追放といった刑罰に処せられた。法廷や税務所、実際には、ほとんどいつどこでも登録証の提示が要求された。警察官は許可証［登録証］の有無を点検するためにインド人の家に踏みこむことができた。［ガンディーの論説］「犬の首輪」は、まさにこの条例にぴったりの表題であった。この行き過ぎた条例の表向きの目的は、トランスヴァールでのインド人の不法滞在を阻止することであった。大がかりな流入の証拠などどこにもなかったばかりか、現行の法律でもじゅうぶん厳格であった。一九〇五年から六年にかけて、政府は不法入国を理由に百五十名のインド人をつぎつぎに起訴した。あるケースでは、一人の貧しいインド人女性が夫から引き離され、七時間以内にこの国を退去するよう、ヨーロッパ人治安判事から命じられた。また、十一歳にならない一人の少年が逮捕され、三十ポンドの罰金または三か月の服役を言い渡された。

新登録法のねらいは明らかに、高い教育を受けた富裕なインド人層に屈辱を与え、士気をくじき、トランスヴァールを住みづらい土地《ところ》にすることであった。もしこの法案が議会を通過して法律となり、インド人たちがそれを受け容れるようなことになれば、それこそ「インド人たちの完全な破滅を招く」だろうと、ガンディーは確信した。そして、インド人がこのような法律に従うくらいなら、むしろ死を選んだほうがましだ、と彼は考えた。しかし、どうして死ねばよいのか。勝利か死かの選択以外に採《と》るべき道はないのだから、彼らはあえて何をすればよいのか。彼の行く手には厚い壁が立ちはだかっていた。彼には行くべき道がまったく見えなかった。

一九〇六年秋には、南アフリカのインド人たちの政治的な見通しがぼんやり見えてきた。ボーア戦争でのイギリス側の勝利は、イギリス植民地のインド人には、なに一つ救済らしいものをもたらさなかった。以前のボーア人州では、戦争の結果〔敗戦〕によってインド人の運命はいっそう悪化していた。南アフリカの新政府は連合へと発展しようとしていたが、それはボーア人とイギリス人のあいだの話にすぎなかった。ガンディーはナタールとトランスヴァールにおけるインド人社会の基本的人権獲得のための闘争に挺身してきた十二年間を振り返って、「愛のための労苦〔『新約聖書』(テサロニケの信徒への手紙Ⅰ・三)〕」はいまはもう跡形もなく消えてしまった」と、つくづく思わずにはいられなかった。南アフリカでも、インドでも、イギリスでも世論を喚起・教育することでインド人の境遇を改善しようとする彼の期待は挫折してしまっていた。数人のヨーロッパ人とキリスト教の宣教師、若い理想主義者たちを除いては、インド人問題を政治倫理の問題としてではなく、「生計の問題、あるいは子どもたちのパンの問題」くらいにしか考えていなかった南アフリカの白人たちに、ガンディーはこれといった目立った印象を与えてはいなかった。白人たちは世界のこの地域での支配権を維持するために血を流し、財を消費してきたのである。「白人は、自分たちの労苦の収穫を狙って待ちかまえている膨大なアジアの大衆に、それを刈り取らせることは、断じて許せぬと腹をくくっていた」[※26]。インド〔本国〕では、多大の同情と、さまざまな種類の意見が出され、それは毎年インド国民会議党大会が採択する南アフリカ問題にかんする決議文に表明された。とはいっても、インドの政治家たちは自分たちの力の限界を知悉していた。こうした言葉、言葉だけの抗議の非現実性は、一九〇一年にインド国民会議党大会に出席するためにカルカッタへ向かっていたとき、サー・フィロゼッシャー・メヘター[第3章★4参照]が憮然としてガンディーに語った言葉に明らかであった――「ところでわれわれは、自国でどれほどの権利をもっているのでしょうか。われわれは、この国でなんの権利ももっていないのですから、あなたが植民地にあって、それ以上によい扱いを受けているはずはありません」。

イギリス国内では、ガンディーはときたま、インド人の人権闘争に有力な支持を、とりわけ『ロンドン・タイムズ』の支持を得ることができた。しかしイギリス植民地省は、南アフリカの白人の意見を支援するのにやっきで、植民地の白人が自由に好きなようにやっていける――たとえそれが、「同じ」帝国のインド人臣民を虐げることになったとしても――ような「自治政府の論理」を考案しつづけていた。

インド人たちが彼らの自尊心に加えられた最近の攻撃［新登録法］に抵抗するためには、彼ら自身の手段にたよらざるをえないことは明らかであった。彼らには選挙権もなければ、立法府における代表権もなかった。一九〇六年九月十一日に、ヨハネスバーグのエンパイア劇場で集会が催され、会場は「床から天上まで、それこそ立錐の余地もなかった[※27]」。ここでガンディーが立案した議事の重要決議案は、インド人社会は［立法府に］上程されているアジア人登録法には従わぬとの決意を新たにするものであった。発言者の一人が、神の名においてこの法律には従わぬと宣言したとき、ガンディーは「戦慄をおぼえ、発言に心せねば」と思った。厳粛な宣誓を手がかりに、彼は「一瞬のうちにあらゆる結果をいろいろ考えた。そして、その心の動揺は情熱につうじた」。厳粛な宣誓は、ガンディーにとってはさまざまなことを意味した。彼の生涯は、彼がたてた誓願の連鎖によって形成されていた。――［たとえば］イギリス留学の前夜に母と交わした三つの誓いは、彼に深い影響を与えた。また、先だっても、社会奉仕に一意専心するために家族や財産といった世俗の絆を断ち切ったばかりであった。神を証人として、結果を怖れず、不正な法律に抵抗しようとの宣誓の考え方は、彼の視界を曇らせてきた壁を打ち壊した。彼は、どうしても解けなかった難問の解答をはたと発見した数学者の安堵と爽快感を体験したのだった。解決はまぐれなどではなかった。これまで歩んできた全生涯が、それに向かっての準備段階だったからである。少年時代からガンディーは、個人的な生活で「嘘をつかない」真実《まこと》を指針としてきた。そして、なにはさておき真実を実践しようと試みてきた。彼はほとんどの人たちをしりごみさせる小さな誠実《まこと》「の階段を」を一つずつ上ってきたのである。今回の歴史的な機会に彼が見せた勇気と信念には、背後に自己鍛錬の積み重ねがあった。ヨハネスバーグのエンパイア劇場の会堂に集まったインド人同胞に向かって、ガンディーは凛乎《りんこ》として語りかけた――「わたしのような人間にとっては、前途に行くべき道はただ一筋です。すなわち、死んでも悪法に従わぬか、それとも死ぬかです。このようなことはまったくありえないと思いますが、たとえ他の人たちがみんな、一片の喜びを求めて戦列を離れ、わたし一人《いちにん》を置き去りにしたとしても、わたしは誓願を破るようなことはありません、このことをわたしは確信しています[※28]」。

ガンディーは集まった参加者たちに、それぞれ自らの心中をかえりみるよう求めた。彼はまた参加者たちに、政府に抵抗する者には財産没収、下獄、飢餓、体罰、さらには死の危険すら待ち受けていることを予告した。集会は、「この法案が〔立法府を〕通過したときには、神を証人として「アジア人登録法の」命令には従わぬことを、全員、挙手をもって起立する」厳粛な宣誓とともに終了した。ガンディーは抵抗の方式を説明しなかった。たぶん〔その時点では〕、彼自身まだそれについては明確ではなかったのかもしれない。ただひとつのことについては疑う余地はなかった。それは、「絶対に」暴力を使用しない、ということであった。政治的・社会的不正と闘うなにか新しい原理が生まれつつあることを、ガンディーは漠然とではあるが認識していた。この新しい原理を表現するのに、最初「受動的抵抗《パッシヴ・レジスタンス》」という言葉が採用された。しかしこの語は、イギリスの婦人参政権論者たちが実際に用いた言葉や物理的暴力を連想させたため、その使用は意にそぐわぬものとなった。そこで、いまやガンディー運動の声になっていた『インディアン・オピニオン』紙に適切な名称を懸賞募集した。「応募のなかの」「サダーグラハ〔正しい行為への固執、の意〕」という語がガンディーの心にとまった。そして彼は、それを「サッティヤーグラハ〔真理への固執、の意〕」という語におきかえた。この新しい運動の原理と手法は、歳月を経るうちにだんだんに発展していった。運動の創案者にとっては、理論は行動のあとに付き従う侍女のようなものであった。

　運動が風変わりな展開の感を与えたことは驚くにはあたらない。一九〇八年にドウクは、サッティヤーグラハの起源についてガンディーにたずね、このように記している——

ガンディー氏自身、この原理（受動的抵抗）の誕生と発展を、彼自身にかんするかぎりは、まったく別の影響力によるものと考えているようだ。彼は言った――「わたしが少年時代に学校で学んだグジャラート語の詩の一節が、どんなにわたしの心をとらえて離さなかったかを思い出します。その詩というのはこんなふうでした――だれかがあなたに一杯の水を与え、あなたがその返礼に酒をさし出したのでは、なんにもならない。ほんとうの美とは、悪にたいして善をなすことだ。子どもながら、この詩句はわたしに強烈な影響力をもちました。そしてわたしは、その詩のこころを実践しようと努めてまいりました。それからわたしは『［新約聖書の］山上の垂訓［山上の説教＝マタイ福音書五〜七章］』に出遇ったのでした」。

「しかし、たしか『バガヴァッド・ギーター』が先ではなかったでしょうか」と、私は言った。

「いいえ」と彼は答えて言った――「もちろん、わたしはサンスクリット語［古典インド語］で、かなりよく『バガヴァッド・ギーター』を読んではいました。しかし、わたしはギーターの教えをとくに研究してはいませんでした。ほんとうにわたしを、受動的抵抗の正しさと価値に目覚ませてくれたのは『新約聖書』です。わたしは「山上の垂訓」で、たとえば『悪人に手向ってはならない。だれかがあなたの右の頬を打つなら、左の頬をも向けなさい』とか、『［あなたの］敵を愛し、自分を迫害する者のために祈りなさい。あなたがたの天の父の子となるためである』を読んで、嬉しくてたまりませんでした。なぜなら、自分自身の考えが、わたしがほとんど期待していなかったところで確認できたからです。『バガヴァッド・ギーター』は、その感動を深めてくれました。そして、トルストイの『神の国は汝のうちにあり』は、［さらに］それに永遠の形を与えてくれたのでした※29」。

第12章　最初のサッティヤーグラハ運動

インド人社会の満場一致の熱烈な反対にもかかわらず、アジア人登録法はほとんど字句の修正もないままトランスヴァール立法府を通過した。最後に一縷《いちる》の希望《のぞみ》が残されていた。それは、インド臣民を差別するような法案を拒否するよう、国王［エドワード七世］に直訴することであった。ガンディーとH・O・アリー［イスラム教徒の実業家］の二人を中心とする代表団が、この法案の否認を求めるためにイギリスへ出発した。ガンディーは六週間イギリスに滞在し、その間、ダーダーバーイ・ナオロジーをはじめ、インド問題に関心を寄せている国会や新聞関係の友人たちと会った。植民地相のエルギン卿は、インド人問題に同情的ではあったが、逃げ腰であった。帰路の船中、アジア人登録法案は事実上、国王によって拒否されたとの電報を受け取った。あまりの吉報に、ガンディーは夢ではないかとわが耳を疑ったほどであった。あとでわかったことであるが、内実は、エルギン卿［インド総督（一八九四〜九九）を経て、のち植民地相、別名ブルース卿］がトランスヴァール政府を疎外することなく［イギリス］帝国政府の顔を立てようとしたものであった。エルギン卿はロンドン滞在中のトランスヴァール［政府の］代表団に、責任政府承認後に同法案をトランスヴァール立法府で決議すれば、法案は国王の裁可を得られるだろうと確約していたのだった。事実、新憲法下でのトランスヴァール立法府の最初の決議の一つは、アジア人登録法を成立させることであった。国王の裁可はいまや既定の結果であった。新法は、一九〇七年七月一日をもって施行される旨が公告された。

［結局］インド人たちの言い分は聞き届けられなかった。［いよいよ］ガンディーが、この不当な法律への抵抗の誓いを果たすべき秋《とき》が来た。彼は運動を開始するにあたり「受動的抵抗協会《パッシヴ・レジスタンス・アソシエーション》」を組織した。忌まわしい法律への抵抗の宣誓は、すでに一九〇六年九月にエンパイア劇場での、あの歴史的な大会の出席者たちによってなされていたが、そののち弱気になって動揺している者たちに誓いを撤回する機会を与えるために、ガンディーは再度同胞に誓いをたてさせた。長年彼の財布を空《から》にしてきた『インディアン・オピニオン』紙は、インド人社会の政治教育の格好の場であった。同紙は、後年『ヤング・インディア』『ハリジャン』の両紙がインドで果たしたのと同じ役割を南アフリカで担《にな》っていた。同紙は、同志たちや運動参加者たちばかりではなく、政敵たちのあいだでもひろく読まれていた。というのは、同紙にはガンディーの計画が包み隠さず述べられていたからである。新聞の大衆性は発行部数に明らかであった。ピーク時の部数は、読者となりうる［文字の読める］インド人の総人口が二万人を超えていなかったこの国で、三千五百部数に達し、戸《いえ》ごとに配られていた。

ボータ将軍［ボーア人出身のトランスヴァール軍司令官、自治政府首相（一九〇六）を経て、後年南アフリカ連邦の初代首相を務めた（一九一〇〜一九）］は、白人の自由主義者でガンディーの友人でもあったウィリアム・ホスケンを、ガンディーが講演することになっていたヨハネスバーグのインド人大衆集会に臨席させた。ホスケンは挨拶に立って述べた――「私はボータ将軍の依頼を受けてここにやって来ました。将軍は貴殿に敬意をいだいており、貴殿のお気持をよく理解しておりますが、［このたびの問題は］自分にはいかんともしがたいと言っています。トランスヴァールのヨーロッパ人のだれもが、この法律を求めているからです。インド人は、トランスヴァール政府がいかに強力かを承知しているはずです。政府に抵抗することは、壁に頭をぶつけるようなものです。したがって私は、あなたがたの社会が実りなき反抗によって自滅することのないよう、あなたがたの頭上に不必要な苦痛を招かないよう願っています」と。ガンディーには、このスピーチを聴衆に通訳して伝える役割があった。聴衆の反応は、一人のインド人商人ムハンマド・カーチャリヤーによって雄弁に語られた。この人物は、以前は政治の場ではけっして活動的ではなかったが、ガンディーの運動で重要なはたらきをすることになった。カーチャリヤーは言った――「小生はただいまホスケン氏の演説を拝聴しました。われわれは、トランスヴァール政府がいかに強大であるかをよく承知しています。しかし政府は、このような悪法を制定する以外にはなにもしてくれないのです。政府はわれわれを投獄し、財産を没収し、国外追放にし、あるいは絞首刑にするでしょう。これらのことに小生は嬉々として耐えるでしょうが、この法律には我慢がなりません」と。それから彼は、指で喉をかき切る所作をしながら、大音声に叫んだ――「小生は、神の御名《みな》にかけて、自分は縛り首にかけられてもよいことを誓いますが、この法律には従わないだろうことをも誓います。ここにご出席のみなさんも、同じ誓いをたててくださるよう願います」[※30]と。

政府は主要都市に登録証交付事務所を設置し、一九〇七年七月三十一日までに、トランスヴァール在住のすべてのインド人に登録を済ませるよう、さもなければ、法律に規定された刑罰が課せられるだろうことを通告した。受動的抵抗協会はインド人社会に、許可証交付事務所のボイコットを呼びかけた。ビラには、「[国]王への忠誠は、王のなかの王[神]への忠誠が求められる。……インド人たちよ、自由たれ」というストライキの檄文が記されていた。ガンディーは交付事務所にピケを張る計画をたてて、詳細な指示を与えた。彼は運動員を募集――彼らの何人かは十代の少年であった――し、インド人が新しい法律のもとで登録証の発給を受けるのを思いとどまるよう説得するために、交付事務所の外に待機させた。ただし奉仕者たちは、自らすすんで登録を望む人たちにたいして、暴力を用いたり、無作法な振る舞いをすることは禁じられていた。彼らは警官が逮捕するというなら、喜んで命に服した。あらゆる種類のプレッシャーがこの運動では排除されたが、それでも世論の力そのものが「スト破りなど」裏切り行為そのものを封じ込めるのに十分な力を発揮した。交付事務所と示し合わせて夜遅く登録証が発給されたという、いくつかの例外もあるにはあったが、全般的にはボイコットは効を奏した。政府は登録の期限を延長したが、一九〇七年十一月三十日までに登録を済ませたインド人は、わずかに五百十一名にとどまった。

この間に、もう一つの打撃がトランスヴァールのインド人たちのうえにふりかかった。一九〇七年十二月二十六日に、トランスヴァール立法府を通過していた移民法に国王の裁可がくだったのである。これによって、教育を受けた限られた数のインド人たちのトランスヴァール入国すらも差し止められることになった。翌日ガンディーは、ヨハネスバーグの集会の演説で言った――「エルギン卿［イギリス政府の植民地相］は、インド人の忠誠に不当な圧力をかけました。帝国政府は、このままインド国民を支配しつづけるつもりならば、剣をもってではなく、愛情によって支配するつもりがあるのかどうか、ここで立ち止まって自問しなければなりません。イギリスは、インドと植民地［南アフリカ諸国］のどちらかを選ばなければなりません」。トランスヴァール内閣でインド人問題を担当していたスマッツ将軍は、インド人の脅威に居丈高《いたけだか》に対応した。運動は「ガンディーと彼の一味の者たちによって画策されたものである」と、彼はなじった。

一九〇七年十二月二十八日に、ガンディーほか二十六名の著名な同僚たちがヨハネスバーグの裁判所に出廷した。それは、新法のもとでの登録拒否によって、なにゆえ彼らがトランスヴァールを追放されなければならないのか、その理由《わけ》を質《ただ》すためであった。彼らは、遅くとも二週間以内にその国を退去するよう命じられていた。彼らはこの命に服さなかったために、一九〇八年一月に再度自分たちのほうから出廷し、［現行法での］有罪を認め、結果に従うことを申し出た。ガンディーは運動の主謀者として厳刑を願い出た。しばしば顧問弁護士として登場したことのある法廷に［いま］被告として立ち、短い声明文を読みあげるために法廷の許可を求めた。「政治的な発言は困ります」と、治安判事は答えた。それから判事は、今後の裁判の判決を見込んで語調を強めて言った――ガンディーの立場が民衆の心をいかに代表していようと、彼を動かしている動機がなんであろうと、また法律が正しかろうと正しくなかろうと、本法廷がなさねばならないのは、法に従って法を執行することだ、と。

ガンディーは禁錮二か月の刑を申し渡された。もし政府が指導者を幽閉することで一般大衆の士気を打ち砕けるものと考えていたのなら、ゆゆしい誤算を犯していたことになる。インド人たちは投獄を求めてわれ先きにと押しかけた。牢獄の恐怖はなくなっていた。牢獄は「エドワード国王のホテル」[★25]と呼ばれるようになった。ヨハネスバーグの刑務所の収監定員は五十名であったが、ついに百五十五名の受動的抵抗者で満杯になった。囚人たちは直接地面で眠り、食事はカーフィル族［南アフリカバントゥー族に属する黒人］しか口にしないような代物《しろもの》であったが、抵抗者たちの士気は高かった。彼らは手仕事を要望したが、判決ではたいていの場合、重労働は課せられておらず、獄吏は労働を強制するわけにはいかなかった。

ガンディーがようやく刑務所生活にも落着きを感じはじめたころ、友人で自由主義的な思想をもつアルバート・カートライトの訪問を受けた。［これには］彼の新聞『トランスヴァール・リーダー』がしばしばインド人の運動を支持してきたという経緯《いきさつ》があった。カートライトはガンディーに話した——彼は［ここに来るまえに］スマッツ将軍と面談したこと、将軍から和解案を託されてきたこと、その提案の主旨は、インド人が自主的に登録に応じるなら、アジア人登録法は撤回してもよいということ、等々を。二日後、まだ囚人の身でありながら、ガンディーはプレトリアのスマッツ将軍の執務室に迎え入れられた。将軍はインド人の忍耐をたたえたが、［他方］ヨーロッパ人の強力な感情《おもい》を顧慮《こりょ》するとき、自分は登録問題についてはいかんともしがたく無力だと、釈明した。そして、もしインド人たちが自らすすんで登録に応じてくれるなら、アジア人登録法は法令全書から削除してもよいと、すでにカートライトから伝え聞いた保証を繰り返した。将軍は、ガンディーが指摘したいくつかの点の修正を承認した。そして「〔これから〕わたしはどこに行けばよろしいのでしょうか」というガンディーの質問に笑って答えた――「わたしは刑務所の役人に電話をかけて、明朝他の囚人たちも全員釈放するつもりです」と。

それは夕方の七時のことであった。ガンディーはびた一文、一ファージング〔イギリスの当時の最少額の青銅貨〕も持ち合わせていなかった。スマッツ将軍の秘書官から汽車賃を借りると、彼はヨハネスバーグ行きの最終列車に乗るために、そのまま〔囚人服で〕一目散に駅へ走った。ヨハネスバーグに着くと、数時間も経たないうちに、ガンディーはスマッツ将軍とのあいだで一致をみた非公式の協定事項を議論するために、インド人社会の面々に集会を呼びかけた。批判が百出した。ガンディーは政府の利益のために行動しているのではないか、なぜ登録法の撤回がインド人の自主的登録のあとではなく、先立ってなされないのか。もしトランスヴァール政府が約束をほごにしたら、どういうことになるのか。〔これらの疑念にたいして〕たとえ政敵の言葉であろうと、信用することがサッティヤーグラヒー〔サッティヤーグラハの実践者〕の義務《つとめ》だとガンディーは説明した。政府が約束を破ったなら、そのときは抵抗を再開する道がインド人には開かれているのだ。インドの西北辺境州〔現パキスタン領〕出身の血の気の多い一人のパターン人〔アフガニスタン系山岳民族で、多くはイスラーム教徒、気性の荒いことで知られる〕が執拗にガンディーに食いさがり、インド社会を一万五千ポンドでスマッツ将軍に売り渡したのではないかと、ガンディーを糾弾した。「俺《おれ》は、証人としてアッラーの神に誓って言う」と、男は叫んだ――「俺は、登録に応じるよう先導するような奴は殺してやる」[※31]と。賄賂の嫌疑を易々《やすやす》と晴らしたあと、ガンディーは粗暴なパターン人からつきつけられた脅迫に応えて言った。「兄弟の手にかかって、恨みや怒りをもたずに生命を落とすのは、けっして悲しいことでありません」と。一九〇八年二月十日の朝、ガンディーはかねて公約していたとおり、スマッツ将軍と交わした相互理解に従って、第一号の登録証の交付を受けようと自宅を出た。彼が事務所（それはまた、サッティヤーグラハ運動の本部でもあった）に入ったとき、数人のパターン人が街路をうろついているのに気づいた。その一人はミール・アーラムという名の古くからの依頼人《クライアント》で、「背丈は優に六フィート［一八〇センチ］はあろうかという屈強な大男であった。ミール・アーラムはガンディーの挨拶にぎこちなく返礼し、それから彼の後《うし》ろについて歩きはじめた。フォン・ブランディス通りに来ると、ミール・アーラムはガンディーにどこへ行くのかとたずねた。ガンディーが答えるまもなく、彼と仲間のパターン人たちが目の前の小男［ガンディー］に襲いかかった。彼は「ヘー・ラーマ［おお、神よ］」と、唇に神の御名《みな》を称《とな》えながら気を失っていった。幾人かの同志たちが何発かの殴打をかわしてくれていなかったら、そしてヨーロッパ人の通行人があいだに入ってくれていなかったら、ガンディーはその場で撲殺されていたことだろう。

　ほとばしる血を流しながら、ガンディーは近くの商店に運びこまれた。意識をとりもどしたとき、彼が真っ先に思ったのは、襲撃者のことであった。「ミール・アーラムはいま、どこにいますか」と、彼はその場に駆けつけた友人のドウクにたずねた。「あの男なら他の者たちといっしょに逮捕されました」と、ドウクは答えた。「ミール・アーラムは釈放されなければなりません」と、ガンディーは言った。ドウクが答えた――「そのことなら万事ご心配いりません。そんなことより、あなたはいま、唇と頬を包帯でぐるぐる巻きにされて、他人《ひと》さまの事務所にいるんですよ。警官がこれからあなたを病院へ運ぼうとしていますが、もしあなたが私のところへ行くとおっしゃるなら、妻と私はできるかぎりのお世話をさせていただきますが」と。

ガンディーはドウク家へ行くほうを選んだ。ドウク宅に着くと、ガンディーはまっさきに、最初の登録証を受けると約束していたとおり、登録用紙を請求した。アジア人局登録係官のチャムニー氏は、『インディアン・オピニオン』紙でしばしば攻撃の的になってきた人物であったが、その日登録用紙を持ってガンディーのもとに駆けつけてきたときには、目に涙をうかべていたという。ミール・アーラムと他のパターン人については、法の運用に逆らうことはできなかったが、ガンディーは証人として召喚されることはなかった。十日間、ドウク夫妻は愛情深く彼を介抱した。ドウク家はまるで「巡礼宿《キャラヴァンセライ》」になり、富豪からしがない行商人や労働者に至るまで、指導者の健康を気遣う何百人ものインド人たちがつめかけた。十日間をドウク家で過ごしてから、ガンディーはヨハネスバーグ郊外のポウラク邸に移った。旅行が可能になると、ただちにガンディーはフェニックス農園へカストゥルバーイと子どもたちに会いに行った。もし妻に交通費さえ払えたなら、襲撃の報せを受けたとき、一家はすぐにもヨハネスバーグへすっとんで行ったことだろう。

彼の生命《いのち》にさらなる試練が続いた。それから数日後、ダーバンの集会場で一人のパターン人が太い棍棒《こんぼう》を握ってガンディー目がけて突進したが、「おりよく」電燈が消えた。警察署長のアレグザンダーは、インド人の指導者を無事に送り届けるために警官を数名付き添わせてくれた。思えば十一年前、署長は白人たちの暴行からガンディーを救出したことがあったが、このたびはインド人の狂気の沙汰から彼を救出してくれたのである。

ガンディーはスマッツとの約束の義務を果たすために己の生命を賭《と》したのである。しかし、ボーア人の将軍は、ガンディーだけではなく、正直な調停役のアルバート・カートライトをもないがしろにして、平然と契約をほごにしたのだった。トランスヴァール政府はアジア人登録を撤回しなかった。［それどころか］インド人の自主登録のみを有効とする新しい法案まで提出した。このことは、今後この国への入国を希望するインド人移民は「暗黒法」に従うべし、ということを意味した。ガンディーは『インディアン・オピニオン』紙に「反則プレー」［フェアプレーの反対を皮肉ったもの］と題する論説を掲載して、心ゆくまで鬱憤《うっぷん》を晴らした。同僚たちは、彼の愚直なまでのお人よしぶりを笑った。ガンディーはスマッツに書簡を送り、アルバート・カートライトと将軍との話し合いを想起させようとしたが、遺憾ながら、将軍の記憶はガンディーのそれとは同じではなかった。

第13章　第二ラウンド

インド人側の敗北は完膚《かんぷ》なきものに思われた。彼らは自らすすんで「犬の首輪」を身につけたのである。彼らがその撤廃のために闘ってきた法律は、運動のかいもなく、そのまま法令集に記載された。政府は、インド人の自主的登録というもとの条件にもどすことをも拒否した。ガンディーは、インド人たちが彼らの登録証を焼却し、「その結果は慎しんでお受けする」ことを宣言した。

一九〇七年秋以前の運動がふたたび計画された。このたびは、住民についてよりよく知ったこと、自分が展開してきた運動の技法をより確実に把握したこと、これらをもってガンディーはサッティヤーグラハ運動の第二ラウンドを企画した。山と積んだ薪に点火され、トランスヴァールの大勢のインド人たちが、燃えさかる炎のなかに彼らの登録証を投げ込んだ。その光景を『デイリー・メール』紙のヨハネスバーグのある特派員は、「ボストン茶会事件［一七七三年十二月、茶条令に反対したアメリカの急進分子が、ボストンに入港していた東インド会社船を襲撃し、積荷の茶を海中に投棄した事件］」になぞらえた。トランスヴァールのインド人の闘いは、アメリカの独立戦争の事件ほど歴史的な大事件とは言いがたいかもしれないが、登録証の焼却は、明らかに権力に抗する勇気ある行為であった。ガンディーの挫折をほくそ笑んでいたスマッツ将軍も、最後には笑えなかった。［登録証焼却の］クライマックスは、刑務所を出たばかりのミール・アーラムが歩み出て、ガンディーの手を握りしめ、ガンディーが彼の襲撃にいっさい遺恨をいだいていないことを確言《かくげん》した場面であった。

この間にトランスヴァール政府は、新規にインドからやって来る移民を事実上排除する、もう一つの法案を通過させた。ガンディーは政府に書簡を送り、この法案に反対する新たなサッティヤーグラハ運動を開始する旨を伝えた。スマッツ将軍は、［つぎつぎに］問題を惹起《じゃっき》するガンディーを非難し、インド人社会に向かってこのように警告した――おまえたちの代弁者は、「寸を与えると尺を求める男だ」と。実際は［その逆で］、ガンディーは闘争の規模と範囲を制限しようと懸命に努力していたのである。そして、南アフリカの他の植民地圏のインド人たちが、同情運動を始めるのを、やっとの思いで食い止めていたのだった。

インド人たちは牢獄を満杯にする準備をすすめていた。一九〇八年八月に、トランスヴァールにかねて居住権をもっていたナタール在住の数名の高名なインド人たちが、トランスヴァールに定住する目的《ため》ではなく、登録法に正面切って違反するために両国の境界線を越境して、逮捕された。トランスヴァールでは、「エドワード王のホテル（ガンディーは刑務所をそう呼んでいた）」に入るもっとも簡単な通行証は、登録証書を持たずにうろつくことであった。登録証を所持している行商人たちは要求されても提示を拒否し、列をなして刑務所へ向かって行進した。彼らの先例にならい、富裕な商人たちや弁護士たちも一夜にして野菜を売り歩く行商人に早変わりしては、続々と刑務所へつめかけた。今回の第二回サッティヤーグラハ運動の獄中では、前回とは異なり、一般に重労働が課せられた。牢内のインド人への扱いは厳しかった。十代の少年にも、石割りや道路の清掃、溜め池掘りが命じられた。その一人にナーガッパという名の十八歳になる少年がいたが、彼は早朝から労働に連行され、肺炎で命《いのち》をおとした。

ガンディー自身も一九〇八年十月にトランスヴァール刑務所に投獄されたとき、そこで苛酷な目に遭《あ》った。彼は最初の夜を、「見るからに無教養で、凶暴で、荒々しい」何人かのカーフィル族［南アフリカのバントゥー族の黒人部族で、気性の荒いことで知られる］の犯罪者たちとともに過ごした。ガンディーは『ギーター』の聖句を繰り返すことで冷静さを保った。このたびは、彼が「生涯に」刑務所で嘗《な》めたもっとも苦々しい期間であった。朝七時から囚人仲間の一人として、非情な看守に連れられて、鋤《すき》を手に固い地面を掘らされた。一日が過ぎると、背中の節々は痛々しく曲がり、手はふくれあがっていたが、それでもガンディーは仲間を励ました。彼らの多くはいまにも過労で倒れそうであった。夕方や日曜日には、ガンディーは『ギーター』とラスキン[第9章★20参照]、ソロー[第9章★21参照]、その他獄中で入手できる書物を読み耽《ふ》けった。苛酷な獄中の日課は、「むしろ」動物的な快楽の放棄と、人間性への奉仕で自己を昇華しようとする彼の目ざす生の哲学に合致していた。彼の人格は成長していった。「こうして」来たるべき将来に強大な力となった鋼鉄のような精神力が錬成されていったのである。ポウラク夫人は書いている——「出獄するたび、牢獄にいたあいだに、なんとも表現しがたい成長がガンディーさんの内部《うち》に起こっているのを人は感じた」※32と。

政府は投獄によってインド人の士気を打ち砕くことはできなかった。それに、そんなにも数多くの囚人を収監しておくのは費用のかかる問題《こと》であった。そこでトランスヴァール政府は、もっと安あがりの、もっと徹底した方策を思いついた。アジア人登録法に規定された罰則の一つは「国外追放」であった。このことは、これまではナタールやオレンジ自治国といった隣国入植地《コロニー》への強制移住と解釈されてきた。ところが、今後この刑罰はインドへの強制送還という語に置き変えられたのである。それは、見境《みさかい》なき人種的憎悪をむきだしにした非人間的な政策であった。［というのは］南アフリカに来てようやく生活の基盤を築きあげた貧しい、［故郷《くに》を捨てた］根なし草のインド人労働者にとっては、インドに帰っても社会復帰はほとんど不可能であったからである。こうした国外追放という問題を人間的な側面から考察し、ガンディーは一九一〇年四月二十五日付のゴーカレ宛の手紙にこのように書いている――「わたしは追放処分にされた男たちのけなげな妻たちや姉妹、母たちに実際に接触しました。わたしは残される女たちに、追放の憂き目に遭った男たちといっしょにインドへ帰りたいかとたずねますと、彼女たちは憤然として言いました――『どうしてそのようなことができましょうか。私たちは幼いころにこの土地《くに》に連れてこられたのです。インドではだれひとり顔見知りはありません。私たちは外国であるインドへ行くくらいなら、ここで命果てるほうがましです』と。このような心境がいかに悲しむべきものであろうと、とにもかくにも、これらの男女《ひと》たちはみな、南アフリカの土壌《つち》に根づいているのです」※33と。

ガンディーはこうした気の毒な人たちの苦痛を和《やわ》らげるために、どんなに小さなことでも、できるかぎりのことはやった。同志たちの何人かを送還者に同行させた。彼はまた『インディアン・オピニオン』紙の発行人《オーナー》で友人のナテサンに書簡をしたため、送還者たちへの援助をたのんだ。送還者のほとんどが［ナテサンと同郷の］マドラス出身のタミル人だったからである。この間に、ガンディーは問題を最高裁判所に提訴、［これを受けて］高裁はインドへの送還を違法と言明した。しかし、またもやインド人の闘争に対抗する巧妙な手口があみだされた。ガンディーによる運動の中心的存在であった何人かの高名なインド人商人たちが、自由ばかりでなく、生計の道をも失いかねないという事態に直面させられたのである。富裕な商人であったムハンマド・カーチャリヤーが、ガンディーの運動で演じた役割への報復《むくい》として、ヨーロッパ人出資者たちから一斉に申し合わせた取り立てを食らって破産したのである。

告訴［投獄］も、国外追放も、経済的圧力も、サッティヤーグラハ運動を粉砕することにはならなかった。［しかし］やがてある種の闘争疲れがインド人社会にひろがり始めた——とりわけ富裕層に行き詰まりが生じた。［それでも］インド人たちは、運動に劇的なもりあがりを見せることはできなかったものの、闘争を放棄することはなかった。

この間、一九〇九年に、ガンディーは訪英したが、そこでは南アフリカの［四つの植民地の］統合について話し合いが進行中であった。南アフリカのインド人たちは、案件中のボーア人とイギリス人の新しい提携のもとでのインド人の将来について懸念していた。ガンディーがイギリス訪問中に会ったイギリス人の政治家やジャーナリストたちは、いちようにインド問題に関心をいだいていた。ガンディーはインド担当相モーリー卿〔一九〇五～一〇年のカンベル・バナマン内閣、アスキス内閣のインド担当相〕、植民地相クルー卿〔一九〇八～一〇年の植民地相、のちインド担当相〕、それからアンプティル卿にも会った。アンプティル卿は、下位の貴族ではあったが、インド人問題の熱心な支持者であった。南アフリカの政治家たちがインド人のためになんらかの実質的な譲歩をする意志はなく、またイギリス政府も、自治を認可した植民地問題で、インド人に代わって〔新しく発足する南アフリカ政府に〕口出しをするつもりのないことは明らかであった。ガンディーはこの「割りの悪い実りのない」使命の結着に〔うんざりし〕、「倦怠と疲労」の感情を吐露《とろ》した。

この無益な不毛のイギリス訪問のあとで、ガンディーは、インド人の人権闘争が長期戦に入るだろうことに気づいた。トランスヴァール政府の圧力は、弱小なインド人社会にはこたえた。多くの商人たちが、大きすぎる損失に苦しみ、政治運動から身を退いた。他方、サッティヤーグラハの小集団は、〔相変わらず〕投獄を求めつづけた。これらサッティヤーグラハの囚人たちの家族に、サッティヤーグラハ協会は生活費を支給してきたが、協会の資金もだんだん底をついていた。一九〇六年以降、ガンディーは政治活動に専念し、弁護士業は休業してきた。そして、個人的な貯えのすべてを運動につぎこんできた。貧困に苦しむ家族のためにも、また、ヨハネスバーグやロンドンにある運動の事務所を運営し、『インディアン・オピニオン』紙を発刊しつづけるためにも資金が必要であった。このような消耗戦では、時流は明らかにトランスヴァール政府の味方であり、インド人抵抗者たちは飢えて降伏する危機にさらされていた。一九一〇年に大財閥のサー・ラタン・タータから二万五千ルピーの寄付金が寄せられたが、焼け石に水であった。つづいて、インド国民会議党とインド・ムスリム連盟、ハイダラーバードのニザーム〔藩王〕からの寄付を含む資金援助が届いた。しかし、こうした巨額の援助がいつまでも続くはずはなかった。サッティヤーグラハ闘争を維持してゆくためには、資金援助への依存は、大幅に削減しなければならない、とガンディーは考えた。そのもっとも経済的な解決策は、サッティヤーグラハ運動によって投獄された「囚人」たちの家族を協同農園に住まわせることだとの結論に至った。一九〇四年に設立されダーバンのフェニックス農園《セトウルメント》がまっさきに候補にあがったが、そこはヨハネスバーグから汽車で三十時間という遠距離のために除外された。

〔そのとき〕これまでもガンディーと運命をともにしてきたドイツ人の建築家カレンバッハが助けの手をさしのべてくれたのである。彼はヨハネスバーグから二十一マイル〔約三十三キロ〕のところに一千百エーカー〔四百四十五万平米〕の土地を購入して、それを無償でサッティヤーグラヒーのために提供してくれた。「トルストイ農場」と名づけられたこの農園には、およそ一千本の果樹と、小さな家が一軒建っていた。こうして入手した土地に、ガンディーとカレンバッハはトタン屋根の建て物をいくつか建て、コロニー〔共同入植村〕を始めた。トルストイ農園の入居者は、その数《かず》五十から七十五名。出身地もまちまちで、ヒンドゥー教徒、ムスリム、パールシー教徒、キリスト教徒と宗教も多様であった。食事は菜食主義者の共同台所で準備され、生活は質素で厳格であった。それは実際のところ、牢獄の生活よりも厳しかった。子どもたちまで入居者全員に手仕事が割り当てられ、自給自足の生活であった。作業場ではカレンバッハの専門家的な監督のもとで、なんでもござれ、手当りしだいに日常雑貨品が作られた。カレンバッハはかつてドイツ人修道士の僧院で靴作りを学んだ経験があったが、彼はその技術を、ガンディーを含めて仲間の入居者たちに伝授したのだ。ガンディーはこのように書いている――「わたしたち全員が労働者になりました。したがってだれもかれもが労働者の衣服――といってもそれは、ヨーロッパスタイルのもの、すなわち囚人服をまねた労働者のズボンとシャツ――を身につけました[※34]」と。私用で町に出かける者は、ヨハネスバーグまでの往復の四十二マイルを徒歩で行かなければならなかった。ガンディー自身は四十歳を越えて果物だけで暮らしていたが、一日四十マイル〔六十五キロ〕を歩くのは苦にならなかった。かつて彼は五十五マイル〔八十八キロ〕を歩いたことがあるが、それでも疲れを感じなかった。

　ガンディーは精神的に高揚していた。彼の「信仰と勇気は、トルストイ農園で最高潮に到達していた[※35]」。彼は自然療法の確固たる信奉者になった。『健康への指針』を著わしたのもこの時期であった。「農園では、病気になっても薬を使ったり、医師に往診を依頼したりしたことはいちどもありませんでした」とガンディーは書いている。彼はカレンバッハを、彼の実験の熱心な相棒と見ていた。二人はアヒンサー〔非暴力〕の意味するところを実験しようと試み、その原理を蛇にまで適用しようとした[★26]。二人はまた、コロニーの子どもたちのために学校を設立し、ガンディーはこれまで自分の子どもたちにだけ試みてきた教育観を実践した。彼は知性の向上よりも心の啓発に重点をおき、手仕事をカリキュラムの必修科目にした。

トルストイ農園の子どもたちは楽しげに穴掘りをし、樹を伐採し、重い荷物を運び、大工仕事や靴作りを学んだ。ガンディーは教師としての義務《つとめ》に高い理想をいだいていた。「もしわたし自身が嘘つきであったら、子どもたちに真実を語れと教えても無意味になるだろう。臆病な教師は、生徒を勇者にはできないだろう。……したがってわたしは、わたしと生活をともにする少年少女たちにとって、恒《つね》に変わらぬ実物教育でなければならない。こうして、子どもたちがわたしの教師となり、わたしはひたすら彼らのために、善良で、真直ぐであらねばならぬことを学んだのである」。

ガンディーがトルストイ農園で高めた規律と自己抑制は、教師として目覚めた責任感によるところ大であった。トルストイ農園は、「いわば」彼の成長のもう一つの階梯《かいてい》となった。それは、サッティヤーグラハ闘争にも重大な影響を与えた。つまり、サッティヤーグラハ運動で投獄された囚人たちの残された家族に避難所を提供したばかりではなく、トランスヴァール政府の組織化された権力に服従するよりも、むしろ自らすすんで貧困と忍従の生活に甘んじようとする「トルストイ農園」における一握《ひとにぎ》りのインド人愛国者たちの光景《すがた》は、ガンディーがサッティヤーグラハ運動の最終段階を指導するつぎなる闘争にさいして、インド人社会の他の人びとを鼓舞する模範となったのである。トルストイ農場の厳格な規則を体験した男たちや女たち、そして子どもたちまでが、いささかも牢獄に恐怖心をもっていなかった。

このサッティヤーグラハ闘争は四年間続いた。インド人たちは牢獄の出入りを繰り返した。インド人社会の心弱き者や金持ち層は、闘争の足並み《テンポ》についていけなかったが、ガンディーの指導のもとで困苦に耐えた少数の戦士グループの士気は高かった。［本国］インドの世論も活気づいた。ゴーカレは、南アフリカへの年季契約労働者の輸出［移民］を禁じる決議案を帝国立法参事会で通過させた。国王ジョージ五世［在位一九一〇～三六］の戴冠式が近づいたとき、帝国政府はまたもや、騒ぎを鎮め、インドの世論を宥《なだ》めるのにやっきになった。その結果出されたのが、一九一一年二月の人種差別の障害

南アフリカでサッティヤーグラハ運動を進めるガンディー

を撤廃するだろうことを謳《うた》った政府の公告であった。［これによって］トランスヴァールへのインド人の入国は、アジア人としてではなく、厳しい教育テストによって制限されることとなった。

一九一一年五月二十七日に『インディアン・オピニオン』紙は、政府と暫定協定に達したこと、また［これによって］インド人と中国人は自由に［元の］職業に復帰できることが伝えられた。六月一日に、サッティヤーグラハ運動の囚人たちが釈放された。雲が晴れ、情況の変化の徴候は、六月五日にヨハネスバーグで催されたプレトリア受動的抵抗十一人《イレブン》衆対同地の受動的抵抗者チームとのサッカー試合に見ることができた。

停戦は一九一二年末まで続いた。インド人社会は、王冠への忠誠を宣言したが、南アフリカで催された戴冠式典には参加しなかった。ガンディーは『インディアン・オピニオン』紙に、この事態《こと》についてつぎのように理由を説明している——「南アフリカの英領インド市民は、なぜ、またいかにして王冠に忠誠をささげなければならないのか、そして、その治世において法を守る人間としての市民権をすら享受できなかった人民が、君主の戴冠式をなぜ、またいかにして寿《ことほ》がなければならぬのか、部外者にはいくらか奇異に思われるかもしれない。イギリス政府は理論的には、正義の純正と平等を公言している。そしてイギリスの政治家たちは、その理想を実現しようと真面目に努力していることはわかっている。［また］彼らがしばしば、残念ながらそうすることができないというのは、たしかに事実であるが、それはわたしたちの直接の問題とは無関係である」。

一九一二年の大事件は、「なんといっても」ゴーカレの南アフリカ訪問であった。十五年間にわたって、ゴーカレはカルカッタの帝国立法参事会の内と外からガンディーと接触し、強力な支持を与えてくれた。この人の南アフリカへの訪問旅行は、イギリス政府の公認を得て計画された。彼は国賓として南アフリカを訪れたのであり、特別列車が用意された。ガンディーはゴーカレをケープ・タウンに出迎え、一か月間の旅行では秘書のように――あるいは従者のように行動した。鉄道の駅々には飾りつけが施され、ゴーカレのために絨毯《じゅうたん》が敷かれた。インド人社会は彼に挨拶の讃辞と高価な贈り物の雨を降らせ、まさに王者を迎えるがごとき観があった。［新しく成立した］連邦政府の首都プレトリアでは、ゴーカレは連邦政府の［新しい］閣僚たちとの会談に臨んだが、会談のあと彼はガンディーに言った――「あなたは一年後にはインドに帰らなければなりません。万事片がつきましたよ。暗黒法は撤廃されるでしょうし、人種差別も移民法から取り除かれます。それに三ポンド［の人頭］税も廃止されることになります」と。「わたしはそれらについては、おおいに疑念をいだいています」と、ガンディーは答えた――「わたしが知っているほど、先生は閣僚たちのことをご存知ないようです」と。

ゴーカレは、南アフリカをあとにしたとき、［みごとに］騙《だま》されていたことが判明した。スマッツ将軍は議会で言明した――ナタールのヨーロッパ人の気持ちを鑑《かんが》みるとき、年季契約を終えた労働者とその家族から徴収することになっていた三ポンド税を廃止するなど、とうていできない相談である、と。

またもやこの「信義の裏切り」は、サッティヤーグラハ運動に息を吹きかえす機会を与えた。これまでガンディーは、移民法と［指紋］登録法にかんする元来の不満に制限されてきたサッティヤーグラハ闘争の範囲の拡大の提案には、繰り返し反対してきた。［ところが］南アフリカ政府がゴーカレとの約束を破棄したいま、三ポンド税は堂々と運動の旗幟《はたじるし》に掲げることができた。年季労働者たちが闘争の場に登場するというのは、運動に大きな力を添えることになった。もっとも、これまで政治の領域で経験のなかった無学な大衆を指導するには、たしかにむずかしい点があるにはあったが。しかしガンディーは、ナタール在住中、年季労働者問題に関心をいだいていたおかげで、彼らのあいだでも人気があったばかりではなく、労働者たちの問題や心理にも深い洞察の目を注ぐことができた。

こうしてガンディーが、政府を相手どって積極的な抵抗を計画しているうちに、もう一つの爆弾がインド人たちの頭上で炸裂した。最高裁判所の判決で、キリスト教の儀式に依《よ》って挙式されなかった結婚、ならびに［政府の］婚姻登録官によって公式に登録されていないインド人の結婚は、すべて無効とされることになったのである。すなわち、この言《げん》でいくと、ヒンドゥー、ムスリム、パールシーの結婚はすべて違法となり、彼らの子どもたちはみな私生児ということであった。ガンディーは無益とは知りつつ、この非現実的な法解釈を否認するか、それとも法律を改善すべきことを政府に訴えた。

インド人の自尊心へのこの大きな侮辱は、連合政府のゴーカレとの約束違反とともに、南アフリカにおけるガンディーの最終闘争の戦略にうまくとりこまれた。これまでは、女性はサッティヤーグラハ闘争の枠組みには入っていなかった。しかし、彼女たちの名誉が危ぶまれているいま、女性も男性とともに、非暴力の戦場に喚《よ》び出されたのである。

第14章　最終段階

政府の戦術が消耗作戦の過程でインド人たちを疲弊させることにあったのは、ガンディーにはわかりきっていた。一九一三年九月十三日号の『インディアン・オピニオン』紙に、交渉の挫折を報じて彼は言った――「[ほんとうに]和解する精神《つもり》のない和解は、和解ではない。……つぎはぎだらけの休戦よりは、正々堂々、正面からぶつかるほうがよい。このたびの闘争は、南アフリカ政府とヨーロッパ人たちの心を改めさせるものでなければならない。そして、目ざす結果は、「われらの側の」長期的な痛ましい受難によってのみ達成できるのだ。受難こそが、政府とその支配的な仲間たちの心を氷解させるにちがいない」。

ガンディーは彼の大詰めとなる運動を開始し、「全員」をそこにつぎこむ決意をしていた。ゴーカレはインドから手紙を送り、闘争の「平和部隊」の兵力についてたずねた。ガンディーは少なくとも十六名、多くて六十六名のサッティヤーグラヒーをかぞえることができると答えた。老練《ベテラン》政治家ゴーカレは、おおいにこの戦略をおもしろがりはしたものの、いかにして一握《ひとにぎ》りのインド人がトランスヴァール政府に白旗をあげさせることができるのかはわからなかった。[このとき]ゴーカレには、やがて眼前に出現した、何千人というインド人を運動に巻きこむことになったガンディーの戦略を想像することができなかったのである。

ガンディーの打った第一手は、ガンディー夫人を含む十六名の一隊を、ナタールのフェニックス農園からトランスヴァールへ送り込むことであった。一隊は九月二十三日に、許可なくしてトランスヴァールへ越境したとして、逮捕・投獄された。数日後、こんどは十一名から成る女性たちの一隊がトランスヴァールのトルストイ農園から、無許可でナタールへ越境して、ニューカッスル［ナタールの大炭鉱地帯の中心地］まで行進し、逮捕されるまえに、インド人鉱夫たちにストライキを呼びかけた。

炭鉱夫たちのストライキは重大事件であった。ガンディーは事態を監視し、ストライキ中の労働者たちの側に暴力沙汰が発生しないよう目を光らせるためにニューカッスルへと急行した。炭鉱主たちはガンディーをダーバンに呼びつけ、挑戦的に言った――「［ストライキをしたところで］あなた自身はなに一つ失いはしないだろうが、あなたに道を誤らされる労働者たちに、あなたは損失を償《つぐな》ってやる覚悟《つもり》はあるのですか」と。労働者たちは、彼らがこうむる損害は百も承知のうえです、とガンディーは答えた。それから加えて言った――彼らには三ポンド税［人頭税］で長年苦しめられてきた自尊心の喪失以上の大きな損失はありません、と。ニューカッスルにもどったとき、ガンディーは炭鉱夫たちに、彼らの主人から迫られた脅迫について話したが、鉱夫たちはひるむことはなかった。彼らの「ガンディー・バハーイ（ガンディー兄弟）」への信頼は鉄壁であった。雇い主たちはねじを締めあげはじめた。彼らは鉱夫たちの借家《いえ》の水道・電気を差し止めた。そこで、貧しいインド人たちは、わずかばかりの所帯道具を持って家を出た。こうして住処《すみか》と仕事を失った労働者たちのめんどうをどうしてみればよいか、［さすがの］ガンディーにもわからなかった。ニューカッスルのインド人商人たちも政府の不興を懼《おそ》れて、労働者たちに援助の手をさしのべるのをしぶった。あるインド人キリスト教徒の家族が、失業者たちに食物を提供したが、そんなことをいつまで続けられようか。何百人もの無学な失業者たちをただ遊ばせておくのには、大きな危険があった。そこでガンディーは、この「［失業者］部隊」をトランスヴァールへ進軍させることを決意した。そうすれば、途中で部隊は、彼の手から政府に引きとってもらい、刑務所に入れてもらえるかもしれない、と考えたからである。しかし、なんらかのはずみで、炭鉱夫とその家族が投獄されなかったら、彼らはトルストイ農園で働いて、自給すればよいのだ。

労働者たちは――一ポンド半［約六百八十グラム］のパンと少量の砂糖で――ニューカッスルからトランスヴァール国境に近いチャールズタウンまでの三十六マイル［六十キロメートル］を二日間で踏破した。一週間後の一九一三年十一月六日に、［いよいよ］越境行進が始まった。部隊は男二千三十七人、女百二十七人と子ども五十七人であった。「ガンディーが先頭に立って行く巡礼団は、このうえなく人目をひく集団である」と、『サタデー・ポスト』紙は報じた――「一見、彼らは見るからに貧相で、事実やつれていた――彼らの脚はまるで杖のように細かったが、餓死すれすれの食糧で行進を続けてゆくさまは、彼らがきわめて強靭であることを示している」。いくつか秩序を乱す事例があるにはあったが、全体的には、これらの貧しく無学な労働者たちの勇気と規律と忍耐は驚くにたるものであった。

彼らは政治上のことはかいもくわからなかったが、彼らの指導者のことばはよく理解していた。そしてその人のことばは、彼らにとっては法そのものであった。女性たちの一人が腕に乳飲み児を抱いて行進中、川を渡っていたとき、母の手から赤ん坊が落ちて溺《おぼ》れ死ぬという惨事が起きた。「あたしたちはいつまでも死者のことをくよくよ悔やんでいてはなりません。あたしたちが働かなければならないのは、生きている人たちに仕えるためです。それはあたしたちの義務《つとめ》です」と言って、女はけなげにもそのまま行進を続けた。

いよいよ現実にトランスヴァールへ越境するに先立って、ガンディーは政府宛てに書簡を送り、越境は、インド人炭鉱夫たちがそこに定住するためではなく、約束を裏切ったことに抗議するためである、「したがって」三ポンド税が廃止されれば、ストライキは中止されるであろう、と書いた。こうしたいくつかの書簡と電報にも応答がなかったため、ガンディーはスマッツ将軍に直接電話をかけた。「将軍は貴殿とかかわりをもつことを望んでおられません。貴殿はご自分の好きなようになさってくださってけっこうです」。これが、将軍の秘書官から届けられたそっけない返事であった。国境の村フォルクスラストでは、トラブルが予想されていた。ヨーロッパ人の好戦的愛国主義者たちが、インド人を兎撃ちのように待ちかまえているというのであった。しかし幸いなことに、行進は不運な事件に見舞われることなく、無事同村を通過した。ガンディーは「そこで」逮捕され、裁判を受けるためにフォルクスラストへ連行された。検察側は裁判の準備のため時間の猶予を要求した。「その間」ガンディーは保釈されると、ふたたびストライキ集団に加わった。もし彼の存在が、彼の指導する群衆の規律の抑制《コントロール》に必要でなかったなら、彼は保釈を申し出なかったであろう。［他方］裁判所も、殺人による被告人を除くすべての未決囚にこの権利を認めていなかったら、ガンディーの保釈はありえなかったろう。しかし、非暴力の集団がヨハネスバーグに近づいたとき、ガンディーはまたもや逮捕された――わずか四日間に三たび逮捕されたのである。彼は裁判にかけられ、ナタール年季契約法によって、六十ポンドの罰金、または九か月の厳刑［懲役］を申し渡された。ガンディーは牢獄行きを選んだ。

ガンディーさえ仲間たちから引き離せば、行進者たちは混乱し、士気はくじけるだろうと、政府がふんでいたとすれば、それこそ思い違いもはなはだしかった。バルフォア駅で行進隊は逮捕され、三輛編成の特別列車に詰めこまれて、ナタールへ追放された。ストライキ中の労働者たちがガンディー・バハーイ（ガンディー兄弟）の命令なしに汽車には乗れないと乗車を拒否したとき、一悶着《ひともんちゃく》が生じた。けれども［最終的には］、命令に服従するよう説得された。途中、食物は供給されなかった。ナタールに着くと、早速に起訴・監獄送りとなった。政府は炭鉱夫たちをただ働きさせ、同時に処罰するという巧妙な手口を考えついたのである。政府は炭鉱構内をダンディ刑務所とニューカッスル刑務所の支所であると称して、炭鉱主たちの白人従業員を看守に仕立てた。この残酷な冗談を完成させるために、炭鉱での労働が刑罰の一部とされたのである。労働者たちは勇を鼓して、地下構内に入るのをきっぱりと拒んだ。そしてそのために、彼らは惨《むご》い鞭打ちをくらった。この虐待行為の噂がひろがると、ナタール北西地方でも自然発生的にストライキが続発した。労働者たちが農園や鉱山を離脱した。

政府は「血と鉄の政策〔ドイツのビスマルクの世に言う『鉄血政策』〕を採《と》った。人種差別感情と経済的既得権とがからみ、それが哀れなインド人労働者たちへの残虐な体罰となってはねかえり、離脱労働者たちは騎馬警官隊によって炭鉱労働へと追い返された。こうした数々の残虐行為を聞いたとき、ガンディーは弾丸が胸を貫通したかのような激痛をおぼえた。

フォルクスラスト刑務所では、ガンディーは〔坑内の〕石掘りと掃除を命じられた。その後プレトリア刑務所に身柄を移され、奥行き十フィート〔約三メートル余り〕、間口七フィート〔二メートル余り〕の暗い独房に収監《しゅうかん》された。そこでは夜になると、囚人を点検するためにだけ電燈が灯《とも》された。ガンディーは長椅子をことわり、独房内を歩く許可もとらず、数えきれないいやがらせに耐えた。裁判の証言のために出廷するときも、手錠と足枷《あしかせ》はつけたままであった。

南アフリカ政府の「鉄血」政策は、インドの世論を大きくゆさぶった。手紙と電報でガンディーと連絡をとってきたゴーカレは、サッティヤーグラヒーへの精神的・財政的支援を喚起するために国内を遊説《キャンペーン》してまわった。首都圏大司教レフロイ師は、新聞に率直な手紙を送り、インド人たちの運動への支持を表明した。〔時のインド総督〕ハーディング卿〔在位一九一〇～一六〕は、「本国内の熱狂的な世論の盛りあがりに感銘を受け、「大反乱〔一八五七年のセポイの反乱〕」以来、かつてこれほどの運動は見られなかった」ことを喚起した。ハーディングは、南アフリカの連合政府の過激な行為と、ロンドンの〔英連邦〕自治領省の怠慢に、個人的に彼がいかに業《ごう》を煮やしているか、そして、「インド国内の」国民感情がいまや、いかに沸騰点に到達しているかを書き記している。総督が南アフリカのインド人たちの惨状を伝える公式電報を読んだのは、一九一三年十一月の終わりにマドラスに向かう路上であった。マハジャン・サバ〔銀行家協会〕を代表してシュリーニヴァーサ・シャーストリ〔インド奉仕者協会会長〕が総督に呈《てい》した挨拶への返辞で、ハーディング卿は言明した——南アフリカのインド人抵抗者たちは、〔本国内の〕同情を集めている、と。「彼らはまた、自らはインド人でないまでも、この国の人びとに共感をいだいている本官自身のような者の同情をも集めている。しかも、このところの〔運動の〕展開はきわめて重大な局面を迎えている。そしてわれわれは、おおよそ自らを文明国民と称するいかなる国民によっても絶対に許されないような手法で、受動的抵抗者たちが扱われているとの訴えを、ひろく世論が支持しているのを目のあたりにしているのである」[※36]と。

総督はさらに突っこんで、南アフリカ政府に向けられている残虐行為への非難を公正に問いただした。そのスピーチは、インドではハーディング卿の株をおおいに高めたが、ロンドンやプレトリアでは逆に痛烈に批判された。ボータ将軍とスマッツ将軍は彼のリコールを強く要請した。そしてリコール問題は、イギリス内閣でも本気で議論されたが、インドの世論への避けがたい反響を考慮し、非現実な提案として却下された。[※37]

スマッツ将軍は、良心のやましさと、自ら煽《あお》ってきた南アフリカのヨーロッパ人たちの非妥協的な態度の板ばさみになって、彼自身、はなはだ好ましくない立場にいることに気づいていた。彼は〔ガンディーの言葉を借りると〕、「ぱくりとネズミを口に入れたものの、呑みこむことも吐き出すこともできないでいる蛇と同じ苦境にあった[※38]」。彼は調査委員会を任命し、常套《じょうとう》の手口でめんつをつくろった。委員会にはインド人は含まれていなかった、［しかも］三人のメンバーのうち二人は、名うてのインド人嫌いであった。このような委員会は再編されないかぎり、インド人は委員会に公正さを期待できないと、ガンディーは考えた。ゴーカレは調停を促進するために、アンドルーズとピアソンの二人[★27]を派遣してくれた。ガンディーは［インド人社会に］委員会のボイコットを誓っていることを申し立てた。総督はことを穏便に運ぶよう勧告した。そこで、ガンディーとゴーカレのあいだで電報による意見交換がおこなわれた。ゴーカレは、ボイコットはインド人側に益なしと考えていた。彼は心痛で疲れきっていた、そのうえ持病の糖尿病を悪化させていた。「ガンディーは誓約にこだわり、そのために自らを苦境に陥れてはならない」と、ゴーカレは言った。「これが政治というものであり、妥協は政治にはなくてはならない要素《もの》だ」とも。ゴーカレは、ガンディーの態度がハーディング卿の不興を買うことを懼《おそ》れたのである。しかしガンディーは、総督の支持を高く評価しつつも、己の信念を曲げるつもりはなかった。

　そうこうするうちにスマッツ将軍は婉曲《えんきょく》的な言い回しでこのように言った――「調査委員会は、彼がすでに決定していた事項を正式に記録するためだけのものであり、委員会の目立った反インド人的人選は、実際には、南アフリカ政府が新しいインド人政策を実施するために立法府を援助することになるだろう」、と。ここでガンディーは、二つのみごとな態度をとった。それは、［もともと］サッティヤーグラハの戦略に含まれるものであったが、彼の政敵に深い感銘を与えた。一つは、［おりしも］南アフリカ鉄道の白人労働者たちがストライキに突入したとき、ガンディーは政府の苦境を自分たちの好機に変えることを拒み、闘争の次の段階となる行動を延期したことであり、第二は、彼自身の陣営に反対の声があったにもかかわらず、鉱山主や軍隊によるストライカーたちへの残虐行為をあえて調査しようとしなかったことである。

［こうして］ガンディーとスマッツ将軍の話し合いがプレトリアで始まった。そんなときダーバンから電報が届き、牢獄を釈放されたばかりのガンディー夫人の重態が報らされたが、ガンディーは協定にある文言を含めることにスマッツ将軍が同意するまでは、プレトリアを離れようとはしなかった。アンドルーズが個人の立場でスマッツに面接し、ガンディー夫人の病状を伝え、懸案中の文言に将軍の同意をとりつけて、ようやく協定に署名がなされた。[※39] サッティヤーグラハ運動の目ざした主要項目が、インド人側に譲歩された。すなわち、年季契約終了後の労働者たちに課せられた三ポンド税の撤廃、インド式の挙式によっておこなわれた結婚の合法化、携帯者の親指の拇印《ぼいん》のある居住証明書をもって南アフリカ連邦入国の十分な証明とする等々が、協定にもりこまれた。ガンディーとスマッツのあいだで、行政上の救済措置［法律上のものとは異なる］を模索する書簡がとり交わされ、そこには、教育を受けたインド人たちのケープ植民地への入国の権利、過去三年間にすでに入国している教育を受けたインド人の身分の保証、「既婚の複数の妻たち［ムスリムは一夫多妻（四人まで）が認められている］が南アフリカ在住の夫に合流する許可などの項目が含まれていた。スマッツ将軍は、「［現行法を］正しい方法で、また既得権にしかるべき顧慮《こりょ》を払いながら施行されるのを見ることは、つねに政府の願いであったし、これからもそれを願うものである」と確言した。

浮き沈みはあったものの、おおよそ半年間にわたって継続したサッティヤーグラハ闘争は、ようやく公式に決着した。しかし［これによって］インド人たちの苦情のすべてが取り去られたわけではなかった。金《きん》取り引き法、小売り販売業者免許法、強制居住地区《ゲットー》問題、州［以前の自治領］相互間移動制限法、不動産［土地］購入制限などの問題が残った。ガンディーは、新しい状況がこれらの不法を改善してくれることを望んでいた。

「ガンディーは、私の父にもののみごとに裏をかかれた。そして、彼がインドに帰って熟考し、策略を練ったのは、この落胆の敗北感からであった[※40]」と、スマッツ将軍の息子が書き記している。しかしながら、これは彼の父［スマッツ将軍］の真意ではなかった。一九三九年にその父は書いた――「当時ですら私がもっとも敬意をいだいていた人物の敵対者となるべく、私は運命づけられていたのである」と。また、サッティヤーグラハ運動についても彼は回想している。「牢獄のなかでも、たしかに彼が望んでいたものを、言いかえれば、短い休養と静かなひとときの時間を彼は得ていた。彼にとっては、万事思いどおりであった。［ところが］法と秩序の番人である私にとっては、日常的な骨折り仕事が、すなわち強力な民衆の支持を得ることのない法の執行という憎まれ役の仕事が待っていた。そして最終的に、法が廃止されることになったときには、挫折感だけが残った。ガンディーにとっては、それ自体が大成功だったのである[※41]」。

獄中でガンディーは、スマッツ将軍のために一足のサンダルを作りあげた。そしてスマッツは、［二人のあいだには］なんらの憎悪も個人的な敵意もなかったことを想起し、闘いが終わったとき、そこには「穏やかな平和のうちに、すべてが終結できるような空気があった」と記した。

ガンディー＝スマッツ協定は、インド人たちが苦しんできた、そしてその後も苦しみつづけることになった多くの苦難のもとを断ち切る万能薬とはならなかった。一九二四年にガンディーが『南アフリカにおけるサッティヤーグラハの歴史』を書き終えたとき、彼は「サッティヤーグラハ闘争の喜ばしい終結と、南アフリカのインド人たちの現状の痛ましい対照」を痛感していた。そして、インド人たちが耐え忍んだ苦しみは無益ではなかったのかと、自問した。南アフリカのインド人たちは、人種差別というさらなる襲撃から身を守ることはできなかった。そして、ことあるごとに彼らの立場は悪化していった。それは、サッティヤーグラハの武器が彼らの道を誤らせたからではなかった。［むしろ］ソーラブジー・カーチャリヤー、ナーイドゥ、パルシー・ルスタムジーほかガンディーの運動を推進した経験豊《ベテラン》かな指導者たちが相ついで亡くなったことが理由の一つにあげられよう。「物事は、それが得られたのと同じ方法でしか保持できない、これが自然界の理法である」と、ガンディーは書いた。暴力によって成し遂げられた勝利は、力によってのみ保持できるというのである。ガンディーが南アフリカを去ったあと、インド人移住民のために有効な非暴力を生起させ、結集させる能力と勇気をそなえた人物は、ひとりとして現われなかったのである。

第15章　南アフリカの実験室

ガンディーの活躍は、［結果的には］南アフリカのインド人問題の恒久的な解決にはつながらなかった。それはただ、インド人少数派の不幸な日々を先延ばしにしただけであった。［南アフリカ政府の］権力――そのあるものはガンディーも知っていたし、それと闘いもしたが、その他のものは［ガンディー帰国後の］次の時代に発生した――は、一九一四年以前の世界では思いもつかなかったような、いっそう残虐で、いっそう破廉恥な新しい人種的横暴を作りあげようとしていたのである、八年間をかけてガンディーが闘い、勝利したサッティヤーグラハ運動でとりあげた諸問題は、事実、今日では学問研究の対象程度のことになってしまっている。

ところで、ガンディーが南アフリカにたいして成したことは、南アフリカがガンディーにたいして成したことほど重要とは言えない。彼は年棒百五ポンドで貿易会社の若き弁護士として南アフリカへ渡った。彼は［人権運動］を指導するためにかの地にとどまり、その後自らすすんでピーク時の年収五百ポンドを［運動のために］なげうった。［かつて］ボンベイで青年弁護士として、小さな民事裁判で証人にたいする反対尋問中に神経的障害をひき起こして裁判所を飛び出したことがあったが、南アフリカでは、熟練政治家としてのたしかな手法で新しい政治組織を立ちあげた。ヨーロッパ人政治家や役人たちの敵意と、インド人商人や労働者たちの無力さが、彼を発奮させたのだった。「［ここ南アフリカでは］わたしは問題に対峙《たいじ》できる唯一《ゆいいつ》役に立つ人間です」と、ガンディーはダーダーバーイ・ナオロジーに［胸を張って］書いた。立法府に選挙権も代表権ももたなかったナタールのインド人たちが、絶壁から突き落とされるのを救われなければならなかった。そんなときガンディーは、同胞に救済の手をさしのべずにはいられなかったのである。まばゆい報酬が約束されていたわけではなかったし、職業上のいやがらせから私刑《リンチ》に至るまで、ありとあらゆる危険が待ち受けていた。にもかかわらず、［ともあれ］彼が南アフリカで、職業的にも政治的にも新たな人生を始めたというのは幸運であった。インドの名だたる弁護士たちや政治家たちの近くにいたのでは小物のままであったろうし、また祖国にいたのでは、あれほど大きな指導力を発揮できたとは考えられない。わずか二十五歳でナタール・インド人民会議党を創設したとき、ガンディーは［白紙状態の］石板に文字を書きはじめたように、人生の新しいページを開いたのである。すなわち、既成の政治組織では一笑に付されたであろうと思われる理想を追求できたのである。真理と誓願は、政治とはどのようなかかわりをもつのか、これはインドの政治ではしばしば問い返されてきた問題であった。そして、もしガンディーがこの問題にうろたえなかったとすれば、それは遠く南アフリカ時代にさかのぼって、彼がその関係［真理や誓願と政治との関係］を見きわめ、確認したからであった。空論家ではなく、しばしば実践のあとに理論をともなう人にとっては、ガンディーの初期の活動の舞台が、先輩政治家や職業政治家たちに拘束されることのない自由な活動の場であったのは、明らかな利点であった。ナタールもトランスヴァールも、インドのどんな小さな州よりも大きくはなかった。［たしかに］インド独立闘争は、はるかに規模は大きかったし、問題点も大きかったのは確かであるが、彼が［南アフリカでの］経験からインスピレーション［ヒント］を引き出した機会は二度や三度ではなかった。彼はナタールとトランスヴァールで、［犬猿の仲とされていた］ヒンドゥー教徒とムスリムが協力し合うのを目のあたりにした。そしてそれゆえにこそ、彼は生涯ヒンドゥー＝ムスリムの結合への信念を失うことはなかったのである。彼は、アジア人登録法に反対したサッティヤーグラハ闘争で、運動の浮沈をその目で見まもった。それゆえにこそ、インド解放運動の盛衰を見ても動じることがなかったのである。彼はまた、すべての日常品にもこと欠く貧しい、無学な労働者たちが、彼らを待ち受けている牢獄の苦痛や、鞭打ち、銃弾の恐怖さえも忘れて、堂々と行進する光景を目のあたりにした。だからこそ彼は、［インドに帰ってのちの］大衆サッティヤーグラハ運動の現実性を信じることができたのである。

そうした政治面だけではなくガンディーの、人間性も、南アフリカで鍛えあげられた。その生涯の最上の人格形成期を、ガンディーは南アフリカで過ごしたのである。彼の道徳や宗教問題への関心は、少年期にまでさかのぼるが、彼が体系的にそれらを学ぶ機会をもったのは、なんと言っても、やはり南アフリカ時代であった。彼がプレトリアに到着したとき、懸命に彼を攻めたてたクエーカー［教徒の］友人たちは、彼をキリスト教徒に改宗させることはできなかったが、生まれながらの宗教研究への傾向を高めることになった。彼は自宗［ヒンドゥー教］を含めて、キリスト教やその他の宗教を深く探究した。『ギーター』からガンディーは、彼を自主的に貧困の道へと誘導した「無所有」の理想を汲みとった。「無私の奉仕」と「無執着の行為」の理想は、彼の視野《ヴィジョン》をひろげ、公生活への驚異的なスタミナと信仰を身につけさせた。

「この世にあっては、良書は良友を補ってくれる」と、かつて獄窓でガンディーは書いた。読書はガンディーにとっては、われわれの多くの者にとってそうであるような、愉《たの》しい暇つぶしではなかった。彼は［ただ］本を読むのではなく、本から学んだのである。十九歳まで、彼は新聞に目を通すことすらなかった。イギリスでは、彼はあえて教科書の範囲を超えて多くの本を読んだが、そのテーマは菜食主義と宗教という相似た本に限られていた。このテーマを、彼はさらに南アフリカでも追究した。彼は政治の世界に飛びこむ前の一年間に、「八十冊ばかりの本」を読んでいたが、そのほとんどが宗教関係の書物であった。これらの書の一冊は、トルストイの『神の国は汝らのうちにあり』であった。トルストイは彼の熟読する作家であった。その後もガンディーは同じ著者の『要約福音書』『さらばわれら何をなすべきか』『芸術とは何か』『われらの時代の奴隷制度』『初等教科書』『われらいかにして逃れるべきか』『一ヒンドゥー［インド人］への手紙』★28などを読んだ。トルストイの勇敢な理想主義と怖れを知らぬ誠実さが、ガンディーの心をとらえた。トルストイのキリスト教的アナーキズムは、制度化した宗教の呪縛から彼を解き放った。トルストイの説く道徳的原理と日常生活の調和の必要に触れることは、ガンディー自身の自己改善の努力を確認することにつながった。ガンディーほど少量の読書から多くを学んだ人はいない。一冊の本はガンディーにとっては、たんなる時間つぶしではなく、受容されるべき、あるいは拒否されるべき具体的な経験であった。こうして書物は、ガンディーに驚異的な影響をおよぼした。［たとえば］ラスキンの『この最後の者にも』は、［いやおうなしに］ガンディーをナタールの首都からズールーランドの曠野《こうや》へと引き出して、自ら求めて赤貧の暮らしを実践させ、文字どおり額に汗する生活に挑戦させたのである。トルストイにおいてガンディーは、ロシアの大作家の世界・人生観が彼自身の未完の信仰を磨きあげてくれることを見出したのである。ガンディーはトルストイをとおして、近代国家の組織に隠された暴力を知ったばかりではなく、市民的不服従への人権について学び、それを心の支えとしたのだった。近代文明や産業主義から、セックスや学校教育に至るまで、問題はいろいろあったが、ガンディーはそれらについてトルストイの分析に共鳴するところが多かった。二人のあいだに往復書簡が交わされたが、それは、人生の閾《しきい》に立ったばかりの若きインド人に感謝と畏敬の印象を与えた。いっぽう、すでに家庭的な悲劇と死の影のなかにあった老作家には［ガンディーとの手紙のやりとりは］喜ばしい驚嘆《おどろき》であった。このようにしてトルストイの思想の多くが、インドの礼讃《らいさん》者によって試され、実践されることとなった。トルストイの日記には、夫婦間の〝市民戦争〟を背景にして、彼がいかに自説を実践することが困難であったかがつづられている。そして、いかに痛ましい葛藤に苦しめられ、ついには、耐えきれなくなって、［生地の］ヤースナヤ・ポリャーナを脱出し、道端の鉄道の小駅で死ぬに至ったかが物語《ものがた》られている。

一九〇九年にガンディーがロンドンから南アフリカへの帰途の船上で書きあげた『ヒンド・スワラージ［インドの自治］』には、トルストイとラスキンの思想的影響が歴然としている。『ヒンド・スワラージ』は、「暴力学派」すなわち爆弾やピストルといった西洋人の武器をもって西洋に立ち向かい、インドの救済［独立］を求めた若い無政府主義者《アナーキスト》たちに向かって語られた、簡素にして要を得た［いわば］ガンディーの政治宣言《マニフェスト》であった。同書でガンディーは、幅広い分野にわたって議論を展開している――「自治」とは何か、インドにおけるイギリス支配の拡大の主要要因、ナショナリストの不満、インドにおけるイギリス支配の損益勘定、イギリスの議会制度、西洋の産業と物質文明の呪縛《じゅばく》、ヒンドゥー＝ムスリム問題、「暴力」と受動的抵抗の効果の比較、等々についてである。

ゴーカレは一九一二年にこの本を読んだとき、あまりにも生硬《せいこう》で、せっかちすぎると思った。そして、ガンディー自身がインドで一年も過ごせば、この本は破棄されるだろう、と予言した。［しかしその後も］ガンディーはこの本を破棄することはなかった。一九二一年に『ヤング・インディア』紙に、ガンディーは、ある女性の友人の示唆に従って一語だけ［議会を評して「石女《うまずめ》」と評した］削除したほかは、一字も撤回するところはない、と書いた。同紙の論説で、ガンディーは読者に注意を促して言った。「わたしは今日、そこに述べた自治を目ざしているとは考えないでもらいたい。インドはまだ、スワラージ［自治・独立］に値するほど成熟してはいないことをわたしは知っている……わたしは個人として、そこに描いた自治のために励んでいるが、今日のわたしの集団活動は、疑いもなく、インド国民の念願に従って議会の自治権《スワラージ》を獲得する方向に向けられているのだ」と。

『ヒンド・スワラージ』の理想は、ほとんどまったくと言ってよいほど、ガンディーと彼の身近な同志たちの個人的な理想であった。彼が弾劾した鉄道も、病院も、学校も、工場も、議会制度も、そして西洋文明のもろもろの装置も、すべてが［今日なお］存在し、繁栄をつづけている。彼の存命中ですら、彼は「必要悪」としてそれらを大目に見過さざるをえなかった。そして彼は、「インドはそのような必要悪をつのらせることはあるまい」と言って、それを認めた。実際、彼の哲学のこの部分は、彼の弟子たちにあまりにも時代を先どりさせたか、それともたぶん、時代遅れにさせたかである。『ヒンド・スワラージ』の教義が現実的でなかったということは、ガンディーによれば、けっしてその妥当性を損なうものではなかった。彼はどのような問題についても果敢に勇気をもって考え、その結果に直面することからしりごみしなかった。政治哲学にせよ、宗教にせよ、性の問題にせよ、ガンディーは大胆に自らの理論を構築し、力のかぎりを尽くして、それを実行に移した。彼は他の人たちにも、彼らが納得できるまで彼の思想を受け容れるよう求めた。彼はこの人らしくもなく、身近な同志たちにすら、彼の理想主義を［しつこく］繰り返し説き聞かせ、たとえ彼自身がただ一人《ひとり》の少数派になろうとも臆《おく》することはなかった。

一九一四年に南アフリカを後《あと》にしたガンディーは、一八九三年にダーバン港に着いたときの未経験で、内気な青年とはすっかり別人であった。南アフリカはけっして彼をやさしく扱ってはくれなかった。それはガンディーを、白人による暗黒大陸支配が生みだした人種差別問題の渦中へと引き込んだ。そしてその後の闘争が彼を成長させ、彼に独自の政治哲学を与え、社会・政治運動の新しい技法を鍛えあげる助けとなった。そしてその新しい方法は、次の三十年間にインドの政治舞台で大きな役割を果たすことになったのである。

第二部

ガンディー登場

第16章　見習い期間

「インドはわたしにとっては未知の国です」と、南アフリカでの送別会の席上でガンディーは言った。彼はイギリスへ旅立った一八八八年と、南アフリカに最終的に別れを告げた一九一四年とのあいだ［の約二十六年間に］インドで過ごしたのは、四年たらずであった。

けれども彼は、インドにとって他所者《よそ》ではなかった。一九一二年に南アフリカを旅したあと、ゴーカレは同胞に向かってこのように語った――「［ガンディー氏は］疑いもなく、［この国の］英雄たちや殉教者たちと同じ資質の人です。いや、それ以上に、彼は身の周りのごく普通の人たちを、英雄や殉教者に変えてしまう驚くべき精神力をうちに秘めた人物です」と。

一九一五年一月九日に、ガンディーがボンベイのアポロ埠頭《バンダー》に上陸したとき、［英雄を迎える］熱烈な歓迎の群衆が待ち受けていた。三日後にガンディーのために、ジャハーンギール・ピティートの宮殿ような豪邸で盛大な歓迎会が催された。かつてガンディーの南アフリカでの運動にはむしろ懐疑的であった「ボンベイの無冠の帝王」の渾名《あだな》されたサー・フィロゼッシャー・メヘターが、ガンディーを「インド独立運動の英雄《ヒーロー》」、ガンディー夫人［カストゥルバーイ］を「南アフリカの女傑《ヒロイン》」と呼んで出迎えた。官界と商業の中心都市であったボンベイの西洋化されたエリートたちの集まりでは、カーティヤーワールの伝統的なターバンと衣服を着たガンディーと、質素なサリーに身をつつんだガンディー夫人は、「場違い」の感があった。持ち前の率直さでガンディーは、大都会ボンベイでよりも、ナタールの年季契約労働者たちのなかにいるほうが、よほど気が楽だと告白している。

主催者たちの多くには、彼は風変わりで非現実的に、あるいは今《いま》風の言い方をすれば、「イギリス帰りの教育あるインド人の変わり種の典型[※1]」に映じたにちがいない。英語で話しかけてきたパールシーの新聞記者をたしなめて、彼は言った――「わたしは南アフリカ滞在中にも、自分の母語《ぼご》を忘れたりはしませんでしたよ」と。ボンベイ在住のグジャラート人たちが催してくれたパーティーでは、［教養人］社会の慣習をすっかり破って、ガンディーはグジャラート語で謝辞を述べた。彼は南アフリカでの業績については謙虚に語った。南アフリカのインド人たちを奮起させたのは自分ではなかった、［むしろ］自分を奮い立たせたのは彼ら［民衆］であった、と明言した。ある人がカストゥルバーイを「偉大なるガンディー夫人」と呼んだとき、彼は〝偉大なる人〟という言葉の真意がわからない、と言った。

インド政府もインド国民といっしょになって、ガンディーに多大の栄誉の雨を降り注いだ。一九一五年の国王の誕生日の叙勲者名簿のなかにガンディーの名があり、カイザー・イ・ヒンド金勲章《メタル》が贈られた。彼とゴーカレとの関係が、彼を「隠健な」政治家とするに足《た》る十分な証拠になっていたのである。

一九一五年にインドに帰国する直前に、［イギリスに滞在していた］ガンディーは、ヨーロッパ戦線を支援すべくロンドン在住のインド人たちに呼びかけて、野戦衛生隊を組織したことが評価されたのだった。言うまでもなく彼は、南アフリカでは憲法の枠を超えた運動を展開し、法に逆らい、牢獄をいっぱいにした。しかし、彼が闘った運動の目的は、政治的であったと同時に、人道的なものとして受けとられたのである。そしてそれは、人種差別の傲慢さや政治的ご都合主義に麻痺《まひ》されていない人道的感性をもつすべてのインド人やイギリス人たちに価値あるものに思われた。［総督］ハーディング卿のサッティヤーグラハ運動への公然たる支持は、南アフリカのインド人たちの運動から「反乱」という汚名を取り除いた。

　ボンベイ到着後ほどなく、ガンディーはゴーカレの勧めでボンベイ州知事と会った。「一つ貴殿にお願いしておきたいことがあります」と、ウィリンドン卿［後年（一九三一～三六年）インド総督。ガンディーの国民運動を強力に弾圧した］はきりだした――「政府のことでなんらかの措置を講じてやろうと思われるときはいつでも、本官に会いに来ていただきたい」と。ガンディーは快く約束に応じた。なぜなら、相手［の誤り］を納得させ、改心させるすべての道を模索するのが、サッティヤーグラハの重要な方策だったからである。多くのイギリスやインドの傍観者たちにとって、この挿話《エピソード》は、マハートマ・ムンシー・ラームやスワミー・ヴィヴェカーナンダ[★1]に続くあらたな［後出の］もうひとりの宗教・社会改革者が、精力《ちから》のかぎりを尽くして無害な非政治的活動の水路の水はけをよくしようと努めているくらいにしか思われていなかったときに、西洋文明にたいするインド文明の優越性を論じたり、幼児結婚や不可触民制の撤廃を唱えるガンディーという人物の出現を、目先のきくイギリス人行政官がどのように見ていたかを物語る興味深い出来事であった。

ガンディー自身、性急に政治の世界に飛びこもうとはしなかった。また［いっぽう］ゴーカレは、この十八年間ガンディーから目を離すことはなかった。「いつの日か、みなさんはインドのためにたいへん大きな仕事を成し遂げるべく運命づけられた人を目のあたりにするだろう、私はそれを希《ねが》っている」※2——このゴーカレの予言《ことば》はまた、（ガンディーにもゴーカレにも）どうすることもできなかった諸般の事情によって、長いあいだ先き延ばしにされてきた希望でもあった。一九一二年の南アフリカ巡回旅行中、ゴーカレはインドの政治情勢について、ガンディーに予備知識を与えようとした。［そのとき］ガンディーは、絶望的といってよいほど祖国の政治的情況にうといように思われた。ゴーカレは彼の考え方のいくつかについて笑って言った。「あなたがインドで一年間も暮らせば、あなたの見方はおのずから変わるでしょう」と。ゴーカレがインドに帰ってガンディーと最初に交わした約束は、一年間は公的な問題に口出ししないというものであった。いわばその一年は、「見習い期間」を意味した。

ゴーカレは熱心に「インド奉仕者協会」への参加をガンディーに勧めた。ゴーカレが創設したこの協会［一九〇五年にプーナに設立され、政治的には親英的で穏健であった］は、最低限の生活費で暮らしながら、国家のために生命《いのち》をささげることを誓い合った精選された社会活動家や学者たちから成る小集団であった。ガンディーはひたすらゴーカレの願望に応えるつもりでいたが、協会の数人の会員《メンバー》は、協会の理想や方法と、ガンディーのそれらとのあいだの懸隔《けんかく》があまりにも大きいことを危惧《きぐ》していた。西洋文明や近代科学にたいする彼の批判的態度、日常の社会的・経済的問題を論じる彼のややこしい宗教的表現、政治運動［サッティヤーグラハ］に見られる憲法枠外の方法等々が、「インドの奉仕者」たちの一部の仲間に不快感を与えていたのである。ガンディーが「インドの奉仕者」に値するかどうかの入会問題が論議されているあいだに、ガンディーは故郷のポールバンダルとラージコートを訪ね、それから［インド亜大陸を横断して］西ベンガル州シャーンティニケタンへと旅していた。ここは、ラビンドラナート・タゴール［一九一三年にアジア人として最初にノーベル（文学）賞を受賞した国民的詩人］の創立した［有名な］国際大学の所在地である。［このとき］詩人は、ガンディーと運命をともにするために南アフリカから帰国していた近親者や弟子たちに、インドで一時的に身を寄せる仮の住居を提供してくれていたのだった。

「傍目《はため》には、いかなる二つの人格も、タゴールとガンディーの相違ほど違っていることはありえない。彼らの名前は、カシュミールの峡谷がインドの平原と異なるほど、二つの違った世界を思い出させる……彼らは互いに挑み合っているように感じ、生きたのである。肉体的な容姿においてすら、彼らは異なった民族に属しているかに見えた。二人は後年、公的問題についても見解を異にすることになった。しかし概して言うならば、二人は互いに相手を認め合い、称讃し合ったのである。二人はインド文明の本質的な調和を表わしていたのである[※3]」。

ガンディーはシャーンティニケタンで一週間を過ごしたが、それは事《こと》多き日々であった。そのころシャーンティニケタンの仲間のなかには、サッティヤーグラハ闘争の最終局面でゴーカレの依頼を受けて南アフリカに渡った若き優秀なキリスト教徒アンドルーズとピアソンの二人がいた。ほかにも、やがてガンディーの終生の高弟となった［J・B・］クリパラーニ[★2]と［カーカー］カーレルカル[★3]の名があった。このたびの短い滞在中に、ガンディーはシャーンティニケタンでも、［なにごとも自分でやるという］自助努力の実験を奨励した。彼は学生や教師たちに自分たちの台所仕事は自分たちで運営するよう説いてまわった。そして、宗教的権威と不潔さを混ぜ合わせて凝縮したようなバラモンの料理人三十人が解雇された。タゴールは、教師や学生たちが床をごしごし磨いたり、鍋釜を洗うのを見て喜び、おもしろがった。実験はきっちり四十日間続いたが、その後沙汰やみになった。好食家《エピキュリアン》であった詩人［タゴールは簡素な食事を愛し、世に言う美食家ではなかったと、晩年に生活をともにした人から訳者は聞いたが］は、ガンディーの食物への偏執ぶりをおもしろがった。パン［小麦煎餅］をギー［バター油］や油で揚げるのは、パンを毒に変えるようなものだとガンディーが料理法の誤りを説いたとき、詩人は真面目な顔で答えた。「［毒は毒でも］それはたいへん効き目の遅い毒にちがいありません。私はこれまでずっとプーリ［揚げパン］を食べつづけてきましたが、これまでのところ、いっこうに害はなかったようですから」と。

　シャーンティニケタンへの訪問旅行は、ゴーカレの急死を報らせるプーナからの一通の電報で突然に打ち切られた。ガンディーは茫然《ぼうぜん》とし、一瞬気を失った。「インドの公生活の嵐の海に船出したとき、わたしは頼れる水先案内人を必要としていた。わたしはゴーカレその人の舵取りに安心していら

笑顔で語り合うシャーンティニケタンでのガンディーとタゴール（左）

［提供＝amanaimages］

れたのです」[※4]と、後年ガンディーは書いている。彼は一年間素足で歩くことでゴーカレの喪《も》に服した。そして、彼の畏友《とも》、哲学者、先駆者であった人への思い出から、インド奉仕者協会への入会のために、あらためて努力した。［しかし］この問題についての［協会内部の］鋭い意見の対立を知ったとき、ガンディーはゴーカレの後を継いで会長になったシュリーニヴァーサ・シャーストリに宛てて書いた――「わたしは、このたびの入会申請をとりさげ、保身上わたしの入会に反対されている諸兄をお救い申しあげたく存じます」と。

　一年の見習い期間の残りを、ガンディーは国内をあちこち旅してまわった。カルカッタ訪問と短期のビルマ旅行につづいて、クンブ大祭《メーラー》の舞台ハルドワール［インド北部ウッタル・プラデーシュ州のガンジス河がヒマラヤ山脈からインド大平原に流入する入口の町。十二年ごとにヒンドゥー教の大祭が催される聖地」を訪れた。彼はまだ、数年後のような、民衆の崇敬を集める人物ではなかったが、「それでも」彼の「ダルシャン〔聖者や高貴な人に拝謁すること〕」を求める大勢の人たちにとりかこまれたのには、さすがに困惑した。南アフリカでのインド人の闘いの物語が、都市部の知識層のあいだで知られていたばかりではなく、一般民衆にも伝わっていたのである。ガンディーは「巡礼地」ハルドワールで、ヒンドゥー教の名のもとに公然とおこなわれていた宗教的な堕落や偽善行為を、つまり社会にたかる「サードゥ（行者）」たちの群れや、巡礼者たちから有り金残らず巻きあげる僧侶たちの詐欺まがいの手口の実態を目のあたりにした。聖地と呼ばれるところで見た不正にたいする贖罪《しょくざい》として、彼は一日二十四時間に五品《いつしな》以上の食物を口にしないこと、陽が沈んでからはいっさい物を食べないことを誓った。こうして彼は、他人《ひと》の罪を償おうと努めた。彼はつねに同胞の悲しみや罪を、自己の禁欲によって購《あがな》おうとしたのである。

一九一五年、見習い期間中のガンディーは、自らを厳しく律して政治行動を避けた。この期の演説《スピーチ》や書きものを読むと、自らの行動を個人や社会の改善に限定し、インドの政治を支配する諸問題を遠《とお》避《ざ》けていたことがわかる。この自制は、一つには自らに課した沈黙によるものであったが、また一つには、自分はまだインドの状況を見聞する身であり、身の振り方を決めかねていたことによるものであった。

第17章　サーバルマティー・アーシュラム

政治観がまだ定まらないガンディーのさしあたっての急務は、南アフリカでの闘争で彼と運命をともにしてきた近親者や同志たちの小集団を、どこに落着かせるかという問題であった。〔ナタール〕のフェニックスからマガンラール〔ガンディーの従兄違《いとこちが》いにあたり、終生マハートマの忠実な弟子・協力者であった〕に率いられて先に帰国していた十八人の少年たちのグループは、ガンディーが帰国途上イギリスに滞在しているうちにインドに到着していた。彼はグルクール・カングリー〔十九世紀ヒンドゥー教の宗教・社会改革運動の拠点として知られるアーリヤ協会《サバー》の教育機関〕とシャーンティニケタン〔詩人タゴールのアーシュラム〕という二大文化・教育施設の好意を享《う》けていた。シャーンティニケタンでは、タゴールは子どもたちをあたたかく迎えいれ、ガンディーに手紙を送り、「あなたの少年たちをわたしたちの子どもとすることをお許しいただき、わたしたち二人のサーダナ〔生の実現〕の生きたつながりを形づくる機会をお与えいただけましたこと」への謝意を述べた。しかしながらガンディーは、少年や同志たちが南アフリカで身につけた簡素と奉仕の生活をそのまま続けられるような「アーシュラム〔修道場〕」を設立を切望していた。

ゴーカレはアーシュラム建設の資金援助を約束してくれていたが、一九一五年に逝去した。「そのため」ガンディーは、故郷のラージコート、聖地ハルドワール、カルカッタなどインド各地からアーシュラム誘致の申し出を受けていたが、最終的に〔インド西部の産業都市〕アフマダーバードを選んだ。この地方の何人かの資本家がアーシュラム建設と運営資金を工面することを約束してくれたこととは別に、「ここでなら」同郷の人びとにいちばんよく奉仕ができると考えたからであった。アフマダーバードは織物産業の一大中心地で、手紡ぎや手織りの実験場としても最適であった。手紡ぎや機織《はた》りはインドの農村の失業者や食料にこと欠く飢えた民衆にとっては、実際的な唯一の副業だと、ガンディーは考えていた。

「サッティヤーグラハ・アーシュラム〔修道場〕」は、アフマダーバード近郊の村コチャラブで、ある弁護士が所有していた小さなバンガロー〔周囲にヴェランダをめぐらした草葺《ぶ》き屋根の平屋〕で、男女子どもを合わせて二十五人で出発した。建物は〔初めから〕アーシュラムの共同生活向きに設計されていなかったため、やがて入居者の数が増えるにつれて、なにかと不便な点が目立ってきた。「そんなとき」村に疫病が発生し、急遽《きゅうきょ》アーシュラムは、サーバルマティー川の川岸の永続的な用地に移転することになった。原生林《ジャングル》が切り拓《ひら》かれ、小さな共同村《コロニー》が建った。最終的に、アーシュラムの面積は百五十エーカー〔約六十万平方メートル〕になり、そこに、ガンディーはじめ教師たちとその家族の住居《コテージ》、台所、学校、図書室、手紡ぎと機織りの作業場が建てられ、酪農場ほか野菜と綿花畠が作られた。

ガンディーは時間的に、アーシュラムの設計をするのがやっとだった。国内各地から数多くの要請を受けていたため、計画の実施は、有能で疲れを知らぬマガンラール・ガンディーに託さなければならなかった。マガンラール・ガンディーの誠意と実行力、才気は、南アフリカ時代のフェニックス農園やトルストイ農場の成功でも発揮された。ガンディーがマガンラールにいだいていた感謝の念《こころ》は、永久にその人のユニークな碑文に刻まれている――「その人の死は、わたしM・K・ガンディーを鰥夫《やもお》［男やもめ］にした」。

アーシュラムは、創立わずか数か月にして、危機に瀕した。ガンディーはつねづね、何百、何千万というヒンドゥーをいじけた暮らしにおとしめてきた不可触民制に異議を唱えていた。彼はインド奉仕者協会のアムリットラール・タッカールから一通の手紙を受け取った。そこには、謙虚で正直な不可触民の一家族がアーシュラムに入居を望んでいる旨が記されていた。ボンベイで教師をしていたドゥーダーバーイと妻のダーニーベーン、それから幼い娘のラクシュミーの三人家族が、アーシュラムの規程に同意し、入居が許可された。ところがこの一家の受け容れは、理不尽な話ではあったが、根深い［宗教的］偏見と結びついていたため、アーシュラムの内外でガンディーの頭を悩ませた。アーシュラムを支援してくれていたアフマダーバードの富裕な商人たちが、［不可触民を受け容れるという］正統派への挑戦的態度に憤慨して、援助を打ち切ったのである。［たちまち］アーシュラムは資金難に陥った。そこでガンディーは、［アーシュラムの全員とともに］アフマダーバードのスラム街の不可触民の居住地区に引っ越して、そこで手仕事をしながら生計をたてる決意をした。こののるかそるかの最後的手段は、一万三千ルピーの「ある匿名家」の寄付金で一転した。寄贈者は［あとでわかったことだが」アフマダーバードのアムバーラール・サラバーイという大物実業家であった。しかし、後年ガンディーは、この人との争議の場に臨むこととなった。

ともかく、財政危機はなんとか切り抜けたが、ガンディーはアーシュラム内で、もう一つのいっそう深刻な危機に直面していた。同居人の何人かが、不可触民の一家が仲間に入ってきたことを快く思わなかったのである。「遺憾なことに」その人たちのなかに妻のカストゥルバーイも入っていた。彼女は南アフリカ時代には夫の異端的な信念に追従していたが、いまや故郷の環境下にあって、不可触民制にたいする偏見が沸々《ふつふつ》として甦《よみがえ》ってきたのである。ガンディーはいたく悩み苦しんだ。アーシュラムの規約には「偏《かたよ》ることなく」とあるはずである。妻だからといって、どうして他の人に許されぬ規約違反を見逃せようか。彼は妻にたいして思いきった選択を迫る決意をした。彼女は不可触民にたいする固定観念《コンプレックス》を捨て去るか、さもなくばアーシュラムを去らなければならない、と。カストゥルバーイは肝をつぶした。なぜなら彼女は、これを見せかけの脅しと考えるには、夫があまりにも本気なのがわかったからである。彼女は必死になって、自らの意志で不可触民の家族を自分の家族として受け容れようと努めた。

ガンディーには、さらにもう一つの試練が待ち受けていた。それは、彼のもっとも献身的な弟子で、南アフリカでアーシュラムの運営にあたり、また新しいアーシュラムでも要《かなめ》の役を果たしていたマガンラールから、自分たち夫婦は不可触民に接触して「穢れ」の恐怖心をいだくようになったとうちあけられたことである。そこで夫婦は身の回りのわずかな品をまとめて、別れの挨拶に来たのだった。

マガンラールは深く悲しんでいたが、ガンディーもつらかった。話し合いはすぐに決着した。マガンラールはマドラスで数か月間過ごし、機織りを学び、同時に不可触民への偏見を克服することになった。

一九三二年にヤラヴァダー刑務所でペンを執《と》り、出獄後〔原文には「死後」とあるが「出獄後」の誤り〕に出版された『サッティヤーグラハ・アーシュラムの歴史』のなかでも、ガンディーはアーシュラムを「宗教的精神から生まれた集団生活〔の場〕」と定義している。「宗教」という語は、ここではきわめて広義に用いられている。ガンディーのアーシュラムではいかなる神学〔教義〕も儀式も強制せず、いくつかの簡単な個人の行為の規律だけが課せられた。アーシュラムで実践されていた誓願のいくつか――たとえば、真理、非暴力、純潔などといった誓いは、〔時空を超えて〕普遍的に適用さるべきものであり、不可触民制の根絶や肉体労働の奨励、無畏《むい》〔なにものをも怖れぬ勇気〕への挑戦は、言葉を変えれば、カーストの抑圧、〔肉体〕労働の蔑視《べっし》、外国政府の統治に対抗する、同時代のインド社会に固有の問題に対応するものであった。

誓願は、知的で創造的な方法で遵守された。それらは機械的・形式的な文言を意図したのではなく、実践目標として道徳的・精神的な発展を目ざすものであった。それらは一見、凡庸《ぼんよう》でありきたりに見えるかもしれないが、にもかかわらず、人類共通の指標であり、その正当性を認めざるをえない古代〔からの〕の真理を表わしていた。

それでは、〔その一つ〕真理の誓いから考えてみよう。「サッティヤーグラハ・アーシュラムの存在理由そのものが、真理の探究と、それを行《ぎょう》じる実践を義務《つとめ》とする」[※5]と、ガンディーは書いている。真理には、決まりきった既成の公式はない。一人《ひとり》にとって真理と思われることが、他の人にとってそう思われないかもしれないことを、ガンディーは認めていた。「〔それゆえに〕各人がそれぞれ自分の光に従って真理を追究するのは、すこしも間違ってはいない。実際そうすることが各人の義務《つとめ》である」と、彼はつけ加えた。

アヒンサー〔非暴力〕の誓いは、たんに他者を傷つけないというだけの消極的な思想ではない。それはまた、日常生活において呼吸をしたり、野菜を食べたりすることは、生き物を破壊することになるという理屈も成り立つが、非現実的な論理的結論を導くだけのものであってはならない。生きとし生けるすべてのものへのアヒンサー、すなわち愛の原動力《ちから》は、もっと知的に理解されなければならない。ガンディーがサーバルマティー・アーシュラムで、激痛に苦しむ、治る見込みのない仔牛を慈悲心から殺《あや》めることを許可したとき、インド中の正統派のヒンドゥー教徒たちは激しいショックを受けた。またガンディーは、牝牛を「哀れみの詩《うた》」と呼ぶほどの牛の擁護者でありながら、牛皮の経済的利用を詳しく論じることもできた。それは、死体の部位が有効に利用されなければ、牛は水牛のような酪農用の家畜と張り合って、インドでは生き残れないと考えたからであった。彼は非暴力を、生き物へのたんなる肉体的危害の回避とはみなさなかった。銃や爆弾や短刀のほうが、人間性を徐々に束縛し、締め殺す悪意や遺恨や憎悪よりも、人間の生命《いのち》に与える危害が小さいことを、ガンディーは知っていた。ガンディーの非暴力は、目に見える暴力と同様、内なる暴力からも人間を解放することを目ざしていた。

つぎなる誓願は、ブラフマチャリヤ［純潔浄行］の誓いである。それは、自らを完全に同胞への奉仕にささげたいと願う人たちのためのものであった。［この点だけを見ると］ガンディーは、潔癖で厳格な清教徒的専制を強制し、人間性を限界まで引き締めているように思われるかもしれない。しかし、忘れてはならないのは、彼にとって性欲の抑制は、彼の唱導した多面的で広範な規律の一つであったことである。すなわちそれは、適切な食事の摂生や手仕事、社会奉仕、祈り、睡眠に至るまでの全体の一部分であったのである。

不盗の誓願は、この種の修道場にとってはあまりにも陳腐に過ぎるように思われるかもしれないが、［ガンディーのアーシュラムでは］それは深い社会的意義をおびていた。聖典『ギーター』からガンディーは、「無所有」の理想を吸収していた。理想を言えば、「人間は鳥たちのように、頭上に屋根をもたず、明日のために衣類や食物をたくわえてはならない」。この聖句《ことば》［『新約聖書』マタイ伝第六章］は明らかに、われわれが生活している現実世界では到達するのは不可能である。しかしガンディーは、人間の欲望を最少限ぎりぎりまで減らすことを願っていたのである。彼自身、すでに金銭や財産を放棄していた。そして物質的な所有のレベルでは、飢えをしのぎ、雨露をしのぐのにいま不可欠な食物や住居《すまい》を「横領している」と、良心の苛責を感じる［精神《こころ》の］高みに身をおいていたのである。

サーバルマティー・アーシュラムの盗難事件の話は、モーハンダース・カラムチャンド・ガンディーの社会哲学を映し出す光を見るうえで興味深い。盗賊たちは、カストゥルバーイの所持品の入った行《こう》李《り》を持ち去った。［事件が発覚したとき］ガンディーは警察に通告せずに言った――盗人が入ったということは、明らかに彼らはアーシュラムにはまだ盗みに入る価値のある品物があると信じていたということだ。［したがって］それを実行に移した盗人たちを含めて、自分はまだアヒンサーのなんたるかを土地の人びとに教えてはいなかったのだ、と。そしてカストゥルバーイの行李について、妻がまだそんなものを所持していたとは驚きであった、とも言った。彼女が行李の中身は孫たちの衣類であったと説明すると、孫の衣類に気を配るのは彼女の息子たちや孫たち自身だと、ガンディーは諭《さと》した。それからというもの、彼女の所持品は、ガンディーの側近たちのなかでいちばん粗末な身の回り品だけになった。

このほか二つの誓願が、アーシュラムでまもられていた。一《ひと》つは無畏の誓いであり、もう一つは不可触民制撤廃の誓いであった。これら二つは限定的ではあったが、同時代の人びとの関心は高かった。イギリス支配への恐怖、不可触民への虐待は、さまざまにインド国民を拘束していた。そして、［ガンディー思想に共鳴してアーシュラム入りを志願した］メンバーたちは、なんとしてもこれらの限界を克服しなければならなかった。

こうしてただ誓約を列挙するだけでも、アーシュラムの生活がひたすら厳格であったことを示すのに十分である。生活もまた多忙であった。だれもが、なにか手仕事に従事しなければならなかった。手紡ぎと手織りの部門があり、牛小屋の世話や広大な農場の管理があった。アーシュラムの住人《メンバー》のだれもが、自分の食器は自分で洗い、衣類の洗濯をしなければならなかった。ここには下働きの使用人《サーヴァント》はいなかった。アーシュラムの雰囲気は、修道院というよりも、心やさしく厳格な家長に率いられる大家族のようであった。ガンディーは一家の「バープー［父・お父さん］」であり、カストゥルバーイは「バー［母・お母さん］」であった。それは、子どもたちと八十路《やそじ》を越した老人たち、アメリカやヨーロッパの大学の卒業生たちと古典サンスクリット学者、敬虔な信仰者と薄っぺらな仮面をかぶった懐疑論者が同居する雑多な集団であった。そこは、いわば人間そのものの実験室であり、ガンディーはここで彼の道徳的・精神的仮説を試したのである。その集団は彼にとっては、ほとんどの人が感じていたと同じように家族同然であった。アーシュラムはまた、現実世界の塵埃《じんあい》と喧噪《けんそう》からの避難所であった。しかもそれは、血や財産によってではなく、共通の理想への忠誠心によって結ばれた［いわば］一家族であった。家長は偉大な民主主義者であった。彼はかつて、朝夕の祈禱集会に用いる聖句を選ぶ委員を任命したことがあった。要望や不平をつきつけられると、彼は苦笑いしながら言ったものである――「わたしはアーシュラムの居候です［すなわち、アーシュラムの運営の責任は、居住者ひとりひとりにあるのです］」と。彼はたしかにアーシュラムを管理していた。しかし、アーシュラムにおける彼の権威は、国家における［彼の］他の権威と同様、精神的なものであった。［それゆえに］物事があらぬ方向に進んだり、アーシュラムの住人《メンバー》が重大な過失を起こしたりするときには、ガンディーはその責めを自らに負い、断食をおこなうことで罪を償ったのである。

　カストゥルバーイは、周知のとおり、台所仕事を受け持ち、数多くの訪問客のめんどうをみていた。彼女にとっては、つまらないとか、賤《いや》しいという雑用はなかった。彼女にはほとんど、自分が偉大な社会的人物の妻だという自意識はなかった。あるとき彼女は、アーシュラムのほとんど全員が出席していた祈禱集会の席上で、同志の一人の病に気づかなかったことで、夫から叱責された――「もし［わたしたちの末っ子の］デーヴァダースが病気に罹《かか》っていたとしても、母さんは気がつかなかったろう」と。それは痛烈な非難であったが、身近かな人びとに期待する彼の［愛の］基準の高さを物語っていた。

アーシュラムは、ガンディー自身と他の人たちの試行錯誤の実験場でもあった。ある面では陸軍士官学校でもあった――もっともこの語を、暴力を用いぬ戦争に向けて、人びとを訓練する学校という意味に用いてよければの話であるが。一九一五年の初めに、ガンディーはC・F・アンドルーズに向かって、［これから先］五年間はサッティヤーグラハ運動をおこなう機会は予想できない、と言った。にもかかわらず、アーシュラムでは、若い男女の一団が［日夜］サッティヤーグラヒー［の実践者］に不可欠な道徳的・精神的抑制の訓練を受けていたのである――サッティヤーグラハの要《かなめ》となるべき若者たちが、いかなる挑発を受けようとも、憎悪や暴力に走ることがないように、と。サーバルマティー・アーシュラムは、［こうして］フェニックス農園とトルストイ農場が南アフリカで果たした役割を、一九二〇年と三〇年の［インドにおける］サッティヤーグラハ闘争で担うことになった。それはまた、二つのサッティヤーグラハ闘争の合間に国民の志気を高める「建設的事業」に備えて、人びとを訓練する場でもあった。

第18章　インドの民族主義運動

ガンディーがインドの政治舞台に登場したとき、［この国の］民族主義運動は、教育を受けた知識人のあいだでは、すでに定着していた。ガンディーが弁護士資格を得るためにイギリスへ旅発つ三年前の一八八五年十二月に、インド国民会議党はボンベイで第一回大会を開催していた。在英中も帰国してからも、ガンディーは［インドの］政治［運動］にはまったく関心を示さなかった。さらに一八九四年から二十年間は、南アフリカのインド人社会の生き残りをかけた闘いに、彼は全身全霊を注いだ。にもかかわらず、南アフリカから帰国後わずか数年のうちに、ガンディーは遠い傍観者にすぎなかった民族運動の手綱を、自らの手に握ることになったのである。そしてその手綱は彼の死の日まで、その手から離れることはなかった。いまこの段階で、インド民族運動の歴史をフラッシュバックすることは、［ガンディーがインドに帰った］一九一五年のインドの政治状況と、それにたいするガンディーの影響力の特質を理解する一助となろう。

イギリスのインド征服が永遠のものとなりえないことは、トーマス・マンローやマウンドスタート・エルフィンストンといった先見の明あるイギリス人行政官たちは［早くから］予見していた。インドはイギリス人の進出以前にも西北地方からムスリム［イスラーム教徒］の侵略を受け、七百年以上にわたって外国人に支配されてきたが、侵略者たちはしだいにこの国に同化されていった。トーマス・マンローが指摘したように、イギリス人よりも暴力的で残忍であった外国人征服者たちはいたが、イギリス人ほど「国民全体を信頼にたりぬ」と嘲《あざけ》り、心中に侮蔑《ぶべつ》を秘めてインド人に接した征服者はいなかった。［イギリスの軍人］サー・ヘンリー・ローレンスは「［肌の］黒い輩《やから》」について語るときのイギリス人行政官たちの風潮を辛辣に語ったことがあった――すなわち、彼ら「黒い輩」は支配者たちの居心地のよさや権力の拡大に役立つ場合を除いては、あたかも彼ら自身の国にあってイギリス人行政官たちの妨げになっているといわんばかりである、と。大反乱［世に言うセポイの反乱。ちなみにH・ローレンスは反乱鎮圧にあたってラクナウで戦死した］は、さらに民族間の対立を苛烈にした。反乱は純粋な軍事的抗争でも、また初期段階においてそうであったような、ムスリム［傭兵たちの］の暴動でもなかった。逆に、それはまた「独立戦争」といえるような［立派な］ものでもなかった★4――もっとも、北インドや中部インドでは、それは反イギリス人感情を醸成することにはなったが。そしてその主導権を封建地主たちが握っていたために、戦いは発端《ほったん》から成功の見込みのない負け戦《いくさ》を運命づけられていた。

大反乱は情け容赦のない戦闘であった。双方の側で犯罪行為が繰り返された。イギリス人は反乱軍と戦い、敵を撃退した戦士たちの英雄心と苦難を讃《たた》えつづけ、インド人は外国のすぐれた軍事力に立ち向かって、華々《はなばな》しく散った同胞の思い出を称讃した。勝利者は、神の嘉《よみ》したほうに戦いが有利にはたらいたことを信じて疑わなかった。「反乱当初は、イギリス人を無勢《ぶぜい》と見込んでいた者たちは、神がいずれの側につくか問うのを忘れていた」のである。大反乱があとに遺《のこ》したのは、疑心と恐怖心という痛ましい遺産であった。「土着民」に手厳しくなかったことから「仏《ほとけ》のカニング」と渾名された総督カニング卿ですら、ヴィクトリア女王への書簡にインド人を「狂信的で見境のない復讐心のかたまり」と書いた。『タイムズ』紙の記者は、「たぶん信頼は回復されることはないだろう」との悲観的な結論に達した。イギリス人司令官や文官たちは「このような事件は二度と起こらないだろう」ことを確認するために、この国への支配の手綱《たづな》を締めることには気をくばったが、信頼の回復にはほとんど配慮しなかった。

一八五七年以降のインド軍の再編成にかんする公式報告書は、「十分な数のヨーロッパ軍の比率を第一とし、土着兵対土着兵の比率の問題〔たとえばヒンドゥー、ムスリム、シク教徒など宗教徒間の比率など〕は、二の次の問題にすぎない」ことを指摘している。占領軍内のイギリス人の割合はそれ以来、数の均衡を考え、セポイ〔シパーヒー（傭兵《ようへい》）〕の募集では、〔反乱のあった〕地域やコミュニティー〔宗教など〕に制限が加えられた。しかも兵士の忠誠心は、大反乱のふるいにかけてうまく試された。〔反乱に加わらなかった〕藩王国は大目に扱われ、将来の反乱にたいする防破堤が築かれた。十九世紀前半ののどの時代よりも深まった新しい亀裂は、イギリス人官吏とインドの民衆という二つの世界をひき裂いた。一方では過剰なまでの権威、すなわち傲慢が支配し、他方では過剰なまでの感受性、すなわち卑屈さが支配した。大反乱後の六十年間は、インド人〔藩王は別として〕は、ラーム・モーハン・ローイの時代[★5]のような、「インド人を対等に遇する」普通のイギリス人――公人、民間人を問わず――に出会うことはなかった。

インドの治安は、国家的な武装解除とイギリス警備軍の強化によって完璧と思われた。ところが、人は銃剣を構えてさえいれば、永久になんでもできると思いがちである。しかし、外国支配に反抗する社会的・経済的・政治的勢力の流出の堰《せき》をいつまでも止めておくことはできなかった。イギリスの行政官たちが、彼らの安全な駐留軍の囲いのなかで安閑とあぐらをかいていられるのは、そして市民戦線が彼らを駐留地から引き出すことができないのは、「さしもの」クヌード王［十一世紀前半にデンマルク王、イングランド王、ノルウェー王を兼ねたデンマルクの大王］も海の波を止めることができなかったのと同じであった。

十九世紀前半に、インドは七度《ななたび》大飢饉に見舞われ、後半にはその数二十四回にのぼった。一八七〇年代には東ベンガル地方［現バングラデシュ］とデカン地方で、農民の不満が沸騰点に達し、ついに政府は小作人のために法律を制定し、飢饉法を設けることになった。農村地帯での住民騒動は、都市住民の不満の声を喚起した。ジョン・スチュアート・ミル［イギリスの経済学者・哲学者、東インド会社在職中に書いた『経済学原理』（一八四八）は、久しく後継者たちから「最終の典拠」とされていた］の薫陶を受けた知識層は、イギリス自由主義の思想原理をインドに適用して、その説くところと実践のギャップに気づきはじめていた。

ラビンドラナート・タゴールは、若き日のイギリス人への讃嘆を「彼の人類への最後のメッセージ

『文明の危機』に回想し」記している。青年時代、イギリス留学中に、詩人は議会の内外でジョン・ブライト［雄弁をもって聞こえたイギリスの自由主義政治家］の熱弁を聴く機会をもったが、それらの演説の国家的な壁を超えた寛大な自由主義精神が、青年タゴールに深い印象を与えたのだった。マダン・モーハン・マーラヴィヤ[第24章★16参照]は、青年時代に問うた――「代議員制度［議会制度］をもたないイギリス人とは何者か」と。そしてこのように自答した――「なんだって、ただのペテン師、偽者《にせもの》だ」。西洋教育をインドに導入することに腹を立てたイギリス人官僚たちの疑念にもそれなりに一理はあった。マコーリ［イギリスの政治家。インド参事会の法律委員として、インドの教育の基礎を確立、英語教育の普及によって、英語の話せるインド人官吏の養成を提言した］の西洋教育に影響されたインド人たちは、マコーリの後継者たちに、彼ら自身の伝統に沿って生きるよう呼びかけた。インドを支配したイギリス人官僚たちは［彼ら自身］自由主義者でも進歩主義者でもなかったが、［インドに］勃興しつつあった中産階級はイギリスの最高のものをすべて自由主義政治思想と進歩的経済学に結びつけて考えた。［こうして］西洋教育を受けたインド人たちの最初の要求は、自分たちの国の行政にたずさわりたいというものであった。

　中産階級はまた、宗教・社会改革運動に刺激されていた。それらの運動は、インド史の黄金時代への復帰を呼びかけた。スワミー・ダヤーナンダ、ラーマクリシュナ・パラマハンサ、スワミー・ヴィヴェカーナンダ[★6]らは、ヒンドゥー教を覚醒させた。そして、［ヒンドゥー教の］精神的・文化的遺産を強調することで、外国支配のもとに停滞していた政治的な無気力を補った。オールコットのような神智学者[第8章★15参照]や、マックス・ミュラー［十九世紀イギリス（ドイツ生まれ）の著名な東洋学・言語学者。オックスフォード大学教授。『東洋聖典全集（全五一巻）』の編集・刊行に従事、インド学に多大の業績を遺した］のような卓越した学者を含む外国人たちが、インドの哲学と宗教の豊かな宝庫に近づいたことで、知識人たちの自尊心は高まった。

大反乱以来の人種差別と支配民族の冷淡な隔離は、感受性の強いインド人にとっては、止《や》むことのない屈辱となった。ヨーロッパ人がインド人苦力《クーリー》や召使いを、正当な理由なしに殺害しても、うまく逃げおおせるといった例はいくらでもあった。土着民の拡大する恨みは、裁判所が良心の苛責なしにヨーロッパ人の言い分をうのみにした申し開きにたいするものであった。政府のお恵みにすがる階級的な阿諛《あゆ》は、軽蔑と恩きせがましさの混じった高慢な態度で歓迎された。一つの興味深い実例は、インド政府の形式ばった結論によって一八六八年に承認された裁可である。それによると、ヨーロッパ式の長靴や短靴をはいている土着人紳士は、公式謁見行事《ダールバール》ほかの儀式に「そのまま」出席できるが、インド式の靴をはいている者は「慣例上のきまりに従って」靴を脱ぐべしと命じられたことである。イルバート法案［一八八三年総督リポンの参事会法務委員C・P・イルバートが提出した法案で、インド人判事がヨーロッパ人刑事犯を裁くことができるという内容］（これによって総督リポンは、判事の職務間の人種的差別を取り除こうとした）に反対するヨーロッパ人官吏や商人たちの喧《かまびす》しい運動は、［かえって］インドの中産階級の目を開かせた。この反対運動の成功は、組織的な運動のみが政府の膝を屈せしめることを示唆したのだった。

インドにおける近代産業の出現は、民族運動の醸成に重大な要素を付加した。最初の紡績工場が一八五四年にボンベイ［現ムンバイ］に設立され、つづく五十年間に、紡織工場の数はおおよそ二百にのぼった。やがて政府は、インドの産業が「［イギリス］国内の産業と張り合うようになると、植民地の産業に冷淡になった。一八八二年に綿花の輸入にかけられていた関税が撤廃されたとき、これによってほんとうに恩恵を受けるのはインドの消費者ではなく、ランカシャーやマンチェスターのイギリスの製造業者であることを、インドの産業資本家たちは知っていた。

イギリスのインド支配の排除にもっとも貢献したインド国民会議党が、一人のイギリス人によって着想され、創立されたというのは、歴史の奇妙な皮肉である。インド政府の［収税・農務］長官などの要職を歴任し、一八八二年にインド文官を退職したアラン・オクタヴィアン・ヒュームなる人物は、三十年余の［統治］経験のあと、イギリスはインドに平和をもたらしたものの、インドの経済問題を解決してこなかった、また、政府はインド国民と接触しなかったために、インドの代表者たちとともに行政を改革する必要がある、と信じていた。そして彼は「われわれ自身のとった行動によって発生した、大きく成長してゆく力の安全弁」としてはたらく一つの組織について考えていた。彼が総督ダファリン［在任一八八四〜一八八八］と会って、毎年全インドから代表を集め、社会の諸問題について議論させる会合を開催するという腹案を披露したとき、総督は、その会合では行政の問題をも議論すべきだと提案した。ヒュームは［各方面の］支持をとりつけるためにインドの主要都市を歴訪し、急いでイギリス訪問を終えると、提案していた全インド［代表者］大会に間に合うようひき返した。一八八五年十二月二十八日に、インド各地から集まった七十二名の代表が、カルカッタの法廷弁護士W・C・バネルジー［インド民族運動の有力な指導者。国民会議党の創設に積極的に参加。以来、同党の親英的穏健派の代表として二度議長を務める］を議長とするボンベイで第一回大会に臨んだ。バネルジーは宣言した――「ヨーロッパに見られる政府という考え方に従って統治されたいとの［インド人の］願望は、イギリス政府への安全な忠誠心とけっして矛盾するものではない」と。一八八五年の最初の決議は、［こうして］インドを偉大なるイギリス帝国の権力の支配下におくものであった。

［帝国に］忠誠を誓うこうした言葉の虚飾《きょしょく》は、今日の批評家たちをして、初期国民会議党を「政治的乞食《こじき》根性」と呼ばしめている。国民会議党の第一回から二十五回の年次大会のうち、五回はヨーロッパ人が議長を務めた。一八九二年には、ロンドンでの大会開催が提案され、ラムゼイ・マクドナルド［独立労働党初代書記、後年イギリス労働党初代首相］が議長に選出されることになっていたが、夫人の急逝によって沙汰やみになった。会議党の決議は、今日では口先の言葉の羅列としか思えない［歯のうく］ような口上を年々繰り返すだけであった。しかし、同時代のイギリスの行政官たちにとっては、そうした美辞麗句《レトリック》でさえも危険信号に思われた。インド国民会議党にたいする政府高官の態度は、好意的な保護者のそれから、露骨な敵意へと坂道を転ぶように変わっていったのである。一八八五年には会議党の誕生を祝福したダファリン卿［インド総督（一八八四～八八年）］は、三年後には会議党を「顕微鏡的少数派」と呼んで無視した、さらに一八九〇年には、政府役人は会議党大会に出席してはならぬとのお布令《ふれ》が出された。一八九八年にエルギン卿［インド総督（一八九四～九九）］はシムラのユナイテッ

ド・サーヴィス・クラブでおこなった演説で、「インドは剣によって征服され、剣によって維持されるであろう」と明言した。エルギン卿の後任のカーゾン卿〔在職一八九九〜一九〇五〕は、教育を受けたインド人を適材適所につけるべく、一九〇〇年にインド担当国務大臣に進言した――「国民会議党はいまにも倒壊寸前です。したがって、在印中の小生の大きな野望の一つは、それが安楽死するのを助けてやることです」。

インド民族運動と国民会議党に新しい生命《いのち》を吹きこむのがカーゾンの運命であった。ベンガル州の分割――その行政的価値はともかく――は、ベンガル人から彼らの州の保全への挑戦と受けとられ、激しい反対運動を喚び起こした。イギリス商品のボイコット運動がおこなわれ、イギリス人にたいする散発的なテロ行為が発生した。

一九〇五年から国民会議党党内の穏健派〔保守派〕と過激派〔進歩派〕の対立が続いた。一九〇六年に、八十一歳のダーダーバーイ・ナオロジー第3章★5参照をイギリスから招聘《しょうへい》し、カルカッタで開かれた年次大会の議長席に据えることで、〔ようやく〕党の分裂は回避された。翌年の党大会は、ぴりぴりした空気のなかスーラト〔インド西部の港町、貿易の拠点〕で開催された。穏健派が党内の過半数を占めることに自信をもっていたのにたいし、過激派は国民の人気を感じとっていた。会議は修羅場と化し、混乱した。一千六百の代議員数のうち約一千名の支持者をもつ穏健派は、警官に護られて会議を開き、「合憲的手法」によって、現行の政治制度を着実に改革していくとの信念を再確認した。〔こうして〕過激派は、第一ラウンドでは完全に敗退した。

「一九〇七年に会議党大会で起こっていたことは、会場の外で起こっていたことの色褪《いろあ》せた影にすぎなかった……」と、炯眼《けいがん》の評論家ヴァレンタイン・チロル〔『ロンドン・タイムズ』紙の有力記者〕は書いている――「自治要求の叫びは、英領インドのすべての州で湧き起こり、こだましていた」と。抑圧された不満は、イギリス人官吏と、ユニオン・ジャック〔英国国旗〕に忠誠をささげるインド人たちにたいする散発的なテロ行為となって表われた。現地インド語の新聞――とりわけ、マハーラーシュトラ州のB・G・ティラク第6章★12参照の『ケーサリー』紙と、ベンガル州におけるオーロビンド・ゴーシュ第8章★18参照の『バンデー・マータラム』の両紙は、民衆の心情《こころ》をかきたてた。無政府主義者の協会がつぎつぎに誕生した。「細心、執拗、巧妙」――これが、後年その動向を調査した政府の委員会がくだした革命運動の評価であった。そのころ南アフリカにあって、祖国インドの政治運動の冷静な観察者であったガンディーは、暴力の高潮《たかしお》をおおいに危惧《きぐ》し、彼の新聞『インディアン・オピニオン』に論説を連載して、無政府主義者たちを再教育しようと試みた。

いっぽう、政府は合憲的改革の検査済みの鼻薬《はなぐすり》を一服もることで、穏健的な世論を結集しようと試みた。残念なことに、その一服が少量かつ時期はずれで、しぶしぶ承認されたものであった。したがって、それがうまく成功したとしても、改革の食欲は満たされるどころか、いっそうそそられるだけであった。モーリー＝ミントー改革は、立法参事会の被選挙人の数は増やしたものの、政府の守備固め《ブロック》を票数でくつがえすには至らなかった。モーリー卿は書いている――「政府は、議会の参政権といった問題が持ちあがることだけは、なんとしても避けたかった。……われわれは議会という話はまったく望んでいなかった。われわれが望んでいたのは［総督］参事会であった」と。そして、とりわけひどかったのは、ムスリムのための宗派別の選挙民制度が導入されなかったことである。そのために、民主主義の発展は、根本から毒されたのである。

二十世紀の最初の十年間に見た広汎な政治的発酵は、ムスリム中産階層をも呑みこまずにはおかなかった。ヴァレンタイン・チロルは名著『インドの不安』（一九一〇）に記している――「インドのイスラーム教徒たちは全体として、いまだかつてイギリス支配の確立や永続性と、彼らの関心や願望とを重ね合わせて考えたことはなかった」と。「しかしながら」ムスリム中産階級は、チロル自身が信じていたほど悠長《ゆうちょう》ではなかった。一九〇六年の創立以来ムスリム連盟★7は、ムスリムの忠誠心を宣言し、［立法］参事会におけるムスリムのより大きな代表権と公務員ポストを要求する代弁機関となった。とはいっても、連盟の若い世代は、年輩の親英隊員たちがしっかりと身にまとっている忠誠心の軍服に苛立っていた。そもそも［ムスリムの］最初の不満は、地方的、あるいは国民的な不平から生じたものではなく、外国にその起源をもっていた。大反乱は、ムスリム中産階級の［ムスリム大帝国建設の］白昼夢をこなごなに粉砕した。その夢は、ムスリム諸国家を鼓舞するものであった。中東における出来事は、インド＝ムスリムを不安に陥れた。ペルシアは、ロシアとイギリスのあいだで二分割された［ペルシア＝イランは、十九世紀初めからイギリスとロシアの侵略に悩まされ、第一次世界大戦では中立を宣言したが、結局、英露両軍に占領された］。バルカン戦争（イギリスはこの戦争には直接参加しなかったが）は、トルコ帝国からヨーロッパ領内のいくつかの領土を奪取した。この戦争は歴史的には、衰退したトルコ帝国と、東南ヨーロッパ〔バルカン同盟〕のナショナリズム勢力との衝突とみなされているが、インド＝ムスリムの目には、それはキリスト教国家にたいするイスラーム勢力の絶望的な戦闘に映じていた。イクバール〔近代インド＝ムスリムの最大の詩人の一人で、イスラーム思想を詩にうたい、ムスリム知識層や学生に多大の影響を与えた〕や、シブリー〔ムスリムの歴史家・教育者・文学者として高名〕のような詩人たち、アブル・カラーム・アーザード第22章★14参照やムハンマド・アリー第20章★11参照のような〔イスラーム教学の〕学者や評論家たちが、ムスリム中産階級を、世界のイスラームを取り巻く危機に目覚めさせた。ムスリムに忠誠を誓うことのできる職業は、だんだんに少なくなっていった。一九一三年には、ムスリム連盟の目的は、ムスリムの権利の保護だけではなく、「インドに適した自治制度を実現することにある」と、〔あらためて〕宣言された。同じ年、一人のムスリム（ナワーブ・サイッド・ムハムマド）がインド国民会議党の議長を務め、連盟の目的の拡大を歓迎して、二つの組織が国家の利益のために協力するようにとの希望を表明した。

　一九一四年の〔第一次〕世界大戦の勃発は、ムスリム中産階級にジレンマを喚起《かんき》した。このジレンマは（あるムスリムの指導者の言葉を借りれば）、「われわれのカリフ〔神の使徒（ムハンマド）の後継者の意で、トルコのスルタン（皇帝）が全世界のイスラーム教徒の政治的首長とみなされていた〕の政府が、われわれの皇帝〔イギリス皇帝〕の政府と戦争をしなければならない」ということであった。ムスリム中産階級の政治意識は、このようにして海外の事件によっていやがうえにも高められていた。〔他方〕ヒンドゥー中産階級は、国内の政府の権力の強化、あるいは怠慢によって政治意識を高め、感受性を深めていた。二つの不満の潮流は、一九一六年に国民会議党とムスリム連盟のあいだで交わされた一つの協定《パクト》［同年十二月に両組織はラクナウで年次大会を開催し、「隷属の地位から、自治政府を有する帝国内の平等の地位へ」インドをひきあげることを要望した、いわゆる「ラクナウ協定」を決議した］となって合流した。

しかしながら、一九一五年の初めにガンディーがボンベイ港に上陸したときには、インドの政治的勢力は引き潮状況にあった。政府は、「インド支配の防衛」のために絶大な権力を揮《ふる》っていた。国民会議党は、フィロゼッシャー・メヘター[第3章★4参照]、ワーッチャー［D・E・ワーッシャー（一八四四〜一九三六）。パールシー教徒で、ガンディー思想の熱心な支持者・実践者。民衆から「ダーダー［祖父・長兄など、年長者への尊敬語］」と呼ばれ、したわれた］、ゴーカレ[第6章★11参照]といった穏健派の指導者たちに牛耳られ、マハーラーシュトラを率いる過激派の偉大な指導者であったティラクは、［当時は］刑務所から釈放されたばかりで、好機到来を待っていた。パンジャーブ州出身の熱血の雄弁家ラーラー・ラージパト・ラーイ[第25章★21参照]は海外亡命中であったし、［ベンガルの過激派の指導者］オーロビンド・ゴーシュ[第8章★18参照]は政治運動から身を退《ひ》いて、［南インドのフランス領］ポンディシェリーに隠棲していた。トルコにたいするイギリスの政策を批判していた［ムスリムの指導者］アブル・カラーム・アーザード[第22章★14参照]とアリー兄弟[第20章★11参照]は、数か月後には投獄される身であった。こうしたことから、当時のインドの政治運動は、まさに小康状態にあった。それは政府にとっては、［つぎなる］戦闘準備に専念できる絶好の中休みとなった。

第19章　すばらしい孤立

一九一五年初めには、あれほど停滞していたかに見えたインドの政治が、翌年には「自治運動」によって大きく胎動《たいどう》しはじめていた。運動の先駆者はアニー・ベザント夫人であった。この女性は、インドの公生活ではユニークな立場にあった。神智協会運動第8章★15参照の指導者であり、この国きっての教育者でもあった彼女は「外国人（イギリス人）でありながら」、完全にインドと一体化していた。すぐれた同時代の一人で、友人でもあったシュリーニヴァーサ・シャーストリの言葉を借りるならば、「彼女は心底から、自分が精神と魂において、この国に属していることを、また、この国の文化と宗教と哲学が彼女に属していることを、そしていつの日にか、彼女はこの国の文化を学び、その哲学をひろめ、宗教を説くために、この国に生まれ変わるだろうことを固く信じていた。彼女にとって、インド人として知られ、すべての家庭でインド人として認められることが、最大の願望《ねがい》であった……」

第一次世界大戦勃発の数か月前に、ベザントはロンドンの聴衆に向かって、インドの忠誠を買う値《あたい》は、インドの自由である、と語った。一九一五年春に、『ニュー・インディア』紙に寄せた論文で、「早くも」彼女は、これから行動に移すつもりの政治運動を予告していた。一九一五年十二月の国民会議党年次大会で、ベザントはこの運動への支持をとりつけようと動いたが、穏健派から反対された。翌一九一六年九月に、彼女は穏健派の反論をしりめに「自治連盟《ホーム・ルール・リーグ》」を創立した。ベザント夫人は「自治連盟」の発足にさいしてガンディーの支持を求めたが、賛同は得られなかった。ガンディーは、戦時中は政府を困らせるような政治行動には反対であった。彼は、戦争が終結すれば、合憲的な改革の季節が来るだろうと考えていた。ベザント夫人は、戦後インドは自治を拡大できるだろうとのガンディーの信念をおもしろがった。彼女はガンディーに言った――大戦の危急《ききゅう》に追いつめられて、イギリス人はようやくインドに自由を与えることを考えるでしょう、と。「ベザント夫人」と呼びかけながらガンディーは答えた――「あなたはイギリス人を信用されていないようですが、わたしは違います。わたしは、戦争中はイギリス人に反対するどんな運動をも援助しないでしょう」[※6]と。

法を遵守する合憲的方法によってイギリス帝国内でインドの自治を獲得せんとする自治連盟の目的は、後年の歴史から見れば、陳腐《ちんぷ》なものに思われるかもしれないが、一九一六～一七年の時点では、インドの政治へのこの組織の衝撃は、疾風のごとく激しく、強烈であった。［わけても］知識階級への運動の呼びかけは、それが彼ら自身の未組織の願望《ねがい》のいくつかに応えてくれたという事実によるところ大であった。またそれは、戦争が引き金となった騒動のはけ口になっていたという事実にもよっていた。ベザント夫人の宣伝と組織の才は、政治の気圧計を高めるのに役立った。ジョージ・バーナード・ショー［イギリスの劇作家・小説家。ユーモアとアイロニーをもって反戦思想や近代文明を痛烈に批判した］

はかつて彼女を、三人の男たちの重荷に耐えることのできる女傑と評したことがあった。すぐれた組織家、雄弁な演説家、そしてだれはばからぬ健筆家であった彼女は、それらの能力をもって「インドの」知識階級の政治意識を活気づけた。彼女の旺盛なジャーナリズム精神は、一九一七年前半の『ニュー・インディア』紙からのいくつかの引用に、その例を見ることができよう――。

「インドはもはや、あなたがた「イギリス人」の恩恵や譲歩、あなたがたのさし出す提供品を望んではいない。インドは自分自身の家の主婦になりたいのだ」。（一九一七年二月二日号）

「帝国のために血を流す男たちは、このおぞましい不名誉な刑罰［笞打《むち》ち刑］に従うが、英雄のごとく闘う男たちは、奴隷のように笞打たれるのを恥辱とする」。（一九一七年三月二十日号）

「独裁政権はロシアで崩壊し、ドイツで揺らいでいる。［しかるに］それはイギリスの国旗のもとでのみ吠えたけっている」。（一九一七年六月四日号）

インド政府は不安をつのらせながらも、自治連盟の動向を見まもっていた。一九一七年一月十七日の議事録には、英国国会議員レジナルド・クラダクのつぎのような発言が記されている――新聞を読む一般人の心は英国政府に逆らうよう毒されている、自治連盟は合法的改革というよりもむしろ、インドが呻《あえ》いでいる無数の不正や不平から逃れうる唯一の救済方法だと主張されている、こうした運動への民衆の支持は、政府の目からすれば、もっとも嘆かわしい様相である、と。すなわち「状況はきわめて困難である。穏健派の指導者たちは、［過激派の］ティラクやベザントに続けとばかりに導かれている口さがない知識階級のあいだでは支持を得ることができない。穏健派の大物といわれた人物

［ゴーカレ］は亡くなった。そしていまのところ、彼の後継者は見当らない」。

クラダクはつづいてベザント夫人を「なんであれ、運動の指導者になりたがって」右往左往する「虚栄心の強い婆《ばあ》さん」と皮肉り、ティラクを「イギリスのものならなんでも恨みと憎悪を駆り立てる」男、と評した。にもかかわらず彼は、これら二人の政治家が政府に提案している行政上、憲法上の問題の重要性は軽視してはいなかった。「インドにおける騒動は、海が浸食作用で海岸線を後退させる潮のようである。最近の高潮は一九〇七〜八年［ベンガル分割反対運動］であった。その高潮はいったん退《ひ》いたが、見る見るうちに［ふたたび］満ちてきている。それは、これまでよりもずっと高い水位に達するだろう。われわれは、潮が安全な陸地に到達することのないよう防波堤を築かなければならない」と論評した。

インド政府はこの運動にどのように対処したのだろうか。一九一七年二月一日付の議事録には、次のような総督の立場が記録されている。［総督は］ベザント夫人、ティラクならびに自治連盟運動の他の指導者たちにたいして、即座になんらかの措置をとることを認めるつもりであるが、もし彼らにたいする明白な立場を口にするならば、「現状では、われわれがインドにおけるイギリス支配の最終目標として掲げている自治［政府］と、ベザント夫人やティラクが主張している『自治』との区別をはっきり線引きするのは、理論的には不可能である。もっともわれわれは、この二つの政策が両極のごとく離れていることを承知しているのは、言わずもがなのことであるが。そこで本官は、われわれ政府の採《と》るべき道をできるだけ早期に公表し、自治連盟の幻想的な思いつきにたいして、政府の分別ある実際的な提案を明らかにするだろうことを、示唆しておきたい」。

一九一七年五月十八日に、［総督］チェムスファドは、［本国の］インド担当国務大臣に電報を打ち、インドに見る危険な不穏状態の可能性が不可避だというなら、憲法上の、あるいは行政上の改善について、できるだけ早急に、なんらかの宣言をするよう促した。それは「憲法上の突然の、極端な変化を怖れ、［むしろそれに］反対する、どちらかというと、はっきり物が言えないがために政府に援助を求めている一部の世論で、こうした［政治的・社会的に］ある種の影響力もつ者たち［穏健派の指導者たちを指す］の支持をとりつけるためにも、宣言は必要と思われる」ということであった。本国政府からの宣言を求めたとき、総督がまだ近い将来になんらかの急激な変化が起こるとは想定していなかったことは、六月一日付の以下の電文に明らかである――「以前われわれ［政府］がわれわれの目標を設定しようとしたとき、それは最終的な自治を視野に入れた自由な制度の発展である、という以外はなにも明言することはできませんでした。もしこのような宣言がなされるとしても、［宣言のあとに続けて］それは遠い将来の目標であって、今日ただちに、あるいは近い将来に実現されると早合点する者は、政府の支援者とは言いがたい、またインド自身の［真の］支援者とも言えないことを言明しておく必要がある、このように本官は考えております」。

自治連盟《ホーム・ルール・リーグ》の運動は、一九一七年八月の有名な宣言を引き出す強力な刺激となった。すなわちその宣言によると、帝国政府の政策には、「行政の各部門でインド人の参入を増強すること、言いかえると、イギリス帝国の完全な一翼を担う者として、インドにおける責任政府の発展的な実現に向けて、自治制度の漸次的進展を目標とすること」が謳《うた》われた。

ガンディーが自治連盟にも、また一九一六年のインド国民会議党と全インド・ムスリム連盟とのあいだで締結されたラクナウ協定にも関与しなかったという事実《こと》は、彼がインドの政治の主流から大きく孤立していたことを物語るものであった。［この時期］政治の舞台を支配し、政府に圧力をかけていたのは、ガンディーではなく、ベザントとティラクの提携であった。一九一七年にエドゥイン・モンタギュー［インド担当国務大臣（一九一七～二二）］は日記に、ティラクは「今日、おそらくインドでもっとも有力な人物といえよう」と記した。そしてガンディーについてのモンタギューの印象は、「民衆の不満を見出そうと心から願い、それを自己宣伝のためではなく、同胞の境遇を改善するために、不満を除こうとする社会改革者である。彼は下層労働者《クーリー》のような身なりをし、いっさいの個人的な立身出世を断ち、実際に食うや食わずの生活を送る、純粋な夢みる男」であった。

ガンディーは、戦時中の政治運動への参加についての自己謹慎《きんしん》的な行動ゆえに、同時代の政治界ではたいして重要視されていなかった。さらにまた、もう一つ別の理由が考えられる。すなわち、彼の思想と手法は、インド国民会議党の二つの有力党派のどちらとも、まったく合致しなかったことである。ガンディーがインドの政治上の師として認めていた穏健《おんけん》派の指導者であったゴーカレは、ガンディーを高く評価し、一九〇九年のインド国民会議党の年次大会では、ガンディーにおいて「インド人の人間性は高い水位に到達した」とまで言った。ところがゴーカレは、一九一五年［ガンディー帰国の年］に、彼自身の身近かな仲間たちがガンディーをインド奉仕者協会に迎え入れるのをしぶる場面を見せつけられた。いずれにせよ、ゴーカレは、ガンディーが帰国してまもなく世を去ったのである。ガンディーが［穏健派の首領の］ゴーカレに近かったという事実は、南アフリカでの赫々《かくかく》たる記録ゆえに彼に敬意をいだいていたであろう過激派の分子たちから人気を博する妨げとなった。［それよりも］むしろ、彼らにとっていただけなかったのは、戦時中のイギリス人にたいする彼の素直すぎる政策であった。ベザント夫人が自治連盟の運動にガンディーの賛同を得られなかったことは、すでに述べた。一九一七年にオータカムンドで夫人が抑留されたとき、彼女の支持者たちの何人かがガンディーに面接し、彼女の釈放に力を貸してくれるよう協力を求めた。百人の志願者たちがボンベイからオータカムンドまで一千マイルの行程を行進してはどうかという、このときのガンディーの提案は、いまここでわれわれが、ガンディーの南アフリカ時代の運動や、やがてインドでも導くことになった有名な行進［第二十三章参照］が世論に与えた影響を想起するなら、このとき「過激派の政治家たち」の耳に響いたような、ふざけた無意味《ナンセンス》なものではなかったはずである。しかしこのエピソードは、穏健派の政治家たちにも過激派の政治家たちにも、彼の手法がともに理解されていなかったことを物語るだけのことである。

インドの政治へのガンディーの影響力のタイミングと手腕を決定づけることになったこの「行進という」方法は、南アフリカで彼が習得したものであった。インドに帰った当初（一九一五〜一八年）は、ガンディーは独りで田畠を耕し働いているように見えたが、彼の人格と政治観は、この時期にしっかりと、とりわけ彼独自のものとして形成されていったのである。なぜ彼が自治連盟に参加しなかったかを説明して、友人たちにこのように語っている。「あのころは、いくつかの問題について確固たる見識をもって、政策に影響されるのではなく、政策に影響をおよぼすことのできる組織にだけ参加できたのでした。このことは、いまもわたしは新しい光を受け容れることのできる開かれた心を持ち合わせていない、ということを意味するものではありません。わたしはただ、新しい光がわたしの心に射しこむためには、とりわけ眩《まばゆ》いばかりに明るくなければならないという事実《こと》を強調しておきたいのです」[※7]。

どんな光も、非暴力の行動の手法であるサッティヤーグラハのそれ［光］ほど、眩《まばゆ》い光はありえなかった。そしてその光によって、ガンディーは十年間、公的分野とともに個人の生活をも導こうとしてきたのである。ガンディーはいま、不正を正し、悪を改め、争いを和解させる効果的な道具［手法］を発見したと信じていた。南アフリカでそれを発見し、成功裡に用いたがゆえに、［インドでも］彼のもとに助けを求めて来る同胞たちに、その道具を拒んではならないと、彼は考えていた。戦争中政治運動から身を退《ひ》いていたという事実も、［彼には］一刻の猶予もならぬとする同胞の不満のために闘う妨げとはならなかった。

第20章　農民と労働者

最初に助けを求めてきたのは、思いもよらない地方からのものであった。そこ、ビハール州のチャンパーランはそのころ農民の不満で煮えたぎっていた。人種的要因が、ヨーロッパ人インディゴ［インド藍《あい》］工場主たちとインド人農民のあいだの関係をいっそう複雑にしていた。ガンディーは、一九一六年十二月にインド国民会議党のカルカッタ年次大会に出席した。そこでチャンパーランの騒動が議題にとりあげられ、彼は問題に関与するよう求められたが、事件についてなにも知らないというそれだけの理由で、誘いを拒わった。［そのときは］チャンパーランはガンディーにとって、インドの地図上の一地点にすぎなかった。大会のあと、ラージクマール・シュクラという名のチャンパーランから陳情《ちんじょう》にやって来た一人の農民が、ガンディーに同地を訪ねて、自分の目で実情を見てくれるよう嘆願した。シュクラの粘《ねば》りはあっぱれというほかはなかった。彼は［ガンディーの旅するところどこへでも］インドの端から端までついて歩いた。そしてついに、ガンディーをチャンパーランへ伴い、おおよそ半世紀間にわたって農園主たちと農民のあいだに緊張関係を惹《ひ》き起こしてきた問題に、ガンディーを直面させたのである。

［そもそも］十九世紀初頭に、ヨーロッパ人農園主たちがチャンパーラン地方にインディゴ農園と工場を設立した［ことから話は始まる］。ビハール州最大の地主「ベッティア・ラージ」が何区画かの土地をヨーロッパ人に貸していた。これらの借地のいくつかは、工場がそれぞれの地方で徴発した農具や牛や労働力によって耕作されていた。ところが、藍栽培は主として「ティーンカティア制度」と呼ばれる［小作人］制度によって運営されていた。この制度によると、小作人はそれぞれ工場の監督のもとで、借地の二十分の三（しばしば最良の土地）を藍栽培のために保留しておかなければならなかった。そして収穫は、一定の、通常は話にならない低価格で買いあげられた。この一方的な取り決めは、耕作者たちがなだめすかされるか、あるいは脅《おど》しで署名させられるかで、巧妙に隠蔽《いんぺい》されてきた。それでも、小作人たちの不満はときどき爆発し、たとえば一八六七年のときのような大騒動を惹き起すこともあった。農園主たちが地方の役人と州政府を後ろ盾に握っていた影響力《ちから》やら、法改正に必要な費用や時間の引き延ばし戦術やらで、小作人たちは公正な取り引きを獲得することのむずかしさを知りぬいていた。

農民たちの嘆願をもってしても、散発的な暴力行為をもってしても成し遂げられなかったことを、ドイツの産業が二十世紀初めに易々《やすやす》とやってのけたのである。すなわち合成藍が実際に天然藍を市場から追放してしまったのである。チャンパーランの藍の耕地は、一八九二年から九七年にかけて九万千エーカーであったが、一九一四年には八千百エーカーにまで減少した。農園主たちは、いまやこの已《や》むをえない成り行きを受け容れ、古い契約の藍栽培の義務から小作人たちを解き放った。農園主たちはこの解放を、藍を栽培しなくなった小作人から「代償」または「損害賠償」を支払わせることでやってのけたのである。借地料は急騰《きゅうとう》し、平均上昇率は、約六〇パーセントであった。借地料のつりあげばかりか、農園主たちは、現金払いその他、いろいろ不法な支払い方法を案出した。小作人たちは、ありもしない水路からの水汲みに税金をかけられたり、農園主が象や家屋や車を購入するさいには、なんらかの貢献《みつぎ》をしなければならなかった。また小作人たちは、「借地の」法的相続権を認めてもらうためには、相続税を支払わなければならなかった。この種の不法な強制取り立ては、インド人ザミンダール「地主」たちによってもおこなわれてきたが、ザミンダールの場合は、ヨーロッパ人農園主たちの半分も役人に影響力をもたなかった。したがって実際には、ヨーロッパ人ほど小作人からしぼりとることはできなかった。ヨーロッパ人農園主は、ヨーロッパ人の役人たちと結託して、かなりあこぎな圧力《ちから》を行使した。農園主や代理人が法廷で小作人に暴力を揮《ふる》うといった事例もあった。

ラージクマール・シュクラは、チャンパーランの地主と小作人のそうした争議のいくつかの実例を詳しく「ガンディーに」報告した。ビハール州到着後まもなく、ガンディーはさまざまな訴えを聞き、自分で事実を調査したいと考えた。「ビハール州の州都」パトナーからムザッファルプルへ、ムザッファルプルからモティハリーへと、チャンパーラン地方の県庁所在地をつぎつぎに訪ねてまわった。ガンディーは、彼の存在が社会の平静を乱《みだ》すとみなされたため、早々に「つぎの列車で」その地を立ち去るようにとの命令書を手渡された。彼はこの命令に従うことを拒否した。彼は一九一七年四月十八日に、彼を裁いた裁判官に向かってこのように言った。「法を遵守《じゅんしゅ》する市民として、わたしが初めに思ったのは、わたしに出された命令に文面どおりに従うということでした。［しかし］わたしは、自分が奉仕しようとやって来た人たちにたいして、自らの義務感に逆らわずして命令に服することはできませんでした。……公生活においてわたしと同じような立場にある者は、実例［模範］を示すことにいちばん気を配らなければならないことを、わたしはよくよく承知しています。……わたしはわたしに出された命令を無視いたしましたが、それは、法の権威を尊《たっと》ぶ心が欠如していたからではなく、わたしの存在のいっそう高い法《のり》に、すなわち良心の声に従うためでした」。

ティールフト地区の地方長官は、上層部にはかることなくガンディーの逮捕を命じた。ビハール州政府がのち（一九一七年五月二十三日）にインド政府に説明したとおり、「地方長官がガンディー氏にたいしてとった対応で、それを政府の承認を待たずに実行したことは、長官の重大な判断ミスであったと総督代理［知事］は考えた。ガンディー氏ほどの経験豊かな人物に調査をやめさせるのは、あの段階では明らかに不可能であった。したがって長官の採《と》った行動は、ただいたずらに民衆の関心を刺激し、政府は調査を抑制したがっているのではないかとの疑念を深めただけであった。このような次第で、長官と地方行政官に、処分の続行をやめ、ガンディー氏にあらゆる妥当な［調査の］便宜をはかるようにとの命令がくだされたのである。ただ農民たちは激昂しやすい状況にあることを彼［ガンディー］に警告するよう命令した」。

ガンディーはいまや自由に農民たちの不満について調査を続けることができた。彼は綿密に証拠を吟味し、証言者一人《ひとり》ひとりに徹底的に問いただし、いっさいの誇張を封じた。仕事中のガンディーの肖像《すがた》が、若きイギリス人官吏で、ベティア地方庁支部に勤務していたI・C・S〔インド高等文官〕のW・A・リューイスなる人物から、チャンパーランの地方判事W・H・ヘイコック宛の書簡に、正直に、かつ親愛をこめてつぎのように描かれている――。

「ガンディー氏はこの日曜日に当地に到着し、月曜日の朝、〔早速〕小生を訪ねて来られました。氏は調査の目的を小生に説明しましたが、それは、農民《ライヤト》たちが現在服従させられていると氏が主張する、ある明確な不正を正すためでした。氏はすでに、この地方の問題について多くの情報を集めているものと、小生は考えました。ガンディー氏から受けた印象では、彼がそれらの調査が公正であることを願っていることでした」。

「水曜日の午後、小生は馬に乗って、ガンディー氏が情報を収集している……村々の一つに出かけました。小生は、聞き取りがおこなわれているあいだ、しばらく氏といっしょに坐っていました。証言者たちはそれぞれ、証言が議論の余地のない根拠にもとづく事実だとガンディー氏が考えるまで、きびしい反対尋問を受けていました。ガンディー氏にバーブー・ブリジキショール〔ビハール地方の奉仕活動家、バーブーは「兄」「氏」を意味する敬称〕が同伴していますが、この人物も同じような態度で仕事をしています。……彼もまた、証言の記録にあたっております」。

「小生は、ガンディー氏にはあらゆる便宜をはかるようにとの指示を、貴殿から受けております。この命令はバーブー・ブリジキショールにも適用されるものと理解してよろしいでしょうか。バーブー・ブリジキショールはまだ小生のところに面会には来ておりませんし、面会の願い書も提出しておりません」。

「ある意味で彼［ガンディー氏］は、地方政府のことは念頭に入れてはおりません。地方行政はおおいに農園主たちの影響をこうむっていると、ガンディー氏は主張しています」。

「ガンディー氏は農園主たちからは、言わずもがなのことながら、仇《かたき》のように敵視されています。大多数の［藍］工場の問題（私どもの目には、うまく管理されていると思えるものでも）は、目下とりあげられている経済上の詳細の厳しい批判的分析には耐えられないでしょう。そしてガンディー氏は、怖るべき告発の根拠となるような、明白な事実にもとづく資料を入手することでしょう。……」。

「小生がとくに問題にしたいのは、農民《ライヤト》たちにたいするガンディー氏の存在の影響力です。……私どもはガンディー氏を、こちらの眼鏡《めがね》をとおして理想主義者、狂信者、革命家などと見ているかもしれません。しかし農民たちにとっては、彼は解放者であり、非凡な力をもつ人物と考えられています。彼は村から村へと歩き廻わって、農民たちに、彼の前に不平不満をぶつけるよう求めています。彼は無知な大衆の想像力を古代の黄金時代の夢へとかきたてています。小生はガンディー氏の前に、このことの危険を述べました。すると彼は、彼の言葉は十分に注意深く抑制されているので、革命を惹起《おこ》すようなものとして受け取られることはありませんと保証しました。小生は喜んでガンディー氏の言葉を信じました。小生が思いますに、彼の誠実さには疑いをはさむ余地はありません。しかし、そんな彼でも、すべての支持者の口に戸を立てることはできません」。

「小生はガンディー氏に、万が一《いち》暴動が発生した場合は、責任をとるつもりがあるかどうかをたずねました。彼は、約束はできないが、そうした暴動はいっさい起こるとは思わない、と答えました。この点では、小生はガンディー氏と意見を異《こと》にしています」。

「小生は、ガンディー氏にすべての便宜をはかるようにという小生の受けた命令以外は、彼にたいする政府の意向についてはなにも知りません」。

「小生からガンディー氏に、彼の今後の予定を提出すべく、地方の役人とラーンチー［ビハール州の夏期の州都］へ同行するつもりがあるかどうかを問い合わせましたところ、喜んで参りましょうとの返事でした」。

「賠償を要する問題については、ガンディー氏はなんとしてもそれを獲得するべく腹をくくっておりますし、その場合には、嬉々として自己を犠牲にするでしょう。さもなければ、よほど大きな変化をもたらすまでは、この地を去ろうとはしないでしょう。しかし彼は、こうした難問に対処するにさいしては、理に則して行動するものと、小生は信じて疑いません」。

インド政府は、チャンパーランにガンディーが居据わっていることと、サッティヤーグラハ運動がビハール州内の藍栽培地区に拡大するのを危惧《きぐ》していた。英本国の議員クラダクの提案で、総督はビハール州知事サー・エドワード・ゲイト宛てに書簡を送り、調査委員会の任命にあたっては、委員の椅子の一つをガンディーに与えるよう促した。サー・エドワードは初めこの提言に従うのをしぶった。彼は総督チェムスファド卿に宛てて書いた――「それはたしかにガンディー氏を封じ込める手ではあるでしょう。しかし、そのようなことがうまくいくかどうかは、まったく定かではありません」。チャンパーラン農民問題委員会は、このようにしてインド政府の勧告に応じて任命された。［とはいっても］それは、ガンディーが『自叙伝』で言っているように、けっして知事の「善意」から生まれたものではなかった。

八千名の小作人たちの証言を手にしたとき、ガンディーにとっては農民問題の局面でわからないことはなかった。知識・説得力・信念からしても、彼は小作人のために非の打ちどころのない主張を展開することができた。委員会は全員一致で、農民たちが久しくそのもとで呻吟《しんぎん》してきた「ティーンカティア制度」ならびに、その他の不法な重税の廃止を勧告した。不法な納税金の返還を要求して、委員会は二五パーセントの還付を示唆した。ガンディーの同僚の多くは、なぜ彼が一〇〇パーセントの返還を提案しなかったのか、不思議に思った。その控え目な自粛についてのガンディーなりの理由を、ラージェンドラ・プラサード[★8]はこのように記している。「私は、ガンディージー［「ジー」は日本語の「さん」に相当する敬称］が私たちにこのように言ったのを記憶している――『農園主たちはこれまで、威信にかけて農民たちにいばりちらすことができました。［しかしいま］彼らの強大な権限の一部を放棄し、現金の一部を返還せざるをえなくなったという、ただそれだけの事実《こと》で――もちろん、彼らの威信のすべてを失うというわけではありませんが――相当の打撃を受けているはずです[※8]』」、と。

農園主たちをほっとさせた細かい妥協点は、小作人から恐怖の呪縛《じゅばく》を取り除くという根本的な事実を変えることにはならなかった。十年以内に同地方から追放されるのではないかという農園主たちの心理的変化は、調査委員会の勧告を具体化した法規制以上に大きかった。ガンディー側の戦術的な譲歩には、このようにして、戦略的な勝利が隠されていたのである。

このころ、自治連盟の運動は最高潮に達していた。ガンディーはある種の努力をして、彼の同志の何人かに運動への参加を控えさせたが、それは、戦時中は政府を困らせたくないということとは別に、すでに着手している仕事に［心身ともに］集中するのがいちばんとよいと信じていたからであった。彼は［むしろ］チャンパーランの仕事から世間の目を逸《そ》らそうとした。そのために、彼が著名人や新聞各紙に送った報告は、「公表してもらうためではなく、［事実を］報《しら》せるためであった」。同じ調査委員会のメンバーであったジョージ・レイニーは、「ガンディー氏を思うと、私は聖パウロを思い出す」と言ったという。イギリス人の宣教師ホッジ師は、ヨーロッパ人官吏や農園主たちとの闘争の日々でのガンディー家の人たちとの幸福な交友を記録している。

調査中にチャンパーランの小作人のことをつぶさに知ったことから、もめごとの根底には農民たちの無知があり、それが彼らを卑劣な虐待の恰好《かっこう》の餌《えじき》にしてきたものと、ガンディーは確信した。改善策は、教育をおいてほかにはなかった。こうしてガンディーは、チャンパーランで彼の「建設事業」の最初の実験の一歩を踏み出した。この実験で彼の手伝いをした人たちのなかには、妻カストゥルバーイ、息子［四男］のデーヴァダース、最近彼の身近［アーシュラムの仲間《メンバー》］に加わったばかりのグジャラート出身の二人の若者マハーデヴ・デサーイ★9とナラハリ［第16章★2参照］・パリーク、ならびにそれぞれの妻たち、そのほかインド奉仕者協会のデーヴ博士、クリパラーニ教授らの名があった。小学校は村々で、にわかづくりの土の小屋や、土地の篤志家たちから提供された建物で開校された。教師は村人たちのあいだでまかなわれた。カリキュラムには、読み書きの初歩のほかに、基礎的な衛生と公衆衛生の知識が含まれていた。教師たちは、率先して村の道路の掃除と、便器の清掃をすることで公衆道徳の模範を示した。残念ながら、ガンディーと彼の同志たちがチャンパーランを去ったあと、土地の人たちのこの運動《キャンペーン》の努力は長続きはしなかったが。

このようにして、ガンディーがビハール州で活動しているうちに、アフマダーバード〔ボンベイと並ぶグジャラート州の綿産業の中心地〕の織物工場でストライキが発生した。ここでは一九一七年八月以降、コレラに見舞われた町から労働者が逃げ出すのを防ぐために「疫病手当て」——場合によっては、賃金の八〇パーセント——が支払われていた。疫病が終息したとき、工場主たちは「手当て」の打ち切りを申し出た。労働者たちは、戦時下に物価が二倍にはねあがり、手当ては生活費のめべりを部分的に補ってきただけだと主張して、雇傭者側の主張に抗議した。

工場主たちと従業員との対決を懸念して、アフマダーバードのイギリス人長官はガンディーに手紙を送り、妥協を成功させるために工場主たちへの彼の影響力を行使してくれるよう希望した。工場主たちの主要メンバーの一人アムバーラール・サラバーイはガンディー家と親交があった。かつてガンディーが〔南アフリカから〕帰国してまもなく、不可触民の一家を〔アーシュラムに〕迎えたことから、ガンディーの頭上に嵐が吹き荒れたとき、サーバルマティー・アーシュラムの存亡の危機を救ったのは、この人の匿名《とくめい》の寄付金であった。ガンディーは、工場主と労働者の代表たちと長時間話し合い、その結果、双方とも、長官を議長とし、各代表三名ずつから成る調停委員会による仲裁に同意した。調停委員会が仕事にとりかかるまえに、工場主側は「少数のはねあがり分子が勝手にやった」はみだしストライキにつけこんで、調停の無効を宣告し、二〇パーセントの特別手当《ボーナス》ての受け容れを拒否する労働者たちの解雇を公示した。

ガンディーは、アフマダーバードとボンベイの織物産業の生産コストと利益、「労働者の」生活費と市場の情況などについて、山のようなデータにやっとの思いで目をとおし、三五パーセントの給料の上乗せが妥当であるとの結論に達した。これまで給与の五〇パーセントの引き上げを要求してきた労働者たちは三五パーセントの線で受諾するよう、ガンディーから説得されたが、工場主側は二五パーセント以上はびた一文、聞く耳をもたなかった。ガンディーは、アフマダーバードの地方長官に招かれ、工場主たちとの友交関係を利用するよう求められた。しかし、調停の受け容れを拒否する工場主たちの高圧的な態度は、ガンディーに労働者たちの不満を擁護させることになった。

工場主たちが労働者に「［われわれは］結束してことに臨む」と脅したとき、ガンディーは工場主たちは「蟻の団結にたいして象の団結」を組織していると評した。彼は労働問題に新たなサッティヤーグラハの実験を試みようとしていた。「彼にとって」重要なのは、アフマダーバードの織物労働者の道理《すじ》のとおった要求が、平和的な非暴力のストライキによって勝ちとられるかどうかであった。労働者たちの要求は、ガンディーがこれ以上は譲れぬと裁定した三五パーセントの増額まで下げられていた。サッティヤーグラハの原理にもとづいて組織されたこのストライキは、当然のことながら、世間的な通常のストライキとは「本質的に」違っていなければならなかった。労働者たちの士気は、彼らの情熱の赴《おもむ》くままに高められてはならなかった。雇備者《こようしゃ》にたいしても、スト破りにたいしても暴力は禁じられた。ここには敵意や不満の捏造《ねつぞう》、要求の誇張、非難の応酬などの入る余地はなかった。ストライキ中に労働者が時間をもてあますようなことがあっても、それは建設事業の活動に利用しなければならなかった。［たとえば、失業に備えて］別の仕事を修得したり、家の修理をしたり、居住区の道路の清掃をするといったような。

この争議での興味深い特徴は、ストライキの組織作りに協力したガンディーの副官が、［工場主の一人］アムバーラール・サラバーイの妹アナスヤーベーンだったことである。彼女は毎日、数時間を労働者たちの社宅で過ごし、くじける者たちを励まし、病人の看護にあたり、飢えに直面する人たちの仕事探しを手伝った。毎日午後の定時に、労働者たちはサーバルマティー河畔のバブルの樹［アカシアの一種の常緑高木＝アラビアゴムモドキ］の下に集まり、ガンディーの講話に耳を傾けた。集会では完全な規律が守られ、講話の内容にも話し方にも［アジ的なものは見られず］真摯で、冷静であった。また、相手側を非難したり、揶揄《やゆ》することは、固く禁じられた。ガンディーが書き、アナスヤーベーンが印刷するニュース速報は、毎日発行された。主人と使用人の理想的な関係は、それぞれ自分の利益にもとづくものではなく、ラスキンの『この最後の者にも』に説かれた「互敬」の精神にもとづくものでなければならない、とガンディーは説いた。雇備者たちはこのような理想には賛成しなかった。彼らは彼ら自身の新聞を発行し、雇備者たちの私的領域にまで首をつっこんでくる「部外者《よそもの》たち」を批判した。

ストライキが進行するにつれて、ガンディーはある種の不安をもってそれを見まもっていた。最初の数日間が過ぎたあと、労働者の士気が低下しはじめたのである。彼らのほとんどの者たちに仕事と給金なしにストを続けろというのは、どだい無理な話であった。代わりの仕事にありつけたのは、現実には、ほんの一握りの者たちだけであった。［かといって］ストライキを続行するために、外部に資金援助を求めるのは、サッティヤーグラハの精神にもとる行為であった。工場主たちは、二〇パーセントの増額を呑《の》む者は仕事に復帰させてやると提案した。［そのころ］労働者の一人が「［なんだかんだと言っても］結局は、ガンディージーもアナスヤーベーンもなにひとつ失いはしないのだ。彼らは車で動きまわり、じゅうぶんに食べているのだ」と陰口をたたくのを、ガンディーの同志の一人が小耳にはさんだ。この言葉がガンディーに伝えられたとき、ガンディーの胸は、怒りではなく、激痛ではりさけんばかりであった。その日の午後のバブル樹の下の集会では、出席者もまばらで、絶望感が聴衆のあいだにただよっていた。ストライキは明らかに、労働者たちをやりきれない気持にさせていた。ガンディーが断食の開始を告げたのは、まさにこの時であった。ガンディーはストライキを始めるにあたって、もしそれが飢えに通じるようなことがあれば、最初に飢えるのは自分だと公言しなかっただろうか。断食の目的は、労働者たちを再結集することであった。ところが断食は、工場主たちに影響をおよぼすことになった。なぜなら彼らの何人かは、ガンディーを尊敬し、愛してさえいたからである。結果は思いもよらぬこととなり、明らかに工場主たちに重圧《プレッシャー》をかけることになった。※9

断食がある種の脅迫につながったというのは、こうした感情からであった。そしてそれは、三日間の断食ののちに、ガンディーに妥協を受け容れさせることになった。その結果、ストライキ中の労働者側の誓約は名目上は満たされたが、現実的には満たされなかった。労働者たちは仕事に復帰したとき、最初の日は三五パーセント、二日目は二〇パーセント、そして三日目以降は、仲裁者による最終決定が出るまで二七パーセントの賃金の上乗せが約束された。［ところが］ここでもまた、戦術的な敗北のなかに勝利の萌芽《ほうが》が含まれていたのである。対立が生じた主な原因は、雇傭者が調停の原理の受け容れを拒んだことだった。この問題については［結局］工場主側が譲歩することとなった。調停人の裁定は労働者側に味方して、最終的には三五パーセントの割増しを決定したのである。

このストライキは、アフマダーバードの労使関係の転換点となった。グルザリラール・ナンダは書いている――「織物産業の労働組合を今日の姿《かたち》にするのに大きな役割を果たしてきた調停の原理と手続きは、このようにして初めてこの国の労使関係に導入された」と。二年後ガンディーは、最初の正式な労働組合を発足させたが、それは［やがて］アフマダーバード織物労働組合へと発展し、そこにはガンディーの労使関係についての思想が印象づけられた。組合は独自の図書館、読書室、学校、病院、レクレーション施設、銀行、新聞をもつことになった。このようにして、労働争議へのガンディーの介入は、大きな建設的事業を導入することとなった。果たすべき他の急務のために、後年労使関係の問題に多く時間をさくことはできなくなったが、彼はけっしてアフマダーバードの織物労働者たちと、彼らの組合運動への関係を絶《た》つことはなかった。彼はそれを、インドにおける労働組合のすぐれたモデルと考えていたのだった。

アフマダーバードの労働争議が決着をみるかみないかのときに、ガンディーはボンベイ管区［当時のイギリス領インドは、イギリス領諸州のほかに、ロンドンの権威に直属するベンガル、ボンベイ、マドラスの三管区から成っていた］内のケダー県の農民紛争と、地租《ちそ》の免除についての地方行政に巻き込まれた。旱魃《かんばつ》がこの地方の農作物に壊滅的な打撃を与えていた。「税法」では、収穫が例年の四分の一以下の場合は、地租は全額免除されることになっていたが、収穫の正確な損害額について、意見は真っ二つに分かれていた。すなわち、インド奉仕者協会所属の三人による現地調査ならびに、当時ボンベイ立法府の議員であったV・J・パテールとガンディーの評価では、その年の収穫は、豊作年の三分の一以下の不作とみなされた。［ところが］政府の役人は、こうした評価を部外者たちの無責任な算定として無視した。農民たちの嘆願書は「所定の窓口《チャンネル》をとおして」送られてきたものではないとして差し戻された。県の職員との会見も、なんら救済の役には立たなかった。また、有力な代表団がボンベイの知事と面会したときにも、知事は地方の役人の権限内にある問題について［あえて］調停の口をはさむ理由を認めなかった。

　グジャラート協会《サバー》――当時ガンディーは、この協会の会長を務めていた――は、この運動で指導的な役割を果たした。嘆願も面会も新聞声明も農民たちに救済をもたらすことができなかったとき、運動はガンディーの手に委《ゆだ》ねられた。戦時中は政府を当惑させるのは本意ではなかったが、事実を直視しようとはせず、うちひしがれた農民たちを人間らしく扱おうとしない政府役人たちの頑迷《がんめい》さに、［さすがの］ガンディーもショックを受けた。そして彼は、収穫の被害を査定する調査委員会の設立を政府に求めたが、要求は却下された。地方長官は、地税を完納しない者は農地の没収の危機にさらされるであろうと脅迫した。そこでガンディーは「このような懲罰的・専横的な考えにたいしては死ぬまで闘おう」、そのために地租の支払いを拒否しようと、農民に呼びかけた。さらに、戦争は不正な弾圧の口実にはならない、と彼は公言した。ケダー［県］の農民は不正に抵抗することで、きわめて重大な問題を解決することになるのだと、ガンディーは論じた。すなわち農民は、「同意なくして人間《ひと》を支配するのは不可能」なことを世に示そうとしているのだ。

　これは、ガンディーがインドで組織した最初の農民サッティヤーグラハ闘争であった。まず、なすべき重要課題は、農民から恐怖心を、すなわちお上《かみ》への恐怖心、土地財産を失いはしまいかという恐怖心を払拭することであった。ガンディーとヴァッラブバーイ・パテール★[10]は、「サッティヤーグラハ」の学校でおそれおののいている人びとを訓練するために、ケダー県の村々を巡回した。政府は税金の取り立てを強化した。支払いを拒否する村人たちは情け容赦のない取り扱いを受けた。家畜や家財は押収され、収穫寸前の作物まで差し押えられた。農民たちは大きな勇気と忍耐を見せたが、すでに旱《かん》魃《ばつ》や疫病、物価の高騰《こうとう》の後遺症に苦しんでいた地方にとっては、弾圧はいかに苛酷であったかは言うまでもない。農民の疲労はいまや極に達しており、完膚《かんぷ》なきまでの破滅に追いこまれないようにするのが得策だと、ガンディーは考えた。地租は支払い能力のある農民から漸次回復し、救いがたい貧困者には重圧をかけてはならないとする政府の指令が出されたとき、ガンディーは租税不払い運動を停止したほうがよいと考えた。このことは、相手の顔を立てようとする策略であり、高遠な希望をもって開始した運動の幕引きにしては、迫力のないものに思われたかもしれない。しかしながら、運動に付随した結果には見るべきものがあった。それは、ガンディーの生地であるグジャラート州の農民たちに自らの力への自覚を喚《よ》び覚まし、その力をヴァッラブバーイ・パテールという偉大な指導者に見たことであった。パテールはアフマダーバードでの弁護士業を投げうち、爾来、多くの闘争でガンディーの信頼すべき右腕となった。

これら［インドにおける］サッティヤーグラハの初期の実験を展望するならば、時まさに、第一次世界大戦が進行中であったこと、そしてガンディーには、政府を転覆《てんぷく》しようという意図がまったくなかったことを想起しなければならない。［むしろ］彼はできるだけ衝突を回避しようとしていた。チャンパーランでもケダーでも、彼は完全にそれを避けるというわけにはいかなかったものの、それらの争議を地方的なものに［限定］しようと努め、国民的な危機を招かずに、農民たちにわずかばかりの正義をもたらすような解決を求めたのだった。

ガンディーの対戦態度は、事実、他の著名な指導者たちとは大きく異なっていた。彼は、インドが誠心誠意イギリスの戦争遂行努力を支持すれば、戦争終結の暁には自治権が与えられるだろうとの［人の好い］期待をいだいていた。聡明な政治家で、このような希望《のぞみ》をもっていた者はほとんどいなかった。

第一次世界大戦が勃発したとき、ガンディーは公海上にあった。彼は［南アフリカからの］帰国途上であったが、その前に数週間をイギリスで過ごしたいと考えていたのである。一九一四年八月六日に、ガンディーはイギリスに上陸した。そしてただちに、野戦衛生隊を組織すべくインド人居留民に呼びかけ、集会を催した。しかし、帝国の危機をインドの好機にしようとの論理は、彼の心には響かなかった。ガンディーは書いている――「インド人とイギリス人の立場の違いをわたしもよくよく承知していた。それでもなおわたしは、わたしたち［インド人］が完全な奴隷になりさがっているとは信じていなかった。当時わたしは、それをイギリスの制度のせいというよりも、イギリス人官吏たちひとりびとりの欠陥であり、愛をもって彼らを変えうるものと考えていた。もしわたしたちがイギリス人の援助と協力によって、わたしたちの立場を改善したいと思うなら、イギリス人の危機の秋《とき》に彼らを援助し、彼らに味方するのがわたしたちの義務《つとめ》である」[※10]と。

もしこのころ、重い肋膜炎《ろくまくえん》に罹っていなかったら、ガンディーはひきつづき、彼の結成した野戦衛生隊の仕事に従事していただろうし、インドへの帰国も明らかに延期されていたことだろう。

祖国に帰ったとき、ガンディーは、愛国者たちの考え方が戦争遂行努力への無条件な支持とは反対であることを知った。政治的に保守的な者たちや、イギリス人官吏たちの引き立てで繁盛している者たちだけが、真顔でイギリスに忠誠を誓っていた。ガンディーは協力をちらつかせて政府と取り引きをしようとは思わなかった。一九一七年十一月に、グジャラート政治会議で彼は言った――「危急の秋《とき》に王冠に忠実であったということは、自治《スワラージ》にふさわしいかどうかの試金石ではない。忠誠は功績ではない。それは全世界どこでも、市民の義務である」[※11]と。

一九一八年初め、戦争は連合軍側に不利にはたらいていた。ドイツ軍の攻勢が西部戦線でも期待されていた。総督はインド人の著名な指導者たちをデリーの戦争協力会議に召集したが、そこにはティラクやジンナー、カパルデ［マハーラーシュトラ出身の国民会議党過激派の有力指導者］を含む数多くのナショナリストたちは招かれていなかった。というのは、彼らは政府に要求すべき協力の条件を問題としてとりあげていたからである。いかに譲歩しても憲法面でなんの保証もない漠然とした［戦後の］口《くち》約束にたいして、インドの政治世論は激しく動揺していた。さらに、連合国は彼らの戦争宣言とは正反対の結論を出していたといわれ、その種の密約についてもさまざまな憶測がとりざたされていた。ガンディーは、最初は会議をボイコットする意向であったが、説得されて出席することになった。彼は「わたしの全責任において、決議を支持いたします」との、ヒンディー語の一文をもって募兵決議に賛同した。

　戦争協力会議のあと、ガンディーは総督に手紙を送り、民族主義者たちの不満を伝えることで自らの良心の痛みを慰めた。デリー滞在中ガンディーは、イギリス国会議員ウィリアム・ヴィンセントにマウラーナー・ムハムマド・アリーとショウカト・アリー[★11]の釈放問題を提議した。サー・ウィリアム・ヴィンセントが、どうしてこの問題が戦争の遂行と関係があるのかとたずねると、「それは、募兵問題を解決することになるからです」と、ガンディーは答えた。「たぶんそうでしょう」と、サー・ウィリアムは言った――「それにしても戦争遂行努力を援助するといっても、いったいあなたご自身、これまで何をされたというのでしょうか。私の知るかぎり、あなたがこれまでなさった援助は、どれもみな地方政府を困らせただけです」と。これは皮肉な意地の悪い不意打ちであったが、ガンディーの良心《こころ》にぐさりとささった。戦争協力会議での厳粛な十三語から成る［ヒンディー語の短い］スピーチは、彼にこれから果たすべき責務を課したのである。

ガンディーは全身全霊をもって募兵活動を開始した。ヨーロッパや中東の戦線で戦う帝国インド人兵を募兵するために、［自らの出身地］グジャラート地方の村々を旅してまわる非暴力の信奉者の姿には、なにか戯画《ぎが》めいたものが感じられた。ガンディーはケダー県にも行ったが、そこは数か月前、彼が租税不払い運動を組織したところである。村人たちに軍隊に入れというより、列をなして牢獄行きを勧めるほうがどんなに気安いことかと、彼は考えた。ガンディーと、彼と行動をともにしたヴァッラブバーイ・パテールは、彼らがもはや、つい最近までこの地方でそうであったような英雄ではないと思い知らされた。政府への抵抗をもって知られていたある村でも、だれひとり彼らに会いに来る者はいなかった。三日間、彼らは村はずれに野営して、自分で食事を作らなければならなかった。

イギリス人の役人たちは、租税の不払い運動の指導者の徴募軍曹［ガンディーの階級］への変身ぶりをおもしろがったことだろう。しかし役人たちは、やがて彼らが、政府にお世辞をふりまく親英主義者たちをあやつっていたのではなかったことを思い知らされた。地方長官も出席していたある地方の戦争協力会議で、ガンディーはこのように言った。「歴史はやがて、インドにおけるイギリス支配の数多《あまた》の悪行のなかで、全国民の手から武器をとりあげた法律こそ最悪のものであったと見なすことでしょう」と。彼はボンベイ州知事ウィリンドン卿に、［大反乱以来の］武器所持禁止令の撤回を呼びかけた。［その返答に］総督は、「貴殿が募兵運動で果たしておられる帝国への不休の奉仕に衷心より」

謝辞を表しただけであった。

村々を巡回するのに馬車が手に入らないこともしばしばであったが、そんなときガンディーと彼の一行《いっこう》は、日に二十マイル［三十二キロ］を徒歩で行かなければならなかった。このころガンディーは心身ともに疲労の極にあった。そしてついに、赤痢のはげしい発作に見舞われた。薬を飲むのを嫌って、断食を試みたが、効果はなかった。後年彼が言った「ばかばかしいまでの無知」のために、ガンディーは注射を受けつけなかった。友人の［紡績工場主］アムバーラール・サラバーイがガンディーをアフマダーバードの彼の邸宅に連れていったが、病人が医師の治療法に従おうとしなかったために、献身的な看護だけでは健康を回復することはできなかった。そんなある日、まだ高熱に苦しんでいたとき、ガンディーはサーバルマティー・アーシュラムに帰りたいと言い張った。翌日ガンディーを見舞ったラージェンドラ・プラサード博士は、彼が肉体的にやせ細り、精神的にも近づきつつある終焉《しゅうえん》を諦めている容子《ようす》を見てとった。ガンディーは、彼が着手していた仕事の一《ひと》つが道半ばであることを悲しげに想起した。そしていま、いよいよ自分は逝《ゆ》かなければならない、しかし、それが神の御意志《みこころ》とあらば、それもまたせんないことだと考えていた。

ガンディーは、自分が死の戸口に立っているものと信じていた。彼は『ギーター』の聖句を誦《しょう》じた。そして、サーバルマティー・アーシュラムの住人《メンバー》たちを枕辺に呼び集め、住人たちが静かに彼の周りに坐ると、ガンディーは口をきった。「祖国へのわたしの最後のメッセージは、インドは非暴力によって自らの救いを見出すだろうということと、非暴力によってのみ、インドは全世界の救済に貢献できるだろうということです」。

ガンディーが苦痛に耐えながら、徐々に肉体が衰弱してゆくにまかせていたとき、一人の「水療法医師」が現われた。ガンディーはこの人に水治療の実験を試みてもらったが、それが彼に新しい精力と希望を吹き込んだ。生きようとする意欲が甦《よみがえ》ったのである。その一つの徴候は、妻カストゥルバーイから山羊《やぎ》の乳を飲むよう説得されたことである。彼が何年も前にたてた「ミルク断ち」の誓願は、牛のミルクにのみ適用されるものであり、山羊の乳はそのかぎりにあらず、というのが妻の言い分であった。もちろんこれは、たんなる方便にすぎなかったが、このことについての歯切れの悪い説明が、『自叙伝』に記されている――「生きたいという意欲が、真理への献身にまさったということである」と。

生きなければとの大きな衝動が、インド政府の手でガンディーに用意されたのである。ローラット委員会の報告書とローラット法案［次章に詳しい］の公表が、彼を骨の髄まで揺さぶったのである。「わたしが元気なら、インドを目覚めさせるために国中を駆けまわるだろうに」と、彼は言った。同志たちが入れかわり立ちかわり相談にやってきた。市民の自由にふりかかる新法に、どのようにして国民は立ち向かえばよいか、ガンディーはさまざまに思いをめぐらせた。そんなとき彼は、政府の危急のときに戦争終結時の紳士的な態度に望みを託して、どれほど彼がイギリスへの支持を唱えてきたかを思い出した。またしてもガンディーは、「パンを求めて石を与えられた」のである。戦時中は、政治活動を極力控えようと努めてきたが、いま彼は、平時に犯された不正と闘おうという抑制しがたい内からの呼びかけを感じていたのである。

第21章　アムリッツァルの影

ガンディーを病床から引き出したローラット法案〔正式名称は「無政府・革命分子犯罪取り締まり法」といい、大戦中の「防衛法（治安維持法）」に代わる弾圧法で、通称、提案委員会のシドニー・ローラットの名で知られている〕は、政治的暴力を封じ込める対策を進言したローラット委員会の勧告《かんこく》にもとづくものであった。同法案の一つの条項には、上告の権利を認めない非公開の特別法廷での裁判、「犯罪の可能性のある」人物からの「安全」の確保、たんなる疑惑による逮捕の認可が謳《うた》われていた。また法案の他の条項には、通常の刑法に恒久的変更を導入し、治安妨害関係の書類は所持するだけでも二年間の禁錮《きんこけい》刑に処することができる、とあった。

政治暴力については、ガンディーほど痛烈にそれを批判した評論家はいなかった。ローラット法が発表される十年前に、〔早くも〕ガンディーは著書『ヒンド・スワラージ』で、革命運動を現実的根拠と同時に道徳的根拠にもとづいて非難した。ガンディーはサッティヤーグラハを「魂の力」と呼び、爆弾やピストルにまさる、しかもそれらよりはるかに有効な手段とした。このように彼は暴力には反対であったが、政治的犯罪行為が〔広いインドの〕数か所で発生したという理由で、ただちにインド全土に過酷《かこく》な法を押しつけるのは間違いだと論じた。彼は、そもそも国民に責任をもたない行政委員会［ローラット委員会］に絶大な権限を付与することには賛同しなかった。

ところでローラット法案は、これが最初の［イギリス政府の］弾圧法ではなかった。同法は、一九〇八年の刑法修正法、一九一〇年の出版法、一九一五年のインド防衛法を踏襲《とうしゅう》するものであった。最後の法律［すなわちインド防衛法］は、一九一九年の時点ではまだ有効であった。新法の必要性は、政府寄りの人びとにとってですら明らかではなかった。そのうえ、ローラット法案の提出の時期がまずかった。インドの世論は、市民の自由の削減ではなく、［戦時下の協力にたいする］戦後の目を見はるような意志表示を期待していた。「わたしたちの行為は、よりよい未来への期待にもとづく献身です」と、ガンディーは一九一八年に、デリーの戦争協力会議のあとで［総督］チェムスファド卿に書いた。戦争中、彼はしばしばインドの民族主義者たちのなかでただひとり、戦争が終われば実質的に多くのものがインドに与えられるだろうと論じてきた。アニー・ベザントとティラクは、ガンディーは幻影に向かって突き進んでいるのであり、イギリス人には重圧をかけないかぎり、けっして権力の分与は望めないだろう、と警告していた。

ローラット法反対では、めずらしくインドの指導者たちのあいだに完全な一致がみられた。平時にこのような法律を制定する政府は、文明国の政府と呼ばれる資格を自ら放棄するにひとしい、とジンナーは言った。［憲法学者で、総督参事会のメンバーであった穏健派の］サプルーまでが、この法案を評して、「基本原理において誤っており、実施において不健全かつ大ざっぱにすぎる」と言った。またV・J・パテール［ヴァッラブバーイ・パテールの兄で、政府の中央立法参事会議長を務めるなど、保守・穏健派の中心的人物］までが「思うに、この法案が通れば、なんらかの改革を求めるわれわれの合法運動は、すべて水泡に帰するだろう」と言った。

こうした反対の声《アジテーション》にたいするインド政府の反応は、特徴的であった。政府は、インド人側の力を過小評価し、それをインドの政治家たちのあいだの集団ヒステリーのせいにした。無政府主義者たち――すなわち「目に見えない無節操な敵たち」と闘うためには、地方の官吏たちに特権をもたせることが絶対不可欠である、と政府は主張した。総督参事会のメンバーであるラヴィトは、暴力に対抗する処置を講じるにさいしては、民衆におもねるのではなく、民衆を教化するようインドの指導者たちに呼びかけた。同法案はまた、イギリス国内のモンタギュー＝チェムスファド改革に批判的であった保守派の評論家たちに、そこになにがしかの憲法上の譲歩がうかがえたとしても、英国支配は磐石《ばんじゃく》であることを再確認することを意図するものであった。インド政府は一九一九年三月に、同法案をほとんど目もあてられないほどのあわてようで、帝国立法議会に上程した。議会はめったに八時間以上は審議を続行することはなかったが、ローラット法案についての初回の討議は、午前十一時から、昼食と夕食時の休憩をはさんで、深夜まで続けられた。インド人の選出議員は全員、法案に反対票を投じた。にもかかわらず、法案は成立した。最初のローラット法案の可決は、ガンディーに目を開かせた。彼は帝国立法議会で審議を傍聴し、インド人議員たちの雄弁な論理が、いかに政府高官たちの席まで届いていないかを目のあたりにした。後年ガンディーは書いている――「人がほんとうに眠っているときにだけ、相手を目覚めさせることはできるが、相手がただ寝たふりをしているだけなら、どんなに努力をしても、なんら効果はないだろう」と。「「政府という」一大行政機構」とイギリスの商業社会とがぐるになって、インド政府を民意から遠ざけているのだとの確信が、ガンディーの心のなかで大きくふくらんでいった。ほんとうに世論に配慮する政府であれば、インドの各層が「こぞって」反対している法案を提出するはずはないだろう。また、実質的な憲法改革を導入しようと望む政府であれば、少しずつにせよ自治を導入しようとする姿勢は崩《くず》さないだろう。

ローラット法案にたいして合法的反対論が通じないとわかったとき、いまや法案を撤回させる頼みの綱は、サッティヤーグラハに依《よ》らざるをえないと、ガンディーは考えた。一九一九年二月にはすでに、ガンディーはローラット法案に反対する旨、誓約書を起草・回状していた。曰《いわ》く――「この法案が成立した場合、そしてそれが撤回されるまでは、われわれはこの法律と、今後設置される委員会が妥当とみなすその他の法律にも市民として従うことを拒否するだろう。なお、この闘争においては、われわれは真理に忠実に従い、生命はもちろん、人や財産にたいして暴力を慎むことを断言する」。

政府が最初にローラット法案を法令全集に記載したとき、ガンディー――このときはまだ、完全には病気から回復していなかったが――は、挑戦を受けて立った。彼はサッティヤーグラハの誓いの意味を国民に周知徹底すべく、国中を旅してまわり、新しい組織＝サッティヤーグラハ協会《サバー》を創設した。マドラス滞在中のある朝、彼は目覚めるや、彼の主人役のラージャゴパラチャーリー[★12]にこのように言った。「夢うつつの朦朧《もうろう》状態のなかで、この国がハルタール［一斉罷業《ストライキ》］の一日を守るよう呼びかけられているように思った」と。その日は、国民は憎むべき法にたいする抗議の意志表示として、すべての業務を停止し、断食をして祈らなければならない。ハルタールは［はじめ］三月三十日と定められたが、予定を変更して、四月六日に改められた。服喪や抗議の手段としての「ハルタール」という思想はインドではけっして目新しいものではなく、国民の一日ストライキとして、［ガンディーの着想は］たしかに巧妙な一撃であった。ボンベイでは、商業活動の中止に加えて、ガンディーの『ヒンド・スワラージ［インドの自治］』と『サルボダヤ［万人の幸福］』を含む治安妨害の危険出版物として禁書になっていた何冊かの書物の販売による市民の抵抗を開始した。そして四月七日には、あえて「出版法」を無視して、ガンディーの手で編集された新しいタブロイド紙『サッティヤーグラハ』が発行された。

デリーのハルタールは伝達の不徹底のため、四月六日ではなく三月三十日に実施されてしまった。［しかも］それは、いくらかの暴力行為で損なわれた。ガンディーはただちに、地方政府の役人たちを非難するとともに、民衆の行き過ぎを叱《しか》った。彼の言葉を借りると、警官隊はハエを叩きつぶすのにハンマーをもってしたのである。緊張はパンジャーブ州で頂点に達した。同州の指導者たちは、ガンディーが来てくれれば平静はとりもどせるだろうと考えていた。ところが政府は、ガンディーのパンジャーブ州入りを許可しなかった。彼は［ボンベイから］デリーに向かう途中の小駅で列車から降ろされ、ボンベイ行きの別の列車に乗せられ、そこで釈放された。ガンディーは彼の不在中に、ボンベイ市や、アフマダーバード、ナーディアド、それから彼の非暴力の教義を忘れるなど思いもよらなかった出身地州［グジャラート州］の各地で騒動が発生したことを知らされていなかったなら、その足でふたたびデリーに向かっていたことだろう。彼は潜在的な暴力をみくびっていたという結論に達した。彼は［ボンベイ出発以来の］道を引きかえし、自分のほうから再逮捕・拘束を求める戦法をあきらめ、最終的にサッティヤーグラハ運動の開始を延期することを決意した。国民が心の準備ができてるかどうかを確かめもせずに、大衆運動を発動した「ヒマラヤほどの大誤算」を贖《あがな》うために三日間の断食をおこなった。

いっぽうこの間、パンジャーブ州の事態は悲劇の極へと向かっていた。パンジャーブ地方には、いくつかの不満が底流に渦巻いていた。第一次世界大戦中、同州はおおよそ五十万人の兵士を供出し、さらに多数の犠牲者を出すことになったインフルエンザの流行の余波に苦しんでいた。同州はまた、インドの他の地方同様、生活費の高騰に悩まされ、主要人口を占めるムスリムは、汎イスラーム主義思想［敗戦国トルコへの同情］によって混乱を来たしていた。ガンディーはそれまでパンジャーブ州を訪れたことはなかったが、彼の名は、すでに同州でもなにかを喚び起こす魔力《ちから》をもっていた。［パンジャーブ州へ向かおうとしていたガンディーが］デリー近郊で逮捕、［ボンベイに］送還されたというニュースは、同州の人びとを憤慨させていた。四月十日にアムリッツァルで、二人の地方の指導的活動家が逮捕されたのに続いて、民衆が暴徒化して騒動を起こし、市役所や郵便局に放火、電線を切断し、女性二人を含む数名の白人に傷を負わせた。ダイヤー旅団長の率いる軍隊が派遣され、「ひとまず」秩序は回復した。市《まち》は二日間、静穏であった。ところが四月十三日のバイサーキー祭［ヒンドゥ歴第二月（太陽暦の四月上・中旬～五月上・中旬）の満月の日に催されるシク教最大の祭り］に、ジャリアーンワーラー公園《バーグ》で大虐殺《ホロコースト》の修羅場《しゅらば》と化した一つの集会が開かれていた。ダイヤー将軍は初めから集会をぶっつぶすつもりであった。公園の入口は狭すぎて装甲車が入れなかったため、将軍は兵士たちを連れて徒足《かちあし》で園内に入りこみ、わずか十分間に千六百五十発の銃弾を発砲した。非武装の男女と子どもたちから成る祝日の群衆は、壁をめぐらされた公園の敷地から逃れることができず、まるで「罠《わな》にかかったネズミ」のように狙い撃ちされた。パンジャーブ政府は死者三百七十九名と推定したが、ハンター委員会［イギリス人四名、インド人三名から成る政府の公式事件調査委員会］のメンバーの一人であったサー・チマンラール・セタルヴァードは、死者四百名、負傷者千二百名と推定した。[※12]

後年ダイヤーは、自分の目的は毅然たる態度をもって「道徳的効果」をもたらすことであったと弁明した。彼は、自らの手で救済すると公言した帝国に、これ以上の大きな打撃を加えることはできなかったであろう。アムリッツァルの大事件は、英印関係にとってほとんど大反乱［セポイの反乱］と同じほどの重大な転換点となったのである。[※13] アムリッツァルの悲劇は、それ自体、一個の独立した事象とみなされるべきではなく、インドに住むイギリス人たちが繰り返し襲われた「反乱コンプレックス」の一つの兆候《あらわれ》とみなされるべきであろう。[※13] マイケル・オドワイヤー卿を首長とするパンジャーブ政府は、政府転覆をはかる大規模な陰謀があったと自らに言い聞かせた。陰謀説が現実に根も葉もないものであったことは、ボンベイの警察監督長官M・L・ロバートソンと、インド政府情報局長官C・R・クリーヴラントとのあいだで交わされた二通の秘密書簡によって立証されている。というのは、二人は、政府の視点から見た政治状況にもっとも精通していたはずだからである。一九一九年五月十九日付のロバートソン書簡には、「パンジャーブの情勢を完全に把握するのはむずかしいと思われます。貴殿はなにか組織的な陰謀を跡づけることができましたでしょうか。当方は目下のところまだ、アフマダーバードから見て、それを認められずにおります」とある。

［これにたいして］五月二十三日にクリーヴラントはつぎのように答えている。「これまでのところ、組織的な陰謀はパンジャーブでは認められておりません。［たしかに］組織的な反政府運動はありましたが、その場合も、特定の場所で民衆が熱狂したという程度のことです。……『タイムズ・オヴ・インディア』や『パイオニア』のような有力［英字］新聞が、インドの騒動にボルシェヴィキ［ロシア共産党］思想や、エジプトの煽動事件［一九一八年にエジプトに民族主義政党ワフド党が誕生し、反英独立闘争が盛んになった］を引き合いに出して論じているのは遺憾です。新聞がそうした主張に値する明確な論拠を持ち合わせていないことに、本官は安堵しております。誤診は治療を危ぶませますから、間違った診断がくだされますのは残念です」。

マイケル・オドワイヤー卿の著書『私の見たパンジャーブ』には、「一九一九年のパンジャーブの反乱」と題する一章がある。著者はここで「イギリス支配の転覆を試みるヒンドゥー極左と、汎《はん》イスラーム主義者ならびにシク革命家の不埒《ふらち》な同盟」について述べている。四月十日にラホール［パンジャーブ州の州都］の情勢がきわめて険悪化したと思われたため、ヨーロッパ人［白人］の女性と子どもたちが知事公邸に集められた。四月十三日にダイヤー将軍がジャリアーンワーラー公園《バーグ》で発砲を命じる直前ですら、サー・マイケル［オドワイヤー］はシムラー［ヒマラヤ山麓の避暑地で、イギリス領インドの夏期の首都］

に無電で、アムリッツァルとラホール県での戒厳令の必要を強調していた。マイケルはその報告［著書］に、アムリッツァルに駐在していたダイヤー将軍指揮下の千人の軍隊が、数においてはるかにまさる群衆によって「孤立」させられたことを伝えている。ダイヤー将軍も師団長バイノン将軍に提出した最初の報告書に同じような意味合いの文書を送っている――「本官は、わが軍が少人数であり、そのために躊躇《ちゅうちょ》するときには［迷わず］攻撃を仕掛けるのがよいと考えておりました」と。言いかえると、ダイヤー将軍は自己防衛の手段として、部下に発砲を命じなければならなかった、というのである。

官吏たち、とりわけ白人社会がこのころとり憑かれていたと考えられる「反乱コンプレックス［強迫観念］」が、一九一九年春から初夏にかけてパンジャーブ州で発生したいくつかの悲劇的事件を解く鍵である。文官・武官を問わず数多《あまた》の官吏たちが、インド人、とりわけ教育程度の高い、政治意識に目覚めた階層のインド人たちに、理不尽な侮辱と厳《きび》しい処罰を加えたのである。この冷酷な支配体制の詳細を、ここでいちいちかぞえあげるまでもないが、［たとえば］ダイヤー将軍の悪評高い命令の一つは、白人女性が襲われた路地では、インド人はだれであろうとも腹這いになって行くべしとの下知であった。また、ヨーロッパ人と往来で出会ったときには、インド人は車馬を降りて挨拶することが命じられた。多くの農村が、装甲車や飛行機の機銃掃射を浴びた。インド人の所有する自動車は軍隊に接収された。ジョンソン連隊長は、ラホール大学のおよそ一千名の学生たちに、三週間にわたって毎日四回＝一日十六マイル、五月［五月は北インドの盛夏である］の灼熱《しゃくねつ》の暑さのなかを行進させ、点呼した。大学の建物の外壁に貼られたビラはことごとくはがされ、大学構内では、教授たちも含めて男性はみな逮捕された。軍人たちはだれもが、おそらく歴史の重大時に、自分たちはイギリス帝国の砦《とりで》を死守しているものと信じていたのであろう。彼らの多くは、最近ヨーロッパや中東の戦線から引き揚げたばかりで、［インド政府の］生ぬるいやり方に業《ごう》を煮やしていた。パンジャーブ州のこうした事件への抗議の意志表示として、［一九一三年のノーベル賞受賞にさいして帝国政府から贈られた］ナイトの称号を返還した詩人タゴールは、騒擾《そうじょう》の原因をつぎのように論難した――「ジャリアーンワーラー公園《バーグ》で起こったことは、それ自体、醜悪な戦争の醜悪な落とし子であった」と。

政府はパンジャーブの大惨事を慎重に隠蔽《いんぺい》すべく箝口令《かんこうれい》をしいた。ガンディーは四月十八日の市民的不服従運動の中止を命じ、パンジャーブ州行きを切望した。彼は政府との悶着《もんちゃく》を回避したいと考え、同州入りについて公式の許可を総督に求めた。許可がおりるまでにはおおよそ半年近くがかかった。［この間］C・F・アンドルーズ[第14章★27参照]から、同州の混乱した情況の報告が逐一届いた。政府は、パンジャーブ州の騒動の原因を究明するために、ハンター卿を長とする調査委員を任命した。インド国民会議党はハンター委員会のボイコットを決議し、著名な弁護士たちから成る非公式委員会を結成した。ここには、モティラール・ネルー［アラハーバードの高名な弁護士で、アムリッツァル事件後、息子のジャワーハルラールとともにガンディーの政治運動、ひいてはインドの民族に重要な役割を担う］、C・R・ダース[第24章★17参照]、アッバス・ティアブジー［バローダ藩王国高等裁判所判事］、M・R・ジャヤカル［ボンベイ高等裁判所判事、ボンベイ大学法学部教授を歴任する］ならびに、ガンディーの名前があった。ガンディーがパンジャーブ州の戒厳令政府の真相を知ったのは、この非公式委員会のメンバーの一人としてであった。彼は、自ら周到に調べあげた確実な証拠にもとづいて、［政府の］一方的でショッキングな言い分を発見した。彼がこれまでいだいてきた、慈悲深い摂理《かみ》の統治というイギリス帝国の空想的イメージが、いまや粉々《こなごな》になって地に落ちたように思われた。にもかかわらず、彼はいまだに、パンジャーブの事件は少数の政府高官によって仕組まれたものであり、真相が判明すれば、政府も軌道を修正するだろうことを信じようとしていた。

一九一九年十二月二十四日に、［イギリス］国王ジョージ五世はローラット法の裁可を宣言し、政治犯たちに大赦を与えた。国王はまた官民の協力を呼びかけた。「これこそはイギリス国民が誇るべき、そしてインド人民が満足すべき文書である」と、ガンディーは書いた。「［国王の］宣言は不信感を信頼におきかえた。しかし、それが行政機関のレベルにまで滲透《しんとう》するかどうかは見ものである」とも。その直後にアムリッツァルで開催されたインド国民会議党の年次大会で、ガンディーは彼の影響力を駆使して、憲法の改革にはたらきかけようとした。彼は新憲法を成功させるべく、平和裡に腰をすえて仕事をしようではないかと、国民に呼びかけた。パンジャーブ騒動中の暴徒たちの行き過ぎを叱責するのを、会議党の「議題委員会［首脳部］」がしぶっているのを見たとき、ガンディーはほとんど同委員会の枠外にいた。彼は言った――「ゆゆしい挑発が政府によってなされたという見方には、わたしも同感です。しかし、わが方の民衆も正気を失っていました。わたしは言いたい――狂気に応えるに狂気をもってするのではなく、正気をもって狂気に応えよ、と。そうすれば、状況はすべてあなたがたに有利にはたらくだろう」と。

ガンディーが一九一九年の国王宣言の精神だと信じていたものは、インドにおけるイギリス行政にまでは届かなかった。むなしくも彼は、中央政府と地方政府に「翻意《ほんい》」を訴えたが、すべては無益であった。一九二〇年三月に、パンジャーブ州の二十名の戒厳令違反犯人にたいする死刑宣告に反対する訴訟が却下されたとき、ガンディーは書いた――「最高裁判所の判決までもが、微妙な政治的配慮に動かされることはなかった」と。彼は、パンジャーブの失政の責任者である高官たちが更迭されずにのうのうとその地位に居座っているのを、驚きの目をもって注視していた。「それればかりか」彼らは白人社会でもてはやされていたのである。ハンター委員会の報告書を読んだときも、「薄く塗ってごまかした漆喰《しっくい》」よりはいくらかまし程度のものだと、彼は感じた。インドの高官たちを支配している行為の規範には、「その前では偉大なイギリス国民の花が萎《しお》れて地に落ちる」ような秘密が隠されているのだろうか、とガンディーは疑問に思うのだった。ハンター委員会のインド人委員たちは、ヨーロッパ人の委員たちとは意見を異にしていた。C・セタルヴァード卿は、このような記録を残している。報告書の草案について議論していたとき、ハンター卿は彼に業《ごう》を煮やして叫んだ――「あなたがたこの国の国民は、イギリス人をこの国から追い出したがっているんだ」と。セタルヴァードによると、それからは、インド人委員たちとハンター卿は、同じ一つ屋根の下にいながら、ほとんど互いに口をきくことはなかった。[※14]

ガンディーはたれはばかることなく公然と、パンジャーブ州知事マイケル・オドワイヤー卿と総督チェムスファドの退任を要求した。すなわち、前者は戒厳令体制に積極的に関与したという理由で、後者は州の公職者たちを掌握できなかったという理由で。ガンディーは、パンジャーブの悲劇へのインド人民の感情を思いやる官吏たちの同情心のなさに驚き、不快感をつのらせた。当時イギリス滞在中で、下院の討議を傍聴したサロジニー・ナーイドゥー[★13]は、議論を嘆かわしい、ぶざまなこけおどしと評した。「私たちの同志は彼ら［官僚たち］の無知さかげんを、私たちの政敵は彼らの尊大さかげんを暴露しているのです」と、彼女は書いている。上院の演説では、戒厳令下の責任あるイギリス人高官たちへの同情――地位の高い者ほどいっそう多くの同情を受けているように感じられた――が表明された。『モーニング・ポスト』紙は一般から寄付金を募《つの》り、すでに軍隊を退役させられていたダイヤー将軍のために三万ポンドを集めた。

不本意ながら、というよりほとんど悲痛な思いでガンディーは、これまで改革を求めてきた政府の体制そのものに、いまや終止符を打たざるを得ないと確信するようになっていた。一九一九年十二月には、ガンディーはインド国民会議党に、新改革案を徐々にでもイギリス政府に承認させるよう、そして［最終的には］より完全な責任政府を実現するよう勧告した。［ところが］一九二〇年九月には、インド人向けに公表された立法参事会の改革と知事職に加えられた制限は「［改革憲法を］骨抜きにするための巧妙な手口」にすぎないとガンディーは言明した。

「パンジャーブの悪行」に加えて、「キラーファト」の背信《はいしん》が、［ガンディーの］こうした転向に追い風となった。

第22章　キラーファト運動

パンジャーブ州の出来事は、一九一九年には、ガンディーの［これまでのイギリス帝国への］忠誠心に大きな重圧をかけることになったが、［それとても］キラーファト運動に表わされたインドの政治のもう一つの座礁がなかったら、ガンディーの帝国とのつながりが、翌年、あんなにも劇的にぷっつり切れることはなかったであろう。

一九一三年までは、イギリス政府への忠誠心と［インド］ムスリムの権利の獲得は、その綱領に謳《うた》われていたように、全インド・ムスリム連盟の目ざす目標であった。［パンジャーブの］事件は、ムスリムの忠誠心が不変ではないことを証明した。ムスリムの知識層は［事件に］少なからぬショックを受けた。ムスリム人口が多数を占める個別の州を東ベンガル［現バングラデシュ］に設立しようとする、いわゆるベンガル州の分割案が一九一一年に撤回されたことは、ムスリム社会の一部からは政治的敗北と受けとられていた。［いっぽう］ムスリム連盟の若い過激なグループは、それを国民会議党と同一線上で考えようとしていた。ムスリム中産［知識］層は、自国の政治運動によりも、中東のイスラーム国家［トルコ］の命運により多く関心を寄せ、問題をイスラームにたいするキリスト教世界の陰謀としてとらえ、苦慮《くりょ》していた。イギリスのエジプト支配、モロッコをめぐる英仏協商、ペルシャの勢力範囲を分割した英露協商［いずれもドイツの進出に対抗するために結ばれた協定］、イタリアのトリポリ侵攻、トルコ帝国の分割等々が、［ムスリム］共通の危機と考えられていた。ムスリム中産階層の不満は、［近代インドを代表するウルドゥーおよびペルシャ語の詩人］イクバールやシブリーの詩に、またアブル・カラーム・アーザード[★14]とムハンマド・アリーという二人の有能なジャーナリストのすぐれた論文に、雄弁に表現されていた。

一九一四年の第一次世界大戦の勃発《ぼっぱつ》は、インドのムスリム社会の不安をつのらせた。彼らのカリフ［神の使徒（ムハンマド〈一般的にはマホメットとも呼ばれている〉の代理人・後継者の意で、イスラーム教徒全体の政治的首長）］でもあったトルコのスルタン［皇帝］が、彼らの国王［イギリス皇帝］に反旗をひるがえして、ドイツ皇帝と同盟を結んだ。インド陸軍におけるムスリムの比率は高く、政府はムスリムの不安を除去すべく腐心した。イギリス首相ロイド・ジョージ（在任一九一六〜二二）は、ムスリムの恐怖を鎮《しず》める政策を宣言して言った――「われわれはトルコから、民族的には主としてトルコ人の住む小アジアやトラキアの豊かな良い土地を奪うために戦っているのではない」と。時のインド総督［チェムスファド］もまた、アラビアやメソポタミア、ジッダ［サウジアラビアの紅海に臨むメッカ巡礼の港］など、「ムスリムの聖地の獲得免除」を公約した。

一九一四年の［南アフリカからの帰国途上の］短期のイギリス訪問中に、ガンディーは、政治的に目覚めたムスリムたちを悩ませていた矛盾のいくつかを考察していた。一九一五年から一八年にかけて、慎重に政治的議論を遠ざけていた時期にも、カリフ制――のちに「キラーファト」の呼称で知られるようになった――の将来について、しばしばムスリムの指導者たちから意見を求められた。彼はムスリム連盟と、アリーガルのムスリム大学で講演をする機会をもった。いつの場合もムスリム同胞への彼の切言は、忍耐強く行動せよということと、どんなに大きな挫折に遭遇しようとも、暴力的な思想は放棄せよ、であった。彼は獄中に繋がれていたキラーファト運動〔カリフ制擁護運動〕の指導者の一人、ムハムマド・アリーと書簡を交わして連絡をとっていた。一九一八年の戦争協力会議でデリーを訪れたときには、ガンディーはムハムマド・アリーの釈放を嘆願し、トルコの将来にかんしてムスリムの心情は顧慮《こりょ》されるであろうとの確約を政府に求めた。

一九一八年十一月に戦争が終結したとき、またぞろキラーファト問題がもちだされた。どうやら戦争に敗れたトルコ帝国から、アラブ諸州やトラキア、小アジアの最良の地方が没収されるらしいことと、トルコ皇帝は、もはやイスラーム世界のカリフ〔教主〕としての権限をもたなくなるらしいことがわかった。イギリス政府は、メッカの長官でT・E・ローレンス〔「アラビアのローレンス」として知られている〕の腹心でもあったシェイク・フサインをカリフに据えた。これらのことを背景に、一九一九年にショウカト・アリー、ムハムマド・アリー兄弟が釈放されると、キラーファト運動に新しい活力が注入された。一九二〇年一月に、ムスリムの代表団は総督との会見を待望していた。ところがチェムスファド卿が約束できたのは、ムスリム代表団がイギリス行きを望むなら、必要な便宜をはかるのはやぶさかでない、というだけであった。

『アル・ヒラール［ウルドゥー語（北インドのムスリムの言語）の週刊紙］』の編集人であったアブル・カラーム・アーザードをはじめとする何人かのムスリムの指導者たちは、すでに総督への嘆願やイギリスに代表団を遣《おく》る案をあきらめていた。キラーファト運動の指導者会議は六時間も討論したが、なに一つ結論には達しなかった。［ヒンドゥー教徒として］特別に招待を受けて会合に出席していたガンディーは、委員会でさらに問題をつめるべきだと提言した。小委員会は、アブル・カラーム・アーザード、ハキム・アジマール・カーン［第一次世界大戦中から戦後にかけて、ムスリムの民族主義者として指導的な役割を果たした。ガンディーの非協力の呼びかけに応えて、アリーガル大学の名誉称号をなげうって、「愛国者アジマール・カーン」から「反逆者アジマール・カーン」へと変貌、一九二一年国民会議党議長に選出された］とガンディーの三名で結成された。「非協力闘争を思いついたのは、この委員会の席上であった」[※15]と、アーザードはのちに書いている。翌日ガンディーが、ムスリムの指導者たちの前に「イギリス政府への非協力」をもちだしたとき、彼らの多くは驚きの色を隠さなかった。そして、考える時間を求めた。

一九二〇年二月に、アブル・カラーム・アーザードはカルカッタで催されたキラーファト大会の議長を務め、ガンディーの運動計画の受け容れを提唱した。やがて発表されたトルコの講和条約［一九二〇年八月のトルコの対連合国講和条約（セーヴル条約）、すなわちスルタン制は廃止され、メソポタミアとパレスチナはイギリスの、シリアはフランスの委任統治領となった］は、ムスリムの不満をさらに増大した。これによってトルコは、これまでインドのムスリムが期待し、またそのために運動を展開してきた寛大な処遇が完全に拒否されてしまった。総督の「トルコの同宗徒たちの不幸を忍耐と忍従をもって耐えしのぶように」との忠告は、インドのムスリムの耳には冷酷《れいこく》な慰《なぐさ》めの言葉に響き、彼らの失望はいっそう大きかった。キラーファトの指導者たちは、彼らの憤りを表わすために、すぐにもなにかをしようと考えていた。六月九日にアラハーバードで開催されたキラーファト委員会は、ガンディーが運動方針の概要を説明した非協力運動のプログラムを承認した。ガンディーには、総督に一か月間の猶予を通知したのちに、実際に非協力を計画どおり開始する全権が託された。二週間後、トルコに提示された和平条項が、かねてイギリスがムスリムに与えた言質《げんち》どおりに改正されなければ、ムスリムに政府への協力をやめるよう、またヒンドゥーにも「ムスリムの非協力運動に」参加するよう呼びかけるだろうと、ガンディーはチェムスファド卿に通告した。

いっぽう、全インド国民会議党運営委員会が五日に開かれ、非協力運動のプログラムについて討議した。ガンディーは席上、パンジャーブの残虐《ざんぎゃく》行為、「モンタギュー＝チェムスファド」改革案の不備、そしてキラーファト要求のすべてを「闘争を開始するに足《た》る」十分な根拠とした。国民会議党運営委員会は、一九二〇年九月にカルカッタで党の臨時大会［ちなみに、会議党全国大会は例年どおり十二月末に開催されることになっていた］を召集し、政府にたいする非協力という重要問題を議論することになった。これによって国民会議党は［結党以来］はじめて、憲法の枠外で運動を展開することになった。［それにしても］なぜガンディーはカルカッタ大会の決議を待って、総督に書簡を送り、運動を開始しなかったのか、興味深い問題である。彼は会議党を出し抜こうとしたのだろうか、それとも状況がそれほど切迫していたのだろうか。

　ここに、ほとんど疑いのない一つの事実がある。一九二〇年六月までに、ガンディーのイギリス支配《ラージ》離れは完全なものになっていたことである。対トルコ・セーヴル条約とハンター委員会の報告は、イギリス官界になんら心の変化が起こりそうにないことを表わしていた。インド・ムスリムの憤りと不満は煮えたぎっていた。『コーラン』の命じるところ（イスラーム教が攻撃されるときは、「信者である」ムスリムはその土地《くに》を離れるか、戦場に赴くかである）にしたがって、西北地域の何千というムスリムが、すでに、辛酸を嘗《な》めながら近くのイスラーム国家であるアフガニスタンへと移動を試みていた。危ぶまれるのは、鬱積《うっせき》したムスリムの挫折感が防波堤を決壊し、暴力の水路となって流出することであった。こうしたムスリムの怒りとは別に、ガンディー自身の政治にたいする心構え《アプローチ》が、なぜ彼が国民会議党の全国大会を待たずして非暴力の反乱を宣言するに至ったかを説明している。彼はある道が正しいと確信した場合、たとえ独《ひと》りであろうと、その道を行こうと、つねづね心に決めていた。会議党大会が開かれるときまでに、運動がいくらかでも進展し、活力を発揮することができれば、たぶん非協力は会議党にとっても歓迎されるだろう。サッティヤーグラハは、「思えば」戦時中の彼の大きな自粛にもかかわらず、ビハール州の藍小作人や、アフマダーバードの織物労働者、そしてグジャラートの農民たちの不平を徐去する武器であった。彼はいま、イスラームの名誉をとりもどそうとするインド・ムスリムに援助の手をさしのべようとしていたのである。そうすることで、彼はまた、イギリス人がトルコにかんする誓約を守ると言いだしてくれれば、イギリス人にも奉仕することになるだろう、と信じていた。生涯が自らのたてた誓願を守ることであったガンディーにとって、誓願のもつ意味は大きかった。加えてガンディーは、彼の深い宗教心をもって、ヨーロッパ人や教育を受けたヒンドゥー［の知識階層］とは異なり、キラーファト運動の底流にあるムスリムの心情を理解し、同情することができた——もっとも彼は、完全にその運動に同調していたわけではなかったが。不幸にして、彼がこの運動について知っていたのは、ムスリムの聖職者たちや汎イスラーム主義の熱狂的な信奉者たちから聞きおよんだことからであった。ガンディーは見逃していたのである。キラーファトそのものがもはや瀕死の制度であることを、トルコ人自身がその制度にうんざりしていたことを、そしてオスマン［トルコ］帝国が戦後無傷のまま存続できないのは、［中世西洋世界で、神聖ローマ帝国皇帝でもあった］ハプスブルク王家と同じ［命運］であることを、さらにまた、アラブ人や非アラブ人の周辺の小国が、トルコの圧制から自由になろうとあがいていたことを。

キラーファト論争の可否は別として、イギリスの政策は二枚舌を弄《ろう》した、その場かぎりのものであった。イギリス本国では、トルコはどう考えても、これ以上優遇されることはないとされていたが、インド国内では、総督は個人的にトルコにたいして不当な仕打ちがとられていることを認めていた。問題は、帝国政府にとっては高度な政策にかかわるものであり、その前では総督の考えは無力であった。そうした総督の弁明にたいするガンディーの返答は、もし総督がインド・ムスリムの運動の先頭に立ってやろうというのなら、彼の義務を［最後まで］遂行すべきではなかったか、というのであった——ハーディング卿［在位一九一〇〜一六］が一九一三年に南アフリカのインド人の闘争の支持を公然と宣言したときのように。しかしチェムスファドには、ハーディング卿が更迭《こうてつ》を招いたのと同じ劇的な態度をとる意志《つもり》はなかった。

ヒンドゥーに向かってガンディーは呼びかけた――「彼ら［ムスリム］は姉妹社会の援《たす》けを借りて彼らの義務《つとめ》を果たさなければならないのだ。彼らの悲しみはわれわれの悲しみでもある」と。今後百年間に、ヒンドゥー＝ムスリムの結束を形成するこのような好機はふたたびめぐってはこないだろう、ともガンディーは言った。キラーファトはもっぱらムスリムの問題であり、また国際問題ではあるが、インド・ムスリムにかんするかぎり、それはインドの自由の問題とかかわりがあることを、ガンディーは認めていた。［自分自身が］自由でないインドで、どうして不正をなされたトルコが救えようか。「中風患者が自分の麻痺を治療せずして、他人を助けるために何ができようか」と。

インド国民会議党が一九二〇年九月の［カルカッタでの］臨時党大会で非協力のプログラムを承認したとき、ガンディーは民族運動とキラーファト運動の二つの闘争の指導者となった。彼はアリー兄弟と国中を遊説してまわり、ヒンドゥー＝ムスリムの友好は最高潮に達した。ガンディーの言葉は、ムスリムからもヒンドゥーからも尊敬の念をもって迎えられた。ガンディーはムスリムの女性たちの集会で講演するよう招かれたが、会場では、例外的に清浄な人とみなされていたガンディーを除いては、男性の出席者はみな［ムスリムの慣習に従って］目隠しをされていた。ヒンドゥー＝ムスリムの「心からの結合《ユニティー》」という彼の念願は、いまや実現されたかに思われた。

彼はいま、大衆運動の先頭に立っていた。運動が掲げる目標は、外国支配の終結であった。それは公然たる反乱であった――言うまでもなく、「非暴力による」反乱ではあったが。

ガンディーは已《や》むない思いからではあったが、かつてはその帝国《くに》の国歌をうたい、その国の戦争を自らの戦い——非暴力によるものではあったが——のように思っていた帝国にたいして、いまは遠く治安妨害の旅を続けていたのである。

第23章　反乱への道

「レディング［インド総督（在任一九二一〜二六年）］には知っておいてもらわなければならない」と、一九二一年十二月十五日号の『ヤング・インディア』紙にガンディーは書いた——「非協力運動者たちは政府に戦争《たたかい》を挑んでいるのであり、政府にたいして反乱を宣言したのである」と。

一九一五年四月にマドラスの法律家たちの夕食会で、つぎのように述べたのもその同じガンディーであった。「今宵《こよい》、この重要な大きな会合でイギリス帝国へのわたしの忠誠をふたたび宣言できますことは、このうえない喜びであります。……わたしはイギリス帝国がある理想をもっていることを発見し、その理想に惚《ほ》れこんだのです。その理想の一つは、イギリス帝国の臣民は己の力と名誉を最大限発揮できる自由をもっているということであり、彼は己の良心に従って、なにを考えてもよいということです[※16]」。

支配する者とされる者、白人と有色人種のあいだに平等などありえないということは、南アフリカでの二十年にわたる闘争をとおして、ガンディーは百も承知のはずであった。主だったヨーロッパの植民地が着々と本国と平等の地位に向かって進んでいるあいだ、いわゆるイギリスの属国は足踏《あしぶ》み状況のままか、あるいは自治領に向かって遅々とした歩みを続けていた。ガンディーとて、インドにおけるイギリス支配のそもそもの起源と成立について知らなかったわけではなかった。著書『ヒンド・スワラージ』（一九〇九）で、彼はインドの歴史について手きびしい分析を加えた。東インド会社の勝利を、ガンディーはインドの藩王たちの分裂と反目のせいにした。彼は「パークス・ブリタニカ［イギリス支配による平和］」を、名ばかりの平和と評して言った――それはインド国民を去勢し、臆病者にしたからだ、と。［インドでは］鉄道も、裁判所も、教育制度も、すべてが占領勢力の砦を強化するために役立ってきただけだ、とガンディーは論じた。『ヒンド・スワラージ』は全巻、イギリス支配への痛烈な告発であったが、彼がそこから引き出した道徳的な見解は新鮮であった。すなわち、インドはイギリスの支配力によってではなく、西洋文明に牛耳《ぎゅうじ》られているのだと、彼は言明した。また、イギリス人自身がこの文明の犠牲者であり、彼らは憎まれるより、むしろ憐《あわ》れまるべきである、と。ここで彼は、支配者たちを精神《こころ》によって支配すべきことを説いた。「わたしはまったく自分勝手な動機からイギリスに忠誠を誓うのである。わたしはアヒンサーの強大なメッセージを広めるために、イギリス民族を利用しようと考えているのだ」と。一九一五年から一六年にかけてのガンディーは、西洋の物質主義と古代東洋の文化、寡婦の再婚と不可触民制の撤廃、手紡ぎ産業の奨励、インド［土着］諸言語の再興等々の提唱と努力によって、奇妙な非政治的・非現実的な空想家として目立っていたようであった。

ところが、彼の精力《エネルギー》を［こうした］社会改革運動に向けるよう望んでいた人たち［イギリス人支配者たち」の思惑《おもわく》は間違っていた。ガンディーの人生体系には、政治と非政治の明確な境界線はなかった。［たとえば］彼が人びとに宗教を奨励するとき、神のみを畏《おそ》れ、世俗の権威へのいっさいの恐怖を捨て去るよう勧めたのである。また彼がスワデシー［国産品の愛用］の福音を説いたとき、「われわれが目の前の身近な世界の利用と奉仕に自らを限定する宗教的精神をもって」、自らのために生きることができなければ、インドはランカシャー［イギリス綿産業の中心地］のためにも生きることはできないであろうとの重要な結論を導いた。彼は外国語［英語］を［インドの］共通言語として用いることに反対して、一九一八年の戦争協力会議では、ヒンドゥスターニー語［ヒンドゥー語、ウルドゥー語ほか北インド一帯の共通語］をもって語りかけ、会議に［驚きの］爆弾を投じた。政府はすでに、この夢想家がまったく何を考えているのか、また一筋縄ではいかぬ人間ダイナマイトであることに気づいていた。

一九一六年にベナレス・ヒンドゥー大学の開学式に臨んで講演をしたとき、ガンディーは居並ぶ聴衆の耳にこれ聞こえよがしに語った。高価な宝石を身につけ、きらびやかな服装に身をつつんだ藩王たちに向かってあてこすりのように言った。「わたしはイギリス領内であろうと、大藩王に支配されているインド領内であろうと、大都市に大きな宮殿が建設されていると聞くと、すぐさま嫉妬深く言ってしまいます――『おお、資金《かね》の出所は農民たちの懐《ふところ》からではないのですか』と」。それから彼は続けた――「もしわたしたちが神を信じ、神のみを畏れるなら、わたしたちはだれをも怖れはしない。マハーラージャ［大藩王］であろうと、総督であろうと、秘密警察であろうと、国王ジョージ陛下であろうと」。この厳粛《げんしゅく》な祝典に出席していたアニー・ベザントは、こうした「角々《かどかど》しい物言い」に耐えられず、ガンディーに向かって叫んだ──「おやめなさい」と。また、イギリス人高官の一人がつぶやいた──「この男に、こんなならちもない話を続けさせてはならない」と。

しかし、だれひとりガンディーに、彼自身正しいと信じることを口にし、実践するのを阻止できる者はいなかった。彼はかつて、チャンパーランの治安判事に向かってこう言った──「わたしは法の権威を尊ぶ心がないからではなく、わたしのうちなるいっそう高い法《のり》に、すなわち自らの良心の声に従うがために、わたしに出された命令［退去命去］を無視したのです」と。いまやこの言《げん》は、当時のもっとも過激な政治思想よりも、はるかに革命的な教義であった。

こうした「インドにおける」初期の諸体験は、ガンディーが自らに課した南アフリカでの長期の配《はい》流《る》の生活によってもたらされた自己教化と［これから始まるインドでのそれとの］間隙《かんげき》を埋め合わせた。それは、彼がこれまで考えてきた理想化されたイギリス帝国の裏側に隠されていたものであった。二十四歳のとき、ガンディーを南アフリカでの職探しに向かわせたのは、イギリス人政治顧問への私怨であった。一九〇二年のラージコートとボンベイでの短い法廷体験をとおして、彼は「イギリス人官吏の思いやりのなさと無知」[※17]を垣間見《かいま》た。インドへの帰国の旅でも、彼はイギリス人船客とインド人船客との距離──言いかえると、すなわち、支配民族と被支配民族のあいだの越えがたい溝を思い知らされた。［それでもなお］こうしたすべての体験を、ガンディーは個人としてのイギリス人の欠陥のせいだと考え、全体としてイギリスの制度は正しく、インドにとって有益であるとの確信をいだきつづけてきたである。しかし、やがて故国の状況をつぶさに知るにつれて、彼の幻滅は増大していった。

自国の貧困についても、ガンディーは多少は知ってはいた。彼はそのことを『ヒンド・スワラージ』で触れたが、現実は彼の想像以上に劣悪であった。ビハール州のある農村で、ガンディーはだらしなく一枚の布切れをまとっただけの一人の女を見かけた。彼は妻のカストゥルバーイに女に声をかけるよう求めた。女はカストゥルバーイを彼女の小屋に案内して言った。「見てやってください。ここには衣類など入れておく棚も箱もありません。あたしの着ているサリーが、あたしのもっている着たきり雀の一枚です。どうしてそれを洗えましょうか。マハートマジー［「ジー」は日本語の「さん」にあたる敬称］にもう一枚サリーをもらってください。そしたらあたしは、毎日沐浴《もくよく》をして、きれいな身なりをいたしますから」。

一九一七年十二月に、ガンディーは南アフリカのインド人社会の機関紙『インディアン・オピニオン』に、南アフリカの洪水災害地域の救援活動を彼に期待してもらっては困る、と書いた。「この国でわたしが見聞している怖るべき貧困は、洪水で助けを求めている［南アフリカの］の人びとに義捐金《ぎえんきん》を送ることすら考えおよばなくしています。この国では、一パイ［インドの旧最少貨幣］たりともあだやおろそかにはできません。わたしは目下、炒《い》り豆か、少量の小麦粉に水と塩を混ぜた食事でやっと生きている幾千の人びとのあいだで暮らしているのですから」。

そして、一九一七年十一月のグジャラート政治会議の議長講演で、ガンディーは「深刻化しつつある貧困問題」について語り、「インド」国民は繁栄に向かっていると、政府は本気で考えているらしい、と言った、そして「ブルー・ブック［青色表紙の政府の報告書］への彼らの信仰は不動らしい」ともつけ加えた。

イギリス高官たちが当初ガンディーに示した敬意は、彼のイギリスにたいする忠誠心に疑いの余地がないという彼らの確信によるものであった。［ところが］ガンディーが特定の政策や高官を批判するや、たちまち彼は「好ましからざる人物」になった。州や中央官庁の高官以上に地方の役人たちまでが、彼のちょっとした批判的言動《アジテーション》に苛立ち、すぐに激怒した。ガンディーと地方当局との最初の衝突は、ビハール州ティールフト地区の長官との対立であった。次は、ボンベイ管区内でのアフマダーバード長官と争ったときであった。ガンディーは書いた――「長官の態度は、［第一次世界大戦時の］ドイツの危険より大きな害毒をはらんでいる。そしてわたしは、［あなたの心の］内なる危険からそれを救出しようと試みることで帝国に奉仕しているのです」と。一九一七年までに、ガンディーは秘密警察につきまとわれるようになっていた。［この国の］行政機関は恐怖そのものであるとも彼は言い放った。イギリス人官吏たちは、大衆運動ごときに屈したと言われないことに「病的なまでにこだわって」いた。ガンディーと政府との最終的な決裂の時は、彼が、官僚機構というものがいかに硬直した柔軟性のないものであるか、役人たちがいかに威信にばかり気をとられ、過ちを認識するのに鈍感であるか、そしてそれを改めるのをいかに嫌うかに気づいたときに到来した。「人間の腐敗を信じるのは、わたしの性分に反することではあるが、目的を手に入れるためには、なんでもやってのけるという官僚精神の堕落《だらく》の証拠はかぞえあげればきりがない[※18]」と、ガンディーは書いた。こうして官僚主義に絶望したとき、この政治体制には終結は必要だが、修正は無用だとの確信をいだいたのである。

総督は初期段階ですでに、ガンディーという男は有益《ゆうえき》な味方にもなるが、危険な敵にもなりかねないことに気づいていたらしい。一九一七〜一八年には——たとえば、チャンパーランの争議のときやデリーの戦争協力会議中——チェムスファド卿はガンディーの協力を確保するために、それなりの努力をした。しかし、次の二年間では、ガンディーという男はいつも当局と問題を起こしたがっており、和解の意志はない、とする官吏たちの意見の方へ傾いていった。こうした初期段階でのガンディーにたいするイギリス人の態度は、相反する奇妙な両価性《アンビバレンス》をもっていた。彼にたいする個人的評価は、その動機と政策への強い（漠然としたものではあったが）疑念におおわれていた。官吏たちは、サッティヤーグラハをイギリス支配への挑戦だとしか見ていなかった。彼らには、ガンディーが何をいちばん重要視しているのか、すなわち挑戦の道徳的・非暴力的根拠など考えもおよばなかった。イギリス人は、非暴力をもってインドから追われることに、なんらの「美」も感じてはいなかった——もっとも、大衆運動が非暴力的におこなわれるなどという可能性を彼らが信じていたふしは見られなかったが。ローラット法やトルコ問題で勝ちを譲ることで、政府の威信はいっそう大きくなるだろうというガンディーの警告を理解するのは、イギリス人には至難の業《わざ》であった。帝国への忠誠と友情の告白《ことば》は、イギリス人を説得する力とはならなかった。

ガンディーと政府の訣別《けつべつ》の過程を、同時代の記録に読みとることができる。

ガンディーから総督私設補佐官［総督の任命する私的な秘書兼助言者］宛、一九一八年四月十日付書簡

わたしは、アリー兄弟にかんするお約束のご返信を、毎日鶴首《かくしゅ》して待っております。[※19] ご案内のとおり、わたしはケダーの農民問題で地方政府と抗争を演じております。[※20] 人民の声がしかるべき重みをもち、彼らの言い分が尊重されることを、わたしは願っております。

それはそれとして、わたしを苛立たせているのは、アリー兄弟の問題です[第20章★11参照]。わたしはどうやら、帝国のよき市民としてともに戦争を戦っているときにも、貴国の行政官たちを悩ませていたものと思われます。わたしは、メソポタミアかフランス［の戦線］にいたほうがずっと幸せだったろうにと思います。わたしは二度まで奉仕を申し出ましたが、受け容れられませんでした。それどころかわたしには、状況を混乱させた責任があるように思われます。そしてわたしは、事の重大さから政府に大きなご迷惑をかけることになった運動の火中にいます。わたしはチェムスファド卿に大きな敬意をいだいておりますので、総督のご心労を増したいとは思いませんが、アリー兄弟の件では、［やはり］自明の義務から逃れるわけにはまいりません。兄弟の投獄は、ムスリム集団を怒らせてきました。もしわたしが彼らにたいする裁判を国民大衆の前に提示することで、政府の行為を正当化できないというなら、ヒンドゥー教徒として、わたしは兄弟の釈放に力を貸さなければなりません。したがって、政府が兄弟を訴訟するにたる疑いのない証拠をもっておられるなら、そうなさるべきです。そのとき、すべては白日のもとにさらされるでしょう。

チェムスファド卿が兄弟を釈放してはならないとのお考えであれば、政府は、必然的に運動の指導

者を投獄しつづけなければならないような反政府運動《アジテーション》に直面する覚悟がなければなりません。それでもなおわたしは、全力を尽くして兄弟の釈放を嘆願します。政府は世論に対応することで、［かえって］威信を獲得することになります。したがって、彼らの釈放が万がいち信頼を裏切るような事態になれば、わたしは一命を投げ出す覚悟でおりますことを申しあげます。

ガンディーから総督私設補佐官宛、一九一八年四月十四日付書簡

前便は十日にすぐご覧いただけますよう、走り書きをいたしました。わたしはこのところ毎夜、その手紙のことを考えながら寝ておりました。わたしは慎み深く率直であることによって、国家に役立てるものと考えております。この四日間に戦局は大きく変化しています。そのことで勇を鼓して寸書をお届けする決意を固めたしだいでした。［アリー］兄弟の釈放だけではなく、ティラク氏第6章★12参照［民族運動急進派の指導者］同様、兄弟を総督の協議会［戦争協力会議］にお加えくださるよう、身を低くして、チェムスファド卿にお願いいたします。

総督私設補佐官から［イギリス本国］国会議員サー・ウィリアム・ヴィンセント宛、一九一八年四月十七日付書簡

ガンディー氏から小生に送られてまいりました四月十日付の同封の書簡のコピーを貴殿にお届けし、総督閣下に面会に来るようガンディー氏に求めるのは得策かどうかについて、至急ご意見をお聞かせ

いただくよう、総督閣下より求められました。彼の精力的な活動を政府に有利な方向へ転換させるのは可能なように思われます。しかしいっぽう、彼を自分の思いどおりに放任しておけば、彼の活動とエネルギーは、いつも騒動を惹《ひ》き起すようにも思われます。

サー・ウィリアム・ヴィンセントから総督私設補佐官宛書簡

ムハムマド・アリーの問題についてのガンディー氏の手紙［のコピー］を同封した、四月十七日付の半ば公的なご芳書を拝受しました。総督閣下がガンディー氏をシムラー［ヒマラヤ高原の避暑地で、夏期の総督府の移転地］に呼び寄せて、状況を説明されるのがよろしかろうと思われます。小生からあえて提言しますが、アリー兄弟の釈放の運動を支持するという彼の考えは、今日の非常時に鑑《かんが》み、政府を援助すると公言する彼の熱意とは矛盾することを、ガンディー氏に指摘なさるとよいと存じます。総督閣下は彼に、ほんとうに帝国に役立つような方向に彼の影響力と行動を行使するよう、そして政府の困難を倍増するようなことはさしひかえるよう、求められるのが良策かと存じます。

小生からも、兄弟の事件は法廷で審理されることを［ガンディー氏に］説明いたします。

小生は内心、ガンディー氏の手紙は無言の脅迫に近いとみなしております。それは帝国が存亡の危機に瀕している秋《とき》に、政府を追いつめようとするものです。ガンディー氏はメソポタミアかフランスの戦場で奉仕することを望んでいるようですが、それならいっそ、なんらかの資格でメソポタミアにでも派遣したほうが、厄介払《やっかいばら》いになりましょう。

……あるいは総督閣下は、カイラ［ケダーのことか？］における彼の行動の有害な影響を指摘してやるのがよろしかろうと考えます。

ガンディーから総督私設補佐官宛、一九一九年二月二十日付書簡

わたしはまだ、健康上の危険な状態を脱してはおりませんし、医師の忠告に従えば、激しい労働を要するような活動をしてはなりませんので、いくらか体力が回復するまでは、今回のような活動はさしひかえようと思っておりました。ところがこのところ起っている出来事は、どうしても以下の行動へとわたしを駆り立てます――。

貴殿との最終的な往復書簡のあと、わたしはウィリアム・ヴィンセント卿と書面を交わすことになりました。その結果、アリー兄弟のことで政府に進言する委員が任命されました。委員会はしかるべく政府に報告書を提出しましたが、いまだに政府の決定はくだされておりません。

わたしは失礼をもかえりみず、チェムスファド卿に一つの事実を明かさなければなりません。彼ら［アリー兄弟］は、一九一七年十二月のムスリム連盟のカルカッタ大会以来、わたしから彼らに申し出た助言を信頼をもって受け容れてくれています。したがって、わたしの助言がなかったなら、指導的な立場のイスラーム教徒たちは、ずっと以前に、強力で厄介なアジテーションを嬉々として展開していたことでしょう。わたしは［イスラーム］の指導者たちに、［アリー兄弟の］釈放が認められなければ、サッティヤーグラハに訴えればよいと勧めました。ここでわたしが『サッティヤーグラハ』という語

を用いたのはほかでもありません。わたしは『受動的抵抗』という表現を好まないからです、といいますのは、それはサンスクリット語のサッティヤーグラハという語でなら容易に理解できる大いなる真理を、きわめて不完全に伝えるものだからです。わたしは彼らに、兄弟の釈放について政府と意見交換をしていることをうちあけました。サッティヤーグラヒー［サッティヤーグラハの実践者］としてわたしは、公的な運動に着手するまえに、問題について政府側の見解をよく知るべきことを彼らに伝えました。わたしたちは、できるだけ穏便に改善策を出し尽くすべきであり、サッティヤーグラハを開始するまえに、公正な第三者的観察者にも得心のゆくよう、すべてを説明できなければなりません。

わたしは、これ以上は待てないというぎりぎりのところまで、わたしの助言に従って辛抱強く待機してくれたアリー兄弟と、［宗教を異にする］わたしを同志に迎える特権を与えてくれた［ムスリムの］諸兄に感謝しています。

政府が兄弟を釈放することで、この国に発生するかもしれない大きな［反政府］運動を未然に防いでくれることを心底より願ってやみません。

ガンディーから内務大臣宛、一九一九年三月十二日付書簡

アリー兄弟のことで一言《ひとこと》申しあげさせていただきます。……わたしには［政府の深謀遠慮《しんぼうえんりょ》な］術策はわかりかねますが、世界という観点からそれを見ますと、どうにも好意的に見るわけにはまいりません。政府が外部《そと》のだれの目にも明らかなことを、言いかえますと、鎮圧《ちんあつ》と呼ばれる灰の下に隠され

ているくすぶる火種《ひだね》がだんだんに勢づいているのを放置しているというのは、いかにも解《げ》せないことに思われます。そうして、［国民の］能力や、誠意や、宗教的信念を牢獄に閉じこめておくのは、善意の政府のやることでしょうか。

ガンディーから総督私設補佐官宛、一九一九年三月十二日付書簡

［深夜］十一時になってなおわたしは、総督閣下と彼の政府に、ローラット法案を通すまえに、いちど立ち止まって、よくよく熟考されますよう、丁重にお願いいたします。正当化するしないはさておき、この法案についての世論の力を見誤ってはなりません。政府は現在の刺々《とげとげ》しい空気を強化するつもりはないものと確信します。……世論に屈したとしても［政府の］胸中はすっきりするでしょうし、ほんとうの意味での威信を高めることになるでしょう。

ガンディーから総督私設補佐官宛、一九一九年三月十一日付書簡

貴殿宛に打電しました電報のコピーを同封いたします。いまはきわめて個人的な一言《ひとこと》だけをつけ加えさせていただきます。南アフリカでサッティヤーグラハ運動がおこなわれていたとき、わたしはスマッツ将軍の私設補佐官レイン氏を通じて将軍に語りかける特権を得ておりました。闘争が激化するにつれて、レイン氏はほんとうに、スマッツ将軍が代表する政府と、わたしが代表するインド人社会のあいだで平和の使徒的な役割りを果たしてくれました。氏の変わることなき善意と寛大さがなかっ

たなら、おそらく両者のあいだで成立したような満足すべき成果に、あれほど早期に到達できなかったろうと思われます。

貴殿からも同じご支援を期待できないでしょうか。なぜなら、南アフリカにおいてと同様インドでも、闘争が不幸にして長期化すれば、補佐官殿の手を煩《わずら》わさなければならなくなるからです。わたしはあらゆる機会を利用して、政府とわたしが代表する国民を接近させるよう努める所存です。

……チェムスファド卿がすでに高熱を脱し、後遺症がすっかり消えておりますことを念じます。このような個人的な手紙は、［本来］自筆で書くべきものでありましょう。しかし、わたし自身の病がいろいろな意味で、それを困難にしています。文字を書こうとすると、手が震え、すぐに疲れるのです。そのようなわけで、わたしはごくごく近しい者との文通以外は口述にたよらざるをえません。

総督私設補佐官からガンディー宛、一九一九年三月十三日付書簡

今月十一日付の貴殿の電報をたしかに拝受し、総督閣下にお見せしました。……レイン氏が南アフリカで演じた大役を愚生にもできるとお考えいただき、恐縮に存じます。と同時に、貴殿が荒海を飛ぶ海鳥を思い描きながら、平和の天使の翼を称讃されるのは、まったく論理的ではありません。……貴殿は南アフリカで成功をおさめられましたが、それは同胞各位の熱意と、生命《いのち》がけの運動を展開されたからです。貴殿は人を惹《ひ》きつけてやまぬ魅力的なご人格をおもちですし、そのお人柄に相当する責任が貴殿の肩にふりかかっています。民衆は、彼らが正しいと思うからではなく、ガンディー氏が

正しいと考えるがゆえに貴殿に従うのです。
申しあげるまでもなく愚生にとっても、貴殿の言われるような『闘争』を見るのはつらいことですし、貴殿を存じあげている同僚の官僚たちですら、ひとしく、貴殿がつねづねわれわれの称讃を集めてきた高みから降りるのを見るにはしのびません。

総督私設補佐官からガンディー宛、一九一九年五月七日付書簡

アフガンのニュースは貴殿を驚かせるでしょう。インドの騒動のひどく誇張した話に興奮して、頭ののぼせた経験の乏しいアマヌッラー[★15]が、『アフガンの剣をインドで輝やかせよう』と決意したのでした。それが新しい紛争の種になったのです。軍事的には、それは当方にとってたいした問題ではありません。政府としましては、真夏の狂気にはまったこの若僧にたいして、あらゆる自制心をもって行動すべく最善を尽くしております。

……［この問題で］貴殿のご助力を期待してもよろしいでしょうか。インドの世論を鎮静化するのに、貴殿なら直接ご援助いただけると存じます。愚生はこの手紙を自発的にしたためております——もちろん文面は総督閣下にもお目通しいただくつもりですが。ご自愛を祈ります。

ガンディーから総督私設補佐官宛、一九一九年五月十一日付書簡

事態は事実、インドでも急速に動いています。わたしたちは途方もない数の地雷の上に坐っていま

すが、そのうちのどれがいつ爆発するかわかりません。アフガンのニュースは、今日の問題にまた一つ新しい紛糾の種を加えています。……

わたしは貴書をいただく前に、すでに、わが国の国境内で平和的な雰囲気を獲得できるよう独自の方向で動きはじめておりました。正直なところ、それは微妙な状況であることをお伝えしておきます。わたしの影響力のすべてを国内の平和維持に傾けるであろうことは、いまさら確約するまでもありませんが、総督閣下におかれましても、わたしがそのことに全力を尽くしますことをお信じいただいてけっこうです。とは申しましても、政府のご支援をいただかなければ、わたしの影響力も用をなしません。わたしが必要とする支援とは、イスラーム教徒の問題についての満足のゆく宣言と、ローラット法案の撤回です。もしこのことでご支援がいただけますなら、間違いなく、ご満足のいくインドをもちつづけられること、疑うべくもありません。

明らかにインド政府は、ガンディーを味方につけておきたかったが、彼の進言に従う意志《つもり》はなかった。一九二〇年の中頃《なかごろ》まで、政府はガンディーを反逆者扱いしていた。そしてチェムスファド卿のガンディー観《かん》は、デリーの彼の助言者たちや、事実上、州の首都や県の大多数のイギリス人官吏たちの見解と一致していた。ただし［本国政府の］国務大臣だけは、総督の考えに同意しかねていた。

［インド担当］国務大臣から総督宛、一九一九年八月十二日付電文

ガンディーの運動の件について。八月五日付の閣下の電報について一言《ひとこと》。私個人としましては、閣下にも現地政府にも同意しかねます。ロイド[※21]との対談後、ガンディーは当分のあいだサッティヤーグラハを停止することに同意しました。私は、ガンディーがインドのどこかの地方に現われて、事態の鎮静化に努めたという結果《こと》以外なにも耳にしてはおりません。明らかに法に違反する者たちの運動は残念ながら抑え込む必要のあることは、私もよくわかっております。しかしそれは、それぞれの場合《ケース》の実情によって決められる臨機に対応すべき問題です。どうして不正をはたらいてもいない人物を拘束するのでしょうか。

総督からインド担当国務大臣宛、一九一九年八月十四日付電文

ガンディーの件。今月十二日付の大臣の電報を拝見。現地政府と本官は、ガンディーの愚劣な犯罪行為では少々手を焼いております。本官は各州の首長［知事］たちに拘留取り消しについて意見を求めました。知事たちはみないちように、実際にはガンディーを彼らの司法権下におきたくないのです。私どもはガンディーの出現が騒動の鎮静化に役立っているとの大臣のご意見には賛同いたしかねます。私どもの経験からすれば、現実はその逆です。ガンディーは執拗に、法律違反を楯《たて》に私どもを脅し、ただ市民的不服従運動の開始を延期するという意志表示をしただけです。

インド担当国務大臣から総督宛、一九一九年八月十五日付書簡

本月十四日付の総督閣下の親展電報をご参考ください。この問題について議論を先延ばしにするのは無益です。とは申せ、私はいまもって、閣下や地方政府の首長たちのご意見には賛同いたしかねることをお伝えしなければなりません。［まず第一に］ガンディーの出現が鎮静的な効果をもたらさなかったという事例を、私は耳にしたことはありません。たしかにそれは、アフマダーバードやボンベイでも、また最近の暴動騒ぎでも効果を発揮しましたし、またビハールでもオリッサでも南アフリカでも同じく効を奏しました。つぎ［第二］に、周囲に壁をめぐらすことで州内の秩序を維持しようとすることには、私は強く反対します。私は、この政策がパンジャーブの一触即発状況をおおいに招いたものとみなしております。第三に、ガンディーが市民的不服従運動を放棄せず延期したというのは、事態を収拾する方策であったことは明らかです。彼は［ボンベイ管区総督［知事のこと］］ロイドに、事前に通告することなく市民的不服従運動を開始せぬことを約束しました。ロイドは、彼が市民的不服従運動を再開する意志のないことに満足しています。私の聞くかぎりでは、ガンディーは約束を守る男のようです。

［こう言いながらも］現場の官吏たちのホワイトホール［英国政府］におよぼす影響力がことほどさように大きかったために、一九二二年にガンディーの逮捕をしきりに勧告し、その実施が遅れたことにむしろ驚きを表明したのは、国務大臣自身であった。

このように見てくると、帝国の忠臣から反逆児へとガンディーが転向した理由を、一九二〇年の夏から秋にかけての出来事にのみ求めるのは、かなり表層的理解であることは明白である。すなわち、これらの出来事はもっと早い時期に始まっていた過程の終結部にすぎなかった。一九二〇年のガンディーの失望の深さは、危急の秋《とき》に被支配国民が提供した援助に恩義を受けた帝国が、戦後新しい天地を拓《ひら》いてくれると考えていた彼自身の錯覚の度合を計る尺度ともなった。すべての運動家たちへの政府の不寛容と、政治的・経済的不公正への非暴力本来の抵抗を唱《とな》えるガンディーの主張は、両者のあいだの葛藤を避けがたいものにしていた。驚くべきは争いが生じたことではなく、それ［サッティヤーグラハの開始］がそんなにも長期間先のばしにされたことであった。戦時中は、ガンディー自身、政府を面くらわせることに気が進まなかったし、いっぽう政府も、修復しがたいまでに彼を疎外するのは避けた。いかなる政府も、いわんや外国政府は、たとえ相手が非暴力をもってしてであろうと、政府の法律と行政に刃向かう従属国民の権利を容認するわけにはいかない。したがってガンディーがパンジャーブにおける官吏や軍人たちの無暴な行為と、トルコにたいするイギリスの政策に抗議する非暴力の反乱の先頭に立ったとき、政府が挑戦を受けて立たずにいられるなど、考えもおよばぬことであった。

ガンディーは政治においても深く人間的であり、ほとんど感傷的ですらあった。一九一九年の終わりから二〇年の初頭にかけての数か月間、彼はイギリスの公正な統治への信頼をとりもどそうとするかのような視線で、地平線をじっと見つめていた。彼は藁《わら》をもつかむ思いでいたのである。新しい時代の到来の前兆《まえぶれ》として歓迎された一九一九年十二月の国王宣言は、このような機会《とき》に用いられる常套的な巧みな言葉の羅列《られつ》にすぎなかった。それはともかく、［すくなくとも］その精神はインドの帝国政府には伝わっていなかった。キラーファトとパンジャーブの二つの問題について、［本国と現地］の政府が別々のことを言うのをガンディーは気づいていた。生まれつき人を信じやすい彼は、たとえ一片にせよ、相手の誠意を信じる気持ちが残っているかぎりは、政府にたいしてもたいがいのことは大目に見てきた。しかしその信頼がぐらつき、かなぐり捨てられはじめたとき、ガンディーはイギリス支配をまったく新しい視点で見るようになっていた。かつて彼は、この支配の欠陥を、官吏たち個人の非行のせいだと考えていたが、いまや政府の美徳までが計算されたものであるかのように思われた。彼は『ヤング・インディア』紙（一九二一年十二月三十一日号）に書いた――「ネロやムッソリーニの支配する国であっても長所はないわけではない。しかし、いったんその制度への非協力を決意したからには、わたしたちは制度全体を拒否しなければならない。……イギリス政府の善意の制度は、頭に宝石の輝く王冠をかぶってはいるが、毒牙《どくが》をもつ蛇のようである」と。

第24章　一年以内に自治を

ガンディーがキラーファト委員会とインド国民会議党の前に提示した政府にたいする非暴力による非協力運動の計画は、政府と国民にいかに革命的なものに映じたかはさておき、それは久しくガンディーの人格と哲学の重要な部分を形成してきた彼独自のものであった。「イギリス人がインドを奪ったのではありません」と、一九〇九年にガンディーは書いた――「わたしたちがインドを彼らにくれてやったのです。彼らがインドに居坐わっているのは、彼らの強さゆえではなく、わたしたちが彼らをひきとめているからです[※22]」と。一年後、彼はインド国民会議党へのメッセージのなかで、「わたしたちがインドで罹《かか》っているさまざまな病のためには、受動的抵抗が絶対に正しい万能薬」であることを示唆した。さらに、この政府は自らの内部《うち》に自己改善の能力をもっていないとの結論に達したとき、ガンディーは「太古から、人民が圧制をする支配者に協力を拒んできた[※23]」のは、正義の認めるところであると、明確に述べた。［イギリス式の］通常の学校をボイコットして、国民学校を設立するという彼の構想は、著名な同時代人たち――たとえば、ラビンドラナート・タゴールや、マダン・モーハン・マーラヴィヤ[★16]や、シュリーニヴァーサ・シャーストリ［インド奉仕者協会会長］、C・R・ダース[★17]

のような人たち――に、ある種の不安感をいだかせたが、ガンディーはすでに自分の子どもたちによって彼の実験を試みていた。彼は自国にあって子どもたちを外国人化しようと意図するものとして、学校での英語の使用を批判した。彼はつねに口で言うことは実践した。一九一五年に［南アフリカから帰国したとき］、ボンベイのエリートたちが催してくれた歓迎会の謝辞に［母語］グジャラートを用い、人びとを驚かせたことや、一九一八年の戦争協力会議の席上でもヒンディー語でスピーチをして、総督をはじめ居並ぶイギリス人閣僚たちを憤慨させたことなどが思い出される。

インドにおけるイギリスの裁判所についても、一九〇八年に書いた『ヒンド・スワラージ』にガンディーは自らの考えをこのように記している――「法律家たちはインドを奴隷にし、ヒンドゥーとムスリムの不仲を強調して、イギリスの権威を確認したのである」と。インドにおける法の執行の遅滞と［訴訟費用の］高額は周知の事実であり、あらためて記述するまでもない。この国でもっとも成功した弁護士の一人であったモティラール・ネルー第24章★18参照［ジャワーハルラール・ネルーの父］は、訴訟の破産的結果を明示するこんな諺《ことわざ》を引用したことがあった。「法廷での勝利は敗北、敗北は死にひとしい」。

「スワデシー」すなわち国産品の愛用は、ガンディーが南アフリカから帰って以来説きつづけてきた、非協力運動のもう一つの綱領であった。彼は［帰国翌年の］一九一六年二月に、キリスト教宣教師の集会で言った――インドは自らのために生きることを得ずして、ランカシャー［英国有数の織物産業の地］のために生きることはできない[※24]、と。非協力運動中の外国製布地のボイコットと、手紡ぎ・手織綿布（カーディー）の愛用の奨励は、政府からも、また極端な愛国主義者たちからも、イギリスのいちばんの泣きどころ、言いかえるとインド貿易の弱点を狙った一撃と受けとめられた。しかしながらガンディーにとっては、外国製綿布のボイコットは、完全に相手に圧力をかけるための戦術ではなく、インド古来の家内工業を復興させるための手段であった。土地への圧力を加えつづけることで、農業は久しく、農民たちに適当な雇用の機会を与えることを不可能にしてきた。それだけに手紡ぎは、平作時には生計を補う助けとなり、飢饉や水害時の「便宜的な保険」として役立つだろう。一般大衆には、ガンディーは手紡ぎを経済的な理由で勧め、教育を受けた階層には精神的な理由で勧めた。すなわち、もっとも貧しい同胞との血のつながりを実感するために。カーディー〔手織り木綿〕は、ガンディーにとってはまた、インド国民を覚醒《めざめ》させる試金石ともなった。毎年外国製の綿布に費やす六億ルピーの出費を節約し、それだけの金額を紡ぎ手や織り手の労賃として農村に分配できれば、国民は「組織力と生産力を身につけるだろうし、やがてその力は、その他の有機的な発展に必要なものすべてを産みだすだろう」。

かねてより国民会議党内の最大の論争点であり、当時もそうであった議会のボイコットについても、ガンディーは「インド政府や州の」立法府は「独立後の」自治政府に必要な訓練場であるという「穏健（右）派の」主張には賛成しなかった。彼はまた「内部《うち》から切り崩す」ために立法府を「のっとる」という「急進（左）派」の戦略にも魅力を感じなかった。つい最近も、一九一九年に（当時彼はまだイギリス人の誠意に一縷《いちる》の望みをいだき、モンタギュー＝チェムスファド改革案をそれなりに評価していた）、ガンディーはそれを早急に実行に移すよう嘆願したばかりだった。そして、その信頼が喪失したとき、ガンディーにとって議会は、問題をはぐらかすためにインド人愛国者たちの鼻先にぶらさげられた燻製《くんせい》ニシンの存在でしかなくなった。

つまり、ガンディーがインド国民の前に提示した運動の綱領とは、イギリスの裁判所・学校・議会・綿布などのボイコットであった。この運動はけっして違憲ではないと、ガンディーはあっけらかんと言い放った。※25 たしかに彼の辞書では、合憲的と道徳的とは同義語であった。イギリス人たちは、非協力運動の綱領の成功はイギリスの行政を麻痺《まひ》させることを見ぬいていた。チェムスファド卿も最初のうちは、「すべてのばかげた計画のなかでもいちばんばかげたもの」として、冷やかし半分に計画を一笑に付そうとしていた、なぜならそれは、政府となんらかのかかわりをもつ人びとを破滅させる懼《おそ》れがあったからである。総督はまた、明らかに、有産階級の恐怖をかきたてようとしていた。「穏健派」の多くの指導者たちも、大衆の非協力運動につきものの危険性を強調する政府役人たちの批判に同調していた。M・A・ジンナーは、一九二〇年十二月の国民会議党ナーグプル大会で、運動の中止を叫んだ。さらに、ゴーカレの政治的後継者とみなされていたシュリーニヴァーサ・シャーストリも国民に向かって、「政府にたいする理由なき反抗にみられる実行不可能な綱領」を採用することで、国民が押し流されてゆく方向の危険性を警告した。ローラット法撤回要求の運動中は、サッティヤーグラハを「心中の臆病な復讐心と、恐怖に脅える従順な服従のいずれをも払拭する理想」と讃えた［詩人］ラビンドラナート・タゴールですら、一九二一年初めにヨーロッパ＝アメリカ旅行から帰ったあと、『モダン・レヴュー』誌に寄せた論文で、非協力運動を「インドと西洋のあいだに万里の長城を築くと脅《おど》す、否定と排他主義と絶望」の教義だとして批判した。ガンディーはすかさず、『ヤング・インディア』紙に、詩人［ここで彼はタゴールを「偉大なる哨兵《しょうへい》」と呼んだ］に優るとも劣らぬ感情あふれる雄弁な文章で返事を書き、運動を否定的・排他的とする批判を論破した。悪にたいする非協力は、善への協力と同じく積極的な行動である、とガンディーは論じた。非協力とは［裏を返せば］、「すべての国民の権利と、すべての善良なる政府の義務」というイギリス人の謳《うた》い文句に従って、インド国民にイギリス政府への協力を呼びかけているだけのことであるとも。タゴールが憂慮した西洋からの孤立ということでは、インドが西洋に分かつものがあるとすれば、退廃と貧困と疫病のほかに何があるだろうかと、ガンディーは反問した。詩人はまた、「手織り木綿」への強調を批判した。曰《いわ》く、大型機械が脅威だというなら、小型の機械とて同じではないか、と。［この問いかけにたいして］ガンディーは応答した「苦しむ病人をカビール［中世インドの宗教詩人］の歌で癒やすことができないのをわたしは知っている」――「飢える民衆は、生気づけてくれる食べ物という一篇の詩を求めているのだ」とも。紡ぎ車は、彼からみれば、ただちに入手できる唯一の副業であり、疲弊した農村には実際に生命《いのち》を蘇生させる一滴の水のごとく思われたのである。非協力運動に反対する主な議論は――それがイギリス政府から出たものであったにせよ、インドの穏健派の指導者たちから出たものであったにせよ――堰《せき》を切って流出し、まさに百家争鳴《ひゃっかそうめい》のありさまであった。実際、かつては総督参事会の委員を勤めたことのあるサー・シャンカラン・ナイルの『ガンディーと無政府主義』という暴露本的な表題の著作が出版されたのは、一九二二年三月であった。著者は、「いかなる形のものにせよ［ガンディーが］政府の名のつくものにはすべて］反対していたことを証言するために、『ヒンド・スワラージ』の［あちらこちらから勝手に］語句を引用したのである。著者によると、ガンディーは法と、個人や財産の保護にあたる［政府への］敬意をしだいに失い、議会制度を嫌い、キラーファトとパンジャーブの事件に、合憲的改革の妨害の口実を見出していたのである。こうしてガンディーは、無秩序の赴《おもむ》くままに、自らそれを抑止することができなくなっていたというのであった。

［批判者たちからなんと言われようと］ガンディーは『ヒンド・スワラージ』に述べた理想への信念を、けっして撤回することはなかった。けれども彼は、これらの思想はほんの一握《ひとにぎ》りの人たちにだけしか受け容れられないことも重々承知していた。一九二一年一月二十六日号の『ヤング・インディア』紙に彼は書いた。「わたし個人は、そこに描いた自治のために努力している。しかし今日、わたしの社会活動は疑いもなく、インド国民の願望《ねがい》に沿って、議会政治にもとづく自治《スワラージ》の達成にささげられている。わたしは、鉄道や病院を得ることを目ざしてはいない。言うまでもなく、［むしろ］そうしたものが自然消滅することこそ歓迎すべきであるが。わたしはまた、裁判所が永久に失くなるのを望ましい［人間社会の］完成とみなしてはいるが、［現実社会がただちに］目ざすべき目標だとは考えていない。いわんや、あらゆる機械と工場を破壊しようとしているのではない。［この理想を実現するためには］国民が考えているよりも、もっと高度な簡素と放棄の精神が必要である。今日［わたしの提唱どおりに］完全に実行されている綱領の唯一の部分は、非暴力のそれである。しかしそれとても、教科書の精神どおりにおこなわれているわけではない」。

非協力運動を否定的で危なっかしいと非難した人たちは、立案者［ガンディー］が考えていた対策をじゅうぶんに理解していなかったのである。「非協力」という語は、いくつかの制度を打ち壊すだけではなく、それを他の制度に置き代えようとする運動の、不完全な、それゆえある意味では誤解を招きやすい表現である。政府が運営・助成してきた学校を退学した学生や教師たちは、「国民」と名のつく学校や大学に移り、法廷をボイコットした弁護士や訴訟当事者たちは、調停委員会で業務や訴訟を継続した。また軍隊や警察を辞《や》めた者たちは、国民会議党やキラーファトの活動家に加わった。輸入布のボイコットにともない、農村でも都市でも人びとの衣類をまかなうために、手紡ぎや手織り綿衣の製作が奨励された。このように、提唱されたボイコット運動の結果、［日常生活に］空白が生じるようなことはなかった。運動はさらに周到に計画されていた。称号や名誉職の政府への返還と、大衆の市民的不服従や税金の不払い運動のあいだには、それぞれの県や州での訓練と組織の度合に応じて、いくつかの段階がきめられていた。ガンディーは中央司令塔から、国民が利用できるだけの多くの〝非協力の電流〟を送電していた。しかし暴力の火花が飛び散るときには、大火になるのを防ぐために、ガンディーが電源を切るのは明らかであった。平和のための最大の安全弁は、彼が非暴力を強調したことであった。イギリス支配の象徴や制度にたいする非協力から、イギリス人への憎悪は除外されていた。重ね重ね繰り返し、ガンディーは、彼が血肉を分かった兄弟にたいしてしないであろうことを、イギリス人にたいしてもしないだろうと明言した。［しかし］こと［非協力の］原理原則については、たとえ相手が兄弟であろうと、妥協しなかったことを、彼はだれはばからず想起させた。

繰り返しガンディーは、非協力者たちの注意を運動の「浄化作用の」部分に、言いかえると、内省的・道義的側面に向けさせた。国民の暴力行為や不和や堕落は、「それらにつけ込む」外国支配を勢いづける。それゆえ国民は、こうした弱点にすきを見せてはならない。ガンディーは、自らが目ざした心の変化の具体化として、この点を、まずインド人たちに、そしてつぎにイギリス人たちに期待した。インド国民はこうして、政府への恐怖を拭《ぬぐ》い去り、つぎに宗教社会間《コミュナリズム》の対立や不可触制の呪いを、さらに飲酒や強制労働、その他もろもろの社会悪を払拭《ふっしょく》しなければならないと教えた。

一九二〇年九月にカルカッタで開かれた国民会議党臨時大会で、ガンディーは、国民が非協力運動の綱領に正しく応じてくれれば、「目ざす」自治《スワラージ》は一年もすれば達成できるだろう、と語った。このときガンディーは「スワラージ〔自治〕」という言葉を厳密には定義しなかったが、「ガンディージー〔『ジー』は日本語の『さん』に相当する日常的な敬称〕はこの問題にかんして漠然《ばくぜん》とではあったが嬉《うれ》しげであった」と、ジャワーハルラール・ネルー★18は書いている。ガンディーはスワラージを、ある機会《とき》は「死の恐怖心を放棄すること」だと言い、またある機会には「インドのすべての住民を、自らの兄弟姉妹とみなす能力《ちから》」だと言い、さらに別の機会では「自らの弱さを除去する国民の能力」だと言った。これらの定義にはわかりやすさという利点があった。それらは、正確な定義とは言いがたかったが、ガンディーがその到来を予見していた新しい秩序をうかがせるものがあった。彼が述べた政治的定義にもっとも近い表現を、一九二〇年十二月二十九日号の『ヤング・インディア』紙に読むことができる――ここで彼は、スワラージを「さしあたり、近代的な意味でのインドにおける議会制度」と定義した。これは、イギリスの民主主義制度を実際に声を揃えて称讃する知識階級の世論に、実際はいくらか迎合《げいごう》したものであったかもしれない。［そう言いながらも］ガンディー自身は、イギリスの議会制度を［心から］賛同してはいなかった。著書『ヒンド・スワラージ』で、彼は議会の母［イギリス議会］に「石女《ママ》」と皮肉ったのである。[★19] それはさておき、彼はスワラージの外見《そとみ》よりも、内容にいっそう関心をいだいていた。政治機構への不信感は、ガンディーにあっては、ほとんどトルストイと同じほど根深かかった。彼は「もっとも治めることの少ない政府が、最上の政府である」という、十九世紀の教義に賛同していた。とはいえ彼は、彼の同志や門人たちの大多数が、どこまでも彼と行動をともにするつもりのないことも、よくよく承知していた。それゆえ彼は、スワラージの計画はそのうち国民の代表者たちによって明確に表現されるだろうと述べるにとどめた。

「一年以内にスワラージの達成を約束するなど、ばかげているだけでなく子どもじみている」[※26]と、スバース・チャンドラ・ボース[★20]は書いた。一世紀以上にわたってインドに築きあげてきたイギリス帝国が、非暴力運動によって一年もすればくつがえされるだろうというのは、［たしかに］あまりにも楽天的に過ぎる提言に思われた。しかしながら、ガンディーが提示した［一年という］期限は、予言でも、また政治的戦略家のはったりでもなかった。一年というのは、ガンディーの考えでは、国民を覚醒《めざめ》させ、恐怖心を取り除き、その支柱を固定するには十分な期間であった。インド国民の心の変革は、イギリスの政府と国民を変革させうるものと期待できた。ガンディーはこのように書いた。「自由は［人の］誕生のように来る。わたしたちが完全に自由になるまでは、わたしたちは奴隷である。すべての誕生は瞬時にして生じる」と。彼は実現可能な綱領を国民の前に提示することを宣言した。「不可触民制の」積年の呪いを放棄し、飲酒の習慣をやめ、一年間に「イギリスから輸入する」六億ルピー分の布を「自分たちの手で」生産するために余暇を当てることができれば、インド国民はすっかり生まれ変わることができるだろう。そうなれば、インドはもう対等の提携関係以外には、いかようにも扱いきれない国であるとイギリス人に思わせうる、自制心と勇気と自己犠牲を身につけることになるだろう。自治《スワラージ》は、イギリスからもったいぶって贈られるものではない。「議会制定法は、まさに南アフリカ連邦の場合がそうであった「一九一〇年に南アフリカ連邦はイギリス自治領として裁可された」ように、インド国民の宣言する悲願に、「イギリス帝国は宗主国として」儀礼をもって裁可すればよい」と、ガンディーは書いた。

第25章　国民会議党マハートマに従う

マハートマの指導のもとで、［イギリス］政府にたいして非暴力による非協力運動を展開するというプログラムは、［さきに］キラーファト委員会で受け容れられたが、インド国民会議党がそれを採択しなければ、国民的運動方針《プログラム》とは言えなかった。全インド国民会議党運営［執行］委員会は、その案件を会議党年次大会で決議すべき重要議題と考えていた。その年の大会は、一九二〇年十二月にナーグプル［インド西部マハーラーシュトラ州の都市］で開催されることになっていたが、事態は急を要した。そこで、臨時大会が九月にカルカッタで開かれ、ラーラー・ラージパト・ラーイ★21が議長を務めた。「この会議の重要な決議は、［キラーファトとパンジャーブの］二つの罪悪が矯正《きょうせい》補償されなければインド国民は満足しないだろうということと、国民の名誉を回復し、将来二度とふたたび同じような失政を繰り返さないためにも、スワラージャ［自治政府］を設立するとの国民会議党の意志を表明したことであった。会議党はさらに、「前述の罪悪を正し、スワラージャが設立されるまでは、進歩的な非暴力による非協力運動を政策として採用する以外に、インド国民に採《と》るべき道は残されていないと考える」と述べた。

ガンディーの旋風のごとき遊説旅行と、新聞〔『ヤング・インディア』紙〕の雄弁な論調は、すでに国内の空気を一変させていた。とはいっても、国民会議党の幾人かの指導者たちの反応は、当初はまだ半信半疑であった。彼らには、ガンディーはあまりにも足早やに遠くへかけ離れてゆくように思われた。非協力運動の綱領《プログラム》そのものに、あるいはそのある部分に反対した指導者のなかには、当時のもっとも著名なパンジャーブ人であり、カルカッタの国民会議党臨時大会の議長を務めたラージパト・ラーイ、ならびにC・R・ダースとB・C・パール★22というベンガル地方でもっとも有力な影響力をもっていた二人、大戦中のインドの政治運動を率いた自治運動の指導者アニー・ベザント夫人、ほかにマダン・モーハン・マーラヴィヤ、ジンナーら、何人かの穏健派の指導者たちの名があった。

ガンディーは南アフリカから帰国して以来、国民会議党年次大会には毎年ほとんど出席していた。そこで彼は、尊敬に値する人物、海外のインド人問題の権威者とみなされていたが、自らの派閥や支持者はもっていなかった。アムリッツァルの問題〔一九一九年十二月年次大会〕では、顕著な役割を果たしたが、そのときも彼は、ティラクや、モティラール・ネルー、マーラヴィヤ、C・R・ダースらに脚光を当てるよう仕向けた。ティラクは一九二〇年八月に亡くなったが、一九二〇年九月にカルカッタ臨時大会に参加した他の老練《ベテラン》指導者たちのほとんどは、非協力運動のプログラムには懐疑的であった。かつては、政治活動といえば、議会の内外で弁舌をふるい、声明を発表し、知事や総督と面接し、最終的には国王陛下の閣僚たちのもとへ代表団を送ることであった。事実、カルカッタの国民会議党大会でも、C・R・ダースから、国民会議党の要求をつきつけるためにイギリスに代表団を送るべしとの提案がなされた。C・R・ダースは陣頭に立って、会議党は政府と真《ま》っ向《こう》から対立することで、「手中の」既得権まで失うことになるだろうと申し立て、ガンディーの議会ボイコット案には反対した。彼はアイルランドの先例にならって、あらゆる局面をとらえ、議会の内外で行政を混乱させ、その威信を失墜させるために継続的に政府を妨害しつづけるのがよいだろうと考えていた。この案は、多くの会議党の指導者たちから支持されたが、ガンディーの提唱するプログラムとは重大なひらきがあった。ガンディーは、ただ相手を妨げるだけではなく、転覆させようとしていたのである。

国民会議党カルカッタ大会では、賛成一八五五票、反対八七三票で、非協力運動のプログラムが採択された。勝利のときにもガンディーは、素晴らしい自制心と謙遜《けんそん》さをもって行動した。彼は批判的な態度をとった人たちと、彼らの動機に疑念をはさむようなことはしなかった。その結果、数か月後には、C・R・ダースやラージパト・ラーイ、その他「大会でガンディーに反対した」指導者たちが非協力闘争の先陣に立っていた。こうしてガンディーは、国民会議党を分裂させることなく、彼の急進的な計画を実践することができたのである。

政治的綱領を実践するにはしかるべき組織をもたなければ成功の機会《チャンス》はありえないことを、ガンディーは二十五歳のとき、ナタールのインド人同胞の人権運動に立ちあがり、「ナタール・インド人民会議党」を創設したときに痛感していた。したがってインド国民会議党も、「非暴力による非協力運動」を闘うに十分な組織たりうるためには、まず体質を改善しなければならなかった。国民が求めているのは、いまや年中行事になっている雄弁コンテストではなく、大衆の共感を得る闘う組織であった。［こうして］インド国民会議党の改訂綱領――その大部分は、ガンディーが自ら手を加えたものであった――は、一九二〇年十二月にナーグプルで催された党の年次大会で承認された。それは、会議党の信条を「合法的・平和的な手段によってスワラージャ［自治］の達成を目ざすもの」と定義した。いまやサッティヤーグラハは、国民会議党の綱領の四本柱に据えられた。会議党の組織の最小単位は、会議党村落委員会とされ、複数の村落委員会は、会議党委員会連合にまとめられ、委員会連合はタシール［県の下の行政区］委員会を形成し、その上に州委員会を選出することになった。全インド国民会議党委員会は、各州を代表する約三百五十名の委員から成り立っていた、こうして国民会議党は組織的にも拡大した。年党費四アンナ［アンナはインドの旧銅貨で、十六分の一ルピー、すなわち四アンナは四分の一ルピーにあたる］を支払えば、だれでも党員になることができた。その年次の会議党議長が主宰する小人数の運営委員会は、同党の最高執行機関を構成した。このように国民会議党は、［下から上への］代議員的な構成基盤に立つばかりではなく、年次大会のあいだでも有効に機能できるよう再編成された。[★23] 会議党はいまや、［かつての］上流中産階級の保護領分ではなく、ガンディーが政治意識を燃えあがらせた小都市や農村部に住む一般大衆にも門戸を開いたのである。

一九二〇年十二月にナーグプルで開催された党年次大会は、三月《みつき》前のカルカッタ臨時大会で採択された決議を再確認した。非協力運動のプログラムにたいする［根深い］反対は、なかなか消えていなかった。党大会の議長ヴィジャヤラーガヴァチャールヤ［南インドのイギリス支配の拠点マドラスの高名なバラモンの出身（一八五二～一九四四）。インド国民会議党創立メンバーの一人］は、プログラムに批判的で、ケルカール、第27章★24参照ジンナー、アニー・ベザントらも、程度の差はあったものの、やはり反対していた。幸い、C・R・ダースは説得されて考え方を変えていた。というのは、立法府選挙はすでに終了しており、立法府のボイコットはもはや時の関心事ではなかったからである。［地方出身の］一般の代議員たちの熱意が彼ら［上層の］指導者たちに影響し、いまや非協力運動は公然の運動方針《プログラム》となり、ガンディーは名実ともに会議党のまがいなき［最高］指導者であった。爾来《じらい》その死に至るまで、ガンディーはインド国民会議党とインドの政治運動にユニークな影響力をおよぼしつづけたのである。顧《かえり》みるとき、いまここで、何が彼にこのような絶大な地位を与えたのかを問うことは、当を得たことと思われる。

　ガンディーが一九一五年初めに、南アフリカからイギリス経由で帰国したとき、彼の頭上には「勝利」の光輪がかがやいていた。しかし彼は、けっしてインドの政治家たちの最前列の一人にかぞえられることはなかった。［総督］モンタギューは一九一七年に日記にこのように記している――「ティラクは今日、おそらくインドでもっとも有力な人物であろう。彼はその気になれば、物的にも戦争協力を助ける権力《ちから》をその手中に握っている」と。戦争中はアニー・ベザントもインドの政治を左右していた。ガンディーは、ベザントとティラクが先頭に立っていた自治運動の外にいた。戦争中は政府を妨害したくないとの彼の思いやりと、戦争協力を無条件に支持するという言いぐさは、ガンディーを戦闘的な政治家たちから引き離していた。と同時に、ビハール州とボンベイ管区で彼が組織した小規模なサッティヤーグラハ運動のおかげで、政府のご気嫌をも損《そこ》ねていた。「教育を受けた［いわゆる］中産階級」のガンディー批判、政治的かけひきへの信頼の欠如、サッティヤーグラハ戦術の適用を要求する彼の問題意識――こうしたもののために、彼は［これまで］会議党のなかでは、いわゆる「蚊帳《かや》の外」的存在であった。ガンディーは一九一六年のラクナウ協定に象徴された（そしてそれは、続く二年間の国民会議党の政治綱領となった）国民会議党・ムスリム連盟の合憲的改革案の起草には参加していなかった。また彼は、［会議党］党内に自分自身の派閥をもっていなかった。穏健派の指導者たちには、サッティヤーグラハという彼の非合法的な武器はお気に召さなかったし、急進派の指導者たちは、政府にたいする彼の慎重な節度が気にくわなかった。

ガンディーは自らの考えと方法でインドの政治に参加した。彼は派閥をもってはいなかったが、彼自身がその創始者であり、唯一の実践者としての手法をもっていた。［一八八五年の国民会議党の創立以来］三十年にわたって、インドの政治家たちは決議や、嘆願や、代表団の派遣など［を繰り返すこと］によって政府の不正を修正しようと求めてきたが、事態はいっこうに進展しなかった。頭にきた少数の若者たちは、支配民族にたいして散発的な暴力［テロ行為］を試みたが、それは、近代国家の高圧的で組織化された武力《ちから》の前では犠牲のみ多く無益であった。いずれにせよ、国民会議党のホワイトカラーの指導者たちは、銃の引き金をひいたり、爆弾を投げつけたりできる連中ではなかった。ガンディーが出現するまでは、インドの政治指導者たちの態度は、雇い主のもとに伺候して給料の値上げを要求し、それが聞き入れられなければ、「これ以上お仕えするのは辞《や》めさせていただきます」と脅《おど》しをかける使用人のそれに似ていた。ガンディーは、言葉の暴力［脅し］の無意味さや、政治的犯罪［テロリズム］の愚かさに代わる実際的な方法を提供したのである。

もしゴーカレとティラクが生きていたなら、一九二〇年の時点で、ガンディーはこの国の指導を託されていたかどうか、この問いに答えるのはむずかしい。一九二一年一月、ゴーカレが世を去ってからおよそ六年後に、ガンディーはこのように書いた。「ゴーカレが今日生きていたなら、どうなっていただろうか、それを考えるのは不遜《ふそん》である。わたしにわかっているのは、わたしは師のもとで働いていただろう、ということだけである」。シュリーニヴァーサ・シャーストリをはじめ、ゴーカレの政治的後継者たちがガンディーの大衆運動に参加しなかったことを思えば、この言葉は政治的な可能性というよりも多分に感傷的なもののように思われる。ティラクについて、かつてガンディーは「その人物の大きさを」大海になぞらえたことがあった。互いに敬意をいだきながら、ガンディーとティラクは政治的方法においては根本的に違っていた。「政治は世俗的な人間のやりとりであり、サードゥ［行者］のかかわるものではありません」と、かつてティラクはガンディーに書いた。ティラクは、イギリスの戦争遂行努力を無条件に支持するガンディーを批判した。彼は、政府がこの国にそれなりの報酬を与えるまでは、戦争に協力しない、と言いきった。ティラクは、有効な行動のためには戦術を変更することもいとわなかった。死の二週間前に、ティラクは彼自身はサッティヤーグラハを信じないわけではないが、はたして大衆にそれを受け容れるよう説得できるかどうかは疑問に思うと語った。不幸にも彼は、一九二〇年八月一日に死去した。しかし、たとえティラクが生きていたとしても、運動の手綱はたぶん、ガンディーの手に渡されていたことだろう。

「わたしは彼ほどの学識あるとは言えない。わたしには、彼のような組織力はない。また、指導すべき規律正しい党派ももたない。二十三年もの長きにわたって、わたしは海外［南アフリカ］で亡命生活を送っていたのだ。わたしはロカマーニャ［「民衆に尊敬される」の意で、ティラクに冠せられた敬称］がインドについてもっていたよう知識があるとは言えない」。これは、ティラクの死後にガンディーが書いた追悼文である。しかし［思えば］ガンディーは、インドの政治舞台に出現する以前の二十年間、政治家たちの派閥争いやしがらみとかかわりをもたなかったという、まさにその理由《こと》のために、会議党のそれぞれのグループから受け容れられたのである。まとまった支持者をもたなかったがために、党内にまとまった反対者をもたずにすんだのである。また、彼はサッティヤーグラハの創始者であったがゆえに、国民会議党が彼の提唱した方針を採択したとき、ただちに会議党を率いなければならなくなったのである。初めのうちは彼の提案に批判的であったラージパト・ラーイとC・R・ダースは、彼の信頼にたる副官になった。したがって、その生涯をイギリス支配への抵抗にささげたティラクが生きていたなら、この人もたぶん、非協力運動の最前列の指揮官たちの一人に加わっていたことだろう。ティラクがガンディーの脇役を務めるようなことはなかったろうと推測するのは、かの偉大なマハーラーシュトラの指揮官を見誤ることになるだろう。かつてティラクは、自治が達成すれば、首相になるかどうかとたずねられたとき、「とんでもない、自治のもとでは、私はどこかのスワデシー大学［自治大学］の数学の教授にでもなって、公生活の一線から身を退くつもりです」と、答えたのだった。

　このように［指導者たちをめぐって］考えてゆくと、大衆運動の最終決定権は大衆の手中に握られているとの、重大な事実を忘れがちになる。一九一九年から二〇年にかけて、ガンディーは国民の想像力《おもい》を一身に集めていたために、最高指導者の座につくことができたのだった。いっぽう指導者たちも、ガンディーの演説と著述から新しい精力《エネルギー》と熱意を吸収していた一般大衆と歩調を合わせようと懸命に努めたのである。一九二〇年十二月に非協力運動を最終的に決定したナーグプル会議党大会の議長は、まさにその年の年次大会を、「国民を引っぱってきた議長や指導者たちに代わって、国民が議長や指導者たちを引っぱった大会」と総括した。

ガンディーはいまや、まぎれもない「マハートマ〔偉大な魂〕」であった。彼は自らすすんで課した赤貧と質素、謙譲と聖浄さをもって、自国に解放をもたらすために叙事詩のページのなかから歩み出た、古代の聖者《リシ》のように思われた。否《いな》、国民大衆にとっては、彼は神の化身そのものであった。ビハール州の遊説旅行の途路、乗っていた車のタイヤがパンクしたとき、ガンディーは一人の老婆が道端に立ちつくしているのを見かけた。老婆は百四歳で、雨中に食べ物も水もとらず丸一日待ちつづけていたのだった。「ばあさんは誰を待っているのかね」と、一行《いっこう》の一人がたずねた。「お若い方、どちらさまがマハートマ・ガンディーかね」と、老婆は問いかえした。「どうしてばあさんはマハートマに会いたいのかな」と、そのとき老婆の横に立っていたガンディーが聞いた。「あのかたはアヴァターラー〔神の化身〕だからだよ」と、老婆は答えた。以来四半世紀、人びとが彼のもとに集まったのは、彼の教説《おしえ》を聞くためというより、彼を見て功徳《くどく》を積むためであった。マハートマの聖《きよ》らかな姿を拝《おが》むこと――彼を「ダルシャン」することは、聖地ベナレスに巡礼するのとほとんど同義であった。民衆の心ない称讃は、ときにはガンディーを憂鬱《ゆううつ》にさせた。「マハートマの苦痛は、マハートマと呼ばれる人たちだけが味わう」と、彼は書いた。しかしこの称讃こそは、彼がインドの公生活におよぼした無限の影響力の源泉であった。彼は老若男女を問わず、すべての人びとを鼓舞した。ジャワーハルラール・ネルーは『自叙伝』のなかで、十代の一人の少年の物語を活き活きと語っている——少年は非協力闘争中に逮捕され、裸にされて笞刑柱《ちけい》に縛られ、鞭で打たれた。皮ひもが少年を襲い、彼の肉を裂くたびに、少年は叫んだ——「マハートマ・ガンディーに勝利あれ」と。こう言いながら、少年は意識を失っていったという。

ガンディーは、インド人の人間性の内なる琴線をかき鳴らした。勇気と犠牲への彼の呼びかけは、期待どおりの反響を喚起した——なぜなら彼自身が、そうした資質の権化だったからである。彼とインド国民のあいだに大いなる心の絆《きずな》が芽生え、育っていったのは、「イギリスの老練政治家」チャーチルの揶揄《やゆ》を用いるならば、彼が「裸の行者《ファキール》」であったからであり、彼の生活が厳しい「行者の」自己犠牲の上に成り立っていたからであろう。そんな「托鉢僧《たくはつ》」の数は、倍増していった。将来を約束された身入りのよい職業を捨てて、ガンディーの指導のもとに、列をなして続々と牢獄へ向かった人たちのなかには、モティラール・ネルー、ラージェンドラ・プラサード、C・R・ダース、ヴァッラブバーイ・パテール、C・ラージャゴパラチャーリーらの名があった。彼らにとっての、人生の新しい意味を獲得したのである。バローダ「藩王国」の元裁判長であったアッバス・ティアブジーはある村から、自分はいま二十歳若返ったような気がする、と書いた。彼は叫んだ——「神よ、なんというすばらしい経験だろう。私はいま、自分が民衆の一人であることを名誉に思い、人びとにたいして深い愛情と好意をいだくようになりました。私からいっさいの格差や壁を取り除いてくれたのは、かの托鉢僧の衣です」と。アラーハーバード高等裁判所の高位の弁護士業を放棄したモティラール・ネルーは、療養中の小さな保養地からガンディーに宛てて書いた。「真鍮製の料理用コンロ・レンジが、かつて二つあった台所に代わり、あまり賢いとはいえない召使いが一人、かつての随行員たちに代わって従っているきりです。それから米とダール〔豆類〕とマサーラ〔各種香辛料〕の入った小さな袋が三個と、食糧を運搬するロバが一頭続きます。趣味の狩猟は長時間の徒歩に、ライフルとピストルは書物や雑誌や新聞に代わりました。わが国民たちたちのなんというさまがわりか。しかし私は、これほど生活を楽しいと思ったことはありません」。

〔息子の〕ジャワーハルラール・ネルーがつぎのように記したのもこの時期である。彼は運動に完全に心を奪われ、すっかり夢中になっていたために、「他のすべての交友関係も、つきあいも、古い友人のことも、本のことも、いま手がけている仕事にかかわる以外は、新聞のことすら念頭にはなかった。……私は家族のことも、妻のことも、娘のこともほとんど忘れていた」[※27]。

第26章　上げ潮《クライマックス》

一九二一年は、インドにとって覚醒の年であった。非協力運動が、高まる熱狂の波に乗ってはずみをつけていた。「一年以内に自治《スワラージ》を」との見通しは、何世紀にもわたる「外国支配の」束縛《そくばく》を断ち切り、恐怖の催眠を解き放った。勇気と犠牲へのガンディーの呼びかけは、幾十年ものあいだ停滞していた憂鬱《ゆううつ》状態から政治をひきずり出した。政府は不安がり、暴力的反乱と戦ってきた従来の方法でサッティヤーグラハを抑え込めばよいのか、それともその方法はかえって運動を活気づけることになりはしまいかと、とまどっていた。

ガンディーにとってこの年は、これまで忍耐の限界まで抑えてきた活力が一気に吹き出した年であった。彼はインド全土をくまなく旅してまわり、地方の活動家たちに接触し、指示を与え、助言を与え、熱心に訓示した。彼のもとに毎日送られてくる郵便物は膨大な量で、それらは彼の個人的な興味をひいた。秘書たちは、鉄道の時刻表や、郵便や電信案内書の助けをかりても、それらを「ガンディーのいる」遠隔《えんかく》の村々に回送するのにひと苦労をした。ときには発信者の名前が判読できず、手紙の署名を切りとって、住所を書く代《か》わりに封筒に貼りつけることもあった。このような不休の活動のさなかでも、ガンディーは『ヤング・インディア』紙のために論説を執筆する時間を見出し、同紙のページを埋めるために精魂を傾けた。こうして、信念と勇気をもって国民を鼓舞した多くの論説は、走行する汽車の三等客室のなかでペンを走らせたものであった。公的スケジュールから残されたわずか四、五時間の睡眠時間ですら、しばしばガンディーは、「マハートマ」を一目《ひとめ》見ようと昼夜を問わず鉄道の駅に押し寄せる群衆の抑えがたい熱狂ぶりに妨げられた。クリシャンダース著『マハートマ・ガンディーとともに過ごした七か月』には、アッサム地方の農民たちのこのような興味深い話がつづられている。もしマハートマを乗せた列車が彼らの駅で停まらなければ、農民たちは線路の上に寝ころんでも汽車を停めてやると脅した。事実、彼らはその言葉どおりにして列車を停めた。そして、燃える松明《たいまつ》を手に手に持って、マハートマの車室に入りこみ、「マハートマ・ガンディー万歳《キー・ジャイ》」と大声で叫ぶのだった。

英雄崇拝は、ガンディーをいたく悩ませた。彼はバリサールの聴衆に向かって言った――「わたしは、『マハートマ・ガンディー万歳』という叫び声を聞くたびに、その言葉の一語一語が矢のようにわたしの心に突きささる思いです。その瞬間《とき》、その叫びがみなさんに自治をもたらすのだと考えれば、なんとかわたしその苦痛に甘んじることもできましょう。しかし、国民の［貴重な］時間と精力《エネルギー》がこんなくだらない叫びに使われており、同時に、ほんとうになすべき仕事が見過ごされていると知ったとき、人びとはわたしの名前を叫ぶ代わりに、わたしを火葬に付する準備をして、火を点けてくれることを、そしてわたしはその火中に飛びこんで、わたしの心を苦しめている火をきっぱりと消し去ってしまいたいと、どんなにか願っていることでしょう」と。なんという悲痛な叫びだろう。しかし、その瞬間《とき》の光景がどんなにすさまじいものであったにせよ、ガンディーにとっては、静かな建設的事業ほど重要なものはなかった。

彼が献身していた国民の覚醒《めざめ》は、ガンディーを喜ばせた。旅の途上、「詩人トゥルシーダース［中世（十六～十七世紀）インドの代表的なヴィシュヌ派の詩人で、神と人への熱烈なバクティ（信愛）をうたった］がいとも雄弁にうたった思いやりの精神《こころ》が地についている」ことにガンディーは気づいた。彼のメッセージは単純明快であった。すなわち、インドを鎖で繋いでいるのはイギリス人の銃剣ではなく、インド人自身のいたらなさであるというのであった。インドは、不可触民制というインド固有の生活体系、宗教社会間の争い、飲酒や麻薬、外国製綿布への依存、イギリス政府によって運営され後見されている諸制度——これらすべてを浄化することで、新しい力を習得できるのである。スワラージ［自治］は、イギリス議会から贈り物として与えられるものではない。「わたしは不遜《ふそん》にも、スワラージは神によってすらくだされるものではないと言いたい。わたしたちはスワラージを自らの手で獲得しなければならない」と、ガンディーは明言した。一九一九年四月のガンディーの法律違反にたいする中央ならびに地方政府の最初の反応は、「［暗号］電文解読すべし」という以下の電報からも明らかなように、緊急を要するものであった。

ボンベイ州知事より総督宛、一九一九年四月七、八日昨日のデモはかなり大がかりでした。とはいえ、軍隊の出動を知って、デモ隊は早々に引き揚げました。法にたいする抵抗はまだ始まったばかりで、本日午後、ガンディーは次のような書簡を警察長官宛に送りつけてまいりました。（中略）

技術的な違反行為（たとえば、無許可で新聞を印刷するなどの）が戦術に選ばれておりますが、この種の、あるいはその他の違反では、ガンディーをはじめ他の指導者たちを起訴するのは、ほとんど間違いなく必要かと思われます。しかし、そうした対応は、当地でも、たぶん他のところでも、ゆゆしい騒動を惹き起こす結果になりかねないとの事実に鑑《かんが》み、この電報の落手《らくしゅ》のお返事をいただくまでは、行動を起こすのはさしひかえますこと、とり急ぎご通知申しあげるのが賢明かと存じます。

総督から国務大臣宛、一九一九年四月八日

一九一九年四月七日付のボンベイ州知事H・E［閣下］からの電文ご覧いただきたく。受動的抵抗運動の予測しうるあらゆる展開に対応すべく、各州で採《と》られるべき政策の足並みを揃えるために、明確な行動計画を内務省のほうで準備する必要があろうかと存じます。

ガンディーの最初の運動は、たぶん、新聞印刷の押収をもって対処すればよろしいかと思います。受動的抵抗運動が危険な前兆を見せている各州においては、地方政府の首長は、ローラット法案についての状況、目的、範囲にかんして簡単な声明文をひろく公布し、なるほどと思われる反対意見には理解を示し、政府を混乱させることで悪評をひろめようとする者たちを非難し、デリー事件の道徳性《モラル》を指摘し、法案の実際問題についての見解はどうであれ、知事たちを脅すことで政府を妨害したり脅迫しようとする政策を打ち砕けばよろしいのです。政府は断固たる決意をもって、国家の法を維持する義務《つとめ》を遂行し、大多数の市民の安寧と繁栄を危険にさらすいっさいの運動に厳正に対処する覚悟を明らかに示すことが肝要かと思われます。

たぶん、受動的抵抗運動に反対する組織が［あちこちで］発生し、地方政府に役立つと思われる場面で、政府を援助することになるでしょう。

国務大臣から総督私設補佐官宛、一九一九年四月九日付

電報ご確認ください——ガンディーがデリーとパンジャーブ州に越境した問題については、ヴィンセント［サー・ウィリアム・ヴィンセント内務大臣］はすでにオドワイヤー［パンジャーブ州知事］と電信で連絡をとり合ったことと存じます。バロンも同様、本日へイリーと相談しました。

オドワイヤーの見解では、状況はいまや深刻であり、ガンディーは一八一八年のレギュレーション［刑法］三条によってビルマへ強制追放されるべきです。同じく一九〇七年にラージパト・ラーイを追放に処したのは、まことに効果的でした。……それはともあれ、目下のところヴィンセントは、追放に踏み切ることでは、オドワイヤーに賛同しておりません。といいますのは、現時点ではガンディーの行動に賛同しない多くの人びとの［政府への］同情が、追放処分によって風向きを変えかねないからです。エジプトにおける最近の方式は、一般大衆に大火を招きかねないことを示しています。

ジェームズ・メストンとサー・ジョージ・ラウンズと協議したのち、私、内務大臣は、パンジャーブ州とU・P州［ウッタル・プラデーシュ州］政府、ならびにデリーの長官にも打電し、インド防衛（強化）法、規定三（b）に従って、ガンディーをボンベイ管区内に拘束するよう命じる通告を承認し、この命令の施行のために妥当なすべての手段を講じることが彼らの義務であることを通達しました。このことは他の地方政府にも伝達ずみです。

国務大臣からボンベイ州知事宛、一九一九年四月八日付

四月七日付ボンベイ州知事閣下から総督閣下宛の電文をご参照いただきたく。ボンベイ州政府は、法律違反の明確な事実ありと思われる場合、ガンディー氏ほか［運動の］首謀者たち全員を起訴すべきです。もし起訴が決まれば、ガンディー氏が国中を動きまわり、同様の問題を各地で起こすことのないよう、できるだけ速やかに起訴手続きをとることが肝要です。最終手段として以外は、インド政府はインド統治防衛法を運用するのは賢明な策とは思われません。いかなる措置がとればよいか、暗号文電報にてご指示ください。

国務大臣からボンベイ州知事宛、一九一九年四月八日付（他州州政府にも同文電報は打電済み）

一九一九年四月八日付電文ご参照ください。ガンディーがボンベイを発って今月八日にデリーに向かったとの報らせが当方にも届いております。インド防衛（強化）法第三条によって、パンジャーブ

政府ならびにデリー行政当局より、彼をこれらの州から排除せよとの命令がすでにくだされております。……この命令の結果、もし彼がパンジャーブ州（たぶんありうることですが）またはデリーへ越境し、さらに連合州に進出するかもしれませんが、そういう仕儀になれば、ボンベイ管内に送還され、そこでボンベイ政府が妥当と考えれば、さらなる制限を命じることはできます。……いずれにせよ、ガンディーは当分、ボンベイ管区を離れることは許されておりません。

前述したとおり、[※28] ガンディーは四月九日にデリーへ向かう途中で逮捕され、「ふたたび」ボンベイ行きの列車に乗せられ、ボンベイで釈放された。彼の不在中に出身州［グジャラート州］で騒動が発生したことと、数日後にパンジャーブ州で悲劇が勃発したため、ガンディーは「民衆の暴力行為を悲しみ」一時的に市民的不服従運動の開始を延期した。

州知事たちと総督が一九一九年四月の第二週に大見栄《おおみえ》をきった「断固たる決意」は、「結局は」おおよそ三年間は繰り返されることはなかった。たぶん彼らは、最初の興奮のなかで、ガンディーの逮捕と起訴をあまりにも軽々《けいけい》に受け容れていたのであろう。「しかしながら」よくよく考えなおしてみると、彼らは状況の要求と、サッティヤーグラハに対抗するのに必要な力の正確な規模、ならびに「戦いの」タイミングについて、ほとんどなにも確信していなかったのである。一九一九年春の悲劇的な事件は、ガンディーが国民にたいしてもっていた巨大な影響力と、彼の逮捕にともなう危険性を物語っていた。そして一九一九年夏の拘束は、総督や官僚たちに、ガンディーは最終的には正面切って政府に挑戦状をたたきつけるような極端な行動には出ないだろうし、また国民会議党の他の指導者やグループを巻き込むことはできないだろうとの、楽観的な観測をいだかせていた。

一九一九年四月二十六日に、サー・ウィリアム・ヴィンセントは書いている――「大多数の［インド］国民は、やがてガンディー氏と彼の気まぐれに厭《あ》きるだろう」と。一九一九年六月二十一日付の総督宛の手紙にサー・ジョージ・ロイド［ボンベイ州知事］も、同様の見解を述べている――

「本官は当地の事態についてはかなり憂慮しています。なぜならガンディーは、たいへんにあわただしく動きはじめているからです。……彼はなにやらパンジャーブ［州政府］といざこざを起こしているようですが、正確には、それが何か、私どもはまだ見きわめておりません。彼の集会には、出席者はそれほど多く集まらず、彼の同志たちは相当に機嫌が悪いようです。ただガンディーを追放すればそれなりの騒動は起こるでしょうし、かといって、彼を起訴したところで、多少とも満足のゆく結果が得られるとは考えられません。余談になりますが、ホーム・ルール［自治］連盟は、本［ボンベイ］州では、いまや分裂状況です。連盟は、数名の主要な指導者たちの退会で大きな打撃を受けています。……ガンディーさえいなければ、当地はきわめてうまくいっているでしょう。……いやはや、彼はまことに厄介な人物です。もし彼が私たちの手を煩《わずら》わせなければ、彼は拘束するより泳がせておいたほうが無難です。なぜなら彼は、日一日影響力を失いつつあるからです。しかし彼もこの事態をよく知っており、影響力を挽回すべく、やっきになって動いています」。

このような次第で、一九二〇年九月に国民会議党が非協力を運動のプログラムに採択したあとですら、インド政府は、一九二〇年九月四日付の回状で、「不干渉」を「もっとも賢明な政策」と記したのである。「非協力などという運動方針は、本質的にあまりにもばかげているために、政府はインド［人］の良識がそのようなものを受けつけないだろうと、強く確信しています。……早晩、不干渉が政策として、もっとも賢明であることがわかる日が来るでしょう。この重大時に、運動の指導者たちに特別な、または取り締まりの強化を目的とする弾圧的な方策を採用したり、あるいは通常の刑法のもとであっても、指導者たちに緊急の法的手段を講じるのは誤りである、と考えます。なぜならそのような方策は、指導者たちを殉教者に祀《まつ》りあげるだけであり、そうしなければ傍観者であったであろう多くの［政府の］支持者を、指導者たちの味方につけることになると、政府は考えます」。

［ところが］運動が後半段階に入り、［非協力運動の計画《プログラム》に提唱されている］軍隊や警察［などの政府機関］からの［インド人たちの］引き揚げや、税金の支払い拒否が始まると、やがて政府は、ガンディーとショウカト・アリーは通常の刑法で起訴しても、まず有罪にはできまいとする法律専門家や、法務長官、参事会の勧告に耳を貸すようになった。

「……（農村部や都市部の地方の煽動者たちについても）、彼らが政府に反抗するのを見逃してはなりません。非暴力の使徒であるガンディー氏と交友関係があるからといって、その人物が暴力的な傾向の演説によって法を犯すならば、ガンディーの同志のもっとも著名な同僚であろうとも、刑事訴追を免れることにはなりません」。

イギリス政府は第一級の反乱者とみなす人物［ガンディー］を扱うときでさえ、［まず］法律顧問とはかり、顧問のほうでも勇を鼓して、しかるべき確実な反逆行為を犯していなければ、ガンディーを犯罪者として拘束することはできないと勧告したというのは、法を尊重するイギリス人の伝統がもたらした結果であった。

一九二一年四月二日に、チェムスファド卿の後任としてレディング卿がインド総督に就任した。その月の終わりに［早くも］新総督は書いている。「本国にいたころは、インドの深刻な状況の報告を受けても……本官はそれほど失望することはなかった……［ところが］着任以来、本官は否応なしに調査を余儀なくされ、いっそう厳しい見方をするようになった」と。新総督は運動にたいする大規模な攻勢は、できるだけ時宜《じぎ》を得るために「持久戦」をもって臨んだ（と、息子の伝記作者は記している）。五月後半に総督はガンディーと会った。会談は、［穏健派の］マダン・モーハン・マーラヴィヤのお膳立てで準備されたが、それは主として、キラーファト運動の指導者たちによっておこなわれた暴力的煽動との混同を避けるためであった。キラーファト運動は、非協力運動と密接に提携されていたことはあらためて言うまでもないが、混乱は、おりしもアフガニスタン国王《アミール》のインド侵攻が切迫しているとの噂が流布していたときにマウラーナー・ムハムマド・アリーがおこなった、アフガニスタンについてのいくらかの発言から生じたのだった。ガンディー＝レディング会談は、前後六回にわたっておこなわれた。会談のテーマは、一九一九年のパンジャーブ事件、キラーファト運動、スワラージ［自治］の目ざす意味などなど広範囲におよんだ。息子宛の私信で総督は、彼の類稀《たぐいまれ》なる訪問者に会ったときの興奮、というよりもほとんど身震いするような感動を告白した。そして、訪問者［ガンディー］

の宗教的・道徳的見識を称讃すべきものとして記した――もっとも彼には、政治の場におけるそうした考え方の実践についてては理解はおよばなかったが。ガンディーはムハムマド・アリーに、彼の講演のなかの暴力を煽動すると解釈されがちな言説を公的に撤回するよう求めることに同意した。そうすることで、総督の心と同様、彼自身の同志たちの心にも、非暴力が運動の基本原理であることに、いささかの疑念もいだかせないことを願った。総督はまた、このエピソードを別の角度からこのように見ていた――「彼［ムハムマド・アリー］は、事態の実際上の中心的人物でした。彼はイスラーム教徒とヒンドゥー教徒の表向きの橋渡し役でした。もし彼とガンディーのあいだに軋轢《あつれき》が生じるようなことがあれば、それは、ヒンドゥー教徒とイスラーム教徒のあいだに架《か》かる橋の倒壊を意味することになります。かりにムハムマド・アリーがガンディーの望みどおりに行動するようなことがあれば（そして間違いなく、そのとおりの宣言がなされるでしょうが）、ムハムマド・アリーは［イスラーム社会での］一般の評価をおとすことになるでしょう。[※29] ……」

［インド担当］国務大臣は、こうしたガンディーにたいする巧妙な扱いについて総督［初代レディング侯爵（在位一九二一～二六）。インド民族運動の昂揚に対処したことで知られる］に讃辞の電報を送った！

ガンディーとアリー兄弟のあいだには、政府が期待していたような軋轢は起こらなかった。一九二一年九月、アリー兄弟逮捕後にボンベイ政府が声明書《コミュニケ》を発表し、兄弟にたいする罪状はインド兵士の忠誠心に不当に圧力をかけるものであったと説明したとき、ガンディーを含む約五十名の指導者たちが政策宣言《マニフェスト》に署名をして、［軍隊や政府の勤務を辞職した］すべての兵士と文官に、なにか他の生計の道を見つけるよう［国民に］呼びかけた。

ガンディーとキラーファト運動家たちのあいだに対立がなければ、国民会議党内に分裂はありえただろうか。ガンディーの政治については知悉《ちしつ》していると思われていたボンベイ政府は、一九二〇年十月二十八日になってもなお、会議党内の分裂は切迫していると予告して言った――「［政府が］ガンディーの起訴に反対する主な理由は、彼が会議党を分裂に導くようなことをいろいろやってくれたという事実である。彼を泳がせておけば、もっと多くのことをやってくれるだろう。プーナ［ティラクの本拠地］の民族主義者たちは、ガンディーに激怒しており、ナーグプル［の年次大会］で、彼を失脚させようとするだろう。彼はむき出しの反英的態度によって自治連盟《ホーム・ルール・リーグ》のかなりの部分を疎外したのである」と。［たとえそうだとしても］共通の目的を有するかぎり、気質や政策は違っていても、同志をとりまとめていく稀《まれ》な才能をガンディーが持ち合わせていることを、政府は知っておくべきであった。一九二〇年十二月のナーグプル年次大会は、ガンディーと国民会議党の指導者たちのあいだの絆を分断するどころか、かえって結束を固くした。ガンディーに従わなかった者たちは、威信と影響力を失った。

続く十二か月間イギリス人官僚たちは、民族主義運動の潮《うしお》が退くのを気遣わしげに見まもっていた。一九二一年九月にボンベイ政府は、「手織り木綿の着用熱やガンディー帽［ガンディーの愛用した白い木綿の縁なし帽。ガンディー主義者や会議党員の象徴のようになっていた］の流行は、ガンディーが当地を離れると、かなり下火になった」と、報告した。また、外国製衣類焼却の一日平均は「せいぜい着古しのシャツまたはサリー六枚と、コート数着、古い帽子《ハット》とキャップくらいのものである」とも。さらにベンガル州政府は、一九二一年九月十七日にチッタゴンでガンディーとムハマド・アリーが大群衆を前にして演説をおこなったが、「スピーチが［ベンガル語でなく］ヒンドゥー語でなされたため、話の内容はほとんど伝わらず、たいした熱狂は起こらなかった」と報じた。数日後、同州政府は、国民会議党委員会内に対立が生じ、「喜ぶべき現象」として、指導的なザミンダール［大地主］や個人の土地所有者たちが、一地方のみならず、多くの地方で当局に協力していると書きたてた。U・P州［連合州］も一九二一年九月十九日にこのように伝えた。治安妨害の演説を聞くために集まった者の大多数は、土地を失った農民や、ガンディーが彼らに失った土地を返してくれると信じている者たちであった、と。同じ月に、パンジャーブ州政府の首相は、アムリッツァルの非協力党の失敗に目を向け、モープラー［南インドに居住するムスリム農民］の反乱は「ヒンドゥー教徒を激怒させ、非協力運動に従う人たちの信念を動揺させた」と述べたアンバーラーの長官の言葉を引用した。ビハール州政府は、非協力主義者たちの設立したパンチャーヤット［農村に古代から存在した自治［裁判］機関で、ガンディーはその復活によってイギリス式の裁判所に対抗した］の評判はがたおちで、会議党の奉仕団組織《ボランティア》は人民の人気を失い、国民学校は崩壊状況にあると、いかにも痛快そうに報じた。

　こうした各州政府の論評は、どこまでが政府の希望的観測にもとづくものであったか、判断するのはむずかしい。いずれにせよ、地方（州）政府は概して一般民衆の不満にはびくついていたが、特定の指導者や示威運動《デモンストレーション》の重要性を過少評価しようとする傾向があった。政府は容易に怯《おび》えたが、と同時に、危険には見えてもつねに流動的な状況のなかで、［なんとかなるだろうと］たかをくっていた。一九二一年十一月にカルカッタの警察長官が［軍の］情報局の将校に言ったように、警官が多数辞職を申し出ており、「［この分でいくと］全員が離職することになりかねない」懼《おそ》れがあった。

国民会議党と政府の緊張は弱まるどころか、一九二一年から二二年の冬にかけて、むしろ確実に高まっていた。アリー兄弟は、［インド軍の］忠誠心にけちをつけたかどで逮捕された。そして兄弟の違反は、ガンディーをも含む多くの指導者たちによって繰り返された。これは政府にとっては、受けて立たずにはおけない挑戦であった。運動について、国民会議党内部の意見の対立、あるいは一般国民の覚醒《めざめ》によって立ち消えになるだろうとの［政府の］希望的観測は、一九二一年秋までは実現しなかった。［いまや］ガンディーとの衝突は避けがたいものに思われた。ただ問題は、政府が優位に立てるよう時期を測ることであった。ガンディーを逮捕するかしないかは、［総督］レディング卿と彼の助言者たちには避けて通れぬ重要課題であった。一九二一年十月十日に内務大臣のウィリアム・ヴィンセントの記した議事録は、「いかなるインド人も市民として、とりわけ兵士として［政府に］奉仕するのは、国民の尊厳に反するものである」と公言した宣言文《マニフェスト》に署名したかどで、ガンディーを起訴するか否かについて、みごとに客観的に論じている――。

起訴に同意する理由

（a）明らかに犯罪と認められる煽動的な演説に直面しながら、われわれ［政府］がなにも反応しないでいるというのは、行政にたいし、また上級職から下級職に至るすべての政府役人におよぼす結果たるや甚大である。

(b) 穏健な思想をもつ人たちを失望させるという結果のため——すなわち、われわれが手出しをしないというのは、非協力運動に反対する多くの穏健主義者が公《おおやけ》の場に出るのを妨げると同時に、多数者をガンディー陣営へ追いやることになる。

(c) ムスリムだけが罪に問われ、ヒンドゥーは大目に扱われているとの印象が、ムスリム社会に根強く存在している。こうした考え方は是非は別として、一般にも流布している。

(d) ガンディーが彼の運動計画を放棄して、話し合いに応じなければ、早晩、起訴は不可避かと思われる。そして、起訴にふみきらなければならないとすると、訴訟にとりかかり、混乱に対処するには、このところの寒冷期［十二月〜二月ごろ］の初めは、季節的にも不都合ではない。

(e) ガンディーが、いつなんどきでもわれわれを起訴にもっていかせようとしている事実《こと》は、殿下［プリンス・オブ・ウェールズ（英国皇太子）］のインド滞在中の起訴は、今日よりも騒動を大きくしかねないからである。

(f) ［事態を放置し］遅延させておくことの真《まこと》の危険は、インド政府と同じ立場にある他のいかなる政府にも、軍隊や警察にたいする公然たる煽動や挑戦を阻止することなく続けさせておくことになり、害毒が深く浸透し、実際には起訴が不可能になることが必定だからである。

起訴に反対する理由

（a）ガンディーは十二月末までにスワラージ［自治］を獲得すると大見栄を切った。しかし、［実際に］それができないでいるということは、彼に運動を放棄させることになり、また当然のことながら、間違いなく彼の信望を失墜《しっつい》させることになるからである。

（b）ガンディーは、目下の活動に異議を唱える高等教育を受けた多くの人びとの支持を失いつつある。ムスリムは、［彼が捕えられず］自分たちの指導者たち［アリー兄弟］が逮捕されたことに腹を立てている。［他方］ヒンドゥーは、［ガンディーの］キラーファト問題の重視に苛立っている。［外国製］綿布の反対運動は、モープラー騒動のためにマドラスでも、マハーラーシュトラ州でも成功をおさめるとは思えない。

（c）ガンディー投獄にともなう危険は、彼の影響力を増大することである。彼はいまや、偉大なる国民的英雄とみなされているばかりではなく、無知な大衆から半ば神のごとき人と仰がれている。彼を牢獄に監禁することは、多くの支持者たちを彼の運動へと追いやることになるだろう。そしてたぶん彼自身、このことを百も承知しているだろう。ガンディーはたしかに、運動への支持をとりつけるために、殉教者に祀《まつ》られたがっている。こうして、彼の計画の多くが失敗したときには、殉教者の地位はいっそう強化されるだろう。同様に彼は、政府に利益《とく》をさせるために、彼を起訴させようと挑んでいるのではなく、そこからなにがしか有利にことを運ぶことができると信じているのである。

(d) 起訴は結果的に不安をつのらせ、たぶんプリンス・オブ・ウェールズの訪印の前夜に騒動を惹《ひ》き起こすだろう。

(e) われわれがいまガンディーを起訴しなければ、われわれはハルタール［インド式ストライキ（一斉罷業）］と、［皇太子訪問にさいして催される］諸儀式へのインド人たちの出席拒否を覚悟しなければならない。……［しかし］いっぽう、われわれが起訴にふみきれば、かならずや皇太子にたいする大規模なデモを煽《あお》ることになるだろう。そうして、皇太子のご訪印を延期せざるをえないような広範囲な混乱に直面することにもなりかねない。

(f) トルコの平和条約について、どこまで譲歩が可能かは明らかではないが、トルコに有利な実質的な譲歩が得られるならば、イスラーム教徒にかんするかぎり、ガンディー氏の運動の出鼻をくじくには、それはおおいに役立つはずである。……

全体的に考えると、ともかく現時点では、行動を起こす［起訴に踏み切る］のは先送りにするようご下命いただきたい。……必要とあらば、われわれは後日——たとえば十二月なり一月なりに起訴することも可能である。その頃までに、たぶんガンディーをとりまく状況は悪化し、運動を放棄していることも考えられる。本官はこの方策の危険はじゅうぶん承知の上である。また実際には［この考えは］来たるべき皇太子陛下のご訪印に影響されていることを申し上げておきたい。もしご来印が延期されるようなことになれば、ただちに起訴を提唱し、他の危険を冒せばよろしかろうと考える。

プリンス・オブ・ウェールズの訪印は、レディング卿が総督に就任する以前に決まっていたが、政情の不安にもかかわらず、レディング卿は予定の延期を勧告しなかった。彼は国務大臣〔インド担当相〕に宛ててこのように書いた。「〔皇太子の〕ご訪印を延期するということは、力関係をこの運動〔非協力運動〕のせいにするという不利益をこうむることになりましょう。とりわけ、インドは〔イギリス政府に〕反逆的であるために、皇太子のご訪印は危険に怯《おび》やかされているといった印象を、イギリス国内でも、〔他の〕植民地領内においても、また世界中にもひろげる不利益をこうむることになりましょう」。

一九二一年十一月十七日に、皇太子がボンベイ港に上陸したとき、非協力運動家たちはいっさいの公式儀式への出席を拒否した。この日、ガンディーはボンベイにいた。そして午前中は、外国製衣類を大々的に焼却するために催された大衆集会に出席、午後市内で暴動が発生、エドワード皇太子の歓迎会に参加していたヨーロッパ人やパールシー〔拝火教徒〕らが襲撃された。ガンディーの個人的な呼びかけと断食、同志たちの懸命の努力によって、暴力につぐ暴力の連鎖からボンベイの市《まち》を救うことができた。幸いなことに、他の都市では暴動が発生するには至らなかったが、人民はイギリス支配《ラージ》への不快感を隠すことはなかった。皇太子の行く先々でパレードや歓迎会、祝宴が政府の手で準備されていたが、「ウィンザー公（プリンス・オブ・ウェールズのちのエドワード八世）の訪印の回想によると」どこへ行っても、「街路には人っ子ひとり見当らず、家々の窓には鎧戸《よろいど》がおろされ、市《まち》は無気味に静まりかえっていた」ことに気づかずにはいられなかった。

プリンス・オブ・ウェールズは、一九二一年十二月末の週にカルカッタを訪問する予定になっていた。総督は、カルカッタではなんとしてもハルタール［一斉罷業《ひぎょう》］や敵対的なデモだけは回避させたいと思っていた。そこで総督は、マダン・モーハン・マーラヴィヤにはたらきかけ、政府と国民会議党のあいだに仲介の労をとるよう求めた。マーラヴィヤは一九二一年十二月十六日にガンディーに電報を打ち、円卓会議の招集を促すべく、代表団を伴って総督のもとに伺候するつもりであることを伝えた。総督はこの提案を受け容れ、［獄中の］指導者たちを釈放すれば、ガンディーはプリンス・オブ・ウェールズの［カルカッタ］訪問にたいするボイコットを中止し、会議が終了するまでは、市民的不服従運動を延期する意志がありや否《いな》やをたずねた。同じ提案は同時に、マーラヴィヤからC・R・ダースにも出されていた。当時ダースは、カルカッタのプレジデンシー刑務所で服役中であった。C・R・ダースはマーラヴィヤの「提案」は考慮に値すると考えたが、［ムスリムの指導者］アブル・カラーム・アーザードも同意見であった。そこで彼らはガンディー宛てに打電し、マーラヴィヤの提案を受け容れるよう催促した。ガンディーは二つの事項の確約を条件に提案を受諾した。すなわち、その一つは、円卓会議の日程と構成員をあらかじめ決定しておくこと、第二は、釈放されるべき政治犯リストのなかにアリー兄弟が含まれること。マーラヴィヤはこれら二つの条件を約束できなかったため、折衝は失敗に帰した。このときのC・R・ダースの反応は、スバース・チャンドラ・ボースの『インドの闘争』に以下のように記されている。「デーシュバンドゥ［「国民の友」の意で、ダースの呼称］は、怒りと嫌悪で我を忘れた。生涯にまたとない好機が失われてしまった」と、彼は言った。C・R・ダースは失望を露《あらわ》にしたが、それは、マーラヴィヤの提案した円卓会議からスワラージが生まれるだろうと期待したからではなく、会議は戦術的に好機になると思われたからである。マハートマは一年以内のスワラージを約束していたが、もし一九二一年の最後の二週間に、政治犯の恩赦と円卓会議という形で、瞠目《どうもく》すべき成果が得られるならば、国民会議党は面目を施すだろうし、威信と国民大衆の信頼を獲得することができるだろう、と彼は考えていたのである。

おそらく、C・R・ダース同様、総督もまた戦略的に優位に立てるよう駆け引きをめぐらせていたことだろう。［インド政府］内務大臣ウィリアム・ヴィンセントは、一九二一年十一月十日付の彼の議事録に、市民的不服従運動の脅威に対抗するために採《と》りうる可能な行動の路線について議論したことを、このように記している。「（採るべき方策の一つは）［国民会議党内の］過激派ならびに穏健派との会談を提案することである。この案は主として、プリンス・オブ・ウェールズのご訪印中の困難な時期を乗り切るためにシャルマ氏［一九二四〜二八年に政府の中央立法府議員を務めた、国民会議党の主要メンバーの一人］が出した提案ではなかったかと覚えている。トルコの平和条約が先に変わらなければ、このような会談からは満足のいく結果は得られるとは思っていなかったが」。

ガンディーには、いつ、どこで円卓会議が開かれ、だれが会議に臨むかを知るじゅうぶんな権利があった。彼は［イスラーム教徒の］キラーファトと［国民会議党の］二つの非協力運動の指導者であったからである。彼は、［どうしても］キラーファトの指導者たちを裏切ることはできなかった。［政府との］妥協案は、たしかにその時点では関心はあったし、熱意もあったが、マーラヴィヤもC・R・ダースも会議を評価しすぎのきらいは疑いなかった。総督は国民会議党を窮地に追いこめると喜び勇んでいたが、はたして、実質上の政治的譲歩を考えていたかどうかは疑わしい。

それはともかく、合意には至らず、政府と国民会議党との緊張は増しつづけた。行政側は態度をこわばらせた。一九二一年十一月二十日付の総督から［本国インド担当］国務大臣宛の電報は、インド政府の新たな苛立ちを表わしていた――

「［ガンディーの］今後の出方や他の著名な非協力運動家たちの行動を正確に予測するのは不可能です……

……市民的不服従運動とは別に、非協力運動のその他の局面［たとえば、ガンディーの提唱した裁判所や外国衣類などのボイコット運動など］が重大な性格をおびています。したがっていまや、［政府としても］より徹底した包括的な規模の対応が重要であると、われわれは確信しています。……

……われわれは、暴動やそれに続く騒乱の危険を見逃してきたわけではありませんが、それは、妨害者たちに毅然たる態度をとらなければならない［本国政府の］権威の喪失や武力の低下とくらべれば、まだしも罪は軽いと考えられます。地方政府は、万が一、彼らの義務の遂行にあたって、警官隊や軍隊の発砲を余儀なくされるような事態になれば、われわれ［インドの中央政府］からの完全な支持を保証されています。［（なお本パラグラフは）イギリス本国政府とインド政府との関係を、インドにおける中央政府と地方政府との関係におきかえたもの］

……われわれは、相手がいかに著名な人物であろうと、法の維持と政府の尊厳のために、その人物の逮捕・起訴が必要と考えられた場合は、［インド刑法］一二四条A項、あるいは他の条項を適用して、起訴を躊躇《ちゅうちょ》してはならないと、各地方［州］政府に通達してあります」。

［このようにして］一九二一年十二月と二二年一月に、およそ三万人［の国民会議党とキラーファト運動の活動家］が投獄された。［国民会議党］奉仕団《ボランティア》組織は違法とされ、集会やデモ行進は力ずくで蹴散《けち》らされた。会議党とキラーファトの事務所の深夜の手入れは日常茶飯事となり、政治犯の扱いは以前にもまして厳酷《げんこく》をきわめた。インド国民会議党［年次］大会は、一九二一年十二月にアフマダーバードで開催され、ガンディーを唯一の執行権者に任命した。会議党内では、闘争を強化して、一般民衆による市民的不服従運動を開始するように、との声《こえ》が高まった。大衆闘争は、ガンディーのサッティヤーグラハの兵器庫では、もっとも危険な武器であるとともに、もっとも有効な武器であった。全インド国民会議党運営［執行］委員会は、すでに一九二一年十一月に、すべての会議党州運営委員会に、委員会の責任において税金の支払い拒否といった程度までの、市民的不服従を［独自に］実施する権限を認めていた。ところが州運営委員会はガンディーから、［ただちに］運動に着手せず、彼が選んだ特定の地域でそれを試みているあいだは待機し、成り行きを静観するよう求められていた。一般大衆による市民的不服従運動はと、ガンディーはそれを地震になぞらえて言った。「政治的なレベルでの一種の殻の大変動である。すなわち、政府は機能を停止する……警察も、裁判所も、役所も、すべてが政府の所有物《もちもの》であることをやめ、人民の手で運営されることになるだろう」と。

ガンディーの心算《こころづもり》では、一つの地方〔県〕で市民的不服従運動を開始し、それが成功すれば、隣接する他の地方に運動をひろげ、つぎつぎにインド全土が解放されるまで闘いを拡大してゆくというものであった。ガンディーはつぎのことをはっきりと警告した。もしこの国のどこかで、どんな形にせよ暴力沙汰が発生するなら、運動は平和運動としての性格を失うだろう。「あたかも絃が一本切れたとたんに、竪琴《こと》の美しい音色《ねいろ》が狂いはじめるように」。

一九二一年十一月のプリンス・オヴ・ウェールズの訪印中にボンベイで発生した暴動を理由に、ガンディーは市民的不服従運動の開始を延期した。明らかに、状況は思い切った行動に出るには風向きはよくなかった。しかしながら、続く二か月間におこなわれた国民会議党党員と奉仕団員《ボランティア》たちの大量逮捕ならびに起訴は、ガンディーに自らの置かれている立場を再考させたのである。政府は集会を妨害し、言論を弾圧した。ガンディーが言ったように、いまや選択は、「考えうるあらゆる危険をともなった大衆による市民的不服従運動か、それとも国民の合法的活動にたいする無謀な弾圧をそのまま受け流すかのどちらか」であった。ガンディーは危険を覚悟で一《いち》か八《ばち》かやってみようと決心した。そして、グジャラート州のバルドリー地区で、自らの指揮のもとに大衆による市民的不服従運動を開始することを決意した。バルドリー地区を市民的不服従の先鋒に選んだとき、彼は土地の住民に、地税の支払い拒否によって、あるいは収穫物の競売や、土地の没収、家畜の押収は免れられないかもしれないこと、あるいはバルドリーの地名が地上から抹消されるかもしれないことを、あらかじめ通告していた。

　ガンディーは計画していた行動を、その理由とともに総督に通告しておいた。彼は総督に、一九二一年五月「アリー兄弟が、民衆に暴動を煽動したと断定された演説について弁明したとき」の、レディング＝ガンディー会談の暗黙の了解を尊重するよう促した。最後にガンディーは、一週間以内に政府が、収監中の非協力活動家たちを釈放し、言論についての制限をとりはらい、罰金や没収物を返還する旨の通達を出さなければ、「政府にたいする国民の非暴力的な反乱のしるし」として、バルドリーで大衆による市民的不服従運動を開始するだろう、と予告した。

　インド政府は即刻、マハートマの最後通牒に答え、「いま」この国の前に出されている問題は、「もはや、今後の政治計画をあれこれ論じることではなく、片やあらゆる「不幸な」結果をともなう無法と、片やすべての文明政府の根底にある原則を維持するかどうかの問題である」と断言した。

　国民会議党とインド政府は、ここで正面から角を突き合わせたのである。

第27章 引き潮《アンティクライマックス》

一九二二年二月一日付のガンディーの総督宛公開状は、最後通牒《つうちょう》として総督を驚倒《きょうとう》させたが、ガンディーの立場からすれば、それはサッティヤーグラヒーとして当然なすべき義務を果たしたまでであった。それから三日後に、連合州のゴーラクプル県のチョウリ・チョウラという小村で、行進する民衆の隊列と警官隊とのあいだで衝突が発生した。事件はきわめて単純明快であった。デモの本隊が警察屯所の前を通り過ぎたとき、数名の警官が列の落伍者たちをからかったため、彼らは警官に襲いかかった。警官は発砲したが、弾《たま》がなくなると、屯所に逃げこんで錠をおろした。［騒ぎに気づいた］デモの本隊が引き返し、逆上して屯所に火を放ち、炎上した建物から飛び出してきた哀れな警官たちを袋叩きにした。二十二名の悲劇の犠牲者たちのなかには、警部補の年若い息子もまじっていた。

この暴行事件の報せは、ガンディーには、文字どおり青天の霹靂《へきれき》のごとき衝撃を与えた。この事件からガンディーは、いまやこの国の空気はあまりにも危険にすぎると判断した。そこで、つい一週間前に発表したばかりのバルドリー地区での市民的不服従運動の計画をとりさげることを決意した。彼は牢外にいた会議党の運営委員たちと問題を協議した。二月二十四日、デリーに全インド国民会議党運営委員会が招集され、ガンディーのたっての所望で、チョウリ・チョウラ事件に遺憾の意を表し、民衆による市民的不服従運動の開始の延期を決議した。決議はまた、こちらからすすんで逮捕・入獄を求めることをしない国民会議党の活動のみを許可した。「いまや」闘争休止中の「積極的な」部分として、建設的プログラムに力点が移された。

　大衆による市民的不服従運動の突然の停止は、ガンディーの身近な同志たちをもひどく驚愕《ぎょうがく》させ、狼狽《ろうばい》させた。スバース・チャンドラ・ボースは後年つぎのように当時を回想している――「私はそのとき、デーシュバンドゥ［「国民の友」の意でC・R・ダースの敬称］といっしょだった。マハートマ・ガンディーがまたしてもやらかしたしくじりを見て、彼が怒りと悲しみで我を忘れるのを私は見ることができた[※30]」と。モティラール・ネルーとラージパト・ラーイは獄窓からガンディーに手紙をしたため、「一地方での」偶発的事件のために、「国民的」運動を停止することのないよう説得した。国民会議党運営委員会と全インド委員会で彼の提案を承認した委員たちの多くが、心底からの信念によってではなく、彼への敬意からそうしたことは、ガンディーもよくわかっていた。彼の熱心な信奉者たちの何人かは、「どうすればよいか」思い悩み、指導者への忠誠心と、自らの信念のあいだで引き裂かれていた。彼らには、チョウリ・チョウラの突発的事件のあと、バルドリーでの市民的不服従運動を停止しなければならない論理的根拠が見えなかった。このような「事件」をおとりとして演出し、非暴力の反乱を挫折させ、サッティヤーグラハ闘争を念仏だけに終わらせるというのが、政府の常套手段《じょうとうしゅだん》ではないだろうか。国民会議党は本来、「宗教集団ではなく」政治組織ではなかったのか。そもそもそれは、「マハートマ［と呼ばれる一人の聖者］」の内的葛藤の実験場だったのだろうか。これまでの国民の犠牲を水泡に帰してもよいのだろうか。非協力運動の戦士たちを、このまま牢獄の露《つゆ》と消えさせてよいのだろうか、「積極果敢」な計画の反転は、政府に非協力運動者たちへの逆襲の機会を与え、彼らの退却を壊滅へと追いやることになりはしまいか。

これが、途方に暮れ憤慨する信奉者たちのガンディーに向けた痛憤の疑問であった。いっぽう、チョウリ・チョウラは原因ではなく、ガンディーが入れてあったバックギヤーが作動したにすぎなかったとする少数の評論家たちもいるにはいた。ガンディーがローラット法案に反対して［インドの政治舞台に］登場し、サッティヤーグラハを政治的・社会的不正の矯正レバーとして国民の前に提示したその瞬間《とき》から、彼は非暴力の最重要性を強調してきた。そしてこれは、彼の演説《スピーチ》や論説のなかで繰り返されてきた同じ一《ひと》つのテーマであった。それでもなお、一九一九年にアフマダーバードやヴィラームガム、さらにアムリッツァルで醜悪な暴力事件が発生したとき、民衆の逆上の発生を防ぐのは容易ではなかった。とりわけ、地方当局が間髪を入れず、挑発的行為をもって暴力をけしかけたとき、わたしは悪の力を過少評価しておりました」。彼は完全に、国民の暴力の底流に気づいていたのである。そして、一九二〇年にキラーファト運動の最高指揮官の大役をひきうけた一つ理由は、この（一九一九年四月十八日に）ガンディーは明言した。「残念ながら、わたしが大衆運動に乗り出したと底流を非暴力の水路に変えることを願っていたからであった。彼は運動を無事完了し、それを政治的風土とするために慎重がうえにも慎重を期していた。非協力運動のプログラムは、［政府から与えられた」個人の称号や名誉職の返還をもって始まり、税金の不払いや大衆の法律無視をもって終了した。これら両極のあいだには、種々の活動項目があり、それらは民族主義的感情を主張するばかりではなく、国民を訓練し、大衆運動に備える準備をさせるものであった。すなわち、不可触民の地位の向上、国民学校の設立、［政府の］裁判所外での調停委員会による紛争の解決、志願隊の結成、アルコール販売店前でのピケ、外国衣類のボイコットと手織り木綿《カーディー》の販売促進等々が、大衆を組織する具体的な方策であった。ガンディーのプログラムは「漸次的な［政府への］非協力」であり、ここでは、権力の拒否は人民の能力に応じて段階的に拡大し、復讐心をいだかずに弾圧に抵抗するのでなければならなかった。

　外国支配に抗する民族主義《ナショナリズム》の勢力《ちから》を組織しているあいだ、ガンディーは、インド社会に潜在する亀裂を露呈することのないよう細心の注意を払っていた。インド政府にたいする租税の支払いを見合わせているときでも、小作人たちに地主への地税の支払いを勧めた。彼は労働者たちに、「ハルタール［一斉罷業］」に参加するために雇用主から休暇をとるよう命じた。「労働者たちが国家の政治状況を理解するまでは、労働力を政治的［目的］に利用するのはひじょうに危険である」と、彼は書いた。国民会議党の奉仕団を組織するにあたっても、ガンディーはあれこれ考えあぐね、多くの時間を費した。そして、民衆を制御し、大衆集会を運営する手法について、『ヤング・インディア』紙にことこまかに述べた。非協力運動者たちの精神《こころ》を強化し、その戦列を増大させるのだから、政府の側の暴力は恐れるにたりなかった。［いっぽう］人民の側の暴力は、運動を混乱におとしめ、加えて、政府により強大な暴力を喚起させることになるがゆえに、ガンディーはこれを怖れた。

この国のどの地方で起ころうとも、暴力沙汰の発生はガンディーの注意を喚起《かんき》した。［たとえば］警官が群衆の暴力の犠牲になったマレガオン騒動や、ヒンドゥー教徒がモープラー［南インドのマラバール地方（現在のケーララ地方）に居住するムスリムの反政府運動］から迫害を受けたマラバール暴動が伝えられると、間髪をいれず、彼は［敵味方を問わず］叱責《しっせき》した。一九二一年十一月にウェールズ皇太子が来印し、［皇太子を歓迎する者とボイコットする者とのあいだで］死者五十八名、負傷者三百八十一名という惨事が発生したとき、ガンディーはボンベイ滞在中であった。ボンベイ市民へのメッセージで、非協力運動者たちの非暴力は、［政府への］協力者の暴力よりも始末が悪い、と彼は言った。「なぜなら、口では非暴力を唱えながら、われわれは自分と意見を異にする人たちを恐怖で震撼《しんかん》させているからである。……わたしがこの二日間に目撃したスワラージは、わたしの一番嫌う自治であった」。

この騒動中にガンディーを目撃したある人は、彼の苦悶をこのように活写している。「［マハートマは］完全な失意の底に投げ出され、このうえなく非情な人の心をも融かさずにはおかない悲痛な、仮《か》借《しゃく》ない自責の言葉ばかりを吐《は》きはじめた。悲嘆と後悔の念にうちひしがれながら、運動を指揮したときの気高い希望を思い出しつづけていた。いまや、不寛容の精神がとどまるところを知らず流出し、ボンベイのこの大惨事で極に達したのだ。どうして彼は、初めから、このような不寛容と暴力の露出に耐える判断力をもたなかったのだろうか」[※31]。

ボンベイ騒動の直後に南アフリカから帰ってガンディーと会ったC・F・アンドルーズは、「死の影の谷を通り抜けてきたばかりの人のように、憔悴《しょうすい》しきってやつれ果てた」ガンディーの姿を見た。アンドルーズは、政府側の暴力が増大するにつれて、民衆の側にも暴力的風潮が運動に入りこんでいったことに気づいていた。インドの一般大衆は、ようやく彼ら自身の力に目覚めはじめていたが、彼らはまだ、この力を抑制する能力《ちから》を訓練されていなかった。アンドルーズは、外国衣類を公衆の面前で焼却するという「巧妙な民族主義の呼びかけ」を批判した。彼は一九一三年から一四年にかけて、南アフリカでサッティヤーグラハの実践を目のあたりにしていた。そしていま、一九二一年のインドでの運動をその目で見たとき、「これはまったく違った、精神性に欠けた別のものだ」と感じたのである。

ボンベイ騒動（一九二一年十一月）は、ガンディーには、大衆による市民的不服従運動の停止を求める赤信号に思われた。国民会議党運営委員会のほとんどの同志たちは、彼と不安をともにすることはなかったし、彼の警戒心を理解しなかった。大衆闘争を始めることにたいする会議党組織内での重圧は、一九二一年末の何か月かに高まっていった。マダン・モーハン・マーラヴィヤの会議党と政府のあいで始めた和平交渉の挫折、会議党奉仕団員《ボランティア》たちの大量検挙、大衆集会の禁令、非協力運動の指導者たちの一斉逮捕――これらのことが絡《から》み合って、政府の政治的熱気はいやがうえにも高まっていた。一九二二年二月初めにガンディーがレディング卿宛に送った最後通牒は、国民会議党とキラーファトのほとんどの指導者たちに言わせると、いまや時すでに遅しの感があった。彼らの多くは、ガンディーがことをうまく運んでいるとは思っていなかった。彼らは、政府を打ち負かすために、国内の各地で一斉に大衆による市民的不服従運動が始まるのを待望していた。

一九二一年十一月三日にデリーで開催された会議党運営委員会の席上における、市民的不服従運動についての議論の重要な記録が残っている。それは、ガンディーの年長の同志たちの何人かには、彼の戦略をじゅうぶん理解するのがいかにむずかしかったかを物語っている。クリシャンダースによると、「ケルカール、ヴィタルバーイ・パテールの両氏[★24]は、市民的不服従運動を開始するというマハートマジーの計画を完全に受け容れるにあたり、民衆にはかならずしも、そうした行動にふさわしい準備訓練の必要はないと主張した……［これにたいして］マハートマジーは、個人が自ら市民的不服従運動をおこなうことを宣言するかぎりは、その人は紡ぎ車を習得していなければならない、と明言した。この条項を読んだとき、パンディット・モティラール・ネルーは大笑したというが、ケルカールとパテールは声を荒らげて怒り、抗議したのだった[※32]」。

　こうして、チョウリ・チョウラの悲劇が起こったとき、事件はインド亜大陸の遠隔の名もなき一《いち》農村で発生した小事件以上のものとなった。それは、ガンディーが一九二二年二月十九日にジャワーハルラール・ネルーへの手紙に書いたとおり、「最後の一本の藁《わら》しべ［最終的に大事をひき起す最後の小事のこと］」であった。インド各地で大衆が手に負えなくなっており、無秩序が高まっているとの苦情が彼のもとに届いていたことを、ガンディーは想起した。「もしあのとき運動を延期していなかったら、わたしたちは非暴力の闘いではなく、本質的には暴力の闘争を指導していたことになったのはたしかです」と、ガンディーはジャワーハルラールに書いた[※33]。獄中で市民的不服従運動の延期の報に接したジャワーハルラールは、運動の延期について賛否両論を同志たちと議論したあげく、「決定は正しかった。彼［ガンディー］は腐敗を止め、新しく建てなおさなければならなかったのだ」と、『自叙伝』に記している。

時間《とき》が経ち、距離をおいて見るようになっても、ガンディーは一九二二年に採《と》った思いきった決断を悔いることはなかった。二十年後の『ハリジャン』紙（一九四二年四月十二日号）に、一九二〇年から二二年にかけての非協力運動の限界と、人間のなしうる「もっとも狂気じみた冒険」と呼んだことをやってのけた理由について、ガンディーは詳しく述べている。「南アフリカでも、わたしは実験的にサッティヤーグラハを導入した、かの地では、抵抗者たちの数は少なかったし、地域も限られていたので、運動は容易に統率ができ、成功した。しかし、ここインドでは、広大な国土に無数の人びとが散在している。その結果、彼らを容易に統御し訓練することはできなかった。それでもなお、民衆の反応には目を見張るものがあった。［たしかに］彼らは、［期待していたより］はるかによく反応し、はるかによい結果を見せてくれたと言えるかもしれない。そしてわたしは、あのとき獲得できた結果にたいして、いまも失望感をいだいてはいない。［しかし］わたしは、非暴力を信条として受け容れていた民衆を率いて運動を始めていたなら、思いどおりの結果をもって運動を終えていたかもしれない。わたしは、自分が不完全な人間であったにもかかわらず、［同じような］不完全な人たちを引き連れて、海図のない大海原に船出したのだった。幸いなことに、船は港には到着しなかったが、人びとは大しけによく耐えてくれた」。

ガンディーは、同志たちの多くや、非協力運動に参加している大衆が怒りをたぎらせ、非暴力の理想は棚上げし、政府のあごに一撃をくらわせてやりたいと思っていることは知っていた。［とはいえ］これは、相手の良心をうずかせ、心を和らげ、目を開かせることを求めるサッティヤーグラハの戦術《すべ》の誤れる理解であった。非暴力闘争の戦術は、他のあらゆる種類の戦法と本質を異にするものでなければならない。それは、目的を達成する手段としては、ほとんどなににも束縛されることのない自在な方式である。戦争や政治についての一般的な社会通念では、すべて正義は味方にありとし、戦いの指導者たる者、敵を打ち負かすために、できるだけ多くの要所で圧倒的な圧力を結集すべきだとされている。このような戦法は、サッティヤーグラハには当てはまらない。なぜならそこには、ひとかけらの精神の高揚すら見られないからである。ガンディーは市民的不服従運動を、「驚異的ではあるが、それとは気づかぬ静かな結果をともなう」無言の受難にたいする覚悟と定義した。

　ロマン・ロラン[★25]は書いている——「国民のすべての力を結集し、予定された運動を目の前にして、国民の胸を高鳴らせ、最終的な命令をくだすべく手を振りあげようとした瞬間に手をおろし、巨大な機械が始動しはじめようとしていたまさにそのとき三度《みたび》までも発動を停止したのは危険であった。ブレーキを損じ、前進する勢いを殺《そ》ぐ懼《おそ》れがあるからである」[※34]と。ロランの比喩を続けてよければ、ガンディーは機械を急停止したのではなく、早く入れすぎたトップ・ギアーをロー・ギアーに落とそうとしたのである。「攻撃的なプログラム」の延期は、非協力運動の実践面ともいえる建設的プログラムには影響はなかった。大衆による市民的不服従のいちかばちかの戦法がなくとも、非協力運動は効果的に進捗《しんちょく》できるというガンディーの信念を、彼の批判者たちは共有していなかったのである。

チョウリ・チョウラ後のガンディーの行動を理解できなかったのは、国民会議党党員たちやキラーファト運動家たちばかりではなかった。総督レディング卿は、いかにも痛快げに息子［総督の伝記作者］に漏らしている――「ガンディーは逮捕前の一か月か六週間ほどのあいだ、異常ともいえる表現によって政治家として足早やに自らを窮地に追い込んでいった」※35と。またイギリス人の観察者のなかには、チョウリ・チョウラ事件は当時ようやく疲労の色を見せはじめていた運動を中止する口実にすぎなかったと見る者もいた。われわれはすでに、この数か月間、政府高官たちがガンディー逮捕の是非について、いかに熱心に議論していたか、そして一九二一年の最終月に、いかに問題が山場を迎えるに至ったか、その経緯《いきさつ》について考察してきた。一九二二年二月には、インド担当国務大臣が総督宛に電報を打ち、［ガンディーの］逮捕が滞《とどこお》っていることに苛立ちを表明した。一九二二年二月一日にバルドリーでいよいよ市民的不服従運動を開始するというガンディーの「公開状」のあと、もはやこれ以上逮捕を遅延させることはできなくなった。ところが、大衆の不服従運動の［ガンディーによる一方的な］撤回と国民会議党の戦列の混乱後は、ガンディー逮捕の危機はかなり緩和した。それでもなおレディング卿は、命令をくだすまでに、さらに数週間をかけて総督参事会ならびに、ボンベイ、マドラス両州知事［総督］と決定を協議した。

「政府が広範な暴力の発生を懼《おそ》れて、わたしの逮捕に二の足を踏んでいるのは、わたしには誇りや喜びではなく、むしろ屈辱である」と、ガンディーは『ヤング・インディア』紙（一九二二年三月九日号）に書いた。マハートマは弟子たちを集めて、逮捕後の絶対的な規律の遵守《じゅんしゅ》を説いて聞かせた。こうしてレディング卿は息子への手紙に、ガンディー逮捕による混乱はいっさいなかったし、「犬一匹吠えなかった」と、明らかな安堵感をもって記すことができたのである。

三月十日の夕方、ガンディーは逮捕された。彼はアーシュラム〔修道場〕の同志たちに別れを告げ、正統ヴァイシュナヴァ派〔（ヒンドゥー教の三主神の一つヴィシュヌ神を信仰する宗派）ヴィシュヌ派〕の愛唱歌に耳を傾け、それから待っていた車の座席に坐わり、刑務所へと連行された。裁判は三月十八日に、アフマダーバード地方刑事事件判事C・N・ブルームフィールドの前でおこなわれた。起訴は、『ヤング・インディア』紙に掲載された「忠誠心への圧力」「謎と謎解き」「鬣《たてがみ》を振って」の三本の論文に向けてなされた。〔ガンディーと〕他にもう一人《ひとり》、『ヤング・インディア』紙の発行人シャンカラール・バンカーが被告人席に着いていた。検事〔法務官〕サー・J・T・ストラングマンが起訴状を読みあげた。二人の被告人はいっさい申し開きをしなかった。判事はこの上なく礼儀正しくふるまった。着席する前に、判事は被告人に丁重に会釈をした。ガンディーは罪状を認めることで、判事の任務《つとめ》を軽減した。これ以上の高貴な感情《こころ》と雄弁は望むべくもないと思われる陳述のなかで、ガンディーは忠実な「イギリス」帝国主義者から反逆者への転向について次のように説明して語った——

「わたしの公生活は、一八九三年に南アフリカでの険悪な状況下で始まりました。かの地でのイギリス当局とわたしの当初の接触は、けっして喜ばしいものではありませんでした。わたしは一個の人間として、また一人のインド人として、なんの権利ももたないことに気づきました。というよりも、自分がインド人なるがゆえに、人間としての権利をもたないことを思い知らされました。しかしわたしはうろたえませんでした。このようなインド人にたいする対応は、本質的に、また全体的には善なる制度のあらずもがなの「いぼやこぶのような」異常生成物だと考えていたからです。そこでわたしは、政府に自発的で、心底からの協力を惜しみませんでした。言うまでもなく、政府が間違っていると思ったときには、率直に批判はしましたが、政府の崩壊を願ったことはありませんでした。……

最初の衝撃は、ローラット法という形でやってきました。……そして、パンジャーブの惨事がこれに続きました。わたしはまた、トルコとイスラームの聖地保全について「イギリス」首相がインドのムスリムに与えた言質《げんち》が履行されそうにないのを見てとりました。にもかかわらず、わたしは一九一九年のアムリッツァルの国民会議党大会で、同志たちの不安や重大な警告をよそに、協調を説き、モンタギュー＝チェムスファド改革案の実施のために奮闘したのです。……

わたしは不本意ながら、インドはイギリスとの関係を続けることで、以前にもまして政治的にも経済的にも無力になってしまったという結論に至りました。……インドはあまりにも貧しく成り果て、飢饉に立ち向かう力もほとんど持ち合わせていません。……英領インドに法をもって設立された政権が、民衆の搾取によって運営されていることに、この国の人民はほとんど気づいていません。いかに詭弁を弄《ろう》そうとも、またいかに数字をごまかそうとも、多くの農村で骸骨《がいこつ》が人目にさらされているという歴然たる証拠を、うまく言い逃れることはできません。もし天上に神がいますなら、人間性にたいするこの犯罪行為の責任は、イギリス帝国とインドの都市住民がともに負わなければならないことを、わたしは豪《ごう》も疑いません。……最大の不幸は、この国の行政にたずさわるイギリス人も、またインド人協力者たちも、わたしがここに述べようとしてきた犯罪に自分たちが関与していることに気づかずにきたことです……そして「彼らの多くが」自分たちは世界最高の統治制度の一つを司《つかさど》っているのであり、インドは徐々にではあるが、着実に進歩していると、大まじめに信じこんでいることです」。ガンディーは「ここで」、各地で発生したいくつかの暴力事件の責任を認め、彼にたいしてくだされる最高の量刑を求めて言った――。

「検事がボンベイ事件、マドラス事件ならびにチョウリ・チョウラ事件に関連してわたしに浴びせたすべての非難を、わたしは認めたく存じます。これらの事件に深く思いをはせ、毎夜毎夜、眠れるときにも考え、己の心を見つめながら、わたし自身チョウリ・チョウラの残忍な犯罪や、ボンベイでの狂気じみた暴動から逃れられないとの結論に至りました。責任ある立場の人間として、またそれなりの教育を受け、世間的な経験を積んだ人間として、わたしは自分の行動の一《ひと》つひとつの結果を知るべきであるとの検事のお言葉は、まさにその通りであります。そのことは、わたし自身存じておりました。わたしは、自分が火遊びをしていることを知っていました。わたしは危険を覚悟で、一か八かの勝負に出たのでした。またわたしは、自由の身であれば、いまも同じことをするでしょう。……「それでも」わたしは暴力だけは避けたいと願っておりました。非暴力こそは、わたしの信条の第一箇条であり、わたしの信条の最終箇条であります。しかし、わたしはどちらか一方を選択しなければなりませんでした。わたしは、祖国に取り返しのつかない害毒をなしてきたと考えていた「外国の」政治制度に唯唯《いい》として従うか、それとも、わたしの口から発する言葉の真実《まこと》を信じて怒りを爆発させる国民の激怒の危険を受けとめるかのどちらかでした。国民がいつかは怒り狂うだろうことはわかっていました。わたしはそのことを深く遺憾に思っています。したがってわたしは、軽罰ではなく、重罰を受けるために、いまこの裁《さば》きの場に立っているのです。わたしは寛大なる判決を求めるものではありません。いっさい情状酌量を嘆願することはいたしません。……

裁判長殿、いまここで貴殿が採《と》るべき唯一の道は、職を辞するか、それとも、貴殿が司《つかさど》るべく努めておられる体制と法がこの国の民《たみ》のために役立つと信じておられるなら、わたしに重刑を科するかの、いずれかです」。

ブルームフィールド判事は、ガンディーが、これまで判事として自分が裁いてきた、あるいはこれから裁くであろうどんな被告人とも違った種類《カテゴリー》の人物であることを認めて言った――

「法は、人それぞれによって適用を異にするものではありません。ではありますが、被告人は幾百万の同胞の目には偉大なる愛国者、偉大なる指導者であるという事実を無視するわけにはまいりません。被告人と政治上の立場を異にする人たちでさえ、被告人を高い理想の人、高貴で聖徳の人とみなしています。本官はただ一つの側面で、被告人と向き合わなければなりません。……すなわち、法に従うべき者として、独断で法を破った被告人を裁くことが本官の任務《つとめ》であります。被告人は一貫して暴力に反対すると説いてきました。また被告人は多くの場合――本官はそう信じたいのですが――暴力を防ごうと最大限の努力を惜しまなかったことを、本官は忘れてはおりません。しかし、政治というものの性格上、またそれを説かれた大衆というものの性格上、暴力が結果的にいつまでも避けられるだろうとは、本官にはどうしても考えられません」。

こうしてガンディーは、六か年の禁錮刑《きんこけい》を宣告された。傍聴席《ぼうちょうせき》にいたある人は、ガンディーが百分間の裁判のあいだ、冷静であったばかりではなく、「陽気で楽しげ」ですらあったと述べている。ガンディーは裁判長に向かって言った。「判決にかんするかぎり、他のどの裁判官がわたしに科することができたであろうものよりも軽いと思います。また訟訴の経過全体につきましても、これ以上に寛大なご処遇を期待することはできなかったと申しあげなければなりませんと」。

判事が法廷を退場したとき、警察官たちをとまどわせたのは、傍聴席が家族的な団欒《だんらん》の雰囲気につつまれたことであった。ガンディーは真ん中に坐り、だれかれなくひとことふたこと言葉を交わし、五歳の子どもにも彼のへんてこな盛装〔囚人服のこと〕について冗談を言い、陽気に話し、手を振って足早《ばや》に、サーバルマティー刑務所へ彼を護送する幌《ほろ》付きの貨物自動車に乗りこんだ。彼の訣別の言葉は、彼の逮捕と裁判の週間《とき》のように、国民は平静でなければならない、というのであった。二日後に、ガンディーとシャンカラール・バンカーは特別列車で、プーナ〔プネー〕郊外のキルキーまで連行され、ヤラヴァダー刑務所に収監された。

入獄は、非協力運動の「必然的結果の」一部分であった。ガンディーはかつて論説や講話《スピーチ》のなかでしばしば、運動における刑務所行きの意味について書いた――「自由は牢獄の壁の内側で、ときには絞首台の上でも得られるものだ」と。幾千人という非協力運動者たちが、ガンディー逮捕前の一年半のあいだに、すでに逮捕されていた。ガンディーによれば、理想的な非協力運動者たちは、政府を困らせるためにではなく、正しい主義のために自ら進んで受難を求めることで、政府に改心を迫るのでなければならなかった。逮捕は「無作法に、乱暴に、あるいは怖《お》ずおずとではなく、また絶対に暴力を揮《ふ》るわず、冷静沈着に、威厳を正し、謙虚に、信仰深く、勇敢に」求めるのでなければならなかった。非協力運動者たちは、［獄中にあっても］牢内の規律を守らなければならなかった。いわんや、特権を要求したり、またそれを受けてはならなかった。獄中生活の受難は、心愉《こころたの》しく耐えなければならない、とガンディーは言った。「内からの力と知識から湧き出る、そのような柔和な行為は、最終的には暴君の横暴をもうちとかす。すなわち、自ら進んでひきうける受難こそは、虐待と不正の除去には、最速かつ最上の効力を発揮する矯正法である」。

ヤラヴァダー刑務所に入所するとき、ガンディーは紡ぎ車の使用と、戸外での睡眠［ガンディーは戸外の樹下で眠ることを好んだ］を禁じられたが、あとで、これら二つの禁令は解除された。それから数冊の宗教書と、使い古した辞典と、ウルドゥー語［北インド一帯の主としてムスリムの使用言語］の手引き書を身の周わりに置く許可を「お上《かみ》」に説得するには、かなり骨が折れた。ガンディーは枕の使用を拒否されたため、本と余分の衣類で何とか枕の代用をした。またパン切り用の小型ナイフも持たせてもらえなかった。やっと許可されたときも、使用後は看守にそれを返却しなければならなかった。同房のバンカーは他の監房に移され、囚人たちはみな、マハートマに会うことは許可されなかった。一人のアフリカ人の囚人が、ガンディーの世話係りとして配置されたが、互いに言葉が通じなかったため、手真似で意志の疎通をはかった。それでもガンディーは、人間の心のことばを知っていた。ある日、このアフリカ人がサソリに刺されたとき、ガンディーは傷口を洗って拭いてやり、毒を吸い出して、完治するまで介抱をした。男は彼の親切にすっかり圧倒され、のちに手紡ぎ車の優等生になった。

［息子の］デーヴァダースとラージャゴパラチャーリーがヤラヴァダー刑務所に面会に来たとき、ガンディーは彼の獄中生活を新聞の話題にするよう指示した。彼は、強制されたものではあったが、独居生活が気に入っていた。獄中生活は、インドに帰国して七年間のひっきりない活動のなかで見失っていた静閑と休憩のひとときをとりもどしてくれたのである。朝夕の祈りと、紡ぎ車の日課の厳守をはじめとする、多忙な他の活動のなかでないがしろにされてきた文学と宗教の研究に、ようやく立ちもどることができた。ガンディーは獄窓で、ヘンリー・ジェームズ［アメリカの有名な心理学者ウィリアム・ジェームズの誤記か?］の『宗教経験の諸相』や、バックル［イギリスの歴史家ヘンリー・トーマス・バックル］の『文明の歴史』、ウェルズ［イギリスの著名な小説家・歴史家H・G・ウェルズ］の『世界文化体系』、バーナード・ショーの『人と超人』、ゲーテの『ファウスト』、キップリング［インド生まれのイギリスの小説家・詩人］の『兵営のバラード（うた）』等々、百五十冊もの本を読破した。ときには小さないやがらせはあったものの、タゴールがかつて言ったように、獄中生活はガンディーにとっては、「逮捕（対処）療法」であったことはたしかである。

ガンディーは南アフリカの刑務所では、［ある意味で］獄中生活を楽しんでいた。そして彼は、牢獄を冗談めかして「皇帝陛下のホテル」などと呼んだりもした。南アフリカの刑務所では、その心ない、ときには残酷な［囚人の］扱いの大部分は、人種的偏見によるものであったが、ヤラヴァダー刑務所での初期の服役期間では、どうして人がこうも想像力や理解力を欠いたままでいられるのか、理解に苦しんだ。このことは概して、その後の牢獄生活についても言えることであった。

政治犯たちの待遇についてのレディング卿の――「これはあくまでも投獄であり、国費による居心地のよい投宿であってはならない」[※36]という意見は、たぶん非協力運動の創始者に向けて言ったものであった。［なぜこんなことをわざわざ言わなければならなかったか］説明は簡単である――地方政府も刑務所の役人たちも、まだガンディー氏を囚人扱いすることには慣れていなかったからであろう。一九二四年に虫垂炎［俗にいう盲腸炎］の発作に見舞われたあとの、ガンディーにたいする素早い適切な［州政府の］処置は、まさにこの見解を立証するものであった。

第三部

対立と和解

第28章　議会戦線

非協力運動の「攻撃的」プログラムを撤回したのは、ガンディーの視点［論理］からはいかに正しかったにせよ、国民会議党の一般党員の戦列を混乱させた。それはまた、会議党指導部内にも分裂を来たした。C・R・ダース、モティラール・ネルー、V・J・パテールを含む会議党幹部の何人かは、一九一九年のインド統治（一九一九年）法［モンタギュー＝チェムスファド改革法］によってもたらされた新立法府のボイコットには、心底から賛同していたわけではなかった。生まれついての弁護士であり、雄弁家でもあった彼らには、立法府のなかにこそ彼らの本領を発揮する場があった。一九二〇年には、彼らはガンディーに説得されるがままに［立法府の］ボイコットに賛成した。［しかし］大衆による不服従運動が行なわれそうになくなったいま、政府にたいして抵抗運動を続行する残された唯一の方法《みち》は、新憲法を実行するためにではなく、その限定された無責任な本性を暴露するために、中央ならびに地方の立法府に［こちらから］参加することであった。

「新改革憲法下での」インド政府は、中央立法府のことなど、ほとんど念頭にはなかった。上院すなわち［改革以前の］総督参事会の議員は、その大多数が政府高官と［総督の］任命者であった。いっぽうまた、下院すなわち中央立法議会は、議員の約三分の一がイギリス人官僚、または彼らの任命によるインド人であった。予算の七分の一がようやく中央立法議会の投票で決することができたが、これとても総督は、議会が拒否した法案として裁定する権限を有していた。

地方［州］政府は、「両頭政治」として知られた混合制度のもとで統治された。それはいくつかの部門では、［州］立法府に責任を負う閣僚たちの支配下に託されたが、財政ならびに法と秩序、その他の部門は、拒否権を有する知事から直接責任を託された行政官の手に委ねられた。スワラージスト（立法府に参加することに賛成した会議党の指導者たちは「スワラージスト［自治主義者］」と呼ばれていた）たちも、立法府の役割りが限定されていることは承知の上であった。彼らによれば、これら［上下院］の立法府は、世を欺《あざむ》くためにイギリス官僚たちがかぶっている仮面であり、その仮面をはぎとることこそ、会議党党員の役割だと考えられた。［したがって］立法府は、国民に真《まこと》の力をもたらすことはできないが、政治闘争の有用な具にはなりうると考えられた。会議党党員が政府の提出する議案に反対したり、歳出を拒否するのに存分に力を発揮できれば、政府は特権を利用するか、立法府の決議に従わなければならない。このような状況は、いずれの場合にも、この国を支配する憲法の最終的権限は、［インド人には］免職《くび》にできない［イギリス人］行政官の手中に握られていることを世界に暴露することになるのだ。スワラージストのなかには、パーネル［十九世紀アイルランドの民族運動家。民族の自治は暴力によってではなく、政治情勢の変化によってもたらすべきものとし、盛んに長演説など合法的議事進行妨害をおこなった］と彼の率いる党派が、アイルランド自治運動を下院で成功させた戦術に影響されていた。[※1]「一貫した不断の執拗な妨害」は、議会を政府の思いのままの道具から、厄介《やっかい》の種に変えることになった。

一九二二年三月にガンディーが投獄された直後から、彼の支持者たちのあいだに重大な意見の対立が見えはじめた。マハーラーシュトラ州とベンガル州で、数名の著名な指導者たちが、［これまでの］議会のボイコット解除を宣言したのである。ベンガル州国民会議党年次大会の議長席から、C・R・ダース夫人は民族闘争を議会［立法府］に持ちこむよう求めた。一九二二年六月に、ラクナウで全インド国民会議党運営委員会が招集され、国民がどれほど市民的不服従運動にそなえて準備ができているかを確認すべく［調査］委員会を立ちあげた。「市民的不服従運動調査委員会」は、国をあげて、大規模な市民的不服従運動を展開するには至っていなかったが、各州会議党［運営］委員会はそれぞれ独自の判断で、特定の法律を否認し、不当な租税を拒否する権限を与えられているとの報告書を提出した。議会のボイコットについては、運営委員のメンバーの内部で鋭い意見の対立があった。すなわち、V・J・パテール、ハキム・アジマール・カーン[★1]、モティラール・ネルーらはボイコットの解除を要求したが、これにたいして、アンサーリー博士[★1]、ラージャゴパラチャーリーは、マハートマ逮捕以前に立案された方針に変更を加えることに反対した。

アリポール刑務所内で、立法府［議会］参加運動を練っていたC・R・ダースは、釈放されると、まっしぐらこの運動にとびこんだ。一九二二年十二月のインド国民会議党ガヤー［年次］大会の議長演説で、C・R・ダースは、新立法府［統治法の改正によって、従来の総督参事会と立法議会に代わって、上下二院制がしかれることになった」をインドの自由獲得にかなう方式に改めるか、さもなくば完全に廃止すべきことを提案した。彼は、議会への参加と非協力運動は相矛盾するとは考えなかった。［会議を］ボイコットするというのは、実際には会議場に、すなわち政府の砦《とりで》の中心部に踏みこむことを意味した。この論法は、ガンディーの忠実な弟子たちを納得させることはできなかった。なぜなら彼らにとっては、立法府に参入するということは、たんなる戦術の変更ではなく、非暴力による非協力的運動の原理を冒瀆《ぼうとく》するものであったからである。弟子たちの一人は語っている——「われわれが従事しているのは、純粋な運動である。それゆえにこそ、この運動は駆け引きを超えたものでなければならない。初めから議会を挫折させる目的で会議に参加するのは、駆け引きであるばかりでなく、非協力運動者のだれもが軽蔑すべき不誠実な詐偽行為である」[※2]と。

［中央立法府参事会議長をも務めた］V・J・パテールは、立法府に入りこむのは敵の要塞を征服する目的で、自ら敵の懐にとびこむようなものだと明言した。彼の弟で［ガンディーの忠実な同志であった］ヴァッラブバーイ・パテールはやり返した——「敵の要塞は立法府にのみあるのではない。それが至るところにあるかぎり、［英国］政府は立法府がなくとも百年は機能しつづけることができるだろう」と。

［こうして］非協力運動の綱領を変更することに反対したヴァッラブバーイ・パテール、ラージャゴパラチャーリーほかは、「ノン・チェンジャー［不変派（非暴力・非協力の従来の運動方針を変更しないという意味）］」として知られるようになった。彼らのほとんどは、獄中に繋《つな》がれていた彼らの指導者［ガ

ンディー」への忠誠心に駆り立てられていた。モティラール・ネルー、シュリニヴァーサ・アイヤンガル★2、J・V・パテールらの支持を得ておきながら、C・R・ダースはガヤーの大会で多数派を占めることはできなかった。したがって、立法府ボイコットの戦法は依然として変わることはなかった。大会後ただちにダースは会議党議長の職を辞し、スワラージ党〔自治派〕を結成して自ら党首となり、モティラール・ネルーを書記長に迎えた。かくして会議党は二大勢力《グループ》に分裂し、対立が始まった。

こののち二、三か月間は、国民会議党の政治はきわめて流動的であった。「会議党の最高執行部である」運営委員会と全インド会議党委員から多数の辞表提出者が続出した。一般党員に問題が投げかけられ、「議事進行の問題」がもちあがり、スワラジストと不変派のあいだの激しい論争のなかで、以前からの陳腐な党の綱領をめぐっての問題がまたぞろ繰り返された。議会参入を拒否したガヤー年次大会では、一九二三年四月までに市民的不服従運動を再開するという考えを、漠然とながら持続していた。立法府参入については、互いに沈黙を守るという「紳士協定」が、両グループのあいだで成立していたが、この間に、市民的不服従運動の準備が進められていたのである。ところが、そうした準備にたいする反応は活気に乏しかった。運動の参加者五万人を目標にしながら、実際の登録者は八千人がやっとであった。現況では、スワラージ派だけが、唯一実行可能な戦法を提案しているように思われた。スワラージ派と不変派の妥協点が模索された。インド国民会議党の臨時大会が一九二三年九月、デリーに招集され、同年十一月に予定されていた選挙にたいする会議党の最終態度を討議した。この間に出獄していたキラーファト運動の指導者マウラーナー・ムハムマド・アリーは、スワラージ派を支持していた。彼は、同派の状況の変化に即応して非協力運動を自在に変更してよいという、マハートマから（なんらかの精神的な錯覚か、あるいはテレパシーによって）受けたと称するメッセージを公表して、国民会議党を大混乱におとしいれていた。立法府への参加については、不変派が中立を保つことをきめたため、スワラージ派の候補が会議党の公認を得ることになった。スワラージストたちは二か月そこその選挙戦ではあったが、中央立法議会では議員団を形成するだけの議席数を、州立法府では十分な代表権を、さらに中央州立法議会では過半数を制することに成功した。中央州立法議会ではモティラール・ネルーがスワラージ党［派］を率い、ベンガル州立法議会はダースが率いた。

いっぽうこの間、一九二四年一月十一日にガンディーは［獄中で］急性虫垂炎に罹《かか》り、手術を受けるためにプーナ［プネー］のサスーン病院へ身柄を移された。彼は、手術台で死ぬようなことになれば、民衆の鬱憤《うっぷん》が爆発するかもしれないことを知っていた。［そこで］手術の数分前に、シュリニーヴァーサ・シャーストリ［インド奉仕者協会会長］を含む数人の友人たちの立ち会いで、ガンディーは、マドック大佐ほか彼の治療にあたってくれた医師たちから受けた丁重な配慮に感謝する旨の声明文を口述・署名した。後年シャーストリは、生きるか死ぬかの重大時にガンディーが見せた「気高さ、赦し、騎士道精神、人間性を超えた愛」に、いかに驚嘆したかを記している。一月十二日午後十時に、ガンディーは手術台に横たわった。［手術中、雷雨のために］停電し、外科医長マドックは懐中電灯をとりだしたが、これも途中で電池が切れた。そんなハプニングにもかかわらず、手術は成功し、翌日サーバルマティー・アーシュラムのカストゥルバーイ夫人のもとに一通の電報が届いた——「ガンディー氏は昨夜、虫垂炎の手術を受けられ、夜中の経過は良好、今朝も容態は満足すべきものです」。ガンディーの病の報は、インド中に深い憂慮をもって伝えられた。中央立法府では種々の動議が提出され、ボンベイ立法議会は彼の即時釈放を要求した。ボンベイ州知事サー・レズリー・ウィルソンは、無条件釈放には反対したが、総督は「破壊活動には従事しない」との約定をとりつけるのは、ガンディーの場合は慮外のこととした。そこで総督と知事は、いずれにせよガンディーを釈放しても、不変派とスワラージストの対立の問題に数か月間はかかることになるだろうから、政府を「妨害する」ようなことはあるまいと考えた。一九二四年二月五日の朝、マドック大佐がガンディーの枕もとを訪ね、彼の釈放を告げた。

病気を理由とする刑期半ばの釈放を、ガンディーは「いさぎよしとせず」喜ばなかった。囚人の病気は釈放の正当な理由にはあたらない、とガンディーは主張した。何百通と届いた祝電は、「わたしをたじろがせるような結果への期待」を裏切った、と彼は言った。「自由政府」の命令で刑務所を出たいというかねがねの願望が、どんな事情にせよ、挫折したからである。

釈放後のガンディーの精力《エネルギー》は、会議党内の分裂・不和によって掻《か》き乱されるだろうという「総督」レディング卿の想定は、それほどはずれてはいなかった。スワラージストたちは選挙を戦いぬき、立法府内に確固たる地歩を固めていた。にもかかわらず、彼らはガンディーの祝福を受けることを切望した。C・R・ダースとモティラール・ネルーは、そのころガンディーが病気療養をしていたボンベイに近い海辺の保養地ジュフーを訪ねた。彼らは長時間にわたって話し合ったが、ついにガンディーを説得するには至らなかった。一九一九年のアムリッツァル国民会議党大会では、ガンディーはモンタギュー＝チェムスファド改革案を成立させようと法案を支持したが、それからわずか数か月内にインドの内外で発生した諸事件は、イギリス政府へのかつての彼の信頼と、合法的方法で国民の自由を獲得できるとの可能性への確信を大きく揺がせた。さらに、国民会議党とキラーファト委員会のあいだで交わされた非協力運動の綱領は、一九二四年においてもまだ有効であった。議会のボイコットは、このプログラムには不可欠な項目であった。ガンディーは五項目のボイコット――すなわち、議会と裁判所、学校、軍隊、外国製綿布――が完全に実施されれば、インドを外国支配から〔自ら〕解放できると論じた。スワラージストたちの提唱する「内部からの妨害」は、彼には言葉のごまかしに思われた。〔結局のところ〕人民は政府に協力するか、しないかのどちらかである。偽りの旗じるしを掲げて航行しようとしても無益である。議会はパンではなく、香辛料を与える〔お茶を濁す〕だけだと、ガンディーは警告した。ガンディー自身は、議会参入を良案とは考えていなかったが、スワラージストたちの闘いの邪魔はすまいと考えていた。そこで立法府の問題にかんしては、「中立」の立場をとるよう、「不変派」の人びとに勧めていた。

〔モティラール・〕ネルーとダースは、ガンディーのもとへ行き、スワラージ党〔派〕にたいする彼の強力な支持をとりつけようとした。このことでは、彼らは成功しなかったが、つづく数か月間の出来事は、スワラージ派を中心に政治舞台が回るよう道筋をつけた。ガンディーは、彼の不在中〔服役中」に政治の風向きが変わってしまっていることに気づいていた。非協力運動者たちは、政府にたいしてというよりも、互いにたいして非協力的になっていた。ヒンドゥー＝ムスリムの結合もばらばらになっていた。建設的プログラムは、もはや知識層の心に響かなくなっていた。手織り木綿《カーディ》はこの運動の核心的部分であったため、全インド国民会議党委員会の席上で、ガンディーは党規約を改正して、全党員が一定量の糸を紡ぐことを義務とするよう提案した。スワラージストたちは、この「手織り木綿の責任制度」に反対して席を立った。翌日、ゴピナート・サハ［ベンガルのテロリストで、あるイギリス民間人を警察官僚と誤り殺害した］の処遇を議論していたとき、C・R・ダースがこの若き無政府主義者の自己犠牲の行為に讃辞を呈するのをガンディーは聞いた。決議の投票結果は、わずか八票差の過半数で「サハを愛国者として遇することに異議を唱えた」ガンディーの主張が認められたが、ガンディーは、サハの支援者ばかりか、古くからの同志たちまでが、彼らの口にする非暴力への信念が表面的なものにすぎなくなっていることを思い知らされた。ガンディーは、会場を後《あと》にしようとの衝動を、やっとの思いで抑制《こら》えた。しかし彼は、国民会議党を脱党して、建設的プログラムに専念すべく、完全に政治の舞台からも去ろうと考えていた。もし彼が非協力運動の基本計画（言うまでもなく、大衆による不服従運動は別にして）にもとづき、国民会議党を導いていこうという希望《のぞみ》をつないでいたなら、こうした考えを打ち消すことはできたろう。「しかし」彼はいま、対立する党派間の、「最低限共通する」見解の一致を模索しはじめていたのである。

一九二四年九月に、ジャムナラール・バジャージ［富裕な実業家で、ガンディー運動の熱心な支持者］に宛ててガンディーはこのように書いた。「互いの主張の対立がここまで大きく食い違ったいま、わたしたちは当分のあいだ、大規模なサッティヤーグラハをおこなうという考えはあきらめなければなりません。それができないということは、わたしたちには破滅の原因《もと》になるでしょう。なに一つ正しく理解されていないのです。すべてが誤り伝えられています。不信感があたりをすっかりとりまいているのです。このような現状では、わたしたちの原則に固執し、他人の行動を黙って見まもるのが、わたしたちのなすべき義務《つとめ》です※3」。

ガンディーは「なんとしても」国民会議党の分裂だけは避けたかった。彼は一九〇七年のスーラトの対立〔総督ミントーの宥和《ゆうわ》策をめぐって会議党内の過激派と穏健派の意見が鋭く対立し、ついに少数派であった過激派が党を離脱した〕によって受けた党の損害を忘れていなかった。彼はスワラージストにも友好の手をさしのべたが、そのことは、彼に従う多くの同志たちには、敵に白旗をあげて降服する弱者の姿に映じた。ベンガル州（ここでは州政府が、スワラージストに攻勢を始め、暴力のかどで党員たちをつぎつぎに投獄していた）を訪問したあと、ガンディーはモティラール・ネルーならびにC・R・ダースと共同声明を発表し、非協力運動の綱領は外国製綿布を例外として、「当分は」延期すること、またスワラージ派は独自の資金を募り、それを管理する権限を有する国民会議党党内の一つの重要な組織であることを宣告した。建設的プログラムと紡ぎ車の運営は従来どおり続けられることになった。いずれにせよ、この新しい政策は、スワラージストたちにとっては明らかに勝利であった。

ガンディー＝ネルー＝ダース協定〔共同声明〕は、一九二四年十二月のベルガウム国民会議党年次大会で追認された。ガンディーは、自分が議長を務めることになっていた大会の前夜に、党大会での表立った対立を避けるために、両派の指導者たちと非公式に話し合った。彼は運営委員会からラージャゴパラチャーリー、ヴァッラブバーイ・パテール、「シャンカラール・」バンカーといった「不変派の「中心的な指導者たち」を運営委員会からはずすことで、再度スワラージストに譲歩した。ガンディーはいまや、スワラージストに寛大であったばかりではなく、彼らを強化さえさせていたのである。会議場に臨んでいた何人かの傍聴者たち――そのなかには、彼の忠実な「不変派」党員も含まれていた――の目には、ガンディーはスワラージストに譲歩しすぎのように思われた。総督は本国へ書き送った――「ガンディーはこのところ、ダースやネルーの尻にくっついて歩いています。もっとも彼らのほうでも、ガンディーを最大限に利用しようとしておりますが。そしてガンディーの支持者たちは、彼が頭領でなければ、何人かいる複数の親玉たちの一人みたいだと考えているようです[※4]」。

一九二五年六月にC・R・ダースが死去した。同じころ、インド担当国務大臣バーケンヘッドは、国民会議党に向けたいつもながらの揶揄と脅迫の入り混ざった講演《スピーチ》をおこなった。講演の趣旨は、インド人に向けて「自治を求める前に、まず」自分の家の中をととのえるようにとの警告だと、ガンディーは書いた。彼はスワラージストにさらなる譲歩をすることで、会議党の結束をはかろうと決意していた。こうして彼は、「糸車連盟」までも廃止することに同意した。

釈放後一年たらずで、建設的プログラムを一般大衆規模での非暴力による非協力運動の準備段階とするのは、現実的ではないとの結論にガンディーは思い至っていたのである。一九二一年に彼が掲げた旗幟《はたじるし》のもとに結集した民衆の大多数は、一年以内にスワラージ［自治］が獲得できるだろうという魅力的な未来展望を信じて運動に参加したのだった。そしていま、一九二四年から二五年にかけて彼が提示した闘争計画、すなわち、ヒンドゥー＝ムスリムの結合、外国製綿布のボイコット、不可触民制の撤廃は、「たしかに」戦闘的な闘いを連想させる勇ましさに欠けていた。彼は運動の「政治的側面」にある種の変化が必要なことを感じとっていた――「つまるところ、昔ながらのやり方で好戦的な政治生活を送ってきた闘士たちは、落着いてあぐらをかいて坐ってはいられないのです。いっぽう、わたしのような夢想家たちは、糸車という無害な武器から激しくも積極的な行動計画を紡ぎ出せないものかと期待しているのです[※5]」。

もちろんこれは、一九二五年の時点でガンディーが思いついた新しい発想ではなかった。一九二一年にヴァッラブバーイ・パテールに宛てた手紙で、ガンディーは、一九二五年にスワラージ派の先頭に立っていたヴァッラブバーイの兄のV・J・パテールの政治体質をこのような言葉でそつなく言いあてていた。「彼の活動範囲はなんと言っても議会です。彼は民衆のあいだで落着いて活動するタイプではありません。彼は国家に奉仕するのを望んでいないというわけではありませんが、「これまでも」立法府で働くべく自らを鍛えてきたのです。これら二つの活動の領域は、互いに相異なる特性を求めています[※6]」。

第29章　宗教社会間《コミュナル》の対立戦線

議会［立法府］参加をめぐる会議党内の戦列の分裂が、牢獄から釈放されたガンディーにとって、一つの期待はずれであったとするならば、ヒンドゥーとムスリムの宗教間の対立は、もう一つの、というよりも、さらに大きな落胆の種であった。

非協力運動最盛期のヒンドゥー＝ムスリムの結合は、いまは過去の思い出話にすぎなくなっていた。信頼が不信に変わってしまっていたのである。いくつかの都市に周期的に襲いかかる暴動事件［宗教騒動］とは別に、いまや政治活動にも新聞報道にも、かつて見られなかった敵意が感じとられた。ラージパト・ラーイ、マダン・モーハン・マーラヴィヤ、シュラッダーナンダ［アーリヤ協会の指導者マハートマ・ムンシー・ラーム 第16章★1参照 の別名］といった数多くのヒンドゥーの有力な指導者たちは、ムスリム大衆がキラーファト運動や非協力運動をつうじて危険な覚醒を体験し、いっぽうヒンドゥーはムスリムのコミュナリズム［宗教社会（共同体）主義］にたいして、自衛策をとる必要があると感じていた。そのうえ、ムスリム宗教社会はイギリス政府の後押しを受けていたものと考えられていたので、ことはいっそう危険をはらんでいた。キラーファト運動では最前線に立っていた多くのムスリムの政治家たちも、あらためて考えると、ムスリム社会の立場がそれほど安泰を約束されているわけではない新秩序を得るための闘争に、あまりにも軽々に国民会議党と手を結んだことを悔やんでいた。

互いに他を疑い怖れるといった空気のなかで、すべての出来事がねじ歪《ま》げられ、一方のコミュニティーの挙動がすべて、他の疑惑を呼んだ。一九二一［～二二］年のモープラー騒動［南インドのマラバール地方（現ケーララ州）でムスリム住民が反乱したが、政府の巧妙な誘導で、事態はしばしばヒンドゥー＝ムスリムの対立へと発展した］で、ムスリムがヒンドゥーの隣人たちに彼らの狂信性を炸裂させたことは、ヒンドゥーにとっては悪夢の思い出となった。非ムスリム［ムスリム以外の他宗徒］をヒンドゥー教に改宗させる「シュッディー（宗教浄化）運動」や、ヒンドゥー社会の結束を呼びかける「サンガタン（組織化）」運動は、逆にムスリムの強制改宗運動（タブリガ）を誘発した。［非ムスリムの］ヒンドゥー教への新しい転向に、ムスリムの知識層は憤慨した。［考えてみれば］きわめて逆説的ではあるが、非ムスリムがイスラーム教に改宗しても、彼らはいっこうに間違ったこととは思わなかったのである。しかしいまや、朦朧《もうろう》と霞《かす》んだ記憶と漠然とした恐怖の空気のなかでは、論理的に物事を考えるゆとりはなかった。一九二〇～二二年の友好的な季節には、ヒンドゥーへの見せかけとして、自発的に牛の屠殺はさしひかえていたあのムスリムが、いまや宗教的な義務としてこれみよがしに牛殺しを主張したのである、［他方］ヒンドゥーはヒンドゥーで、宗教的な行列をおこなっているあいだもモスク［イスラーム教寺院］の前でおかまいなしに楽器を奏でるという挑戦的な権利を主張した。[★3] この間、いずれの側のコミュニティーに政府の軍配があがるか、果てしない論争が続いていた。［ムスリムが多数を占める」パンジャーブ州では、ムスリムの一閣僚ファズル・イ・フサイン（この人物はのちに総督の行政参事会のメンバーとなった）が、政府機関でムスリムが握っていた利権から少数派を閉め出そうと密《ひそ》かに画策しているとして、ヒンドゥー、シク両教徒の指導者たちから告発されていた。しかし、ファズル・イ・フサインは、他の多くのムスリムの政治家たちと同様、自宗の信徒をヒンドゥーと同等に扱うためには、［ヒンドゥーに］ある程度の圧力をかけるのもやむなしと信じていた。

この新しい緊張の原因を、非協力運動とキラーファト運動の提携のせいにする者も少なくはなかった。彼らは、民衆をあやつり、早ばやと蜂起させたとしてガンディーに非難の矛先《ほこさき》を向けていた。ガンディーは書いた——「民衆の覚醒《めざめ》は、民衆の訓練には必要な部分であった。わたしはふたたび民衆を眠らせるようなことはしないだろう」と。そしてガンディーは、この覚醒を建設的な事業の方向に向けさせたいと願っていた。二つのコミュニティーを、それぞれが落ちこんでいた精神的な泥沼から引きあげなければならなかった。ガンディーは週刊紙の紙面をとおして、二つの宗教社会《コミュニティー》が罹《かか》っている病状を分析し診断した。こうして『ヤング・インディア』紙は、毎号この問題に費された。ヒンドゥー＝ムスリムの緊張は、国民が彼の方法を理解してくれていたならば、今日のような形にはならなかっただろう、と彼は論じた。［なぜなら］非暴力の教義は、国家の政治的自由ばかりではなく、コミュニティー間の和平への鍵を握っているからである、と。個人間の意見の対立を解決する方法として暴力を放棄する高度な社会では、集団《グループ》間の見解の相違を調停するために、暴力に訴えるようなことはしないだろう。個人間の意見の不一致は、相互の寛容と妥協、調停、それでも決着がつかないときには、最終的に法廷に訴えるという方法がとられるべきである。相手の頭を殴りつける方法では、けっして心は結ばれることはないだろう。ガンディーにとっては、二つの宗教社会間の不和は、真《まこと》の宗教の歪曲《わいきょく》に思われた。祈りをささげるために「敬虔《けいけん》な信者たち」が平伏しているときに、寺院《モスク》の前をヒンドゥー教の信者の集団に騒がしく楽器を打ち鳴らしながら行進させる、それが「宗教」なのか。ヒンドゥーの隣人たちの感情を傷つけるために牛を屠殺させるのが、ムスリムの言う宗教的義務なのか。改宗が道徳的・精神的な高揚からなされるのではなく、口ではあることを、心では他のことを言いながら、「一つの車室から他の車室に乗り移る」だけの回心《かいしん》が、いったいなんの役に立つというのか。職業の奪い合いについては、つまるところ、めぐってくる仕事の数は限られていた。ガンディーは、より高度な職業の口が得られるよう、比較的後進的なコミュニティー［ムスリム社会］に特別な教育の便宜を施そうとしていた。しかし、宗教を能力に代わって雇用の基準におくというのは、経営を根こそぎ台なしにすることであった。

反目の原因を徹底的に検証し、両コミュニティーの良識に訴えることで、ガンディーは［なんとか］双方の正気をとりもどしたいと考えた。しかし両社会間の緊張は、［いっこうに］鎮静のきざしを見せなかった。［南インドの］サムバール、アメティー、グルバルガで［相ついで］宗教騒動が発生した。一九二四年九月にコーハトで起こった騒擾《そうじょう》は、とりわけ規模が大きかった。ヒンドゥー教徒百五十五人が殺害され、事実上ヒンドゥーの全人口が町から追放された。この大虐殺事件は、ガンディーの心を深く傷つけた。非協力運動がもたらしたあの覚醒が破滅的な方向へと陥っていくのを思うにつけ、彼の心はうずいた。——

「わたしは、国民の巨大なエネルギーを産み出すのに役立たなかったのか。もしそのエネルギーが自滅に向かっているなら……救済策を見出さなければならない。……わたしは過ちを犯したのだろうか。わたしは悪と手を結んだのだろうか。わたしは、こうしたすべてのことをしたのかもしれないし、〔あるいは〕なにひとつしていないのかもしれない。……わたしが知っているのは、いまわたしが目前にしていることだけだ。もし真《まこと》の非暴力と真理が国民によって実践されていたなら、いまわたしの目の前で起きているような流血の決闘はありえなかったであろう」。

この個人的な苦悶《くもん》からの活路を、ガンディーは二十一日間の断食に求めた。断食は、デリーのマウラーナー・ムハマド・アリーの家でおこなわれたが、それは自己浄化を意図するものであった——「肉体を抑制するにともなって、魂の力はつのるからである」。断食はまた、国民に働きかける力を回復するためのものでもあった。「断食は、わたしを愛していると公言するヒンドゥー教徒とムスリムへの警告である。もし彼らがほんとうにわたしを愛してくれているなら、そしてわたしが彼らの愛に値するなら、彼らはわたしとともに苦行に耐えてくれるだろう。……互いに相手の宗教をののしり、無遠慮な発言をし、虚偽を語り、無辜《むこ》の人たちの頭を叩き割り、寺院やモスク〔イスラーム教寺院〕の神聖を穢《けが》す——これこそは神を否定することである。世界はわれわれを見守っているのだ——ある者はおもしろがって、またある者は悲しげに。われわれの仲間うちでやっている犬の噛み合いを」[※7]。

断食にたいする国民の反応は、こだまのようにはねかえった。断食開始一週間以内に「統一会議」

がデリーに招集され、諸宗教の代表たちが集まった。インド大主教ウェストコット博士、アニー・ベザント、アリー兄弟、スワーミー・シュラッダーナンダ〔マハートマ・ムンシー・ラームのこと〕、マダン・モーハン・マーラヴィヤらが顔を揃えた。会議は自制心と宗教の自由を確認し合ういっぽう、強制と暴力を非難した。会議はまた、善意を促し、相互の疑念を晴らすために数多くの決議を通した。一九二四年十月八日、断食を始めて二十一日目の朝、マハートマはすべてのコミュニティーの指導者たちの居並ぶなかで、断食を終結した。『コーラン』と『ウパニッシャッド』の聖句が唱えられ、これにキリスト教の讃美歌が混ざるとき、C・F・アンドルーズは「人びとの心が一つになってゆく」のを感じとっていた。

しかし、和解は長くは続かなかった。それからわずか数か月も経たないうちに、ガンディーは痛ましい経験によって〔真相を〕思い知らされたことを告白しなければならなかった。すなわち、結合を掲げた人びとの本心が〔和解ではなく〕分裂にあったことを、そして二つのコミュニティーの指導者たちはパンと魚のために争っていたのではなく、また「諺《ことわざ》の犬どものように、骨を奪い合って喧嘩していたのでもなく、亡影《ぼうえい》のために争っていた」ということを。一九二七年一月に、ベンガル州のコミラのある会合で、ヒンドゥー＝ムスリム問題は、〔いまや〕人間の手から神の御手にゆだねられたと、ガンディーは語った。

ガンディーが訴えた、そして二十一日間の断食によって劇的に演じられた宗教的寛容の呼びかけは、聞く耳をもたぬ聾者《ろうしゃ》に向けられたのであった。彼の苦行は、相争う両宗徒には束《つか》の間《ま》の効力しかもたなかった。コミュナル騒動はその後も相つぎ、国中いたるところで発生した。［しかし］［パンジャーブ州のムスリムの閣僚］ファズル・イ・フサインがサイモン委員会に報告したところでは、一九二二年から二七年にかけてパンジャーブ州で発生した四百七十五件の暴動のうち、［政治のからまない純粋に宗教的な動機の］コミュナル暴動はわずか十四件のみで、八つの市に限られていた。※8これらの暴動は比較的大都市にかぎられてはいたが、それにもかかわらず、政治的な雰囲気を損ない、民族主義的な力を後退させた。また、地方役人たちは不幸を芽のうちに摘みとるべく、しかるべき時期にかならずしも相応の権力《ちから》を揮《ふる》おうとしなかったのではないか、といった疑念もいだかれた。

けれども［なんと言おうと］、宗教社会間の緊張は、政治的要因によっていっそう悪化していたことは疑うべくもなかった。一九二〇年から二二年の会議党とキラーファト運動の提携は、コミュナリズムを叫ぶ両宗の指導者たちを舞台の後方へと押しやっていた。すでに述べたように、当時の政府の最大の懸念は、ヒンドゥー＝ムスリム両教徒の指導者たちが［本気で］提携することであった。※9政府が久しく待望していた両宗徒間の亀裂《きれつ》は、一九二二年の大衆による市民的不服従運動の延期のあとに到来した。積極果敢な運動計画《プログラム》の撤回は、会議党党員にとっては打撃であった。それはまた、キラーファトの指導者たちには、いっそう大きな打撃であった。会議党党員たちはスワラージ［自治］を何か月も、何年も待つことはできなかったが、キラーファト運動者たちには一刻の猶予も許されなかった。結果的には、キラーファトはケマル・アタテュルク［トルコの軍人・政治家（一八八一〜一九三八）。第一次大戦中はドイツに味方したトルコ軍の司令官として活躍。敗戦後オスマン・トルコ帝国の支配者スルタン制を廃し、トルコ人民共和国を創立、初代大統領としてトルコの西欧化・近代化を推進した］のもとで、トルコ人がサルタン＝カリフ制を廃止し、トルコの共和制を宣言したときに、トルコ人自身の手で消滅した。［これによって］キラーファト運動の存在理由はなくなり、運動は霧散《むさん》した。そして、運動の活動家や支援者たちは目標を失い、つぎなる計画もなく、途方に暮れるばかりであった。著書『インドの闘争（邦訳『闘えるインド』）』に読むチャンドラ・ボースの批判には聞くべきものがある。曰《いわ》く――もしキラーファトが組織として個別行動をとっていなかったなら、運動家たちはムスリムの宗教主義組織へ移行しなかったであろう。しかしながら、一九二〇年から二一年にかけてのムスリムの［インド民族運動への］参加は、キラーファト運動がなければ、はたしてありえたかどうかは疑問である。いずれにせよ、受けるべき非難は、キラーファトの指導者と同様、ガンディーにも見抜けなかったのである。

　ガンディー逮捕後のインドの政治的空白と、会議党指導者間の意見の対立は、一九二〇年～二一年に大衆の盛りあがりのもとで鳴りをひそめていた権力側に、息を吹きかえす機会を与えた。立法府は、対立するコミュナル集団の主張の闘鶏場《とうけいじょう》になった。内輪抗争は、イギリス側の歓迎するところであった。［インド担当国務大臣］バーケンヘッド卿は、総督［レディング卿］に宛ててこのように書いている――［こうした対立が根深く、人口の多数の和解しがたい集団に影響をおよぼせばおよぼすほど、われわれが、すなわちわれわれだけが調停者の任を負うことになるという事実はいっそう明らかになりましょう］※10と。

　一九二〇年代の宗教社会《コミュナル》間の問題は、このようにして、二つのコミュニティーの政治権力の成果をめぐる知識階層間の争いになっていった。それは、政府がインドの政界にばらまいたわずかなパン屑の奪い合いであった。ガンディーは「インド南部カルナータカ州の」ベルガウムでの国民会議党大会（一九二四年）の議長演説で警告した――「多数派〔ヒンドゥー教徒〕は自己犠牲の手本を示さなければならない」と。彼がその後ムスリムにさし出した「白地式小切手〔支払人の署名のみ記されていて、持参人が金額を書きこむ小切手〕」は、ムスリムからはこばかにされ、ヒンドゥーを憤慨させたが、それは立法府の議席数と、政府の役職を求めて始まった小ぜり合いにたいする彼の解決法の先見性を物語るものであった。ヒンドゥー教徒は実際、ヒンドゥーの利権を安売りするものだと、マハートマを非難した。その後も繰り返された統一会議と全政党会議をとおして、「多数派」ヒンドゥーは「少数派」ムスリムを、ちょうどイギリス政府がインドの民族主義者《ナショナリスト》たちを扱うように対処した。すなわち、譲歩はするが、しばしばそれは、あまりにもわずかであり、また遅すぎた。

　一九二五年以後もガンディーは、『ヤング・インディア』紙をとおして、ヒンドゥー＝ムスリム問題に再三注意を向けつづけたが、解決についてはほとんど絶望していた。都市の知識層が二つの相対立する集団に分裂していることは分かっていたが、彼にはそれをどうすることもできなかった。「彼らのやり方は、わたしのやり方ではない。わたしは最初からもういちどやりなおそうとしているのです」と、彼は言った。

第30章　仕切りなおし

続く三年間、ガンディーは政治舞台から身を退いた。正確に言うと、見栄《みば》えはしないが、一《いち》からもういちど国家建設というより重大な仕事をするために、時代の政治論争から身を退いたのである。

彼は鉄道から牛車まで、ありとあらゆる交通手段を使って、国内を隅から隅まで旅してまわった。インドの僻地の奥深くまで、藪《やぶ》も茨《いばら》の茂みも泥水さえもいとわず、徒歩で分け入った。行くところどこでも、この国の聖者や予言者の特権であるような熱烈歓迎をうけた。農村の集会に群がった幾千という民衆――彼らは近代文明についても、インドの政治状況についてもほとんどなにも知らなかった――にとっては、ガンディーはまさに「アヴァターラー」、すなわち「神の化身」であった。ガンディーはそういった神格化を嫌った。そして民衆のさし出す神格化の熱意を、前向きで建設的な他のなにかの目標に向けようと努めた。幼児結婚や不可触民制のような時代遅れの社会的弊害をかなぐり捨てて、糸車に精励するよう、彼は民衆に呼びかけた。今回の諸国歴訪はガンディーの肉体に大きな負担であったことはわかっていたので、一九二五年の旅行で、これを気遣ったベンガル地方の友人たちが、一等客車を予約してくれていた。これを聞いて、ガンディーはつぎのような苦情を漏らしたという。

「もしわたしがそんなふうに真綿で包まれていなければならないなら、わたしの巡礼《たび》もたいした成果をあげることにはならないでしょう。わたしは貧しい民衆と同じように生き、旅をしなければなりません。それができないというなら、社会のために旅を続けるのはやめなければなりません。総督がシムラー高原〔ヒマラヤ山麓の快適の避暑地で、夏の総督府の移転地〕からインドの大衆の心を支配できないのと同様、わたしもまた、二倍どころか五倍もするという旅費を払ったのでは、わたしの言葉《メッセージ》をうまく民衆に伝えることはできません」。健康上の理由から二等車で旅行しなければならないときでも、彼の心は痛んだ。三等列車の旅にもどれたとき、やっと心は安らいだ。ガンディーが三等客車を一人占めしたとき（ときたまそんなことがあった）、彼はそれを「一種の詐欺行為だ」と、おもしろがった。ところで、ガンディーの行脚は、当人にとっても、鉄道局にとっても、また旅行の企画者にとっても問題を惹き起こした。民衆の熱狂がしばしば彼らの行動の自由を妨げたからである。たとえば、マドラス管区内のグディアタンでは、群衆がガンディーの滞在していた家になだれこんで、光も空気もさえぎった。まったくもって、仕事も休憩もあったものではなかった。ようやく車に避難した彼を、礼讃者たちの無遠慮な歓迎から救出するためには、車は村から数マイル離れなければならなかった。

二十年代の終わり頃には、イギリス人観察者たちは判を押したように、ガンディーを力を出し尽くした無力な存在と評し、インドの政治家たちも、サーバルマティーの聖者の隠退について口々に囁《ささや》くようになっていた。時代《とき》の政治も、中央や州議会の論争も、新聞紙上をにぎわせていたコミュナルの対立も、明らかにガンディーの関心をそそることはなかった。政治的自由は、彼の見解《かんがえ》では、国家の社会的・経済的再建［の結果］によるものであった。そして、この再建は国民自身の努力によってもたらされるべきものであった。かつて彼は書いた――「政治的解放とは、大衆の意識の向上を意味する。それは、国民の活動のあらゆる分野に影響せずには達成できない」と。

この間の何年かの演説《スピーチ》や著述では、紡ぎ車［の奨励］と不可触民制［の撤廃］の二つのテーマが頻繁に繰り返されている。紡ぎ車、より正確に言うならば、それによって産み出されるカーディー［手織り綿布］は、非協力運動の綱領《プログラム》にも明記されていたが、ガンディーは政治活動の休止中に、それを宗教的ともいえる情熱の対象に変えたのである。彼は「運命の糸」について語り、国民会議党の組織の強化のために「カーディー組合」を提唱し、「紡ぎ糸の通貨代用［職のない無知な下層階級の者に、紡ぎ車を教え、紡いだ糸を組合で食糧品など生活の必需品と交換することで、労働者がアルコールや賭博などにはしることを防いだ］」を心に思い描いた。西洋式の教育を受けた知識人たち――熱心な国民会議党党員まで――が、カーディーの手織木綿《カーディー》熱はやり過ぎではないかと疑った。政府にとっては、市民的不服従の脅威がなくなったいま、ガンディーの妄想に思われた。政府がカーディーを正面からまともにとりあげ、［ガンディーにおける］政治運動の重要な経済的手段として注目するようになったのは、一九三〇年代にふたたびカーディーが政治闘争の一つの重点になったときであった。紡ぎ車にたいするガンディーのほとんど感情的と言ってよい献身が、イギリス人や、西洋式の教育を受けた都会育ちのインド人たちを面くらわせたのは、さほど驚くにはたりなかった。彼らは両者ともに、すなわち前者は［それを考えようとする］意志の欠如から、後者は［自国の農村への］意識の欠如から、農民の信じがたいほどの貧困を理解していなかったのである。あれほど信仰深かったガンディーがこのような言葉を残している。「飢えた人びとにとっては、自由も神も、まったく意味をなさない文字である。これらの不幸な人びとにとって解放者とは、彼らに一片のパンを届けてくれる人である」と。「農村には」耕作地をまったく所有しない赤貧洗うがごとき農民ばかりではなく、一年のうちほとんど半年間は仕事にありつけない幾百万という農業労働者たちがいた。彼らの惨めな所得は、家内工業の導入でなんとか補足できるとガンディーは主張した。そして、インドの農村では、手織り木綿ほど容易にできる自然な家内工業はなかった。人びとは、食事を料理するように、家にいて糸を紡ぎ、布を織ることができた。実際には、紡ぎ車は農民たちのわずかな収入に貧弱な労賃をプラスするだけであったが、一九二五年八月にカルカッタのロータリークラブでガンディーが述べたように、一日一食で暮らし、一か月平均三ルピー以上稼ぐことのできないインドの人口の十分の一の貧困階層には、紡ぎ車で得ることのできる五、六ルピーの収入は、ありがたい身入りとみなさなければならなかった。詩人タゴールが、紡ぎ車を強調するのは「この国に死のような単調さ」を招くことになるだろうとの危惧を表明したとき、ガンディーはつぎのように答えた。

「わたしは、詩人が音楽を捨てるのを、農夫が鋤《すき》を、法律家が摘要書を、医者が披針《ランセット》を手離すのを望んだのではありませんでした。彼ら［法律家と医者］も自己犠牲として毎日三十分紡がなければならない、と言ったのです。わたしは実のところ、働く意欲すら失くした餓死寸前の人たちに生きるために糸を紡ぐよう、また半飢餓状態の農民たちに、生活の足しになるよう、余暇の時間に糸を紡ぐようにと求めたのです」。

　このように、糸車の呼びかけは、農夫や労働者、農村の無力な寡婦たちには［直接に］経済的な意味をもついっぽう、都市住民には道徳的、または（ガンディーの言葉をもってすれば）精神的な基盤に立っていた。インドの都市は農村の犠牲の上に繁栄してきたのだ。しかしいま、都市住民は、農家で紡がれ、織られた綿布を買い求めることで、過去の罪を贖《あがな》い、農村と都市のあいだに感情《こころ》的の絆と同時に、経済的な絆を結ぶ機会をもったのである。ガンディーが創立した「全インド紡ぎ手協会」は、しっかりとした足どりで手織り木綿《カーディ》の生産にとりかかった。一九二六年末までに、協会には四万二千九百五十二名の紡ぎ手と、三千四百七名の織り工、加えて一千五百の農村の生産センターで働く百十名の梳《す》き職人が登録され、九十万ルピーがこれらの労働者たちに分配された。この数字は、信じがたいほどの成果であった。とは言ってもそれは、インドの農村のごく周辺部に限られたことではあったが。

　糸車はしだいに、ガンディーの提唱するインド経済における農村発展の核になっていった。そしてその周辺には、マラリア撲滅運動をはじめ、衛生施設の改良、農村紛争の解決、牛の保護と飼育等々、農村の復興に求められるさまざまな有益な活動が提言された。糸車の経済学は、このようにして、新しい農村経済の「学」となった。糸車は当初は、農村の慢性的な失業問題の解決策として奨励されたが、やがて家内工業のたんなる道具以上のものになっていった。民衆に糸車を「教えこむ」努力のなかで、ガンディーはそれを理想化した。彼は糸車を経済疾病の万能薬としてばかりではなく、国民の結合と自由の推進力とした。それは外国支配否定の象徴、ジャワーハルラール・ネルーがくしくも言ってのけたように、「自由のシンボルマーク」となった。

糸車が産業中心主義や物質主義にたいするガンディーの抗議の声であったことは論をまたない。しかしそれが、この国のもっとも賤《いや》しい人びと、もっとも貧しい人びとと深く結ばれていなければ、彼にとって糸車はそれほど意味をなさなかった。「わたしは農村に分け入れば入るほど、そこで出会う農民の眼差しにうつろさを感じ、ショックはいっそう大きくなる。彼らは、彼らの牛とともに働く以外になすことはなく、ほとんど牛になってしまっているのだ」と、ガンディーは書いた。牛の後《あと》を歩くこれらのやせこけた農民たちの姿は、片時もガンディーの脳裏を離れることはなかった。ある人が、この国に禁酒が実現される日を辛抱強く待ちましょう、と言ったとき、ガンディーは答えた。「飲んだくれの妻にただ辛抱するようにと言えますか。そのとき彼女が、あなたのことをどう思うか考えてごらんなさい。わたしが世間にごまんといる酒飲みの妻だとして、我慢などできそうにありません」と。ガンディーは、世間にごまんといる酒飲みの妻であったばかりではなく、幾百万の半飢餓状態の農民たちの妻でもあった。彼の想像力に因《よ》って来たる同情心をもって、彼は他者の思いや感情のなかに分け入ることができたのである。インドの農村の貧しさや悲惨さをあらためて意識することで、彼は耐えがたい苦痛を味わった。「ある人がわたしに（糸車について）質問したとき、わたしの内部《うち》でたちまち火山全体が噴火した」と、彼は言った。彼の言葉は、しばしば彼の苦悶をさらけだしていた。ジャーールパイグリのある集会で彼は語った。「インドは瀕死の状態にあります。もしみなさんがインドを救いたいと思われるなら、わたしがお願いしているごく小さなことから始めてください。わたしはみなさんに早刻糸車を廻わしてもらいたいのです。さもないとインドは滅びてしまいます」と。また彼は、チッタゴン〔現バングラデシュの港市〕の口さがない学生たちに向かって、「インドの貧困状態は、チッタゴン製の最悪の木綿《カダール》よりも劣悪です」と言った。

一九二五年に、ガンディーは広く国内各地を旅してまわった。彼の旅程には〔インド西部の郷里〕カーティヤーワール、中央インド、〔東部の〕ベンガル、〔南部の〕アラバールやトラヴァンコールなどが含まれていた。トラヴァンコールでは、不可触民と呼ばれる人たちが寺院の参道を通行するのを禁じられた、理不尽な独善に反抗する〔不可触民たちの〕サッティヤーグラハ運動を、ガンディーは目のあたりにした。彼は正統バラモンの因襲《いんしゅう》に反抗するこの闘争を支持した。不可触民制の問題についての言及は、今回の旅行の彼の講演では目立って多かった。サウラーストラのある会場では、不可触民たちが会場の片隅に隔離されるように坐っているのを見たガンディーは、正統派ヒンドゥーの前に置かれたテーブルを横切って部屋の隅へ行き、そこから会衆に語りかけた。将来、このような会合で予約を必要とするのは（汽車に乗るのにヨーロッパ人や英印混血のように、と彼はユーモアたっぷりに言った）、正統派バラモンのお偉え方のほうかもしれないと、彼は説いた。

一九二六年は〔政治的には〕沈黙の年であった。ガンディーはこの年をサーバルマティー・アーシュラムで過ごした。実のところ、十年前にこの地にアーシュラム〔修道場〕を設立して以来、ガンディーは落着いて多くの時間を、ここで仕事にさくことはできなかった。一九二五年十一月には、ガンディーはすでに『自叙伝――わたしの真理実験の物語』を毎週一章ずつ、彼の週刊紙『ナヴァジーヴァン（新生）』に連載しはじめていた。物語の原文は［ガンディーの母語である］グジャラート語で書かれ、英語訳は、［秘書の］ピアレラール、★4ミラー・ベーン★5と、［インド奉仕者協会会長の］シュリーニヴァーサ・シャーストリの協力を得て、愛弟子マハーデヴ・デサーイ（第20章★9参照）が担当し［『ヤング・インディア』紙に掲載され］た。この年の『ヤング・インディア』は、ガンディー思想の精髄をよく活写していた。それは、日常の政治問題よりも、手織り木綿や断食、健康や非暴力などの問題に、彼がいかに熱中していたかを示していた。なかでも、ガンディーが話題の中心になった二つの論争事件は、彼のアヒンサー［非暴力＝愛］の思想をよく伝えている。アフマダーバードの織物工場主アムバーラール・サラバーイが［工場にはびこる］野犬狩りをして射殺を命じたとき、ガンディーはその行為を容認したため［教条的に不殺生を主張する正統ヒンドゥーから］一斉攻撃を受けた。つぎに、アーシュラムで飼っていた仔牛が回復の見込みのない病で苦しんでいたとき、ガンディーは仔牛の屠殺を許可した。いずれの場合も、ガンディーは悪意にみちた非難の矢面に立たされた。「わたしとアヒンサーの信奉者たちとの行き違いは、彼らがそれを盲目的に崇拝するあまり、アヒンサーをただ［字面《じづら》どおり］殺さないことと受けとっていることである」と、ガンディーは書いた。

　一九二六年暮れに、ガンディーはインド国民会議党年次大会に出席するために、［北東部アッサム州の］ゴウハーティに赴いた。それより少し前に、狂信的な一人のムスリムが［ヒンドゥーの有力な指導者］スワーミー・シュラッダーナンダを暗殺するという［悲愴な］事件が発生した。ガンディーはゴウハーティに集まった全印の指導者たちに向かって言った——殺害の罪を犯したのは、暗殺者ではなく、「互いの憎悪を煽《あお》った指導者たちである」と。

一九二七年の初めに、ガンディーはふたたび遊説旅行にのぼった。まずベンガルへ、ついでビハールとボンベイ［の各州］を訪ね、三月末の週には［南部の］カルナータカ州を旅した。この四か月間、彼は休むことなく旅をつづけ、ときには、週に三十回、日に六回もの集会に臨んだ。ガンディーは文字どおり疲労困憊《こんぱい》していた。頭はふらつき、目はぼんやりかすんでいた。そして、ついに発作に見舞われた。一九二七年三月二十七日付のマハーデヴ・デサーイからミラー・ベーンに宛てた電報にはこのようにある。「バープー［「お父さん」の意でガンディーの側近たちによる愛称］は危ぶいところで卒中を免れました。血圧はいまも高いままです。医者たちは、それを過労と神経疲労のせいだと言い、ともかく暑い季節は、十分な休養をとるよう、すべての予定の取り消しを勧めています。二十八日にはベルガウム［カルナータカ州の標高七百メートルの高原都市］へ発ちます」。

ガンディーは、サーバルマティー・アーシュラムに帰ることを切望していた。しかし医者たちは、もっと涼しい土地に行くよう勧めた。そこで彼は、マイソール［南インドの標高七百七十メートルの熱帯高地特有の半乾燥気候に属する都市］へ移された。同地での気候と休養は、思いのほか病の回復を早めた。一九二七年五月初めまでに、血圧は正常値に下がり、「まったく良好」と感じていた。そして、いつもどおりの散歩と論文の執筆、おびただしい数の読者からの「ラブレター」への返信の仕事を再開した。ガンディーは旅程を続行した。彼の講演旅行のテーマは変ることはなかった。すなわち、手織り木綿《カーディ》の布教と、不可触民制の撤廃、宗教社会《コミュナル》間の融和の促進がそれであった。彼はカーディーの普及促進のために寄付金を募《つの》った。老婆が震える手でパイ［インドの旧青銅貨］をしっかりと包んでいたサリーの縁の結び目［インド人女性はよく、サリーの縁に小銭を入れてしばる］をほどく姿を見て、ガンディーは心を震わせた。彼は、マダン・モーハン・マーラヴィヤが藩王たちから巨額の寄付金を集めたことを特筆するいっぽう、自分より貧しい人たちのために貧者の財布を空《から》にさせたことを誇らしげに語った。ある農村でのガンディーのスピーチは、ただひとこと――「貧しい人たちのために、あなたの懐を空にしてください」であった。また他の村では、カーディーの売店を開き、ひとこともしゃべらず、物指しと鋏《はさみ》と請求書を前に坐り、黙々と領収書にサインをしていた。このときは、次の村へ車を走らせるまぎわまでに、一時間ほどで十ルピーの手織り木綿を売りあげた。

　ガンディーの遊説旅行は、長年にわたる民衆の無気力や、恐怖心や、迷信から国民を解放するための好機となった。ある村で、わざわざ銘入りの金銀をちりばめた小箱が贈られると、彼は顔をしかめ、「なにかもっと安くて、地方色豊かな芸術的な代物《しろもの》」をと所望した。彼は［その場で］贈られた金銀の小箱を競売にかけ、入手した金子《きんす》をカーディー基金に積み立てた。彼はまた、彼に贈られる花環［インドでは、客人を迎えるのに頸《くび》に花環を掛ける習慣がある］のため無駄金を使ったと村人たちをたしなめ、「今日の花環のためにとっておいたルピー札で、あなたがたは十六人の貧しい女たちに一食ずつ食事を施すことができるのです」と、苦言を呈した。南インドを旅行中、「デーヴァダーシー［「神の召使」の意で、もとはヒンドゥー教寺院に所属する踊り子を指したが、やがて遊女を意味するようになった］の弊害について説き続けた。

　また、半年後の水道施設と電力供給のための三十万ルピーの事業計画を誇らしげに伝えるマイソール市の計画委員会にたいして、ガンディーは祝辞と同時に疑問を投げかけた。「みなさんは、市《まち》の幼な子たちのために廉価《れんか》で安全なミルクを保証できたのでしょうか」と。それから、「みなさんはご自分の手に箒《ほうき》とバケツを持たないかぎり、町《まち》も市もきれいにすることはできませんよ」と、つけ加えた。

第31章　加速するテンポ

ジャワーハルラール・ネルーがヨーロッパに一年滞在して、一九二七年十二月に帰国したとき、彼は国内の政治的空気にある種の変化を敏感に感じとっていた。彼はそのことを、このように書いている――「〔私の訪欧前の〕一九二六年初頭は、インドは不活発で受動的で、たぶん一九一九年から二二年にかけての〔第一回非協力運動当時の〕あの頑張りを完全には回復していなかった。〔ところが〕一九二八年には、インドは活き活きと行動的で、抑圧されたエネルギーが沸々とみなぎっていた」[※11]と。不満の徴候が社会のあちこちで見られた。とりわけ、産業労働者や農民、中産階級の若者たちのあいだに、それは歴然と見られた。労働組合が勢いをとりもどし、労働者たちは反抗的になっていた。全インド労働組合会議は戦闘的になり、階級意識を明確にする組織になっていた。組合運動に関心をいだく〔若い〕政治家たちのなかには、ジャワーハルラール・ネルーとスバース・チャンドラ・ボースの名が見られた。二十年代末にはストライキが頻発し、とりわけ注目すべきものとして、ボンベイの織物工場、ベンガルのジュート〔黄麻〕工場、ジャムシェドプル〔タータ製鉄所で知られるビハール州南東部の工業都市〕の製鉄・鉄鋼工場の騒動があった。労働運動は、直接〔イギリス政府に反抗する〕

政治運動とは関係はなかったが、すくなくとも、既存の秩序に反対する運動であった。
政府に不安な時間《とき》を与える散発的な政治暴動とは別に、青年同盟が各地で発生していた。若者たちの会議がつぎつぎに開催され、そこでは政治的・社会的・経済的不正への過激な解決策が提案されていた。

農民の不満がいくつかの州で噴出し、グジャラート州とボンベイ管区内で沸騰点に到達していた。バルドリー郡は、一九二二年の初めに［第一回］非協力運動を頂点へと導いた租税不払い闘争の先鋒としてガンディーが選んだ土地であった。チョウリ・チョウラの悲劇が、バルドリーからその栄誉を奪ったが、六年後のいま、ボンベイ州政府の税務当局がふたたび同地の名を世に知らしめた。ここでは［税額の］定期的な査定がおこなわれていて、その業務はスーラト県の税務副署長であるジャヤカルに託されていた。彼は同地の査察をおこない三〇パーセントの増額を提言した。ジャヤカルの報告書の前提となった調査事項が調停委員会で問題になったが、ボンベイ政府は二二パーセントの地税の増額を承認した。バルドリーの農民たちは、ボンベイ立法府の彼らの代表［立法議員］をつうじて当局に抗議した。嘆願方式ではもはや要求が通じないと知ると、農民たちはヴァッラブバーイ・パテールのもとへ行き、問題を取りあげてくれるよう頼みこんだ。パテールはかつては弁護士として名をなしていたが、本業をなげうって［ガンディーの］非協力運動に参加した経歴の人物であった。彼はアフマダーバード市議会の議長として知られていたが、彼の組織力を完全に開花させたのは、このたびのバルドリー問題によってであった。パテールは実状を詳しく調査し、農民たちの言い分が尤《もっと》もであることをガンディーに報告した。「前進してください。グジャラートに勝利あれ」と、ガンディーは祝福した。

こうして、瞠目《どうもく》すべき、最初はだれの目にも勝負にもならないと思われた、バルドリーの農民とボンベイ政府の戦いが始まった。政府は、査定のやりなおしを要求するパテールのアピールを却下し、農民たちが「部外者」の言葉に耳を貸すことでこうむるであろう損失の責任は［政府には］ないと宣告した。ここでは、グジャラート［出身］の指導者であるヴァッラブバーイ・パテールまでも、バルドリーの部外者呼ばわりしたイギリス人官吏たちの無知な皮肉が目立った。農民たちの返答は、政府が地税を以前の率にもどすか、それとも査定のやりなおしに同意するまでは「独断的で、不公正で、過酷な査定」の支払いには応じないとの誓約であった。ヴァッラブバーイの仕事はけっして容易ではなかった。バルドリーの農民たちは温厚なことで知られていた。この地方では、犬でさえ、見知らぬ人に吠えつくことはないと言われるほどであった。[※12]彼らのなかには、数こそ少なかったが、裕福な農民や、海外で蓄財している富裕な商人たちがいた。これらの人たちは、政府の圧力《ちから》には屈しやすかった。ヴァッラブバーイはバルドリーの住民たちに、サッティヤーグラハの手法を一から手ほどきすることで闘いを開始した。彼は人びとに、政府を相手どっての闘争では、こちらが完全に破滅する覚悟がなければならないと、呼びかけた。住民たちの反応は立派であった。子どもたちまでが歌った――「たとえこの身はこなごなに引き裂かれようとも、われらは誓いを守るだろう。勇敢な戦士たちを目覚めさせよ。陣太鼓は鳴った。勇者たちを喚《よ》び起こせ。憶病者は追い払え」。

政府は農民の抵抗運動を叩きつぶそうとした。そして、税金の支払いに応じる者には譲歩［割引き］を約束し、富裕な農民と貧困な百姓を引き離そうとした。また、穀物をただ同然の値段で売り払ったり、税金代わりに、土地や家財道具や家畜を没収した。村人のだれひとり、そうした没収品を運搬したり、買い求める者はいなかったため、そうした汚れた仕事をさせるのに、政府はパターン人［インド西北部（現パキスタン領）に住む気性の荒いムスリム族］を駆り集めた。弱腰の仲間や高圧的な役人にたいする村人たちの武器はボイコットであった。そして、この［無類の］武器を、村人たちは完璧なまでに効果的に行使したのである。

ガンディーは、サッティヤーグラハのこの大規模な実験に大きな関心を寄せた。そして、公的にも私的にもこの運動を支持した。しかしヴァッラブバーイ・パテールは、彼にバルドリーへの出立を延期するよう促した。闘争が地方的問題から国民的問題へと拡大する危惧《おそれ》があったからである。V・J・パテール［ヴァッラブバーイの兄でスワラージ党の指導者］は［総督］アーウィン卿に調停を求めた。国民会議党運営委員会は、運動のもつ意味について討議した。そして、H・N・クンズルー［アラハーバード大学、ベナレス・ヒンドゥー大学などで評議員を務めた著名な教育者］を含む第三者的な立場の監視者たちが、事実関係を調査することになった。ボンベイ立法府の幾人かの議員が辞表を提出した。インド系の新聞はもとより、『ステイツマン』紙や『パイオニア』紙といった英字新聞までが調査の必要を支持した。しぶしぶ政府は、世論のあらしに屈し、二十二人のイギリス人官吏から成る委員会の独自の査定のみなおしに同意した。この委員会は、実際に徴収されていた二二パーセントにたいして、五パーセントの地税の引きあげが妥当であると報告した。バルドリーの農民たちは、ヴァッラブバーイ・パテールに「サルダール［（偉大なる）指導者の意で、ガンディーが「マハートマ」と呼ばれたように、インドではしばしばすぐれた人物を、その人格と業績にふさわしい敬称や愛称で呼ぶ］という尊称を贈った。停滞していた年月のあとの、この成功裏の闘争は、祖国の自由を求める人びとには胸のときめく経験であった。闘争は、国民運動に繋がれるのをいまや遅しと待っていた潜在的エネルギーの表現《あらわれ》であった。

この間、インドの政治は二十年代半ばの暗礁に乗りあげた状態からようやく脱出しようとしていた。スワラージ党［派］は一九二三年以来、インドの政治舞台を左右してきた。同派は官僚への抵抗の空気を醸成し、憲法を頓挫させるべく出発した。パンディット・モティラール・ネルーとC・R・ダースによって創立されたスワラージ党は、重要メンバーに、ラージパト・ラーイやV・J・パテールといった高名な政治家たちを迎えていた。一九二三年と二四年には、二つの州［ベンガル、中央両州］で、両頭政治的な地方政府の制度を運営不能に追い込んだ。中央立法府［議会］でも、同党はコミュナル選挙制度［宗教や階層別に議席数を割り当てる分離制度］や、官僚と任命議員の堅固な連合があったにもかかわらず、政府の威信に計画的な打撃を与えた。すなわち、予算をくつがえし、新憲法づくりのための円卓会議を要求したのである。官僚たちのスワラージ党への当初の印象を、われわれは、総督からロンドンのインド担当国務大臣宛の書簡に読むことができる。「目下のところスワラージスト［自治主義者］たちは、すべて独自の方法でやっています。スワラージストの向こうを張ったり、攻撃する者はだれもいません。……穏健派はスワラージストとくらべると、まったく怠惰《たいだ》で、憂鬱《ゆううつ》げな表情をしています。[※13]」

パンジャーブ州知事サー・マイケル・オドワイヤーは、「スワラージストの妨害行為は、正面切っての反乱よりも始末が悪い」と考えていた。総督の行政参事会の内相で、中央立法議会の官僚グループの指導者でもあったサー・マルコムが、U・P州の知事に任命されたときに語ったと伝えられる言葉は、たんなるユーモア以上の含みをもっていた。「パンディット［モティラール・ネルーの敬称］やV・J」パテールは、あまり問題が起こりそうにないところなら、どこへでもよろこんで出かけていくようだ」と。

スワラージ党の目ざす高い戒律は長続きしなかった。議会での絶対多数が欠如していたため、必要に迫られて他の政党と連携しなければならなくなった。この協力はときには、戒律という立場からすれば、高価な代償を払って手に入れなければならなかった。政府は彼ら流のやり方で、公的保護や利益供与をばらまくこと――たとえば、州内閣の閣僚ポストや、ジュネーブ訪問といったおいしい話――で同党の脆弱《ぜいじゃく》な下部議員たちを誘惑することができた。コミュナル選挙制度で選出された議員たちの何人かは、この国にはびこるコミュナリズムの害毒から逃れることはできなかった。「スワラージ党所属の」ムスリム議員は、つぎつぎに［スワラージ党を］脱落していった。マハーラーシュトラ州出身のスワラージストたちは、「呼びかけに応える協力」を［脱落の］言い訳にした。同党は、党の副参謀長官であったラージパト・ラーイの離党で最大級の打撃を受けた。一九二六年の総選挙では、同党は中央でも地方［州］でも後退した。マドラス管区を除く、各州で議席を減らした。連合州では、モティラール・ネルーが中央立法議会に選出された唯一のスワラージストであった。［ジャワーハルラール］ネルーの見たところでは、「それはナショナリズムと低俗なコミュナリズムの争いであり、後者が前者を制したというだけのことであった」。

政府はいまや立法府を思いどおりに操《あやつ》るのは、さほどむずかしいとは思わなくなっていた。一九二六年三月、総選挙を前にして、モティラール・ネルーは宣言した――「われわれは、こうした上部《うわべ》の制度には、もう用はない」と。息子［のジャワーハルラール・ネルー］は、どのようにして彼が［イギリス統治に］幻滅を深めていったか、そして、当時の状況下では、合憲的方法［立法府参加方式］がインドにとっていかに無益で無用なものであったかという悲しい結論に至った経緯を『自叙伝』に記している。国民会議党所属の立法府議員たちを統率する中央議会運営委員会といったものはなかった。来る年も来る年も、相も変わらず、同じ官僚相手に弁舌巧みに議論を戦わせるのは、うんざりする仕事であった。政府高官たちは立法府にあっては、コミュナル選挙制度で選出された強固な官僚ブロックに守ら《ガード(さ)》れていた。また、高邁な理想も規律ももたない、いろいろな政治グループ――彼らは個人的な、あるいはコミュナルな下心をいだいていた――を協力へと導くのも骨の折れる仕事であった。「政府を粉々につぶしてやろうと出発したはずの者たちが、［最終的には］自滅してしまった」※14というヴァッラブバーイ・パテール［一九二二年来の筋金入りの「不変主義者」であった］の、スワラージストへの揶揄《やゆ》には、多大の真実が込められていた。議会的手法へのスワラージストたちの失望は、彼らがふたたびガンディー陣営へ復帰することになる重大要因であった。

底流にさまざまな不満を内包していたにもかかわらず、一九二七年のインドの政情は、穏やかな表層を呈していた。レディング卿は、彼の後任総督は十八か月間は気楽な幕間の時間《とき》をもつだろうと予言した。しかしそれは、嵐の前の静けさにすぎなかった。予言はそのとおり的中したが、イギリス政府自身が嵐を持ち込んだのである。一九二七年十一月二日に、ガンディー、モティラール・ネルー、アンサーリー、ジンナーらを初めとする多数のインド人指導者たちがデリーの総督官邸に召集され、王任委員会〔国王の任命する委員によって構成される王立立法委員会〕の任命書を手渡された。会議の用件は、任命書の賜与《しよ》のみであった。はるばる一千マイルを旅して来たガンディーは、これしきの儀式のためなら、どうして葉書一本で済ませないのかといぶかった。インドの指導者たちに手渡された文書の内容は、新聞に伝えられたものと一言一句変わらなかった。「〔それでも〕インドの指導者たちは、侮辱されたとは思わなかった」と、総督の伝記作家は書いている。[※15] これまでインドが統治されてきた「一九一九年のインド統治（一九一九年）法〔モンタギュー＝チェムスファド改革法〕」には、十年後の憲法問題に対応する一項が含まれていた。その条項は、イギリスの保守主義者からは一種の安全弁とみなされ、インドの民族主義者からは、「インドの自由への」加速レバーとみなされてきた。この憲法改正スケジュールに二年先立つ一九二七年の王立立法委員会の設置は、さまざまな憶測を喚び起こした。このことは、イギリスの保守党政府が総選挙後に政権を交替すると予想されていた労働党政府にインドの問題をまかせるくらいなら、「いっそ自分」の手で処理しておきたいと考えていたことの表われであった。ということは、バーケンヘッド著『最終段階』の一節を引用するならば、「われわれはなんとしても、一九二八年におこなわれる王立立法委員の任命を、われわれの後継者の手に委《ゆだ》ねるという危険を冒すわけにはいかなかった」からである。

委員会の設置を急いだのには、ほかにも理由《わけ》があった。スワラージ党は［立法府の内部から］一九一九年のインド改革法を、すべての分野で、小手先の小さな改革を加えるだけでは満足せず、各州における相当な自治権と、中央での［政治に］責任を果たすことを要求していた。そこでたぶん、バーケンヘッド卿［インド担当国務大臣］と保守党政府は、インドの政治世論に餌をばらまくことで、当分の政治活動に焦点を合わせていた。このことに関連して、レディング卿が一九二五年十二月に、バーケンヘッドに「好ましい雰囲気を醸成するため」に、スワラージストたちの銃口を避けるよう警告していたことを[※16]想起するのはおもしろい。

バーケンヘッド卿を動かした背後の動機がなんであれ、彼の試みは完全に不発に終わった。［一九二八年二月に、イギリス政府は将来の憲法改正に向けて、自由党のJ・A・サイモンを委員長とする「七人の招かれざる紳士たち」をインドに派遣して、実情調査に当らせた。］委員長のジョン・サイモン卿以外は、みんな「二流の飛行士たち」であった。委員会の若手委員のなかには（サイモン伯爵の『回想記』にもあるように）、将来の英国首相で、当時は下院の平議員であったクレメント・アトリーの名前も見られた。インド人の感情をもっとも傷つけたのは、「白人ばかりの調査委員会」で、一人としてインド人の委員が含まれていないことであった。英国議会の責任によって設立された王立委員会は、外部から委員を迎えることができないという言い分は、［一見］合法的慣習のように聞こえたが、それは重大な政治的手落ちであった。同委員会はインドでは、インドの自治政府の問題を外国人が調査するものとみなされたからである。インド国民会議党は、「あらゆる段階で、またあらゆる形で」委員会をボイコットすることを決議した。バーケンヘッドに当然協力するものと思われていた会議党の穏健派やムスリムの政治家たちまでが、異口同音に委員会を非難した。委員会のボイコットは、ばらばらに分裂していた政党間に共通の議論の場を提供した。この連合戦線は、バーケンヘッドからの度重なる怒りの爆弾によってかえって強力になった。バーケンヘッドは、彼一流の政治的機知《ウィット》でナショナリストたちの感情を逆なでしてはおもしろがっているようであった。中央立法府がラージパト・ラーイの提案した有名なサイモン委員会ボイコットの決議案を議論しはじめたまさにその日に、ボイコット政策は、インドが自治への道から遠のいたことを［英国］議会に確信させただけの話だと、バーケンヘッドは宣言した。総督はなんとか騒ぎを鎮《しず》めようとして、「歴史の判断」に訴えた。そして、妨害せずに援助してくれそうな人たちに呼びかけた。総督はひそかに「ボイコット組」からムスリムを引き離そうと画策した。しかしバーケンヘッドの尊大な態度は［ムスリムの指導者］ジンナーまでも遠ざけてしまった。こうしてボイコット決議案は、六十八対六十二票の僅差《きんさ》で、立法議会で採択された。

インドの世論にたいする遅ればせの譲歩として、中央と地方の立法府にサイモン委員会を補佐する［インド人］委員会が設置された。しかしながら、これらの委員会は諮問機関的な地位にとどまり、インド・ナショナリズムの傷ついた自尊心をとりもどさせることにはならなかった。黒旗を振るデモ隊と、シャッターを閉ざした商店のウィンドーが、委員会の行く先々の市《まち》で、「サイモンら七名の紳士たち」を出迎えた。デモ行進は警官に阻止され、ラホールの［警官隊の］襲撃では、パンジャーブ州の卓越した［会議党の］指導者ラーラー・ラージパト・ラーイが、若いイギリス人警官に強打された。ラージパト・ラーイは重傷を負い、数日後に落命した。この悲劇は大衆の憤慨をあおり、ボイコットの勢力はいやがうえにも増大した。当局も態度を硬化させ、デモ隊への殴打は日常茶飯事となった。

サイモン委員会のボイコットは、政治の気圧計《バロメーター》を上昇させ、ほかにはほとんど共通項をもたない幾多の政党までも結合させた。バーケンヘッドの挑戦は、インドの指導者たちを一致した憲法問題の解決へと駆り立てた。「私はインド担当国務大臣在任中の三年間に二度ばかり、インドの評論家たちに、彼らの判断でどのような憲法の改革がおこなわれるか、提言するよう促した」と、バーケンヘッドは胸を張り、「このことは周知のことである」と付言した。この挑戦状への回答として、一連の「全政党協議会」が開かれ、憲法草案が起草された。［モティラール・］ネルーを議長とする会議の報告書は、通称「ネルー報告書」として知られているが、そこでは政府の議会制度、「コミュナリズムによらない」共通選挙民制度、少数民族の保護などについていくつかの複雑な理論などが考察されていた。一九二八年八月の全政党協議会の最終会議で草案が採択される前に、「［イギリス帝国内での］自治領の地位」か「完全独立」かの問題で、議論は紛糾した。「ネルー報告書」は自治領の地位を勧告したが、それは国民会議党穏健派とその他の政治集団のあいだで最低限の同意の共通項を得る基礎になるためのものであった。会議党の若手グループは、インドの自由にいかなる拘束を受けることも好まなかった。しかしモティラール・ネルーは、彼の名がそのまま冠せられた報告書の実施に熱意を燃やしていた。[息子の]ジャワーハルラール[・ネルー]とスバース・チャンドラ・ボースは、国民会議党を離脱すると脅した。彼らの辞表は受理されなかったが、彼らは完全独立のイデオロギーを会議党内に宣揚するために「独立連盟」を立ちあげた。次の会議党年次大会は、一九二八年十二月にカルカッタで開催されることになっていた。そして、党内の保守派と若手グループの正面衝突は、いまや避けがたいことと思われた。

ガンディーは、全政党協議会にも、ネルー報告書の作成にもほとんどかかわらなかった。にもかかわらず、報告書を「すべてのもっともな切望」を満足させるものだと評価した。彼は一九二六年のガウハーティ[国民会議党]大会にも、一九二七年のマドラス大会にもほとんど積極的な関心を示さなかった。パンディット・モティラール・ネルーから緊急の出席要請を受けていなかったなら、一九二八年十二月のカルカッタ大会に、ガンディーがなんらかの大きな関心をいだいていたかどうかは疑問である。パンディット[「学者・学識豊かな人」の意で、ネルー父子の敬称]は、カルカッタ大会での危機を予感して、マハートマに大会への出席を懇望《こんぼう》したのだった。「あなたは私を議長席に坐らせ、私の頭に茨の冠[イエスが捕えられたとき、兵士たちは茨で編んだ冠をキリストの頭にかぶせて嘲笑したことから「受難」を意味する]を着せました。しかし、すくなくともあなたは、遠くにおられ、私の苦痛を見てはおられないのです」。

カルカッタ大会での分裂は、ガンディーの作成した妥協案によって[なんとか]回避された。国民会議党は次のような条件でネルー報告書に賛同する決議を採択した。すなわち、その条件とは、一九二九年十二月三十一日までに政府がネルー報告書を承認しなければ、国民会議党は完全独立をつきつけ、必要とあらば、非暴力による非協力運動に訴えて、目的に向かって闘うというのであった。ガンディーは、政府が腹をくくるのと、国民会議党が党内をととのえるに、二年間の猶予をみる必要があると考えていた。彼は独立について大声でわめく者たちに向かってこのように言った――「あなたがたは、ムスリムがアッラーの名を口にし、敬虔なヒンドゥーがクリシュナ神やラーマ神の名を繰り返すように、独立を唱えているだけです」と。彼は国民会議党にたいしても警告した。英国政府は、［インド］国民が［独立の］権利を行使できるようになるまでは、言葉を変えて言えば、「必要な認可が実践できるまでは」自治領の地位も、独立も認めようとはしないだろう、と。国民会議党が非暴力の闘いを挑むとすれば、まず第一に、小異を捨てて大同につかなければならない。会議党の党員名簿は「幽霊名簿」だと、ガンディーは言った。会議党が必要としているのは、生きている党員の名簿であった。会議党党員が、自分たちの採択した決議に本気で立ち向かうなら、前途には過酷な苦難が待ち受けているはずである。

カルカッタ大会は、ガンディーの政治復帰に道を拓《ひら》いた。もしイギリス政府が国民会議党の要求に耳を貸そうとしないなら――事実その見通しはほとんどなかったが――会議党は非協力運動に訴える手筈になっていた。そして、そのような運動を指導できるのは、ガンディーをおいてほかにだれひとりいないことは明らかであった。一九二二年三月に六か年の禁固刑を宣告されながら、一九二四年に健康上の理由で刑期を終了せずに釈放されたのは、嬉ばしいことではなかった。一九二八年三月までは、彼は「道徳的に」刑期を満了したとは考えていなかった。このようにして、いま、ようやくにして個人的理由とともに政治的理由から、ガンディーは政治活動からの隠退に終止符を打ったのである。

第32章　猶予の年

国民会議党カルカッタ年次大会［一九二八年十二月］は、ジャワーハルラール・ネルーの言葉を借りて言うなら、イギリス政府に「一年間の猶予期間と最後通牒」をつきつけた。もし一九二九年末までにインド国民に自治領の地位が譲渡されなければ、国民会議党は政府との闘いに乗り出すことを表明したのである。ガンディーは、一九二九年にヨーロッパ諸国を歴訪することを漠然と考えていたが、会議党大会でのこの重要な決議を先導したため、［当分は］インドを離れるのは「脱走行為」だと考えていた。一か年の猶予を与えることで、国民会議党は相手のコートにボールを打ち込み、政府の出方を待つことになった。自由は棚ぼた式にイギリス人から与えられそうにないことを、ガンディーも承知していた。パテール［中央立法府議長V・J・パテール］がニューデリーで催したあるティー・パーティー——総督もマハートマ・ガンディーも招客のなかにまじっていた——について、あれこれ憶測が始まったとき、ガンディーはこのような感想を述べた。「私的な非公式の茶会では、たいした問題解決の糸口など見つかるものではありません。わたしが思いますに、［対立する］両者がそのつもりにならなければ、ほんとうに話し合いは進展しませんし、ましてやそれを実行に移すことなどかないません。わたしたちは、いまはまだ、本気で話し合う気にはなっておりません。イギリスは、力ずくでそれをさせられるまでは、インドの大願を成就させるべく、話を前進させることはないでしょう」。「[闘争の]準備」に思いをめぐらせていたとき、ガンディーはいっさい政治運動についてては考えていなかった。何年も何か月も前に政治運動の計画を練《ね》るというのは、サッティヤーグラハの戦略にはないことであった。[そんなことより]その間に、国民を教育し、訓練しておかなければならなかった。ガンディーは各地を巡歴して、民衆にそれぞれの家にあって糸を紡ぎ、織り、外国織布をボイコットするよう呼びかけた。また、国民会議党内の組織として、手織り木綿を販売し、戸別に外国衣類を集めてまわるボランティアの募集を計画した。彼らは、外国衣類を公共広場で焼却し、外国服を売る商店の前でピケを張る運動に加わった。一九二九年三月初め、ガンディーのカルカッタ滞在中のときであった。うず高く積みあげられた外国服に、ある種の儀式をともなって火が放たれた。ベンガル州会議党委員会は、公共の場やその周辺で外国布を燃やすことは法律違反になるとの通告を受けていた。[このときは]ガンディーはまだ、法律違反を犯す意図《つもり》はなかった。「わたしは、わたしの道徳観を傷つけるいっさいの規則に違反することはできるが、時はまだ熟していない」と、彼は言っていた。しかし彼は、[その日]集会が催されることになっていたシュラッダーナンダ公園《パーク》は、公共の通路ではないと聞かされていた。[公園で]大がかりな焚《た》き火に点火されると、ガンディーはその場で逮捕され、三月五日に管区の主席治安判事のもとに出頭するよう命じられたが、命令書に署名するのを拒んだ。ところが、裁判はガンディーのビルマ訪問の約束が果たせるよう、[帰国まで]二週間[本文の

「二年間」は明らかな誤記］延期された［言うまでもなく、政府はガンディー逮捕の影響が近隣国におよぶのを危惧したのだった］。

三週間後ビルマから帰ると、ガンディーは自ら出廷し、一ルピーの罰金を科せられた。だれかが、ガンディーの知らないうちに罰金を支払っていたのだった。起訴の結果は必然的に、外国製綿布のボイコット運動をいっそう激化させた。ガンディーの裁判日は、インド全土で外国製綿布の焼却をもって祝賀された。

政府は不安の色をつのらせていた。国民会議党が突きつけた最後通牒と、一九三〇年初めに見込まれていた［政府と会議党との］衝突の可能性のほかにも、不穏材料があった。工場労働者たちが不満を高め、騒然としていたのである。ボンベイやジャムシェドプル［ターター製鉄所で知られるビハール州の工業都市］でストライキが頻発していた。一九二九年四月に、［V・J・］パテール議長が中央立法議会で「社会治安法案」（過激派を抑止するために議会の権限の拡大を要求していた）を決議しようと立ちあがったとき、傍聴席から爆弾が投げつけられた。バガート・シン★6とB・K・ダットという二人の青年［二人は『ヒンドゥスターン社会主義共和連合』と名乗る革命党のメンバーであった］が逮捕された。二人の目的は、人を殺すことではなく、「聞く耳をもたぬ者に聞かせるためであった」と、彼らは事件後に供述した。つづいて各地で、いくつかのテロリストの暴力行為が発生した。若者たちの政治グループが摘発され、一連の「共同謀議」事件として起訴された。アナーキストたちは民衆の英雄に祀《まつ》りあげられ、彼らの採《と》った手段を非難する人たちまでが、その動機を称讃した。若者の多くが政治犯の処遇にたいする抗議のハンガー・ストライキをおこなったとき、民衆の怒りは最高潮に達した。その一人ジャティン・ダースは［ストライキ中に］落命し、殉教者として称えられた。

こうした緊張の高まりにたいする政府の反応は、［運動の］の首謀者たちをより大きな権力《ちから》で締めつけることであった。パテール議長が［採決によって］不成立とした「社会治安法案」が、それにもかかわらず、総督の特権をもって成文化された。［これによって］一九二九年三月には、多数の労働組合の幹部指導者たち——「彼らのうち、ある者は共産党員であり、ある者は同党のシンパであり、またある者は労働組合員であった」——が、「メーラト共同謀議事件」として知られることになった事件の裁判にかけられた。「これらの起訴の背後にあった動機は、共産主義を撲滅することではなく、［イギリス人が日常もっとも怖れていた］テロを叩きつぶすことにあったように思われる」と、ガンディーは書いた、さらに彼はつけ加えた——「政府は、日頃はこっそり隠している真っ赤《まっか》な爪《つめ》を、ときどき周期的にむきだしにするのだ」と。

ところが総督アーウィン卿は、暴力的方法にのみ頼る意志《つもり》はなかった。彼はバーケンヘッド卿［インド担当相］に、インド人を王立委員会に加えることには反対を進言したが、経験をとおしていくらか賢くなっていた。サー・ジョン・サイモンと彼の委員たち一行は、インド国内を精力的に旅して回り、［統治法改正の］証拠を収集し、調査に当った。サイモン委員会の報告書は、一九三〇年五月まで公表されることはなかったが、アーウィン卿は報告書の勧告の一般的傾向についても、またそれが、インドの世論にたいして効果がありそうにないことも知悉《ちしつ》していた。一九二九年夏に、総督は一時帰国し、本国の政治家たちといろいろ協議をした。この間に総督がV・J・パテールと交わした往復書簡をつうじて、アーウィン卿がどのような見解をいだいていたか、いくらかは理解されよう。パテールは、ロンドンで開かれる円卓会議に参加するのは、国民会議党の指導者たちにも益ある解決策であることに気づくよう、総督に進言した。［それにたいして］「今日の困難な状況から平和的に抜け出す道を模索すべく、私が最善を尽くしていることはお信じいただいてけっこうです。そして貴殿の側でも、国民会議党の指導者たちに協力させるために、貴殿がもっておられる影響力をいかようにもお用いくださることを希望します」と、総督は書いた。[※17]

アーウィン卿の使命は、イギリス本国政府の政権交代によって果たしやすくなった。労働党政権の［インド担当］国務大臣ウェッジウッド・ベンは、サイモン委員会の任命以来続いてきたインドの世論の離反の道程《みち》をもとにもどしたいというアーウィン卿と同じ願望をもっていた。ベンは、インドとイギリスの代表たちが集まって憲法問題を議論するために、ロンドンで円卓会議を開いてはどうかという、アーウィン提案を承認した。彼はまた、インドにおけるイギリスの政策の目標は、今後も「自治領の地位」であることを再確認することをもって会議開催の宣言とするという、アーウィン卿の提言に賛同した。ロイド・ジョージもレディング卿も（両人ともに筋金入りの自由党員であった）――アーウィン卿の提案を歓迎しなかった。労働党政権は、過半数を自由党員の支持に負うていたため、インド相はこのことの危険は覚悟していた。

アーウィン卿は、一九二九年十月二十五日に任地にもどった。十月三十一日にインド政府の『官報特別号』が刊行された。そこには、［英国］議会に提出される最終提案について、最大限可能な「インド側の」同意を得るために、英領インドならびに藩王諸国［イギリス統治下のインドは、イギリス政府直轄のイギリス領諸州と、イギリスの宗主権下に置かれた親英的な半独立的王国（その数五百六十二）から成っていた］の代表たちが、国王陛下の政府の召集する会議に参加することについて報道されていた。総督声明はこのように続く――「一九一九年の統治法の実施にあたってのイギリス政府の意図について、大英帝国ならびにインド国内で表明されてきたさまざまな疑念に鑑《かんが》み、本官は諸般の事情から判断し、インドの憲法の行き着く先は、同法に述べられているとおり、［英帝国内の］自治領の地位に到達することであるとの一九一七年の宣言を、総督の権限をもって、ここにあらためて宣言する次第である」と。

総督の声明文は、受けとる側によってさまざまに解釈のできる、慎重に文言を選んだ虹色の文書ではあったが、インドでは［一般に］好意的に迎えられた。穏健派の指導者たちは、アーウィン卿の伝記作家の言葉を借りるならば、会議を「彼らの知的能力を十全に発揮しうる最上の機会とみなし、アーウィンの忠実な協力者となった」。国民会議党［主流の］指導者は彼らなりに、遠く地平［独立］の彼方に目をやりながら、［いまは］自治政府への発展につうじるかもしれない、そして政府との衝突を回避できるかもしれないという上部《うわべ》の表現を「［政府の］変節」の徴候《しるし》と見なしていた。ガンディー、モティラール・ネルー、パテール、テージ・バハドゥール・サプルー、アニー・ベザント、ジャワーハルラール・ネルーほかの署名のもとに発表された「共同宣言［『デリー・マニフェスト』として知られている］は、まずもって［総督］声明の基底《もと》にある誠意を評価するとし、つぎに、会議を成功に導くための必要条件を明示していた。そこには、和解政策、政治犯の釈放、円卓会議では国民会議党を国民の圧倒的多数の支持を受ける主要政党として承認すること等々の要望が含まれていた。「声明」文中の自治領の地位にかんする文節を、［円卓］会議はいつ自治領の地位を設立すればよいかを議論するためではなく、インドに有効な自治領憲法を立案するために開催されるためのものと解釈した。

アーウィン卿の声明は、このようにインド国内では歓迎されたが、本国イギリスでは、総督と労働党の上にあらしが吹き荒れた。イギリスの新聞も議会も、声明を今後に続けられるべき議論［のテーマ］として承認していた。レディング卿（前任総督としてこの人の見識はある種の重みをもっていた）は、声明はサイモン委員会の威信と権威を傷つけるものとふんでいた。自由党の党首ロイド・ジョージは、ウェッジウッド・ベンを「［解放者］モーゼの小型版」と呼んで嘲笑した。保守党党首スタンレー・ボールドウィン（アーウィンはボールドウィン傘下《さんか》の一人とみなされていた）は、実際には総督の政策を支持していなかった。サー・ジョン・サイモンと委員会のメンバーは、労働党政府から見下げられたように感じていた。［事実］労働党政府は、彼らと「政治問題について」協議することはなかった。たしかに、円卓会議開催の声明後も、サイモン委員会の報告は学術的な興味からのみ受けとられていた。[※18] 下院で絶対多数を占められなかった労働党政府は、守勢にまわっていた。ウェッジウッド・ベンは声明を、一九一七年八月のモンタギュー宣言の「再宣言」あるいは「追解釈」だと説明した。このようにして、インドにたいするイギリス政府の政策には、基本的になんらの新方針も見られないことがわかってきた。

イギリス議会の討議は、インドの指導者たちを失望させた。総督声明が政府と民族主義者たちのあいだに［一時的に］架けた仮橋は、あえなく崩れ落ちた。ジャワーハルラール・ネルーは、総督声明を歓迎した「共同宣言」にやっとの思いで説得されたのだった。二週間後、父と息子は同じ疑問を共有していた。それから数週間後に、インド国民会議党はラホールに集うことになっていた。その間に政府との合意に達しない場合には、会議党は、完全独立と非暴力による反乱を宣告することを誓っていた。

この動議の提案者であったV・J・パテール［議長］とテージ・バハドゥール・サプルーは、会議党と政府の調停のために最後の最後まで奔走していた。「われわれは、片や総督に、片や国民会議党の指導者たちにプレッシャーをかける努力を続けなければなりません※19」と、一九二九年十一月十三日にパテールはサプルーに宛てて書いた。［ようやくにして］国民会議党首脳部と総督の会談の準備がととのえられた。ここ何か月にもわたって、政府からの誠意ある回答を待ち望んでいたモティラール・ネルーは、いまでは悲観的になっていた。十一月九日付のパテール宛ての返書に彼はこのように書いた。「貴殿は、われわれが総督と会うとき、ジンナーやサプルー、ガンディーや小生自身、またご自身がみんな同一の意見をもっているものとお考えでしょうか。……デリー協議会の「十四項目［ネルー報告書の発表以来、これに反対するジンナーを中心とするムスリムは、デリーに集会し、十四項目の要求事項をつきつけていた］」を主張するジンナー氏のウィルソン的態度［アメリカ独立宣言の起草者の一人ジェームズ・ウィルソンは、イギリス議会は植民地にたいしてなんらの権威ももたないことを主張した」や、自治領の地位にたいしていだいている不信感、それでいて自分に都合のよいことならなんでも喜んで受け容れるご都合主義……と、国家のために［ひとまず］自治領の地位に譲歩しようとするガンディーや小生自身が、心を一つにできるとお考えになりますか。小生はこのたびの［総督との］会談からは、これといった成果はなに一つ期待しておりませんが、約束は約束として履行しなければなりません……目下のところ、すべての道はラホールへ通じるのです」。

会談は十二月二十三日におこなわれた。その朝、アーウィン卿は南インドの旅から帰る途上であった。総督が首都［ニューデリー］に近づいたとき、総督専用特別列車の下で爆弾が炸裂した。ガンディーは、総督が奇蹟的《きせきてき》に難を逃れたことに祝意を述べた。けれども政治面では、会談に進展は見られなかった。総督は、本国イギリス議会における最近の議論で修正を迫られ、円卓会議は明らかに自治領の地位にもとづく改革計画を討議する場であるとの約束を与えるまでには至らなかった。

会見は、しりきれとんぼのままで終わった。会見をお膳立てしたV・J・パテールと、会見を重視していたサプルーやジンナーは、ほんの六週間ほど前「共同声明」に署名してからの、ガンディーとモティラール・ネルーの態度に見られた新しい厳格さ［少なくとも彼らにはそう思われた］に驚いた。総督は個人としては、ほとんど裏切られた思いであった。夏以来、懸命に構築してきた宮殿が、いま彼の目の前で音を立ててばらばらに崩れ落ちたのである。マハートマやモティラールの心理状況は、十二月末の週には、十一月初めの週とは明らかに同じではなかった。それにはそれなりの理由があったが、V・J・パテールでさえ、そのときは理解できなかった。イギリス議会における総督声明をめぐる議論は、国民会議党の指導者たちを唖然《あぜん》とさせた。その間のさまざまな事態の変化は、インド担当国務大臣［バーケンヘッド卿］をして、総督がインドで営々としてつくりあげようとしてきたものを、イギリス本国で有無をいわせず卑小化させたのである。したがってインドの指導者たちが、総督声明を額面どおり受けとらなかったとしても、非難されることはなかった。

デリーでの無益な会談から一週間後に、インド国民会議党年次大会がラホールで開催されることになっていた。一九二八年十二月のカルカッタ大会でイギリス政府に提示した一年間の猶予期間が、いまや終わろうとしていた。すなわち一年前に国民会議党は、自治領の地位がイギリス政府から譲渡されない場合は、「完全独立」を宣言する旨を誓っていたのである。国民会議党の執行部は、インドが自治政府に向かってかなりの前進を約束されていることを党員たちに確信させるために、イギリス政府の漠然としたほのめかし以上のなにかを総督から求めていたのである。アーウィン卿にとっては、「目標を主張するのはもっともなことながら、それは目標の達成とは別問題である」と、「問題の核心を」はぐらかすのがやっとであった。しかしこのような逃げ口上では、これから始まろうとしていた会議党大会でガンディーやモティラール・ネルーに一般党員を説得させる切り札にはならなかった。イギリス議会の憲法上の責任にまで踏み込んだり、難くせをつけるのは不可能である、といった議論では、［いまや］一般党員は納得しないだろう。イギリス内閣は［これまでにも］いくたびか、議会の表決を見越した政策をとらなかったといえるだろうか。掛け値のないところ労働党政府には、インドにおける帝国機構を徐々に廃止に向かわせ、代わりに自治領の地位を与えるだけの度量もなければ、たぶんそれだけの信念もなかった。

「すでに述べたように」「すべての道はラホールへ通じるのです」と、モティラール・ネルーは一九二九年末の政治状況を、V・J・パテール宛の書簡のなかでみごとに言い当てていた。ラホール大会は、「国民会議党の数多《あまた》の指導者たちのなかで」ただ一人ガンディーだけが指導しうる闘争を宣言しようとしていたことで、記念すべき大会になろうとしていた。会議党の議長としてマハートマが選出されるのは、ほとんど確定的のように思われた。しかし彼は、日々のたいせつな時間を議長職にのみささげることはできないし、いずれにせよ、役職につかなくとも、会議党に奉仕しつづけるであろうことを理由に、議長を受諾する栄誉を辞退した。彼のたっての要請で、全インド国民会議党委員会は、「少壮の政治家」ジャワーハルラール・ネルーを議長に選出した。こうしてネルーは、彼自身の言葉によれば、「正面入口や、横手の入口からですらなく、屋根裏口から」この要職についたのである。

政治的には、ジャワーハルラール・ネルーの就任は、マハートマの絶妙の手腕によるものであった。ほんの一年前、カルカッタの国民会議党年次大会では、気むずかしい老練政治家《ベテラン》たちと、若者たちとのあいだで激しい対立があった。青年たちは、老兵たちの時代遅れの言動に不信の目を向けていた。「そのとき」ガンディー一流の妥協案が、ようやく分裂の危機を救った。新しい希望とエネルギーにみちた国民会議党は、若い指導者を必要としていた。ガンディーが「水晶のように純粋で「その名のジャワーハルは『宝石』の意〕……疑いようもなく誠実で……非の打ちどころのない騎士」と評した四十歳になったばかりのジャワーハルラール・ネルーは、時が来れば、マハートマの政治的後継者となるべき人物であった。ガンディーとネルーは、二十歳の年の隔たりと、二人を分かっていた知的教育の背景に大きな相違〔ガンディーはインドの伝統的家庭教育を受けて育ったのにたいし、ネルーは早くから西洋教育になじんだ〕があったにもかかわらず、互いに深い愛情の絆で結ばれていた。一九二七年暮れにヨーロッパから帰国してからの、ジャワーハルラールの行動のいくつか〔ネルーの急激な革新思想への傾斜〕を、ガンディーは痛ましい思いで見まもっていた。「あなたはあまりにも先へ先へと急ぎすぎます」と、ガンディーはジャワーハルラールに書いた。「あなたはじっくり考える時間と、新しい環境に慣れる時間をもつべきです」と。それから数日後に、ガンディーはこのように告白した。「あなたとわたしの相違は、わたしには、わたしたちのあいだには出会いの接点がないと考えるほど大きく、根本的なものに思えます」と。この知的な溝は、時によっては広がり、また時によって狭められたが、その溝に橋を架けることはほとんどできなかった。しかし、そのことは、二人のあいだの感情の親愛と相互的な誠意をゆるがすことにはならなかった。

一九二七年十二月に、事態はめまぐるしく展開した。闘いは間近かに迫っていた。そしてジャワーハルラールは、彼の本領を発揮しようとしていた。

第33章　市民的不服従運動

インド国民会議党大会は、あれ〔第一回非協力運動を指す〕からちょうど十年後にパンジャーブ州〔ラホール〕で開催されようとしていた。アムリッツァルの会議党大会が一九一九年十二月に催され、続いて一九二〇年に非協力運動が始まった。歴史は繰り返されようとしているのだろうか。ラホール会議党大会が重大な会議になろうとしていたことに、いささかも疑いはなかった。カルカッタ会議党大会が決議した「猶予の一年」は過ぎ去った。しかし、いまだに自治領の地位は譲渡されないままであった。「ネルー報告書」に謳《うた》われた「最少限の国民的要求」すら無視されようとしていたのである。したがって、［いまや］スワラージ〔自治〕は、「完全独立」を意味していた。一九二九年十二月三十一日の深夜、新しい年が明けようとしていたとき、インド国民会議党は、ラヴィ川の河畔に独立の旗を掲げた。会議党は、中央ならびに地方の立法府の党員たちに議席を放棄するよう呼びかけ、全インド国民会議党運営〔執行〕委員会に市民的不服従運動を発動する指揮権を付託《ふたく》した。

この党大会の重要性を、政府は理解していなかった。アーウィン卿の伝記作者アラン・カンベル・ジョンソンによると、総督は大会の禁止を本気で考えていたという。一月初めに、パンジャーブ〔州〕

政府は中央政府に、法律顧問の進言として、ジャワーハルラール・ネルーとS・D・キチュールー［パンジャーブ州国民会議党ムスリムの指導者］の二人を、それぞれ、大会議長に指名されるはずの人物と、ラホール会議党大会の準備委員長としておこなった演説《スピーチ》をもって［大会で独立宣言をおこなえば、ただちに］起訴すべしと勧告したが、事態はすでに進展しているとの事実から、この勧告は受け容れられなかった。

ラホール党大会直後の会議党の状況を評して、総督は［インド担当］国務大臣に「このたびラホールにおいて会議党がもたらした政治状況についての注目すべき結果」を報告した。ラホール大会は、一年前に鋭く対立しながら、［結局は妥協に至った］保守・急進の両派のあいだの争いの場になることは明らかであると、総督は報じた。しかし両派の分裂は、ラホールでは、「革命主義者」や「非妥協主義者」から成る国民会議党左派の党員に、ガンディーとモティラール・ネルーが「折れた［譲歩した］」ことで回避された。そこで左派分子は、会議党の推進力となるものと思われた。立法府をボイコットするという［左派の］決議は、なおも分裂を招きかねなかったが、［ともあれ］国民会議党は全体として、独立要求決議を通すことで、総督の見解によれば、「非合法的・非合憲的な手段によって、違法な目的を追求する」ことを目指す政党であることを自ら宣言する形になったのである。ウェッジウッド・ベンは状況《こと》の重大性を認め、「たとえどんな方面から批判を浴びようとも、［総督の］行政官としての断固たる姿勢を支持する」と約束した。［事実］彼は批判に応じる覚悟をしていた。もし大きな権力を行使する必要があれば、事前に相談するよう希望した。緊急事態には、総督は先に行動を起こし、報告は事後でよし、と伝えたことは言うまでもないが。

ラホール［年次］大会の決議を実行するにあたって、国民会議党がガンディーに指導を仰ぐことは疑いなかった。彼の文章にも発言にも、十年前と同じ偽りのない率直さがあった。政府が不正をなすときには、国民にはこれを変革するか、あるいは見限る権利がある、と彼は書いた。もし［社会の］状況が非暴力的であれば、彼は不服従運動を指導すると約束した。彼は民衆運動につきものの危険を認識していた。けれども、チョウリ・チョウラの教訓は、会議党党員たちの脳裏から離れてはいなかった。同時にガンディーも、ひとたび運動に突入すれば、容易に引き返せないことは承知していた。暴力を抑制するために、あらゆる可能な努力がなされているあいだは、「たとえ一人《いちにん》たりとも自由に生きているかぎりは」市民的不服従運動は続けられるだろう、とガンディーは確信していた。一九二〇年から二二年［にかけての第一回非協力運動のとき］には、ガンディーは慎重に前進し、何か月もかけて闘争《たたかい》に備え、非協力運動の方針を樹《た》て、［いよいよ］大衆による市民的不服従運動を開始するにあたっても明らかに慎重に二の足を踏んだのだった。［ところが］一九三〇年には、彼は［十年前よりも］早い確実な足どりで前進した。それは、あたかもこの間の十年の彼の努力が無駄でなかったことを示すかのようであり、一九二二年に中断していたやりのこしの仕事を続けるといったふうであった。「一九二〇年のときの呼びかけは、［戦闘］準備のための呼びかけであった」と、彼は書いた――「そして、一九三〇年のこのたびの呼びかけは、最終決戦に挑むための呼びかけである」と。

ガンディーは闘いたくてうずうずしていたわけではなかった。サッティヤーグラハでは、闘争は他のすべての方策が出し尽くされたときの最終手段である。一九三〇年一月三十日号の『ヤング・インディア』の紙上で、彼は総督に提言して言った――「もしイギリス政府が『十一か条』の要望を受け容れてくれるなら、わたしは市民的不服従運動を強行するつもりはありません」と。言うところの「十一か条〔そこには、地税の減額、塩税の撤廃、軍事費ならびに行政費の削減、政治犯の釈放、外国布への課税、等々が含まれていた〕」は、政府役人の目からすれば、産業労働者とともに農民を、商業関係者とともに知的階級を運動の味方につけるために、便宜的にスローガンの間口をひろげただけのものに思われた。〔いっぽう〕ガンディーの同志たちの目には、独立宣言から一か月後のこの提言は、なにか竜頭蛇尾といった感があった。ガンディーもこの点は重々承知していた。すなわち、〔ガンディーに言わせれば〕「十一か条」は政治的独立につけ加えるものではなく、これまでの要求項目を〔あらためて〕列挙することによって、政府に快く権力を譲渡する意志ありや否やを問うためのものであった。イギリス政府にとっては、それはあまりにも声高《こわだか》で非現実的な要望に思われた。そして政府は、ほとんど提言を意に介してはいなかった。

国民会議党とインド政府の衝突は、いまや必至であった。一九三〇年一月にガンディーは、「わたしは昼夜を問わず、すさまじいまでに考えています」と、〔詩人〕タゴールに語っている。このとき彼が最初にとった行動は、一月二十六日を『独立の日』として祝うことであった。その日、インド中の村や町で、幾千万という人たちが「イギリス支配に屈するのは、人と神に罪を犯すことである」との誓いをたて、会議党が運動を開始すれば、自分たちも市民的不服従と租税の不払い運動に参加することを申し合わせた。独立記念日には、国中の潜在的な熱気が表面化し、ガンディーは、いまや民衆運動の時機《とき》熟せりと感じた。彼は、塩税法違反をもって運動を開始するよう指示した、「塩税」は、それ自体としては比較的軽微ではあったが、この国の極貧の人びとの心に訴えるものがあった。塩「そのもの」は国民の自由への闘争計画にはまったく無縁に思われた。製塩は、塩田または岩塩坑に限られていた。したがって、製塩業にたずさわる政治的に遅れた地域労働者たちのあいだでストライキが組織されたとしても、サッティヤーグラハ闘争を成功裡に開始しうる見込みは薄かった。たとえガンディーのしたしい信奉者たちが彼の指導に従おうと心にきめていたとしても、あれやこれや、さまざまな疑念が彼らの心を悩ませていた。

ガンディーは、自ら「先頭に立って」製塩法に違反するために、サッティヤーグラハの一団を海岸まで連れて行き、そこで市民的不服従の口火を切ろうとしていることを公表した。彼は総督に書簡を送り、計画を通告した。それは、祖国の権利の回復を呼びかけると同時に、イギリス支配を告発するものであった。

「親愛な友——市民的不服従運動に乗り出し、この何年来か愚生が怖れてまいりました危険を冒《おか》す前に、閣下に近づき、なんとか出口を見出したいと念じております。愚生《ぐせい》の個人的な信念は火を見るよりも明らかです。愚生は生きとし生けるいかなるものをも、ましてや同じ人間である人を、自らすすんで傷つけることはできません——たとえ彼らが、愚生と同志たちにどんなに大きな危害を加えようとも。したがって、愚生がイギリス支配を呪いだと言うときにも、心中、一人《いちにん》たりともイギリス人を傷つけたいとは思っておりませんし、その人がインドで所有している正当な利権を奪いたいとも思っておりません……」

「誤解されては困ります。愚生はインドにおけるイギリス支配を呪いだと言ってまいりましたが、だからといって、イギリス人一般を地上の他の民族よりも『劣悪』だとは考えておりません。愚生は多くのイギリス人たちを『最上の友』と呼ぶ特権を許されています。事実、愚生がイギリス支配の不正について多く学んだのは、その支配についての不快な事実を躊躇《ためら》うことなく告白してくれた、率直で勇気あるイギリス人たちの著述のお蔭です。……」

「この国の多くの国民と同様、愚生も提言されている円卓会議が［インドの自由への］解決の道を用意してくれるかもしれないという、淡《あわ》い希望《のぞみ》をつないでまいりました。……けれども、閣下ならびにイギリス内閣が［円卓会議の席上では］完全な自治領の地位の提案を支持することは保証のかぎりではないと明言されたとき、［インド国内の］発言能力をもつ知識階級が意識して、また物言わぬ大衆が無意識のうちに切望してきた解決の道が閉ざされていることが明らかになったのです」。

「……もしインドが一国家として存続しなければならないなら、そして国家が飢餓によって徐々に死に絶えてゆくのを阻止しなければならないなら、なんらかの救済策を早急に見出さなければなりません。［けれども］提案されている会議は、明らかに救済策ではありません。それは、議論によって相手を説得するといった問題ではないのです。問題は、おのずから力と力の対立へ向かうでしょう。［インド側が］納得しようとしまいと、大英帝国は己《おの》がもてるすべての力を駆使して、インド貿易とその利権を守ることでしょう。したがってインドは、死の縄目から逃れるために、力［といっても非暴力による力ですが］を強化しなければなりません。……」

「非暴力の闘いを始めるにあたり、愚生はかなり思い切った、あるいは無謀な冒険と呼ばれるかもしれないことをやらかすでしょう。しかし、真理が勝利するためには、危険をいとわずに勝利することはありませんし、しばしば最大限の危険をともなうこともありえます。意識的・無意識的を問わず、数においてもはるかに多い、歴史的にもはるかに古い、そして文化的にもけっして劣ることのない他民族を食いものにしてきた貴国民の心を改心させるためには、それなりに思いきった危険は冒すに値します。

愚生はあえて『改心』という言葉を用いました。なぜなら愚生の念願《ねがい》は、ひたすら非暴力によってイギリス国民を改心させ、彼らがインドでおこなってきた悪行に気づいてもらいたいからです。愚生は貴国民に害をなそうとしているのではありません。愚生はいま、自国の人びとに奉仕したいと思うように、貴国の人びとにも奉仕したいと願っているのです。愚生はこれまで、つねに貴国民に奉仕してきたつもりです。一九一九年まで、［南アフリカでもインドでも］ひたすら懸命に貴国民に奉仕してまいりました。そして、目を見開いて非協力を思いついたときにも、愚生の目的はなお貴国民に奉仕することでした。愚生は虚心に、しかも成功裡に、自らの家族のメンバーにたいして用いたのと同じ武器［ガンディーは、妻や子たちの反対にたいしても非暴力の精神をもって接した］をもって貴国民に対峙《たいじ》したのでした。もし愚生が自国民にたいするのと同じ愛を貴国の人びとにいだいているとすれば、愛はいつまでも覆い隠されてはいないでしょう。それは、愚生の家族の者たちが何年間か愚生を試《ため》したあと、それを認めてくれたのとまさに同じように、貴国民によっても認められることでしょう。もしインド国民が期待どおり、このたびの運動に参加してくれるなら、そしてイギリス国民が速やかに誤れる道を引き返してくれるならば、インド国民がこうむる受難は、石のように固い無慈悲な心をも溶かすことになりましょう」。

［ガンディーのこの心情を吐露した書簡への］総督の返信はそっけなかった。それは、「ガンディー氏が明らかに法と社会の平安を紊《みだ》すことになる一連の行動をとろうとしていることに」遺憾の意を表するだけのものであった。

ガンディーは、サッティヤーグラハの第一隊をアフマダーバードからダンディー海岸まで連れて行こうと決意した。サッティヤーグラヒー［サッティヤーグラハ実践者・運動家］たちは、同志たちの一人の証言によると、サーバルマティー・アーシュラム［修道場］から、「体力的にも精神的にもエネルギーにみちた」者たちが精選された[※20]。サーバルマティー・アーシュラムはいまや、南アフリカでフェニックス、トルストイ両アーシュラムが果たしたのと同じ役割を担っていた。それは自由の尖兵《せんぺい》たちの訓練場であり、また政治活動の拠点でもあった。その活動には、一つとして隠しごとはなかった。リチャード・グレッグ［名著『非暴力のちから』の著者］の伝えたところによると、「敵の陣地内」で起こっていることを偵察するためにアフマダーバードに潜入した、イギリス人の経営する新聞社の一人の通信員が、アーシュラムから追い出されるどころか、ガンディーの勧めで修道場に宿泊して客人扱いされ、修道場内の隅から隅まで自分の目で見ることを許されたという。

三月十一日夕べの祈禱集会は、記録的な数の出席者であふれた。「わたしたちの運動は無敵です」と、ガンディーは語りはじめた――「わたしたちの手段はこのうえなく純粋で、神はわれらとともにいたもう。サッティヤーグラヒーが真理を手放さないかぎり、われらには敗北はありません。わたしは明日始まろうとしている闘争のために祈ります」と。その夜、おそらくアーシュラムで眠ったのは、ただひとりマハートマだけであったろう。翌朝六時三十分に、ダンディー海岸まで二百四十一マイル［約三百八十七キロメートル］の行進が開始された。七十九人のサッティヤーグラヒーのなかには、学者あり、新聞記者あり、不可触民あり、織工もいた。最年長は六十一歳の指導者自身であり、最年少者は十六歳の少年であった。アフマダーバードの市民が何千人となく、一行に声援を送ろうと市中に繰り出していた。道路には［祝福のために］緑の葉が撒きちらされていた。一行の最年長者であるガンディーの足どりがあまりに早く、若者の足でさえついて行くのがやっとであった。ガンディーは歩くことでますます元気なように見受けられた。彼はいつもどおり早朝四時に起き、朝の礼拝をおこない、通過する村々の集会で語り、毎日の割り当て量の糸を紡ぎ、新聞［『ヤング・インディア』紙］に論説を書き、通信者たちに返事を送った。そして彼は、塩税が撤廃されるまでは、二度とふたたびサーバルマティー・アーシュラムに帰ることはないだろう、と公言した。

この間、支配者たちは不安と当惑の入り混じった思いで運動の成り行きを見まもっていた。イギリス人にはインド帝国を解体する意志は毛頭なかった。インド担当副大臣ラッセル伯爵は、国民会議党の完全独立要求についてこのように語った。「完全独立を求めることが、いかにばかげたことかをインド人自身がいちばんよく知っているはずだ。自治領の地位など、いまは考えられないし、また永久に考えられないことだ」と。

目標を掲げることと、それを達成することは別問題だ、とアーウィン卿が述べたとき、総督［アーウィン卿］はラッセル伯と同じ考えを表明したのである。国民会議党ラホール大会の決議以来、政府は会議党にたいして慎重な対応をとってきた。一月初め、インド中央政府は州政府にたいして政府のディレンマをつぎのように説明した。政府が集会や行進を禁じれば、結果はいっそう激しい大衆の敵対感情を喚び起こし、物理的衝突に至るだろう、と。こうした禁令は、それこそ国民会議党にとっては思うつぼであり、命令違反の機会を与えることになるだろう。またいっぽう、政府が行動に出なければ、会議党はますます図《ず》に乗るだろうし、そうなれば護憲論者や体制派はいっそう志気を喪失するだろう。これら両極論の中間的な方法として、政府は国民会議党にたいしては「思い切った方針」はとらず、同時に政府の抑制は「目前の必要を越えない」こととなった。この考えに考えぬいた抑制は、主に一九三〇年一月二十六日の「独立の日」と、塩のサッティヤーグラハにたいする政府の対応に表わされた。

政府の最初の売り言葉――国民会議党の知識人たちの買い言葉も同様であったが――は、「政治革命の幼稚な段階」を揶揄《やゆ》することから始まった。政府は、薬罐《やかん》のなかで沸騰する海水［ガンディーは民衆に海水から塩を煮出す自家製の製塩法を勧めた］で、国王陛下を退位させようとするアイデアを一笑に付した。インド政府の高官たちは、塩税違反［の結果］をまじめには考えていなかった。国税庁［塩税局］の中央委員の一人トートナムは「塩税違反」を、「ガンディー氏のいくらか空想的なプロジェクト」と評した。二人の高級官僚を擁する委員会は、二月初めに、塩ごとき物で租税不払い運動が始まるとは思えない、と報告した。せいぜい起こりうるのは、安目の少量の塩がある地方で散発的に生産され、出回るくらいのことであり、それによって、政府の歳入も、塩の価格も左右されることはないだろう、と述べた。

ガンディーと一隊が通過することになっていた地方の一県カイラの徴税官は、ガンディーの行進の政治的影響をおおいに危惧し、ボンベイ政府に行進の中止を進言した。ボンベイ政府は中央政府にこのように書き送った。「行進が平和裡におこなわれているかぎり、行進を禁止する法的根拠はありません」。インド政府はこの見解に同意して、問題が「言葉の応酬の範囲から行動の範囲に移れば、逮捕の機会はいくらでもあるだろう」と付言した。［ここに］逮捕が言及されているインド刑法第一一七条では、保釈が認められていたため、［ガンディーを逮捕したところで］ガンディーが保釈を要求すれば、彼が行進を続行するのを妨げる理由はなかった。さらにボンベイ政府もインド政府も、ガンディーの行進が完全な失敗に終わるかもしれないという可能性を否定してはいなかった。ガンディーの一団が海岸に到着したあと、海辺で拾い集めた塩の塊《かたまり》を没収されるだけで、だれひとり起訴されなければ、それこそガンディーは赤恥をかくだけだろう。そこで政府は、しばらく「成り行きを静観」し、行進の結果が判明したときに、はじめて手を打つのが得策だろうと考えた。［このため］

ガンディーが行進を続ける予定の各県の治安判事は、地方ならびに中央政府の政策担当者が政治情勢の危急に公式に対応できるよう、ニューデリーならびにボンベイ政府に毎日報告を打電するよう指示された。

当初は、地方行政官たちの側に、予想どおり、行進の効果を軽視する傾向が強かった。アフマダーバードの地方治安判事が伝えた最初の三日間の報告では、ガンディーは民衆の大きな尊敬心を集めてはいるものの、群衆は「アフマダーバード市以外ではそれほど大きくはなく」、またある村では、歓迎集会は盛りあがらず、サッティヤーグラヒーたちを迎える行事といっても、村の長老たちの熱意や影響力しだいであった。またボンベイ政府の報告によると、バローダ県の集会の出席者たちは、ほんとうの政治的関心というよりもやじうま的に集まっただけで、行進の効果は一過性のものに思われた。その後スーラトでのガンディーの滞在を報じたときには、ボンベイ政府は「［この地方の］人口の重要な部分をなしているムスリムが完全に欠落している」ことを痛快げに指摘した。

インド中央政府はボンベイ政府に、ガンディー一行が通過した村々を地方役人に巡回させ、体制支持者たちのこうむった打撃を修復し、志気を回復するように指令した。ガンディーの行進に干渉しないという方針は、グジャラート州当局に避けがたいとまどいを与えたが、全印的な見地からすれば、彼を逮捕しなかったのはきわめて当を得ていた。パンジャーブ州知事は総督に当てて、行進は彼の州ではほとんど熱狂を喚び起こさなかった、また［同州の］国民会議党系新聞もそれを重視しなかったし、「実際、それはむしろ期待はずれだった」と明言した。知事はさらに、ガンディーは自分が逮捕されるのを「極度に怖れている」、というのは彼の逮捕が大衆の熱狂を煽《あお》ることになりかねないからである、とつけ加えたのもたしかである。中央州の知事も同様の見方をもっていた。三月の最終週まで、実際には四月の半ばまで、総督参事会でも、また知事たちのあいだでも、ガンディーの逮捕を先延ばしにしてきたことが、彼の運動を「混乱させて」おり、それが彼の計画を「狂わせている」というのが、ほとんど一致した見解であった。四月十日になってようやく、総督私設補佐官宛の電報で「委員長」ヘーグは行政参事会の意見の一致を表明し、状況は「まさにわれわれが予期していたとおり、満足すべき方向に」進んでいるとの見解を発表した。

三月の最後の週に、インド政府は州政府に「このような運動を扱ってきた過去の経験にもとづく」通達を出し、大量逮捕や、国民会議党との意地の張り合いをするような局面は極力回避するよう警告した。すなわち、指導者の投獄が運動を弱体化させ、あるいは解体させるような中心人物だけに限定したほうがよいと考えたのである。サッティヤーグラヒーを大量に逮捕する必要が生じた場合でも、できるだけ限られた警察力を用いるのが望ましい。暴力的でない者たちにたいして武力を行使するのは、大衆の同情を疎外しかねないからである。地方政府は牢獄の混雑を避けるために、婦女子の扱いには特別配慮するよう言い渡されていた。これは通達と受けとられたが、残念ながら、運動が高まるにつれて、当局の苛立《いらだ》ちも加速していた。ヴァッラブバーイ・パテールは、州政府とはかることなく勝手に行動していた地方役人たちの命令で、三月七日に逮捕されていた。月が変わって四月初めには、ジャワーハルラール・ネルーがアラハーバードで逮捕された。製塩法の最初の象徴的な違反をおこなったダンディー海岸から、ガンディーはメッセージを送った──「いまやインド人の自尊心は、サッティヤーグラヒーたちの手中ににぎられた一握《ひとにぎり》の塩に象徴されています。握りこぶしは開かせられても、塩は手離さないようにしましょう」と。六万人ものインド人が投獄された製塩法の違反者たちのなかには、ラージャゴパラチャーリー、マダン・モーハン・マーラヴィヤ、J・M・セン・グプタ、B・G・ケール、K・M・ムンシー、★7デーヴァダース・ガンディー〔ガンディーの四男〕、マハーデヴ・デサーイ、ヴァッラブバーイ・パテールらの名が見られた。上流階級や中産階級の家庭婦人たちが、アルコール販売店や外国布商店の前でピケを張った。

いくつかの散発的な暴力事件が発生した──たとえばチッタゴンでは、何人かのテロリストたちが武器を奪うためにイギリス軍の兵器庫を襲撃するなど。しかし全体的には、インドは非暴力的であった。塩のサッティヤーグラハを嘲笑し、塩とスワラージ〔自治〕のあいだになんの関係も見ていなかった人びとは、インドの大衆を組織して集団行動へと導くガンディーの絶妙の力量を過少評価していたのだった。政府はまた、これまで予定していたと同時に、怖れていたことを実行に移した。政府はついに、ガンディー逮捕に踏み切ったのである。

逮捕は一九三〇年五月五日に、ダンディー海岸近くのカラディー村でおこなわれた。罪状は、一八二七年のボンベイ法令第二十五条が適用された。この条項は、裁判なしにガンディーを拘束するために、州の公文書館の埃《ちり》をかぶった古文書をひっくりかえして、やっと見つけ出されたものであった。逮捕直前にガンディーは、ダーラサナの塩の集積所を「襲撃して乗っとる」という「非暴力の反乱」の、いっそう攻撃的な段階を計画していた。サーバルマティー・アーシュラムの一員であった老イマーム・サヒブに指揮されたこの襲撃は、五月二十一日に実施された。指導者たちは逮捕され、参加者たちは警官隊に［ラーティ［鉄をかぶせた警官用の棍棒］で］めった打ちに叩きのめされた。襲撃の顛末《てんまつ》は、アメリカ人通信記者ウェッブ・ミラーによって『ニュー・フリーマン』紙にこのように伝えられた。「二十二の国々での十八年間にわたる報道生活で、私はダーラサナで目のあたりにしたような恐ろしい光景を目撃したことはなかった。その光景があまりにもむごたらしいものであったため、私はときどき瞬間的に顔をそむけた。驚嘆すべき一つの特徴は、志願者たちのみごとな規律であった。彼らはすっかりガンディーの非暴力の信条に染《そ》まっているように思われた」。

いっぽう、全インド国民会議党委員会は、市民的不服従運動の範囲を拡大していた。そこには［塩税のほかに］森林法の違反、ライーヤトワーリー地域［ボンベイ・マドラス両管区内での土地所有や地税制度］における税の不払い、外国布・銀行・海運業・保険会社などのボイコットが含まれていた。矢つぎばやに総督が発令した「条例」は、どれも会議党を粉砕するために行政の責任者に絶大な権限を賦与するものであった。そこには、「危急に対応するために」役人特有の難解な用語が並べられていた。国民会議党委員会は、正常に機能することはできなくなった。委員会の仕事は、「独裁者」と呼ばれていた個々の行政官の手中に握られていた。この呼称は、役人たちを、当然のことながら逆上させた。実際には、そうした責任ある地位の役人の特権は、勝手に［サッティヤーグラヒーたちの］刑務所送りを命じることができたということである。「独裁者」というのは、［つまり］いつでも、またただちに逮捕・投獄できる権限という意味であった。

ガンディーの逮捕は、政府にたいする抵抗を緩和するどころか、むしろそれを激化した。しばらくは政府の情報機関はガンディーの逮捕を見くびっていたが、民衆にたいする国民会議党の影響力は承知していた。ブレイルスファドは著書『反抗するインド』のなかで、インドのいくつかの地方、とりわけボンベイ管区での会議党のそれを証言している。同じような証明は政府の公式の記録でも明らかにされていた。たとえば、一九三〇年八月にボンベイ管区を視察したあと、情報局長官から国務大臣宛に送られた報告などはその一例である。彼によれば、会議党はその市《まち》で望むどんな支援でも求めることができた、また会議党のボランティアたちやピケ隊員たちは、民衆から食事を無償で振舞われ、どんな種類の［外国製品の］商売をも徹底した「しめつけ」をおこなうことができた。［いっぽう］商人たちのほうでも、商売があがったりになろうと、運動の長期化は覚悟していた。つまり国民会議党は、主導権をすっかり手中に握って、「すべてを命じる」ことができたのである。

第34章　休戦

五月初めに逮捕されて以来、ガンディーはプーナのヤラヴァダー刑務所で、久しくとれなかった休養の時間をとりもどしていた。そして刑務所を、彼はまことしやかに「ヤラヴァダー・マンディル［ヤラヴァダー寺院］」と呼んだ。牢内では、祈りと紡ぎ車と研究を続け、国家の政情や、自分が始めた運動の命運について気をもむことはしなかった。彼は自分なりに「できるかぎり」義務《つとめ》を果たしてきたことを知っていた。そしていま娑婆《しゃば》の人たちが、彼らの義務を果たしてくれるのを願っていた。

ガンディー逮捕一週間後に、アーウィン卿はイギリス首相と交わした往復書簡を公表し、市民的不服従運動はイギリス政府にその合憲的改革政策の道を誤らせることはなかったと述べ、ロンドンで円卓会議を開催する決意を表明した。アラン・キャンベル・ジョンソン［『アーウィン卿伝』の著者］は書いている――「総督の命令を遂行する責任ある官職者たちは、彼の弾圧政策の非情さそのものをいっそう強化したように思われる」と。当時総督は、インド・ナショナリズム史上もっとも強行な弾圧政策を指令していた。しかし実際には、彼はその役割りを喜んではいなかった。「ご承知のとおり」と、彼は一九三〇年四にV・J・パテールに宛てて書いた――「インドの情勢が速やかに波風が治まることを、本官ほど切実に念じている者はありますまい」と。一九三〇年七月には、中央立法議会のシムラーでの開催に向けた講演で、総督は「もっと賢明な会議にするため」には、たぶんいまからでも遅すぎることはないだろうとの希望を述べた。彼は『デイリー・ヘラルド』紙の通信記者ジョージ・スロウカムの努力や、「インド」の穏健派の二人の指導者サプルーとジャヤカル[★8]の調停の努力を妨げることはしなかった。

インドでつぎつぎに発生した事態の展開に心を痛めていたジョージ・スロウカムは、モティラール・ネルーと会見してから、ある条件さえととのえば、国民会議党は市民的不服従運動を中止する用意があるとの結論をもつに至った。その後まもなく、モティラール・ネルーも逮捕され、息子のジャワーハルラールが繋《つな》がれていたナイニー刑務所に収監された。ネルー父子は、休戦の可能性についてサプルーとジャヤカルの面会を受けた。彼らはガンディーと相談せずにことを運びたくなかったため、「政府の」特別列車でプーナ「のヤラヴァダー刑務所」へ連行された。ガンディーとネルー父子のほかにも、ヴァッラブバーイ・パテール、サロジニー・ナーイドゥー、ジャイラムダース・ダウラトラム、サイッド・マフムド[★9]らも混じって議論を重ねたが、国民会議党と政府のあいだにはほとんど接点はなかった。一九三〇年八月十五日付の書簡で、会議党の指導者たちは調停者たちにつぎのように言明した。「政府の」たんなる好意的な宣言だけでは、それがどんなに善意にみちた文言であろうと、国民会議党を満足させることはできない、また、インドは自らの将来を決する権利、言いかえると、防衛と経済政策の自治権が認められてしかるべきであり、イギリス政府から分離独立しない自治政府など、所有《もっ》に値しない、と。それから国民会議党は、つぎの諸条件が認められれば、市民的不服従運動を中止する用意があることを申し述べた。すなわち、憲法作成の基本的前提の承認、政治犯の釈放に象徴される弾圧政策の改正、没収された財産の返還、市民的不服従運動への参加を理由に罷免《ひめん》された公務員の復職など。

和平仲介人たちへの国民会議党の反応は、会議党とイギリス政府のあいだの亀裂をいっそう際立たせた。イギリス国内ではウィンストン・チャーチル［ちなみにチャーチルは、ガンディーを極端に毛嫌いした］は、インド国民を「一握りの弁護士や、政治家や、狂信者や、欲深い商人たちの独裁体制」に引き渡すことに激しく反対していた。チャーチルは言った――「われわれは未来永劫、インドの支配者でありつづける意志を明らかにすべきである。われわれは忠誠なインド人からの協力は歓迎するが、［一握りの者の］無法や反逆行為にはいっさい取り合うつもりはない」と。ラムゼイ・マクドナルド労働党政府は自由党員の支持を受けて、ひきつづき政権の座についていた。したがって、たとえそうする意志はあっても、インドに思いきった譲歩をすることはできなかった。イギリスの新聞の「自発的検閲制度」のために、イギリスの大衆はインド問題の実情については、ほとんど完全にと言ってよいほど暗かった。ましてや、ガンディーの手法や動機を理解してはいなかった。外国布のボイコット［それは、イギリスのインド向け輸出をおおよそ三分の一にまで減少させていた］は、おそらく、イギリスの世論に影響をおよぼしていた運動のごく一部分にすぎなかった。インドでは、アーウィン卿の政治顧問［行政参事会委員］たちのあいだで、ガンディーの反乱を粉砕し、穏健派やムスリムの協力で帝国支配は続くものと確信されていた。行政参事会ならびに、州知事をはじめとする高級官僚たちのほとんどすべてが、国民会議党にさらなる圧力をかけるよう主張していた。

この間も、憲法移動調査隊《キャラバン》［サイモン委員会］は相も変らず活躍していた。夏に公表された同委員会の報告は、インドの憲法問題について入念な調査をおこない、実際に前進をはばんでいる難問を細かく列挙した。その勧告たるや、あまりにも［陳列のように並べ立てた］低俗なものであったため、インド国内の保守派の論陣にすら熱意を喚起しなかった。［このようにして］第一回円卓会議が一九三〇年にロンドンで開催された。国民会議党は会議に代表を遣《おく》らなかったが、祖国を騒動に巻き込んだ［代表団の］出席者の何人かは、なにかおみやげを持って帰りたいと切望していた。そこで彼らは、国民会議党にたいする宥和政策を［イギリス政府に］懇望した。閉会式（一九三一年一月十九日）の講演で、ラムゼイ・マクドナルド首相は、次回の円卓会議にはぜひ国民会議党からも代表を遣ってもらいたい、と希望を述べた。その少し前に［インドの］中央立法議会でアーウィン卿が演説をおこない、このような驚くべき騎士道精神を発揮して、「愛してやまぬインドの運動に、自らが信じるままに、大きすぎる犠牲をもいとわず、ガンディー氏をつき動かしている精神力」を称えた。同じころ、ウェッジウッド・ベン［インド担当相］はアーウィンに宛てて、サプルー、ジャヤカル、シャーストリほか何人かの閣僚メンバーを夕食会に招待したことを書き、インドの指導者たちは円卓会議の結果には満足しているが、なにか「めぼしい［政府側の］行動」を強く求める旨を述べた。国民会議党から「服従や［運動の］撤回」といったものを期待するのはむずかしいことは承知のうえで、現総督ならば、［次回の］

円卓会議への協力を見返りに、国民会議党に市民的不服従運動を中断させ、特赦を受けるような「互《ご》恵《けい》的状況」を生みだすことができるのではないか、とベンは考えたのである。

アーウィンは「そのとき」すでに、アラハーバードでの国民会議党の指導者たちの集会には干渉するまいと、心に決めていた。総督は一九三一年一月二十五日の「インド独立の日」の前夜に、懐柔的な声明とともに、ガンディーほか会議党運営委員会のメンバーを釈放していた。ほとんど時を同じくして、インド［中央］政府は地方［州］政府に、「相互的な難題、すなわち、一方が避けえた苛立ちと、他方［会議党］が求めた不当な要求」を理解し合うために、つぎに採《と》るべき措置を通達した。ニューデリーからのこの和平の打診にたいして、地方政府はいっせいにつっけんどんな反応を顕《あら》わにした。各州政府は異口同音に、「統治されている側は、イギリス政府ではなく、国民会議党であることを確認し、和平ムードは［なるほど］イギリスやアメリカの世論には有益かもしれないが、それはインドでは降服として受けとられるだろうと、異を唱えた。デリーの高等弁務官が言ったとおり、デリー市民は「政府敗れたり」と考えることだろう。［インド政府］国務大臣H・W・エマソンとジェームズ・クリアラー——二人は政治問題についての総督の最高顧問であった——は、地方政府の不安と、国民会議党への［総督の］さらなる譲歩を的確に指摘した。二人は政府の支持者たち、すなわち穏健派やムスリム、公務員、軍隊と警察関係者たちのあいだに雪崩《なだれ》現象が起こり、［インドの］将来は国民会議党とともにあるのではないかといった危機感がひろがる危惧《おそれ》があることを強調した。また［総督の採《と》るべき］政策は、会議党のことなどよりも政府の盟友《とも》たちのあいだに起こりうる結果を先に顧慮すべきであると、二人は主張した。「誤れる一つの行為が、きわめて重大な結果をもたらすかもしれない」と、エマソンは書いた。

［その後の］一連の出来事が示すとおり、総督はニューデリーをはじめ州都の主だった助言者たちの否定的な反応にもめげることはなかった。しかし、［インド］国内の反対を考慮するとき、今後の和平交渉で、もうこれ以上ガンディーに実質的な譲歩をするのは、総督といえどもほとんど出来ない相談であった。

国民会議党運営委員会のメンバーの無条件釈放それ自体は、会議党を政府に接近させることにはならなかった。運営委員会のメンバーたちがアラハーバード（［ネルー邸の所在地で］そこではモティラール・ネルーが臨終の床にあった）に集《つど》ったとき、彼らは［釈放されたからといって］市民的不服従運動を中止するいわれはないと考えていた。しかし委員たちは、［そのころロンドンからの］帰国途上にあって、円卓会議の直接の印象を国民会議党の指導者たちに伝えたいと望んでいたサプルーとシャーストリからの電報を受け、［不服従運動続行］を新聞に公表する決意はさしひかえた。ガンディーはこの円卓会議の成果に印象づけられることはなかったし、また政府と解《わか》り合う可能性についてもけっして楽観的ではなかった。にもかかわらず、彼はアーウィン卿に手紙を送り、会見を申し込んだ。この場合《とき》の彼の意図は、一人のサッティヤーグラヒーとして、彼には会議党運営委員会のメンバーを釈放してくれた総督の意志表示に応えるべき道徳的義務があるというのであった。

ガンディー＝アーウィン会談は、一九三一年二月十七日の午後に始まった。会談は、合計二十四時間、八回におよんだ。長い中断があり、この間、合意の希望が繰り返し遠ざかってはよみがえった。そしてついに、三月四の朝、協定は成立した。「デリー協定」（一般的に「ガンディー＝アーウィン協定」と呼ばれている）は、国民会議党の側からは、市民的不服従運動の中止を、政府の側からは市民的不服従運動にかんする諸条例の廃止と政治犯たちの釈放が提言された。この特赦には、裁判を受けていない拘留中の政治囚《せいじしゅう》と、隠然あるいは公然の暴力行為で有罪判決を受けた政治囚は含まれなかった。そこにはまた、ペシャワールの非武装の民衆に［上官の命に逆らって］銃口を向けることを拒否した兵士［インド人傭兵］第34章★11参照たちも含まれなかった。さらに、第三者の手に渡った土地の返還ならびに、非協力運動中に失職した公務員の復職も協定外とされた。小規模ながら、海辺の貧しい住民の製塩と、外国布を販売する商店の前でのピケは認可された。警察による過剰な尋問行為はなくなった。この問題は、国民会議党も政府もともに神経質になっていた重要問題であった。そして折衝は決裂寸前までいった。アーウィンがガンディーに、たしかに彼［ガンディー］には調査を求める権利はあるが、過去の問題《こと》は過ぎ去ったこととして恨みごとは蒸し返さぬのが賢明ではないかと言ったとき、ガンディーは調査を主張しなかった。

憲法問題にかんしては、デリー協定は防衛・外交・少数民族・財政などについて「インドのための」［イギリスの］保護を受け容れた。この条項は、ジャワーハルラール・ネルーに「すさまじいショック」を与えた。たしかにそれは、国民会議党が誓った「完全独立」と相反していた。協定は自治領の地位すら約束するものではなかった。条項［の内容］は明らかに、サプルーとジャヤカルが発議し折衝していた、一九三〇年八月の休戦の最低条件だと会議党の指導者たちが考えていたものにさえ遠くおよばなかった。イギリス政府の誠意を問う試みとして、ほんの一年前にガンディーが表明したばかりの「十一か条の要求[★10]」事項についてすら言及されていなかった。辛辣《しんらつ》な観察者たちは、このたびのデリー協定では、国民を苛酷な弾圧の試練にさらすことなく、一九二九年十二月の時点で政府から得られなかったものをなにか手に入れたのだろうかと訝《いぶか》った。

「デリー協定」でガンディーが得たのは残念賞であり、アーウィンが唯一譲歩したのは、交渉に応じることに同意しただけであったとアラン・カンベル・ジョンソンが結論したとき、さすがに「アーウィンの」伝記作家の指摘は間違ってはいなかった。

後年、民族主義者《ナショナリスト》たちの観察によれば、ガンディー＝アーウィン協定はイギリス政府の深慮遠謀な作戦の一つであった。そして国民会議党は、民衆の熱望が最高潮に達したときに、闘争を中止するようまんまと騙され、ガンディーははなから敗北の決まっていた［第二回］円卓会議に出席するよう説得されたのだと、彼らは言った。円卓会議の手のうちは、世界世論（とりわけアメリカの世論）にたいして、インドの自治政府への進展を妨げているのは、イギリス政府が乗り気でないからではなく、インド国内が分裂しているからであると印象づけることであった。この見解は民族主義者たちの視点からして、どんなにかもっともらしく、また興味深くさえあったとしても、それを立論する確たる証拠はない。総督の行政参事会の財政担当であったジョージ・シュスターは、一九三一年一月末、国民会議党の指導者たちの釈放直後に一つのメモを記録しているが、そこで彼は、市民的不服従運動がたとえ短期間であっても放棄されれば、会議党はふたたび運動を再開続行することは可能だろうか、との疑問を投げかけている。しかし、ここでのシェスターは少数派の一人であった。中央や地方〔州〕のイギリス人専門家のあいだの一致した見解によると、国民会議党は休戦を利用して力を再編成し、回復のために軍資金を募り、なんのかのと口実をもうけては円卓会議を回避する、いっそう扱いにくい反乱を始めるだろうと考えられていた。なぜならそのあいだに、政府に味方する者や支持する者たちは、国民会議党との交渉にやる気を失ってしまうと思われたからである。

アーウィン卿はこのようにして、強大な抵抗をよそに、国民会議党との休戦に努めなければならなかった。もっとも彼は、本国国務大臣〔インド担当相〕の支持はとりつけていたが、協定の後半期には、イギリスの新聞や議会の批判を見越して、ウェッジウッド・ベン〔インド担当相〕までがいろいろ疑問をいだきはじめていた。ガンディーの署名した協定が、いくつかの州で彼の同志たちに受け容れられなかった場合、どういうことが発生するのだろうか。協定の条項が列挙されているが、それは国民会議党と政府の〔たんなる〕約定といった印象を与えないだろうか、「安全保障条約」は、「インドの〔利益の〕ため」とどうして言えるだろうか。それは、インドとイギリス両国のためといったほうがより正直ではなかったろうか。警察と〔外国布商店前での〕ピケの条項は、他に言い方はなかったのだろうか。〔こうした疑問にたいして〕総督は本国に電報を打ち、協定はすでに完了したのであり、そうした重大な問題を蒸し返すのは、〔かえって〕挫折を招きかねないと返答した。ベンを悩ませたいくつかの表現上の変更が、ガンディーに知らされたとき、マハートマはそれを「とるにたらぬことだ」

と言い、異議を唱えなかったというのは、興味深い。

インドの民族主義者へのアーウィン卿の対応についての評価は、時と場合に則して変化した。ガンディー＝アーウィン協定の直後は、［イギリスにおける］アーウィン評価は頂点に達したが、一年後、協定がばらばらに分裂し、国民会議党が総督と対立して非合法化されたときには、それはどん底に突き落とされた。会議党員たちのあいだの印象では、ガンディー＝アーウィン協定は巧みに仕掛けられた策謀であり、アーウィンはマハートマを総督邸の庭園の小径にうまく連れこんだというのであった。一九三二年七月に、刑務所内のある受刑者がガンディーに、B・G・ホーニマン［イギリス人でありながら、インド民族運動を熱心に支持し、国民会議党の指導者たちから「同志」の一人と思われていた］がアーウィン卿について述べたつぎのような一節を読みあげた。「自己の矛盾とつじつまを合わせるために、原則と政策の変更を愛想のよい公正さと職業柄の偽善的な気真面目さの、部厚いベニア板の覆いでうまくカバーしようと努めた目先のきく楽観主義者[※21]」。これにたいするガンディーの感想は、その記述は総督には当たらない、彼はイギリス帝国に忠実ではあるが、インドにたいしても悪意をもたない、事実、協定の折衝途上、いくつかの細かい点でガンディーを譲歩させたのは、アーウィン卿の誠意への自分［ガンディー］の信頼のためであった、と。ガンディーはアーウィンのうちに［自分と］同質の精神を読みとっていたのだった。サロジニー・ナーイドゥーが二人の折衝者を評して言った「二人のマハートマ」という表現は、それが両人の宗教的な特性を強調するかぎりでは、適切であった。

ガンディーについて言えば、彼がデリー協定を国民会議党と政府の関係の新しい章の始まりとみなしていたことは、ほとんど疑いはない。ガンディーは、デリーで身を寄せていたアンサーリー博士邸から、総督私設補佐官宛に送った一九三一年三月六日付の書簡にこのように書いた――

「一つお願いいたしたき儀があります。国民会議党に課せられた条件を完全に遂行するのは、運営委員会にとっては名誉にかかわる重大問題であることは、すでに申しあげたとおりです。もしわたしどもの側になにか不法な行為があり、必要な場合には、即座に電報でわたしに注意を促してくださるなら、貴殿はわたしに義務を果たす手助けをされることになりましょう。（中略）願わくは、協定が試みとなるような友情が永遠の事実となりますように」。

アーウィン卿――後年「ハリファックス卿」の呼称でいっそうよく知られたこの人物の、国民会議党に代表されたインド・ナショナリズムにたいする態度は、対立と和解の奇妙な交互作用であったと思われる。彼は、サイモン委員会問題では、インド人を委員に加えることに反対した。かと思うと、円卓会議と一九二九年十月の自治領の地位の提言問題では、その成立におおいに腐心した。彼は国民会議党をきびしく弾圧した。かと思うと、指導者たちにたいしては、無作法なとりかえしのつかないようなやり方で戸口をぴしゃりと閉めることはしなかった。その結果、彼はガンディーとの休戦条約に署名してインドを去ることができたのである。続く何年間かの彼の発言は、しばしばガンディーと国民会議党に批判的であった。しかし、一九四七年に、イギリスのインド撤退の日程を定めた二月二十日のアトリー氏［労働党首相］の重大宣言が下院で物議をかもしたとき、労働党政府の擁護にまわり、局面を一変させたのは、ハリファックス卿であった。

アーウィンが彼の任期切れ寸前に折衝を始めることで自らの政治生命の前途を賭けたというのは、疑問である。総督の政治顧問［参事会委員］たちは、会議党はあとひと押しの「［弾圧］法令」をもってぶっつぶすことができると信じていたが、アーウィンは弾圧それ自体ではなんの成果も得ることはできないと考えていた。そして総督は、ひとたび国民会議党がイギリスの誠意を確信しさえすれば、合法的な方法に切り換えて、新憲法作りと運営に協力を惜しまないだろうとの想定のもとで行動したと思われる。

この政策は、一九三一〜三二年には、［アーウィン在任中の］三〇〜三一年にくらべると、はるかに成功率は小さかった。アーウィンがその後まもなくインドを去らなければならなかったという事実《こと》それ自体が不幸であった。［彼が去ったあと］中央と州の高級官僚たちと国民会議党との合意がまったくうまくいかなかったことを考えると、彼の離印はいっそう不幸というべきであった。さらに、国民会議党のラホール大会のあと、政府は会議党を黙殺し、［第一回］円卓会議の規模を［藩王国や小政党や諸宗教団体にまで］拡大し、それをもって、国民会議党には［国民を代表する］民族政党としての共通性がないことを誇示した。このような会議（このことについては、一九二九年にガンディーとモティラール・ネルーが主張していた）に、政府からなんらの言質《げんち》もとりつけずに、ガンディーが同意したこと自体、驚きであった。しかしながら、ガンディーが協定に署名した理由《わけ》は、協定の条項にではなく、サッティヤーグラハの論理に求められるべきであった。インド国民会議党のカラチ大会での彼の講演に、彼の心の動向を読みとることができる――。

「わたしたちが望むものと、これまでの会談で与えられてきたものとのあいだには大きな開きがあることを知るとき、わたしたちは何をしようとしているのかと、わたし自身もしばしば疑問をいだきます。しかし、サッティヤーグラヒーとして思いをめぐらすとき、わたしの心は定まりました。いまや、彼［サッティヤーグラヒー＝ガンディー自身を指す］は、彼の敵対者との協議を拒否することができない段階《ところ》にまできているのだ、と。彼の目的はつねに、彼の敵対者を愛をもって改心させることでした。

［会議党の］運営委員たちが総督宣言のあとに釈放されたとき、交渉の段階が来たのでした。総督はまた、わたしたちに武器を擱《お》き、わたしたちに望むところを述べるよう呼びかけたのでした」。

国民会議党が［その気になれば］すくなくともあと一年間は市民的不服従運動を続行できたというときに、なにも政府と休戦する必要はなかったのではないか、この質問《とい》にたいするガンディーの答えは、「たしかに、そのことなら、わたしたちは二十年でも闘いを続けられたでしょう。また真のサッティヤーグラヒー［サッティヤーグラハの戦士］なら、たとえ他の者が疲れて降服しようとも、最後まで闘いぬくことでしょう。しかし休戦は、わたしたちが力尽きたからではなく、絶対に避けられなかったためになされたのです。闘いを続行できるという理由《こと》で闘いを続ける者は、サッティヤーグラヒーではなく、神の前に罪深い増上慢《ぞうじょうまん》です[※22]」。

ガンディーに見られる明らかな矛盾点は、このようにして、彼自身の方法論から見たときにはじめて説明がつく。サッティヤーグラハ運動は、一般には「闘争」「反乱」あるいは「暴力なき戦争」などと呼ばれている。しかしながら、これらの語に共通する語意のために、それらは運動の否定的側面、すなわち対立と闘争を不相応に強調する感がある。ところがサッティヤーグラハの目的は、相手［敵］を肉体的に抹殺したり、精神的に挫折させることにあるのではなく、相手の手にかかって自己《こちら》が苦しむことによって、知性と心情を一体化にすることを可能ならしめる心理的な過程《みち》を歩みはじめることである。こうした闘争にあっては、敵との妥協は、けっして異端行為でも背信行為でもない。むしろ、自然で必要な段階《ステップ》であろう。また、もし妥協が時期尚早で、相手方に反省の色が見られなければ、サッティヤーグラヒーたちが非暴力の戦闘を再開する可能性はあった。国民感情を思いどおりに高めることはできないが、それにしてもガンディーは、感情の過ぎゆく高い波頭で政治的自由を求めようとはしなかった。インドはやがて時期《とき》が来れば独立を果たすだろう、そしてその秋《とき》は、いかなる強大な権力といえどもインドを繋《つな》ぎとめておくことはできないだろう、と彼は信じていたのである。

一九三一年三月デリー協定成立の数日後、カラチの党大会に出席するためガンディーが同地を訪れたとき、バガート・シン第32章★6参照と彼の同志たちの死刑が執行され、市《まち》の空気は重々しかった。ガンディーは、ジャワーハルラール・ネルーを発起人とする決議文を起草し、バガート・シンの勇気と犠牲を称讃したが、同時に、自由を獲得するための手段として用いられた政治的暴力に遺憾の意を表した。数か月後、テロリストたちの暴力沙汰がベンガルとボンベイで発生したとき、ガンディーは「バガート・シンの行動を称えた」決議文を書いたことを悔んだ。そして「バガート・シンの崇拝者たち」はやりすぎだと考えた。彼は政治的無政府主義者たちに暴力の道をやめるよう求めてこう言った。「あなたがたはイギリスの官吏を殺さなければならないというのなら、どうしてその代わりに、わたしを殺《や》らないのですか」と。

カラチ国民会議党大会はデリー協定を承認した。もっともそれは、協定の条項にというよりも、国民会議党の理想にいっそう符合する解釈を加えてのことであったが。

四月にガンディーはボンベイにもどり、アーウィン卿に別れを告げた。新総督ウィリンドン卿はすでにボンベイに到着していたが、あえてガンディーを呼び寄せることはしなかった。デリー協定を苦い丸薬と思っていた首都をはじめとする各州の頭の固い首長たちは、いまや物わかりのよい御大［新総督］をいただくことになった。協定が署名されてわずか数日が経つか経たないうちに、はやくも悶着が始まった。国民会議党からは、バルドリーやボルサトで、政治犯の全員釈放も没収された土地の返還もおこなわれず、村の役人たちの復職もいっこうに進まないことへの不満の声があがっていた。緊張はベンガル州で頂点に達した。そこでは協定の意向は、いずれにせよ、裁判なしに拘留されていた何千という若者たちにはおよばなかった。中央州では、農民たちの不満が問題になっていた。西北辺境州では、赤シャツ隊にたいする弾圧[11]が緩和されず、ガンディーでさえ同州に入ることを拒否された。

一九三一年七月九日号の『ヤング・インディア』紙上に、協定違反を列記した編集者［ガンディー］の論説が掲載された。表題は「崩壊か」というショッキングなものであった。七月十八日にガンディーはシムラーで総督と対面し、協定の運営にかんする不満について法的につっこんだ質問をした。八月十四日に彼は総督に書いた――「状況をすべて総合的に考慮しますと、わたしたちのあいだの基本的な相違が露呈してまいりました」と。政府は国民会議党がデリー協定の精神に反する行動をしたと非難したが、この言い分はいずれの側からも拒否された。それでも交渉は再開され、二回目に合意がまとまった。バルドリーにおけるガンディー＝アーウィン協定の運用についての国民会議党の不満は、ある地方長官の言葉に正確に表現されていたことは衆目の一致するところであった。彼は言った――国民会議党は次回円卓会議に［間違いなく］参加するだろう、そして会議の唯一の代表者はガンディーになるだろう、と。

特別列車がシムラーからカルカッタまで仕立てられた。それから［万が一にそなえて］八月二十九日のラージプターナ号の出航に間に合うよう、ガンディーをボンベイへ送り届けるべく別の列車も待機していた。［秘書の］マハーデヴ・デサーイとピアレラール、［息子の］デーヴァダース、［愛弟子］ミラー・ベーンが同行した。それから船中では、サロジニー・ナーイドゥーとマダン・モーハン・マーラヴィヤとも落ち合った。出航のとき、彼の気分《こころ》は暗く絶望的ではあったが、一縷《いちる》の希望《のぞみ》をつないでいた。「これからのロンドンでの見通しを思い、すべてがインドでうまくいっていないことを考えると……わたしを完全な絶望で打ちのめすのに、なに一つ欠けてはいない。水平線はこれ以上はないといえるほど暗い。わたしはどう考えても手ぶらで帰ることになるだろう。しかし神は、『二回目の合意』をとおして、わたしのためにロンドンへの道を拓《ひら》いてくれたと信じているので、わたしは希望を胸にイギリスを訪ねようとしているのだ」。

第35章　円卓会議

「彼はたぶんラージプターナ号の最高の乗船客であったろう」と、マハートマの秘書マハーデヴ・デサーイは書いている。彼は外国航路の最低の二等クラスで旅をし、日中のほとんどと夜間のすべての時間をデッキで過ごし、いつも定まった時刻に起き、床につき、アーシュラム〔修道場〕の日課に従って、祈りと糸車と勉学に明け暮れた。〔船中ではイギリスへ帰る〕小さな子どもたちと仲よしになった。少年少女たちは、彼が紡ぎ車を廻わすのを珍しそうに眺めていた。そして朝夕に彼の船室をのぞくと、ぶどうやヤシの実を手いっぱいにもらうのだった。アーデン〔紅海入口の海港〕では、インド人のグループの表敬訪問を受け、エジプトの愛国者ザグロウル・パシャ未亡人とワフド党〔エジプト最大の民族主義政党〕の指導者たちからの善意のメッセージが届いた。〔フランスに入ると〕マルセーユで、フランスの大作家ロマン・ロランの令妹マドレーヌ・ロランに迎えられ、「インドの精神的大使」と称讃された。

一九三一年九月十二日に、ガンディーはロンドンに到着した。彼は「わたしが生涯をささげてきたのと同種の人びと〔民衆〕のあいだに」いるために、レスター・ミューアリアルの招待を受け容れ、イースト・エンド［ロンドン東部の低所得者の居住地区］のキングスレー・ホールに旅装を解いた。友人たちや会議に出席する他の代表や同僚たちからは、宿舎としてはそこは不都合にすぎると苦情がでた。そこでガンディーはナイトブリッジ八十八番街に事務所をもうけることに同意したが、毎晩遅くなっても、ボウ通りへ眠りに帰った。ときどき真夜中過ぎに委員会から帰宿することがあったが、朝の祈りのために部屋には四時過ぎまで灯りが点《つ》いていた。彼はイーストエンドの薄汚い街路《みち》に沿って朝の散歩を楽しんだ。彼はボウの隣人たちを訪ね、子どもたちとも仲よしになった。彼は言ったものである――「わたしはイギリス人と知り合い、そこで円卓会議をやっているのです」と。

ガンディーは円卓会議では、国民会議党の唯一の代表者であった。ガンディー＝アーウィン協定はうまく機能していなかったし、祖国のある地方では、政治状況がなお不安定であったため、インド国民会議党運営委員会は、イギリスでの円卓会議の討議のために、他のトップクラスの指導者を会議に遣《おく》るのをしぶっていた。しかしながら、ガンディーが印英協定の基本問題に合意できれば、彼は同志たちをロンドンに呼び寄せるだろうし、運営委員会は総力をあげて協定の詳細を詰めるべく努めるだろうと考えられていた。［ところが］残念ながら、円卓会議はそのような合意の方向へは進まなかった。そしてマハートマは、憲法草案づくりに前進するのを牽制《けんせい》すべく待ちかまえていたインド人とイギリス人の［双方の］毀《こわ》し屋たちにたいして、孤軍奮闘しなければならなかった。イギリスの新聞も政治家たちも、ガンディー個人がいかに卓越した人物であろうと、［しょせんは］インドからやって来た［複数政党や宗団の］代表たちの一人にすぎず、国民会議党も会議に喚《よ》ばれた数多くの政党の一《ひと》つにすぎない、と考えていた。［円卓会議の］代表者はすべて政府の指名によって選ばれた親英家たちであった。代表者たちの一《ひと》握りは有能な個人ではあったが、ほとんどは、藩王と地主階級、肩書を有する名門の出身者であり、大小さまざまな宗教集団の指導者と既得権者の代表たちであった。代表たちの多くは、残念ながら政治的な策謀の手先となり、他より有利な立場に立とうとしていた。彼らは立法府の公職の席を争い、円卓会議そのものがそうした方向へと堕《だ》していった。

　イギリス政府が握っていた会議の構成やら手続き問題やらで、［出席者たちの］エネルギーは二義的な問題に、とりわけ宗教間の対立の問題へと逸《そ》らされてしまった。ガンディーはこのもめごとを先見し、公的・私的な立場で率直な意見を述べた。たしかに彼が問うたように、イギリス政府は宗教社会《コミュナル》間の問題を解決するために、六千マイルの彼方からインド人の代表たちをロンドンへ呼び寄せたのではなかった。それぞれのコミュニティーは、新憲法成立の条件として、宗教社会間の問題を過度に強調しようとしていること、そしてそのことが、彼らを新憲法のもとで少しでも有利な餌にありつこうと彷徨《さまよ》う飢えた狼にしていることを、ガンディーは指摘した。［憲法とコミュニティーの］問題が倒錯して提起されていたのである。それは大きさのわからないケーキの分配合戦といえるものであった。「わたしは何を手に入れようとしているのか考えてもみてください」と、ガンディーは語気を強めて語りかけた。「その基礎［憲法］の上に立って、わたしは今日の不調和な集団に、なお統一をもたらそうとやっきになっているのです。彼らは貴重なものを粉々に砕《くだ》こうとしているだけだと、わたしは代表たちに言いたい」。

円卓会議の代表者の一人であったG・D・ビルラー〔ターターとならぶインド二大総合財閥の創立者で、ガンディーと親交篤く、民族運動の支援者でもあった〕は、せっかくの得がたい好機だから、最初のスピーチは準備しておくようにと、ガンディーに勧めておいた。〔ところが〕会議に出るためにジェイムズ宮殿へ向かう車の坐席に坐ったとき、ガンディーはビルラーに講演の下書きをする時間がなかったことを告白し、それからこのように加えて言った。「神はそのうちしかるべきときに、わたしに考えをまとめる手助けをしてくださるでしょう。つまるところ、わたしたちはあたりまえの人間として語らなければなりません。わたしはとりわけて知的で賢明な人物と思われたくはありません。素朴《そぼく》な農民と同じように、わたしが言わなくてはならないのは、『わたしの望んでいるのは独立です』ということに尽きましょう※23」と。ところが「素朴な農民の精神《こころ》」で語られた彼の原稿なしの演説は、国民会議党と自治政府を求めるインド人の立場をみごとに開陳していた。国民会議党はインドでもっとも古く、もっとも民意を代表する政治組織である、と彼は語った。それはすべてのコミュニティーを代表するものであり、とりわけ、すべての貧しい半飢餓状態にある物言わぬ大衆を代表するものだと、ガンディーは言った。「あなたがたがインドの刑務所の記録を点検すれば、国民会議党は数多くのムスリムをも代表していることがおわかりになるでしょう」と、ガンディーは付言した。不可触民についても、彼は身をもって彼らの代言をしてきたことを主張した。そして〔不可触民の〕住民投票があれば、彼はトップ当選を果たすだろう、とも言い切った。

ガンディーは、力によってではなく、「愛の絹糸《いと》の絆」によってもたらされる英印間の名誉ある対等の提携を強調した。国民会議党は連邦制の原則とともに、「安全保障」の原則をも承認していた。しかし安全保障は［あくまでも］自治政府を笑いものにするためではなく、インドの利益のために考えられなければならなかった。もし提案されているすべての安全保障が［そのまま］新憲法に組みこまれたとしても、インドがこれから享有することになる責任政府では、「政府の囚人たちは獄中では現状と似たり寄ったりかもしれない。しかし囚人たちも、牢獄の鍵が閉まる直後から独立を有しているのだ」。ガンディーは、イギリス人がすぐれた組織力をもっていることは認めたが、その国をよりよく知っているのは、［だれがなんと言おうと］インド人自身であることを自覚していた。彼はまた、ヨーロッパ人の商業的利益を優先することには反対したが、同時に、反対ゆえにいっさい差別的行為をしないことを確約した。彼は成人の選挙権と、一院制議会制、ならびに間接選挙制度を提唱した。彼は、独立が承認されたあとも、しばらくはイギリス軍がインドに駐留する可能性を予見していた。そして、防衛などというわけのわからぬものをインド国民に始めさせたのはイギリス人であることを説明して言った。「わたしたちは翼を切られてしまったのだから、わたしたが空を飛べるように翼を与えるのが彼らの義務《つとめ》である」と。

この気取らぬ思いのままを述べた弁舌は、惜しむらくは円卓会議の席上では聞き流された。［おりしも］イギリスは財政危機［世界恐慌］と政権交替問題に揺れていた。新政権では保守党が重きをなしていた。国民は国内問題で頭がいっぱいであった。財政危機はイギリス人にとっては、インド憲法の細かい議論よりも急を要する問題であった。意識はせずとも、当然のことながら、問題の重点に変化が見られた。新しくインド担当相に任命されたサー・サムエル・ホーア［保守党長老（別称テンプルウッド）］はガンディーに、彼は心底インド人が完全独立には向いていないと確信していると語った。保守党系の新聞は包み隠さず物申した。［たとえば］『デイリー・メール』紙は、「インドを失うことになれば、イギリス連邦は崩壊するだろう。商業的・経済的・政治的に、そして地理的にも、インドはわが帝国の最大の財産である。インドの維持を危くするのは、イギリス人の犯す最大の反逆行為であろう」と明言した。

この間、円卓会議に集まった［インド側各政治・宗教団体の］代表たちは、相互の損得取り引きにやっきになっていた。そうした鍔迫《つばぜ》り合いのなかで、彼らはインド人既得権保持者たちと、イギリスの「頑固な保守分子たち」の言うとおりに、インドの自治政府への道を妨げているのは、イギリス政府がそれをしぶっているからではなく、インド人の足並みが揃わないからだといった印象を世界に露呈した。ガンディーは、ムスリムやその他の小数派にたいして、彼らが国民の自由への要求をすすんで支持してくれるなら、彼らのすべての憲法上の危惧《おそれ》を取り除くために「ブランク・チェック［白地式小切手（署名のみ記入されていて、持参人が金額を書き入れる小切手）］」を切る心づもりであった。ヒンドゥー教の代表たちには、そのような寛大な態度は思いもつかなかった。いっぽう、ムスリム民族主義者たちは会議に代表を遣《おく》っていなかった。ムスリム、アングロ・インディアン［ヨーロッパ人（主としてイギリス人）とインド人の混血］、インド人キリスト教徒、指定カースト［不可触民カースト］など少数派は「少数派協定」をもって連合し、いくつかの少数派集団がそれぞれに代表権をもつ分離選挙制度を要求した。この協定はインドの人口の一億一千五百万人、すなわち人口の四六パーセントにおよぶとのラムゼイ・マグドナルド首相のコメントは、ガンディーからつぎのような痛烈な返答をもって迎えられた。「首相は驚くほど正確な数字を挙げられました。首相はそこで、インドの女性のための特別な代表権を完全に否定されました。女性はインドの総人口の半数を占めているわけですから、ご指摘の四六パーセントという数字はともかく削減されることになります。少数派協定は国民会議党の支持が得られず、〔結局〕葬り去られました。しかし、たぶん狙いどおり、それは世界に向かって、インドの政党は互いに妥協せず、そのためにイギリス政府はさらなる前進を可能にするためには、コミュナル問題の解決に腐心しなければならないことを吹聴《ふいちょう》したのです」。

この間ガンディーは、屈辱の苦い盃《さかずき》を何杯も呑み干さなければならなかった。果てしなくつづく交渉ごと、二義的な問題についての論争、戦術的な策謀、舞台裏のかけひきにガンディーはうんざりし、幻滅した。彼はコミュナル問題のむずかしさを予想していた。そして事実、国民会議党運営委員会に、コミュナル問題が〔ある程度〕決着してからロンドンへ行くべきであると提唱していた。彼は同志らに押し切られたが、ロンドンで目撃したような展開までは覚悟していなかった。代表たちの何人かの背信行為は見えすいていた。そして他のほとんどの者たちは、主要問題は憲法を作成することであり、自由の戦利品の奪い合いではないことが理解されていないように思われた。しかも戦利品の奪い合いは、それを手に入れる前からすでに始まっていたのである。イギリスに到着して二週間とたたないうちに、ガンディーは会議での孤立感を告白した。彼は、サー・サムエル・ホーアと率直に意見を交換したが、「最終的には」互いに相違を認め合っただけであった。ガンディーは、彼と国民会議党を待ち受けていた勢力を過少評価していたことに気づいた。彼は、会議が本筋を逸れて、形式的な結果に向かってゆくのを、ある種ほっとする思いで見守っていた。イギリス首相ラムゼイ・マグドナルドは開会の演説のなかで、「インドの」コミュナル問題の解決を今後もひきうける覚悟でいることを確約し、「すべての問題を包摂する憲法案」を作成できるように、さらなる調査のための委員会を任命して、インドに派遣することを約束した。

この間、インドから伝えられるニュースは気がかりなものばかりであった。「休戦」はいよいよおもしろくない方向にはたらいていた。新しい法令がベンガル州に発布され、また北西辺境州や中央州などで国民会議党の運動家たちがつぎつぎに逮捕されていた。インドの同志たちの目には、マハートマの政治的使命はすでに敗北に終わったことは明らかであった。C・F・アンドルーズはそれを「おおいなる失敗」と呼んだが、多くの観察者たちには、そこにはなんら偉大さは認められなかった。マハートマは、民族主義者《ナショナリスト》たちに向けられた国家権力の大きさを誤算し、過少評価していたものと、彼らは感じざるをえなかった。ガンディー＝アーウィン協定の分別にもともと懐疑的であったV・J・パテールは、会議期間中ロンドンに滞在していた。彼はマハートマに国際連盟への提訴を勧め、円卓会議に望みを託してはならぬと助言した。彼は海千山千の政治家ではあったが、「それだけに」マハートマが彼の政敵たちに政略を用いようとせず、また世界世論に影響を与えるべく好戦的な宣伝活動をしないことに怒りをつのらせていた。

「いっぽう」ロンドの下町イースト・エンドでは、貧しいロンドンっ子たちのあいだで、「ガンディーおじさん」は子どもたちの人気者であった。彼は子どもたちの悪気のない、そしてしばしば急所を穿《うが》った質問に気軽に答えた。そして、自分の少年時代の話をして聞かせた。彼はなぜイースト・エンドに滞在することを選んだか、なぜ寸たらずの服装〔ドーティーと呼ばれるインド式のすねまでの腰布（これをイギリス人の好むだぶだぶの長ズボンとくらべ、イギリスの搾取を暗に皮肉ったと伝えられる）〕を着ているのかを説明した。ガンディーは子どもたちに、悪にたいして善をもって酬いるよう説いた。この奨めについておもしろい後日譚がある。あるとき、四歳になる少女の父親がマハートマに、この教えについてひとこと申したいことがある、と言った。「何でしょう」とガンディーがたずねると、父親は言った。「私の幼ないジェーンが毎朝私のベッドにやってきて、私を叩き起こして言うんです――『あたいにお返しをしないでね。なぜならガンディーおじさんは、あたいたちに仕返しをしてはいけませんって、教えてくれたのですから』とね」。十月二日の誕生日には、子どもたちからガンディーにプレゼントが贈られた――毛糸のぬいぐるみの犬二匹、ピンクの誕生日用ローソク三本、ブリキの皿一枚、青エンピツ一本、それからジェリー菓子数個であった。ガンディーはこれらの贈り物をとりわけたいせつに思い、インドへ持ち帰った。「幾百万人の子どもたちが、ガンディーがその国の岸を去るまえに、彼を見たことだろう」と、「秘書の」マハーデヴ・デサーイは書いている。「そしてわれわれが話しの決着をつける相手がこの子どもたちの世代になろうとは、誰が知っていただろうか」と。

このたびの旅行でのいちばんうれしい驚きは、国民会議党によるイギリス商品のボイコット運動でもっとも手痛い打撃をこうむっていたはずのランカシャー［イングランド西北部の有名な織物産業地帯］の綿織物工場の労働者たちから受けた歓迎と愛情であった。傍目《はため》にも明らかな注意力と同情をもって、ガンディーは失業者たちの苦境の話に聞き入った。そして、ガンディーが労働者たちにこのように説明したとき、彼らはガンディーの提唱したボイコット運動の背景にあったものを理解した。「当地では、失業者の数が三百万人と聞きますが、インドでは農閑期になると、三億人が職を失います。あなたがたの失業手当ては平均七十シリングだそうですが、わたしたちの国の平均月収は七シリング六ペンスです」。［シリング、ペンスともにイギリスの旧貨幣単位で、一シリングは一ポンドの二十分の一、十二ペンスに相当した。これを現在の貨幣価値と比較するのはむずかしいが、ここでのガンディーの説明によると、当時のインド人の平均月収は、イギリス人の一日の失業手当ての十二分の一にも満たなかったことになる］

ガンディーのイギリス人の友人たちのなかには、彼がイースト・エンドに滞在することで、現実にインドの政治的未来を決定することになるであろう、イギリスの中産階級や上層階級をないがしろにすることになりはしまいかと懸念する人もいた。そこで彼らは、政治・宗教・科学・文学など各分野におけるイギリス最高の知性たちと会って話すよう、彼のために便宜をはからってくれた。ガンディーはジョージ・バーナード・ショー［著名な劇作家、小説家、社会・文明評論家として知られ、一九二五年のノーベル文学賞の受賞者］と会い、その人柄に「［知的・精神的な］同質性」を感じた。彼はまた議会の委員会室で議員たちに講演をおこない、司教や教会の権威者たちとも面談した。それからイートン校［有名なパブリック・スクール］の少年たちや、ロンドン大学経済学部の学生たちとも話し合った。オックスフォードでは、ベリオール・カレッジ学長のリンジ博士の紹介を受け、ギルバート・マーリ博士［国際連盟協会議長］、［親印家の］ギルバート・サルターやクープランド教授、エドワード・トムソン［作家、インド思想・文学に造詣が深く、ガンディーから「あなたはインドの虜《とりこ》ですね」と言われたという。著書『ラビンドラナート・タゴール』はタゴール研究初期の名著］ほかとも面談し、インド人留学生の組織する集会でも話した。それから、［第一次世界大戦中の首相］ロイド・ジョージに会いに出かけるいっぽう、チャーリー・チャップリンの訪問を受けた。それまで彼は、その［世界的な喜劇王の］名前を耳にしたことはなかった［ちなみに、チャップリンの『自叙伝』には二人の興味深い出会いの回想がされている］。

　これらの私的な人物交流の結果を評価するのは容易ではない。なぜなら、賓客をもてなすときのイギリス人の礼儀正しさは、しばしば客のほんとうの素顔を見えなくするからである。国民会議党の目標とイギリス人一般の考え方の溝《みぞ》は、ほとんど橋渡しができないほど大きかった。一握《ひとにぎ》りの少数者たちだけが、英印間の対等の提携《ていけい》を主張するマハートマと行動をともにする覚悟をきめていたが、彼はただちに己の信念を実行に移すことはできなかった。イギリスのほとんどの政治家や思想家たちには、ガンディーという指導者はインドを自治への険しい道程《みち》に沿って、あまりにも遠くまで、あまりにも性急に連れていこうとしているように思われた。それにもかかわらず、人間ガンディーのしたしみやすい論理と、一目《ひとめ》でわかる誠実さは、彼に会った人びとに拭いがたい印象を与えた。彼らは、大衆紙におもしろおかしく伝えられた腰布や山羊の乳の話［ガンディーは旅先で飲むためにインドから一匹の山羊を連れていった］よりも、もっと鮮烈な印象をいだいた。彼の考えはあまりにも理想主義的・革命的に思われたが、彼のイギリス上陸のときに、新聞『真相《トゥルース》』が予言した「ぺてん師」という呼称はまったく通用しなくなっていた。

C・F・アンドルーズ［彼はけっしてガンディーの客観的な観察者とは言えなかったかもしれないが］が、円卓会議場外でのこれらの人たちとの接触の評価をつぎのように要約したとき、ガンディーの訪英を長い目で見た彼の評価は誤ってはいなかった。「ガンディーのユニークな人格は、最高のイギリス人たちの心をつかんだ。そして彼の思想の独創性は、彼が出会った人たちを、それまで考えたことがないように考えさせた。彼らはかならずしもガンディーの思想に賛同したわけではなかったが、だれもがひとしく、ガンディーその人のうちに見た魂の偉大さを尊敬した。イギリスは国土の小さな国であり、そうした印象は、実際ひじょうな早さでかけめぐる。［いまや］少し物事をまじめに考える人たちは、これまで一般に考えられていたように、マハートマ・ガンディーという人物は箸にも棒にもかからぬ非現実的な風変りな人物にすぎないといった印象はもたなくなっていた[※24]」。

インドから伝えられるニュースは、どれも心おきなく聞けるものではなかった。ガンディーがイギリスに出発する前に国民会議党と政府のあいだで交わされた協定は、実際には破綻《はたん》してしまっていた。マハートマはしきりに帰国を切望した。彼は旅程を延期して、アメリカを訪問するようにとの招待をことわったが、インドへの帰路、スイスに立ち寄り、ロマン・ロランと数日間を過ごそうと心に決めていた。

マハーデヴ・デサーイとピアレラールの［二人の秘書］と、ミラー・ベーン［スレイド嬢］、［息

ロラン邸で対談するロマン・ロランとガンディー

子の」デーヴァダースを伴って、ガンディーは一九三一年十二月六日にヴィルヌーヴに到着した。一九二〇年代初めの第一回非協力運動後まもなく上梓された名著『マハートマ・ガンディーの生涯』のなかで、ロランは驚くべき洞察力をもってガンディーの生涯［半生］とメッセージを解説し、非暴力と自己犠牲のメッセージが暴力に支配されるヨーロッパを救済することができるようにとの願望《ねがい》を表明した。ロランは『ガンディー伝』の結語として」書いた。「一つだけたしかに言えることがある——すなわち、ガンディーの精神が［いま］勝利をおさめるか、それともそれが、救世主《メシア》や仏陀が過去幾世紀かにわたって繰り返してきたように、ふたたび現われ出るかである。やがて、人類に新しい道を指し示す『生命』の原理となって、半ば神のごとき人によって完全に権化《あらわ》されるときまで」。

ガンディーとロランは、毎日数時間［ロラン邸ヴィラ・オルガの一室で］対談した。広汎な分野のテーマにわたる二人の対話は、［通訳をつとめた］ロランの妹［マドレーヌ・ロラン］によってつぎのように伝えられている――。

「兄は、ヨーロッパ社会の悲劇的な状況をガンディーに語って聞かせました。［つまり］独裁者たち［ヒトラーやムッソリーニ］に抑圧されている民衆の苦悩と、顔のない非情な資本主義の鎖を断ち切ろうと必死にあがきながら、自由と正義への純粋な憧憬《あこがれ》に突き動かされているプロレタリアートの戦いのドラマを。彼らはただ一つの出口を、反乱と暴力からの出口を探し求めているのです。西洋人は、アヒンサー［非暴力］の宗教をもたないがために、教育と伝統と性格によってそれを成さなければならない、と兄は申しました。

……ガンディーはロランの話にじっと聴き入り、［しばし］物思いにふけっていました。彼は非暴力へのゆるがぬ信念を再確認したのでした。そして、懐疑的なヨーロッパ人に非暴力の成功例の具体的な実例を確信させることが必要だという［兄ロランの］見解を理解したようです。インドはそれを与えることができるだろうか、彼はそれ［ができること］を望んでいるのです[※25]」。

ガンディーのスイス訪問は、その地方に多大の熱狂を喚び起こした。レマン地方［ロラン邸ヴィラ・オルガはレマン湖畔に建っていた］の酪農家の組合からガンディーの主人役《ホスト》のもとに電話で「インドの王さま」にミルクを提供したいとの申し出があった。一人の日本人の芸術家〔彫刻家高田博厚〕が「ロランに呼ばれて」パリから急いで駆けつけ、インドの指導者をスケッチした。地方の若い音楽家が彼の部屋の窓の下でヴァイオリンを弾いた。イタリアから何人かの人が、次回の宝くじの当籤《とうせん》番号を十桁教えて欲しいと、インドの聖者に手紙で問い合わせてきた。小学生たちがガンディーに花束を贈呈するという一幕もあった。その間ガンディーはローザンヌとジュネーブで講演をおこない、会場の聴衆からの質問に答えた。外国から侵略された場合、スイスはどうすればよいか、軍隊にたよるべきか、といった問いにガンディーは答えて言った。「軍隊は無用です。男も女も子どもも、みんな身を挺して敵の前に立ち塞がればよいのです」と。また階級闘争についてもこのようにコメントした――「労働者たちは自分の力を知らない。彼らがそれを知ったとき、資本主義を打倒するために、労働者たちは立ち上がりさえすればよいのです。なぜなら労働力はこの世の唯一の力だからです」と。ガンディーは講演会場で思い切りやじられた。しかしそのやじは、ロランが後で記したように、こうした素朴な真理によって「沈黙させられ、阻止された。会場はぐうの音も出ず怒りに震えた。スイスの資本家たちには、マハートマの明快な発言にショックを受け、彼の平和主義はあまりにも戦闘的で、経済思想はあまりにも過激に思われた。新聞は敵意を

日本の彫刻家・高田博厚のガンディー像

露《あら》わにし、主催者たちは、翌日彼がスイスを発つことになっていなければ、好ましからざる人物として、国外追放もありうるのではないかと懸念した。

ガンディーは帰路ローマで一日を過ごす計画をたてていた。ロマン・ロランはファシストの策謀に利用されないよう忠告し、高潔で誠実な彼の友人のところに滞在するべく手配してくれた。ローマでガンディーはヴァチカン美術館を訪ね、システィーナ礼拝堂では感動のあまり言葉を失った。「わたしはそこでキリスト像を見ました。それはすばらしいものでした。わたしは涙を禁じえませんでした。じっと像に見入っていると、涙がとめどもなくこみあげてきました」と、彼は語った。

法王はガンディーを観衆に会わせなかったが、ムッソリーニはうまく彼を大衆の前に引き出した。ムッソリーニについて、数か月後ヤラヴァダー刑務所の看守が、その人は魅力的な人物であったかとたずねたとき、「たしかに」と、ガンディーは答えて言った。「しかし、彼は死刑執行人のようでした。銃剣による支配が、はたしていつまで続くことやら[※26]」と。

ガンディーがイタリア汽船ビルスナ号でブリンディジに向かったあと、『イル・ジョルナーレ＝ディタリア』紙がガンディーとのインタヴュー記事を掲載し、彼は市民的不服従運動を再開するためにインドへ帰国しようとしていると語ったとされていた。ガンディーはローマ滞在中まったくインタヴューを受けたことはなかった。そこで電報で、報道は完全な捏造《ねつぞう》であることをロンドンに報らせた。こうしてわざわざ同紙の記事を否定したにもかかわらず、いくつかのイギリスの新聞や政治家たちは、頑としてガンディーは嘘をついているというあてこすりをやめなかった。『イル・ジョルナーレ＝ディタリア』紙は謝罪広告を用意していたらしかったが、イギリスの頑迷な政治家たちや在印イギリス人官僚たちは、「ガンディー＝アーウィン協定」でいったんは路線を変更したかに思われた「会議党とはいっさいかかわりをもたない」という従来の政策に逆もどりしたがっていたのである。

第36章　休戦の結末

ガンディーは一九三一年十二月二十八日にボンベイ港に上陸した。そして一週間後［の一九三二年一月四日の未明には］獄中の人となり、市民的不服従運動が再開された。インド国民会議党は、事実上非合法政党とされ、ガンディー＝アーウィン協定はびりびりに破り棄《す》てられた。この目まぐるしい不測の政治情勢の転換についての説明は、ガンディーの帰国と再逮捕のあいだに生じた一週間のもろもろの決定的な事件ばかりでなく、ガンディー＝アーウィン協定をもってしても根絶しえなかった、国民会議党と政府の底流にもともとあった敵意が考えられる。

ガンディー＝アーウィン協定は、独立への基本的要求にかんするかぎり、会議党にとってほとんど資するところがなかったことはすでに述べたとおりである。ところがガンディーは、この協定によって、インド民族主義とイギリス政府の疑惑の壁に、たとえそれがどんなに小さくとも、光の射す節穴を開けたと信じていた。アーウィン卿は、国民会議党がごく短いあいだであったにせよ、非協力の運動方針を改め、インドの新憲法作成のための議論に参加することに同意したという事実《こと》をおおいに満足していた。［ところが］残念なことにアーウィン卿は、協定が締結してまもなく更迭《こうてつ》され、せっかくの会議党との和解政策はイギリス国内の頑迷な政治家たちの批判の的になったばかりでなく、インドにおける同僚や高級官僚たちからも疑惑の目を向けられた。一九三一年三月四日の協定書署名の日から、ガンディーがイギリスに向けて出発した一九三一年八月二十九日までの半年たらずのあいだのインドの政治は、国民会議党と政府の一触即発の危機の連続であった。

一九三一年六月十六日には、早くもインド政府は市民的不服従運動の再開に対応すべく包括的な条例の起草を始めるいっぽう、［本国の］インド担当国務大臣の注意を、［インドの］政治情勢に見られる「たしかな不安的要因」に向けようとしていた。政府は市民的不服従運動のさし迫った再開を懼《おそ》れていたのではなかった。というのは、彼らの目から見ても、戦闘的な会議党党員たちですら「組織力の回復と強化のためにそれなりの時間」を望んでいたからである。「インド政府にとって不安の原因《たね》は、話し合いの効果が国民会議党の威信を高めることになり、政府の威信をおとすことになる」と思われたことである。「また、経済的条件におおいに助けられて、国民会議党は影響力を農村地帯にひろげることができた。そして会議党はその信じるところを、すなわち、市民的不服従運動を再開すれば、農村部での民衆の支持を獲得できるとの計画的な政策を追求することができた」。

インド政府はさらに地方［州］政府の不安を表明した。そして、［国民会議党との］話し合い政策を遂行することになっても、重大な危険をはらむところまで状況を悪化させるには至らないだろうと言明した。一九三一年八月に国民会議党の円卓会議への不参加がほぼ確実と思われたとき、地方政府は、市民的不服従運動が再開されることになれば、会議党運営委員会は非合法組織を宣告され、ガンディーならびに、おそらく他の主だった指導者たちも、運動再開から十日以内には逮捕され、それにともなう一連の条例が公布されるであろうとの通達を受けた。

ガンディーのロンドンへの出発は、当初は［英印間の］雰囲気を刷新し、緊張を鎮静するかのように思われた。一九三一年八月末日に、シムラーでの［総督アーウィンとの］長時間にわたる薄氷を踏む思いの交渉のあとで、いよいよガンディーをロンドンへ向かわせた「二回目の決着」は、あちこちの綻《ほころ》びに蓋《ふた》をしたような粗末な代物《しろもの》であり、［真の］解決を導く問題のさわりにすら触れていなかった。

一九三一年の夏から秋にかけて、インドの政治状況は、ベンガル州と北西辺境州と中央州の三つの州で台風の目が渦巻いていた。このうち、ガンディー＝アーウィン協定は、ベンガル州ではほとんど救済の手をさしのべなかった。政治的な和平は、裁判なしに牢獄に勾留された何千という若者たち［テロリスト］にまで影響をおよぼさなかったのである。ヨーロッパ人高官や一般人を狙ったテロリストたちの秘密活動は、国民会議党にとって問題を複雑にしていた。会議党は、前門の虎［革命家たちのテロリズム］と、後門の狼［政府の強硬な反テロリズ］のはさみうちに立たされていたのである。後者［政府］にとっては、革命家と会議党とが無関係だとはとうてい信じられなかった。とりわけ、双方の活動家のほとんどがヒンドゥー中産階級の出身者であったことが注目された。このようにして、会議党党員はしばしば、無政府主義者のために特別に制定された法と条例に従わざるをえなかった。ガンディーのロンドン滞在中に、ベンガル州は、すくなくとも三つの出来事で世間の注目を集めた。

一つは、官憲がヒジリ刑務所の政治囚たちに向けて発砲した事件（しかも、あとでわかったところでは、それが裁判所の審問の直後ということであった）で、かなり容赦のないやり方であった。つぎは、チッタゴンで発生したコミュナル暴動で、このときはヨーロッパ人とアングロ・インディアンが不審な役割を演じていたことがわかった。なんといっても最悪なのは、一つの条例の発布である。この条例は結果的に、ある特定の地区のヒンドゥーの全人口が［政府にたいして］敵意をいだいているとして、十二歳から二十五歳までのすべての男女に身分証明書の携帯を義務づけ、服装を規制し、学校も統制下におくか閉校とした。さらに自転車の使用を禁じ、外出禁止が命じられた。犯罪者が数名をかぞえると、全村または町《まち》全体に共同の罰金が科せられた。

一九三一年十二月に［イギリスの野党］労働党の幹部議員であったジョージ・ランズバリがインド担当相サムエル・ホーアに書簡を送って書いた。「小生はガンディーと彼の同志たちとも、またテージ・バハドゥール・サプルーとその仲間たちとも、彼らがこの国に滞在中に、幾度か会って議論を重ねました。帰国に先立って彼らはみないちおうに、彼らの判断では、もしベンガルに出された条例がこのまま放置されるならば、政府にとってもきわめて困難な時期《とき》が来るだろう――もっともその困難や混乱はインド人にとっても同じことですが――と、彼らの信じるところを小生に印象づけました。これは［右派・左派を問わず］インドの問題にかかわりをもつ人びとの判断です」。ランズバリへの慇懃《いんぎん》な返書のなかで、サムエル卿は、ベンガルを救済するなど約束できない相談だと回答した。

北西辺境州の問題は、ほとんど手に負えなかった。インド亜大陸のこの辺地では、地方役人たちは、部族地帯で散発的に発生する以外には、抵抗運動にはなれていなかった。また部族民が抵抗したところで、それらは力を見せつければしばしば鎮圧できた。カーン・アブドゥル・ガッファール・カーンに率いられた「赤シャツ隊」第34章★11参照と、国民会議党に近い同盟組織の成長は、半ば軍政下にあったといえるこの州に、むずかしい問題を惹《ひ》き起こしていた。アブドゥル・ガッファール・カーンが非暴力による民族主義精神を説いたことは、もともとパターン人はすべてを銃によって解決する人種だと信じて人たちにとっては、［非暴力も銃偏重と］変わりはなかった。NWFP［北西辺境州］政府は、アブドゥル・ガッファール・カーンの逮捕を先延ばしにする危険を総督に訴えつづけた。これにたいしてアブドゥル・ガッファール・カーンは、自分は罪を犯しているというより、犯されている側の人間だと確信していた。ガンディーのロンドン滞在中にアブドゥル・ガッファール・カーンは彼［ガンディー］に手紙（一九三一年十一月十六日付）を送り、イギリス国民に、インドにおける彼ら［イギリス国民］の代理人たちが演じている嘆かわしい物語を伝えてもらいたいと書いた。「政府は、クダーイ・キドマトガール［赤シャツ隊］に苛酷な弾圧を始めています。彼らは赤シャツ隊の事務所を襲撃して、隊員たちをめぐった打ちします、赤シャツ隊員は牢獄に送りこまれ、面会を拒否され、だれかれの見境いなく詰めこまれます」。

赤シャツ隊の隊長［アブドゥル・ガッファール・カーン］の飾らぬ雄弁は、地方政府にとっては悩みの種であった。総督はペシャワール［NWFPの州都＝州政府を指す］からその重荷を取り除き、アブドゥル・ガッファール・カーンの逮捕を許可し、ガンディーがボンベイに上陸する四日前に、非常事態を宣言する権限を与えた。

第三の台風の目は連合州であった。ここでは、基本的に経済問題が主であった。農民は［農産物の］急激な価格の下落で手ひどいめにあっていた。政府は土地税の赦免でいくらか救済することができたが、地主たちは地代の減免をしなかった。政府は地主たちの支持を損《そこ》ねてまでなにかをするつもりはなかった。地主階級はイギリス支配《ラージ》に忠実であった。ガンディーはナイニタールで知事と、その後シムラーで総督と面談し、U・P［連合州］の苦しむ農民たちにいくらかでも救済の手を差し延べようとしたが、効果はなかった。ガンディーがロンドンへ出発してからも、［同州出身の］ジャワーハルラール・ネルーはちくいち情況の推移を報告していた。それはネルーにとっては、「州政府が完全にうまくとはいえないまでも、地方役人たちを制御しているように思われた」からであった。国民会議党の目から見た問題の核心は、地代や地租の不払いのために小作人たちが追放されるのをなんとか阻止することであった。以前は、農民の多くは彼らの乏しい所有物《もちもの》や家畜を売り払い、州や地主の要求を完全に済ませていた。ところが彼らは、ふたたび、彼らの資力《ちから》を超えた要求に直面したのである。［要求に応じられなければ］父祖の代から耕してきた土地を追われる公算は大きかった。アラハーバード地区会議党委員会は、ジャワーハルラール・ネルーの指導のもとに、サッティヤーグラハ運動を開始することを決議した。それはネルーの言ったように、「地代不払い運動」ではなく、貧しい農民たちのために、価格の下落に応じて税金や地代の免除を獲得するための「公正な地代の要求運動」であった。彼はロンドンへ長文電報を打ち、連合州の農民問題の高まる危機をガンディーに説明した。

ガンディーは簡潔に答えた――「電報拝見。あなたは臆することなく、すべての状況に対応して必要な手段を講じるべきです。ここにいてはなにもしてさしあげられませんが」と。ガンディーはUP州の農民の苦境をよく承知していた。彼はまた、ジャワーハルラール・ネルーの判断力を信じていた。さらにガンディーは、本来的に経済的な問題に対処するためには、その土地固有のサッティヤーグラハ運動をおこなうのは妥当であることを、理論的に説明することができた。ところが、総督や彼の助言者〔参事会委員〕たちにとっては、ネルー宛の彼の返信は、ガンディーが和解しがたい人物であるとの彼らの疑念を確認させるだけのものであった。コミュナル問題や憲法問題で暗礁に乗りあげた円卓会議と、それにたいするガンディーのあからさまな失望を考え合わせるとき、市民的不服従運動の再開は、彼ら〔イギリス政府の高官たち〕にとっては、起こりうることであったばかりか、必然的な結果のように思われた。

すでに述べたように、政府は国民会議党にたいする攻撃体制を完了していた。何か月かをかけてインド政府と州政府は、市民的不服従運動が再開された場合、会議党に決定打を喰らわせるべく、行政責任者たちに戦闘体制に備えて与えられる特権の内容の詳細まで決めていた。条例はすでに起草され、各州政府に回付《かいふ》されていた。ということは、市民的不服従運動向けの「マニュアル」が出来あがっていたのである。一九三一年十一月六日、円卓会議の開催中に、インド政府内務省は各地方政府に、市民的不服従運動に対処する全般的な方策を内相が承認している旨を通達した。「本通達を理解するに当っては、市民的不服従運動の再開の結果として、かかる行動を正当化するような緊急事態が発生したことを示すインド政府からの通告を受けて、本国政府が最終的に決定を下すものとする。インド政府は、［限られた］地域を超えた市民的不服従の再開を決定する場合、本国政府が［対応を］認可できるような情報を提供しうるものと考えている」。

一九三一年十二月十九日、ガンディーが［帰国途次の］公海上にあったとき、インド政府は回状を送って、ガンディー帰国後ただちに開催が予定されるはずの、全インド国民会議党委員会の結果、予測される会議党との戦闘について各州政府に勧告を発した。開戦の口実には、一般民衆による市民的不服従運動の再開、U・P州における租説不払い運動の支援、イギリス商品や制度のボイコットなどが挙げられていた。もし国民会議党がこうした政策のいずれかに賛同するようなことがあれば、それこそ、合法的政権にたいする宣戦布告とみなすべきであるとされた。

官界の苛立ちは、十二月二十日付のデリーの高官に宛てたボンベイ政府［の一官吏］からの書簡にうかがえよう――（この書簡は、ボンベイ管区内の刑務所にガンディーを収監することの不都合を述べたものである）――「もしインド政府が［ガンディーの収監場所として］インド国内を考えておられるなら……コインバトール［南インド（タミル・ナードゥ州）北西部の都市］が適当かと思われます。けれども本官が申し上げたいのは、ガンディー氏幽閉の精神的効果は［想像以上に］大きいものがあり、ガンディー氏を政治活動の圏外におくために、アンダマン島［ベンガル湾東縁の列島］のどこか、たぶんアーデン島あたりに移せば、政府の確固たる意志と力をはるかに効果的に示すことができると、知事閣下は考えておられるということです」。

この提言をインド政府は、実効性のあるものとは考えなかったが、一八二七年のボンベイ条令第二十五条にもとづき、ガンディー逮捕は既定の結論であった。総督ウィリンドン卿は、明らかに三人の前任者たち、チェムスファド、レディング、アーウィンの諸卿たちが市民的不服従運動の張本人の逮捕の際に見せた躊躇《ためらい》は繰り返すまいと、心に固く決めていた。中央と地方の政府高官たちは、権力にたいするガンディーの挑戦的行動は、政府の当初の優柔不断と寛容によってつけあがったものであり、初めに毅然たる政策をとっておれば、悪を新芽のうちに摘みとることができたであろうと信じていた。彼らの多くにとっては、ガンディー＝アーウィン協定は「苦き丸薬」であった。協定は、国王の役人たちが仕え守ると誓っていたインド帝国を、国民会議党が公言したように転覆させることにはならなかった。国民会議党がガンディーの指導のもとで暴力《ちから》の使用を避けてきたという事実は、非暴力をたんなる仮面と考える人びとにとっては、いずれにせよ、それほど大した違いがあるとは思われなかった。ガンディーの信義を疑わなかったこれらイギリス人官僚たちも、ひとたびそれ「非暴力」がはたらくとき、はたして彼の信義が、どこまで民衆の感情《こころ》に通じるかについては、その能力を疑問視していた。

一九三一年十二月二十八日に、インドを四か月間留守にしたあとでボンベイ港に上陸したとき、ガンディーは「いつものように」楽天的ではいられなかったが、それでも、確実に第一級の政治的危機が切迫しているとは想像だにしていなかった。ジャワーハルラール・ネルーやアブドゥル・ガッファール・カーンの逮捕と、連合州と北西辺境州における条例の発令は、事態を危機に陥れていた。ガンディーはボンベイ市民の大衆集会に向かって言った。「これら［の条例］をわたしは、わたしたちのキリスト教徒の副王［総督の別称］ウィリンドン卿からのクリスマス・プレゼントだと考えています」と。国民会議党運営委員会は、いよいよ政府が手のうちを見せる決意をしたのであり、政府への返答は、市民的不服従運動の再開以外にないとの結論に至った。

けれどもガンディーは、政府の真意をたしかめ、一条の希望の光明《ひかり》が射すかぎりは、平和的な解決を求めたいと願っていた。彼は軽々に、国民をふたたび苛酷な試練に赴かせることはできなかった。十二月二十九日に、ガンディーはウィリンドン卿に宛ててこのような電報を打った。「わたしは昨日上陸し、はからずも辺境州と連合州に出された条例と、辺境州での官憲の発砲、ならびに両州におけるわたしの敬愛する同志たちの逮捕のことを知りました。さらに、ベンガル州の条例がわたしを待ち受けていました。これらのことは、わたしたちのあいだの友好関係が終わったことを意味するのか、それとも閣下は、なおもわたしが閣下のもとに伺候して、これからも国民会議党に助言を与えてゆく道についてご指導を仰ぐことを期待されているのかどうか、判断がつきかねます。ご返電いただけますれば幸甚に存じます」。

二日後に総督からの返信が届いた。総督は、U・P［連合州］とN・W・F・P［北西辺境州］におけるガンディーの同志たちの犯罪行為については彼に責任がないことは認める心づもりであること、またマハートマがこれら二州の事件を議論しないとの約束をしてくれるなら、彼に会談を申し出る心づもりであることを返答した。これは、ガンディーを相手に求めるにしては、きわめて奇妙な条件であった。なぜなら、国民会議党と政府のあいだの［現時点における］最重要問題を議論からはずすというのであれば、ガンディーが会談を求めても意味がないからである。もしこの条件をのませることで、一方のガンディーと、他方のジャワーハルラール・ネルーならびにアブドゥル・ガッファール・カーンのあいだに亀裂を生じさせることができると考えていたのなら、ウィリンドンはよほどおめでたい人物であったにちがいない。これにたいしてガンディーは、「わたしは、自分がインドを離れていたあいだの同志たちの行動についての道徳的責任を否定するつもりはありません。わたしが閣下に面会を求めるのは、わたしには国民会議党運営委員会に助言を与える必要があるからであり、またそのためにわたしの判断を誤りなきものにし、偏見のない心と最上の意図をもって閣下にお目にかかりたいと思っていたからです……」と答えた。

ガンディーは再度電報を打ち、「議論の範囲と主題についていっさい条件をつけずに、友人として」会ってくれるよう懇望した。彼は問題の二州に出かけて、最近の事件についての公的見解と、一般人の側からの見解を調査することを申し出た。そして［調査の結果、会議党に誤りがあれば］、同僚や同志たちに誤りを正すよう促すつもりである、とも言った。実のところ、［この時点で］会議党運営委員会はすでに市民的不服従の運動計画を描いていた。しかしそれは、ガンディーが総督と会って、和平を維持するすべての方策《みち》をさぐったうえで実行に移されることになっていた。マハートマの二度目の電報にたいする総督の反応はそっけなかった。総督はガンディーに、市民的不服従運動の脅しをやめないことを非難し、「国民会議党が採ると意志表示をしている行動のすべての結果」は、ガンディーと会議党の責任であると警告した。
こうした電報のやりとりは、当時ずいぶんと政治的興奮をかきたてた。政治家や評論家たちは、ウィリンドン卿がガンディーと会うことに同意すれば、闘争は未然に防げるだろうかなど、侃々諤々《かんかんがくがく》の議論をし合った。しかし、［総督側の］面会拒絶によっても闘争は始まらなかった。その理由《わけ》は、国民会議党と政府との年来の遺恨《いこん》に深く根ざしていた。

一九三一年十二月までに、イギリス人行政官の多くが国民会議党との停戦［協定］は間違っていたとの印象をもっていたことを否定するのはむずかしい。インド高等文官《シヴィル・サービス》の旧メンバーの一人が、このような状況下での地方のイギリス人官吏たちの心情を、みごとに見抜いている。「ある意味で、そしてたしかに、政府の業務にたずさわる多くの者にとっては、闘争が進行しているときのほうが、国民会議党の指導者たちが釈放されたあとの時期よりもやりよかった。地方の役人たちは、喧嘩相手を不自然な友として遇さなければならなかったからである[※27]」。

停戦期間中をつうじて、ほとんどの高官たちは、国民会議党がその期間を利用してひと息入れて、つぎなる「反乱」に備えているものと考えていた。不安というよりも、ほとんどパニックの大波が、この十か月間、上下を問わず官吏たちを襲っていた。地方の高官たちは州政府に「迫まりつつある危機」を進言し、時機《とき》を失することなく、会議党党員たちにたいしてしかるべき手を打つというなら、協力を惜しまぬことを申し出ていた。各地方政府は、「状況の悪化」を認めた場合には、断固たる態度に出るべく［中央政府の］支援の確認を要望していた。インド［中央］政府は、こうした州政府の不安をあれこれ本国〔帝国〕政府に伝え、非常事態に対応すべく多目的な権力を賦与された条例で武装し、いざ作戦開始の合図があれば、精力的に活動できるよう許可を求めた。

　中央政府と州政府、ならびに地方行政官たちの怒りは、ことほどさように高まってはいたが、本国政府さえあいだに入れば、危機は回避できたであろう。〔インド担当〕国務大臣サムエル・ホーア〔別名テンプルウッド〕卿は円卓会議中、あからさまで率直な人柄をガンディーに印象づけた人物であったが、その彼からのガンディーへの警告は、国民会議党がもし「直接行動」をもって事態を急ぐようなことがあれば、彼は掌中のあらんかぎりの力をもって国民会議党をぶっ潰すであろうというのであった。ガンディーは大臣に主張を再考するよう求めて言った。「閣下がどうしても国民会議党を壊《かい》滅《めつ》なさるというのであれば、そのことはあなたがた〔イギリス〕社会と、わたしたち〔インド〕社会の双方に恐るべき重圧をかけることになりましょう。……ところでサムエル卿、閣下が反乱と言われるのは、どういう意味《こと》でしょうか。反乱は、それが完全に平和的なものであるとき、なんら怖るべきものではありませんが」と。

　サムエル卿は、円卓会議の結果をガンディーがいかに深く悲しんでいたかを承知していた。それでもガンディーは、帰国後も政府との約束違反を避けるべく力のかぎりを尽くすつもりであることを確約していた。『ジョルナーレ・ディタリア』のガヤダ氏がローマから報道したガンディーとのでっちあげ会談は、サムエル卿を驚かせたが、彼はガンディーに報道の否認を求め、船上から虚報の言質を得ていた。サムエル卿はたぶん、ガンディーとの対立よりも親和を望んでいたと思われる。しかし彼には、インド政府の官僚たちの力の連合に立ち向かう意志も、またたぶん、そうする力もなかったのであろう。彼はすでに、国民会議党と一戦を交える計画を承認していた。そしていまや、国民会議党に電撃作戦を開始する許可を与えていたのである。

第37章　正面衝突

イギリスから帰国してまもなく、ガンディーはボンベイの大衆集会で警告して言った。「前回の闘争《たたかい》［一九二〇年の第一回非協力運動］のときは、国民はラーティ［長さ一・五メートルの鉄を巻いた警官隊の棍棒］に立ち向かわなければなりませんでしたが、このたびは銃口に立ち向かわなければならないかもしれません」と。このとき彼は、国民会議党を徹底的に壊滅してやろうとの政府の戦闘計画については知らなかったが、なんとなく政府のそうした空気を嗅ぎつけていた。ウィリンドン卿は頑迷で頭の固い行政官という噂《こと》で知られており、噂どおりの行動をとるだけのあらゆる意志をもっていた。諸州の知事たちも、厄介を惹《ひ》き起こす輩《やから》に身のほどを知らせてやろうとの総督の決意を共有していた。彼らの多くは、政府の腰の入らぬ対応で力をつけてきた——彼らはそう信じていた——組織［国民会議党］に一泡《ひとあわ》吹かせてやろうと手ぐすね引いて、もどかしげにその機会を伺っていた。ボンベイ州知事サー・フレデリック・サイクスは、一九三一年四月ウィリンドン卿がインドに着任してまもなく、一九三〇年に政府が国民会議党の運動と対決しなければならなかったときの「［政府側の］無能さ」について不満を述べた。一九三一年十一月二十日付の総督宛の書簡で、知事は、市民的不服従運動が再開された場合の「迅速にして組織的、かつパンチ力のある対応」を進言した。彼は書いた――「いまにして思えば、本官がもっとも遺憾なのは、運動が増大するまで、わが方がなんのかのと理屈を述べ立ててぐずぐずしていたことです。なかんずくわが方は、国民会議党と戦う武器を選ばなくてはなりません。敵の思うつぼにはまってはなりません。ボンベイの警察長官がこの問題について最近表明した見解をここに引用するのが適切かと存じます。長官は述べました――『彼ら［国民会議党］は、イギリス人の伝統的な人道主義思想に加えて、国際的な批判を懼《おそ》れ、思い切った行動に出ないのをよいことにしているのだ。そして国民会議党は、彼らの言う反乱とやらを、自分たちの選んだ方式［非暴力］で、われわれと戦うのだと言い聞かせているのだ。……しかしながら、わが方はたぶん、そのような喧嘩《けんか》を買うわけにはいかない。それは苦痛を長びかせ、威信を損なうだけだからである。すべてのまっとうな政府の心底にある［世間体という］恐怖心にかわって、それは軽蔑を生むだけだ。私見を言わせてもらうなら、政府は、市民的不服従運動の再開にあたり、そもそも反乱に対応するのに必要な厳然たる態度をもってのぞもうとしている本音を、はっきりと言明することが肝要である』」。

ガンディーは逮捕後に、アンダマンかアーデンへ移送すべきだと提案したのは、ほかならぬサー・フレデリックの政府［ボンベイ政府］であった。運動に備えて州役人向けの「市民的不服従運動対策マニュアル」を作成したのも、彼の政府であった。このマニュアルの序文には、世論にたいする重要な論考がなされていた。曰《いわ》く。一九三〇～三一年の運動にさいしては、「社会の冷静な［穏健］分子たちを運動への反対勢力として結集できればと、必要以上に世論を疎外しないよう配慮がなされた」と。

この配慮は期待どおりにはことを運ばなかった。そこで、今回の運動の再開に臨んで、地方官吏たちは、これからは「世論の大部分は政府に反感をいだくだろう。したがって、まず最初に、運動が完全に始まるまえに、それを叩きつぶすべく心する必要がある」と考えていたのである。マニュアルの文言のいくつかは、行政の断固たる決意を表明していた。たとえば、市民的抵抗運動による受刑者には、原則として、たんなる禁固刑ではなく、［重労働のともなう］重禁固刑が課せられた。規則は、「犯罪者が良家の出でない場合、また犯罪が非暴力による違反に限られない場合には」、女性にも適用された。罰金は回収が疑わしい場合を除いて、すべての訟訴に課せられた。市民的不服従運動の反則を繰り返した場合は重刑が申し渡された。また、未成年者にたいしては、鞭《むち》打ち刑や少年院送りを実施した。

インド［中央］政府も州の諸政府も、このようにして、国民会議党の主張には耳を借すまいと腹をくくっていた。市民的不服従運動に向けた戦略は、官房室の「極秘」文書棚から引き出され、電光石火の速さで実行に移された。一九三二年一月四日、ガンディーならびに国民会議党運営委員会のメンバーの［一斉］逮捕から数時間とたたないうちに、一連の条令が発布された。運営委員会のみならず、州の委員会や無数の地方委員会［の活動］が非合法との宣告を受けた。国民会議党と連携する、あるいは同盟する多数の組織――たとえば青年同盟、国民学校、会議党系図書館、病院などが非合法組織の烙印を押された。国民会議党の資金は凍結され、建て物も没収された。このようにして会議党の活動を阻止するために、あらんかぎりの方策がとられた。条例がインド人の生活の多岐にわたり徹底して厳しかったことは、一九三二年三月の下院での［インド担当］国務大臣の答弁に認められるところである。

指導力を奪取し、資金を凍結することで、政府は国民会議党の士気沮喪《そそう》を望んでいた。条例の連発によって獲得した権力は、「非合法組織の目的のために、維持または利用される疑いのある」すべての資金を掌握または没収する権限を行政に認可した。政府役人は、会計簿を検閲したり、疑問点を問い質《ただ》したり、再調査を命じる権限を与えられていた。国民会議党とは直接関係はないが、同党に同情的とみなされた組織――たとえば、グジャラート協会《サバー》やマドラス・マハジャン・サバなど――が、資金を凍結された。［インド］政府は、ガンディーがイギリス滞在中におこなった談話のレコードの売り上げ金について、コロンビア・レコード会社から全インド紡ぎ手協会に支払われることになっていた印税の差し止めを介入する意向を［本国］国務大臣に申し出た。

国民会議党党員たちに牢獄への行進を思い止まらせ、そこが居心地のよいところではないことを思い知らせる二重の目的で、新しい刑務所規定が考察された。一九三二年一月二十一日付の回状で、インド政府内務省は各州政府に、［牢獄での諸経費節減のため］刑期の短縮に加え、投獄に代えて重罰金刑を科すること、個々人を起訴するよりも［全体責任において］集団に罰金を払わせること、また運動に目立った役割を果たしていない市民的不服従運動の参加者は［裁判の前に、あるいは起訴後であっても］釈放するのが望ましいことが勧告された。刑務所管理は目に見えて厳しくなった。第一次国民会議党キャンペーン（一九三〇～三一年）は、女性の運動参加によっておおいに活気づいた。［そこで］

第二次キャンペーンでは、刑務所内の扱いは、ほとんど女性たちを震えあがらせることを狙ったかに思われた。ガンディーの愛弟子で、イギリス艦隊の前司令長官の娘であったミラー・ベーン第30章★5参照［本名マドレーヌ・スレイド］は、アーサーロード刑務所内の状況を詳しく伝えているが、それは女子刑務所を厳しく告発するものであった。女性政治犯たちは、鉄格子越しに子どもたちとの面会を許されていた［たぶん子どもに強烈な印象を与えるためと思われる］ことに、彼女は注目した。彼女の監房には三人の囚人――うち二人は盗人で、一人は売春婦であった――が繋がれていたが、政治犯が同房の場合は、部屋に鍵はかけられなかった。

休戦中の政府の最大の不安の一つは、農村部に国民会議党の影響力が滲透《しんとう》することであった。都市部の中産階級［知識階級］のナショナリズを相手どって闘うのも容易ではなかったが、農民のたちのあいだに不満がひろがる可能性は、政府にとっては、いっそう不気味な脅威に思われた。このことは、農村地帯における「地税不払い運動」にたいしてとられた苛酷な措置がもっとも的確に物語っていた。こうした運動はアラハーバードや連合州のラエ・バレイリーなどの県や、ボンベイ、ベンガル、ビハール、北西辺境など各州のいくつかの県でも目立った。一九三二年にインド国内を巡察したインド連盟［イギリスにおける国民会議党支援団体］の代表団は、U・P州のあるテハジル［郡の下のいくつかの村からなる行政区］では、二百九通の召喚状が発令され、二百九十八回差し押えが実行され、四十四回競売がおこなわれたと報告した。ボンベイ行政区では、サーバルマティーのガンディー・アーシュラムの動産のいくつかが差し押えに付された。ラス村では、代表団の調査によると、武装警官の監視隊を含む十六の野営テントが農耕地全体を取り囲んで設営され、総面積二千六百エーカーのうち、五百エーカーが没収・売却、九百エーカーが差し押えられ、売りに出されていた。警察の討伐隊が反抗的な村々に住民の費用負担で駐屯し、地税不払いの罰は、土地の差し押えと、家畜や農具を涙金で買いあげて、転売した。

ボンベイ政府に没収された土地の最終競売価格を伝える新聞記事を読んで、ガンディーは、かつてアーウィン卿の私設秘書で、いまは内務大臣の地位にあるエマソン宛に書簡を送った。ここでガンディーは買いもどし不能という土地の競売に抗議し、加えてこのように言った。「わたしは、恨みつらみのこもった遺産を、政府役人か国民会議党党員のどちらかが、たとえ完全には避けられなくとも、遺恨を最少限に減らしてくれればと願っています」と。ガンディーの手許に返信は届かなかったが、総督参事会［インド政府内閣］の内務大臣は、政府の態度を瞥見できる公文書に彼の見解をつぎのように記録した。「買いもどし不能の一定の土地の売却は、他のなにものにもまして、たぶんグジャラート州を通常の状態に復帰させるのに大きな影響力をもっている。［ガンディーがなんだかだと言っても］結局は、状況を左右するのは、国民会議党ではなく政府であることを、住民にわからせたのである」。

同様の頑迷さが、政府の新聞の取り扱いを主導していた。一九三〇年の塩のサッティヤーグラハ運動の初期段階の成功は、部分的には、政府の公的見解でも、運動が与えた大衆の人気によるものと考えられていた。［ところが］一九三二年になると、一連の過激な措置によって新聞の報道の自由は制限された。新聞記者たちの起訴は言うまでもなく、新聞の存続を奪うぞ、という脅し文句が［言論の］

抑止力として利用された。一九三二年七月四日、市民的不服従運動の再開からちょうど半年後に、インド担当大臣が［イギリス］下院で、出版［新聞］法によって、百九名の新聞記者と九十八台の印刷機が取り締まりを受けたことを明らかにした。一九三二年十一月に、ボンベイの『フリー・プレス・ジャーナル』紙が一万ルピーの保証金を没収され、新たに二万ルピーの保証金を供出しなければならなかった。罪状は、『ヤング・インディア』紙の一九三〇年版から不可触民制についての［ガンディーの］論説を転載したことであった。ベンガル州では、州立法の議事録からであっても、政府批判が含まれているものは、印刷を禁じられた。州政府の多くは、ガンディーほか国民会議党の指導者たちの顔写真を掲載することすら新聞法の違反とみなした。マド政府は特定の治安判事たちに、国民会議党の指導者たちの肖像画［写真その他のスケッチ画］を破棄する権限まで与えていた。一方で財政的な破産の危機に直面し、他方で厳重な条例の受け容れを余儀なくされ、大多数の新聞が無難な道を選んだとしても、けっして驚くにはあたらなかった。

この間ガンディーは、プーナ［プネー］のヤラヴァダー刑務所に収監されていた。ボンベイ政府はインド政府を説得して、彼を国外へ追放するか他州へ移そうとしたが、いずれもくろみはかなわなかった。ガンディーのもっとも親しい同志のヴァッラブバーイ・パテールとマハーデヴ・デサーイも同じ刑務所に繋がれていた。デサーイの日記は、獄中のガンディーの生活の実に活き活きとした完全な記録である。マハートマは、彼の闘争への政府の怒りをじゅうぶん想定していた。彼はサムエル・ホーア卿に宛てて書いた――「［政府の］弾圧は「合法的な限度を超えつつあった」と。けれども忍従こそは、サッティヤーグラハに対峙する相手を浄化し、それを害する敵対者を改心させる重要な要素である。国民がいま耐え忍んでいる試練の焔《ほのお》がほんとうに熾烈であるならば、その焔が不純物を焼き尽くしてくれるだろうと、ガンディーは念じていた。もし国民が彼らの抵抗の誓いに誠実であれば、どんなに厳しくとも、いかなる弾圧も、おそらく彼らを粉砕することはできないだろう、ガンディーはそう信じていた。イギリスで、イギリス人の専門家とインド人の立会人たちによってでっちあげられる新憲法からは、ガンディーは多くを期待していなかった。「どうしてあなたは、今日パンを半分だけでも受け取らないのですか」と、ボンベイ政府の内務長官トーマスが、獄中にガンディーを訪ねたおりにたずねた。これにたいしてガンディーは答えた――「それが石ではなくパンでしたら、よろこんでいただきましょう」と。

ガンディーは獄外［いわゆる娑婆《しゃば》］にいたときと同様、獄舎にいても多忙であった。祈りと紡ぎ車は、とりわけ彼の日課で重要であった。彼は自分の衣類を洗濯し、大量の書状を口述したり、手書きした。ある日彼は四十七通もの手紙を書いたが、そのほとんどは、アーシュラムの「家族」に宛てたものであった。彼は相手に、獄中からの手紙を公表しないよう申し渡した、［なぜなら］彼の手紙は私信として許可されていたからである。獄中では、ガンディーは多読をたのしみ、天文学書への興味をつのらせながら、しばしば『神秘の宇宙』を読み解こうと天空を仰いでいた。彼は気分をリラックスさせる時間《とき》をもった。とりわけ底抜け陽気なヴァッラブバーイ・パテールと気のきいたしゃれのやりとりをするときには。パテールの辛辣《しんらつ》な冗談《ウィット》がガンディーをすっかりしゃれの相方にしたのだった。けれども、やがてヤラヴァダー刑務所のこの小さな仲間の上に一つの影がふりかかった――断食という重々しい影が。新憲法のもとで不可触民に分離選挙制度が施行されるかもしれないという可能性が、ガンディーの心に重くのしかかっていた。一九三二年三月十一日に、彼はインド担当国務大臣に書簡を送り、もし彼の杞憂《きゆう》が的中するようなことになれば、彼は死に至るまで断食を続けるつもりだと通告した。

この間インド政府と各地方〔州〕政府は、市民的不服従運動を粉砕するために採《と》った手段が招いた思わぬ成功に満足していたことは言うまでもなかった。国民会議党は（このことはあとでわかったことだが）、指導者と組織と資金を、電撃作戦によって突如として奪われたのである。一九三二年一月には、会議党は事実上、休眠状態であった。連合州と北西辺境州［これらの州では、休戦中も危機感が続いていた］を除いて、会議党の平党員たちは、政治的緊急事態はなんとか回避されるだろう、そしてマハートマが政府との最終的な衝突を避けるべく、うまく妥協に漕ぎつけてくれるだろう、と楽観視していた。しかし、ジャワーハルラール・ネルーが彼の『自叙伝』に書き記しているように、国民会議党党員たちは「心ならずも戦闘状態に入っていた」ようであった。政府は電光石火の迅速さで、周到に企《たく》まれた弾圧を実行に移したばかりか、民衆の志気を持続し、民族主義運動を高揚する宣伝活動を封じ込めたのである。

こうして出ばなをくじかれたにもかかわらず、［インド側＝国民会議党は］一九三二年の運動開始後の九か月間に、［運動の激しさを示すように］六万一千五百五十一名という数の有罪犯人を出した。

この数字は、一九三〇～三一年の運動の有罪者数をはるかに上回っていた。有罪判決の数から判断すると、運動のもっとも烈しかったのはU・P［連合州］、ボンベイ、ベンガル、ビハールの諸州［これらの州ではそれぞれ囚人の数は一万人以上をかぞえた］で、いちばん弱腰であったのはパンジャーブ州であった。北西辺境州のような小さな州でも、囚人の数は五千五百五十七名で、ボンベイ管区のちょうど半数であった。最初の四か月間は、運動の勢いは激しく盛りあがったが、政治犯の数が減少してからは（たとえば一九三二年四月に、会議党がパンディット・マーラヴィヤを議長として年次大会を開催しようとしたときを除いては）、市民的抵抗者たちの列は細々と流れる小川のようになっていった。

　一九三二年末までには、地方政府とインド政府は、国民会議党を打ち負かしたとして互いに歓びを分かち合っていた。けれども彼らは、その年の初めに発令した条例のもとに特権をひけらかすようなことはしなかった。国民会議党を抜きにしてはかなり不安定な体制であった州立法議会をとおして、［中央］政府はなんとか議会をひっぱっていくことはできたが、その結果、合法の太鼓判をもって条例を飾ることができた。中央立法議会によるオタワ協定★12の承認は、政府にとってはもう一つの勝利であった。というのは、それは帝国の通商を促進させたばかりではなく、政府にたいして非協力を呼びかけていた国民会議党の面子《かお》に平手打ちを喰らわせることになったからである。

　このたびは、引き分け試合《ドロー》とはならなかった。そして、以後何年かは、ガンディーと国民会議党からは無条件降服以外の申し出はいっさい受けつけまいと、ウィリンドン卿は心に誓っていた。総督はマハートマを政治的に孤立させようと決意していた。一九三二年末に、テージ・バハドゥール・サプルーとM・R・ジャヤカルがロンドンの憲法作成会議から帰国することになったとき、インド担当国務大臣は総督に、二人が獄中のガンディーと面会できるよう取り図《はか》らってはどうかと提案した。一九三三年一月四日発の長文電報で、総督はこの提案に反対して言った。

「われわれ［各州知事ならびに行政参事会］は、こうした面会許可の主要目的は、われわれが無理難題をふっかけているのでないことを世に示し、ガンディーと国民会議党に新憲法作成への協力にできるかぎりの機会を与えようとしていることを見せつけることであるのは、よくよく承知しております。それでもなおわれわれ［インド政府］は、こうした面会はかならずや厄介な結果を惹《ひ》き起こすことになり、一つには昨年一年をかけて根気よくつくりあげた、また一つには、円卓会議の成功によってもたらされた［わが方の］優位な立場を台なしにするのではないかとの懸念で意見の一致をみております」。

「……国民会議党はたしかに、一九三〇年当時にくらべますと劣勢にあります。そして大衆への影響力も失っています。もし会議党がその地歩を回復するようなことになれば、あるいは、ご提案されました面会の許可から、政府が同党の協力を得ようとしているなどといったあらぬ印象を与えるようなことになれば、［政府に与《くみ》する］穏健分子たちをおおいに失望させることになりましょう。穏健派は、現状ならば選挙戦で自己を主張できるだろうし、新憲法を立派にスタートさせることができるものと、期待しています。すでに、少なくともU・Pとビハールの二州ならびにオリッサ州では、これら［穏健派の］政党が結成されておりますが、いまだ安定的とはいえません。そして、国民会議党が信望を回復するようなことになれば、新しく結成された政党はつまずき、国民会議党が優位に立つでしょう。そして［彼らは］われわれの護衛隊を無力にさせ、円卓会議でもうまく立ち回って、新憲法をくつがえすことになりましょう。……」

ところで、つねづね［総督と］意見の一致をみないときには［できるかぎり］自分の見解を押しつけないよう気配りしていたインド担当相ではあったが、このたびは総督の描く政策の最終目標については、ある種の不安を隠すことはできなかった。一九三三年一月十二日付の私信でサムエル卿は「特別恩赦」、とりわけガンディーの釈放の危険についてのウィリンドン卿の考え方に賛同し、「同時に」と、つけ加えて言った。「私どもは、今後起こりうるであろうと閣下が考えておられることについてのご意見を至急お聞かせいただきたいと考えております。予測が当たるか当たらぬかはさておき、ガンディーは市民的不服従運動を正式に撤回しそうにないだろうと、私どもは考えております。この見方は、彼について話してくれた円卓会議の出席代表者たちのだれもが確認していました。こういう次第ですが、閣下は彼を無期限に刑務所に収監しておこうとお考えでしょうか。もしそのように考えておられるなら、ここ［本国議会］で、何か月か、あるいはたぶん何年間か、その立場をとりつづけるのはきわめてむずかしかろうと、私どもは考えております」。

総督と彼の政治顧問［総督参事会委員］たちは、ガンディーと国民会議党を抜きにしたインドの政治舞台を完全に想定することができた。いまや市民的不服従運動は壊滅したし、国民会議党は混乱し分裂してしまっている、と。そして、いっそう穏健な会議党党員たちが新憲法を運用するために、他の政党と連合して新党を結成するものと期待されていた。新党は力を握るかもしれないが、立法議会内では圧倒的に強くはならないだろうし、政府に重大な不都合を起こすこともないだろう、というのであった。こうして国民会議党は右派勢力の離脱によって弱体化し、ガンディーの威信の失墜とともに、市民的不服従運動が退勢を挽回する望みはまずないだろうというのであった。これが、総督と彼の政治顧問たちが一九三三年に観測した満足すべき見通しであった。そしてこの予測は、ガンディーにたいする断固たる態度によって政治的に現実のものになりうると、ウィリンドン卿には思われた。

ガンディーの人格と政治についての総督の見方は、ひいき目で見れば、誤ってはいなかった。一九三三年七月一日付の国務大臣宛の手紙に総督は以下のように書いている。「ガンディーの指導力は、十四年間にわたる絶え間ない闘争のあとで、国民会議党を危うく敗北すれすれの状況に追いこんだとする点では、いまや左派からも右派からも公然と非難されています。国民会議党の戦列には、今後の進むべき政策と一般にひろがる失望感とのあいだで、深刻な齟齬《そご》があります。国民会議党をまとめて引っぱっていけるのは、ガンディーただ一人です。彼は、彼の影響力がなんといっても政府との関係によることを明確に知っています。もし政府が彼と交渉する腹づもりであるとの印象を与えれば、彼の影響力は一気に百パーセント上昇するでしょう」。

こうした文面からして、総督がガンディーの人となりや人生哲学にごくわずかであったにせよ、理解をいだいていたかどうかは、はなはだ疑問である。十八年前ガンディーが南アフリカから帰国してまもなく、［当時］ボンベイ州知事であったウィリンドン卿は、ガンディーに面談を許可し、そのなかで知事はガンディーに、政府に訴えたいことがあれば、いつでも面会に来るようにと言ったことがあった。[※28]ガンディーという男はなに一つ隠し立てをせず、公然と活動する勇気をもっていると、一九一五年の時点でウィリンドンは考えていたのである。［ところが］一九三三年の総督［ウィリンドン卿］のガンディー観は異なっていた。先に引用した書簡で、総督は国務大臣に言った——「ガンディーとは実際にいかなる人物であるか見きわめる必要があります。彼がどのようなポーズをとっているかを知る必要はありません。ガンディーはインドではもっとも抜け目のない政治家であり、独立を、あるいは少なくとも有効な防衛手段をもたない憲法を目標にかかげる政党の、自他ともに認める指導者です。国民会議党はすべての実権を手中におさめようとするでしょう。会議党は［今後］戦略を変更することはあるかもしれませんが、目標を変えることはないでしょう。会議党がどんなに戦法を変えてこようとも、こうした考え方をしっかり胸にいだいておくことが肝要です」。

ガンディーのことを、このように国民会議党を思いのままにあやつり、総督との会見を企《たくら》んでは無知なインドの民衆に影響力を揮《ふる》おうとするマキャヴェリ型の権謀術数を弄《ろう》する政治家とみなす思いこみは、マハートマと、彼が首を縦にふれば嬉々として彼に従う大衆を、ともにいちじるしく読み違えていた。著書『騒乱の九年間』のなかで、サー・サムエル・ホーア（のちのテンプルウッド卿）は、このように公正に書いた。「拙見を述べるなら、ウィリンドン卿は［前任の］アーウィン同様、ガンディーの人格を理解していなかった。その点で、彼はガンディーの能力を過少評価していたのである」。ウィリンドン卿の行政官としての過去の経験から、彼には総督としての重責を遂行することよりも、行政官としての任務を果たすことのほうが重要であった。インド問題は、彼にはなににもまして行政の問題に思われた。そして厄介者たちを粉砕するためには、時宜《じぎ》を得た思い切った弾圧の方策をとることこそ肝要であると考えていた。彼には、政治の解放を求める運動の知的・感情的な根本のところがほとんど理解できていなかった。そして、それ［政治的解放］が喚起する熱狂は、総督にはすべて無知な狂信的行為に思われたのである。インドの民族運動の発生とその後の進展についても、彼はほとんど理解していなかったが、ガンディーについての理解たるやいっそう貧弱であった。そもそも市民的不服従運動というのは、ガンディーのサッティヤーグラハの技法の一部であり、それは大衆を非暴力的に組織し、復讐心をもたない抵抗と、憎悪をいだかぬ非協力の闘いによって社会面でも政治面でも変化をもたらそうとするものである。ガンディーにとっては、運動の非暴力的な拠《よ》りどころはきわめて重要であったが、ウィリンドンにとっては、ガンディーと彼の同志たちの自覚的な道徳的優越感は鼻もちならなかったばかりではなく、法と秩序を守る責任者たちへの非難は、それ以上に陰険で悪意にみちたものに思われた。

一九三二年九月五日の中央立法議会向けの演説で、総督は明言した。曰《いわ》く「国民会議党の指導者たちは、世間一般に直接行動として知られているものを信じているのです。それは、政治問題に力を利用する一つの例です。……［政治に］用いられる力が原則として、物理的な暴力《ちから》だけではないという事実《こと》は、いま現実に国民会議党の政策を動かしている方向の本質的な性格を変えるものではありません」。

生涯の仕事をインドの統治にささげた人たちは、非暴力という言葉がどんなに［高邁な］道徳性や宗教性をもって語られようとも、その言葉に魅了されることはなかった。イギリス人ともあろう者が、非暴力などという手段で、インドにおける彼らの権威を失墜させられるというのは、その地位を脅かされている当人たちにとっては、けっして喜ばしいことではなかった。インドは人種や言語の混乱、外国の侵略にたいする国内の分裂や無防備のために自治の機はまだ熟していないと、支配者たちの多くが心底から信じていたことは認めざるをえなかった。

［さすがの］ガンディーもときとして、背後でイギリス人政治家たちが画策する偏見の壁にぶっかって、絶望寸前まで追いつめられることがあった。彼がイギリス人政治家たちの行動を批判すると、扇動政治家《デマゴーグ》と非難され、彼らを友人だと言うと、偽善者とののしられた。彼が［総督との］対談を申し出ると、政府の裏をかこうと画策しているのではないかと疑われた。そして彼が運動を開始すると、［政府は］いっさい妥協しようとしなかった。彼が闘争の範囲を縮小したり、撤回すると、同志たちの信望を失ったものと言い立てられた。

この偏見の壁を突き破るのが、サッティヤーグラハ（市民的不服従運動はこの闘争の一つの方策である）の目的であった。条理を尽くした説得に失敗したとき、敵の手にかかって苦しむ［サッティヤーグラハの］志願者［戦士］たちは、心を鎮《しず》めて、理解を妨げている水源を解き放とうと覚悟しなければならなかった。実際には、敵にたいするこの「襲撃」方法は、かならずしも容易ではなかったし、右左《みぎひだり》に結果を出せるものでもなかった。彼らの道徳的な戦法が持ち出されると、イギリスの官吏たちは自己主張と自己満足をつのらせながら、彼らの挑戦を受けて立った。しかしながら、相つぐ市民的不服従運動は、少なくとも二つの方法で、インド・ナショナリズムを前進させた。運動はまず、約一世紀半にわたってインドの民衆をおとしめてきた恐怖の呪文《じゅもん》を取り除いた。そして彼らは徐々にではあったが、イギリス人の酷《むご》い仕打ちに懐疑心をいだくようになり、やがてうんざりした。一大亜大陸を最良の状況で統治するのは、多くのイギリス人官吏にとっては、けっこう骨の折れる職務であった。国民の物言う［うるさい］階級のしつこい反抗に対峙するとき、［統治の］仕事は最終的にはほとんどお手上げ状態であった。一九三二年中のインドの情況にかんするインド連盟［イギリス国内の国民会議党支援団体］の代表団の報告書に寄せた序文で、バートランド・ラッセル［イギリスの数学者・哲学者・社会評論家で、二十世紀を代表する平和主義者として知られる。一九五〇年ノーベル文学賞受賞］は、アイルランドの苦《にが》い遺産を想い起こした──「いまどき誰がアイルランドのブラック・アンド・タン［一九二〇年にアイルランドのシン＝フェイン党弾圧のために英国から派遣された警備隊（カーキ色の軍服と深緑色の帽子が特徴）］の時代を正当化しようとするだろうか。あれから十五年、誰がインドの現在の弾圧についてうまく言い逃れるだろうか。だれもいないはずである。より大きな不幸を、おそらくは、より大きな道徳的退廃を招くのは、われわれ権力の側である。われわれには、永久にインドを軍事力によって維持する権力《ちから》はない」。

しかし、われわれは事態をこのように想定する。一九三二年八月までに、ウィリンドン卿と彼の政治顧問たちは、政府の金槌《かなずち》の痛打を食らって、市民的不服従運動はすっかり弱体化したと思い込んでいた。一か月間の訴訟の件数は、一九三二年二月の一万一千八百十八件が、一九三二年八月には三千四十七件に激減した。運動はたしかに退潮傾向にあるように思われた。そして、運動の木鐸《ぼくたく》であるガンディーから、［この運動は］さらなる後退を強いられることになった。不可触民の分離選挙制度の承認にたいする抗議の意志表示としてのガンディーの断食の公示は、激しく民心を揺さぶったが、それは［同時に］世論を非政治的な脇き道へと逸《そ》らすことになった。

第38章　ハリジャン（神の子）

一九三二年九月十三日にインド全土の新聞にセンセーショナルな報道が発表された。いまだにヤラヴァダー刑務所に服役していたガンディーが、新しく発布された憲法のもとで被抑圧階級〔不可触民〕に分離選挙枠が与えられることに抗議して、九月二十日を期して「死に至る断食〔通常の断食とは異なり、期限を切らず、要求が受け容れられなければ死ぬまで断食を続けるというもの〕」を開始する決意を表明したというのであった。〔これによって〕片やガンディーと相手のイギリス人閣僚とのあいだで交わされた往復書簡から、国民に知られずに、数か月間にわたって危機的状況が続いていたことが露呈したのである。

入獄二か月後の一九三二年三月に、ガンディーは新憲法下での議員の定数と〔宗派・種族別〕配分を規定した、いわゆる「コミュナル裁定《アウォード》〔別名マグドナルド裁定〕」について、インド担当国務大臣に宛てて書簡をしたため、分離選挙制度は被抑圧階級になんら益するところはなく、〔いたずらに〕ヒンドゥー社会を分断するだけである、と論じた。彼は第二回円卓会議の席上で、被抑圧階級に分離選挙区を与えることには、生命《いのち》を賭《と》しても反対する、と述べたことを想起した。「このことは、その場かぎりの熱意にうかされて、大げさな言葉のあやで言ったものではありません」と、彼はサー・サムエルに言明した。

コミュナル裁定が一九三二年八月十七日に公布されたとき、それはガンディーがもっとも懼《おそ》れていたことを明確にした。ヒンドゥーの通常の共通選挙区とともに分離選挙区が被抑圧階級に与えられてきた［従来の］二重投票権があるにもかかわらず、［加えて立法議会内に］特別保留議席がもうけられなければならないという事実《こと》になった。ガンディーはただちにイギリス首相に書簡を送り、「死に至る断食」を開始するつもりであることを伝えた。この断食は、「その進行中にイギリス政府が自らの発案か、あるいは世論の圧力によって決定を改め、被抑圧階級の分離選挙制度案を撤回してくれるなら」、そのときはじめて終結するだろうというのであった。断食は、ガンディーが釈放されても続行することになっていた。三週間後に、ラムゼイ・マクドナルドは、ガンディーの書簡を「大きな驚き」と「心からの遺憾《いかん》の意」をもって受けとった旨を伝えた。首相の説明によれば、政府の裁定は「インドの各宗・党派の」相争う主張を公正によくよく考えようとした一《ひと》つの努力であり、各コミュニティーが意見の一致をみてさえくれれば、別の選挙裁定に代えることができる、というのであった。断食の真意を問おうとはせず、イギリス首相はずばりガンディーの狙《ねら》いは何かとたずねた――「小職が貴殿の態度を理解するところでは、貴殿は飢え死にという極端な方策をとることを宣言されております。それは、被抑圧階級も他のヒンドゥー教徒と選挙区をともにすべきであるとの保証を得るためではなく［なぜなら、そのことならすでに準備されているからです］、またヒンドゥーの結合を維持するためでもありません［このことも、すでに保証済みです］。ただ［貴殿の］断食は、今日、明らかに怖るべき法的無能力に苦しめられている被抑圧階級を、彼らの将来に影響力をもつであろう立法府で、彼らの声を代弁する限られた数の代表者数を獲得することすら妨げるものです」。

　これは痛烈な批判ではあったが、それはただイギリス首相と彼の政治顧問たち側の、問題にたいするガンディーの深い心情的・宗教的憂慮への理解の欠如を表わしているに過ぎなかった。彼らの目的は、なによりもまず断食の政治的動機を嗅ぎつけることであった。すなわち［彼らの臭覚では］ガンディーは、市民的不服従運動の衰退によって失った威信を回復すべく離れ業《わざ》を試みているだけだというのであった。しかし、［ガンディーの］被抑圧階級への思いは、昨日今日に始まったものではなかった。それは彼の深いヒューマニズムに根ざしたものであり、その起源は少年時代にまで遡《さかのぼ》った。彼は［子どものころ］、家庭内で不可触民制の罪に直面したのだった。愛する母は信仰心の篤《あつ》い女性ではあったが、ヴァイシュナヴァ派［ヒンドゥー教二大宗派の一つヴィシュヌ派のこと］のヒンドゥーにありがちな偏見から逃れてはいなかった。子どもたちは、家の掃除人のウカに触れたり、「不可触民」の同級生といっしょに遊んで身を穢《けが》してはならないと命じられていた。ガンディーは両親の命には従順な子ではあったが、こうした［理不尽な］禁止には苛立ちをおぼえた。こうした年端のいかぬときですら、ガンディーは不可触民制と聖典『ラーマーヤナ』の物語の美しい寓話《ぐうわ》に矛盾を感じるのだった。物語には、英雄ラーマが「低カースト」の船頭にガンジス河を渡してもらう場面があった。成長するにつれて、ガンディーは身分賤しい者たちのなかでもっとも賤しいとされる者たちへの仲間意識をいだくようになった。南アフリカでは、彼の仲間はあらゆるカーストとコミュニティーに所属していた。

彼が帰国後に創設した最初のアーシュラムに不可触民の一家を迎え容れたが、このことは、アーシュラムの維持に貢献してくれていたアフマダーバードの富裕な商人たちを激怒させた。彼らの援助基金が底をついたために、ガンディーと同志たちはアフマダーバードのスラム街に移る決心をしたが、そのとき、匿名の篤志家［同市最大の織物工場の経営者アムバーラール・サラバーイ］が危機を救ってくれた。不可触民制の撤廃は、非協力運動の建設綱領にも含まれていた。この問題は晩年の二十年間の全国行脚中のガンディーの演説《スピーチ》で繰り返されたテーマであった。円卓会議の議論では、不可触民の代表たちが反動的な宗教教団主義《コミュナリズム》の分子らの手先になって行動するのを見て、ガンディーの心は深く傷ついた。この問題でどんなに彼が心を痛めていたかは、一九三一年十一月十三日の少数派委員会の会合でおこなった演説に明らかである。「わたしは個人として、不可触民大衆を代表して物申しているのです。いまここで、わたしは国民会議党の代表としてだけではなく、わたし自身のために発言しているのです。わたしに、もし不可触民の被選挙権があれば、わたしは彼らの票を獲得するでしょうし、トップ当選するだろうことを言明します」。また、

「わたしたちは戸籍登録でも国勢調査でも、『不可触民』という特別な階層として分類されたくはありません。シク教徒は永久にシク教徒のままでよいし、ムスリムもヨーロッパ人もそのままです。［しかし］不可触民は永久に不可触民でよいのでしょうか」。

もしイギリスの閣僚たちがこの問題《おもい》についてのガンディーの感情の深さを推し測ることができなければ、彼らにとって政治問題を解決するために、断食という道義的問題に訴えるなど、いっそう理解

のおよばぬところであった。断食は、彼らの目には、見えすいた強迫行為と思われた。ガンディーの断食へのイギリス人の反応は、「一九三三年の予言者」と題するロー〔イギリスの著名な政治漫画家〕の作品にうまく表現されていた。そこでは、「ガンディーになんとしても可触民として新憲法を承認させるために」、〔総督〕ウィリンドン卿がダウニング街十番地〔イギリス首相の官邸の所在地〕の要請でハンガー・ストライキをおこなっている図が描かれていた。C・F・アンドルーズほどガンディーを理解しようと努め、また〔事実〕理解できたイギリス人はいなかったが、その彼でさえバーミンガムから（一九三三年三月十二日に）ガンディーに書いた。「死に至る断食への道義的嫌悪感が、当地ではきわめて強いことに、あなたが気づいておられないなど、私にはほとんど考えられないことです、私はキリスト教徒として、己のなすべきことを告白しますが、わたし自身それをどのように正当化すればよいか、かいもくわかりません」。

それでもガンディーは、彼自身の良心のほかの、すなわち彼の言う創造主《かみ》のほかのだれにも彼の断食を正当化する必要を感じなかった。断食は、彼の人生の規範のなかで明確な位置を占めていた。断食はときとしては、彼の魂《こころ》の苦悩からの唯一の脱出法であった。それは心の内奥の探究なしにはおこなわれることはなかった――〔彼の魂の内なる〕「静かな小さな声」が、はっきりとした、まがいなき言葉で語りかけてくるまでは。とはいっても、ガンディーが誤りを犯すことはありえないのだろうか。彼自身の思いあがりが、内なる声のふりをすることはないのだろうか。ガンディーは、自分が過ちを犯すかもしれないということを否定はしなかった。しかし、たとえ彼が誤っていたとしても、自らすすんで求める飢餓〔断食〕による死は、彼の誤った魔術にひっかかった人びとにとっては、それなりにけっこうな厄払いになるだろうと言って、譲らなかった。

断食は強迫の一形式ではなかったのか。〔たしかに〕断食は精神的な圧力《プレッシャー》をかけるものではあるが、その圧力は彼に反対する人びとにたいしてではなく、彼を愛し、信じる人たちにたいしておこなわれるものであることを、ガンディーは知っていた。彼は後者〔彼を愛する人びと〕の良心を刺激し、その人たちに、途方もない暴虐に痛む彼自身の内面の苦悶をいくらかでも伝えようとしたのである。彼は、彼を批判する人びとが、彼の友人や同志たちと同じ態度で反応することを期待してはいなかったが、もし彼の十字架の苦しみが彼の誠意《まこと》を彼ら〔彼を批判する人びと〕に伝えることができれば、闘いは半ば、いやそれ以上に勝利したことになるだろうと考えていた。断食は、差し迫った危機の劇的表現であった。表面的には、それは反理性的な行為と思われたかもしれないが、事実上は、幾世紀にもわたって大きな社会的不平等を存続させてきた、惰性と偏見の混合の錯乱から理性を解き放とうと意図するものであった。

ガンディーが断食を始めようとしているとの報は、インドの津々浦々にまでショックを与えた。断食に入った九月二十日は、インド全土で「断食と祈りの日」が実施された。シャーンティニケタンでは、黒い衣服に身を包んだ詩人ラビンドラナート・タゴールが、集まった大群衆に断食の意義と、往古からの悪弊と闘うことの急務を説いた。国民のうちに自然発生的な感情の高揚《たかまり》が見られた。寺院や井戸や公共広場が被抑圧階級に解放された。カースト・ヒンドゥー〔「再生族《ドヴィジャ》」と呼ばれるバラモン・クシャトリヤ・

ヴァイシャの上位三カースト」と被抑圧階級の指導者たちの会合が、ガンディーに至高の犠牲をささげさせることになったイギリス政府の裁定に代わる選挙制度を協議すべく招集された。

この間にも、時は刻々と過ぎ去っていった。政府はガンディーを、なんらかの規制のもとに、ある個人の住居に移そうとしたが、ガンディーは獄中での断食のほうがよいと言った。彼は九月二十日の午前十一時に、レモンと蜂蜜入りのお湯で最後の食事を摂《と》った。そして一時間後に断食は始まった。その日の夕方、ガンディーは新聞記者たちに、彼の断食は彼の理想への信頼、ヒンドゥー社会への信頼、人間性そのものへの信頼、さらには国家社会にすらいだく信頼にもとづくものであることを語った。それから彼は、加えて言った――「わたしの叫びは、全能なる神の御許《みもと》にまでとどくことでしょう」と。翌日ガンディーは、刑務所内の別棟の中庭に運ばれ、低いマンゴー樹の茂った木蔭で一日を過ごした。ヴァッラブバーイ・パテールとマハーデヴ・デサーイがすでに彼に付き添っていた。二人に、女子監房につながれていたサロジニー・ナーイドゥー女史が加わった。政府はまた、［当時］サーバルマティー刑務所で服役していたカストゥルバーイをプーナの夫のもとに移すことで寛容のそぶりを見せた。

ヒンドゥー指導者会議がボンベイで開催された。マダン・モーハン・マーラヴィヤ、テージ・バハドゥール・サプルー、M・R・ジャヤカル、ラージャゴパラチャーリー、N・C・ケルカール、ラージェンドラ・プラサード、ムーンジェ[★13]ほか指導者たちが、［断食の］早期終結にやっきになっていた。けれどもそこには、被抑圧階級の指導者たち、とりわけアンベードカルの名前はなかった。アンベードカル[★14]は［不可触民の］分離選挙制度の強硬な主唱者であったばかりか、彼を軸として事態が回っていることを知りぬいていた。彼が首を縦に振らなければ、いかなる解決策も政府に受け容れられそうになかった。ガンディーは、どんなことがあっても会議に誤まった決議だけは出させまいと腹をくくっていた。彼は息子のデーヴァダースをつうじて［ボンベイに］集まった指導者たちにメッセージを送った。デーヴァダースも「さすが父の子、解決を急ぎすぎて、被抑圧階級を不正に遇するくらいなら、父の生命《いのち》を失うもやむなしと覚悟をしていた。会議ではいろいろ提案が続出、メンバーの何人かがマハートマと協議するためプーナを訪ねることになった。

　断食の進行やら、折衝の挫折やらで、ガンディーの体力が急速に衰えはじめても、アンベードカルは取り引きを有利に運ぶことに終始した。彼は［政府の］コミュナル裁定が不可触民社会に与えた分離選挙制を――なにかそれに見合う見返りを手に入れるのでなければ――手離すのを拒んだ。ついに、世上「プーナ協定」として知られることになった合意に到達した。それは、地方立法府での被抑圧階級の代表権を倍増し、［そのために］選挙制度を改正するというものであった。［それによると］被抑圧階級の選挙人は第一次選挙をおこなうことができる。そして各［保留議席］に四名の候補者の名簿を提出することができる。これら四名の候補者は、カースト・ヒンドゥーと不可触民の合同選挙人が意見の一致をみるまで［何回でも］繰り返すものとする。ただし、第一次選挙の方式は十年後には消滅する、ということになった。

　［こうして］話し合いはなんとか合意に達したものの、けっしてはかばかしくとはいかなかった。「わ

れわれは、ガンディーの容態が危険領域に入っていることを公示することで意見の一致をみた」と、ガンディーに付き添っていた医師団は宣言した。けれども、［イギリス］政府がプーナ協定を認可するまでは、ガンディーは断食を終結しようとはしなかった。マグドナルド首相は伯母の葬儀に出席するために出向いていたサセックス［イングランド南部の旧州］から急遽ロンドンへ引き返し、インド担当国務大臣サムエル・ホーアならびに、公民権問題委員会議長ローシアン卿と合流した。イギリス内閣はプーナ協定を承認し、ガンディーはようやく断食を解《と》いた。

インドは息を吹きかえしたが、ガンディーが命拾いをしたということは、ガンディーの目から見れば、自ら課した厳しい試練の重要性などどうでもよいことであった。もし不可触民制の改革が厳密に追求されなければ、彼は断食を再開するつもりだと公言した。「わたしは『ハリジャンの友人たち（これからは、わたしは彼らを『ハリジャン［神の子］』と呼ぶだろう）に約束する――約束が成就するまでは、彼らはわたしの生命を人質と思ってくださってけっこうです」[※29]と。

プーナ協定は、被抑圧階級の選挙制度の一案を別なものに代えた。すなわち、これらの選挙制度を一部とするはずの新憲法がガンディーにも国民会議党にも受け容れられないことになった。批評家たちはまた、改革案が地方立法府で被抑圧階級に認めた特別優遇措置を指摘した。すなわち、イギリス政府の裁定が与えた七十一議席にたいして、プーナ協定では百四十八議席まで譲歩したことである。やがて、ベンガル州ではプーナ協定にたいする反対の声があがった。ここでは、カースト・ヒンドゥーの議席数が、一方でヨーロッパ人によって、他方で被抑圧階級によって侵蝕されたからである。けれどもガンディーは、こうした憲法上の数字の問題を好まなかった。カースト・ヒンドゥーがこれまで劣弱な兄弟たちにやってきたすべての悪業を考えると、彼らはいま被抑圧階級にたいして、どんなに寛大に振舞おうとも、寛大に過ぎることはないと、ガンディーは考えていた。断食はすくなくとも、一《ひと》つだけよい結果をもたらした。それは、最下層階級に分離選挙区を与えなかったことである。インドの政治に分裂のくさびを打ちこむことになったこの欺瞞《ぎまん》にみちた選挙制度は、つぎの十年間で完全に本性を現わした。［ともかく］国民生活の一つの亀裂が、いまはひとときにせよ、ここで免《まぬか》れたのは幸いであった。

ところで、たまたま［病気釈放以来］四年半にわたってガンディーが影響力を発揮しなかった、こうした憲法上の調停よりもっと重要であったのは、ヒンドゥー社会が経験した精神の浄化作用《カタルシス》であった。断食は、ガンディーが公言したとおり、「ヒンドゥー社会の良心を正しい宗教的行動へと促す」ことを意図したものであった。［不可触民の］分離選挙制をほごにしたことは、不可触民問題の終わりの初まりであった。

いっぽう、九月二十九日に政府は、不可触民制反対運動にかんして、面接・文通など刑務所内でガンディーに許可していた特別の便宜を撤回した。ところが、十一月になると、これらの便宜が回復された。理由は、一つには、ガンディーがまたもや断食を始めるのではないかとの政府の懸念であり、また一つには、ガンディーが社会改革運動に本気で専念してくれれば、政治の場の重圧が少しでも軽減されることになるだろうと、ふんだからであった。

インド史上最大の社会改革運動の一つが、このようにして一人の国事犯［ガンディー］の手で開始された。古代からの暴虐を一夜にして覆《くつがえ》すことはできないということ、断食の結果は運動の地道な活動と宣伝にひきつがれなければならないということは、だれよりもガンディー自身が痛感していた。彼の直感《インスピレーション》で、G・D・ビルラーを議長に、不屈の人A・V・タッカール★15を書記長として、全国的な組織が設立された。牢獄の独房から、ガンディーは一連の新聞声明を発表し、不可触民制の害悪について大衆を教化すべく膨大な通信者たちにつぎつぎに手紙を書き送った。彼はこの運動を進めるために週刊紙『ハリジャン』の発刊を準備した。「ハリジャン」というのは「神の子［たち］」を意味し、ガンディーが不可触民に与えた呼称であった。「世界のすべての宗教は、なににもまして、神を友なき者の友、寄るべなき者の寄るべ、弱き者の守護者だと説く。不可触民として差別されている四千万、あるいはそれ以上のインドのヒンドゥー教徒ほど、友なき者、寄るべなき者、弱き者たちが存在するだろうか」と、彼は言った。

『ヤング・インディア』紙同様、『ハリジャン』紙の紙面のほとんどを、ガンディー自身のペンが埋めていた。『ハリジャン』紙の創刊二号のコピーを読んで、ジャワーハルラール・ネルーは「当時収容されていた」デーラ・ドゥーン刑務所からガンディーに宛ててこのように書いている。「対立する相手をこてんこてんに論破するか、それともあなたが言われる、相手の心を中和する過剰なまでの親切心と疲れを知らぬ忍耐力をもってするいつもながらの剣さばきに触れ、うれしく存じました。私は気の毒なサナータニスト［正統ヒンドゥー］たちを憐《あわれ》みます。彼らの激怒や、ののしりや、逆上の呪いは、この種の巧みな剣さばきには立ち打ちできません」。サナータニストたちはヒンドゥー教の聖典を［不可触民制を正当化する］拠りどころにしていた。ガンディーは聖典のなかに不可触民制を支持する聖句《ことば》がほんとうにあるのか、疑問をいだいていた。彼が［バラモンの友人の］ラージャゴパラチャーリーに宛てて書いたように、「わたしたちの立場は、シャーストラ［聖典］のなかに不可触民制についてまったく書かれていない、というのではありません。……彼ら［正統派ヒンドゥー］に、不可触民制が今日流布しているような形で、シャーストラに是認されていることを証明してみせてもらいたいのです。正直言って、それをするのは不可能です」。

しかし、たとえ古文書に、この非道を承認するなにかが見つかったとしても、ガンディーはそれにとらわれる必要を感じなかったであろう。永遠の真理は、いかに聖なる書といえども、一冊の書に閉じこめられるものではない、と彼は断言した。世のすべての聖典には、ある永遠の要素が、なんらかの普遍的な真理が含まれている、と彼は言った。しかし聖典には、今日の社会にも通用する教えが説かれているはずである。もしその教説が人間の尊厳を冒すようなことがあれば、そのような教えは無視してしかるべきだ、ともガンディーは説いた。

『ハリジャン』紙は、先頭切って、ヒンドゥー社会の内輪の恥部をさらけ出した。『母なるインド』（ガンディーはかつてこの本をずばり「下水道検査官の調書」と評したことがあった）の著者メーヨー女史ですら、ヒンドゥー教のこの疫病の流行地を暴露するのに、これほど情熱を傾けなかったであろう。『ハリジャン』紙は、「地獄の住人たち」と呼ばれたこれらアウト・カースト［不可触民］たちの悲惨

ナグプール近郊の村で「ハリジャン」の少女と言葉を交わすガンディー

［提供＝amanaimages］

な暮らしを活写していた。［そこには］彼らの受けてきた障害が、こと細かに包み隠さず列挙されていた。ある地方では、不可触民は村の共同井戸や水道の蛇口に近づくことを拒否され、学校にも郵便局にも入ることは許されなかった。またところによっては、傘をさすことも、サンダルをはくことも禁じられていた。男性は膝下まであるドーティ［腰布］を身につけてはならなかった。また女性は小ざっぱりした衣類や宝石類を身につけることを禁じられていた。不可触民は馬や自転車に乗ることも許されなかった。カースト・ヒンドゥーが彼らの家の前を通り過ぎると、彼らは恭《うやうや》しく頭を下げなければならなかった。南インドでは、あるコミュニティーは不可触民同様、目に触れるのも穢らわしいとされた。ここに挙げたような障害のいくつかは、稀な特例であった。［むしろ］そのどれもが一般的とはいえなかった。しかし総じて言えば、それらは批判的な告発を受けざるをえなかった。

ガンディーは、「今日の敵対者が明日の改革者になってくれるよう」、強制よりも改心を信じていた。彼は原則として、社会悪と闘うためには法の助けを好まなかった。したがって、一九三三年初頭に中央立法議会に提出する寺院門戸解放法案の導入を熱心に奨励したのは、彼の主張といくらか矛盾していたように思われる。当時、ガンディーはまだ獄中にいた。国民会議党は非合法団体であり、立法府から議員たちを引きあげたばかりであった。しかし、「不可触民制の」改革への彼の熱意は、ことほどさように強烈であったし、改革の緊急にあまりにも熱心であったために、基本的に人道主義的で、政治を超えた運動であれば、どのような方面からのものであれ、運動への援助を拒むことはなかった。さらに、寺院門戸開放法案は、寺院の門戸を法の強制によって不可触民に開放しようとするものではなく、イギリスの法廷の判決が、法によってではなく、宗教的慣習にもとづいて、ある地方に定めた法的妨害をとり除こうとするものであった。ガンディーはジャヤカルのような法律の専門家の助言に従って総督に書簡を送ったが、政府の態度は、積極的な妨害がなければ、つねに冷ややかであった。インド政府は、英国支配《イングリッシュラージ》への反乱の指導者〔ガンディー〕を喜ばせるためにだけ、ことさら正統派ヒンドゥーの意見を疎外しようとは考えなかった。

ガンディーはこの運動に身を投じて、その弊害が初め想像していた以上に大きいことに気づいた。改革者に課せられた仕事は、気が遠くなるほど大きかった。どのようにして古来からの悪に立ち向かえばよいのか、どのようにして同志たちに、彼が決死の覚悟でいることを信じさせればよいのか、どのようにしてこの偉大な使命のために、より大きな意欲と献身を手に入れればよいのか。ガンディーのこうした苦悩は、一九三三年五月八日から二十一日間の断食を開始せよとの「内面《うち》なる小さな声」に従うことで終わった。「わたしはその日の前夜、翌朝断食を宣言しなければならなくなるだろう、などとはまったく考えずに眠りについた。深夜の十二時ごろ、なにものかが不意にわたしを呼び起こした。それからある声が――その声はわたしの内からの声であったか外からの声であったか定《さだ》かでないが――わたしにささやきかけた。『おまえは断食を始めなければならない。』『何日間でしょうか』と、わたしはたずねた。声はふたたび言った――『二十一日間だ』と。『いつ始めればよいのでしょうか』とわたしが問い返すと、『明朝始めなさい』と声は答えた。わたしは断食を決心すると、ふたたび眠りに入った。

友人たちや医師たちはガンディーにたずねた――彼が生命を賭けることで、彼にとってそんなにもたいせつな運動そのものを危機にさらすことになりはしないだろうか、と。彼の返事は、いかにもこの人らしいものであった。曰《いわ》く、もし神が彼の肉体からもっと多くの奉仕を求めておられるなら、断食ぐらいで肉体が滅びるようなことはないだろう。また、ハリジャン運動が神ご自身のものであるなら、神は世の男女たちに［彼の生命とは関係なく］仕事を続けさせるだろう、と。一九三三年五月八日、断食初日にガンディーは［ヤラヴァダー刑務所から］釈放され、プーナのサカリシー夫人邸「パルナクッティー」へ移された。同家でガンディーは、二十一日間の厳しい試練［断食］を経験したのである。

市民的不服従運動は、ガンディーの釈放後ただちに、彼の勧告で六週間延期された。多少とも体力が回復すると、ガンディーは早々に総督に手紙をしたため、「和平の可能性を探るために」面会を求めた。ウィリンドン卿の返事は慇懃《いんぎん》無礼《ぶれい》なものであった。ガンディーは八月一日にふたたび逮捕され、ヤラヴァダー刑務所に連れもどされた。三日後に再釈放されたが、プーナ市内に足留めされた。ガンディーは命令を無視して再逮捕され、禁錮一年を申し渡された。牢獄にもどると、前回は獄中で認められていた不可触民制反対運動の促進の便宜が許可されないことに抗議して、八月十六日にまたもや断食を開始した。ガンディーの体力が急速に衰えはじめたため、政府は彼を釈放した。

ガンディーはいま奇妙なジレンマに陥っていた。彼がふたたび刑務所にもどれば、政府は獄中でのハリジャン運動の活動の便宜を拒否するだろう。そこで断食を始めると、政府はただちに彼を釈放するだろう。これでは、まるでネコとネズミの追っかけっこ遊戯《あそび》である。そこでガンディーは政府の手には乗るまいと心に決めた。彼は一年間の刑期の残りのあいだは市民的不服従運動はやらないとの意志表示を宣言した。

ガンディーは、彼の政治活動へのこの自己否定的行為とともに、もてるエネルギーをもっぱら不可触民制の廃止に向けた。一九三三年九月には、ガンディーはアーシュラム［修道場］を中央州の小都市ワルダーへ移し、サーバルマティー［のアーシュラム］をハリジャン・セヴァー・サング［ハリジャン奉仕団］に移譲した。そして十一月七日には、ハリジャン運動を促進するために全国一周の旅にのぼった。それから九か月間に、ガンディーは一万二千五百マイルを踏破し、この国の最果ての地といわれるようなところまで分け入った。それらはいずれも、民族運動の指導者たちには未踏の地であった。

彼はカースト・ヒンドゥーにハリジャンにたいする偏見を洗い流すよう呼びかけ、いっぽうハリジャンには、彼らのヒンドゥー社会への同化を妨げている悪習［麻薬や飲酒の習慣など］を断つよう促した。ガンディーはハリジャンに寺院の門戸を開放するよう訴えて言った。「寺院は聖者たちのための住処《すみか》ではなく、罪人たちのための住処である。しかし、罪人のいないところなど誰に想像できようか」と。彼は、人が生まれながらに穢れているとか、その人の影や、その人に触れると、他の人に穢れが染《うつ》るなどといった迷信を皮肉った。［穢れを清める］沐浴はたしかにけっこうだ、と彼は村人たちに語った。しかし、水牛でさえ日がな一日水に漬かっているではないか、とも。

ガンディーは「ハリジャン基金」の募金に駆けまわり、十か月間で、八十万ルピーをかき集めた。彼が求めさえすれば、マハーラージャ［藩王］たちや富豪たちからこのくらいの金額はすぐにも得られたであろう。しかしガンディーは、そうした方法で基金を募ろうとはしなかった。彼の托鉢椀に小銭を入れてくれた幾千万の男女や子どもたちが、不可触民制反対運動の戦友になった。あらゆる機会と状況をとらえて、彼は無知な大衆を教育したのである。インドの不可触民地図のなかでもっとも黒く塗りつぶされたところ、と彼が呼んだマラバール［南部ケーララ州海岸］で、一人の少女が自分の金の装身具をはずして、それをハリジャン基金に寄付したとき、ガンディーは言った。「あなたの喜捨《きしゃ》の心は、あなたがさし出してくれた宝石よりももっと貴重な装身具《たから》です」と。ガンディーは自筆のサインと腕輪の交換を大人たちに呼びかけた。「アーンドラの人びとはスコットランド人［英語では、よくけちの意に用いられる］ではありませんよ」と、財布の紐の固いテルグ［インド南部のアーンドラ地方の別呼称〕の聴衆に向かってガンディーは説得した。また「わたしはハリジャン運動家です。一刻の時間《とき》も猶予はなりません」と、彼の手相を見てやろうとうるさくつきまとう易者を怒鳴りつける一幕《ひと》もあった。「不可触民制を癒す方法《くすり》はありませんか」と、ガンディーは〔疲れきって〕村の医師にたずねた。また別の村では、一人の女理容師が彼の髯を剃るために連れてこられた。女がてきぱき仕事をしているあいだ、女が金銀の装身具を体じゅうにつけているのを見て、ガンディーは言った――「その不快な代物《しろもの》は何ですか。そんなものはけっしてあなたを美しくは見せませんよ。ほんとうにそれらは、醜悪で汚らしいだけです」と。気の毒な女は、外見《はため》にも哀れなほど失望した。「私はこの飾りを、とくに今日のために借りてきたのです」と、女は答えた――「私は立派な飾り物をつけずに、あなたさまの前に出ることはできませんでした」。その場を去るまえに、女は手にした礼金をハリジャン基金に寄進して立ち去った。

ハリジャン行脚《あんぎゃ》は、けっして常勝の行進とはいえなかった。ガンディーは昔さながらの暴虐非道を攻撃し、自衛のためならなんでもやってのける往年の既得権に挑戦した。サナータニスト〔正統派ヒンドゥー〕たちは、彼を危険な異端と非難し、黒旗をもったデモ隊を組織した。彼らはガンディーの演説中にやじをとばし、会場を混乱させようとした。これはただのいやがらせにすぎなかったが、このほか、非暴力の使徒の信望を失墜させるために、いろいろ手のこんだ謀《はかりごと》が仕組まれていた。もし彼の友人たちが同種の仕返しをしたり、警察に訴えるようなことがあれば、それこそガンディーに赤恥をかかせるのは必定であった。一九三四年五月に、オリッサ州のプリーを訪れていたとき、ガンディーは同州の残りの旅程を徒歩で行こうと心に決めた。そのようにして二、三の村落を訪ねてみて、［徒歩にすれば］いっそうよく村というものを知ることができることに気づいた。さらに、徒歩の旅は、汽車や車の移動につきものの混雑［ガンディーは汽車の旅ではつねに三等車を利用していた］や恐るべき騒音から逃れることができた。また、そうして自らの生命を敵対者たちに曝《さら》すことで、相手の身がまえを解くことができればと願った。

六月二十五日に、ガンディー一行がプーナの市民公会堂へ向かう途中、一行を狙って爆弾が投げつけられた。これによって、同市地方委員会の主任を含む七名が負傷したが、ガンディーは危機一髪で難を逃れた。ガンディーは爆弾を投げた未知の犯人への「深い憐憫《れんびん》の情」を表明した。「私は殉教を望んでいるわけではない」と、ガンディーは言った。「しかし、もしそれが、幾百万のヒンドゥー教徒とわたしがともにいだいている信仰を守るという最高の義務の遂行の途上に待ち受けているのであれば、わたしは喜んで殉教を受け容れよう」と。

一九三四年三月に、ガンディーはハリジャン巡礼を中断して、恐るべき大地震に見舞われたビハール州を訪れた。この旅でガンディーに同行した［イギリス人ジャーナリスト］アガサ・ハリソンによると、彼女が同地で目のあたりにした惨状は、一九二三年［の関東大震災後に］日本で見たものよりも凄惨なものであったという。地震の被害者にとってガンディーの存在は、癒しの香油のようにはたらいた。何千という群衆が、車の通り道を塞ごうと集まり、汽車の通過する駅に群がっていた。人びとは、ガンディーの姿を垣間見《かいま》るとき、その瞬間《とき》だけでも、自分たちの苦痛を忘れているかのように思われた。群衆はガンディーを歓迎するために、竹でアーチを編み、緑の枝葉を飾った。ガンディーは集まった人びとに、不屈の精神をもって災害に耐えるよう求めた。「わたしはひとりの人も乞食になりさがってほしくない」と、彼は言った――「もしこの地震で物乞いに身を堕《お》とす人があれば、それこそ嘆かわしいかぎりだ」と。

ガンディーは地震から自らの教訓を導き出した。［彼が学んだ］教訓とは不可触民制の罪への天罰ではないか、という考え方であった。タゴールはこの解釈に異論を唱えた。それは自然現象についてのあまりにも非科学的な説明であり、大衆の非理性な気質《こころ》を煽《あお》るだけだと、タゴールは論じた。もしマハートマが地震を不可触制の罪のせいだと言うならば、同様に、地震は彼の説く異端にたいする天罰だとする彼の敵対者［正統派ヒンドゥー］たちの論法も成り立つことになりはしないだろうか。

［なんと言われようとも］ガンディーは自らの発言に後悔はしなかった。なぜなら物質［物理現象］と精神は、不可分にして一《ひと》つだと、彼は考えていたからである。もしそれが理にかなっているとすれば、それは信仰者の理性《ことわり》であった。「わたしにとって地震はけっして気まぐれではなかったし、たんなる盲目的な力の結果でもなかった。わたしたちには、神の法則は未知であるし、その法則のはたらきも推し測ることはできない。最高の科学者や霊能者の知識など、神の前では一粒《ひとつぶ》の塵のごときものである。神がわたしにとって、地上の父のような個人的な存在でなければ、かれはそれ以上のものである。かれはわたしの生命《いのち》の細部にまでわたしを支配している。わたしはほんとうに、一枚の木の葉ですらかれの意志なしには揺らぐことはないと信じている。わたしの吐く息、吸う息の一つ

ひとつは、すべてかれの恩寵《おんちょう》によるものである」。

ビハールでの旅の途上、ある人がガンディーに問うた――「地震を起こした神は、非情で、恨みがましい神格ですか」と。「いいえ違います」と、ガンディーは答えた。「神はそのどちらでもありません。ただ神の方法は、わたしたちのやり方と同じではないのです」。

タゴールの抗議の声は、都市のエリートたちの不安を代弁していた。知識人たちはマハートマは尊敬するものの、しばしば彼の言う「内なる声」とか「聖なる者の介在」といったややっこしい言葉に面くらっていた。自己浄化のための二十一日間の断食が始まろうとしていた一九三三年五月に、ジャワーハルラール・ネルーはガンディーに宛てて電報を送って言った。「自分の理解を超えた問題について、私はどう言えばよいかわかりません。私は、あなたを唯一の道しるべとする奇妙な国でとまどっております」と。シュリーニヴァーサ・シャーストリは、持ち前の率直さをもって、一九三二年十一月十六日の書簡でガンディーに抗議した。「内なる声とか、神の呼びかけといった言葉が、あなたの書くものに以前よりも多く見かけます。あなたの心境を表現するものとして、それらはたしかに適切です。しかし、そうした精神の高揚語は、過去にも頻繁に使われてきました。そのような語句を使う人は、危険を招きます。古い諺でも、神の御名《みな》はむやみに使うべからず、と教えられています。私たちは神の御名を使いすぎないよう心すべきです」。

ハリジャン旅行の印象を要約して、一九三四年初めにガンディーは、「不可触民制はいまにも破綻《はたん》しかかっている」と言い切った。彼はヒンドゥーの良心《こころ》を、彼らがハリジャンたちに加えてきた数々の罪に向けようとした。そしていっぽう、ハリジャンには彼らの権利への意識を喚び覚まそうとした。しかし、闘いはいっこうに終わることはなかった。それは、サナータニストと呼ばれる正統派ヒンドゥーが敵対したばかりではなく、アンベードカルに率いられた一部のハリジャンがガンディーの誠意に疑念をいだいたからである。アンベードカルは、一九三二年九月にプーナ協定を締結させた「指導者会議」で顕著な役割を果した政治家であったが、その後まもなく、考え方を変え、新しい選挙制度とガンディーの不可触民制反対運動を公然と非難していたのである。それはあたかも［少年時代］アンベードカルが、村の学校で教室の外に坐らされていたときの屈辱の思い出がどうしても忘れられず、許せぬとでも言っているかのようであった。彼のガンディーならびにヒンドゥー教徒とヒンドゥー教にたいする攻撃は熾烈《しれつ》であった。「もしヒンドゥー教徒が一つであることを願うなら、彼らはヒンドゥー教を捨てなければならない※30」と、アンベードカルは書いた。彼は不可触民制を社会問題としてではなく、政治問題としてとらえていたのである。彼は政治的自由［祖国の独立］にさえ反対した。なぜなら独立は、カースト・ヒンドゥーの立場をいっそう強化し、不可触民の立場をいっそう弱体化すると思えたからである。アンベードカルはガンディーに、ハリジャンたちが［やがて］ヒンドゥー教を放棄する日が来るだろう、と脅迫した。宗教は取り引きの問題ではありません、とガンディーは反論した。五千万［ハリジャン］の人間の魂が競売に付されるというのなら、それこそおかしなことではないか、と。

たとえサナータニストの反対が消滅せずとも、また喧嘩腰《けんかごし》のハリジャンの指導者たちの非難の声が鳴りをひそめなくとも、ガンディーは古来の傷痕《しょうこん》をあばくことに成功した。「革命は終わった」と題する評論で、ラージャゴパラチャーリーは書いた。「不可触民制はいまもってなくなってはいない。しかし事実上、革命は終わった。いま残っているのは瓦礫《がれき》の除去だけである」と。これはたぶん、あまりにも楽観的にすぎる評価であった。しかし、改革者たちが幸先のよい出発を切ったことはたしかであった。一九三七年から三九年にかけて、［ふたたび州議会に参入した］国民会議党の閣僚たちは、ハリジャンの法的不利益のいくつかを排除し、インドが自由を獲得した暁には、憲法をもって不可触民制そのものを違法とする目標を掲げたことは注目された。［とはいえ］ヒンドゥー社会に深く根を張っていた古くからの社会的暴虐を一掃するためには、これからのちも長年にわたって、法的・社会的・経済的に全面戦争を続ける必要があった。

第39章　政治から身を退く

一九三二年十月十三日に、総督ウィリンドン卿はインタヴューでこのように語った。「一年半前、事態は混乱していた。今日の状況は、当時より百パーセントよくなっていることを、私は保証する。またさらに、インド国民は百パーセント幸福になっていることをも保証する」と。明らかに、総督のこの大見栄《おおみえ》にはそれなりに理由《わけ》があった。市民的不服従運動は初期の盛りあがりのあと、衰退しはじめていた。有罪判決の数は、公式記録によると、一九三二年一月に一万四千八百三件、二月に一万七千八百十八件であったのが、三月には六千九百九件、四月には五千二百五十四件にまで減少していた。さらに五月には三千八百十八件に、九月には二千七百九十一件となった。被抑圧階級の分離選挙制度の［政府の］承認に反対しておこなわれたガンディーの断食は、一般の目を政治問題から社会問題へと転じたが、それはインド国民からマハートマを無理矢理ひきさくことにもなった。約八か月間、政府は面会《インタヴュー》や通信などをきびしく検閲して、事実上ガンディーを彼の支持者たちから孤立させてきた。同時に政府は、彼が娑婆《しゃば》［一般社会］に残してきた悪影響を一掃しようと乗り出していた。新聞はガンディーの運動についてのニュースを発表するのを禁じられた。いくつかの州では、彼の写真すら掲載することができなくなった。市民的不服従運動による犯罪者の数が減少し、国民会議党が非合法組織として有効に機能しなくなったとき、インド政府の楽観主義者たちには、これで数年間、あるいは少なくとも数か月間は、ガンディーの名がインドの政治景色から抹消されることになるだろうと思われた。

一九三二年九月の断食後に生じた、わけてもヒンドゥーの大衆のあいだに生じた感情的激震によって、ガンディーの個人的信望はいかなる世俗の権威も傷つけることのできないものであることを、またもや証明して見せた。そこで政府は、この卓越した彼らの囚人への面会や新聞声明の便宜は拒否しないほうが得策だと判断した。政府にはまた、唯一彼の生命を救いうる調停を妨害したとの汚名を着せられる覚悟はなかった。緊張した断食の週間《あいだ》は、不可触民制が問題の中心で、ほとんど政治問題を議論する時間も緊急性も感じられなかった。にもかかわらず、断食が終結すると、ガンディーは「ただちに」重大な声明を発表した。「国民会議党がこのたび、政府と円卓会議に協力するという注目すべき提案を支持したことで、わたしほどそれを喜ぶ者はいないだろう。わたしは会議にともなう付加的価値を強調し、力説しようとしているのである。［これまでも］繰り返し公言してきたが、わたしが［政府の］生粋《きっすい》の協力者であることは、世間一般にはひろく承認されていないようだが」。

ウィリンドン卿は「半裸の行者《ファキール》［ガンディー嫌いで知られたイギリス首相チャーチルの皮肉］」とは話し合いはすまいと心に決めていた。国民会議党の背骨は曲がっていたが、まだ折れてはいなかった。全面戦争には完全な勝利が求められていた。「むかしの御大《おんたい》［ガンディー］」に電報を打ったショウカト・

アリー〔一九二〇年の第一回非協力運動のとき、ガンディーはイスラーム教徒のカリフ制廃止反対運動の指導者アリーに協力した〕も、〔穏健派の指導者〕サプルーも、ジャヤカルもガンディーに面会することは許されなかった。〔もはや〕ガンディー＝アーウィン協定が再現される見込みはなかった。和平の可能性についてのガンディーの示唆が急がれていた。そして、不可触民制反対運動を刑務所内で続行する特別な便宜が、断食中は取り消されていた。

ガンディーは、これらの便宜は続行されるべきだと要求した。政府は、初めのうちは二の足をふんでいたが、その後譲歩した。政府が譲歩したのは、断食の脅威《おどし》ばかりではなかった。総督は一九三二年十一月九日に〔本国〕国務大臣〔インド担当相〕宛にこのような電報を打っている――「ガンディー自身、彼のすべての注意力と活動を不可触民制問題に集中するつもりでいることは明らかです。市民的不服従運動については、運動を前進させようとの意図は、どうやら後退したようです。この展開はわが方には好都合です。本官は、運動を阻止するためになにも行動する必要はありません。ガンディー自身、たぶん、市民的不服従運動の問題は目下のところ眠らせておいたほうがよいと考えているようですし、不可触民制の問題について政府が十分な便宜を与えているという事実は、〔政治問題への〕注意力を逸《そ》らせることで、閣下が考えておられるような緊急事態を緩和することになるでしょう」。

ガンディーの不可触民制反対運動への傾倒がいかに徹底したものであったかは、一九三三年五月の、三週間にわたる「自己浄化」の断食宣言に明らかである。この断食についての説明は、政府ばかりか彼の友人たちをもとまどわせた。C・ラージャゴパラチャーリーは、ガンディーの良識の番人でありヤラヴァダー刑務所の同囚でもあったヴァッラブバーイ・パテールに電報を送り、「バープーが苦しい試練に耐えて生きのびてくれるよう、そして悲劇がハリジャンと国家のために時計を逆もどししてくれるよう願うのは愚かなことです」と書いた。ヴァッラブバーイ・パテールは返電で言った。「ガンディーが今回の試練に耐えて生きぬいてくれるよう願うのは愚かなことです、そして私はそんな愚かな連中の一人ではありません。しかしながら、彼にこの決意をひるがえすよう、あるいは放棄するよう、一縷《いちる》の望みをもって説得するのは、もっと愚かです」と。

八か月前、ガンディーは断食開始一週後には死の戸口に立っていた。そこで政府は、「今回は」危険を冒すまいと、五月八日、断食開始日に彼を釈放した。同じ日にガンディーは、市民的不服従運動について長文の声明を口述し、六週間運動の開始を延期するよう勧告した。「市民的不服従運動についてのわたしの考え方は、いささかも変っていないことは言明できる。わたしは無数の抵抗者たちの勇気と自己犠牲を称讃するばかりである。しかしそうは言いながらも、運動に付きまとってきた秘密工作[★16]は運動の成功には致命的であると言わざるをえない。（中略）……

恐怖が一般大衆をとらえてきたことは疑うべくもない。条例が大衆を威嚇してきたのである。（中略）……

いまわたしは、政府に訴えたい。もし政府がこの国の平安を望んでいるなら、今回の運動の停止を利用すべきであり、［獄中の］市民的抵抗運動家たちを無条件に釈放すべきである。もし政府にその意志があるなら、話し合いの糸口は見出せるだろう」。

ガンディーはプーナの友人宅で三週間の苦行をやりとおした。彼は政府や同志や医師たちの懼《おそ》れをよそに、断食を生き抜いた。やがていくらか体力が回復しはじめたとき、獄外にいた指導者たちがプーナの彼の枕辺に集まり、政治状勢を分析した。議論の結果、いまや国民会議党党員の多くが市民的不服従運動を撤退する秋《とき》が来たと感じているとの結論に達した——もっとも撤退の方法と時機については意見は分かれたが。しかしながらガンディーに、「再度」和平の可能性を探り、ウィリンドン卿と交渉する権限を託された。ガンディーは総督に面会を求めたが、またもやにべもなく拒絶された。総督私設補佐官からの返信にはこのように記されていた。「面会を求める貴殿の電報に応えて［総督］閣下は、状況が変わっているようなら喜んで貴殿とお会いする用意がある旨、貴殿にお伝えするよう小生は指示されました。しかしながら、貴殿はいくつかの条件が受け容れられなければ市民的不服従運動を撤回することに反対すると言っておられるようですし、貴殿が求める面会は「ただ」交渉を再開するためだけのように見受けられます」。

この謝絶のあと、事態は急速に変化した。ガンディーが市民的不服従運動の再開を決意したのである。ただし、運動は精選された個人に限定された。ガンディーは、アフマダーバードのアーシュラム［サーバルマティー修道場］から、グジャラートの小村、ラス村までの行進の意向を発表した。ラス村は、市民的不服従運動中、多大の苦難に耐えたことで知られていた。八月一日にガンディーはまたもや逮捕、プーナに連行され、そこで釈放、同市中での軟禁を命じられた。そこで彼は、「すすんで」命令を無視して再逮捕され、一か年の禁錮刑を申し渡された。刑務所にもどると、八月十六日にガンディーは断食を再開した。理由は、前回ヤラヴァダー刑務所で被拘留者として受けていたハリジャン運動を運営する便宜を、今回は囚人として拒否されたからであった。政府は、「〔手紙ほか、いっさい〕口述すること」を禁じた。断食六日目にガンディーは病院に移されたが、病状が悪化すると〔ただちに〕釈放された。「このたびの釈放は、わたしにとっては嬉しいことではありません」と、彼は言った。「同志たちを刑務所に残して、断食によって自分だけが牢獄を出たというのは、恥さらしもいいところです」と。

ガンディーは回復期をベッドに横たわりながら、今後の行動計画について熟考した。もし再度投獄されることがあれば、政府はまたもやハリジャン活動の便宜を許可しないかもしれない。「そのときは」自分は断食を続行するだろうし、政府は彼を獄死させるよりもふたたび釈放することになるだろう、この鼬《いたち》ごっこから脱け出す方法として、彼は刑期の残りの一年間は市民的不服従運動を差し控えるだろうと宣言した。それは、市民的不服従運動の創始者にとっては――まったく不条理とはいわないまでも――逆説的な状況であった。なぜなら、次の十一か月間は、牢獄の外にいながら、「こちらから」自発的に政府を拒否しないことになるからである。

こうした一連の出来事は、政府を面食らわせたが、それはまた、ガンディーのいちばん身近な同志たちも失望させた。一九三二年九月にはすでに、彼らの多くにとっては派生的問題と思われていた断食を決行することで、ガンディーは市民的不服従運動に大きな打撃を与えたのだった。「すなわち」重大な政治闘争の進行中に、ガンディーは二の次の社会問題にとりかかったものと思われた。

一九三三年五月の二十一日間の断食は、政治とはまったく無関係であったのに、釈放されると、彼は市民的不服従運動を一時停止した。停止期間は六週間であったが、「釈放にたいする」政府への返礼的な呼びかけは、和平への予備交渉のように思われた。当時ヨーロッパに滞在していた二人の戦闘的国民会議党党員、スバース・チャンドラ・ボースとV・J・パテールは、「ガンディーは政治指導者として過ちを犯したのであり、いまや新しい方法をともなう新しい信条にもとづいて（それには、新しい指導者が必要なことは言うまでもないが）、国民会議党を急進的組織に建てなおす」べき秋《とき》が来た、と宣言してはばからなかった。市民的不服従運動の復活といっても、それは個人に限定された象徴的な運動であったため、見た目にはなんら変わりばえはしなかった。運動はそれ以来、実践的にというより、理論的に継続されていった。したがって、個人による市民的抵抗の最終的な停止（ガンディー一人を除いて）は、驚くにはあたらなかった。しかし、ジャワーハルラール・ネルーは『自叙伝』に、運動停止の報を獄中で、いかに大きな「激痛《いたみ》」をもって耳にしたか、そして、その日まで彼をガンディーと結びつけてきた絆がいかにぷっつり切れたように感じられたかを記している。「それでもなお」時の流れが示しているように、ガンディーとネルーとの運命の絆は、この種の緊張にもじゅうぶん耐えられるほど強靭であった。運動の停止中にガンディーが発表した声明は、明らかに「内面《こころ》の探究と、神を待望する切実な内観」にもとづいて起草されたものであった。

「この声明は、サッティヤーグラハ・アーシュラムの同居人や友人たちとの個人的な雑談からひらめいたものである。とりわけそれは、「囚人に課せられた」作業よりも個人的な研究を好み、刑務所内の義務《つとめ》をまったく嫌った著名な旧友について、会話のなかで耳にした話によるものであった。彼の行為はたしかに、サッティヤーグラハの規律に違反していた。その話からわたしは、わたしがいままで以上に愛している友人のいたらなさよりも、わが身のいたらなさを深く思い知らされたのである。その友人は、わたしが彼の間違いを知っているものと思っていたのだった。わたしには物事が見えていなかったのだ。指導者の盲目は許されない。わたしはとっさに、当分の間、自分が市民的抵抗運動を実践するただひとりの代表者でなければならないことに気づいたのである」。

サッティヤーグラハは「精神の武器である」と彼は続ける。したがってこれからは、それはひとりの有資格者、すなわちガンディー自身に限られることとなる。この声明は（ネルーの言葉を借りるならば）、「政治運動の指導者にとっては、驚嘆すべき言行」であった。とはいっても、大衆による市民的不服従運動の停止の決定は、どうしようもなかったという現実がそこにはあった。一九三二年秋には、早や運動は低迷していた。というのは、不可触民制問題についてのガンディーの断食が、「政治問題から」注意を逸らしていたからである。ハリジャン活動がより無難な行動路線を拓《ひら》き、少なからぬ国民会議党党員が嬉々として安全な道を選択していた。一九三三年五月の民衆の市民的不服従運動の一時的停止のときには、運動はほとんど死に体であった。そして、個人による市民的不服従運動は、政府にとっては、蚊の刺し傷程度の痛みにすぎなかった。したがってそこでは、当時の有力な国民会議党党員たちが表明したような怒りや悲しみを完全に説明する撤退の理由も、時期的な問題も見られなかった。政府による厳しい弾圧は、一時的に国民を苦しめたが、多くの会議党党員は、彼らの指導者［ガンディー］の戦略が道徳的配慮によるのではなく、もっと政治的思考によって決定されていれば、政府をおおいに狼狽《ろうばい》させることができたろうにと考えていた。［そもそも］国民会議党党員たちは非暴力を、イギリス帝国から自治を奪還するための政策として受け容れていたのである。彼らは暴力の使用を避けることには賛成していたが、マハートマが自らに課していた数々の制約には苛立っていた。一九三三年五月に、彼はサッティヤーグラハと相容れないものとして、秘密工作をきっぱりと非難した。しかし、政府の高圧的な方法があまりにも見えすいていたために、秘密裏に行動しないというのは、まったく行動しないにひとしかった。

一般党員たちは早急な結果を待ち望んでいた。一九二〇年のときは、「一年以内に自治《スワラージ》」という明るい見通しが非協力運動を後押しし、大衆蜂起につながったし、一九三〇年と三二年には、国民は市民的抵抗運動が即効的な結果を産むものと期待していた。市民的不服従運動という一般社会の概念は、本質的にガンディーの考えとは違っていたのである。ガンディーにとって市民的不服従運動とは、サッティヤーグラハ運動の一部であり、サッティヤーグラハは、個人にも、社会にも、政治にもひとしく適用されるべき生き方の問題であった。彼はサッティヤーグラハを科学と呼んだが、彼はまたそれを「実験中の科学」とも称した。そこにはなに一つ解決済みの結論はないというのだった。サッティヤーグラハの実践者は、真理を探究し、真理から離れることなく、たゆまず真理のために働き、必要とあらば、真理のためには受難をひきうけなければならない。サッティヤーグラハの政治への適用には、さまざまな形がある。一日ストライキという象徴的な抗議にはじまり、不正な法律にたいする大衆的不服従運動に至るまで、その方式は多種多様である。後者は、ガンディーが一九二〇年、三〇年、三二年、四二年におこなった壮絶な闘争方式である。しかしながらサッティヤーグラハの薬種には、ほかにも、〔効き目に〕時間はかかるが、効力の劣らぬいくつかの治療法があった。これらのおとなしい治療法は、ひとまとめにして「建設的プログラム」と呼ばれていた。そこには、紡ぎ車、不可触民制撤廃、ヒンドゥー＝ムスリムの融和などの活動が含まれていた。したがって、ガンディーが大衆による市民的不服従運動を一時的に停止したとき、彼は広い意味でのサッティヤーグラハを停止したのではなかった。しかしながら、知識層にとっては、市民的不服従運動に代わる建設的プログラムは、あまりにも無力で覇気のないものに思われた。奇妙なことに、政府の見解もほとんどの国民会議党党員の見方と同じであった。政府が実際に挑戦とみなしたのは、法律全般への違反や税金の不払い運動であった。それゆえ、ガンディーが市民的不服従運動を停止して建設的プログラムに専念しはじめると、政治的危機は終わったかに思われた。

　革命運動は、それが非暴力的であったときでさえ、高度な調子を持続することはできなかった。およそ七万八千名の国民会議党党員が獄中に繋がれていた。そして何千人もが主義のために財産を失い、健康や家庭を犠牲にしていた。〔それにしても〕自由になろうとする〔独立への〕意志がもっと強かったなら、牢獄への行進の列は果てしなく続いたであろうし、どんなに苛酷な弾圧もサッティヤーグラハの闘士たちのその流れを制止することはできなかったであろう。逆説的な言い方をすれば、ガンディーが遺憾に思ったのは、より多くの党員が牢獄へ行かなかったということではなかった。彼には、数は問題ではなかった。彼が不満に思ったのは、たとえ国民が全般として非暴力的であったとしても、人びとが心中にイギリス人への憎悪をいだくことをやめなかったことである。数は少なかろうと、イギリス支配に反対する人たちが完全に心中の憎悪を払拭《ふっしょく》してくれたなら、彼らは支配者たちの心を変革できたであろう。ガンディーが市民的不服従運動を開始して四年経ったこのころ、イギリス政府はむしろ会議党にたいしていっそう辛辣《しんらつ》に、いっそう疑い深くなっていた。そして、政治的テロ行為は依然として続いていた。ガンディーはこのような結論に到達した。非暴力のメッセージはいまだに人びとの心底に届いてはいない、したがって国民は市民的不服従運動の停止と、それに代わる建設的プログラムによって、いっそう非暴力的に鍛えられる必要がある。

ガンディーの［不服従運動停止の］この理由づけは、国民会議党党員たちには、訳《わけ》のわからぬ言い逃れにすぎなかった。なぜなら今回の不服従運動の失敗は、非暴力の質的な欠陥によるものではなく、抵抗者たちの流れが政府の弾圧によって枯渇《こかつ》したのだと、国民会議党党員たちは信じていたからである。しかし思慮深い党員たちは、国民の犠牲はけっして無駄ではなかったことを確信していた。一九三三年七月五日付のガンディー宛の書簡で、アンサーリー博士は、運動が失敗であったかどうかという疑問に答えて書いている――

「一九二〇年～二一年の［第一回］非協力運動については、運動が失敗であったとよく言われてきました。［ところが］ほとんどなんの準備もなしに、一九三〇年に市民的不服従運動の再開が国民に呼びかけられたとき、前回の非協力運動がどれほど失敗であったかが明らかになりました。国民会議党が国民から受けた熱烈な反応そのものが、非協力運動の成功の大きさを物語っています。［それでもなお］またもや今回の市民的不服従運動も失敗に帰したと言われています。しかしそれは［ほんとうに］失敗だったのでしょうか。大衆運動が始まったときの驚異的な精神の高揚は、物事《ものごと》の道理から考えましても、短期間ならいざ知らず、それほど長期にわたって持続できるものではありません。……（中略）運動の停止は、運動の方法をすっかり放棄するものではありません……（中略）それはただ、あまりにも長期にわたって闘ったために、一息《ひと》入れて休息しようとしたまでです」。

ここに表現された感情《おもい》こそは、一九三四年のガンディーの声明をほとんど不可避なものとした運動の休止を、国民会議党の言うところの国民が必要としているものを代弁していた。一九三三年七月以来実施されてきた個人による市民的不服従運動は、いまや、個人からさらにガンディー一人《ひとり》にしぼられていた。市民的不服従運動の正式な、すなわち最終的な停止の宣言はなかったものの、一般的には、運動はすでに終わったとの感があった。ガンディーが市民的不服従運動をおこなう権利を放棄せず、自らのために保持しつづけてきたという事実《こと》は、政治的な［なにかをしでかすという］直接の可能性よりも、言葉の上の相違と受けとられていた。国民会議党首脳部との話し合いから、いまや国民は疲れ切っていて、市民的不服従運動を続行する気力がないことを、ガンディーは確信するに至った。また国民会議党の一部には、スワラージ党の復活と立法府への再参加を待望する声があることもわかっていた。

ガンディーはふたたび、国民会議党の立法府への参加に反対したが、建設的プログラムを信じようとしない多くの有能な党員たちが、大衆運動を停止したいま、議会だけが自己表現の有効な場であると考えていることは、経験からわかっていた。［かつて］一九二四年から二五年にかけて、ガンディーは議会主義派、すなわちスワラージストたちを転向させようと試みた。［ところが］一九三四年から三五年には、［逆に］同派の復活を奨励したのである。パトナで開催（一九三四年五月）された全インド国民会議党運営委員の席上に、ガンディー自らが議会参加の決議案を提出した。一九二四年には国民会議党を分裂寸前にまで追いやったスワラージストの主張への、あの寛容な理解は、党内の対立を回避した。このことは、一九三七年の議会選挙での国民会議党の勝利のもととなった。個人的には賛同していない派閥《グループ》［スワラージスト派］の考え方に、会議党の組織内で完全な自由を与えるということは、ガンディーに多大の勇気と雅量を求めた。

この対応の判断を疑った指導者たちのなかに、ヴァッラブバーイ・パテールがいた。ガンディーはパテールに、［ことさら］議会主義派を支持した理由を説明して言った。「スワラージ派の再興は、なんとしても必要でした。多くの浮き沈みに耐えてきた派閥は、［最終的に］国民会議党内に居場所を求めていました。この派の再興に賛成する人たちのなかには、未経験な分子や利己的な分子たちがいるかもしれません。しかし、わたしたちは［そうしたことも含めて］現実を認めなければなりません。わたしたちはこの派閥を改革し、善導しなければなりません、わたしたちにできるのは、それだけのことです。わたしはスワラージストたちに、自立するよう助力してきました。彼らは選挙を戦い、立法府に返り咲きたいと望んでいました。しかし、彼らにはそれをするだけの勇気がなかったのです[※31]」。

一九三四年六月六日に、インド政府は通達を出して告知した。市民的不服従運動は公式に停止されており、いまは事実上、政治政策としては存在しない、と。こうして、国民会議党組織のいくつかの構成部分を非合法としてきた通達は撤回する旨、宣言された。

この告知は明らかに、市民的不服従運動の［国民会議党の］自主的撤回にあたって、政府が感じた勝利の空気を伝えていた。運動の停止とスワラージ党の復活は、多くの国民会議党党員たちを悔《くや》しがらせる尺度であった。それらは、彼ら党員たちにとっては、これまで払ってきた犠牲の報酬としては、あまりにも貧弱であり、敗北感しか残らなかった。ガンディーは、こうした党員たちの挫折感を［敏感に］感じとっていた。たぶん、そうした党員たちの挫折感のもっとも強力な表現は、ジャワーハルラール・ネルーからの手紙に読むことができたと思われる。ネルーは彼の「胸中の孤立感」について書き、国民会議党の理想の低下を嘆いた。これにたいしてガンディーは、理想は少しも変わっていないと応えて言った。「わたしは、一九一七年［ガンディーとネルーが出会った年］以来ずっと、あなたが知っているわたしと少しも変わってはおりません。わたしは同じ目標に向かって――あなたもご存知のとおりの――同じ情熱をいだいています。わたしが望むのは、英語で言うところの、祖国の完全独立です。そして、あなたを悩ませてきたどの決議［とりわけ不服従運動停止の決議を指す］も、すべてその目的を見すえて形成されてきました。……しかしながらわたしは、時間《とき》の必要を知るこつを心得ていると思っています。それゆえ［これまでわたしが提出してきた］決議案は、すべて時間《とき》を考慮したものです……」[※32]

いちばん身近かな同志たちにたいしても、こうした説明が必要になったとき、ガンディーが「国民会議党の」一般党員たちから誤解されていたとしても「けっして」、驚くにはあたらなかった。彼の同志のある者たちは、彼のやり方や考え方にうんざりし、実際には見解の異なる政策を受け容れているふりをしているだけではないのか、という確信《おもい》をガンディーはいだきはじめていた。そして、自分の存在が不当に国民会議党を左右し、その民主主義精神を妨げてはいないだろうか、と彼は考えこむようになった。彼らの忠誠心を抑圧して発揮させないのは、彼自身と彼の一握《ひとにぎ》りの同志たちのせいだと、彼は思った。「いまや」市民的不服従運動の停止や、スワラージストの復活だけが問題ではなかった。ほかにも、政府にたいする大衆闘争の途上で、もろもろの見解の相違にもっともらしい説明がなされたり、うまくつじつまが合わされるようなことがあった。「国民の第二の肺臓」としてガンディーがあらためて紡ぎ車を強調したのは、「進歩的な」多くの人びとの目には、彼の不可触民制撤廃の道徳的・宗教的な方式と同様、見当違いに映じた。ガンディー自身は、誕生したばかりの社会主義者たちの集団を「性急な人たち」と呼んで、ある種の不安感をもって見守っていた。

ところで、ガンディー自身と国民会議党の知識層とのあいだの齟齬《そご》を、もっとも深刻に痛感させたのは、非暴力にかかわる決定的な問題であった。十五年間にわたって非暴力を説き、実践してきたのちに、彼に従うと公言してきた人びとが、非暴力をいかに理解していなかったかを知ったとき、ガンディーの心は深く傷ついた。大衆による不服従運動は、「たしかに」国民会議党の知識層の想像力《こころ》を駆り立てたが、それはガンディーの非暴力の闘いの一面にすぎなかった。そこ［ガンディーの非暴力闘争」には、もう一つの側面、すなわち建設的プログラムがあった。ガンディーはいまその側面を強調したのであるが、それは多くの国民会議党党員には、途方もなく非政治的なものに思われたのである。

こうした見解の相違から、「ついに」一九三四年にガンディーは国民会議党を離脱することになった。「わたしは、怒りや憤慨や、ましてや失望のために国民会議党を去るのではありません」と、彼はヴァッラブバーイ・パテールに書いた。彼は国民会議党に自由を返還し、「同時に」自らもまた行動の自由をとりもどそうとしていたのである。したがって、少なくとも次の三年間は、政治問題ではなく、農村経済が彼の主要な関心事になろうとしていた。

第40章　農村経済

一九三四年十月のインド国民会議党ボンベイ大会は、同党からのガンディーの脱退を正式に承認したが、大会はまた彼の指導のもとで、全インド農村産業協会《サバー》の結成を公認した。「国民会議党の政治活動から独立した、そして政治に影響されない」この協会は、農村産業の復興と奨励、ならびに農村の道徳的・物質的な向上のための活動を目指していた。決議は、ガンディーが自らの活動と、会議党の活動に与える今後の新しい方向づけを示していた。

ガンディーは、一九一五年に［南アフリカから帰国して］インドにおける公生活に入って以来、［一貫して］農村への新しい理想を訴えつづけてきた。土地制度の重圧と副業の欠乏は、農民たちに恒常的な失業や半失業状況をもたらしていた。目を覆うばかりの農民の貧困は、ガンディーの心に重くのしかかりつづけた。ガンディーの紡ぎ車の呼びかけは、緩和剤として、直接的・実際的な効果をひき出してきた。政治活動から身を退《ひ》いていた時期に、ガンディーが多くの時間をさいた全インド紡織工協会は、十年間にその活動を五千三百村に拡大し、二十二万の紡ぎ手、二万の織り工、二万の梳《す》き工に職を与え、これによって、インドの農村に二千万ルピー以上を［全インド紡ぎ車協会から］支払われた。この金額は、今日の大規模企業から見れば、大した数字とはいえないかもしれないが、それは、しばしば窮地に追いこまれる［農民］組織に手堅い仕事を提供することになった。

［とはいっても］全インド紡織工協会は農村の貧困問題の表面を撫《な》でているだけであることを、ガンディーはだれよりもよく知っていた。彼は農村経済全般の復興を考え、計画しはじめた。彼のハリジャン遊説旅行からはっきりしたのは、農村産業の衰潮とともに、ハリジャンたちがますます貧困の泥沼にはまりこんでいったこと、そして不可触民制の撤廃は、こうした不幸な人びとの経済改革に大きく関与しているということであった。農村産業の改善は、このようにして新しい急務を告げていた。かつてインド産の商品の愛用を叫び、激しい政治的興奮の時代に国家を揺り動かしたスワデシー［国産品愛用］熱は、一九三〇年代に新展開を見ることになったのである、商品がインド原産であるだけでは十分ではない、それが農村で作られたものであることこそがインド産と呼ぶにふさわしい、とガンディーは論じた。彼は都市住民に、日常雑貨の一つひとつをインド産か外国産かを点検し、外国商品に代わって農村の代替物を求めるよう呼びかけた。ホウキ草はブラシ代わりに、キーカル［別名バブル（アカシア）］は歯ブラシとして利用できるし、工場の精米《せいまい》品を手搗《てつ》き米に、グル［赤砂糖］を精糖代わりに、また手漉《す》き紙を工場製の洋紙代わりに使用することが奨励された。農村製品のほうが値段が高くつく場合もあったが、それらは必要に迫られた農民たちに賃金や利益を分かち与えた。おおよそ百五十年間におよぶイギリス統治のあいだに、都市が農村の富と人材を吸いあげてきた。ガンディーは書いている――「農民は、都市住民の不可触民になりさがった。都市住民は、農民のことを知らな

さすぎる。彼ら［都市住民］は農民のなかで生きようとはしない。もし彼らが農村で暮らすことになれば、農村に都会生活を持ち込もうとするだろう。もしわれわれが三億人人口［当時のインドの総人口］を住まわすことのできる都市が作れるというのであれば、それも許せることかもしれないが[※33]」。

インドの人口の八五パーセントが農村で暮らしていることを思えば、農村の経済や社会の復興は、外国支配から自由になるためには絶対不可欠であった。ガンディーは、都市の利益のために農村を搾取するのは、ある種の暴力だとも言った。都市と農村との経済基準や社会環境《アメニティ》の、ますます拡大する格差には、なんとしても橋を渡さなければならない。このためには、都市《まち》からすすんで農村部に居を移し、死に絶えた、あるいはいまにも死のうとしている農村産業の復活に力を貸し、栄養学の知識や、教育や、社会衛生の水準を改善してくれるボランティアたちの善意と努力に俟《ま》つところ大であった。ガンディーは、こうした社会奉仕の精神をもつ男女《ひとびと》が「農村規模」で活動してくれるよう期待した。もし彼らが彼らの働きにたいして、農村が対応できないような報酬を要求したなら、農村はたちまち破産するだろう。ボランティア活動だけが、従来政府がやってきた蝸牛《かたつむり》ペースの［名ばかりの］農村改善の財政障害を解消できるのだ。ここに、マハーデヴ・デサーイは一九三七年九月十一日号の『ハリジャン』紙に、高等教育を受けながら土木工事に情熱を燃やすチャンドラナートという名の純粋な心の一人の青年が、人口一万五千の村のボランティア活動に登録して、全長三マイル［四・八キロ］の道路と運河を完成させたという実例を紹介している。この企画の公的予算は、なんと五万ルピーであったとデサーイは付言している。

自分が実行しもしないことを人に勧めるのは、ガンディーの性に合わなかった。そこで彼は、どこか農村の一つに定住しようと決意した。生まれ故郷のグジャラートへ行くこともできたが、同州には多くの献身的な仲間が活躍していた。そこで彼は、［アーシュラムのある］ワルダーにほど近いマガンワディー村を考えたが、同村は村として規模が大き過ぎ、奉仕者《ボランティア》たちが未開発な小村で経験するような苦労は期待できなかった。ついに彼は、セーガオン村に白羽の矢を立てた。この村もワルダーの近くに位置していたが、人口わずか六百人、道らしい小径《こみち》とてなく、商店や郵便局といった便宜もなかった。この村でガンディーは、友人であり弟子でもあった［素封家の出の］ジャムナラール・バジャージの所有地を借りて、一部屋だけの小屋を建てた。雨季になると、面会者たちは脛《すね》まで泥水につかって歩かなければならなかった。気候は年中住みづらく、村では赤痢かマラリアを経験しない者はいなかった。ガンディー自身も病気に罹ったが、［どんなことがあっても］セーガオンを離れまいと決心していた。彼は単身村に入った。妻をも伴わなかった。彼は農村の経済復興のためのチームをセーガオンで立ちあげることを望んでいたが、古くからの弟子たちや新しい弟子たちが周りに

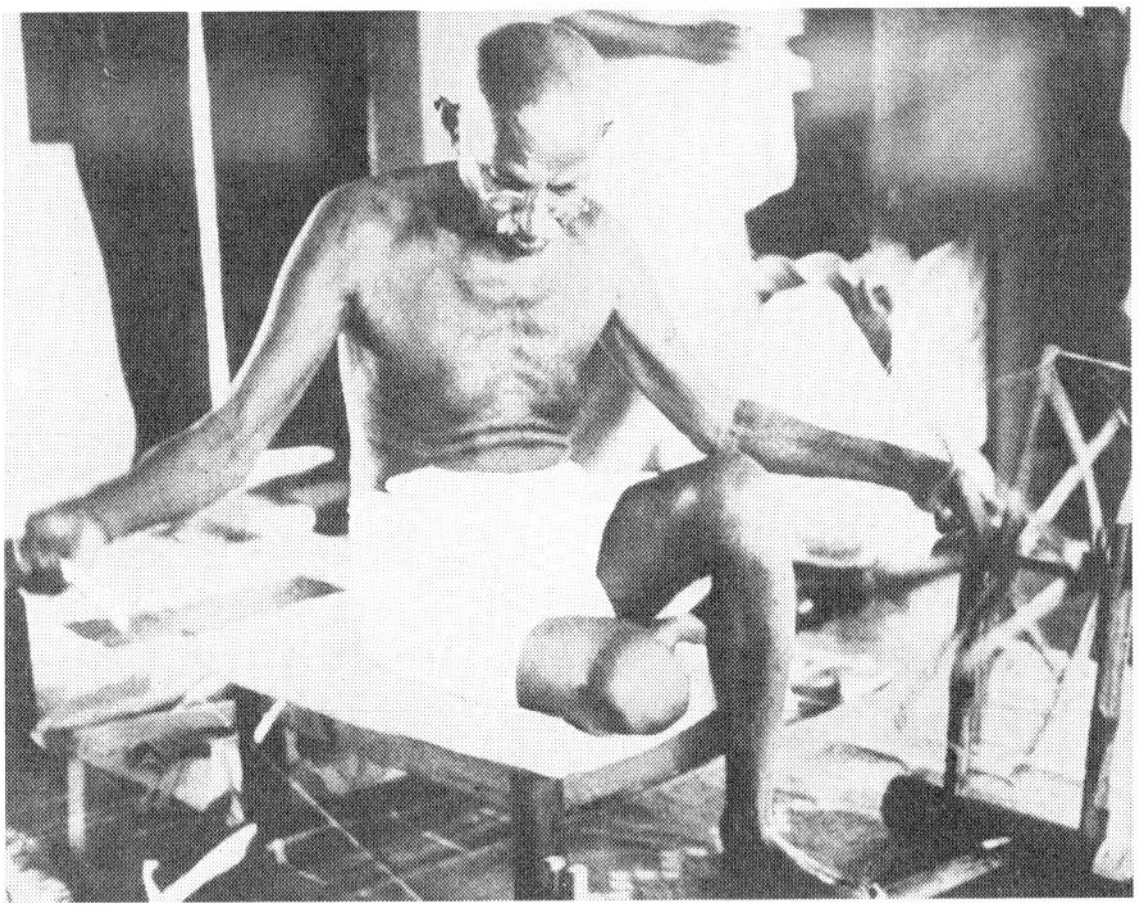

日々月々、紡ぎ車を回すガンディー

集まってくるのを拒むわけにはいかなかった。ジョン・モット博士［アメリカのＹＭＣＡの著名な指導者、一九四六年にノーベル平和賞を受賞］が、一九三七年にガンディーを訪ねたときには、彼の住居はぽつねんと建つ寂しい藁葺《わらぶ》き小屋であったが、やがて周囲《まわり》に土や竹でしつらえた小さな家がつぎつぎに建ち、コロニーができあがっていった。居住人の一人バーンサリー教授は、裸で森を徘徊し、口を閉ざして語らず、ニームの葉を食べて生きのびていた。ポーランド人のモーリス・フライドマンは、非暴力にもとづくガンディーの手工業文明の考え方に転向した人物であった。またハンセン病を病んでいた一人のサンスクリット学者は、ガンディーの看護を受けるために、彼の小屋に隣接する［別棟の］一間《ひとま》に住みついていた。それから一人の日本人僧［日本山妙法寺の藤井日達師］は［マハーデブ・デサーイの言葉によれば］、馬車馬のように働き、隠者のように［静かに］暮らしていた。このような次第で、ヴァッラブバーイ・パテールがセーガオンを「世にも風変わりな奇人の集まり」と呼んだのも無理からぬことであった。ガンディー自身も、セーガオンを「変わり者たちの巣」と呼んだ。セヴァーグラム［セーガオンの改称名。グラムは「村」の意］は、アーシュラム［修道場］とは考えられておらず、形式的な規則は課せられなかった。まったく異なる気質と学識の男女から成るこの混成集団《むら》は、それぞれ思い思いの尊敬心と愛情、そして村落への共通の奉仕の理想によってガンディーと結ばれていた。それは言わば、ガンディーに与えられた人間の実験場であり、マハーデブ・デサーイの言葉を引用すれば――「家庭的な環境でのアヒンサー［非暴力］の実践の場としては十分であった。その実践がうまくいくなら、それは自動的に政治の分野へとひろがるだろう。したがってガンディーは、より多くの反省とより多くの実験が自由にできるように、［どこへ出かけても］つねに彼の実験室に帰ろうと望んだのである。扱いにくい道具［さまざまな気質の人材たち］が、彼の目前の仕事をいっそう困難にしたというのは事実であるが、そのことはまた、より大きな仕事に彼を適応させたというのも、また然《しか》りである」。

やがてセヴァーグラムは、ガンディーの農村福祉事業計画のセンターになっていった。経済や社会の向上にさまざまな道筋をつけるべく、種々の施設が同村とその周辺に設立された。マガンワディーに本部をおく全インド農村産業協会は、乏しい自己資金で、外部からの援助を必要としない、農村内部で容易に育成できるような諸産業の支援と発展に寄与した。同協会は、農村労働者のための訓練学校を設立し、協会独自の定期刊行物『グラーム・ウドヨク・パトリカ［農村産業新聞］』を発行した。ほかにも「ゴーセヴァー・サング［ゴーは雌牛の意］」という名称の組織も設立したが、これは雌牛の健康管理と飼育の改良を目的にしたものであった。また「ヒンドゥスターニー教育協会《ターリーミ・サング》」は、ガンディーの教育思想の実験場であった。

インド七十万箇《か》村から、貧困と病と無知を取り除くというのは、途方もない事業であり、それには多方面にわたる努力が必要であった。農村産業を育成することで、庸用を生み、農村に都市の消費をまわすことができた。それはまた農民たちを、無気力から立ちあがらせることができたはずである。ガンディーは［いささか驚き、憤慨して］書いている。「セーガオン村の四百人の大人たちは、わたしが彼らに要求するように働いてくれさえすれば、年間一万ルピーを容易に懐《ふところ》に入れることができよう。ところが彼らはせっかくの収入を手にしない。彼らは互助の精神に欠落している。彼らは頭を使って働く術《すべ》を知らない。彼らはなんであれ、新しいことを学ぼうとはしないのだ」と。

ガンディーは、村々に「分け入っている」無私の奉仕者たちの集団によって、村人たちのこの無気力は教育しうるものと考えていた。奉仕者たちは村民の農村産業の復興を援《たす》け、学校を運営し、衛生設備を改良し、バランスのとれた食事の普及に努めてくれればよい、とガンディーは考えていた。労働力と資材は村で調達できた。彼らは「それらを用いて」奉仕活動に専念してくれればよいのだ。

「いかにしてごみを富に変えるべきか」という全インド農村産業協会の課題を、ガンディーは来訪したファリントン卿につぎのように説明した。彼の計画《プログラム》は農村の負債を支払おうとするものではない、なぜなら「それには政府の努力が必要だからです。といっても、わたしは政府の援助を求めているわけではありません。わたしは、わたしの持ち出した提案で政府の援助が得られるとは思っていません」と。

村人たちが「その気になりさえすれば」可能だが、しばしばやり過ごしてきたことのなかに、村の清掃があった。ガンディーは、村人たちが、「自分自身の汚物に触れて処理するのをいやがる」のは不可触民制への誤れる固定観念《コンプレックス》のせいだと考えた。ガンディーは、村民のだれもかれもが自らの「汚物の清掃人」になるよう、村の貯水池や井戸や道路の掃除をするよう、そうして、インドの農村を「汚物の山だ」と言ったライオネル・カーティスの非難の根元《もと》を断つよう呼びかけた。

農民の栄養の改善も、ガンディーが繰り返し述べ、書いたもう一つの主題であった。学生時代から、すすんで彼は食事や断食の実験をやってきた。栄養問題が、インドの民衆の緊急の課題としてとりあげられた。農民の貧困とは別に、食習慣が彼らの栄養不足を招いていることに、ガンディーはある種のショックをもって気づいた。ビタミンの欠乏は許せなかった。なぜなら緑野菜は、農村のどこでも摘《つ》むことができたからである。彼はインド人科学者たちに、国民の健康状態に則して、インド人の食の実態を研究するよう求めた。「あなたがたは、生物学的実験をなさるべきです。［たとえば、米を主食にする］ベルガル人は毎月半ポンドの米を必要とし、半ポンドの米を消化しなければならない、などといったいいかげんなことは言わないでいただきたい、彼らのために科学的に完全な規定量を算出してもらいたいのです。平均的な人の体力維持に求められる食品の質も割り出してくれるようお願いします。わたしといたしましては、平均的な農民の食事に、ぜひともいくらかのミルクと乳脂肪、緑野菜を加えていただくまでは満足しないでしょう。わたしは、貧しい同胞のための理想的な食事を見出すべく［彼らと体験をともにすべく］自らも飢えてくれるような科学者を求めているのです。遺憾ながらこの国の医師《ドクター》たちは、人道的な立場から――少なくとも貧乏人の立場から――問題の解決に取り組んでくれたためしはありません※34」。

「実践料理法」として、ガンディーは食物の栄養価値を損《そこ》なわない料理法や、手碾《てび》きの麦や手搗《てつ》きの米は精米工場品にまさることなどについて書いている。「織物工場は結果的に失業問題を産み出したが、精米・製粉工場もまた、栄養不足や病気を産み出した」と、ガンディーは批判した。

インドの農村改良は、ガンディーには、都市の知識人たちの援助なくしては考えられなかった。国民に農村を意識させるために、国民会議党の年次大会を農村で開催するよう勧告した。ファイズプル国民会議党大会は、農村で開かれた最初の大会であった。農村での大会は、大都市では避けられない混雑を回避できること、村の境界が都市で張られる有刺鉄線の代用をしてくれること、農村の手工業品の展示会は教育と誤楽の両方に役立つことを、ガンディーは見抜いていた。

ガンディーはあらゆる問題を、農村での必要性という見地から考えなおした。現行の教育制度は、彼にはつねに不適切で無用なものに思われた。農村人口の大多数は、初等教育すら拒まれていた。「そんななかで、せっかく」村の小学校に学んだ者たちですら、教えられた教育が身についていなかった。というのは、それは彼らの日常の暮らしや、彼らをとりまく環境とほとんど無縁であったからである。高等学校程度の外国語〔英語〕が使えるかどうかが、幾百万という農民と、〔農村〕社会のほんの上層部の、数にしてわずか数千の人びととのあいだに越えがたい障壁をつくっていた。ガンディーが教育関係者たちや、国民会議党州政府の教育大臣たちの集会を招集したのは、国民のほんとうの必要に則した教育制度を立案するためであった。この会合での議論から発展した「基礎教育」[※35]の制度は、その後さまざまな論争を呼び起こしたが、「イギリス政府の」教育者がこれまでインドで運営してきた形式的な固定観念に「多少なりとも」是正を加えたことはたしかであった。

農村での活動は、遅々として進まぬ労のみ多き仕事であった。それは、ガンディーの言う「蝸牛《かたつむり》の歩み」であり、新聞の全段抜きの大見出しを得ることはなかったし、政府に頭をかかえさせることもなかった。ガンディーの同志たちの多くには、どうしてこの毒にも薬にもならない無害な活動が、インドを真の目標——すなわち政治的自由という最終目標へと前進させる助けになるのがかわからなかった。ガンディーは、政治の最重要課題から脇道へ迷いこんだと非難された。これにたいしてガンディーは答えた――「［農村の発展の］これらの緊急課題について考え、その解決法を見出そうとすることが、どうして政治的に重要ではないと言うのか、政府の財政政策を追求することが、どうして政治的に大きな意味をもつのかが、わたしにはどうしても理解できません。わたしが民衆に求めているのは、自分たちにできることをするように、ということです。わたしたちの支配者の政策を追求するという大仕事は、民衆の能力《ちから》に余ります。そうした大役は、それができる能力をもつ少数者にまかせましょう。［しかしながら］能力のある指導者たちが大きな変化をもたらしてくれるまで、わたしのような一般人は、神から与えられた才能をどうして最大限に生かさずにおいてよいわけがありましょうや。どうしてわたしたちが自分の家の戸口をきれいにし、わたしたちの体を神の道具にふさわしいものにしてはいけないのでしょうか[※36]」。

思えば、ガンディーの農村改良運動にたいする政府の反応が、彼が農民大衆の支持を得て、空前のスケールで市民的不服従運動を再開するだろうと考えたことであったというのは、おもしろい。事実、一九三四年にはインド［中央］政府から各地方政府に、ゆめゆめ警戒を怠りなきよう、農村での反宣伝活動を展開すべしとの回状が廻わされていたのである。

ガンディーの農村運動へのいっそう辛辣《しんらつ》な批判は、彼が科学と産業に背を向けて、貧困を恒久化する時代遅れの経済を宣揚しているというものであった。『ヒンド・スワラージ』でガンディーは、機械や工場や産業文明を痛烈に非難したが、爾来四十年にわたって、彼はさらに機械についての考え方を深化・推稿し、それを彼の非暴力の教義に関連づけた。機械化にたいする彼の主要な反論は、それが富を産む産業を少数者の手中に集中させる傾向があることであった。人手が有り余り、仕事の少ない国では、機械は失業と貧困を増やすだけである。「わたしはこのうえなく精巧な機械の使用をよしとする――もしそれによって、インドの貧困と、それにともなう怠慢が避けられるならば」と、一九二一年に彼は書いた。しかしながら、心中で彼は、大量生産と大衆のための「多量」生産を明確に区別していた。前者「大量生産」は、自由競争社会のもとでは、しばしば金持ちをいっそう豊かにし、貧乏人をいっそう貧しくさせるだけである。ガンディーは機械そのものに反対したのではなかった。彼が愛好した紡ぎ車も「言ってみれば」一種の機械に相違なかったが、それは「大衆の言葉におきかえられた機械」であった。ガンディーは、人間の手足を萎《な》えさせずに、「幾百万の茅屋《あばらや》に住む貧者たちの重荷を軽くしてくれる」素朴な道具や器具を歓迎した。彼はまた、「たとえば彼の愛用したミシンのような比較的単純な機械を製造するためには、それなりの生産工場が必要なことも承知していた。「わたしは、そうした工場が国有化されたり、国家の統制のもとにおかれるべきだと主張するのですから、けっこうな社会主義者だといえましょう。機械は、もっと魅力的で理想的な条件のもとで、資本家の利益のためにではなく、万人のために働いてくれるべきです。そのとき愛が、欲望に代わる仕事の原動力になるはずです」と、このように彼はつけ加えた。

マハーデヴ・デサーイは、一九三一年に「イギリスの生んだ世界的喜劇俳優」チャーリー・チャップリンがガンディーと交わした興味深い対談について、このように記している。「『もしかりに、あなたがインドでロシア型の独立を獲得して、あなたの国の失業者のために他に仕事を見つけ、富の平等な分配が保証されたなら、あなたは機械を蔑《ないがし》ろにしないのではありませんか』と、チャップリンがたずねた――『あなたは労働時間の短縮と、［それによって］労働者により多くの無爲の時間を与えることになることは認めておいでですが』と。この質問に『そのとおりです』と、ガンディーは答えた[※37]」。実のところガンディーの機械産業への反論は、その大部分は、それが結果的にもたらす弊害、言いかえると、労働者の失業と富の集中にもとづくものであった。しかし、そうした経済機構が社会構造にもたらす結果にも、彼は心中ひとしく憂慮していたのである。幾千という農村の生産の分散化は、ガンディーの非暴力社会の理想の根本であった政治権力の分散化と密接にかかわっていた。それぞれの地方は、地方の必需品を［その土地その土地で］生産し、紛《まぎ》れもない不平等から解放された小さな社会《コミュニティ》においてのみ、物質的な関係よりも人間的な関係にもとづく純正な民主主義を成立させることができるのである。一国内で、少数者が多数者を、植民地的権力が後進民族を搾取するという風潮は、西洋の産業革命によって加速されてきたことである。高度に産業化された社会では、経済的・政治的構造がますますピラミッド型になり、軍国主義がいっそう脅威になる傾向がある。社会内部の不平等や不安を減少し、外からの攻撃の誘惑をなくするためにも非暴力社会を組織しなければならない。そうした社会は、分散化社会にもとづくものでなければならない。「あなたがたは工場文明の上に非暴力を築くことはできない」と、ガンディーは書いた――「非暴力は自給自足の農村の上に建設できるのだ。たとえヒトラーが決心しても、七十万の非暴力の農村を荒廃させることはできないだろう。彼自身もその過程で非暴力的になるだろう。農村経済は、わたしが考えてきたように、搾取を回避するだろう。搾取は暴力の特性である、したがってあなたがたは、農村の心を心として、はじめて非暴力的になることができるのだ」。

ガンディーが心に思い描いたインドの理想の農村は「［小さな］共和国」であった。それは、生活の必需品を隣国にたよらず、しかも他のことでは相互扶助的でなければならない。食料や綿花は自前で作り、［余剰の土地があれば］現金収入のために［野菜などの］作物を収穫する。そしてできるだけ、その活動は協調の基盤にもとづかなければならない。農村は村の劇場と学校、公会堂を所有し、基礎教育は無料で義務としなければならない。選出された「パンチャーヤット［インドの農村に古代からあった伝統的自治機関で、『パンチャ』はサンスクリット語で『五』を意味し、一般に五人またはそれ以上の村の長老による合議自治制度］」で紛争を解決し、登録者名簿から順次選ばれた監視人たちが、村の警護に当らなければならない、というものであった。

「個人の自由にもとづく完全な民主主義」の思想は「夢物語《イメージ》」として退けられた。しかしガンディーにとっては、それは唯一、非暴力社会がとりうる型態《すがた》であった。彼は、自分の理想にいかなるレッテルを貼られようといっこうに気にしなかった。一九三五年まで国民会議党党内で強力な一翼をになっていたインドの社会主義者《ソーシャリスト》たちは、ときどきガンディー批判をおこなった。ガンディーは、多くのインド人社会主義者たちが彼らの信条を公言するずっと以前に、自分はすでに社会主義者であったと主張した。「とはいっても、わたしの社会主義は、わたしにとって自然なものであった」と、彼は書いた――「わたしはそれを、どんな書物からも採用したのではなかった。それは非暴力へのわたしの揺がぬ信念から発生したものであった。社会に不正が生じた場合、だれも自らすすんで非暴力のままではいられなかったし、［非暴力をもって］不正に抗して立ち上がることもできなかった」と。

ガンディーは階級闘争や暴力の必然性を認めなかった。彼は、彼の非暴力の方式によって、外国支配をも社会的不正をも終わらせることができると信じていた。暴力を避けることで、彼の社会主義は骨抜きされたおとなしいものにはならなかった。人道的で、表面上は緩和するような方法であるにもかかわらず、それは革命的な意味を内包していた。資本主義者や社会主義者たちとは違って、ガンディーは財産を悪とみなしていた。彼は最低生活（それ以下でなくとも）ぎりぎりのところで生きている幾百万の人びとの暮らしと無関係な財産などというものの所有権についての議論は、非現実的なものだと考えていた。そこで彼はインドの女性たちに語りかけて言った。「［この国では］幾百万という男たちが子々孫々に遺《のこ》せるような財産など所有していないことを思い出してもらいたい。またある人たちは、先祖からの遺産など受け継がないほうがよいことを、彼女たちから学ぼうではないか。親が子どもたちみんなに平等に譲ることのできる財産は、父母《ちちはは》の人格と、教育の便宜をはかることである」。

ガンディーが財産制度を容認したとすれば、彼がそれを人類の進歩に不可欠なものと考えたからではなく、非暴力的に廃止していきたいと考えていたからである。ガンディーは財産の所有権を人間個人や国家にではなく、神に賦与《ふよ》した。財産の所有者はこのようにして、自らを［神の財産の］被信託人と考えるべきである。とはいっても、彼ら［財産の所有者］は筆頭株主だとか、特別に優遇された受益者というのではない。いかなる人も、必要以上に物を貯《た》めこんではならない。だれもが自らの能力《ちから》に応じて働き、ほんとうの必要に則して報酬を受けるべきである。信託のこの理論は、［見方によっては］藩王や地主、大実業家たちの特権的地位を整合化しているように見えるかもしれない。［しかし］実際にはそれは、「持てる者たち」から「持たざる者たち」への自発的な犠牲を促そうとする過激な理論であった。

　ガンディーが思い描いた模範的な地主は、「ライーヤト［一般には『ザミーンダリー（大地主）』にたいして、小規模な土地を所有し、自ら耕作する自作農民を意味するが、ここでは文脈からたんなる耕作農・農民を指す］が現在になっているさまざまな重荷を軽減するだろう。地主は……ライーヤトが生活必需品を手に入れるためなら、自らをも貧困に身を落とすことをいとわぬだろう。［模範的な］地主は自分のところで働くライーヤトの経済状況をよく知りつくし、自分の子どもとライーヤトの子どもたちが机を並べて学べる学校を設立するだろう、彼は村の共同井戸や、溜め池を清潔にするだろう、彼はライーヤトに道路の清掃をさせ、必要な仕事の傍《かたわ》ら厠《かわや》［土を掘って作る簡易トイレ］は自分で始末するよう教えるだろう。彼はライーヤトたちが無制限に使用できるよう、自分の畠地を開放するだろう。彼は遊ばせている建物のほとんどを、病院や学校、その他公益の目的に利用するだろう[※38]」。

　少数の有産［地主］階級が社会全体のために彼らの欲望を抑制するよう、どのように説得すればよいのだろうか。まず第一段階は、富者たちに理を説くことであるが、万一同意を得られなければ、非暴力的非協力運動に訴えるしかない。いかなる政府も［人民の］協力なしには長く存続できないのと同様、人民間の意図的、あるいは強圧的な経済搾取も、搾取される側の積極的、あるいは消極的な黙認なしには成り立たないだろう。

ガンディーは厳しい現実から、しちむずかしい理論の完全性に逃避することはなかった。彼の思想は、彼をとり巻く社会的・経済的条件に則応して発展していった。彼はかつてインドの社会主義者たちを批判したが、年が経つにつれて、社会主義者たちは彼らの考えがガンディーの設計《プログラム》に包摂されていることに気づいた。言うまでもなく、ときには彼らはなかなかそのことを認めようとはしなかったが。ガンディーは理論家ではなく、現実の問題と格闘する実践者であった。独立以前のインドにあって、彼は政府の援助はおろか、［むしろ］しばしば反対されながら活動しなければならなかった。［国民の］貧困・病気・無知・怠惰は、幸福な平和な時代が到来する日まで待ってはくれなかった。

それはすべて［インドの現実をどう見るかという］総合的な判断の問題であった。大学や政党の講座で学んだ経済学的視点からインドを考えていた人びとは、かならずしもインドの現実問題を理解してはいなかった。一九一一年に早くもケインズ［イギリスの著名な経済学者。初めインド省に勤め、のちケンブリッジ大学の特別研究員に迎えられた。第一次世界大戦後、管理通貨制度を提唱して修正資本主義理論を展開、一九二九年の世界恐慌後のニューディール政策に多大の指針を与えた］は、『インドの経済的変遷』と題する本を論評して書いた――「［本書の著者である］サー・テオドール・モリスンは、国民の資源をもっとも有効な方向へ導く底流の深い要因に十分な考慮を払わずに、西洋から東洋をあまりにも軽々に論じている。ボンベイやカルカッタなど［大都市の］工場の数は、一般から見て大きすぎる数字である」と。

これらの工場は、インドの一般的な繁栄にほとんど影響を与えていない、［すなわち］インドの繁栄は、その国の新しい頭脳と資本を農村や田畠に適用するとき、はじめて拡大するのだ、とケインズは続けた。ガンディー思想の中核は、大手を振って農村を闊歩《かっぽ》する極貧を除去することにあった。彼は、少数の都市がいよいよ大きく繁栄するために、農村をいっそうの貧困におとしめることに反対したのである。数少ない巨大工場の歯車を回すことよりも、地方の幾千万の藁葺《わらぶ》き小屋で糸車が活気にみちたうなりを立てて回り、農民たちの必要をみたし、都市に彼らの製品を送る日を、ガンディーは願った。スイスや日本で、仕事と賃金が数多くの農家に回っているというのに、どうしてそれがインドでできないのか。

ただ一つ重要な点で、インドは他国と条件を異にしていた。すなわちこの国では、［支配者である］外国政府が、この国の経済に急速な変化［改善］をもたらそうとする意志も組織ももっていなかったことである。ガンディーが政治の世界を離れて農村運動に専念しはじめたときにも、政府は、ガンディーが農民大衆を巻きこんで国民的規模の市民的不服従運動を展開しようとしているのではないかと、ガンディーの深慮遠謀な企みを疑っていたのである。

二年半後、車輪は一回転して振り出しにもどった。一九三七年四月一日に新憲法が施行されることになっていたのである。新憲法は［国民の反対に遭《あ》って］体《てい》をなさないだろうと、彼は評価していなかった。しかし、選挙が近づいたとき、新憲法には多々限界はあるものの、［使いようによっては］多くの人に役立つのではないかと、ガンディーは考えるようになっていた。

第41章　国民会議党政権をになう

一九三七年に、新憲法による州政参加と同時に、ガンディーの発想のもとにインド国民会議党の建設的事業が始まった。

一九三五年にイギリス議会が制定し、一九三七年に施行されることになっていた新憲法には、緩《ゆる》やかに、段階的にインドに自治を与えていこうとする政策が盛りこまれていた。一九一九年のインド統治（一九一九年）法［モンタギュー＝チェムスファド改革案］には、十年後の憲法分野の見通しが含まれていた。一九二七年のサイモン委員会の任命で、議論は予定より二年早く始められたが、次の改革の着手までに実際にはおおよそ十年の歳月が過ぎていた。この十年間に、インドの政治は民族主義者たちの不満に突き動かされ、二度の大きな市民的不服従運動を見ることになった。この間、一連の公的な会議や委員会などで憲法の詳細が煮詰まっていった。

イギリスでは、「インド問題」が激しい政治論争を巻き起こしていた。ウィンストン・チャーチルが、インドの自治政府反対の先頭に立っていた。彼はインドの自治要求を、イギリス帝国への裏切りとしたばかりではなく、インド国民の将来はインド人政治家たちの手中に握られるよりも、イギリス人官僚の手中に握られているほうが安全だと考えていた。彼は、ガンディー相手に交渉したことで、アーウィン卿を軽蔑していた。ウィリンドン卿の鉄拳政策はチャーチルを喜ばせたが、彼［ウィリンドン卿］は、インドにおける帝国政府の威厳を緩和することを拒み、民族主義者たちへの「勝利」を強固にすることを望んでいたのである。イギリス内閣のインド担当国務大臣サムエル・ホーア卿［保守党の重鎮で、インド相につづき、外相・海相・空相などを歴任した］は、議会を通じて新憲法導入の水先案内役を務め、チャーチルの反対の矢面に立って、チャーチルの反対の拠《よ》って立つところをこのように分析した。「インド帝国をめぐる過去の華麗なる思い出が彼［チャーチル］に、クライブ［十八世紀にイギリスのインド植民地進出の基礎を築いた軍人］、ウエリントン［十八〜九世紀のイギリスの軍人、ナポレオン軍をウォータローで破ったことで有名。政治家として保守主義を貫く］、ローレンス［十九世紀のイギリスの軍人・政治家、アフガン戦争やシク戦争で活躍、セポイの反乱で戦死］、キップリング［インド生まれのイギリスの作家で、十九世紀大英帝国主義時代の愛国詩人。一九〇七年にノーベル文学賞受賞］の時代以来生じた変化を見えなくしてきたのだ。彼が第四騎兵隊で活躍した時代のインドは、ポロ［馬に乗って木製の球をゴールに入れる遊戯］とピッグステッキング［馬上から槍でイノシシを狩るスポーツ］を楽しむインドであり、懐《ふところ》の深い父性的政府と同時に、偉大な白人の女帝［エリザベス女王］が女神として崇拝されていたインドであった」[※39]と。

一九三〇年代のインドは、もはやそうした一八九〇年代のインドではなかった。それは、時の流れによる変化であったばかりではなく、インドの政治におよぼしたガンディーの人格の影響による変化でもあった、このことはチャーチルには、彼の歴史観をもってしては理解しがたいものであった。理由は簡単である。ガンディーの気質に見る宗教的傾向や、真理と非暴力の教説は、軍事戦略家であり政治家であったチャーチルには、ひたすら偽善的で無意味なものに思われたからである。いっぽう、イギリスは道義的にインドを支配する権利があるという驕《おご》りにたいするガンディーの挑戦は、わけてもチャーチルの泣きどころを突いた。

［イギリス国内の］新聞や議会の強硬な反対陣営にたいして、イギリス政府のスポークスマンは、インドの世論をもっとも刺激していた新憲法のめだま［インドに自治権を与えるという遠い目標］をイギリス国内でも弁護しなければならなかった。すなわち、インドの民主主義が暴走することのないよう、安全弁、すなわち最高権力は今後も総督と知事たちの手中に握らなければならないというのであった。イギリスのジレンマは、くしくもこのような言葉で『マンチェスター・ガーディアン』紙の論説に要約されていた。イギリス人はいまやインドを支配することも、インドを去るわけにもいかないのだから、「インドでは自治と見なされ、ウエストミンスター［イギリス国会］ではイギリス人支配《ラージ》とみなされるような［双方にとって都合のよい］憲法を草案する」必要がある、と。

新憲法がようやく世に出たとき、それは国民の選ばれた代表たちにとっても、また権力の座から退いた者たちにとっても感慨深いものがあった。それは、あたかもブレーキをかけたまま低速ギアで進もうとする車のようであった。［新しく誕生する］インド連邦は、それが実現するときには、［イギリス領］諸州とともに藩王国を合併することになっていた。そして後者［藩王国］には、連邦議会の約三分の一の議席が割り当てられていた。これら藩王国の代表［議員］は、選挙母体をもたないために、各藩王の任命で決まることになっていた（藩王たちは［イギリス政府から自立しているように見えながら］そのじつ、存在そのものをイギリス政府に依存していた）。［こうして］インドの民族主義者たちは新憲法を、ほとんど失望の思いで見まもっていた。連邦議会の権限は大きく制限されていた。たとえば軍事、公共事業、金利などにかかわる予算は［議会の］権限外であった。各州政府では、公選で選ばれた立法府の閣僚に広範な分野での権限が認められたが、ここでも彼らの権限は、財政などの問題では制限され、それらについては、知事に強大かつ予防的な権限が賦《ふ》与《よ》されていた。

こうした制約は、ジャワーハルラール・ネルーをして、一九三五年のインド統治（一九三五年）法を「奴隷憲章」と呼ばしめた。インド国民会議党ラクナウ大会［一九三五年四月］で、新憲法はインドに権力を譲渡するものではなく、責任だけを負わせるものだと、［議長］ネルーは公言した。しかしながら国民会議党は、新憲法下で選挙を戦うことを決議した。国民会議党選挙マニフェストは、新憲法を「そっくりそのまま」拒否することを再確認し、代わってインドの政治的自由にもとづく新立法議会の作成する新たな憲法の制定を要求していた。マニフェストは続けて言う――「独立は立法府参入によって達成できるものではないし、貧困や失業問題も立法府が効果的に取り組めるものでないことも、国民会議党は承知の上である」と。しかしながら、選挙戦に臨むという決議は、一つには、戦場で戦わずして反民族主義者にあっさり［議会を］引き渡してしまうのは賢明でないと考えたからであり、また一つには、新憲法の限られた枠内であっても、各州内で建設的事業を実行する可能性はあると考える、党内の有力グループがあったからであった。

総選挙の結果は、一九三七年二月に判明した。国民会議党はＵＰ州〔連合州〕、ビハール州、オリッサ州、ＣＰ州〔中央州〕とマドラスで過半数を勝ちとった。ボンベイでは議席の約半数をとり、連立で政権を握った。Ｎ・Ｗ・Ｆ・Ｐ〔北西辺境州〕とアッサム州では最大与党となった。

国民会議党の選挙マニフェストには、党が州議会で多数を制したとき、何をなすかについて明確な意思表示はされていなかった。この不鮮明な問題点をめぐって意見は鋭く対立した。入閣に反対した人びとは、新憲法からは得るものなしと考えたばかりか、国民会議党は国民に真《まこと》の救済の手を差し伸べられぬまま、帝国主義機構のためのすべての汚名を負わなければならないのではないかと危惧していた。また〔最悪の場合は〕、国民会議党は闘う組織であることを止め、自ら〔会議党自身〕が真《まこと》の力を引き出してきた大衆からもかけ離れ、現実から遊離するだろうと。〔いっぽう〕州行政に参入するからには責任をとるべきだと主張する者たちも、新憲法の限界は認識していた。しかし彼らは、政府と政府に追従する政党にたいする〔せっかく得た〕優位は手離したくなかった。彼らの多くはまた、新憲法は〔使いようによっては〕大衆への奉仕に役立つだろうと確信していた。こうした相対立する二つの見解の歩み寄りとして、一九三七年三月に州立法府に属する国民会議党党員と、全インド国民会議党運営委員会のメンバーの代表者会議が催され、立法府の会議党の指導者たちは、州知事が干渉特権を行使して「憲法の運営についての」閣僚たちの助言を無視しないということが明らかになり、それを公言するならば、国民会議党は入閣に応じるのはやぶさかではない、と決議した。

選挙結果が判明してからは、インド政府はやきもきしながら国民会議党の出方を見まもっていた。

総督の要請に応えて［インド政府］内務大臣レジナルド・マクスウェルは、一九三七年三月にインド国民会議党の状況判断を進言した。それは、この重大問題への政府の態度を多少とも明らかにしている。序文でマクスウェルは、国民会議党の選挙の成功を軽視して言った。「選挙の結果が新しい立法［新憲法］にかんする国民会議党の［今後の］政策と計画を決定的なものにしたという声明は、言うまでもなく明らかにばかげた話である。たぶん、新法に目を通した選挙人は一万人に一人もいないだろう。したがって国民会議党の決議そのものも、彼らの指導者たちが新法の条項を理解していないことを示すものである」。

　国民会議党の組閣受諾の決定は、マクスウェルの目には、党右派への譲歩に、また州知事の権限行使にかんする条件は党左派への譲歩によるものと思われた。その保証が各州知事によってではなく、州立法府の会議党の指導者たちによって公《おおやけ》にされたという事実《こと》は、国民会議党がすすんで自から組閣を受諾したことを表わすものだと、マクスウェルは解釈した。にもかかわらず、彼は国民会議党の決定に数多くのわなを読みとり、それらはガンディーによって巧妙に仕掛けられたものと信じていた。ガンディーについて彼はこのように書いている――「状況への彼の影響力を行使し、［党内の左右双《ふたつ》］相対立する考え方のあいだに仲介を見出そうとするとき、ガンディーはたぶん、その決議に、ネルー［ら若手の左派］を懐柔するなにかを含め、同時に、［政府との］妥協点を見出そうとする彼のいつもながらの意欲が頭をもたげてきたことはたしかである。この妥協点をもとに、彼は将来、知事たちと［会議党の］閣僚たちのあいだをとりもつか、あるいは少なくとも、ある程度までは、政府は国民会議党の条件に譲歩せざるをえないと思わせようとしたのである」。

「このように」政治的頭脳合戦によってガンディーにかけられたこの容疑は、「とりもなおさず」彼の本領発揮にほかならなかった。彼は気質的には、議会の役職や官職には向いていなかった。議会活動をつうじてインドの自由を達成できるとする可能性への信念は、一九二〇年にきっぱり放棄していた。一九二四年に出獄してからは、ガンディーはC・R・ダースやモティラール・ネルーと袂《たもと》を分かち、声を大にして議会のボイコットを叫んだのである。それから十年後の一九三四年には、ガンディーは国民会議党党内の「ダース、ネルーの流れをくむ」議会主義者たちの再興を奨励した。というのは、立法府内の仕事が、一部の会議党党員たちには最上のエネルギーのはけ口になると考えたからである。立法府と政権受諾にたいするガンディーの態度が、「国民会議党にとっては」最終的に不可欠であった。一九三七年に、政権「組閣」受諾についての議論が頂点に達したとき、ガンディーはこのように書いた。「立法府のボイコット問題は、わたしに言わせれば、真理と非暴力の原理のような永遠の原則ではない。それらにたいするわたしの反対の立場は徐々に弱まってきたが、そのことは、わたしが反対した以前の立場にもどっているということではない。問題は戦略的なものであり、わたしはその時々《ときどき》に応じてもっとも必要なことを発言しているだけである[※40]」。

時の急務は「インドの農村社会を自立に向かって建設する、いわゆる」、建設的事業の推進であった。市民的不服従運動の中止以降、ガンディーはもっぱらこの活動に余念がなかった。どの事業もみな非政治的なものではあったが、にもかかわらず、インドの村落への良水や安価で栄養のある食物の供給、健全な教育制度ならびに、堅実で自立した農村経済の確立ほかがそれであった。新憲法にはもろもろ欠陥はあるにしても、それなりに農村向上の計画を前進させることができるのではないか、とガンディーは考えた。どうして各州で大臣たちは農村産業を推進しないのか、禁酒法を導入しないのか、農民たちの［生活の］重荷を軽減しようとしないのか、手織り木綿の使用を奨励しないのか、そして不可触民制と闘おうとしないのか、ガンディーは理解に苦しんだ。

さらに、視点を変えて考えてみると、つぎのことが彼に影響しているように思われる。過去二十年間にガンディーは、三たび大々的な市民的抵抗運動に乗り出した。運動の衝撃《インパクト》のもとで、国民が新しい政治意識に震え立つのを彼は見た。と同時に、非暴力がなかなか国民に滲透しないことを、そして彼のいちばん近しい同志たちでさえ、ときには自らが課したサッティヤーグラハの厳格な制約に苛立つ姿を、ガンディーは見てとった。さらに、暴力は潜在しているように思われたばかりか、表面化しようとしていた。そしてそれは、いつなんどき噴火するかもわからなかった。サッティヤーグラハ運動の再開を求める空気を醸《かも》し出すのは容易なことではなかった。いっぽう、国民の不満は相も変わらず増大していた。新憲法はインドに政治的自由をもたらすとは思われなかった。しかしそれは、三千万人の選挙有権者を生み出した。これら有権者たちと、これから選挙権を獲得しなければならないさらなる何千万人かが、州政府を動かすことができるのだ。新憲法は、ガンディーが書いたように、どんなに貧弱で限られたものであったとしても、剣の原理を数の原理に置きかえる試みを構築できるのだ。「もし国民会議党が独立を達成するために新憲法を利用するならば、それは血なまぐさい革命と、大衆による市民的不服従運動をともに避けられるだろう」と、ガンディーは示唆した。

州知事たちによる日常的な行政への不干渉が保証されるならば、政権参加を受け容れるのもやぶさかではないとの一九三七年三月の国民会議党の申し入れは、このようにして、政府にわなを仕掛けるものではなく、新憲法からなにか建設的な結果を引き出したいというガンディーの願望《ねがい》に由来するものであった。政府のスポークスマンたちは、初めのうちは、そうした保証、言いかえると「紳士協定」は、新憲法に仇《あだ》なすだろう、そして知事たちは国会法に、すなわち議会の法律文書に縛られることになるだろうとの見解をとっていた。ところが、一部の国民会議党党員たちは政権受諾に傾いており、ある種の保証なしには、彼らが入閣に応じる可能性のないことが明らかになった。国民会議党が議会の多数派を占める州の暫定内閣は、新議会が顔合わせをする初日に不信任を受けることは間違いなかった。憲法の施行を先のばしにするかどうかの選択肢は、つねに政府が握っていた。これでは、「下手をすると」イギリスの政治家と議会が長年にわたって苦労して作りあげた新憲法を、あらぬ方向へ船出させることにもなりかねない。

リンリスゴー卿［一九三三年に新憲法（一九三五年インド統治法）の基礎となったいわゆる「リンリスゴー報告」を提出、一九三六～四三にはインド総督を務め、第二次世界大戦中はガンディー、ならびに国民会議党の取り締まりを強化した］は、一九三六年八月にインドからのある来訪者に、インド政府の法案は［一字一句］、コンマ一つでさえ変更不可である、と語ったという。[※41] この話は、ある程度までは真実であったが、にっちもさっちもゆかぬぎりぎりの限界というわけではなかった。なぜならば、イギリス人自身が支配されている憲法は、法典から発生したものではなく、彼らの憲法の実際的な運用から発展してきた［いわゆる］一連の慣習法であったからである。新憲法にたいするガンディーの対応《アプローチ》は、法律を専門とする法律家のそれではなく、また政治的な戦略家の態度でもなかった。彼は一九三七年九月四日号の『ハリジャン』紙につぎのように書いた。「わたしが政権受諾を奨《すす》めたときには、わたしはまだ統治法（一九三五年インド政府の統治法）をよく研究してはいなかった。以来K・T・シャー教授の『州自治権』を読んできたが、……（中略）同法のなかに、国民会議党の大臣たちがわたしの提案する計画［建設的プログラム］の実施を妨げるような趣旨はなに一つ見当らない、［知事の］特権と防衛措置が行使されるのは、ただ国民に暴力的傾向が見られるときと、少数派社会といわゆる多数派社会とのあいだに衝突――それは暴力事件の別称にほかならない――が発生するときに限られている」。

知事たち［から突き上げのあった特権の］確証についての論議は、［結局］総督の長文の声明で決着《けり》がついた。それは、憲法上の基本問題にまでは立ち至らずに、国民会議党の懸念を鎮めようと、うまく言い逃れをしていた。［総督］リンリスゴー卿は、知事たちには紛争を起こさせないばかりか、それを［あらかじめ］回避すべく配慮することを保証した。この声明は、法的な立場を変更するものではなかったが、立法府で背後に間違いなく多数派を占める国民会議党内閣が軽々《けいけい》に知事の干渉を受けることはないだろうと、言明していた。総督声明は内容は漠然としていたが、語調は友好的であり、国民会議党も組閣に応じることを決定した。

六州――ボンベイ州［管区］、連合州、ビハール州、中央州、オリッサ州ならびにマドラス州［管区］

――における国民会議党の組閣は一大重大事であった。なぜなら［これまで］イギリス政府が排除しようとやっきになってきた当の政党が、これら諸州で行政にたずさわることに同意したかである。実験は危惧《きぐ》されていたほど過激にはならなかった。会議党内閣は時間の多くを、［イギリス政府を］危機に追い込む好機にするためにではなく、国民会議党のマニフェストに公約した社会的・経済的プログラムの実現のために費した。ガンディーが関心を寄せたのは、これらのプログラムであり、それによって、彼は国民会議党の閣僚たちの仕事を判断した。彼は閣僚たちに、彼らが統治している国民の貧しさを分かち合うために、個人的生活でも質素倹約を旨とし、範を垂れるよう勧告した。ガンディーは大臣たちに「勤勉、能力、誠実、公正、そしてどんな些細なことも完全にやってのける力量」を身につけるよう勧告した。

国民会議党が立法府で掲げた項目のうち、二つは、わけてもガンディーには重要であった。すなわち禁酒と教育がそれである。ガンディーは、自らが完全な禁酒家であったことにもよるが、そうした潔癖さからではなく、乏しい稼ぎのほとんどを飲酒に使い果たしている半飢餓状態の農民や工場労働者たちへのおもいやりから禁酒を奨励したのだった。酒に費す金があるなら、子どものミルクに使いなさい、と彼は言った。ボンベイの国民会議党内閣が禁酒を導入したとき、ガンディーは『ハリジャン』紙に祝辞を述べ、「水を必要とするように、アルコールを必要と考えている」ボンベイの上流社会の人びとに、もし自分には禁酒がかなわぬと思うなら、貧しい同胞たちのことを思い浮かべるようにと呼びかけた。

教育について、ガンディーは自らの体験にもとづく独自の教育観をもっていた。南アフリカ時代、フェニックスとトルストイの両農園で、ガンディーは農園の児童たちのための学校運営にたずさわった。高等教育の価値ばかりが過大に評価され、人格形成や実用的な技術の習得にしかるべき配慮が払われてこなかったとの確信《おもい》を、ガンディーは強めていた。そこで自分の子どもたちのためにも、一般常識と、労働を尊ぶ心さえ学べば十分だと考え、子どもたちの抵抗をよそに、ほとんど正規の学校教育を受けさせなかった。手工芸はつねに、頭脳とともに手を訓練する価値ある方法に思われた。ところが子どもというものは、すぐに手仕事に厭《あ》きることがわかった。そこでガンディーは、職業兼読み書きの教育ではなく、職業教育をつうじて読み書きを教えることが肝要であるとの結論に到達した。このようにして、職業訓練は退屈な骨折り仕事ではなくなるだろうし、文字教育も新しい内容と実用性をもつだろう、と彼は考えた。

一九三七年十月に、ガンディーはワルダーで開催された教育会議で彼の教育観を語った。会議には、国民会議党の「各州の」大臣たちのほかにも数多くの著名な教育者たちが参集していた。そこでガンディーは、インドの農村に適した教育は、基礎的な手工芸によって施すことができるということ、教育に使用する言語は母語とすること「ちなみに、詩人タゴールもことあるごとに、同じことを強調した」、初等教育の七年制コースを考え、学校で制作される手工芸品の販売は、少なくとも、教育の自己支援に役立てることなどを提言した。こうした考えにもとづく初等教育の詳細が、ザキール・フサイン博士[★17]を議長とする教育委員会議で審議された。委員会は、子どもの技能や、社会的・身体的環境に応じた具体的な生活状況をとおして児童を育成するカリキュラムを作成した。委員会はまた、経済的にそれを妨げる理由がなければ、就学前の〔幼児〕教育の重要性をも認めた。学齢は七歳から十四歳と決まった。〔学校での〕読み書きそろばんの基本教育は、文盲撲滅には十分であった。また、教育をとおして身につく手工芸の技術は、卒業後に生徒がそれを選べば、職業としても役立つはずであった。

「ワルダー教育案」が世に知られるようになると、インドの教育界の淀《よど》んだ水たまりは掻《か》きまわされることになった。提案は役人や教育者たちを刺激して、新しい進歩的な線に沿って〔教育〕問題を考えさせることになった。〔もちろん〕計画に批判の声も多かった。それは、純然たる知的教育を手仕事に従属させはしまいか、学校の教師たちが奴隷監視人になりさがりはすまいかとの懸念に拠《よ》っていた。〔これにたいして〕ガンディーは、計画の目的は、まず第一に職人を産み出すことではなく、手仕事によって潜在する人間の能力を引き出すことにあると説明した。ましてや粗悪品の大量生産などは学校ではもってのほかであるが、〔それには〕技術の向上が必要であり、手工芸品の売り上げで教師たちの給与をまかなうようなことにでもなれば、それこそ一石二鳥だと、ガンディーは言った。このアイデアは、評判のよくない文字中心の、その場〔教室〕かぎりの学習（そのために、ほとんどの村の子どもたちは、学校を出ると、まったく学ばなくなり、せっかく学んだことも彼らの日常生活にはほとんど生かされなかった）に代わって、手と目〔文字〕をともに使って学ぶ全身教育にもとづくものであった。

ガンディーが初等教育に注意を傾けたとしても、それは、彼が高等教育に無関心だったからではない。彼は「インドの」高等学校や大学でおこなわれていた英語の綴字《スペリング》や文法の詰め込み教育との「わが身にふりかかった」格闘《たたかい》を忘れたことはなかった。彼はすでに「母語の」グジャラート語で学んだことを英語で「繰り返し」消化するのに、なんと三年の歳月を要したのだった。英語は、都市の高等教育を受けた少数のエリート社会と、大衆人口とのあいだに越えがたい障壁をつくりだしていた。「高等学校は、英語によって文化的侵略をおこなう教育の場《スクール》である」と、ガンディーは書いた。「言うまでもなく」英語が壮大な文学の宝の山を築いたことを、ガンディーも否定はしなかった。しかし彼はこのようにも言った。「［英］文学の威厳が「イギリスを知らない」インド人にほんとうに理解できないのは、イギリスの気候風土や風景がインド人にわからないのと同じだ。インドはそれ自身の気候と風土、独自の文学とともに繁栄してきたのである。たとえこれら三つともに、イギリスの気候や風土や文学に見劣りするとしても、わたしたちもわたしたちの子孫も、わたしたち自身の遺産のうえに立たなければならない。わたしたちは外国の食べ物で成長することはできない[※42]」と。それではなぜ、英語力がなければ、インド人は英文学に近づくのをあきらめなければならないのか。インド人はトルストイを読むために、だれもがロシア語を学んだわけではなかったし、日本人はシェークスピアを読めるようにと、だれもが英語を学んだわけではなかった。

　ガンディーが児童教育で強調した手工芸について、あるいは「基礎教育」のために立案したカリキュラムの詳細についていろいろ異論も出たが、彼がインドの教育制度に賦与《ふよ》しようと考えた方向づけは、「その後も」長年変わることはなかった。教育用語としての母語の採用、インドの学校教育に見られがちな機械的な学習方法を是正するための職業訓練の重視、そして、子どもの環境に則したカリキュラムの改正などは、彼の強力な提唱が新たに勢いづけた有益な改革であった。

教育は、国民会議党内閣が改革を試みた数々の分野の一《ひと》つであった。［ほかにも］地主にたいする借地人の利益の保護や、農村の負債の問題を軽減するために、いろいろ具体的な農村改善がおこなわれた。「大胆に考えられ、迅速に実行された国民会議党内閣の農地法は大きな成果をあげた」[※43]と、クープランド教授は書いた、教授の説明にもあるとおり、従来の権力主義的な政府は、この手の仕事では後《おく》れをとっていた。というのは、実のところ、彼らの支持者のほとんどが地主階級に属していたからである。

久しく権力の座につくことを拒否してきた政党［国民会議党］にとっては、［党員の］入閣は新しい冒険的試みであった。入閣に反対していた［党内］左派は、やはり、党員間の利益の奪い合いと、内部対立の危険を強調していた。ガンディーのもとに、役職や閣僚ポストの要求が殺到し、そうした風潮に彼は驚愕《おどろき》と困惑を表明した。なぜなら彼にとっては、立法府の仕事や閣僚のポストは、国民に奉仕する最少限の場にすぎなかったからである。国民会議党党員の大多数にとって［なすべき］仕事は、農村にあって、社会的・経済的向上のためにさまざまな分野で力を尽くすことだと、彼は考えていた。政治的民主主義の役割として受け容れられている議員の地方代表委員会制度――［それは権力政治や弾圧政治の争いの場になりさがっていた］――は、ガンディーには不健全な慣行に思われた。『ハリジャン』紙上で、彼は国民会議党各階層［中央・州・都市・村落など］の議員の腐敗を厳しく非難した。

国民会議党運営委員会は、党員による日常の行政活動の妨害を抑制する決議案を採択した。「国民会議党の組織全体にはびこる腐敗を見逃すくらいなら、会議党を立派に葬り去るためにわたしは全力を尽くすだろう」と、ガンディーは書いた。名目だけの党員などには目もくれなかった。「暴力や虚偽を心にいだく」一千万人の会議党党員をもってしても政治的自由は獲得できないだろう。しかし、胡《う》乱《ろん》な仲間と行動をともにしない「清廉《せいれん》な」党員が一万人いれば、目的は達成できるだろう。ガンディーは、「地位の奪い合い」や、派閥抗争にみるエネルギーの消耗には目もくれなかった。

国民会議党の最高指導者数名から成る中央議会委員会の存在は、ある程度までは、規律違反防止の役割りを果たしていたが、それでもなおそれぞれの州で、国民会議党の分裂を危惧《きぐ》させる危機が発生していた。こうした危機の一つは党最高幹部の許可なしに中央州首相N・B・カーレ博士がおこなった内閣改造によるものであった。[★18] N・B・カーレは辞任したが、国民会議党最高指導部は、「州」立法府をとおして選挙民を閣僚たちと結びつけていた糸を断ったと、評論家たちから非難された。しかしながら、こうした中央の統制がなかったならば、国民会議党が多数派を占める州内閣も、シンドやアッサムなど、非会議党内閣のいくつかの目立った混迷や陰謀にさらされていたことだろう。このことは、国民会議党の中央指導部にとっては、彼らの内閣を中央で統制する恰好の口実となった。政治的自由を求める闘争は、いまだ終わってはいなかったのである。非暴力闘争の規律が、いっそう求められていた。国民会議党内閣が「党」中央からの指導に従わなければ、彼らは既得権をもつ旧勢力と妥協する懼《おそ》れがあった。

国民会議党の敵対者たちは、党内閣への中央司令部のこうした指導を同党の権威主義の表われとみなしていた。ガンディーはそうした非難に応えて言った――「〔国民会議党に〕反対する人たちは、〔カーレ博士の事件を〕純然たるファシズムだと言う。しかし彼らは、ファシズムがむき出しの剣であることを忘れているようだ。ファシズムのもとであれば、カーレ博士は、それこそ首を刎《は》ねられていたことだろう。国民会議党はファシズムとは正反対である。なぜならそれは、純粋で汚れない非暴力にもとづいているからである。会議党の権威は、武装した黒シャツ隊〔ファシスト〕の支配からは引き出されない」。

ガンディーの物事の秩序からすれば、ファシズムほどおぞましいものはなかった。彼の全生涯は、さまざまな形の暴力との闘いであった。憎悪を愛に、「獣力」を「魂の力」に代えるために、ガンディーは〔まず〕自らをもって、つぎには小集団をもって、そしてついには国民的な規模で、つぎつぎに〔非暴力の〕実験を試みた。イギリス支配はつねに、宗教的対立による暴動を鎮圧するのに、警察力や軍事力に訴えたが、国民会議党内閣が同じことをしでかしたとき、ガンディーは驚愕《きょうがく》と狼狽《ろうばい》の色を隠せなかった。十七年間彼は、国民会議党にたいして非暴力を説きつづけてきたのである。そして、おおかたの会議党党員たちは、それを政策の一環として受けとめていたが、それを信条として受け容れた者はごく少数であった。もし国民会議党に従うと公言する何百万人かの党員たちが、彼のメッセージを心から吸収してくれていたなら、暴動など起ころうはずはなかった。自らすすんで「平和部隊」に入隊し、狂信的な暴動の逆上を鎮《しず》めるために生命《いのち》を投げ出すほどの会議派党員はいなかったのだろうか、とガンディーは自問した。彼は長年「平和部隊」の構想をいだいてきたが、それはなかなか実現しなかった。「平和部隊」には、それなりの訓練が必要であり、稀《とき》には犠牲も覚悟しなければならなかった。加えて、宗教間騒動は、もはや地方的な論争の結果ではなく、つぎの十年間に国民を二分することになった政治的コミュナリズムの徴候《きざし》を見せはじめていた。一九三七年の選挙の結果に挫折感をつのらせ、［他党とは］連立を組まないとの国民会議党の決定に苛立ったムスリム連盟は、以来何年間か全国的に宣伝活動を展開した。運動の必然的結果として、ヒンドゥーとムスリムの対立の溝はひろがった。拡大する緊張のなかで、暴動はしばしば、十分な事由《わけ》もなく燃えあがった。国民会議党の閣僚たちは、彼らの立法府の仕事に気を奪われ、公務に追い立てられて、平和部隊を組織する時間《ゆとり》も、たぶん自信ももてなかった。結局、法律違反を取り締まるのに、彼らは警察や軍隊にたよったのである。

国民会議党が入閣を受諾したとき、党の指導部も政府も、州における新しい提携が実際にどのように機能するのか、正確にはつかめていなかった。いずれの側も、積年の遺恨を水に流すのは容易でなかった。［ともかく］日々の問題に取り組むことで、いくらかでも障害を打破できるように思われた。マハーデヴ・デサーイ（ガンディーの秘書）が、G・D・ビルラーに書いた。「思ってもみてください。アフマダーバードの弁務官ガラト氏がいまモラルジー［州］首相を出迎えようと駅に向かっているところです。そして首相といっしょに三等車でかなりの距離を旅しようとしているところです」※44と。州行政にたずさわるI・C・S［インディアン・シヴィル・サーヴィス（インド行政高等文官）の略］のうち、約半数がヨーロッパ人であった。彼らの俸給は州の歳入から支払われ、身分は憲法によって保障されていたが、その多くは、州自治体と新しい上司たち［国民会議党閣僚］に追従していた。万事そのテンポは速やかだったようである。州の内閣府では、新閣僚たちが猛スピードで社会的・経済的改革のための新しい草案作りを主張していたし、県レベルでも、新しい民主的組織がいよいよ高官たちに時間の必要を迫っていた。地方政治家たちによる日常の行政への介入も見られた。［前回］二十年代のときには、イギリス人官吏は［英印］両頭政治になじむことができたが、［今回］三十年代では、彼らは州自治体に歩み寄った――［もっとも］それはわざとらしい努力ではあったが。それぞれの県の恩着せがましい独裁者［イギリス政府当局者］たちは、かつてはイギリス支配《ラージ》への忠誠への報酬として称号や土地や地位を与えてきたが、いまはもはや、そうした慣例の必要はなかった。帝国支配時代に育った者たちには、なにか受け容れがたいものがあった。I・C・Sの旧メンバーであったフィリップ・メーソンなる人物は、こうした状況を要約して言った――「［かつて］あなたがた［イギリス人］が支配していたところで、勤務するのはやりきれない思いです[※45]」と。

「一九三七年から九年にかけての部分的民主主義は、たえず衝突寸前の状況にあった」と、ジャワーハルラール・ネルーは著書『インドの発見』に書いている。UP州［連合州］やビハール州では、政治犯の釈放を求める叫びが高まっていた。またオリッサ州では、知事代行の公選問題で状況は危ぶまれていた。藩王国にたいするインド［中央］政府の政策も、相も変わらず薄氷を踏む思いであったし、連邦制をめぐっても国民会議党は正面切って反対していた。州における人民政府と、中央の完全に強権的な政府との対立は依然として存在していた。この対立は、おかしな状況を招くことになった。たとえばＵＰ州政府は、州首相をはじめ同僚がこぞって尊敬しているジャワーハルラール・ネルーの書簡を、中央政府の情報部が検閲しているとの苦情に中央政府内務省の注意を向けさせなければならなかった。このような現実的、あるいは起こりうる対立にもかかわらず、国民会議党内閣と「イギリス人」州知事たちとの関係は、全体として見れば、おおむね満足のゆくレベルで安定していた。知事たちは、閣僚たちが真面目で熱心であり、ときにはきわめて有能でさえあると思った。「いっぽう」閣僚たちも、しばしば知事たちが協力的であることを認めた。関係は州によってまちまちで、行き過ぎた友好は稀であったが、ふだんは目立った対立はそれほど烈しくはなかった。クープランド教授が要約しているように、「全体として見てみれば、閣僚たちの業績は、それなりに誇りうるものであった。国民会議党の指導者たちが胸を張って言ったように、閣僚たちは口で言ったとおり行動できたし、煽動したように統治しえた」。

「しかし」ここでふたたびジャワーハルラール・ネルーの言葉を引用するならば、「インドの民族主義と外国の帝国主義とのあいだには、最終的に和解はありえなかった」。一九三九年春には、国民会議党と政府の不和はけっして不可避とは思われなかった。一九三九年六月二日に、非政府組織「国民計画委員会」の議長としてジャワーハルラール・ネルーは総督参事会のメンバーであったジャグデッシュ・プラサードに、国民計画委員会に属する種々の小委員会のためにデータを提出するようインド政府の協力を求めた。同年七月にインド政府は、政府の経済顧問であるグレゴリー博士に国民計画委員会の会合への出席を命じ、公共の利益のために公開できるものに限るとするいつもの条件づきで、委員会から求められた情報の公開に同意した。

〔こうして〕国民会議党とインド政府の不仲は、長い目で見れば、最終的には避けられなかったかもしれぬが、回避できないまでも、国民会議党の社会・経済改革への熱意と、国際情勢のいちじるしい不安定の時代に、各州での安定的行政を妨げたくはないとの政府の配慮から、衝突は先送りにされていた。

戦争〔第二次世界大戦〕の勃発は、にわかに危機を招き、国民会議党と政府の束の間の提携に終止符を打つことになった。いま〔話の〕この段階で、ある意味で戦中戦後のインドの政治を大きく左右し、歪《ゆが》めることにさえなった〔ヒンドゥー＝ムスリムの〕宗教社会間《コミュナル》問題について言及することとしたい。

第42章　パキスタンの起源

「かの永遠の問題」――一九二〇年代にほとんど問題を解決することに絶望したとき、ガンディーはヒンドゥー＝ムスリム問題をこのように呼んだ。コミュナル論争は、市民的不服従運動によっていったんは治まったかに見えたが、円卓会議でまたもや息を吹き返した。新憲法が州政府で実施された一九三七年から、［二つの］宗教社会間の反目は新しい局面を迎え、最高潮に達し、インドの政治に思いもかけぬねじれ現象をもたらした。それは、半世紀にわたるインド民族主義者《ナショナリスト》たちの努力を台なしにした。そして、ガンディーが心にいだいてきた希望を打ち砕き、人生の最晩年に、彼の非暴力への信念はもっともきびしい試練にさらされたのである。

ヒンドゥー＝ムスリム問題は、インドにとってことさら目新しい問題ではなかった。［分離以前は］全人口のおおよそ四分の一を占めたムスリムたちは、彼らの宗教教義でも、慣習・法律・風俗でも、ヒンドゥーとは違っていた。けれどもそうした相違は容認され、二つのコミュニティーは当然のこととして相互に認め合っていた。ムスリム統治時代［ムガル帝国時代］、非ムスリムは、気まぐれな、あるいは狂信的な支配者［たとえば、帝国第六代皇帝アウラングゼーブはヒンドゥー教にたいする敵意をむき出しにし、人頭税ほか宗教による極端な差別・弾圧政策をおこなった」の手で苦しめられたこともあったが、全体として見れば、大衆は「人は人、自分は自分」の精神をもって生きることを学んでいた。それぞれの地方における共通の言語や服装、祭式などの発展は、互いに適応し合う過程を助長した。事実、二つのコミュニティーの文化的・社会的生活は、コミュナルな特徴というよりも、地方的な特徴によって違っていた。ベンガル地方のヒンドゥーは、パンジャーブ地方のヒンドゥーによりも、ベンガルのムスリムに近かった。また、グジャラート地方のムスリムは、「南の」マドラスのムスリムとよりは、グジャラートのヒンドゥーといっそう多くの共通点をもっていた。

イギリスのインド統治は、両コミュニティーをともに「イギリス統治のもとでの」共通の被征服民の地位に置いたが、征服の過程が海岸部から内陸部へと拡大したために、北西インドの、ムスリム人口が過半数を占めるいくつかの地方［分離独立後パキスタン領となった］への影響は遅れた。こうした歴史の偶然は、初めにヒンドゥーに西洋式の教育を与え、近代的な商業活動に従事させることとなった。結果として、政府の仕事を代行する公務員や、「専門職《プロフェッション》」［たとえば医師・弁護士・牧師・技術家など］、貿易にたずさわるヒンドゥー中産階級を出現させた。［これにたいして］ムスリム中産階級の成長は、不幸にして、大反乱［セポイの反乱］によって遅れた。というのは、イギリス人観察者たちの目には、大反乱は［時のインドの支配者であった］ムスリムによる反乱と見なされる傾向があったからである。イスラーム教の神学者たちが西洋教育を受け容れることに反対したため、ムスリムの若者は、イギリス政府のもとでの職業の奪い合いに遅れをとった。

十九世紀末の十年間に、ムスリム社会にたいする政府の態度は変わりはじめた。中産階級（当時は必然的にヒンドゥーが主であった）は、［一八八五年に創立された］インド国民会議党をとおして、政府により大きな仕事の分担を要求したため、［かえって］政府の政策を新しい方向に向けさせることになった。以来ムスリムは、［イギリスの］潜在的な反抗者としてではなく、期待しうる味方とみなされるようになった。この方向転換に最大の貢献をしたのが、サイイド・アフマド・カーン[★19]であった。カーンは、イギリス政府に忠実によく尽くしたムスリム貴族たちの奉仕を記録することで、「大反乱」をムスリムの反乱とみなす見解を修正した。彼はアリーガル大学とムハマダン教育会議を創立し、ムスリムに西洋教育の導入を勧めた。彼には政府を批判する機会は多々あったが、批判は控えた。彼の［イギリス政府への］忠誠心は疑いの余地はなく、政府も彼の奉仕によく酬《むく》いた。アフマド・カーンは帝国立法府議員と公益事業委員会委員に任命され、ナイトの称号を授与された。

サー・サイイド・アフマド・カーンの主たる関心事は、彼のコミュニティー［ムスリム社会］を社会的・経済的に向上させることにあった。彼は、インドのムスリムが政治的大混乱に巻き込まれることを願ったのではなかった。このことは、彼がイギリス人の善意を獲得しようとしたためだけではなく、民主主義制度がムスリムをいつまでも不利な立場に立たせているのではないかと、危惧《きぐ》したためであった。彼は自宗徒ムスリムに、インド国民会議党とは距離をおくよう警告した。このようにして、インドの民族運動が緒《ちょ》についたばかりのときに、彼は自らのコミュニティーを孤立させるために、彼の有力な影響力に訴えたのである。彼はまた、以来六十年間にわたってインドの政治に暗い影を落とすことになった大きな疑問を投げかけた。すなわち、もしインドの民主主義がイギリスの専制政治にとって代わるようなことになれば、自由インドにおけるムスリム＝コミュニティーの立場はどうなるのだろうか、という疑問である。なんといっても数において大きくまさるヒンドゥーの有利は、永久に変わらないのではないか。それは「サー・サイイド・アフマドが言ったように」、一人が四個のダイスを持ち、相手は一つしか持たないサイコロ・ゲームのようなものではないか。イギリス支配が撤退しても、それはムスリムにとって何の益があるのだろうか。

もう一人の著名なムスリムの教育者兼政治家であったナワーブ・ヴィクアル・ウル・ムルク[★20]は、選挙制度の設定に反対したとき、自宗徒のためにつぎのようなむきだしの教訓を垂れた。曰《いわ》く――「われわれは数からすれば、相手のコミュニティー「ヒンドゥー・コミュニティー」の五分の一である。いつの日か、イギリス政府がインドに君臨することをやめるなら、われわれはヒンドゥーの臣民としてかしずかなければならなくなるだろう。……そうなることを逃れる方法《みち》があるとすれば、それはイギリス政府の存続によってであり、われわれの利益は、イギリス政府の存続を確かにするときにのみ、保証されるのだ[※46]」。

ムスリムが自由インド「独立後のインド」でどのように暮らしていけるのだろうかという問いについて、民族主義者《ナショナリスト》に答えられるのは、ただ一つ、ムスリムは「ヒンドゥーを含む」他のコミュニティーよりよくもなく、悪くもなく「同じように」暮らしていけるというだけであった。自由インドでは、どの政党も「特定の」コミュニティーに友好的であると言い切れる理由も、また社会的・経済的問題が宗教的相違を超えられないという理由もなかった。民主主義制度は万人に、宗教の自由と文化的自律ならびに機会の平等を完全に保証する制度のはずである。残念ながら、こうした考え方は、醜《みにく》いインドの現状のほかに、未来のインドのことなどまったく思い描くことのできない人びとにとっては無縁であった。

国内にしだいに発酵しはじめたナショナリストたちの興奮の影響下で、選挙の原則が不可避と思われたとき、アーガー・カーン［三世］［インド＝イスラーム教イスマーイール派教長で、一九〇六年の全インド・ムスリム連盟の創設に積極的に関与した］に率いられたムスリムの指導者の代表団が一九〇六年に総督に面会を求め、立法府のムスリム議員はムスリムの選挙民によってのみ選出されるべきことを陳情した。この代表団は（マウラーナー・ムハムマド・アリーがかつて言ったように）、「顔見せ興業」であったかどうかはいざ知らず、アリーガル大学の学長アーチボルドが積極的に面会を後押しし、［総督］ミントー卿も通常の場合よりも手まわしよく、重大な憲法事項に確約をくだしたのだった。

分離選挙制度の承認が［以後の宗教コミュニティー間の対立の］禍《わざわ》いの元凶《もと》になったことは、一九一九年のインド政府の［改革］法案の共同報告書の作成者［総督］チェムスファドとエドゥイン・モンタギュー卿も認めるところであった。「［宗教］教義や階層による分断は、互いに他にたいして組織された政治陣営が産み出したものであり、人びとに市民としてではなく、政党支持者として考えるよう教えている。このような党派体制から国民的な代表選びへの転換がいかにして起こりうるかは考えがたい。イギリス政府は、統治の手段として国民を分断［いわゆる分割統治を］したとして、しばしば告発されている。しかし、もし政府が国民に自治への途につかせると明言しておきながら、その舌の根の乾かぬうちに国民を不必要に分割させているというのであれば、それこそ、偽善的・近視眼的とのそしりを受けることは免れないだろう」。

最終的にはムスリム分離主義の代弁者となった全インド＝ムスリム連盟は、一九〇六年に創立され、発起人たちのなかに、アーガー・カーンをはじめ、総督に面会を求めた代表団の何人かの指導的な名士たちの名前が連ねられていたのは、けっして偶然ではなかった。分離選挙制はこのようにして、インドの国民生活の主流からムスリム社会を孤立させる方向を、いっそう加速させる後押しをした。

この孤立は、一九一四〜一八年の［第一次］世界大戦直前の何年かのあいだは一時的に緩和した。残念ながら、ヒンドゥーとの妥協の推進力になったのは、［インド＝ムスリムの］国民感情というよりも、トルコや中東の他のムスリム国家の苦痛への同情であった。結果として生じた統一《ユニティー》は、一九一六年の「会議党＝連盟協定」によって象徴されることになった。その後この協定は、非協力運動におけるガンディーの指導力のもとで具体的な表現として結実した。とはいっても、ガンディーの共通の指導力も［両コミュニティー］の根本的な不一致を補うことにはならなかった。というのは、ヒンドゥーが主として、インドの自治達成という政治的目標を掲げていたのにたいして、キラーファト主義者たちは、トルコの命運に心を奪われていたからである。ムスリムの指導者たちも［ヒンドゥーの指導者たちと同様］イギリス政府を非難はしたが、彼らの論難はムスリムの宗教指導者［ウレマー＝ウラマー（イスラーム教の宗教・法律・神学の諸問題について最終的な決定権をもつ指導者）］の御諚《ごじょう》にもとづいていた。宗教的な感情に訴える呼びかけは、危険をはらんでいた。それはまた、他のコミュニティーと対立する呼びかけでもあったからである。さらにこの感情は、ロマンテックな思考《コンセプト》と結びついていたが、夢はやがてトルコ人自身によって不名誉な結末［一九一八年十月に、ドイツに味方したトルコの降伏によってトルコ皇帝のカリフ制が廃止された］を迎えることになった。このようにして、ムスリムを民族運動の中核に引き入れようとした一つの重大、かつ［一時的に］成功した実験も、ムスリム中産階級の心理的孤立感を打破するには至らなかった。事実それは、政治的な問題を宗教的角度から見る傾向を確認しただけに終わった。

一九二四年に出獄したとき、ガンディーは、あれほど努力したヒンドゥー＝ムスリムの結合の糸がばらばらに引きちぎられているのを見て衝撃を受けた。宗教間の論争には異常なまでの苦々しさが見られた。一九一九年から二三年にかけてのガンディーの運動［第一回非協力運動］は、下層中産階級をも政治の渦中に巻き込んだ。そして一九二〇年代の政治家たちは、それら新しい聴衆に向かって語りかけていた。それは、あたかも論争が談話室から町角へとひろがったかの感があった。この政治の大衆化のなかで、一部の新聞。とりわけインド語の新聞が悪名高い役割を果たした。ガンディーが新聞記者たちを評して、「虚偽と中傷の病菌をまきちらす疫病神」と書いたのは、この頃であった。

ガンディーはこの狂気沙汰を厳しく告発した。彼は国民の良識と寛容の心に訴え、断食をし、祈った。しかし、そうしたことすべては徒労に終わった。かつてあれほど力のあったガンディーの声が、彼を敵に与《くみ》する日和見主義者であると非難する、［ヒンドゥー、ムスリム］双方の頑迷なコミュナル論争の怒号にかき消されてしまった。

一九二〇年代のほっとする一つの解決努力は「全政党議会〔一九二八年に新憲法作成を準備すべく政府が白人のみの「法定委員会」を任命したのに対抗して、インド側諸政党（国民会議党、ムスリム連盟、国民自由連合ほか）が設立した協議会〕」によるコミュナル協定であった。それは、一九一六年のラクナウ協定に倣《なら》うものであった。そのめざすところは、かつて指導者たちが到達した宗教社会間の友好《コミュナル・アマティ》が、民衆にも滲透《しんとう》してくれれば、というものであった。［しかしながら］統一会議と全政党協議会が従った方向は、変りばえのしない画一的統合であり、三文喜劇《オペラ》的な調子のものであった。政党や宗教組織の指導者たちが数多く、善意の感傷的な謳《うた》い文句に踊らされて集結しただけの話であった。立法府内の職制や地位の割り当て（それらは、言わば自治《ラージ》には害あって益のないものであった）を求めて会議の席についたとき、対立する主張を調停することのむずかしさを露呈《ろてい》した。光よりも熱ばかりを発散させるように思われた討論のあとで、代表たちは、相互に非難の火花を散らして会場を去って行った。このような異分子からなる集まりが、なにかについて意見の一致をみるなど、考えられないことであったが、議論そのものが本来、非現実的なものであった。指導者たちが分け前にあずかろうとした保護と権力は、実のところ、イギリス政府の手中に握られていた。ガンディーはこうした狡猾な政府［のやり方］を好まなかったが、［多数派である］ヒンドゥーの側の寛容の心でムスリムの恐怖を取り除きたいと考えた。遺憾ながら、ヒンドゥーの政治家たち、とりわけパンジャーブとベンガルの［ムスリムが多数派を占める両州の］政治家たちは、ムスリムの政治家を信用していなかったとともに、寛大な心がもてなかった。そのうえヒンドゥーには、ムスリムの将来的な危険まで保証するというのは、一見なんでもないことのようだが、由々しい［不幸な］結果を招くことになると思われた。

統一会議は、またぞろ円卓会議と同じパターンを繰り返そうとしていた。それは、ガンディーも出席した第二回会議で、政府がロンドンに集めた雑多な集団の代表たちに受け容れられる結論を導こうとして失敗したときであった。憲法の作成が同意に至らず決裂するかに思われたため、政府は［今回は］なにがなんでも決着しようと腹をくくっていた。イギリス首相［マグドナルド］は、［インドの］立法府の議員選出について定数と選出方法を決めるべく「コミュナル裁定」を発表した。こうして、この裁定にもとづく新憲法が一九三七年四月に施行された。裁定は、主として、ムスリム＝スポークスマンの要求に譲歩するものであった。裁定のコミュナル選挙制度［分離選挙制度］の不変性は、インド国民会議党の不興を買ったが、同党は、すべてのコミュニティーに受け容れられるなにかよい結論が出るまでは、あえて裁定を拒否しないことを決めていた。コミュナル問題の「十把一《じっぱひと》からげ的解決案」としてのコミュナル裁定の欠陥がなんであれ、ともかくそれは、コミュナル論争をひとまず終結させ、国民のエネルギーをもっと建設的な仕事へと解放できると期待されたからであった。

しかし、その後の事態の展開は、コミュナル論争が抑止されるどころか、次の十年間にはそれはハリケーンのように吹き荒れ、多くの友好的な道標《みちしるべ》を吹き飛ばした。この間の歴史は、M・A・ジンナーの人格と政治論に触れずには理解できない。［ヒンドゥー＝ムスリムの］コミュナル対立が、イギリス支配の終末期の何年かに新しい頂点に到達したというのは、おそらく無理からぬことであったと言えるかもしれない。政治用語を用いるならば、それはまさしく「継承戦争」であった。しかしながら、ジンナーの強烈な影響力がなかったなら、コミュナル問題がインドの政治にあれほど大きく立ちはだかったかどうかは疑問である。

ガンディーより六歳年下のジンナーもまた、イギリスで法学を学んだ［エリートであった］。しかしガンディーとは違って、法学以外に彼の主な関心事は、宗教ではなく、政治だけ《オンリー》であった。ジンナーは若いころ、ダーダーバーイ・ナオロジーの影響を受け、またゴーカレの友人でもあった。彼はボンベイで弁護士業を始め、政界に入った。彼は四十歳の初めに、第一級の政治家の仲間入りをし、一九一六年のラクナウ協定の締結に重要な役割を演じて、ムスリム連盟を国民会議党と同じ土俵に登らせた。彼が「ヒンドゥー＝ムスリムの結合の大使」と呼ばれたのは、この時代《ころ》である。「新しい精神が広まっている」と、一九一六年に彼は言った。それから彼はまたこうも言った。「真に新しいインドが立ち上がるためには、いっさいの取るにたりない小事を捨て去らなければならない。インドはいまやイレデンタ［同じ民族が住みながら他国に支配されている国］のインドである。この姿を元《もと》にもどすためには、すべてのインド人が自分にとってよいものだけではなく、盲目的にしがみついている悪いものも、すべてを投げ出さなければならない――彼らの憎悪も、分裂も、また彼らがほんとうは恥じなければならない誇りも、彼らの争いも、誤解も」[※47]。

彼が選出メンバーの一人であった帝国立法府議会でも、また議会の外でも、ジンナーの政治問題への立場は、ナショナリズムの精神を反映していた。彼は［アニー・ベザントの］自治《ホーム・ルール》［連盟］運動にも参加し、対独戦争［第一次大戦］では、イギリス政府を完全に支援することを前提条件として、インドの自治要求［の運動］にも加わった。一九一九年には、ガンディーをして愛国者から反逆者へと急転向させたローラット法を、ジンナーも非難した。彼はパンジャーブ州政府の政策［アムリッツァル事件］と、トルコにたいする［イギリス政府の］政策で、政府を痛烈に非難した。しかし、彼はガンディーの［非協力］運動には参加しなかった。実際彼は、ガンディーが国民会議党の中枢部を支配しはじめたまさにそのころ、会議党を離党した。他の多くの「穏健派」の指導者と同様ジンナーも、国民会議党がインドの知識層の在野の議会のままであることを望んでいた。すなわち国民会議党が、教育程度の高い（身だしなみのよい）紳士たちが、英国式の英語で時事問題を論じ、インドの新聞とイギリス政府向けに情報提供をする場であることを。ジンナーはかつて（一九一八年十二月に）、ボンベイ州知事ウィリンドン卿の退職を記念する大衆集会を阻止するデモを指導したことがあった。しかし、それはたぶん、当時ジンナーが政治ゲームを演じるのを好んだ高慢な——ほとんどオリュンポスの神々的な——威厳からの孤独な失墜に終わったと思われる。ガンディーが彼の運動の幅をひろげ、町々や村々の無学な民衆を抱きこんでいったとき、ジンナーは破滅への行進が始まるのではないかといぶかっていた。「事《こと》の結果はどうであれ、考えるだに身震いがする」と、ジンナーは［苦々しげに］書いた。

ジンナーに不快感を与えたのは、ガンディーの政治［手法］だけではなかった。ガンディーの宗教的気質、自己分析的［内観的］な習性、真理と非暴力といった［実体の見えない］抽象概念の強調、意識的な謙虚さ、自ら買って出た貧困——こうしたものすべてが、ジンナーの気質とは［本来的に］

無縁のものであり、政治とは無関係な、あるいは大ぶろしきに思われた。またジンナーは、政治の表舞台から不当にガンディーにとって代わられたとの不快感をいだいていた、との指摘もある。ルイス・フッシャー〔アメリカのジャーナリストで、名著『ガンディー伝』の著者（邦訳『ガンジー』古賀勝郎訳）〕の書き記したところによると、かつてジンナーは「ネルーは自治連盟では私の下で働いていましたし、ガンディーもラクナウ協定の時代《ころ》には私の下で仕事をしていたものです」と語ったという。一九一六年にはジンナーは「インドの政治舞台で」脚光を浴びていたが、一九二〇年代には、ほとんど政治的影響力がなくなっていたというのは、間違いのない事実であった。他にもかなりの数の政治指導者たちが、〔ジンナーに似た〕経験を嘗《な》めたが、それは、ガンディーの人格と教えが、以前はほとんど政治の影響を受けなかったインドの民衆に強烈な印象を与えたからであった。

一九二〇年代に、ジンナーは中央立法府内で独自の党派を率い、政府と国民会議党のあいだで決定的な役割を果たした。それは、彼ならではの巧妙な政治手腕によるものであった。彼は政府とも国民会議党とも提携せず、宗教社会間《コミュナル》の結合を訴えたが、協力の代償は上がりつづけた。ジンナーは、「ネルー報告」にみたコミュナル問題の解決の提案に反対し、一九二八年には、ついにそれをほごにした。一九三〇年代初めに、彼がガンディーの市民的不服従運動に好意的でなかったのは、十年前の「第一回」非協力運動にたいしてとったのと同じ態度であった。〔一九三一年の第二回〕円卓会議に臨《のぞ》んでは、彼は単独で行動をした。サー・サムエル・ホーア〔時のインド担当国務大臣テンプルウッド卿〕が言ったように、「ジンナーはだれとも行動をともにするのを望まなかったようである」。会議のあと、彼はほとんどインドの政治に別れを告げ、イギリスに定住した。ところが、新憲法のもとで総選挙が実施されるとなると、ジンナーは急遽《きゅうきょ》インドへもどり、ムスリム連盟の投票を指導した。［このとき］連盟はムスリム票のわずか五パーセントしか獲得できなかったが、この大敗からわずか四年内に、ジンナーは巧みに彼の地位を築きあげ、インドの憲法の進展に拒否権を発動したと非難された。

［前章で］われわれはすでに、国民会議党がガンディーの祝福を受け、一九三七年の夏の選挙の結果、立法府で多数を占めた諸州で政権を担《にな》うことに同意したのを見た。国民会議党は連立内閣を組むまいと心に決めていた。したがって、政権にとどまるために他党の支援を求めることはしなかった。国民会議党の首脳部はまた、連立内閣は妥協や対立を生みだし、国民のためになんとしても政治的自由［独立］を獲得しなければならない同党の使命を弱体化することになりはしまいかとの不安感をいだいていた。現実には、州立法府でムスリムに割り当てられた四百五十議席のうち、国民会議党が争ったのは五十八議席であり、うち二十六議席を獲得した。会議党はムスリム議員を入閣させたが、その後彼らは国民会議党の誓約に署名した。ガンディーの助言に反しておこなわれたこの決定が正しかったかどうかはいざ知らず、それはムスリム連盟の指導者たち、とりわけジンナーの感情《こころ》をひどく傷つけた。この何年間か、彼らが頼みにしてきた分離選挙制は、ムスリムを会議党の外に連れ出しただけで、［会議党と］政治権力を互角に分かち合うことにはならなかったからである。

一九三七年以降、ジンナーの講演や著述には、それ以前にはなかった刺々《とげとげ》しさが混入していく。この新しい［以前には見なかった］八つ当たり的行動は彼を戦術的な立場から、別の立場へ、そしてついには奈落の淵へと連れていった。国民会議党の大臣たち（ムスリム連盟の代表［大臣］を含まない）は、彼がムスリムの不平不満――真実にせよ、思いこみにせよ――を申し立てる恰好《かっこう》の口実を提供した。ジンナーは声高《こわだか》に宣言した。「国民会議党はイギリスの銃剣の保護のもとにインドの統治権を望んでいる、これが真相だ」と。そして、国民会議党はムスリム連盟を「包囲」し、「その団結を打破しようとしているのだ、と断言した。インドの政治問題と宗教間《コミュナル》の対立の問題の解決法としてガンディーが是認した憲法制定会議を、ジンナーは嘲笑して言った。「まず第一に、他国民の憲法制定会議を招集するようイギリス政府に要求し、しかるのちに、インドの最高会議が作成した憲法をイギリス議会の法令書に記載する名誉と権利を認めさせるというのは、いかにも子どもっぽすぎる」※48と。ガンディーはジンナーが選んだ恰好《かっこう》の標的であった。彼は、ジンナーに言わせれば、「国民会議党のただ一人の独裁者であり、解説者」であった。「セーガオン［ガンディーのアーシュラムの所在地］地方では、まだ夜が明けてはいないようだ」と、ジンナーは言った。また「［ガンディーは］ヒンドゥー支配のもとにムスリムを征服・隷属させ、最終的にはムスリムを全滅させようとしているのだ」とも。

ジンナーは、ムスリムの政治家たちとも争っていた。追随者であれ、敵対者であれ、と相手かまわぬこの喧嘩腰《けんかごし》は、たんなる性格的な気まぐれではなかった。ある自尊心がつねに彼の性格を形成していたのである。そして、周囲の静観もまた、この何年間か、彼の欲求不満を増幅してきた。それにしても、この喧嘩腰《けんかごし》の多くもまた、故意に工《たく》まれたものであったとの印象は拭いがたい。それは、今日のヨーロッパで成功をおさめているかに見える宣伝的方法を用いた新しいテクニックであった。

一九三八年九月、ミュンヘン協定［当時国チェコを除外して、独・伊・英・仏がミュンヘンで会談をおこない、英仏はチェコ問題に干渉しないとする対独宥和政策をとる］直後の自由世界は、［当面］戦争を回避できたという安堵感と、チェコスロヴァキアの犠牲のうえにそれがなされたという苦悩にひきさかれていた。［このころ］ジンナーは、カラチで奇妙な講演をおこなった。彼はインド＝ムスリムをズデーテン地方のドイツ人［チェコのドイツ側国境地帯にはドイツ系住民が多かったため、ヒトラーは戦争で威嚇して割譲を要求していた］になぞらえて言った。「軍事力と権力を有し、威嚇できる者たちだけがイギリス人相手に成功するのだ。……（中略）私は彼ら［イギリス人］の注意――またここで、国民会議党の最高司令部の注意――を惹《ひ》きたい。そして彼らに、最近の激動とその後の展開に注目し、学び、よくよく熟考するよう求めたい。それは、ズデーテン地方のドイツ人たちが多数派のチェコスロヴァキ人のかかとに踏みにじられてきたことによるのだ。チェコ人は、［ズデーテン地方の］ドイツ人を抑制し、征服し、虐待し、この［第一次大戦後］二十年間、彼らの権利と利益に残忍にして冷やかな、軽蔑の目を向けてきたのだ。したがって、チェコスロヴァキアがいま崩壊し、新しい地図が塗り変えられるのは、当然の結果である[※49]」。チェコスロヴァキアの悲劇を見過ごすというのは、ナチ・ドイツの外側にいた者にとっては奇妙な見方であった。ジンナーの敵たちが、あの不幸な出来事の教訓に「注目し、学び、よくよく熟考するよう［ジンナーに］求め」たのかどうかはともかく、彼はそれを要求したのである。彼は、国内では民衆の感情を煽《あお》り、国外では反対する者を叩《たた》くというナチの［巧みな］宣伝活動《キャンペーン》を見てきたのである。

国民会議党に反対するジンナーの宣伝活動は、着実にピッチをあげていった。一九三九年の春には、新憲法の州にかんする事項は、まったくムスリムの権利の擁護にはなっていないと、彼は公言した。それから数か月後には、「種々異なる民族を内包するこのような広大な国」に民主主義の政治体制は、はたして適しているかどうかと、疑問をなげかけた。彼は国民会議党が支配する州で、ムスリムの利益を保護するための特権を行使しない知事や総督を非難した。一九三九年十一月〔九月に第二次世界大戦勃発〕に、〔諸州の〕国民会議党内閣が〔内閣の〕同意なしにイギリス政府が参戦を決めたことに抗議して総辞職をしたとき、ジンナーは二年半におよぶ会議党支配中の「暴政と弾圧と不正から」の「ムスリムの解放の日」として祝辞を送った。この間、ムスリムの意見は鼻であしらわれ、文化は破壊され、宗教と社会生活は攻撃され、経済的・社会的権利は蹂躙《じゅうりん》されてきたのだと、彼は断言した。

国民会議党が陰謀を企てたと申し立てられた、ムスリムへの暴政とは何であったか。ムスリム連盟は、一九三八～三九年に二つの報告書（ピールプル委員会ならびにシャーリフ報告書）を公表し、会議党政権下の諸州におけるムスリムの不平を列挙した。その申し立てのほとんど——そういうことならヒンドゥーも同様であったが——は、農村や都市での単発的な事件に関連していた。同様の事件は、〔ヒンドゥー州以外の〕すべての州で、時をかまわず共通して起こっていた。事件の責任は、通常は職務の怠慢や権力の乱用といった罪を犯してきた下級役人たちが起こしたもので、苦情のいくつかはごく一般的なものであった。たとえば、国民歌〔ヒンドゥーの愛国歌〕を歌ったとか、国旗〔会議党の党旗〕

を公共の建造物に掲揚したといったような。告発の一つは、ガンディーへの過剰な崇敬によって、彼の誕生日が休日に定められたことであった。「わたしの誕生日を休日にするなど、反感を呼ぶのは見えすいていたはずだ」と、ガンディーはコメントした。国歌や国旗についての会議党員へのガンディーの忠告は、ムスリムの感情を尊重し、たとえ一人《ひとり》のムスリムでも反対すれば、差し控えるべきであったと、『ハリジャン』紙の論説に見られた。ワルダー教育提案［一九三七年に催された教育会議で、ガンディーの提案した手仕事と知的発達を一体にした基礎教育案］についていえば、ムスリムの児童にたいする宗教教育が含まれていないとする［ムスリム側の］不満は、ほとんど意味をなさなかった。なぜならこのカリキュラムには、他のどのコミュニティーにたいしても、その種の提言は含まれていなかったからである。

新憲法のもとでは、少数派の保護のために知事たちに特別な責務が負わされていた。その一つを、サー・ハリー・ヘーグ（連合州知事）は、退職後このように記している。「コミュナル問題を扱うにあたり、閣僚たちは、私の見るところ、一般に公正に振舞い、あるいは公正に振舞おうとの願いをもって行動した。事実、彼らの任期の終わるころには、彼らはヒンドゥーにたいして公正さを欠いていると、［ヒンドゥー教右派の］ヒンドゥー・マハーサバーからきつく批判されたほどである。実際には、そのような批評を正当づける証拠《いわれ》はなに一つなかったにもかかわらず[※50]」。

一九四〇年初め、国民会議党議長ラージェンドラ・プラサード博士はジンナーに書簡を送り、会議党内閣にたいする告発については、連邦裁判所判事に調査を求めてはどうかと提案した。ジンナーは提案を却下し、王立委員会［イギリス国王によって任命された委員たちから構成される立法委員会で、特定の事項についてそのつど調査し、必要な法の変更等を勧告する］への提訴を求めた。戦時下でもあり、このような論争をむしかえすために、王立委員会が、わざわざ任命されそうにはなかった。しかしながらそれは、ジンナーが論争をできるだけひきのばそうとしていたためであったと考えられる。彼の宣伝活動は、国民会議党やイギリス政府に向けられたものというより、むしろ彼自身のコミュニティーに向けられたものであった。今日よく使われる言葉を引用するならば、まさに「内輪向け」のためであった。それはヒンドゥーとムスリムの溝を深め、両コミュニティー間の対立は和解しがたいものであることを伝えるためならば、なんであれ、インドには民主的な制度など無用であるとの彼の自論に役立った。［こうして］ジンナーは、彼の二国民論を展開しはじめた。それは、ヒンドゥー＝ムスリム間の相違はなにも宗教だけに限られたものではなく、社会・文化・経済生活のすべての領域にわたっている、との主張であった。一九四〇年には、二国民論は正式に全インド＝ムスリム連盟によって承認された。連盟は宣言によればインドにたいするいかなる憲法案も、それが北西辺境州や東部［東ベンガル地方］のムスリム人口が多数を占める地域の境界にもとづくのでなければ、ムスリムにとっては機能しないし、承認されることもないだろう、ということであった。円卓会議中ムスリムのスポークスマンが「学生たちの非現実的な思いつき」として棄却した「パキスタン案[★21]」が、いまやムスリム連盟の目標になったのである。

二国民論とその要求にたいするガンディーの最初の反応は、とまどいというより、ほとんど信じられないといったものであった。宗教の機能は、人びとを分裂させたり、結びつけたりするものだろうか。彼は二国民論を虚偽論と呼んだ――彼の辞書には、「かつて」このような強い調子の言葉は見られなかった。彼は国民というものの本来の性質について考えてみた。改宗は国民を変えるものではないし、宗教の相違は文化の相違と一致するものではない。そこで彼は書いた。「ベンガル地方のムスリムは、ベンガル地方のヒンドゥーと同じ言語をしゃべり、同じ食物を口にする。そして、ヒンドゥーの隣人たちと同じ娯楽をたのしむ。彼らの服装も似ている。彼の「ジンナー」という名も、ヒンドゥーの名前であることもある。わたしが初めて氏に会ったとき、わたしは氏がムスリムだとは気づかなかった」と。

インドを分離するというのは、ヒンドゥーとムスリムが幾世紀もかけて営々と築きあげてきた成果を無にすることである。ヒンドゥー教とイスラーム教は相対立する文化と教義を表明するものであり、インド、八千万のムスリムは実際、ヒンドゥーの隣人たちと共通するものはなにもたないという考え方に、ガンディーの魂《こころ》は、反発した。また、たとえ宗教的・文化的に相違点があるにしても、歳入や、産業、衛生、司法といった事項に利害の対立はあるのだろうか。相違は宗教的慣習や行事にのみ存在するのであり、そうしたことは、「宗教を国教としない」世俗国家のあずかり知らぬことである。「あなたがインドを生体解剖するというのなら、その前にわたしを生体解剖してください」――これは苦悶するガンディーの心底から出た叫びであった。しかし、どんなに彼がパキスタン問題に心を痛めようとも、彼は一《いち》個人をはげしく非難攻撃するようなことはしなかった。一九四〇年四月六日号の『ハリジャン』紙に、彼はこのように告白した。「いかなる非暴力的方法をもってしても、八千万のムスリムを、インドの他の者の意志に従わせることができないのを、わたしは知っている――残りの多数派がどんなに有力であるとしても。ムスリムは、インドの他の者がもっているのと同じ自己決定権をもっているはずである。わたしたちはいまは［血縁者が寄り集まった］合同家族である。家族のだれもが分離を主張することは可能である」★22。

これは、非暴力を信奉する人の採《と》りうる唯一の態度であった。そしてそれは、ムスリム連盟がその要求に固執し、ムスリムの世論を盛りあげることができれば、パキスタン［という夢］は現実のものになるだろうとの、ジンナーの信念を煽《あお》る結果にもなった。ほとんど最終段階まで、ジンナーは［パキスタンの］国境線を決定せず、また提案の概略《アウトライン》を説明することもなかった。［したがって］彼の同志たちはそれぞれに、勝手に自分なりのイメージでパキスタンを考えることができた。正統派［ムスリム］は、イスラーム教本来の純粋な宗教を再現できる国家を、聖なる予言者［ムハンド］の教えに従って生きる宗教社会《コミュニティー》を夢みた。世俗的な考えをもつ人たちは、「自分たち自身」の国家を設立することで、実益を望んでいた。

パキスタンという思いつきは、インドの民族主義者たちにとっては、まさに青天の霹靂《へきれき》のごとくに思われた。それはムスリム社会に、とりわけムスリム中産階級のあいだに、たちまちにしてひろがった。この発展にはいくつかの理由があった。まず、ムスリム中産階級は、種々の歴史的な事情から、政府の公職や貿易、産業などの先陣争いで［ヒンドゥーに］遅れをとってきた。そのために、彼らは自分自身のムスリム国家という発想に心を惹《ひ》かれたのである。競争社会にあっては、成功への近道を約束してくれるものなら、なんでも歓迎された。ベンガル地方やパンジャーブ地方の地主たちは、ザミーンダリー制［地主制度］の廃止などという物騒な話に熱中する「進歩的な政治家たち」からの解放の見通しをそこに見ていた。ムスリムの下級役人たちは、新しい国家で彼らの前に開かれるであろうと期待される新しい展望を想像して雀躍《じゃくやく》した。彼らはもはや彼らの脳裏から離れることのないヒンドゥーの上司のことは考えなくてもすむのだ。ムスリムの商人や生産業者たちは、ヒンドゥーの競争相手に妨害されずに、繁栄する企業の自由な遠望が前途にひろがるのを夢みていた。

パキスタンの提唱は、こうした「具体的な」利点をかならずしも意識したものではなかったが、ここに挙げた恩恵は、提案をいっそう強化しているように思われた。かつてサイイド・アフマド・カーンの時代以来、ムスリム社会はムスリムの高名な指導者たちの何人かによって、反英運動から手をひくよう説かれてきた。この議論がどんなにまことしやかに語られてきたとしても、そうした警告を発する者も、警告に従う者たちも、心の底になにかうしろめたい罪意識を感じていた。パキスタン思想は、ここにきて初めて、ムスリム中産階級の政治的衝動と同時に、宗教的感情を満足させたかに思われた。インドにおけるムスリム独立国家のヴィジョンは、ムスリム支配［ムガル帝国支配］の過去の栄光を思い出させた。それはあまりにも人の心を熱狂させる魅力的な将来展望であり、庶民の想像力を捉《とら》えずにはおかなかった。ムスリムの知識層は、イギリス帝国とヒンドゥー教徒の両方からの独立を約束する草案作りに新しい活気を感じていた。この計画はイギリス人とだけではなく、多数派社会との衝突を産みだしたという事実は、運動の危険をけっして和らげるものではなかった。

パキスタン計画は、インド＝ムスリムの心情的な必要を満たすかに思われた。W・C・スミスが一九四六年に解説したように、――

「ムスリム連盟は当時、高揚する民族主義の組織になりつつあった。その中心には、商業的な利益を求める固い核が権力を志向していた。しかし、やがて覚醒《めざめ》る農民たちに囲まれ、詩［この時期、ムスリムの愛国的宗教詩人がつぎつぎに輩出した］というナショナリズムの完全なお膳立てと、若者たちの理想主義の広範な文化の復興と、率直な献身に取り囲まれたのである」[※51]。

第二次世界大戦の勃発は、分離主義的イデオロギーの宣伝に役立った。国民会議党内閣の総辞職は、連盟に政治舞台を独占させることになった。会議党の閣僚たちがその地位に踏みとどまっていたならば、彼らにたいする残虐物語も、抵抗なしには繰り返されることはなかったであろう。知事たちは、言わば、いまや自分たちの政敵となった者たちに、わざわざ「人物証明書」を発行するとは思われなかった。戦争それ自体は、ムスリム連盟を忌避する必要のない重大事であった。総督と彼の顧問たちは、ジンナーを怒らせるようなまねはしたくないと考えていた。パキスタン要求は、たぶん、国民会議党を仰天させたように、イギリス政府にとっても寝耳に水であったことだろう。当初イギリス人の目には、パキスタン要求の意味するところは、インド憲法がはかばかしく進展しないのはイギリス人のためらいによってではなく、インド側の意見の不一致によるとする、いつもながらの理論を確認するだけのものに映じていた。「イギリス政府は、インドの平和と福祉という現在担っている［重大な］

責任を、インドの国民生活のなかで決して小さくはない有力な部分を占める社会［ムスリム社会を指す］から直接否認されている政府［国民会議党政府］に譲渡する意志《つもり》のないのは言うまでもない」と謳《うた》ったた一九四〇年の宣言は、［裏返せば］イギリス政府がジンナーの過激な解決案を承認する用意があることを示した最初の暗黙の了解であった。この宣言は、全インド＝ムスリム連盟のパキスタン決議が一九四〇年三月に採択されたばかりの時期《とき》に出されたものである。戦争がなかったなら、パキスタン提案の間接的承認すら、このようにあわただしく公表されたかどうかは疑わしい。しかしながら、戦争は事態を加速度的に進行させていった。イギリス政府もインドの指導者たちも、まったくそれを予見することは言うにおよばず、抑止することなどできなかった。

第43章　ラージコート

一九三〇年代後半に、目だって昂進《こうしん》した宗教社会間の対立感情が、ガンディーの目に赤信号に映じていたなら、藩王国でのつのる不満もまた違った様相を呈していたことだろう。

藩王国は複雑な問題を提起していた。その数五百六十二あり、その内いくつかは広大な領土を有し、人口も多く、英領インドの大州ほどもあったが、大半は小さな私有地とほとんど変わらなかった。一九一九年のインド政府の統治法のもとで構成された顧問団「藩王会議」には、百九の「藩王」国が直接参加し、百二十七国に十二議席が割り当てられ、残りの三百二十六国は、まったく代表を送る必要なしとされた。大きさと財源、行政の程度にも大きな開きがあったが、藩王国の大多数はイギリスのインド征服の過程で政治的実体として認められていた。これらの藩王国の支配者とイギリス政府との関係は「サナダ」、すなわち「条約」によって運営されていた。それらの条約は東インド会社とのあいだで締結されたもので、［時代的には］十八、九世紀にさかのぼった。実際には、藩王たちは「宗主権」［イギリス政府はそう呼んだ］の監督と干渉下にあった。藩王たちは、［イギリス以外の］外国とも他の藩王国とも直接交渉することは許されなかった。内政では［外交にくらべると］大きな自由が許容されていたが、イギリス人「駐在官」が、やろうと思えば、内政の舵取《かじと》りをすることもできた。彼らが演じたお手並みのおかげで、一八五七年の大反乱［セポイの反乱］の鎮圧では、藩王国は帝国の防波堤とみなされるようになった。彼らは、ラシュブルク・ウィリアムズ教授が言ったように、「問題の地域での友好的な砦《とりで》のネットワーク」を構成していた。藩王たちは、イギリス支配《ラージ》に忠誠を誓い、度はずれた愚行や圧制でもしでかさないかぎり、通常は干渉されることはなかった。宗主権が藩王国の政治に与えうる保護は、藩王たちの安全保障であったが、［言葉を変えれば］それは、藩王国を政治的・社会的・経済的に後進国のままに据え置くということであった。

こうした藩王国の実態について、ガンディーは直接の体験によって知悉《ちしつ》していた。彼の父も祖父も、それぞれポールバンダルとラージコート［の藩王国で］宰相を務めていた。若き弁護士として、彼は藩王国の空気に息づまる思いであった。そうした王国の封建体制は、十八世紀にはどんなにあたりまえであったにせよ、二十世紀ともなれば、やはり時代錯誤であった。小国ほど政治機構は劣悪であった。比較的大きな藩王国で、政治的によく統治されているところでも、行政は専制的であった。支配者は臣下の生活と財産に絶対権力をもっていた。藩王国の公庫と藩王の個人資産とのあいだには、ほとんど区別はなかった。人民が生活に不可欠な公的サーヴィスを受けられないときでも、藩王は国費を個人的驕奢《きょうしゃ》に費していた。とりわけ、少数の例外はあったものの、こうした藩王国には法の整備が欠けていた。言論の自由も社交の自由もなく、また実際、市民としての自由の要素は欠落していた。言葉本来の意味での、代弁者制度はほとんどみられなかった。大きな藩王国には立法府［議会］はあるにはあったが、その多くは支配者の議員任命権と対《パック》になっていた。クープランド教授のみごとな表現を借りるならば、彼らは「新しい衣装に身をつつんだ謁見者《ダルバール》たち」であった。

「希望と切望は、火花のように〔藩王国の〕境界線を越えて飛び散るかもしれない」と、モンタギュー＝チェムスファド報告書は警告した。藩王国がインドの他の地域〔英領インド〕からいつまでも隔離されたままでいるなど、考えられないことであった。国民会議党がガンディーに従って非協力運動を開始した一九二〇年以降、イギリスの直接支配下にあった〔イギリス領インド〕諸州で驚異的な覚醒《めざめ》が見られた。〔しかし〕ガンディーは、藩王国の人民をインドの自由への闘争に巻き込むという提案には反対した。自治制度への藩王国の人民の権利は当然のこととして承認していたし、支配者〔藩王〕たちには人民にたいする義務を果たすよう勧告はしていたが、人民にも〔藩王国の〕外部《そと》の政党の援助なしに彼らの権利のために闘うことが期待されていた。

一九三八年七月に、ガンディーはこの政策を考察して、「医師があらゆる自然の治癒力を働かせ、そのききめを発揮させるために〔あえて〕毒性を見過ごす処置」と記し、「……この不干渉の結果によって、国民会議党は藩王国の住民に奮起を促すのだ。言いかえると、彼らの自然な力、すなわち住民の潜在力を揺さぶるのだ」と書いた。

この自粛にはまた、別の理由があった。ガンディーは、〔英領インドにおける〕市民的不服従運動の指揮がたいへんな仕事であることを痛感していた。そして二十年代の初めや三十年代に、この運動を藩王国にまで拡大するのは気の遠くなるような仕事であることを予感していた。藩王国の住民はこれまで自己表現の機会をもったことがなかった。もし彼らまで非暴力の大衆運動に巻き込むとしたなら、挑戦相手の専制政治の弾圧に抵抗すべく、人民を訓練するのは至難の業《わざ》であることはわかりきっていた。

一九三七年ごろから、藩王国問題を急転させた二つの要因があった。［イギリス領］インド諸州での人民政府の成立が、［藩王国の人民にも］希望をつのらせ、住民のこれまでの受動的な諦《あきら》めムードを積極的な不満へと転じていった。インド統治（一九三五年）法によって予想されていた「全インド連邦」の予測はまた、藩王たちにも、また違った形で住民にも影響し、紛争の日の近いことを感じさせた。藩王国の代表たちは、先の円卓会議で全インド連邦案に署名していたが、予想された連邦が、構成されるそれぞれの単位に、権力と特権のいくらかを供出させるものであることが明らかになったとき、連邦制への熱意は目に見えて冷めていった。けれどもいっぽう、インドのナショナリストにとっては、連邦決議の落とし穴はあまりにも強大な権力が藩王たちの手中に残されていることであった。藩王国が来たるべき自由インドに適合しうる唯一の道は、彼ら自身が民主主義的な基盤に拠って立つことであった。藩王国における責任政治は、このようにして、王国の人民にとってだけではなく、インドの自由と統一にとって、もっと広い視野と思慮からも重要になった。

こうした状況を背景に、一九三八〜九年に、多くの藩王国で住民の自由と民主的制度の導入を求める運動が発生したのは、けっして驚くにはあたらなかった。ハイダラーバード、トラヴァンコール、ジャイプル、そしてオリッサ地方の諸藩王国は、どこもそれぞれに地方的な騒動で揺れていた。ここでスポットライトは、西インドの小藩王国ラージコートに向けられ、同国へのガンディーの介入は、一地方の問題を国民的な問題に変え、その焦点は、藩王国問題にとどまらず、彼の非暴力の行動の実践方法《テクニック》にしぼられた。

ラージコートはガンディーの第二の故郷《ふるさと》である。彼は、父がディーワーン〔宰相〕を務めていたラージコートで初等教育を受けた。妻のカストゥルバーイもこの地で生まれ育った。そのラージコートの人民が責任政府の樹立を求めて立ちあがったのである。そして、ガンディーの友であり同志であるヴァッラブバーイ・パテールがこの運動に手を貸していた。一九三八年十二月に、パテールとラージコートのタークル〔君主、藩王〕のあいだに協定が成立した。君主は政治犯の釈放を承認し、王国の政治改革案を起草すべく十名（内七人はパテールの指名による）から成る委員会を任命することに同意した。ところがタークルはいとも簡単に協定をほごにした。この豹変《ひょうへん》の裏には、藩王の顧問会議の議長であった「イギリス人」パトリック・カドゥル卿と、駐在官のギブソン氏の影響力《ちから》がはたらいていた。ガンディーは、「厳正な盟約のにべもない違反」がラージコートの君主と人民のあいだに割り込んだことを非難するいっぽう、二人の高官を批判し、ラージコートのタークル・サヒブ〔サヒブは「殿・様」の意で、「君主様」といった意味〕を〔苦境から〕自由にしてさしあげるようにと訴えた。こうした相つぐ事件からわかったのは、藩王国にありながら狡猾《こうかつ》な手管や陰謀からなにひとつ学ぼうとしない大臣のドゥルバール・ヴィラワラーにすべてをまかせて、タークル自身は悪政にたいして外部《そと》からなんの刺激も受けないでいるということであった。

ガンディーにとって問題は、ラージコートの法律の改正の程度というよりは、支配者が人民の信頼を踏みにじったという事実であった。もし厳粛なる盟約が鼻であしらわれてもよいなら、専制政治から民主政治への平和的な制度の移行は、藩王国でどのようにしておこなえばよいのだろうか。けっして好ましいとはいえない健康状態で、ガンディーは、約束を破ることのないようタークルを説得しようとラージコートへと赴いた。妻のカストゥルバーイも先に出発していた。狡猾な支配者と彼の捉《とら》えどころのない大臣を相手に、議論は延々と続いたが、好ましい結果はほとんど得られなかった。失意のうちに、ガンディーは断食を開始した。インドの最果《さいは》ての一隅での小さな論争で始まった一つの事件が、いまや第一級の政治的危機へと発展した。総督は、宗主国による「正しい解決」を求めるガンディーの訴えに応えて、インド最高裁判所首席判事モーリス・グワイヤー卿を呼んで、協定について裁定をくだすよう求めた。モーリスの判定は、人民の主張と、委員会の多数派メンバーを指名したパテールの権限に好意的であった――なぜならこの委員会は、ラージコートの政治改革案を用意すると思われていたからである。

ガンディーは断食を解《と》き、論争は円満に終結したかに思われた。ところがガンディーは、タークルと大臣の巧妙なわなを計算に入れていなかった。改革委員会の構成問題で「ふたたび」論争の泥沼に巻き込まれた。［大臣］ヴィラワラーは、あることないこと、あらゆる種類の難題をもち出した。彼はムスリムや、ラージコートのバーヤト族など少数派を煽動して、彼らの主張をしつこく迫った。このような混乱に直面して、ガンディーは彼の敵対者をいくらかでも改心させているのかどうか、疑問に思いはじめた。彼はラージコートに平静をもたらそうとの使命をもってやって来たのだったが、結局は、タークルと彼の大臣の二人とのあいだの遺恨を増大させただけであった。このように反省したとき、ガンディーは総督に仲介を求めたことで重大な過ちをおかしたことに気づいた。断食はタークルの心を溶《と》かそうとするものであった。もし彼が、あのまま断食を続けていたなら、誤れる支配者を説得することに成功したかもしれないし、あるいはその試みのために身を滅ぼしていたかもしれない。［いずれにせよ］総督による宗主権の介入は、断食の精神的な価値を損ない、彼が掲げた非暴力の高《こう》邁《まい》な理想を喪失させてしまった。

ガンディーの内なるこの「沈黙の尋問法廷」の結果、彼は同志たちを仰天させるようなことを決意した。彼はここで、インド最高裁判所判事がせっかく改革に味方して与えてくれた便宜を辞退しようと決心したのである。ガンディーは、［総督］リンリスゴー卿とサー・モーリス・グワイヤーに彼らの手をわずらわせた不手際を謝罪し、ラージコートのタークル・サヒブと彼の大臣に、人民にできるかぎりの恩恵を賜るよう懇請した。

この決意は抗議の嵐を喚《よ》び起こした。このようなやり方は、そもそも政治運動といえるだろうか。ラージコート七万五千人の住民の運命をもてあそぶ権利がガンディーにはあるのだろうか。マハートマが自らしつらえた道徳の踏み台を踏みはずしたからといって、藩王国の改革を求める政党が、ようやく手中にした政治的成果を無駄にしてよいものだろうか。ガンディーはこうした批判に動ずることはなかった。彼が運動を指揮、あるいは指導するというのであれば、長期・短期を問わず、政治的利益よりも真理を重視するサッティヤーグラハの論理に従わざるをえなかった。サッティヤーグラハの信奉者は、愛の力によって相手を回心させることを目指してきたはずである。ところが加熱する論争のなかで、彼も、また彼のいちばん身近かな同志たちも、タークルと大臣にたいして悪意をいだくようになっていた。彼ら［ガンディーと彼の同志たち］が彼らの反対者とともに歩むことができなかったのは、彼らがサッティヤーグラハの高邁な原理から逸脱してしまっていたからである。彼は子どものころラージコートの街角で聞いた盲目の音楽師の巧みな歌の一節を思い出した――「すべての人の心のなかに琴線がある。わたしが正しい絃の音《ね》をかき鳴らす技《わざ》を知っているなら、わたしは音楽《うた》を奏でることができるのだ」。

一人の子どもがガンディーにしつこく質問をした。「［大臣の］ドゥルバール・ヴィラワラーから、何か得るものはありますか」と。ガンディーは問いかえした。「きみには何がありますか。もしきみになにかよいところがあるとすれば、ドゥルバール・ヴィラワラーにだってなにかよいところがあるはずです。そして、わたしがきみをわが子として抱きしめるなら、どうしてわたしは、ドゥルバール・ヴィラワラーをわたしの家族の一人とみなし、迎え入れてはならないのでしょうか」と。

「わたしはラージコートで、自分の秤《はかり》で自分の重さを計ってみて、まだまだそれが不足していることがわかりました」。これが、今回の事件についてのガンディーの最終評価であった。それはマハートマにとって精神的な危機として重大であったばかりではなく、藩王国の物議を露《あら》わにした。王国の人民は、彼ら自身の欠陥のためではなかったが、非暴力の政治運動を遂行するための必要な訓練と組織能力に欠けていた。また政治運動とは、彼らの既成の堅固な権力に立ち向かうことにほかならなかったが、それは、公正か否かを問わず、考えうるあらゆる手段によって運動を粉砕しようと試みる藩王たちや彼らの取り巻き連の最悪の側面を引き出すことになるものと思われた。唯一藩王たちに秩序の維持を呼びかけることのできる「政府の」政治局は、人民の運動に敵意はなかったものの、無関心であった。実際上の危険は、藩王たちの恐怖政治《テロリズム》が「それに対抗する」人民のテロリズムを喚び起こすことであった。このようにして、専制政治から民主主義への平和的な移行をもたらしたいというガンディーの願望《ねがい》は、粉々に打ち砕かれたのである。

ガンディーは「すべての」藩王国の人民に、あわてず「ゆっくり」急ぐよう呼びかけた。彼らは人民政府の出現を、いましばらく待たなければならなかった。ガンディーはこのように説明した。「背後に人民の意志も力もない、ただ上からのくだされもののような責任政府なら、印刷された紙切れにも値しない紙上《ペーパー》だけの責任になるだろう。藩王国内の自治政府を求める空気に前途がなく、人民が自治に値する心の準備ができていないという反論が事実なら、彼らは相応の訓練を受けなければならないだろう。わたしは軽々《けいけい》に、また近い将来にところかまわず大衆によるサッティヤーグラハを勧《すす》めようとは考えていない。「藩王国の」住民のあいだには、しかるべき訓練も規律も見当らないからである」。

ガンディーは藩王国の住民に、要求は、支配者たちが与えうる最少限にとどめるように勧告した。言いかえると、言論や集会や出版の自由、平和的な宣伝活動、独立した司法制度、等々のような。

ラージコートはガンディーにとっては、「最重要な実験室」であった。彼はサッティヤーグラハの志願者たちへの要望で［彼の思想と行動の原則を］いっそう強く求めた。彼らは思想においても、また行動においても完全に非暴力的にならなければならない、と。もしこの厳しい基準を厳格に適用することで、彼に従うものの数が一握《ひと》りに減ったとしても、彼はなんら臆することはなかった。

第四部

悲願達成

第44章　試される非暴力

戦争の暗雲が一九三八年にヨーロッパの空を覆《おお》いつつあった。一九一四〜一八年の前大戦は、「戦争そのものを終わらせる」ことにはならなかった。平和条約〔ヴェルサイユ条約〕は、それが解決したものよりも多くの問題を産み出した。国際連盟による「集団安全保障」制度は、それが目指した希望を裏切った。国際連盟は、アメリカ合衆国の不参加とソ連の排除、そして国際的配慮よりも同盟各国の国益を優先させる煮えきらぬ態度などのために、弱体化した。日本が叩きつけた最初の国家的挑戦〔一九三三年三月日本は満州国の承認要求を否決され国際連盟最初の脱退国となった〕は、連盟の無力をさらけ出した。イタリアによるアビシニア〔エチオピア〕侵略と非武装地帯の占領、ドイツのオーストリア併合、スペイン市民戦争に見られた外国の介入など、あたかもジャングルの無法行為が国際関係においても大手を振って罷《まか》り通っていることが露呈した。政治的民主主義や個人の自由は失われた。国内のすべての反対勢力を押しつぶし、戦争の財源を管理しようとする〔海外の〕独裁政府が、大胆な侵略をうかがっていた。ヨーロッパの小国は、つぎは、いつ、どこに攻撃の手がのびるかがわからぬままに、日々不安のうちに〔戦々恐々として〕暮らしていた。恐怖の部厚い棺衣が文明国を覆い、人びとは新しい暗黒時代が始まるのではないかといぶかっていた。

インドの民族主義者たちは、「つぎつぎに起こる」こうした出来事にどのように対処したのだろうか。「国際主義は自由な国でのみ発展する」と、ジャワーハルラール・ネルーは書いている──「なぜなら隷属状態は、政治の体内で増殖する癌腫《がんしゅ》のようなもので、手足が健康になるのを妨げるばかりでなく、精神をたえずいらいらさせ、すべての思考と行動を歪めるからだ」と。インド国民会議党に代表されたインドの民族主義《ナショナリズム》は、世界の舞台で起こっている事件に敏感であったといわれるが、それは主として、研究と旅行によって海外の動向に精通していたネルーその人に負うところが大きかった。ネルーは「宥和《ゆうわ》政策」という名の時代の見せかけ外交を痛烈に批判し、譲歩することで独裁者たちを買収できるとの希望を排除した。彼の先見性《インスピレーション》のおかげで、インド国民会議党は、日本やドイツやイタリアのすべての侵略行為を弾劾した。そしてこれらの国々の内部《うち》で罷《まか》り通っている市民にたいする自由の抑圧や、知性や良心の窒息、宗教や人種的少数派への迫害、政敵の粛正、自分より弱い隣人を威圧するための恥も外聞もない力の誇示、等々を非難した。

一九三一年のガンディーの訪英中に、『スター』紙が一枚の時事風刺漫画を掲載したが、そこには、それぞれに黒・茶・緑・赤のシャツを着たムッソリーニ、ヒトラー、デ・ヴァレラ［アイルランドの政治家、民族独立のため反英運動を指導したため、イギリス国民から敵視されていた］、スターリンらの傍らに腰布一枚をまとったガンディーの姿が描かれていた。表題《キャプション》の「そして彼ははでなシャツは着ていない」は、文字どおりそのままであったばかりではなく、比喩的にも、それはまた真実であった。人間の兄弟愛を信じてやまなかった非暴力の人にとっては、善と悪、同盟国と敵国といった表面的な色分けはなかった。しかしながらこのことは、ガンディーが暴力を揮《ふる》う国と、暴力を怖れる国とを区分しなかったという意味ではなかった。国際問題ではネルーが伝えたように、ガンディーの同情が侵略による犠牲者たちのほうに向けられていたのは、自然であった。言うまでもなくそしてガンディー自身の生涯は、暴力にたいする一つの長い闘いであった。三十年間以上ものあいだ、暴力を回避するいっぽうで、個人と集団の問題を解決するための一つの技法を発展させようと、彼は努めてきたのである。

　ガンディーの非暴力の思想とサッティヤーグラハの技法は、長い年月をかけて熟成してきたものである。ボーア戦争と第一次世界大戦のときには、ガンディーは野戦衛生部隊を立ちあげ、英印軍のために志願兵を募った。彼が手に銃を揮《と》らなかったという事実《こと》は、「戦争にかぎって言えば」本質的には「暴力と」なんら相違はなかった。後年ガンディー自身が告白したように――「アヒンサー〔非暴力〕の立場からだけ言うならば、わたしの行為にはまったく弁明の余地はない。わたしは、破壊の武器を使う者と、赤十字の仕事に従事する者とのあいだに一線を画することはできない。いずれも戦争に参加し、その目的を進めているのだ。両者ともに参戦の罪を犯しているのだ。しかし、こうした年月のことをよくよく内省したあとでさえ、わたしは自分が置かれた環境では、わたしが採《と》った道を選ばざるをえなかったと考えている[※1]」。

　ボーア戦争の前戦でガンディーの指揮下にあったインド人たちも、一九一八年に英印軍への参加を呼びかけられたインド人たちも、ともに「当時は心底から」非暴力を信じてはいなかった。戦争に参加しなかったインド人たちは、暴力を忌諱《きき》したがためにそうしたのではなく、無関心と臆病から参加しなかっただけのことであった。当時のガンディーは、イギリス帝国はインド人にとって好意的な政治体制であると信じていた。したがって、インド人には帝国の市民としての権利と義務があり、その義務の一つが帝国の防衛に参加することだと考えていたのである。

　第一次世界大戦と第二次世界大戦のあいだの二十年間に、ガンディーのイギリス帝国への信頼は決定的に変貌した。［いっぽう］彼自身の非暴力への信念は、いっそう大きな省察と経験とともに揺るぎなきものとなっていった。また［これと並行して］インドの国民も、三度の大きなサッティヤーグラハ運動とガンディーの広範な国内遊説のおかげで、非暴力の教義になじんでいった。政治的自由を目指す闘争において、ガンディーが非暴力をことほどさように強調したために、ときとしてこの人は、手段［非暴力］を目的［独立］より先行させているのではないかとさえ思われた。[★1] 一九三一年十一月にガンディーは、「わたしは非暴力を犠牲にしてまで、祖国の自由を獲得したいとは思わない。このことを何度でも世界に繰り返し訴えたい」と言った。それから言葉をついで、「わたしと非暴力の結合は、これほど絶対的なものなので、わたしは立場［信念］を逸脱するくらいなら、いっそ自殺したほうがましだ」とも。彼は、インドが非暴力の一つの成功例を示し、もって世界の他の国々に範となることを願ったのである。

　戦争の脅威がつのり、暴力がはずみをつけて勢いを増しつつあったとき、ガンディーは非暴力の有効性への信念をふたたび断言した。この世界の歴史的な危機に臨んでガンディーは、自分がインドにメッセージを、そしてインドが途方に暮れる人類に伝えるメッセージをもっていることを、以前にもまして痛感していた。『ハリジャン』の紙面をとおして、ガンディーは軍事的侵略や政治的専制にたいする非暴力主義者の採《と》るべき方策を詳しく述べた。弱少国民には、自分よりすぐれた軍備をもつ国から保護を求めるのではなく、また自国の戦闘能力の強化をはかるのではなく、侵略者にたいして非暴力の抵抗をもって自己を防衛するよう勧告した。非暴力のアビシニア［一九三五年十月にイタリア首相ムッソリーニは、植民地の国境紛争に名をかりて、アビシニア（エチオピア）に軍事介入をした］は国際連盟から武器も［軍事力の］援助も求める必要はない、とガンディーは説明した。もしアビシニアの男女も子どももみんながイタリアへの協力（自発的にせよ、強制的にせよ）を拒否したなら、イタリア人は犠牲者たちの残骸を踏み越えて勝利の進軍をすることになるだろう。ということは、国民のいない国土を占領しなければならないことになるだろう。

ガンディーはここで、人間の忍耐に過重な要求をしていると、人は言うかもしれない。［たしかに］それは、敵［の暴力］の前に降服するくらいなら、男も女も子どもも、最後の一人《いちにん》に至るまで死ぬという至高の勇気を要求するものであった。ガンディーの説く非暴力の抵抗は、このように、軟弱な教義——危険な状況からの便宜的な逃避など——ではなかった。それはまた、独裁者たちが力ずくでもぎとろうとするものを、銀の皿に盛ってさし出すというものでもなかった。非暴力の抵抗を実践する者は、最高の犠牲を覚悟しなければならなかった。

一九三九年初めに、［キリスト教の］平和主義者を名乗る日本の協同組合運動の指導者＝賀川［豊彦］

博士に向かってガンディーは言った――もし彼［賀川］が日本の中国にたいする戦争を誤りだと考えるなら、自ら反戦を宣言し、その結果を受けて立つことこそが義務《つとめ》である、と。そしてまたこうも言った。「わたしなら、自分の［国家主義への］異端信仰を明言して、撃ち殺されるだろう。わたしは協同組合運動も、またあなたのその他の活動をも同じ天秤で計っています。もし日本の名誉が売られているとお思いなら、あなたの名誉とは］別ものとして考えています。そして、貴国の名誉を［あなたの名誉とは］別ものとして考えています。そして、貴国の名誉を［あなたの死をもって日本を生かしてください」。この忠言を賀川がどう受けとめたかは定かでない。ソクラテスのマントは、だれかれなしに合うとはかぎらない。嘆かわしきは、幾百万の人々が戦争で殺したり、殺されたりするよう奨励されているときに、ほんの数百人の平和主義者たちですら、彼らの平和への信念のために莞爾《かんじ》として死のうとしないことであった。

　世界の諸政府と国民がガンディーの方法を受け容れることができないということは、彼の目には、けっしてその価値を損なうものではなかった。彼の批評家たちですら、そのほとんどが、［非暴力の］方法の意味と可能性を理解してはいなかった。遺憾ながら、非暴力（non-violence）という語は、ガンディーの思想の適切な英語表現ではない。一九三九年一月に、数名の訪問者たちから、非暴力という語には［「非」という否定的な意味から連想する消極的な意味ではない］積極的な性質が含まれているのかとたずねられたとき、ガンディーはつぎのように説明した。「もしわたしが非暴力の本質である『愛』という語を用いていたなら、あなたがたはそのような質問はなさらなかったでしょう。

しかしたぶん、愛という語では、わたしの言いたいことが十分に伝わらないでしょう。［したがって、わたしの思想に］いちばん近い語は「慈悲」です。わたしたちは友人を自分と同等に愛します。しかし残忍な専制者がわたしたちにいだかせる反応は、わたしたちが彼にたいして暴力的に応じるか非暴力的に応じるかによって、それぞれ恐怖か、それとも哀れみかの態度になります」。

非暴力の抵抗を試み、暴力《ちから》には暴力《ちから》をもって、憎しみには憎しみをもって酬《むく》いることを拒む人たちは、敵にたいして一つの問題を提起する。相手は、初めのうちはこれを、臆病ゆえの自制と思い違いをする。しかし、やがて敵は、自分が選んだのとは違う新しい土俵で戦わされていることに気づくだろう。正攻法の非暴力の抵抗にたいする侵略者の反応は、やがて、しだいに驚嘆や自嘲や憤慨に変わり、最終的には内的疑心と改心をいだくことになる。非暴力の闘いには、勝者も敗者もない。闘いの目的は、相手に屈辱を与えることではなく、改心させることである。［闘いのあとには］怒りや憎しみ、あるいは新たな争いの火種《ひだね》になるような恨みつらみは残らない。このように考えるとき、サッティヤーグラハは紛争を解決する戦争の次元を超えた選択肢であり、ダイナミックな世界秩序に欠かすことのできない調停の方法《みち》である。

一九三八～九年の相つぐ事件は、ヨーロッパの多くの平和主義者たちの信仰を厳しい試練にさらした。G・D・H・コール［オクスフォード大学社会学政治学教授。イギリス労働党の理論家］は、『アーリヤン・パス』誌に寄せた論文に、彼の魂の苦悩をこのように雄弁に表明した。「一、三年前までは、私自身、戦争と、すべての情況下で死をもたらす暴力に反対しているものと思っていた。ところが今日では、戦争そのものは憎んでいるものの、こうした恐怖をやめさせるための戦争に賭《か》けようかと考えている。私は戦争に賭《か》けはするが、今日でも、もうひとりの私は、人殺しをすることを考えるとき、戦争のおぞましさにひるむ思いである。個人としては、人殺しをするよりも［自分が］死ぬほうがましだと考えている。しかし、死ぬよりは殺すことが私の義務ではないのか、と思いなおすのだ」と。

新しい恐怖が人類にふりかかっていた。破壊のエネルギーがますます完成化されていた。飛行機が攻撃の範囲を拡大した。しかし、戦争の道具がどんなに怖るべきものになろうとも、道具を操《あやつ》るのは［なんといっても］人間《ひと》の手であり、手に操作を命じるのは人間の心である。戦争をたくらむ者たちは、明らかな目的のために戦争をするのである。すなわち［獲得した］領土の人間と資源を搾取するために、彼らは征服を試みるのだ。侵略者たちの努力は、彼の意志に逆らう者たちを屈服させるために、心ゆくまで恐怖を拡大する。ガンディーは書いた――「もし国民が独裁者の意志に従わず、また独裁者と同じ方法で復讐はすまいと決心したならば、独裁者は彼の恐怖政治《テロリズム》を続けても効き目がないことに気づくだろう。もし世界のネズミがみんな集まって会議を開き、もうネコを恐れるのはやめようと決議して、みんなでネコの口に飛び込むなら、ネズミたちは生き残れるだろう」と。

ガンディーは、ナチやファシストの体制に具現された暴力の神格化を見抜いてはいたが、ヒトラーやムッソリーニが救いがたい人間だとは思わなかった。非暴力の方式の基本的な前提は、人間性は本質的には一《ひと》つであり、最終的には、愛に反応するにちがいない、ということである。「もし敵が、あなたたちに自分の生命《いのち》を守るためであっても、彼［敵］にたいして手を振りあげる気がみじんもないことに気づいたなら、彼はあなたたちを殺そうとする意欲を失うだろう。猟師たちはみな、こうした経験をもっている。［虎狩りやライオン狩りはしても］牛狩りをした猟師の話など、ついぞ聞いたことはない」と、ガンディーは書いた。

一九三八年九月にチェコスロヴァキアがヒトラーの恫喝《どうかつ》で降服させられたとき、ガンディーは気の毒なチェコ人に彼の非暴力による抵抗を推奨して言った。「相手の力がどんなに強大であろうとも、地上の権力に断固として膝を屈するのを拒否することほど大いなる勇気はない。精神《こころ》に敵意をいだかず、精神だけが生きているのだとの信念に満ちあふれるとき、なんぴともこれをいかんともすることはできない」。

このような英雄的行為《ヒロイズム》は現実には不可能ではないかと疑問をいだく人びとに、彼らは人間の真の力を過少評価しているのだと、ガンディーは答えた。さらに、可能か不可能かは［やらずに］決めてかかってはならない。ガンディーは学生時代の一つの類例を好んで引用した。「幾何学の理解に目を開かれるまで、わたしの頭はユークリッドの十二の公理をなんど読み返しても、同じところをぐるぐるまわっていた。ところが、ひとたび目を開かれると、あとは幾何学はもっともやさしい科学のように思われた。非暴力はなおさらそうである。それは信念と経験の問題であり、理窟をこねていてもわかる問題ではない」と。

さらにまた、非暴力は侵略に対抗する方法であるにとどまらず、人の生き方をも表わす。ナチやファシストの軍国主義の原動力は、新しい帝国を築こうという欲望であった。そして、その背後にあるのはすべて、資源と新しい市場を獲得・併合しようとの止《とど》まるところを知らぬ競争心である。このように、戦争は人間の飽くなき欲望に根ざすものである。それは、国家主義を人間の本能的欲望の上に打ち建てようとの愚劣な部族主義である。世界がこのように頻発する戦争の脅威から脱出しなければならないというなら、世界は軍国主義からだけではなく、軍国主義を肥え太らせている競争的欲望や、恐怖心や、憎悪を断ち切らなければならない。

一九三八年九月に『アーリヤン・パス』誌の論説に、ジョン・ミドルトン・マーリ［イギリスの高名な批評家・平和主義者］はガンディーを、現代世界における最高のキリスト教教師と評してこのように書いた。「たしかに私は、広々と燃えあがるキリスト教の愛の焔以外、西洋文明に希望をいだくことはできない。残された選択は、キリスト教の愛か、それとも思うだに身の毛のよだつ大規模な集団殺《さつ》戮《りく》のどちらかと思われる」。

現実には、キリスト教的な愛の焔はかがやくことはなかった。一九三九年九月に戦争が勃発するまでに、光は一《ひと》つ、また一つ、消えていったのである。

第45章　インドと世界大戦

一九三九年九月三日に、インド官報は重大報道を発表した――「本官、インド総督兼海軍大将リンリスゴー侯爵は、本官の手許に届いた情報に満足の意を表し、ここに、国王陛下とドイツとのあいだに戦争が勃発したことを宣言する」。

ジャワーハルラール・ネルーは、著書『インドの発見』に書いている――一人の人間、しかも外国人である彼［インド総督リンリスゴー］が、インド四億の民を、インド国民にひとことの相談もなく戦争に巻き込んだのだ、と。一九三五年のインド統治法の連邦部分はいまだに機能していなかった、またそのためにインド統治の最終責任はイギリス議会に賦与《ふよ》されていたがゆえに、リンリスゴー卿の宣告は、憲法上の見地からすれば、反論する根拠はなにもなかったが、戦術的には大失敗であった。インドは、オーストラリアやニュージーランド、カナダ、南アフリカのような［イギリス連邦の］自治領とは異なり、責任政府を中心とする機構に欠けていた。しかも総督は、諸州の人民政府にも、中央立法府の政党の指導者たちにも、なに一つ声をかける必要はなかった。すでに夏のあいだに、中央立法府議会の国民会議党議員は、インド軍のマラヤ［現マレーシアの一部］や極東への［予防的］派兵に抗議して、インド防衛法の名のもとに、戦争行為を遂行するべく、絶大な権力を行使せんと開催される議会への出席を拒否していた。戦時下に国民会議党と政府の関係を悪化させた疑惑と不信の連鎖は、このようにして醸成されていったのである。

こうして起こるべくして事態は起きたが、インド国民会議党の同情が圧倒的に連合国側に傾いていたために、話はいっそうややこしくなった。国民会議党の「外交政策」は、主としてネルーが担当していた。全体主義体制への彼の反対は妥協を許さなかった。一九三八年夏、ミュンヘン会談に先立つ危機的な日々をロンドンに滞在していたネルーは、『マンチェスター・ガーディアン』紙に送った手紙で、「［イギリスの対独］宥和政策」を厳しく批判した。ガンディー自身も彼一流の感性をもってミュンヘン会談に反応した。「それは組織化された暴力の勝利なのだろうか。ヒトラー総統は、血を流さずして目的を達成する新手《あらて》の技法を発見したのだろうか」と、彼は書いた。

インド国民会議党は終始一貫、全体主義の犠牲者に同情をいだいていた。もっとも、スバース・チャンドラ・ボースをはじめとする何人かの有力メンバーのように、アビシニアやチェコスロヴァキア、中国などを考えるとき、ドイツやイタリア、日本のような強大な国々を敵にまわして対立するのは得策だろうか、と疑う指導者たちもいるにはいたが。

このようにして、イギリス政府の背後には、連合国の大義という大きな共感の蓄積がひかえていた。総督は、インドの交戦を宣言するまでは、インドの指導者たちを信頼していなかったが、宣言後はただちにこの怠慢の罪を償《つぐな》おうと努めた。彼は電報を打って、ガンディーに面会を求めた。ガンディーは早速、次の列車でシムラー［ヒマラヤ山麓の夏の総督府の避暑地］へと向かった。彼は総督リンリスゴーに、彼の支持がイギリスとフランス側にあることを伝えた。［とはいっても］非暴力の人である彼が連合国の主義に提供できる最大限の協力は、精神的・道義的な支持であった。彼は戦争について議論し、［ロンドンの］イギリス下院議事堂やウェストミンスター寺院に起こりうる破壊の可能性を思い描くとき、慄然《りつぜん》とした。暴力が威風堂々と闊歩《かっぽ》しているように思われた。

戦争の最初の衝撃で、ガンディーの心は重苦しかった。彼は書いている——「わたしは絶望的になっていた。そして心の奥底で、神と格闘していた。神よ、あなたはこのようなことを続けるのを許されるのですか、と。わたしの非暴力は、ほとんど無力なように思われた。毎日、葛藤の末にこんな答えが返ってきた——神も非暴力も無力なのではない。無力は人間の内面《うち》にあるのだとの」。ガンディーは、暴力に対抗するに暴力をもってする愚かさを知っていた。［その頃の］彼の文章の一節にはこのように書かれていた。「わたしは、国民会議党運営委員会の先達として行動するにせよ、あるいは——同じ表現を政府にたいして用いて失礼がなければ——政府の先達として行動するにせよ、いずれの場合もわたしの先導の目的は、そのどちらかを、または両方を非暴力の道に沿って慎重に案内することになるだろう——もちろん、その歩みは微々たるものかもしれないが[※2]」。

このように、戦争の初期段階でもガンディーの立場は、彼の平和主義思想に根ざしていた。インドは外国の侵略にたいしても非暴力をもって防衛すべきであるという提唱は、実際的な主張としては、きわめて少数の国民会議党党員にしか支持されないことを、ガンディーは重々承知していた。けれども彼には、他に採《と》るべき道はなかった。非暴力がもっとも厳しい試練にさらされているとき、非暴力への信仰を放棄するなど、彼には考えもおよばなかった。「わたしの立場はわたし独《ひと》りのものである。わたしは、その孤独な旅に道づれがいるかどうか、探さなければならない。……わたしは独りだろうと、同志が多勢いようと、またインドの国境を護るためであっても、インドはいっさい暴力を放棄したほうがよいということを宣言しなければならない[※3]」。

もし政治が――かつてビスマルク［ドイツの大政治家、帝国の初代宰相］が定義したように――なしうることを試みる業《わざ》であるとするならば、このたびのガンディーの態度は、政治家の態度ではなく、予言者のそれであった。彼自身の信念の激しさのために、ときとして理想と現実の間《ま》が混同しているように思われた。世界大戦のまっただなか、弱少国がたんなる戦略上の手先と考えられていたとき、ガンディーは、自由インドには敵はないと確言した。すなわちこの言葉の意味するところは、世界制覇という目的を達成するためならば、なんでもやってのける、領土に飢え権力に狂える政治体制［ナチドイツを指す］をも敵視しないというものであった。彼は言葉を続けた。「もしインドの国民が絶対に『否《ノー》』と言うことを学んだならば、外国の軍隊はインドの国土を蹂躙《じゅうりん》する勇気をなくすだろう、そしてインドの経済は、政治的侵略者のいっさいの誘惑を失わせるまでに再生されるだろう」と。とはいっても、インドの経済を再生する時間はどこにあるのか。また、イギリス政府を追放できる［ガンディー自身の基準による］真の非暴力を完全に習得できなかった国民が、どのようにして［外からの］武力を駆逐しうる非暴力のほんとうの力をにわかに身につけることができるのだろうか。つい数か月前のラージコートでの闘争中にマハートマは、［あのときは］諸条件が大規模な非暴力運動に向いていなかったことと、人民がしかるべき訓練と規律を欠いていることに気づいたのだった。もし小藩王国で市民の自由を獲得するために、彼の指導のもとでおこなわれた非暴力闘争が困難に満ちたものであったとすれば、外国の侵略にたいして非暴力方式を適用しうる可能性は、いっそう疑問視されよう。

インド国民会議党は平和主義者たちの政治集団ではなかった。それは、自由［独立］を獲得するために［手段として］非暴力を受け容れただけであって、つねに、またあらゆる情況下で、信条として非暴力を受け容れていたわけではなかった。モティラール・ネルー［ジャワーハルラール・ネルーの父］をはじめとする著名な国民会議党の指導者たちは、英印軍の将校たちの［部隊の中核をなす］要員をインド人に変えることに関心をいだいていた。インドが独立したとき、警察や軍隊なしでやっていけると考える指導者はほとんどいなかった。会議党党員のほとんどは、戦争を非暴力の視点からではなく、インドの自治政府の立場から見ていた。第一次世界大戦では、ティラクやアニー・ベザント、その他の熱烈な民族主義者たちは、インドの全面的な戦争努力への協力に先立つ条件として政治的自由を要求した。四半世紀後［の第二次世界大戦では］、国民のさらに大きな覚醒とともに、ナショナリストたちが前回以下のものを要求するとは考えられなかった。自国が外国支配の足下に踏みにじられながら、インド国民がチェコスロヴァキアやポーランドの自由と民主主義の旗じるしを高々と掲げて闘うというのは、明らかに矛盾した話であった。しかし、連合国の大義に熱烈に共鳴する人びとが重視するもう一つの考え方があった。戦争はもはや、どこか遠くの戦場で職業的な軍隊と軍隊のあいだで剣を交える合戦ではなかった。いまや国をあげて、国民は兵士として、あるいは戦時労働者として動員されなければならなかった。共通の敵との戦いの対等な盟友《とも》としてインドを扱うことで、インドのもてるエネルギーを解放しなければ、イギリスが世界的な戦争で十分な使命を果たすことは、ほとんど不可能になるだろう。

一九三九年九月十四日［九月三日に英仏が対独宣戦した］の決議文で、国民会議党運営委員会はナチの侵略に抵抗する諸国民に同情を表明し、ナチズムに対抗する戦争への協力を申し出た。ただし言うところの協力は、「双方が価値ありと考える目的のための相互的な同意にもとづく対等の協力」でなければならなかった。運営委員会はイギリス政府に、民主主義と帝国主義における戦争目的［の相違］を、とりわけ、その目的がインドにどのように適用されるのかを、明言するよう求めて言った。「いかなる宣言にせよ、いまこそは、その宣言の真意が試される秋《とき》である。なぜなら、今日の行動を決定するのも、将来を形成するのも、いま現在にほかならないからである」。

国民会議党はこのようにして、イギリス側に二つの基本的な重大問題をつきつけた――すなわちその一つは、戦争がおこなわれている条理を具体的に示してもらいたいということであり、他は、インドにそのために共闘しようと呼びかけている自由と民主主義［の戦後の約束］をあらかじめ体験させてもらいたいということであった。イギリスの政治家たちにとって、このような問題提起には、［よほど］皮肉な日和見主義でなければ、非現実的な過激主義の臭いが感じられた。［今日のごとき］戦時下に、遠大な憲法の改正などできるだろうか。インド憲法の将来的な問題をまたぞろ持ち出して、その国を烈しい論争と危なっかしい不安にさらすのは、思慮ある、現実的な行動といえるだろうか。イギリス政府と議会に、一九三五年のインド統治法の成立までのあのしんどかった過程を繰り返す時間があるだろうか。また、いかにして国民会議党の主張と、国民会議党の基本的前提そのものに疑問をいだくムスリム連盟の主張を調整すればよいのか。これやあれやの会議党の立場への批判は、一九三九年の国民会議党の要求にたいするイギリス政府の返答に影響したと思われる。イギリスの見方からすれば、会議党の要求に応えるには、たしかにむずかしい問題点はあった。とはいうものの、戦争当初、政府にいま少しの想像力と、いま少しの決断力とがあったなら、のちに［両者の］同意を不可能にした不信の過程《みち》はたどらなかったかもしれない。

ところが、ネヴィル・チェンバリンを首相とするイギリス内閣も、リンリスゴー卿を総督とするインド政府もともに、想像力のある政策手腕を見せることはできなかった。一九三九〜四〇年には、彼らの考え方は、一九三七年、さらに言えば、一九三五年当時となんら変わるところはなかった。

イギリスのあるジャーナリストが［くしくも］言った。

「われわれは勝利の暁には、オーストリア人を解放したい［一九三八年三月に、ナチ・ドイツは軍隊を侵攻させてオーストリアを併合したが、英仏はなんら干渉しなかった］と願っている。ウェストミンスター［英国議会］でもパリでも、オーストリア人に憲法を制定させるという考えは思いつかないだろう。……（中略）」

「ところがインドの場合は、われわれの支配者たちの頭から、神なるイギリス人はインド人の生活する家を設計してやらなければならないという責任感がしつこくつきまとって離れない。われわれの官僚たちがその草案を練るだろうし、われわれの議会が一節一節、法案を検討するだろう、そして、クラッパムやカーディク［といったイギリスの通常の都市《まち》に］責任をもつ白人の選挙人たちが、インドは［上下］二院制にすべきか、一院制がよいか、選挙者は有産階級に限るかどうか等々を決めるだろう」[※4]。

一九三九年十月十七日に交付された待ちに待った声明で、総督は、イギリス首相がすでに発表した戦争目的にさらに蛇足を加えることはできない旨を宣告した。すなわち、英連邦における［インドの］自治領の地位は［あくまで］イギリスの［インド政策の］最終目標であり、一九三五年の政府の統治法についての議論は戦後に持ち越されるべきこと、ただし戦争遂行におけるインド人の意見を聴取する諮問会議は設立してもよい、というのであった。このような「譲歩」は、ほとんどインド側の熱意をかきたてることにはならなかった。少数派問題［藩王たちやヨーロッパ人も少数派に含まれていた］についての総督の言及は、国民会議党の指導者たちをかんかんに怒らせ、ガンディーの辛辣《しんらつ》な批判を引き出した。「宗教社会《コミュナル》間の意見の相違は、インド人の希望《のぞみ》をくつがえすためにこれまでもイギリス政府が利用してきた常套《じょうとう》手段であった。今日ですら、国民会議党とムスリム連盟をとことん張り合わせようとする醜い見世物は止むことはない。わたしは、未曾有のヨーロッパの危機がイギリスの政治家たちに少しはましな認識をいだかせるものと期待していたのだが[※5]」と、ガンディーは言った。

ムスリム連盟は、インドの将来の憲法の作成において、ムスリム［イスラーム教徒］だけが彼らの立場をどうするかを決定すべきであり、連盟はムスリム社会を代表する唯一の組織として公認されるべきことを要求した。戦争は連盟の交渉力を高め、ジンナーは彼の地位をフルに利用した。一九三九年十一月に開かれた、総督と、国民会議党ならびにムスリム連盟の指導者たちとの一連の会談は、政治的な行き詰まりを打開するには至らなかった。

袋小路からの脱出の新しい動機となったのは、一九四〇年夏に、ナチ軍が西ヨーロッパを席巻したときに訪れた。未曾有の苦難に独り立ち向かうブリテン島［イギリス］の戦闘の光景は、インド国内の称讃と同時に、幅広い同情を喚《よ》んだ。もし英国《ブリテン》がドイツ軍の侵攻の上げ潮を防護《ぼうご》できなければ、ヒトラーの地中海支配もインドへの侵入も阻止できないのは火を見るよりも明らかであった。切迫した危機感が新しい出口を指示した。こうして国民会議党運営委員会は、もしイギリス政府が言葉をにごさず、戦後のインドの独立を明言してくれるなら、国民会議党はただちに有効な国家防衛のための暫定国民政府の樹立に参加するつもりであると宣言した。この提言は、ジャワーハルラール・ネルーを含む何人かの会議党指導者たちには「譲歩」と受けとられた。唯一その提言を正当化したのは、ドイツ軍国主義の脅威への「緊急措置」という口実であった。

国民会議党のこの提言に嘘偽《うそいつわ》りがなかったことは、イギリス政府に協力を申し出るにあたり、ガンディーとの訣別もいとわぬ覚悟であったという事実からうかがわれた。すでに述べたとおり、ガンディーはナチズムの画一化や暴力を嫌悪し、連合国側に同情を寄せていたものの、暴力は非暴力によってのみ効果的に中和できると信じていた。彼は、国民会議党が非暴力の抵抗をもって［ナチの］

武力侵略に応えると宣言するものと期待していた。［ところが］国民会議党党員のほとんどは、この勧言の実行性を信じてはいなかった。いっぽう、国民会議党が政府への協力を決定しないかぎりは、それがどんな形なのか、すなわち道徳的・精神的協力なのか、それとも人的・物的協力を含むのかについて、議論はなされなかった。国民会議党が戦争を有利に導くために暫定政府への参加を申し出たとき、ガンディーは自らが信じてもいない政策に与《くみ》することはできなかった。国民会議党運営委員会は、ガンディーと会議党との関係の相違をのっぴきならぬものにしている双方の理想の違いを［そのまま］承認した。曰《いわ》く――「運営委員会は、今後も独立闘争では非暴力の原則を堅持しなければならないと考えるが、……［国際問題ほかすべての問題で］ガンディージーと命運をともにすることはできないとの結論に至った。［ただし］ガンディージーが彼の偉大な理想を追求するのは自由であることは言うまでもないが」。

第46章　亀裂の拡大

一九四〇年の危機的な夏に、国民会議党の首脳部は、政府との協力の条件を最低線にまで引き下げていた。彼らはガンディーの指導を願い下げにするためならなんでもやってのけたが、その代わりイギリス政府に、想像力に富んだ思い切った意志表示を、言いかえると、過去の疑念を払拭《ふっしょく》し、国民のあいだに新しい熱意を醸《かも》し出すような「心楽しい心理的ショック」を期待していた。

指導者たちは、八月八日に国王の政府を代表しておこなうことになっていた総督の重大発表［提言］に、こうした意志表示がなされるものと鶴首《かくしゅ》して待っていた。新憲法案の骨子は、まず、第一にインド国民の責任によるとの考え方が承認されたが、それには、イギリスが生死を賭けて戦闘に従事しているあいだは、そのかぎりにあらずという条件が付されていた。イギリスがインドとの長年にわたる関係で繰り返し自ら負ってきた「責任」という使い古した言葉があったが、いまだにそれを脱却してはいなかった。総督声明は意味深長であった。すなわち、イギリス政府は「インドの平和と福祉のために負うている現在の責任をいかなる制度の政府［暗に国民会議党政府を指す］にも譲渡することは考えられない。なぜなら、その政府の権威は、インドの国民生活における多数にして有力な分子［イスラーム連盟を指す」に真っ向うから拒否されているからである。イギリス政府はまた、そうした政府にたいする、そうした反対分子の圧力にも味方できないからである」。この種の証言《ことば》は、ほとんどだれも思いつかないことであった。なんぴとも、政府がこの国の国民生活の「多数にして有力な分子」を抑圧しようなどとは思っていなかった。このような表現を用いることは、政府にその意志ありやなしやはいざ知らず、ムスリム連盟の強硬姿勢を煽《あお》るだけであり、国民会議党と連盟の協調をいっそう困難にしようと企むものであった。[とはいえ]政府も公言するとおり、国民会議党と連盟の協調は、インド国民への実質的な権力の譲渡には不可欠であった。

さしあたっての法改正には、数名の「代表的インド人」を含む総督参事会の拡大ならびに、各州、藩王国、その他「インドの国民生活全体」の利益代表から成る戦時下諮問協議会の設立が含まれていた。

これにたいする国民会議党首脳部の反応は、深い失望感であった。戦後送りにされた独立の約束は、さらにあいまいになった。「憲法制定会議」という文言は、故意に回避されたように思われた。将来の憲法制度の母体は、三十年代初めの円卓会議の歴史を繰り返すのだろうか。「別れ道」と題する論文で、ジャワーハルラール・ネルーはこのように論じた。「[戦後]われわれは、宝石で身を飾ったマハーラージャ[藩王]や、礼帯を着けた騎士たち、ヨーロッパ人実業家、諸宗教社会の有力者、タールクダール[領主]、インド人資本家、帝国官吏の代表、ならびに少数の庶民代表たちが、おそらく総督の主宰のもとにともに坐し、インド憲法の草案の作成に当たるだろう[と、想定されている。あるいは運命はまた別の道を辿るかもしれないが]。このようにして、インドは民族自決権を行使することになるのだ」と。

このような憲法制定会議の母体の決定は、藩王や少数社会、防衛問題や国務大臣の地位などにかんするイギリス政府の担《にな》う「特別な責任」によるとされた。近い将来、この国は実権をもつ国民政府を樹立するというのではなく、総督の諮問機関の拡大版を得ることになっていただけである。そこは、自分自身以外のだれかを代弁するところではなく、互いに他を排除するために精力を使い果たすだけの［闘鶏］場であった。

［総督の］「八月提言」は、一九四〇年夏の時点ではイギリス政府がインドに与えうる最大限の譲歩であった。しかしそれは、国民会議党側からすれば、諒承《りょうしょう》しうる最少限にも満たないものであった。この未曾有の非常時にあたってなお、政府が［会議党の］協力の呼びかけに応じられなかったということは、指導者たちを苛立たせた。彼らの失望たるや［期待が大きかっただけに］いっそう大きかった。なぜなら彼らの多くは心底から、政府と国民が直面している危急の秋《とき》に、政府に協力することを切望していたからである。すでに引用した論文でネルーは続けている。「仄聞《そくぶん》するところでは、イギリス政府は、これまでわれわれがおとなしかったのだから、今回も彼らの法令に唯々諾々と従うものと信じこんでいるらしい。爆撃機や戦車や武装兵士ののさばる今日の世界で、どうしてわれわれだけが弱くていられようか。なぜわれわれの周囲には争いがあるのだろうか。たぶん、武力紛争の絶えないこの世界にあっても、けっして卑劣でも脆弱でもなく、またけっして無視することのできない人間の精神や民族の精神といったものが存在するからである」。

イギリス軍が敵の攻撃にたいして死闘を演じていたとき、イギリス政府はインドの指導者たちに餌をまくことになんらの興味も示さなかったというのは、思いもおよばぬことであった。イギリス政府は、国民会議党の協力を得ることは切望していたが、「八月提案」は、彼らが信じていたように、戦争努力を危険にさらさず、しかもムスリム連盟を疎外せずに、彼らが譲歩できると考えたぎりぎりの線であった。総督周辺の感触では、政府は戦争に必要なすべての人員、資金、物資を得られると考えていた。また国民会議党の政権参加とは、この責務を果たすことだとも。［会議党の提唱した］「国民政府」要求が、またもやジンナーに批判されたのであるから、その後の歴史から考えると、国民会議党とムスリム連盟から成る連立政府が［たとえ］この時期に結成されたとしても、またそのような政府が順調に機能できたかどうかは［とうてい］言いがたい。

　政府自体が「八月提言」を重視していなかったことは、一九四〇年八月八日に総督から各州知事に宛てた機密文書から推測できる。この日はまさに、政治的行き詰まりの打開を宣告した日であった。

「［インド政府］内務省は、各州政府の官房長官宛に『革命運動条例』の草案を同封した書簡を発送しました。……貴［州］政府におかれましてはたぶん、同書簡がきわめて一般的な言葉で表現されており、運動の促進に責任のある特定の政党や派閥の活動の性格を特定することなく『革命運動』について言及していることにお気づきのことと思います。

　書簡の一節にも書かれておりますが、これは故意にしたことであります。本意は、わけてもインド国民会議党と、同党の指揮下にある市民的不服従運動について言及したものです。貴州の高官たちにおかれましては、本書状の行間の意味を容易におくみいただけるものと存じますが、そこで必要なのは——申し上げるまでもなく——とりわけ考察される情況は、いまもって政府は国民会議党とは厳しい対立関係にあるということです。本状を補足するのに必要な、特筆すべき二つの要点があります、それを申し上げるために、本状をしたためるべくペンをとったしだいです。以下のことは、口頭で官房長官によろしくお伝え願います。

まず、第一は、前回の市民的不服従運動にさいしましては、国民会議党は全体として、非合法団体とは宣告されませんでした。それは、同党の運営委員会ならびに、各州の州委員会、その他の地方委員会にたいして刑法修正条項をもって［逮捕・監禁の］通告ができると考えられていたからです。ところが、［そうすることは］国民会議党全体にたいする対応が簡単にすむという利点があったという事実《こと》はありましたが、そのことはさておき、今日の状況下では、会議党の［中央・地方を問わず］どの委員会にたいしても、戦争宣言への唯一可能な対応は、同組織全体を壊滅させるという断固たる決意をもって臨まなければならないと痛感しております。この見方では、貴殿も貴政府もご同意くださるだろうと期待しております。

第二は、ガンディーの逮捕と、逮捕後の待遇の問題です。予想される状況下では、ガンディーだけを他の指導者たちにたいする処遇から除外する意図《つもり》はありませんが、彼の特異な立場と、従来の諸般の事情にかんがみ、彼をプーナ［ヤラヴァダー刑務所］に監禁するのが賢策だろうと考えます。彼をどこで逮捕するか、いかなる法の適用によって勾留するかなどなど、この件についての詳細は、目下のところ決めておく必要はないと思います」。
「敵愾心《てきがいしん》」がいよいよ高まったときに、国民会議党に一撃を喰らわせるべく、リンリスゴー卿は前任者〔ウィリンドン〕の政策にならった。各州政府宛に送付された条例の草案は、公的活動のほとんどすべての面にわたる包括的な文書であり、〔州の〕首脳部に全面的な権力を譲渡するものであった。この草案に先立って送られた書簡では、政府に反対するいかなる運動も二段階的に取り組まなければならないことが指示されていた。まず「前段階」では、政府に反対する者は、行動を起こすために組織づくりに従事するだろう――もっともその段階では、彼らは敵意を露《あら》わに表明することはないかもしれないが。この段階では、まだある種の寛大さが許容されるが、「戦争の公式の宣言を待たずに、大衆のさらなる戦意低下を防ぐために、政府が攻勢に出ることは分別ある行為と思われる」時期が来るかもしれない。……この時点〔あるいはまた状況不利と思われる時点〕で、すべての州政府は、インド防衛法が現存する以上、また特別な予防のための拘留措置を含む防衛行為についてのさまざまな権力を賦《ふ》与されている以上、平時よりも強力な立場にあった。

　反政府運動が実際に始まったときには、それは「国王陛下の敵〔ドイツ・イタリア・日本の枢軸国〕を擁護することを意図した反逆行為とみなされた。過去の経験が示しているとおり、「この種の運動の組織者たちから、早い段階で指導権を奪取するのが賢明である。さらにまた、運動の気配が察知されたときには、政府は八方手を尽くして、初期段階でそれを殲滅し、運動にはずみがつくのを防がなければならない」。

条例によって州政府ならびに高官には、以下の権限が与えられた――「疑わしき人物」の逮捕・拘留・収監、人物ならびに場所の捜索、資産・建物・文書その他動産の押収、出版・演劇活動・映画製作・郵便・電信・電話・無線電信・放送等の統制、夜間外出の強制禁止、警官の増強、課税、奉仕活動にたいする取り締まり等々。法令によって処罰しうる犯罪行為には、流言の伝播、秘密文書の内容の漏洩《ろうえい》、偽装葬儀、特定の商品や製品のボイコットなどが含まれていた。なお、州政府宛の書簡には、指導者たちの予防拘束についてつぎのような興味深い指示があった。「運動を指導、あるいは組織しうる能力のある者は、実際に行動を起こすと同時に逮捕すべきであり、この対応は運動を出端《でばな》で叩き潰《つぶ》すために肝要である」。

この多岐にわたる条例の草案が、各州政府宛に八月二日に発送されたことを想起するのは重要である。すなわちこの日は、総督が憲法問題の行き詰まり打開への提言をおこなった一週間たらず前のことであり、総督の各州知事宛の書簡は「八月提言」が公表されたまさにその当日に発送されたのである。

もしこの時点で、ガンディーは国民会議党を率いて大衆行動に出るものと政府が予期していたなら、政府は大誤算を犯したことになる。なぜならガンディーは、戦時中は政府をてこずらせまいと心底から気遣っていたからである。また国民会議党の指導者たちも、連合国の大義の命運を憂慮していたために、この段階での大衆行動は起こりそうにはなかった。にもかかわらず、「八月提言」で明らかになった政府の態度が国民会議党員のあいだに、あまりにも深刻な失望を招いたために、なんらかの行動を起こすべしとの、強い欲求が生じた。

この失望感を物語る雄弁な表現は、すでにその一部を引用したジャワーハルラール・ネルーの論文の一節にうかがえる。「イギリス政府の宣言は、われわれの心をようやく繋《つな》ぎとめていた細い絆《きずな》を最終的に断ち切ることを意味した」と、彼は書いている。全インド国民会議党運営委員会が一九四〇年九月に開催され、政府提案の全面的拒否が確認された。戦争努力の遂行で政府に協力するという見通しがなくなったのだから、この協力が非暴力にもとづくことができるかどうかといった議論も無用になった。いまはもう、ガンディーと国民会議党が別々の道を歩む理由《いわれ》はなくなった。そこで会議党はまたもやガンディーに指揮を抑ぐことを求めた。すなわち政府の政策への抗議を鮮明に表わすべく、ガンディーに指導を求めたのである。

それは政治上の問題であった。イギリス政府は、「政治的には」来たるべき将来のインドの自由を明確に約束することも、また目下のところはその意志を実際に示すことも拒んでいた。そしてそのことが、政府と国民会議党との溝をひろげていた。ところが、ガンディーが抗議運動に乗り出したのは、政治問題うんぬんではなく、平和主義者の信条からであった。もしイギリス人がインド国民に独立を認可、あるいは保証できないとしても、すくなくともイギリス人は、「現行の」世界大戦と、実際には「今後の」すべての戦争にインドの参戦を反対する権利を含めて言論の自由は承認できるはずである――これがガンディーの主張であった。

ガンディーは、大衆運動を再開するにあたって、何人かの彼の同志や左派会議党党員から提案された政府に圧力をかけるというやり方には反対した。そして、市民的不服従運動を厳選した個人に限ろうと決意した。彼がサッティヤーグラヒーたちに命じた、そして正々堂々と総督に報告した［運動の］指示内容には、政府にたいする大衆の激昂や嫌がらせのいっさいが禁じられていた。彼の指令は、弟子たちに課した厳しい禁令を特徴としていた。彼はサッティヤーグラヒーの個人名簿の公開を主張した。彼らは、サッティヤーグラハの実施の日時と場所を前もって地方の治安判事に届け出るよう求められた。大衆集会は都市部では控えなければならなかった。サッティヤーグラヒーは、つぎのスローガンを繰り返さなければならなかった。「人的・財政的にイギリスの戦争努力を援助するのは間違いである。唯一やりがいのある行動は、いっさいの戦争に非暴力の抵抗をもって反対することである」と。

ガンディーは［今回の］サッティヤーグラハは集団ではなく、個人としておこなわれるべきことを指令した。したがって、デモンストレーションはありえなかった。［そもそも］国民会議党の建設事業のための組織は、サッティヤーグラハをおこなうことを目的とするものではなかった。会議党党員は「彼らの言論と行動において」、親ファシストでもナチの支持者でもなく、あらゆる戦争に、あるいは少なくともイギリス帝国主義のために戦われているすべての戦争に反対していることを明らかにしなければならなかった。会議党が組織として非合法だと宣告されても、なんら違いはないと、ガンディーは説明した――「わたしはこの身が自由である［獄外にいる］かぎり、運動を続けるだろう。わたしが逮捕されても、国民が非暴力を心からわかってくれているなら、運動は自発的に続けられるだろう。国民会議党党員は冷静で平然としていなければならない。各人は、それぞれ自分の考えで自発的に行動するだろう。もし彼または彼女が市民的不服従運動をおこなおうと思うならば、道はおのずから拓《ひら》けるだろう。またもし人びとが市民的不服従運動が無理だと考えるならば、採《と》るべき道は建設的プログラムに示された綱領の一つひとつを追求することになる」。

個人による市民的不服従運動という発想全体が、政府を深刻にとまどわせることなく、「象徴的抵抗」という目的を成し遂げるために考え出されたものであった。ガンディーは、農民や工場労働者や学生たちを政治的目的のために利用することを戒めた。この運動によって、ガンディーは、国民のあいだの鬱々《うつうつ》とした欲求不満を解消するための安全弁を供給することだけを考えているように思われた。彼は「ここで」あらためて、紡ぎ車と機織り、ヒンドゥー＝ムスリムの融和・禁酒・基礎教育・農村産業・ならびに成人教育、女性の地位向上、健康と公衆衛生の基礎知識、ヒンドゥースターニー語の普及、経済的不平等の撤廃等々を謳《うた》った建設的プログラムを繰り返したのである。この「社会改革の」プログラムは彼にとっては、「政治上の」市民的不服従運動と同じくらい重要であった。事実、彼が言ったように、建設的プログラムを考えに入れない市民的不服従運動の実施は、しびれた手でスプーンを持ち上げようとするようなものであった。ガンディーは「このことの意味を」つぎのように説明した。「大きな改革は自治《スワラージ》達成の暁にやればよいと考える人たちは、非暴力の自治「スワラージ」の基本的な働きについて自己を偽っているのだ。自治は、ある晴れた朝、突然天から降ってくるものではない。それは、一《ひと》つまた一つと煉瓦を積みあげる共同の自助努力でなければならない」。

政治的な立場から見れば、建設的プログラムを対《つい》とする個人による市民的不服従運動は、戦時下にあっては奇異で、いくらか気勢のあがらぬ煽動方法に思われた。運動は一九四〇年十月十七日に、ワルダーにほど近いパウナール村でアーチャールヤ・ヴィノーバ・バーヴェ★2の反戦演説をもって始まった。彼は四日後に逮捕された。十一月七日ヴィノーバ・バーヴェに続いてジャワーハルラール・ネルーが「個人的サッティヤーグラヒー第二号に」選ばれていたが、彼は一週間前にアラハーバードへ向かう途中で逮捕され、四年の禁錮刑を申し渡されていた。十一月中旬に、ガンディーが「代表者によるサッティヤーグラハ」と呼んだ運動とともに、運動の第二段階の闘争《たたかい》が始まった。「つづいて」サッティヤーグラヒーたちは、国民会議党運営委員会と全インド会議党委員会や、中央ならびに州立法府の会議党党員から「つぎつぎに」選出された。

その年の暮れまでに、二十九名の前閣僚を含むおおよそ四百名の国民会議党の立法府議員が運動に参加して投獄された。一九四一年一月初めには、闘争の第三段階が、国民会議党地方委員会によって作成され、ガンディーの承認を得たサッティヤーグラヒーの名簿のリストをもって始まった。一九四一年四月には、会議党の一般党員たちの参加を見ることになった。一九四一年五月十五日までに、政府の記録によると、個人による市民的不服従運動のかどで有罪判決を受けた者の数は、二万五千六十九名をかぞえた。しかしながら、ガンディーの指導したこの「象徴的」闘争方式からは、ほとんど興奮の高まりは見られなかった。彼は、運動が大衆参加の市民的不服従運動へと拡大することには賛成しなかった。「［いまは］大衆行動に立ちあがるべき理由も、またそうした空気もない。そうすることは、昏迷を露《あら》わにし、非暴力の裏切りを喚《よ》ぶことになるだろう。さらに、そうしたことではけっして独立を果たすことはできない。宗教社会間《コミュナル》の結合のない大衆行動は、市民戦争をもたらすだけである。内戦がわたしたちの運命であるとすれば、それは已《や》むを得ないことだろう。しかし、わたしが国民会議党の本心を知っているとすれば、会議党の願いや誘いから、そういう事態にはならないだろう」。

『ヒンドゥー』紙が、運動は「イギリスの」戦争努力になんら重大な効果を与えなかったと指摘したとき、この運動には、はじめから戦争努力を妨害する意図はまったくなかった、とガンディーは答えた。インド担当国務大臣エーメリ氏は、運動が「非合法的なるがゆえに遺憾である」と述べ、それを「無気力で、たいした関心もひかない」行動と皮肉った。個人による市民的不服従運動に課せられた自己抑制が政府の目には奇異に映じたことは、一九四一年一月二十九日に、インド政府から各州知事宛に送られた書簡に明らかである。ガンディーの慎重に企《たく》まれた節度は、「緊急時」に想定されていた思い切った力の使用を無用《ほご》にした。個人による市民的不服従運動は、相応の弾圧によって対抗できると、政府は確信していた。「今回の政策は、故意に法を犯す者にたいして、当然のこととして法の文言を守らせ、すべての煽動的で報復的な行動を回避しようとの［政府の］決意をあらたに表明するものである。……言いかえれば、その目的は、大衆の発熱をできるだけ低く保ち、政府はこうする以外に採るべき方法《みち》はなかったという状況下で、政府としての義務を遂行しているだけである、との印象を与えようとする」ものであった。したがって州政府は、サッティヤーグラヒーたちに穏便で寛大な判決をくだし、運動への一般の関心が下火になるようにとの期待から、民衆を興奮させるようなことは極力避けるよう、通達されていた。

ボンベイ政府はインド［中央］政府に、政府がすすんで「運動を軌道からそらすべく」音頭をとるよう、次のような提案をした――

「たとえば、まったく象徴的な演説を理由に起訴または拘束された、すべての精選されたサッティヤーグラヒーたちの釈放を、慎重に言葉を選んでその旨を説明する声明文を添えて政府が実施するならば、世論はもちろん国民会議党にも与える影響は大でありましょう。ただし、この意志表示がうまくいくのは、運動が下火になったときにかぎります。他の状況では、［政府の］申し出はたんなる弱腰と誤解される懼《おそ》れがあるからです」。

インド政府は、この提案によって「ガンディー氏のおもわくをくつがえすことができる」と考えたことは否定しなかった。しかしそれ「ガンディーをやっつけるの」は、「もっと大きな政治闘争の場での新しい重大な動機に伴って生じる」いつか将来の機会にのみ起こりうると考えられていた。

一九四一年の末月に、戦争は［インドにとって］戦慄《せんりつ》すべき転換点にさしかかっていた。日本軍が真珠湾を攻撃する三日前に、インド政府は、公式声明文から引用するならば、「勝利の日まで、戦争努力を支持するというインド側のすべての責任ある世論を信じて」、個人による市民的不服従運動の犯罪者を釈放することを決意した、と公表したのである。

第47章　クリップス特使

日本の参戦は、戦争をほとんどインドの戸口まで誘《おび》き出した。アメリカ艦隊を撃破すると、日本軍は破竹の勢いで西太平洋の国々を席巻していった。一九四二年二月十五日にシンガポールが陥落すると、ベンガル湾は日本艦隊の攻撃にさらされた。イギリス帝国の海の覇権は失墜してしまっていた。日本軍の侵略の高波は、マレーとビルマを圧倒したあと、いまにも東インドと南インドを呑みこむ勢いで迫っていた。日本軍の侵攻の迅速さは、彼らの数と戦略の優勢さだけではなく、蹂躙《じゅうりん》された国々に抵抗の意志がなかったことを物語っていた。

インドでは親日感情はきわめて乏しかった。スバース・チャンドラ・ボースの放送に影響された少数派は、祖国インドの自由獲得のためには外国の援助を受けることを恥とはしなかったが、インドの知識層の大多数は、反ナチ、反ファシスト、反日であった。ガンディーは「アジア人のためのアジア」という日本の謳《うた》い文句を非難した。それればかりか、中国への同情のしるしとして、日本商品のボイコットに賛成すらした。ネルーの中国への同情は周知の事実である。したがって、危険視されていたのは、インド人の一部が日本軍に積極的に協力するのではないかということよりも、もし日本軍がインドを侵攻して、初戦のいくつかに勝利をおさめたとき、日本軍をインド領内に居すわらせることからくる、国民の側の敗北感と無気力であった。国民は総力をあげて枢軸国への抵抗に賭けるべきであるとする、インド国民会議党の要求が、あらためて急務とされた。

一九四一年初めに、個人による市民的不服従運動で有罪とされた政治犯たちを釈放するとの総督のゼスチュアにたいするガンディーの最初の反応は、けっして喜ばしいものではなかった。「それによってなに一つ、好感や感謝の念をいだくことはなかった」と、彼は言明している。国民会議党運営委員会は、「[その年の]十二月二十三日にバルドリーで会合を開き、戦争状況の重要性を認めながらも、「インド全般の背景にあるのは、イギリス政府への反感と不信感であり、遠い将来の[自治の]口約束では、この背景を変えることはできない。また、従属国インドには、ファシストの独裁主義体制となんら変わらない尊大な帝国主義に、[従属国民からの]自発的にして欣然《きんぜん》たる協力の手をさしのべるわけにはいかない」と、警告した。運営委員会はさらに、一九四〇年九月に委員会が公認した象徴的な市民的抵抗運動の方針を掲げつづけた。

ところが事態は、国民会議党や政府が予想していた以上に早々《はやばや》と、というよりも刻々と移り変わっていった。一九四一〜四二年の冬に、戦況は一九四〇年のフランス降伏後の夏同様、連合国側にとっては不利であった。そこでふたたび、ラージャゴパラチャーリーに率いられた一部の指導者たちは、日本軍にたいして共同戦線を張るために、イギリス政府と直接折衝することに同意した。大方の国民会議党の指導者たちは、政府が対等の態度を示すなら、押し寄せる日本軍の脅威にたいして力を貸してもよいと考えていた。バルドリーでの議論のなかでガンディーは、戦争遂行に政府への協力を妨げているのは非暴力ではなく、適切な協力の言い分が欠けていることだと言った。「驚いたことに」と、ガンディーは国民会議党議長マウラーナー・アーザードに宛てて書いた。「［運営委員会の］ほとんどのメンバーたちは、わたしと見解を異にし、［戦争に］反対するのに、なにも非暴力を根拠にもち出す必要はない、と言っています」と。ガンディーと国民会議党運営委員会のメンバーとの見解の相違が当時危険な状況にあったのには、それなりに理由《わけ》があった。危険は、あわやインドの戸口にまで迫っていた。そして、侵略には武力をもって応じるべきか、それとも非暴力の抵抗をもって応じるべきかという問題が、またぞろ蒸し返されていた。一九四〇年の真夏と同様、一九四一～四二年の真冬にも、国民会議党の指導者の大半が非暴力の手法のすばらしさは認めつつも、それを外国の侵略に抗する防衛手段とするだけの勇気に欠けているのをガンディーは見ていた。

　この間も、戦況はイギリス政府に大きな影響を与えていた。インドの独立にかんするチャーチル首相の考えは先に述べたとおりである。[※6] 一九四一年の段階では、一九三一年の主張とほとんど変わっていなかった。ところが一九四一年十二月に、チャーチルのワシントン訪問中[★3]に、ローズヴェルト大統領がインド問題に言及したとき、「私は強烈に反論した」と、チャーチルは記録している――「そのためローズヴェルトは二度とその問題を持ち出すことはなかった」とも。チャーチルにインドの政治状況の膠着《こうちゃく》から出口を求めるよう説得したのは、アメリカの圧力もさることながら、日本軍の侵攻の迅速さであった。シンガポール陥落の十日後の二月二十五日に、チャーチルはインド問題を再議論し、解決を提議させるために、戦時下の挙国内閣下に小委員会の設置を命じた。この検討委員会のメンバーでは、［のちにインドの独立に大きな役割を果たすことになった］サイモンもアトリーも、［名ばかりの］法定委員会の委員であった。またジェームズ・グリッグとジョン・アンダーソンはインドでは重要ポストの歴任者であり、スタッフォード・クリップスはインド人指導者や政治家にもよく知られていた、加えて、エーメリは時のインド担当相であった。三月十一日にチャーチルは、戦時挙国内閣はインド問題で全員一致の決議に到達したこと、下院の中心人物であったスタッフォード・クリップスをインドに派遣して、インド側の指導者たちと議論するつもりであることを、下院で報告した。

この重大な任にあたる特使は、スタッフォード・クリップスをおいて他の人選は考えられなかった。インドの解放運動への彼の同情は、一般にもよく知られていたし、個人的にも彼はまた、インド側の意見を代表する第一級の指導者たちと交流があった。こうしてクリップスが、三月二十二日にニューデリーの空港に降り立ったときには、だれが見ても話はうまく進展するものと思われていた。クリップスがたずさえ、政府の著名な要人や［インド側の］指導者たちと討議に入った「宣言草案」には、インドの政治問題の解決を目ざすイギリス政府の提言がもりこまれていた。［提案では］戦後ただちに州立法府の選挙がおこなわれることになっていた。そして各州立法府の下院議員から憲法制定会議のメンバーが選出されることになっていた。藩王たちにも、この会議への代表者を指名するよう求められていた。この会議は「［カナダやオーストラリアのような］他の『自治領』とまったく同じ地位をもつ」完全な自治領としての、「インド連合［独立後の連邦］」のための憲法を立案する任務を負わされていた。インド連合はイギリス連邦を脱退する権利をも有することになっていた。［ただし］イギリス政府は、憲法施行の前提条件として言った。「新憲法を受諾する意志のない英領インドのいかなる州の権利も、現行憲法を保持する権利を認めるものである。州がそうすることを決めた場合、次なる正式受諾の対策を講ずるものとする」と。

「このような［連合］未受諾州にも、望むならば、イギリス政府はインド連合と完全に同等の地位を与え、類似の正式手続きによって到達される新憲法を承認する用意がある」［というのであった］。

憲法制定会議とイギリス政府とのあいだに協定――とりわけ人種的・宗教的少数派の保護を約束する協定が結ばれた。藩王国については、「藩王国が憲法に固執しようとしまいと、このこと［少数派の保護］が新しい状況下で求められるかぎり、協定の改正を交渉する必要があるものとする」ことが宣告された。

アトリー氏は彼の回想録にこのように記している――「宣言草案」は思い切った計画であった。そしてそれは「インドの自治政府の可能性など念頭にはなかった、とりわけ、きわめて強硬な首相の見識を信じていた政府の要人たちへの信頼を反映していた」と。一九四二年三月三十日の放送で、クリップスはこのように明言した――「イギリス政府はたしかに、われわれ「インドに同情的な一部の政治家」とイギリス国民がインド国民に完全な自治を与えてもよいと考えていることを明らかにしたがっている」と。クリップスがこの計画をインド側指導者たちに「売りこむ」ことに同意したという事実こそまさに、イギリス政府がやっとの思いで、インド人の熱望を満たすべく大きく一歩を踏み出したという確信を、イギリスにおけるインドの自由の支持者たちにいだかせるのに十分な証拠であった。

イギリス政府の指導者たちのこの自信満々の確信にくらべると、計画〔草案〕がインド側指導者たちに受け容れられるには大きな不安があった。ガンディー（クリップスは電報を打ち、彼をワルダーから招致していた）は、草案に目をとおすと、クリップスに次の飛行機で即刻帰国するよう勧めた。ジャワーハルラール・ネルーは最初この草案を読んだとき、「深い失望」を口にした。彼はそれを読み返し、考えれば考えるほど失望感は増大した。インド国民の自決権が初めてイギリス政府に明確に承認されたというのは事実であった。そして、この権利を施行するための時間と機構はたしかに具体的に述べられていた。ところが、〔イギリス領諸〕州や藩王国の「近寄るべからず〔不干渉〕」の権限は、この国を多数の「独立小国」の集合体から成る政治的碁盤《ごばん》に変えるぞと脅すものであった。それぞれの小国は、政治的・経済的には統一体でありながら、〔全体として〕インドを未完の国にするものであった。この「近寄るべからず（不干渉）」の権利は、明らかに、道半ばであったムスリム連盟のパキスタン要求にも適応された。クリップスはラジオ放送の一つで言った――「もしあなたがたが、いやだと反対している多くの人たちに、同じ部屋に入るよう説得するとき、ひとたびその部屋に入ると出口はないのだと言うのは愚かである」と。クリップス提案（一九四二年）は、ジンナーに分離の道に固執するようけしかけたリンリスゴーの八月提案（一九四〇年）〔一九四〇年八月八日に総督リンリスゴーは、新しく総督の戦時諮問会議を設置すべく総督参事会の拡大を宣言し、そのいずれの会議にも「すべてのインド人（各政党、宗教団体、藩王国）」の代表を参加させることを提案した」をさらに一歩進めたものだと、国民会議党の首脳部は考えていた。一九四〇年三月には、パキスタン構想は夢のまた夢と思われていたのが、一九四二年三月には、それは政治的に現実味のある話になっていた。

［インド］東部［の東ベンガル地方（現バングラデシュ領）］と西部［の現パキスタン領）］のムスリム人口が多数を占める二州が、インド連合に「近寄るべからず（不干渉）」の見通しの不安はあったが、藩王国にまで同じ権利を認めるということに、国民会議党の指導者たちは狼狽《ろうばい》した。藩王国の特権と存在そのものを政府の政治局にまかせっきりにして、藩王たちは新しいインド連合との協力関係をとりきめることのできる独立した支配者たりうるのだろうか。インドの憲法問題はすでに、和解しがたい者たち、すなわち国民会議党とムスリム連盟のあいだを調停する問題で決着していた。［そこに］藩王たちが割り込んでくるとなると、もつれは解けなくなるだろう。イギリス政府がこの事実を認識し、藩王たちを独立民主国家インドの手に委《ゆだ》ねるまでには、あと、まだ五年の歳月を要した。

　このようにして、国民会議党の指導者たちは、クリップスがたずさえたインドの政治問題の長期的解決案を受け容れることができなかった。しかしながら、戦況はみるみる悪化の一途をたどっていった。クリップスがインドに滞在した三週間に、日本軍は破竹の勢いで進軍し、四月一日には［ビルマ中南部の都市］トーングーを、二日後の三日には［中部の］プロームを占領、ついで四月五日には［スリランカの首都］コロンボに爆弾を投下。そして翌日、［インド東部の］ヴィザガパタムとコカナダが空爆を受けた。たとえクリップスが「小包《こづつみ》大の」提案を持ち出し、またたとえ長期的展望がその計画の「思い切った」売り物であったとしても、長期的提案など当分は棚上げにされるだろうし、いま目前に求められているのは、インドの防衛のための緊急合意であることを、国民会議党首脳たちは示唆した。片やインド人側指導者と、片やクリップスならびに総督とのあいだで、総督参事会の防衛委員の役割について議論が交わされた。四月三日にクリップスは、陸軍指令部でインド軍総司令長官ウェーヴェル将軍と面談し、帰国の予定を延期する旨を発表した。「私はたぶん、来週にはなにかお役に立てると思う」と、彼は言った――「思うに、概して言うならば、問題点はかなり狭い範囲に陥っているようである。共々に善意をもってことに当たれば、難題は解決できるであろう」と。翌日クリップスは、ネルーと［国民会議党議長］アーザードをウェーヴェル将軍に引き合わせ、戦争中は総督参事会のインド防衛委員会のメンバーに一任されていた職権について、双方でよく話し合うよう求めた。国民会議党の指導者たちは、戦争遂行の専門面の統率がイギリス軍指令長官の手中に握られていることの必要性は認めたものの、戦時下にあっては防衛は国民生活のあらゆる面に影響するものであり、したがって、防衛をインド人防衛委員の権限から完全にはずすというのは、人民による暫定政府の目的そのものを、言いかえると、戦争の効果的な遂行を無にする怖れがある、と主張した。

［アメリカの］ローズヴェルト大統領の個人特使として来印していたルイス・ジョンソン大佐も参加したこれらの議論は、インド人防衛委員会のメンバーと、イギリス軍最高指令官とのそれぞれの義務の分担ではなく、もっと広範な問題、すなわち暫定政府全般の性格や分担責任の問題で分裂した。

クリップスが持参した「宣言草案」E項［イギリス政府の「宣言草案」は戦後問題を取り扱ったA・B・C・

Dの各項と、インドの戦争遂行にかんするE項から成っていた」は、戦時下の暫定協定に言及していた。条文に曰《いわ》く――「今日インドが直面している危機にたいし、また新憲法が制定されるまでは、イギリス政府はイギリスの世界貢献への努力の一環として、インドの防衛の統御と指揮の責任を担い、それを維持しなければならない。而《しこう》して、インドの軍事的・道義的・物質的資源を完全に組織する責務は、インド国民の協力のもとにイギリス政府が担うものでなければならない」。

イギリスへの帰国途上、クリップスはつぎのように断言した。当初から彼［クリップス］は、［インドで］会ったすべての人たちに、新憲法にまさる憲法上の改変――きわめて微細なもの以外――は考えられないと言明してきた、と。さらにこの新憲法は、戦後に憲法制定会議の努力の結果として施行されるはずである、とも彼は言った。クリップスの言《げん》によって、新政府の組織、すなわち総督補佐機関［総督参事会］のメンバーがどのように遇されるか、その職務がどのように運用されるかなどについては、総督の決定事項であることが明らかにされた。さらに総督は、［このたび］戦時内閣の一員として訪印した彼［クリップス］とは関係なしに、インド政府の運営にあたらなければならないことも明言した。

これこそが、初めからのクリップスの魂胆《ねらい》であったかもしれないが、国民会議党の首脳部は反対の印象を受けていた。交渉中クリップスは「国民政府」とか「国民内閣」といった用語を用いたが、そうした言葉は国民会議党の指導者たちに、新政府は法律によらずとも、すくなくとも慣例によって、総督を憲法上の元首とし、内閣が完全な実権を有する政府になるだろうとの期待をいだかせた。誤解のもとは、「宣言草案」では認められていなかった前提であったかもしれない。後年ネルーが書いたように、彼ら［国民会議党の指導者たち］は調停［の成功］を願うあまりに、彼らの楽観論を大きくふくらませていた。あるいはたぶん、クリップスの側の戦列に変化を見たのかもしれない。ロバート・E・シャーウッド［アメリカのピュリツァー賞作家］は著書『ローズヴェルトとホプキンズ』のなかで、チャーチルがホプキンズに語ったというつぎのような言葉を引用している。「クリップスは、総督にひとことの相談もなく、新しい提言をネルーに提示した」と。新しい提言は、新政府の設立にあたって、国民会議党とイギリス政府の見解の相違をせばめておこうとするものであった。ホプキンズによると、総督は直接チャーチルに打電した。そこでチャーチルはクリップスに、彼が与えた指示内容を超えて行動することを禁じた。その結果、クリップスは折衝を中断して帰国せざるをえなくなったらしい。

「クリップス特使の顚末《てんまつ》は、アメリカの圧力によるものであった。それは世界世論を買収し、あらかじめ予測されていた挫折をインド国民に押しつける舞台ショーであった」という、一九四二年四月二十四日号のインドの有力紙『ナショナル・ヘラルド』の論評は、クリップス特使が失敗したときのインド人の挫折感を写し出したものであったが、イギリス政府には公正な評価とはいえなかった。イギリス政府が初めてインドの自治権を公認し、しかもそれが、［つねづね］インド・ナショナリズムへの不信感を表明していたあの首相［チャーチルを指す］の発案であったというのは、間違いなく一歩前進であった。不幸にして憲法提案は、けっして妥協をみない二つの目標を中途半端にしたまま作成されてしまった。すなわち、一方は自由で民主的なインドを、他はムスリムの分離主義と藩王たちの既得権を擁護する永遠の分断を目標としていた。ジンナーの思考方法《イデオロギー》と戦術のために、インドの政治問題はあまりにも複雑にからみ合い、戦時下内閣の小委員会がロンドンでにわかに作成した公式では、どのようにも解決できなくなっていた。提案が抜本的な修正をいっさい受けつけないという事実——「いやならやめろ」という条件づきであったことが、成功の機会をさらに遠くした。

ところで、戦況の深刻さがあまりにも大きかったため、長期的な憲法の提案には異議を唱えながら、インドの民族主義者たちは複雑な問題はいったん保留し、日本軍の危険にたいしては国民を総動員するという目先の問題に熱中したのである。皮肉なことに、クリップス特使の突然の帰国の主たる動機となった危機的戦況それ自体が、特使の挫折の原因であった。国民会議党の指導者たち［彼らは、インドを非暴力をもって防衛するというガンディーとは（すでに）袂《たもと》を分かっていた］は、日本軍にたいして最後の砦《とりで》まで戦い抜く覚悟で、新しい軍隊と国民軍、市民義勇隊の編制を考えていた。クリップスへの最後の書簡で、国民会議党議長［アーザード］は書いている——「だれひとり司令長官の正規の権限に制約を加えようなどと言い出す者はありませんでした。実のところ、私どもはさらにそれ以上の権限《ちから》が戦時下の閣僚として彼に賦与されることに同意するつもりでした。しかし、防衛については、イギリス政府の考え方と私どもの考え方に、大きなひらきがあったことはたしかです。私どもにとっては、それは国民的な性格のものであり、インドのすべての男女に参戦を呼びかけていました。（中略）……［これにたいして］インド政府は、戦争がもっぱら人民の基盤に立って戦われうることを理解してはいないのです」。

クリップスの交渉の進展を気遣わしげに見守り、ニューデリーに滞在していた彼の個人大使から直接報告を受けていた［米大統領］ローズヴェルトは、ホプキンズを通してチャーチルにメッセージを送って言った。もしもイギリス政府に、帝国の構成分子であるインドに戦後帝国からの分離を承認する意志が「ほんとうに」あるのなら、どうして戦時中に自治政府に相当する地位を与えようとしないのか、アメリカの世論は理解に苦しんでいる、と。ローズヴェルトはまた、「本質的にわれわれ自身と同じ型の」民族政府を設立させるべく、いま一つ努力がなされてしかるべきだ、とも言った。チャーチルは［返書に］書いた――「諸般の事情のために、狂気じみた行動をとらずにすんだことに感謝しております」と。そのとき、クリップスはすでにインドをあとにしていたのである。

「われわれすべてのインド人にとって最大の関心事は、インドの防衛と安全である」と、国民会議党議長［アーザード］はクリップスに書いた。［ところが］会議党の指導者たちに国民政府を要求させた動機そのものが、皮肉なことにイギリス人たちに、戦争中になんとしてもインド人政党に実質的な権力を手渡してはならぬとの決意を強くさせたのである。インド政府ならびに州の高官たちは（フィリップス・ウッドラフの言葉を引用するならば[※7]）、「別の爆弾、別の軍靴、別の新兵をもってして国民会議党の戦争遂行努力の支援に代えることはできない、と考えていた。一九四二年一月初めにチャーチルはすでに、インド政府がこの重大時にあたり、国民会議党に責任を負わせることで、インドからもっと多くの協力を引き出せるのではないかと考えていたが、それは根拠のないことではなかった」と考えていたのである。チャーチルは加えてこのようにも言った――「敵意をいだく分子たちを防衛機構に招じ入れるのは、機能を麻痺させることになるだろう」と。一九四二年三月に、イギリス首相は、インドの政治問題の長期的な解決策としてクリップス提案を受け容れるよう説得《くど》かれたことがあったが、首相の国民会議党への不信感は［国民会議党の首相への不信感と同様に］根深かった。もういちど会議党との調停にクリップスをあたらせてみては、とのローズヴェルト大統領の背に腹はかえられぬ切迫した要望をはねつけて、チャーチルは、「この重大危機に臨んで、すべてを初めからやりなおすというのであれば」、自分［チャーチル］にはインド防衛の責任はとれないだろう、と答えたことを、自ら記録している。

イギリスへの帰路、クリップスは彼の特命としての挫折をガンディーのせいにしてマハートマを非難した。国民会議党運営委員会がクリップス提案を受諾する決議までしていたのに、ガンディーがあいだに割り込んできて、決議をひっくりかえしたとまで彼は言った。ガンディーは［クリップスの会見要請を受けたとき］デリーに赴くのは気が進まなかった。ガンディーはクリップスのたっての願いを容れて彼と会ったのである。彼［ガンディー］は不安を隠すことはしなかったが、交渉の初期段階で［早々と《はやばや》］デリーを去っていた。最終決定は運営委員会に委ねられたが、委員会のメンバーには、ガンディーの気乗りのしない反応はわかっていた。委員会はまた、ガンディーが委員会のいかなる決定をも妨げるつもりのないことも承知していた。

クリップスが提示したのは破産寸前の期限切れの銀行小切手だった、とガンディーが言ったと伝えられた。「もちろん、そのようなことを言った覚えはありませんが、それが期限切れの小切手であったという点では、その批判はまったく正しい」と、ガンディーは友人に語った。今日の目前のことを改めるのをしぶり、未来を重視するという［クリップス提案の］全般的態度は、ガンディーを失望させた。また彼は、現在の結果によって政治を判断するという、独自の方法をもっていた。もしイギリス人がほんとうにインドの自由への権利を受け容れていたならば、すなわち（ガンディー独自の言いまわしを用いるならば）、もしイギリス人がほんとうに改心しているならば、彼はそれを、国家の公文書のなかにだけではなく、日々の行政のなかに見ることを期待していた。［しかし］彼は、［政府の政治に］その片鱗すらも見ていなかったのである。

第48章　インドを立ち去れ《クイット・インディア》［インド撤退要求］

ガンディーは［初めから］クリップス特使にはほとんど関心はなかったが、その失敗は［やはり］大きな失望であった。スタッフォード・クリップスほどのインドの友ですら、国民会議党の立場を理解しなかったばかりか、むしろ誤解していたというのは、かなりショックであった。戦争が長引くかぎり、［両者の］政治的決着の見通しがほとんど期待できないのは明らかであった。インド軍は急速に膨張し、イギリスとアメリカから兵力・軍備ともにてこいれされた。

広大な［インド］亜大陸に幾重にも配備された防御がどのようなものかは、日本軍が中国で、ドイツ軍がソヴィエトで思い知らされていることであった。インドもまた広大な国土を有し、容易には占領されなかった。しかしながらインドでは、中国やソヴィエトとは違って、戦争は愛国心の高揚を喚起してはいなかった。政府と国民のあいだには、ほとんど目的の一致は見られなかった。イギリス人の不信感は病的といえるほどであった。［日本軍の］侵攻に脅えていたオリッサの海岸地帯では、ガンディーの愛弟子ミラー・ベーン［スレイド嬢］が語ったところでは、住民は混乱し、彼らの感情はなんといっても政府への恐怖感と疑念に支配されていた。インド中どこへ行っても、世論はマレーやビルマからの難民がもたらした人種差別の話や、ベンガル地方での「焦土作戦」の最初の実験談でもち・・・きりであった。ベンガルでは、河川の往来になくてはならない何千という小舟が［焦土作戦で］破壊されたという噂であった。

戦争景気で始まった新しい雇用や請負い業で儲《もう》けていた少数派に政府が近づいていたあいだも、ガンディーの手は国民の脈搏をかぞえていた。この重大危機に瀕《ひん》して、国民の気風《ムード》は、決然とした反抗気分ではなく、パニックであり、挫折感であり、無気力であった。インドがマレーやビルマの二の舞を踏みたくなければ、なんらかの手を、それも早急に打たなければならなかった。ガンディーは、イギリス政府によるインド独立の即時宣言のみが、国民を祖国防衛に立ち上がらせる唯一の方法《みち》だと確信していた。彼は国民の頭上に爆弾を投じたことを承知の上で言った。「わたしはこの発想の奇抜さと、この重大局面に臨んで多くの人びとにショックを喚起したことを知っている。わたしは狂気の沙汰と呼ばれようと、自己に忠実であるかぎり、真実を語らなければならなかった。そうすることがインドを戦争と危機から救出するわたしの確たる貢献であるとみなしていたのだ」と。

一九一〇年から一六年にかけてインド総督を務めたハーディング卿は、彼の回想記にこのような話を伝えている。あるとき彼がゴーカレに向かって、「もしイギリスの官吏と軍隊が一か月以内にインドを引き上げると聞いたなら、あなたはどう思いますか」と質問をなげかけると、ゴーカレは「そのニュースを私はたいへんうれしく聞くことでしょう。しかし、あなたがたみんながアデン［紅海入口の海港］に到着するまえに、私たちはあなたがたにインドへもどるよう電報を打っことになるでしょう」と、答えたというのである。ハーディングとゴーカレの時代からすれば、インドの世論はずいぶんと進展したが、［それでもなお］世界戦争のさなかに、イギリス人に完全撤退を要求したというのは、まさに驚異的な提案であった。このときガンディーは、すべてのイギリス人にインドからの物理的な退去を求めたのではなく、イギリス人の手に握られている政権を、インド人の手に移譲するよう求めたのである。このよう重大時に政権移譲を持ち出すのは、時宜を失してはいないかと反論した人びとにガンディーは答えて言った。「いまこそ［インドの独立を］あらためて心理的に認識すべき秋《とき》です。なぜなら、そのときにこそ、日本軍の侵略への不退転の抵抗がなされるからです」と。

二十年以上にわたってガンディーは、ヒンドゥー＝ムスリムの結合なくしてインドの独立はありえないことを主張してきた。けれども彼は、いま、コミュナリズムが醜い鎌首をいよいよ高くもたげているのを目のあたりにしていた、そして自由の風潮のなかでのみ、それぞれのコミュニティーの敵対する主張は歩み寄ることができるとの結論に到達したのである。「インドを立ち去れ」はこのようにして、日本軍の進攻と、一九四二年夏にインドが直面していた国内的分裂への、まさにガンディーの解決策であった。この解決法を「敗北主義的」とか、日の出の勢いの日本軍への讃美とする非難は、ガンディーの発想への完全な誤解から生じたものであった。一九四二年二月に、日本軍が電光石火の速さで極東を席巻していたとき、彼は公然とイギリス軍の崩壊の危惧を表明していた。そしてこのように言った――イギリス軍はいくつかの戦闘で手痛い敗北を喫したが、なんとか敗北を生きのび、それを勝利への踏み石に変える術《すべ》を知っている、と。歯に衣《きぬ》着せぬ物言いで、彼は主人《あるじ》の交替［イギリス人に代えて日本人を迎え入れること」に反対して言った。「わたしは、イギリス人が他の支配者に代わればよいなどとは思っていません。自分の知らない敵よりは、知っている敵のほうがまだしもましです。わたしは、枢軸国の［植民地支配の解放などという］友好的な戦争宣言にいささかも重要性や敬意を払ってはいません。枢軸軍がインドに入ってきたとしても、彼らは救済者としてではなく、分捕品《ぶんどりひん》を狙う略奪者としてやってくるでしょうから」と。

一九四二年五月三十一日付の手紙にガンディーは、日本軍が［インドの］東海岸に上陸してきた場合、非暴力の抵抗をもって迎え撃つ準備をすすめるためにオリッサ地方へ出向いていたミラー・ベーンに宛てて、つぎのような指示を与えた。「わたしたちの立場は、日本軍にたいしても完全に非暴力的であることを肝に銘じておいてください。それゆえに、わたしたちはどんなことがあろうとも、彼らを援助することはないでしょうし、彼らと取り引きして利益を得ることもないでしょう。……しかしながら、もし人民が日本軍に死ぬまで抵抗する勇気をもたなくとも、また日本軍に攻略された土地を離れて避難するだけの勇気と能力《ちから》をもたなくとも、彼らは彼らなりに力のかぎりを尽くすでしょう。一つだけ彼らがしてはならないのは、自らすすんで日本軍に降服することです。それは、憶病者がやることであり、自由を愛する国民にふさわしからぬ行為です。人びとは、一《ひと》つの火を逃れて、他の——たぶんもっと怖ろしい大火に飛び込んではなりません」。

もし枢軸国がインドで、現実的、あるいは隠れた協力者をもつことになったとしても、ガンディーがその一人でなかったことは明らかである。何人かの外国人記者たちからガンディーは、イギリス軍がにわかにインドを撤退するようなことになれば、インドをもろに日本軍の侵略にさらし、中国の防衛を果てしなく弱体化するという必然的な結果を招きはしまいか、といった種類の指摘を受けた。ガンディーは「非暴力の行動をもって、完全に日本軍の侵略を食い止めることは保証のかぎりでない」ことは認めていた。これに続いて、ジャワーハルラール・ネルーとの議論で、イギリス権力の撤退の提言を、国際情勢の現実に則し、戦時中は国連軍がインドの地に駐留することに賛成の意を表した。そして、インドの国民政府がなすべき最初の仕事の一つは、枢軸勢力に抗する防衛行動のために、国連と盟約を結ぶべきだという［ネルーの］見解に賛同した。このことは、一九三九年九月以来ガンディーが一貫して唱えつづけてきた観点からすれば、驚くべき方向転換であった。

戦争勃発以来、ガンディーは国民に向かって、侵略軍にたいしても非暴力の抵抗をするよう勧めてきた。彼は国民会議党に、自由［独立］闘争に採用してきたのと同じ方法を、国家防衛のためにも固執するよう求めてきた。二度までもガンディーは、この問題をめぐって国民会議党運営委員会の多数派メンバーと決裂したのである。したがって、第二次世界大戦に臨んでガンディーが本気で国民会議党への参加に同意を示したとき、彼はほんとうに真意《こころ》に反する行動をとったのだった。ただ一つ、ここで言えるのは、戦争がもたらした重大危機と、インドの自由への情熱が、彼にとって生命《いのち》よりもたいせつであった［非暴力の］原理からの逸脱に折り合いをつけたということである。

「インドにおけるイギリス支配《ラージ》は即刻終わらせなければならない」と、一九四二年七月十四日にワルダーで開催された会議のあと、国民会議党運営委員会は宣言した。委員会はまた、クリップス特使の失敗がイギリスにたいする反感を、急速かつ広範囲に拡大し、日本軍の勝利に満足感をつのらせる結果になることを指摘した。インドを「［イギリス人が］共同企画の自発的なパートナー」にするためには、インド人に「自由の焔」を感じさせることが肝要である、と委員会は考えていた。

もしイギリス支配の即時撤退への呼びかけに応答がなければ、国民会議党運営委員会は、「必然的にマハートマ・ガンディーの指導のもとにおこなわれるであろう」市民的不服従運動の再開を予告した。この重大問題の最終決定は、八月七日にボンベイで招集されていた全インド国民会議党運営委員会に一任されることになっていた。

その後の三週間は、きりきりまいの忙しさと、息のつくまもない緊張感に満たされていた。「インドを立ち去れ《クイット・インディア》」という激しい提唱は、一般の会議党員の想像力《こころ》をとらえたが、批判もあった。パンジャーブ州首相サー・シカンダール・ハイヤト・カーン[★4]は、「提唱の行き着く先は修羅場だ」と、声をはりあげた。「それは、イギリス政府に国民会議党支配《ラージ》に降服せよと脅そうとする試みだ」と、ジンナーは非難した。イギリス労働党の全国執行委員会は、提唱されている「クイット・インディア」運動は、自由を愛するすべての国民の命運を危険にさらすものであり、それによってインド人の自由への希望《のぞみ》を破壊することになるだろう、と宣言した。受け皿のないイギリス政府の撤退は、国家と社会そのものを崩壊《ほうかい》させるだけだと、「国民会議党の古参」C・ラージャゴパラチャーリーは苦言を呈した。

ガンディーはこの種の批判にたいして『ハリジャン』紙や、新聞記者たちとのインタヴューで答えた。

彼がイギリスに、インドを自らの運命に、言いかえると「神の意のままに、さらに現代の語法をもってすれば、無政府状態」にまかせるよう要望したという事実《こと》は、彼の提言がそのまま受け容れられたときの必然的結果として、文字どおりの無政府状態を期待していたわけではなかった。それとは逆に、真《まこと》の責任に直面するとき、インドの各政党が提携し、危機を通して国家を考えるだろうことを、彼は信じて疑わなかった。イギリス政府の撤退は、日本軍への防衛を弱めるどころか、それを強化しようと腹を据えることになるのだ。イギリスにたいする悪意を善意に変えることは、「すべての戦艦や飛行機に値する」と、ガンディーは論じた。そして、いま即刻インドの独立を承認することこそが「最重要決定である」と言った。

「インドを立ち去れ」は、全インド国民会議党運営委員会のボンベイ大会で採択された。深夜時計の針が十二時をまわったとき、ガンディーは集まった代議員たちに語りかけた――「実際の闘争は、いますぐ始まるというのではありません。みなさんは、わたしの手に確《かく》たる権力を委ねられただけのことです。わたしがなすべき最初の行動は、まずもって総督閣下のもとに伺候し、国民会議党の要求を受諾してくれるようお願いすることです。これには二、三週間の時を要するかもしれません。この間、みなさんは何をすればよいのでしょうか。紡ぎ車があります。……しかし、みなさんにはそれ以上なすべきことがあります。あなたがたの一人ひとりが、只今この瞬間から、自分自身を自由な男性、またはは自由な女性であると考え、自由な人間として、もはや帝国主義に踏みにじられることのないよう行動するべきです」。

「わたしの昨夜のスピーチのあとでは」――ガンディーは一九四二年八月九日の明け方ベッドに行くとき秘書に言った――「政府は私を逮捕するようなことはしないでしょう」と。ところが政府は、すでに腹をくくっていたのである。正確に言うと、この日から二年前、総督は知事たちへの伝達のなかで、国民会議党が政府に向かって公然と挑戦するようなことがあれば、会議党を叩きつぶすつもりである、と決意のほどを表明していたことはすでに述べたとおりであった。各州知事に全面的な権限を付与するとの条令がすでに起草されていた。それは、官房長官の極秘文書室から取り出しさえすればよいことになっていた。この権限がもっと早くに発動されなかったとすれば、それは一九四〇～四一年の個人による市民的不服従運動の、ガンディーの慎重がうえにも慎重な節度によるものであった。

インド政府が強行措置に出た場合《とき》の危険を知っていたことは、一九四一年一月の各州政府に宛てた政府の書簡から伺い知ることができる。書面で政府は、個人による市民的不服従運動についてつぎのように述べている――「一州［州政府］だけが、運動を停止させる唯一の方法として、即刻ガンディーを逮捕すべしと力説している。［これにたいして］他の州政府は、彼［ガンディー］の命令に従って行動する者たち［個人によるサッティヤーグラハ運動家たち］をつぎつぎに逮捕しながら、ガンディー一人《ひとり》だけを自由に泳がせておくのは筋の通らぬ話であることは認めつつ、いま彼を逮捕するのは運動を停止させるどころか、かえって火に油を注ぎかねないことになり、大衆運動だけが煽《あお》ることのできる民衆の興奮状態を醸《かも》し出すことになるだろうとの見解である。（中略）……［政府内の］世論もまた、ガンディーが獄中でおこなうかもしれない断食は、極力回避すべく手を尽くさなければならないとの方向である」。

一九四二年八月にインド政府が躊躇《ため》らわずにとった行動は、彼らの精神状態が国民会議党のそれにひけをとらない切羽詰まったものであったことを表わしていた。［総督］リンリスゴー卿に言わせれば、三年もの長きにわたって耐えに耐えてきたのである。一九四一年十二月には、［政治犯の］釈放を申し出ることで国民会議党に好意的なゼスチェアーを見せたが、［結局は］協力を得ることはできなかった。「インドを立ち去れ」提言で、政治的温度はすでに高まっていた。もし国民大衆による市民的不服従運動が現実に始まれば、それは行政を麻痺させ、戦争遂行努力を危くするかもしれなかった。強力な予防策として、総督はイギリス内閣の完全な支持をとりつけていた。ロンドンでは、クリップス特使を遣《つか》わすにあたり、政府はインド側の妥当な要求は最大限かなえてやってもよい、［いっぽう］この国家の重大時に戦争遂行の努力を危険にさらすがごとき国民会議党のいかなる行為にも断固たる態度をとらなければならぬ、との思いがあった。国民会議党にたいする攻撃姿勢を最終的に承認したのは、［当時エジプトの］カイロに出かけていた［保守党の］チャーチル首相ではなく、［労働党の］アトリー氏であったことは注目に値する。この点では、労働党と保守党との意見が完全に一致していたばかりではなく、イギリス政府は戦争の名のもとに、当然のことながらアメリカ合衆国の政府ならびに世論とも歩調を揃えたいと考えたのである。

一九四二年八月九日の未明に、ガンディー、ジャワーハルラール・ネルー、アーザードをはじめとする国民会議党の指導者たちの一斉逮捕がおこなわれた。指導者逮捕のニュースは、暴力的反応を喚《よ》んだ。いくつかの州、とりわけビハール、U・P［ウッタル・プラデーシュ］、ベンガル、ボンベイなど諸州では、人民の激怒は政府の防壁を突き破り、イギリスの支配機関や象徴に向けられた。郵便局、警察署、裁判所に火が放たれ、鉄道線路や駅舎、車両が破壊され、電信・電話線が切断された。全インド国民会議党委員会を前にした最後のスピーチでも、ガンディーは、開始を宣言した闘争の基本的前提として非暴力を強調した。しかし彼の勧告は、民衆の逆上と、政府の鉄拳のあいだで顧《かえり》みられることはなかった。多くのイギリス人たち——役人も一般人も——は、一八五七年の大反乱［セポイの反乱］を想起したが、一九四二年の蜂起は、自然発生的な暴力の結果であり、自殺行為にひとしかった。政府はありとあらゆる暴力《ちから》をもって報復し、民衆は銃撃と、あまつさえ空からの機銃掃射を浴びて蹴《け》散らされた。

チャーチルは下院で言った——「国民会議党はいまや、ガンディー氏が長年さまざまに説き聞かせてきた非暴力とやらの政策を放棄し、公然と暴力革命を始めたのである」と。インドの内外で、「このたびの大衆の」暴力は、国民会議党の指導者たちが入念に企らんだ陰謀によるものである、と政府は宣伝した。ガンディーは、彼のために刑務所に看板を塗り変えたアーガー・カーン宮殿に幽閉《ゆうへい》［このたび政府は、ガンディーの高齢と健康状態に配慮して、逮捕後彼を、これまでのようにプーナ（プネー）のヤラヴァダー刑務所に収監せず、同市のアーガー・カーン宮殿に幽閉した］されて一週間以内に、総督宛てに書状を送り、一連の出来事が公然とおこなわれた「真理の虐殺」に苦言を呈した。ガンディーは、今回の逮捕劇がなかったなら、政府との和解に全力を尽くしていただろう、と言った。［事実］彼も彼の同志たちも、事態のどの段階においても、運動の一部として暴力を採《と》り入れることは考えてはいなかった、と彼は言った。彼は指導者たちの一斉逮捕によってまさに危機状態に陥ったと政府を非難した。総督はいくらか言葉を荒らげてこの分析を否定し、国民会議党の運動とガンディーを、［現実に］発生した事件の「全責任を負うべき公認のスポークスマン」ときめつけた。リンリスゴー卿は返書に書いた――「貴殿と貴殿の友人たちが、この政策を暴力へ誘導しようとしていたことと、貴殿が暴力を黙認するつもりでいたこと、さらに、貴殿たちの共同計画の中心部をなす暴力が、国民会議党首脳の逮捕よりずっと以前に企《たくら》まれていたこと、等々の動かぬ証拠があります」。

［しかし実際には］ガンディーは、全インド国民会議党運営委員会に彼の計画の詳細を開陳する前に逮捕されたのである。しかも八月七日には、政府との交渉が失敗し、運動に乗り出す場合の「指導案」をどうするかについて、ガンディーは会議党運営委員会のメンバーたちと議論しようとしていたやさきであった、一日ハルタール［いっさいの企業活動を停止する一日罷業《ストライキ》］が想定されていた。その日は、二十四時間の断食と祈りがおこなわれることになっていた。集会は、都市部よりも騒動発生の怖れの少ない農村部でのみおこなわれる手はずであった。官公庁や、政府系の工場・鉄道・郵便局などで雇われている者はハルタールには参加しない、なぜなら「われわれの目的は、日本軍やナチ、ファシストの侵略を許さず、同時にイギリス支配《ラージ》にも我慢がならぬことを表明する」ものであったからである。中央ならびに地方議会や自治体、そのほか公共団体に所属する国民会議党党員は職を辞し、十六歳以

上の学生は退学することが決まっていた。塩は製塩法違反覚悟で製造され、地租［土地税］の支払いは拒否されなければならなかった。［イギリスの対枢軸国軍への］軍事行動を妨害する意図はなかったが、恣意《しい》的な独断行為には抵抗しなければならなかった。ここに、闘争の特徴を示す意味深い言及がある。――

「終わりに一言《ひとこと》。自分の名前が国民会議党の党員名簿に登録されている人たちは、自らをたんなる［政党の］党員と考えるべきではありません。インド全体のために自由を念願し、この闘争の目的の成就のために真理と非暴力を武器とすることを信じてやまぬすべてのインド人に、自らを国民会議党党員とみなし、党員にふさわしい行動をするように勧めようではありませんか。もしコミュナリズムを心中にいだき、他のインド人やイギリス人に憎悪と悪意をつのらせる人があれば、その人は戦列を離れることで闘争を最高度に援助することになるのです[※8]」。

ガンディーはこうした指示について国民会議党運営委員会のメンバーと議論する機会はなく、他方、委員たちもそのときは、彼の心の動向《うち》を推し測っただけであった。ガンディーは、インドの自由への熱望と、戦時中は政府を当惑させたくないとの願いのあいだで懸命に均衡《バランス》をとろうと努めていた。もし彼が逮捕されていなかったら、彼の行動計画は後者［戦時中は政府をとまどわせまいとする方向］に大きく傾いていたことだろう。［すくなくとも］彼の存在の重みが、暴力事件の発生を食いとめていたであろうことはたしかである。彼は、どうすれば民衆の暴走を鎮《しず》めることができるかを知っていた。いくら呼びかけてもだめなときには、生命を賭して断食を決行することで、民衆を正気にもどすことができた。
「一九四二年暴動」の責任は、片やガンディー（当時は獄中［アーガー・カーン宮殿］に繋《つな》がれていた）と、片や総督ならびに彼の政治顧問［参事会委員］間の、長期にわたるかなり辛辣な往復書簡で論題になった。リンリスゴー卿（ガンディーは総督を友人と考えていた）は、ガンディーの誠意と非暴力への信念について論題にすべきであったのに、それをしてくれなかったということは、マハートマにはやりきれぬ思いであった。一九四三年二月十日に始めた二十一日間の断食では、ガンディーは自らの苦痛の代価に「癒やしの香油」を求めた。インド政府が久しく怖れていた断食の秋《とき》が来たのである。しかし今回の断食では、インド政府がこれまで冒したことのなかった危険に、すなわちガンディーの獄死の危険に臨むことをも辞さなかったのは、政府の頑なな態度の表われであった。医師たちの報告が沈痛になるにつれて、国じゅうに感情《いかり》の嵐が吹き荒れた。総督行政参事会の三人の［インド人］メンバーが［政府の冷酷な態度に抗議して］辞表を提出した。各種政党の指導者たちが政見の相違を超えて結束し、ガンディーの釈放と助命を嘆願した。しかし総督は、本国政府を後ろ楯に、断食を「政治的恐喝」と呼んで、一歩も譲らなかった。このような口汚い罵倒でどれほど溜飲を下げたかは知らぬが、それはただインドの世論をいたずらに逆撫《さかな》でするだけであった。

　断食はただちにガンディーの敵対者たちの心を和らげるには至らなかったが、もしガンディーにサッティヤーグラハ運動を開始する時間があったなら、運動がおこなわれたであろう原理を、インドの世論に再教育する効果はあった。ガンディーは自分が囚人でいるかぎり、大衆暴力に意見を述べることは断固として拒絶した。なぜなら［獄中では］一方側の報告、すなわち政府側の情報源からしか話が聞けなかったからである。彼は暴力を非難するのはやぶさかではなかった。しかし一九四二年にはガンディーは、政府が故意にインド国民の醜行を宣伝し、世界の注目をインドの自由のほんとうの目的からそらすために、自らの弾圧を見て見ぬふりをしているのではないか、との疑念をいだいていた。一九四四年夏に釈放されたとき、ようやくガンディーは、一九四二年の騒乱について熟考して口を開いた。国民が政府に殴られるままにじっと耐えていられなかったということでは、物申したいことはいろいろあった。しかし、彼に従うと誓っていた者たちが、非暴力の基本原則を忘れたことを知って、ガンディーは苦悶《くもん》した。

ミドナプル（ベンガル州）の国民会議党の党員たちがガンディーに、民衆が警察署を襲撃、裁判所に放火し、通信機関を麻痺させた経緯《いきさつ》を詳しく語って聞かせたとき、ガンディーは言った――「それは、非暴力の行動手段ではありません。人びとは、殺人さえやらなければ、すべてが非暴力だと考えるという思い違いをしています。ときには、殺人が暴力のなかでいちばん清らかな場合があるかもしれません。もしあなたがたが、害をなす者をその場で殺害したなら、その人にかんするかぎりは、それで話は一完の終わりです。ところが、いやがらせはもっと質《たち》が悪い。それは悪意を終わらせません。それどころか逆に、頭に血をのぼらせます。政府は復讐心に燃えていました。たぶんあなたがたは、［こちらがなにもせずとも］政府はどのみち復讐しただろう、と言うかもしれません。しかしそれは、わたしたちの望むところでも、目ざすことでもありません。政府をパニックに陥れることは、わたししたちの益にはなりません。一九四二年八月には、政府はパニック状態で兢々《きょうきょう》としていました。その口実を政府に与えたのは、わたしたちでした」。悪魔は人の心のなかではなく、橋や道路に住みついている、と考えるのは誤信であると、マハートマは言い加えた。ゆえに、橋や道路をいくら破壊しても、人の心を変えることはできない、と。

「ガンディーは、彼自身と同志たちとであらかじめ用意周到に仕掛けておいた列車に火を放った。そして、機の熟すのを待たずにそうせざるを得なかったというのは、彼の落度ではなく、わが方の幸いであった」という総督参事会委員の非難は、ガンディーと国民会議党を、対日連合国の戦いの破壊工作員とみなす政府［に根強くあった］見方の一つであった。この宣伝文句は、しばらくのあいだは罷《まか》り通ったが、長くは続かなかった。「マハートマ・ガンディーを第五列部隊員［スパイ行為によって内部の攪乱《かくらん》をはかる部隊員］呼ばわりするのは、まったくばかげている」と、一九四二年十一月にロンドンでの記者会見で、［かつて南アフリカ時代の政敵であった］スマッツ将軍は言った――「ガンディーは偉大な人物です。彼は世界の偉人の一人です」と。彼の写真ばかりか、その名前すらも新聞紙上から排除することで、彼を政治世界から葬り去ろうとする試みは、みごとに失敗した。ガンディーが政府を相手に立ちあがった勇気、暴力が彼の周囲で勝利したかに思われた時代に、断固として非暴力を主張しつづけた不屈の信念、一九四二年の騒動のさいに政府の宣伝活動隊員の仕掛けたわなを粉砕した一徹さ――これらすべてが、ガンディーにたいするインドの民衆の尊敬と愛情をいっそう高めたのである。彼は血の気の多いナショナリズムのではなく、不屈のナショナリズムの象徴となった。

一九四二年の騒擾が招いた［当時の民衆の］殺気がしだいに落着きをとりもどした今日、あの年の出来事をいっそう明確な視野で見ることができるはずである。一九三四年以降ガンディーが民衆に強調した非暴力の訓練の重要性を想い起こすとき、そして戦前の無秩序や暴力的気風の拡大への彼の懸念に思いをいたすとき、さらに一九四〇～四一年の個人による不服従運動を指導したときの、彼の考えに考えぬいた抑制を想起するとき、われわれは、あの当時の重苦しい雰囲気のなかでの切迫した状況が実際にどんなものであったかを理解できるだろう。日本軍がインドの入口にもたらした世界戦争における大衆運動にともなう危険を、ガンディーは承知していた。しかし同時に、彼はまた、人民の弱腰と、日本軍の侵略の前に屈服するかもしれない可能性をも知り抜いていた。憎悪や暴力に訴えることなく国民の自尊心をゆるぎなき主張へと奮起させるためには、まさに奇蹟を起こす必要があったが、その奇蹟は以前にも起こったのだった。一九三〇年の数か月間［塩のサッティヤーグラハ闘争のとき］に、ガンディーはインドの政治に、ほとんど人種的な遺恨や暴力をともなわずに、電流を流すことに成功した。けれども、十二年後には、状況はまるで違っていた。人民も政府も、緊張のあまり金切り声をあげてわめいていた。戦争の命運がどちらに傾くかわからぬまま、政府は事態を静観しようとはせず、［他方］国民の大多数は不満で騒然としていた。一九四二年の政治状況は、一九三〇年のときよりも一九一九年の［アムリッツァル大虐殺後の］状況に似ていた。ガンディーはそうした国民の怒りを敏感に嗅ぎつけていたが、サッティヤーグラハ運動をとおして憎悪や暴力は排除できるだろうとの一縷《いちる》の望みをつないでいた。しかしながら、国民会議党の指導者たちの一斉逮捕とそれに続いて発生した民衆テロ、さらにそれにたいする政府の報復的テロ行為のために、サッティヤーグラハ運動を始める機会を逸《いっ》してしまっていた。

ガンディーは、彼の法則《ルール》に従って政府と対等に勝負することは望めなくなっていた。同様に政府もまた、自らが採《と》った政策の結果、いまとなってはガンディーを誹謗《ひぼう》するわけにはいかなくなった。リンリスゴー卿は、海千山千のイギリス人行政官のあいだに共通していた見解に従って行動を起こしたのである。すなわちそれは、ガンディー運動を叩きつぶす唯一の方策は、運動の初期段階で効果的な強打をくらわせるというものであった。これは、ウィリンドン卿がうまくやってのけたといわれる方法である。けれども、こうした方策の外見的な成功は、えてして一時的なものに終わる傾向があった。弾圧は、その結果生じる痛恨とともに、それをおこなった当事者にはねかえった。一九三二年にウィリンドン卿は、国民会議党を壊滅できると信じて痛打を加えた。しかし五年後、国民会議党は一九三五年のインド統治法のもとに実施された最初の選挙で圧倒的な勝利をおさめたのである。一九四二年にリンリスゴー卿は、彼の視点から見た国民会議党への決定的な勝利をかちとった。しかし、一九四七年にイギリス支配は形式的に、そして最終的に終焉《しゅうえん》を迎えた。インドの民族運動に最強の鉄拳を揮《ふ》ったウィリンドンとリンリスゴーの二人［の総督］が、はからずも、インドの政治的解放を促進する役目を担《にな》ったというのは、なんとも曰《いわ》く言いがたい歴史の皮肉である。

一九四二年の暴動は、愛国者の見方からすれば、恥ずべき時代的遺産であった。それは、破壊と炎上に狂った愛国精神に我を忘れた［インド独立運動史上］ほとんど最初の大規模な暴発事件であった。

それは一九四六年~四七年に、愛国心に代わって今度はコミュナルな感情が騒動の主要要因として荒れ狂ったときの、卑《いや》しむべき大衆行動の危険な前例になったのである。

第49章　不　敗

アーガー・カーン宮殿に幽閉されて一週間も経たないうちに、ガンディーは個人秘書マハーデヴ・デサーイを亡《うしな》った。有能にして勤勉・謙虚、つねに頬に微笑《えみ》をたたえていた「M・D」は、二十五年間片時も離れることがなかったよき助手であった。「息子と秘書と愛《まな》弟子を一《ひと》つにしたような」と、かつてマハートマはマハーデヴを評して言ったことがあった。マハーデヴは一九一七年にボンベイ［現ムンバイ］大学を卒業し、いくつかの前途ある職業を経験したのち、ガンディーの運動に参加した。マハーデヴの美しい筆跡、慎重な気くばり、純粋な忠誠心は、彼を有能な秘書たらしめたが、ガンディーの秘書は右筆《ゆうひつ》以上のなにかでなければならなかった。ガンディーがまだ世に知られていなかったとき、マハーデヴ・デサーイはしばしば、インド全土を遊説して回るガンディーの同伴者であった。そんなとき彼は、秘書の仕事を果たすほかに、寝台をしつらえ、食事の用意をし、衣類の洗濯までした。ガンディーの公生活でなすべきことが忙しくなるにつれて、マハーデヴ・デサーイの役割も増大した。彼は厖大《ぼうだい》な量の郵便物を分類・整理し、来客を迎えて世話をやき、歓迎せざる客たちを適当にかわし、出納簿をつけ、遊説計画をたてるために鉄道の時刻表や地図に目をとおし、講演や対談を記録し、新聞［『ヤング・インディア』『ハリジャン』両紙］の編集にもあたった。ガンディーの著述の多くが走る三等車の客室《コンパートメント》で書かれたため、マハーデヴはつねに、客室に燈りがないときのためにローソクを持参していた。新聞に送る「原稿」の発送も遅れたことはなかった。

『ヤング・インディア』『ハリジャン』両紙の読者たちは、マハーデヴ特有の魅力的で、内容の濃い「M・D」からの毎週の贈り物を心待ちにしていた。デサーイは「人間のなかでもっとも愉快な人物の一人」と評した自然療法師のボース博士について、このような記事を書いている――「博士は、ガンディージーに時間をさいてもらって治療を施すために、毎日の治療費を支払いたいと申し出ていた。彼は出立の日に、このような短い文書を送ってきた――『この紙幣を貴方にお渡ししなければなりません、それは昨日お届けするはずでしたが、愚生の手もとに残ってしまいました。そこで、いつの日かお約束を果たせるとの願いをもって尊台にお送りする次第です』と。もしこの言葉に嘘がなければ、博士がいつかセーガオン［中部インドの片田舎のガンディーのアーシュラムの所在地］まで出かけてきても、筆者［マハーデヴ・デサーイ］は驚いたりはしないだろう」。

ここに［MD］の記したガンディーとエミリー・キナード夫人の対談記録がある。「夫人はガンディーに、地の果《はて》のような遠隔地方の、英語などひとこともつうじない異教徒たちが、彼［ガンディー］の話す［その地の］方言に神の福音《ことば》を聞いてうれしそうに喜んでいたのはどうしてかとガンディーに言ったとき、『そのことならなんでもありませんよ』と、ガンディージーはふたたび笑顔で答えた。エミリー夫人もまた笑った。なぜなら彼女は、考えてみれば、自分の言ったことはまさに〈釈迦に説法〉だったという事実《こと》を気づいたからである。道説《みちと》く人の第一の資格は、平静な澄み切った心である。『それにしても』と、ガンディージーは加えて言った――『〔それぞれの人種や宗教の相違を表わす〕標識のことで、どうして人びとはみんな争うのでしょうか。インド人も南アフリカ人も、相当数の人びとがキリスト教徒と呼ばれないと、なぜキリストの教えに生きることができないのでしょうかねぇ』通常はこの種の議論は勝負つかずの引き分けに終わるものである。〔しかし〕エミリー夫人は、このみごとなユーモアにすっかり感心して、その場を後にした」。

ガンディーの口から出た言葉は片言《へんげん》漏らされず、倦《う》むことなき彼の秘書の手で記録された。〔MD〕は、新聞紙の欄外や、紙幣や、はては爪にまでメモをとり、あとでそれを彼の記事で一般読者と分かち合い、彼の『日記』に転載した。そしてこの作業を、彼はほとんど生涯続けたのである。彼の主人《あるじ》の言動の年代記者として、マハーデヴ・デサーイはボズウェル〔イギリスの文豪サミュエル・ジョンソンの詳細な伝記を書き、作家の日常のすべてを後世に伝えた〕に比較されている。とはいえ、ガンディーの秘書は忠実な日記記者以上のなにかでなければならなかった。彼は、ガンディーが自らに課していた厳しい規律を実践しなければならなかった。マハーデヴは彼のもてるすべてを、すなわち精進の末ようやく手に入れた学識も、たゆまぬ勤勉も、愛すべき人柄も、すべてを一つの念願《ねがい》に、言いかえると、彼の主人の日々の重荷を多少なりとも軽減したいとの一念にささげたのである。彼はガンディーの指示を解義し、実行する完全なワンマン秘書を務めた。彼は何百人もの活動家に対応し、マハートマを避けうるかぎりの緊張から救出するために、できるかぎり力を尽くした。彼はその仕事の過程でしゃにむに働いた。一九四二年八月の急逝は、「インドを立ち去れ《クイット・インディア》」決議案の通過に先立つ何か月間かのすさまじい緊張感のみならず、マハートマが断食の途上で獄死するのではないかとの恐怖感にさいなまれたためであった。

もう一《ひと》つの黒い影がアーガー・カーン宮殿の上を覆っていた。カストゥルバ［カストゥルバーイ］の健康状態がこのところの心配の種であった。彼女は、ギルダー、ディーンシャウ、スシラー・ナーヤル［ガンディーの個人秘書の一人ピアレラールの妹］などのホームドクターと、パンジャーブから馳せ参じたアユル・ヴェーダ［インド古典医学］の医師シーヴ・シャルマらの治療を受けていたが、回復のきざしは見られなかった。そしてついに、一九四四年二月二十二日に、カストゥルバは夫［ガンディー］の膝を枕に帰らぬ人となった。彼女は夫に言った――「いよいよお別れの時が来ました。私たちはほんとうに数え切れないほどの歓びと悲しみに遭《あ》ってきましたね」と。彼女の最期の願いは、夫の紡いだ糸で作ったサリーに包まれて火葬に付してもらいたいということであった。

「わたしどもは世間一般の通常の夫婦ではありませんでした」と、ガンディーはウェーヴェル卿の悔み状への返事に書いた。［たしかに］六十二年間の二人の結婚生活は、間断なき成長の歳月であった。夫婦間の大きな知的ギャップにもかかわらず、夫は妻の意見を尊重し、彼女自身で物事を決定させることを学んだ。南アフリカ時代、彼女はサッティヤーグラハ闘争の最終段階で牢獄に行く道を選んだ。インドでも市民的不服従運動中、自ら求めて入牢した。七十歳のとき、ラージコート騒動中に彼女はすすんで逮捕を申し出た。こうして、彼女の最後の入獄は、彼女の死とともに終わったのである。

しかしながら、カストゥルバがほんとうの仕事力を発揮したのは、政治の場ではなかった。夫の弟子たちや同志たちからなる大家族集団にとって、彼女は「バー［お母さん］」、これにたいして、ガンディーは「バープー［お父さん］」と呼ばれていたのであった。彼らはみんな彼女の家族であり、アーシュラムは彼女の家庭《いえ》であった。カストゥルバにとっては、ガンディーの部屋に坐って、昼食をとっている夫を扇《あお》いでいるとき、あるいは、うたたねをしている夫の足をさすっているときが、いちばん心満たされたひとときであった。彼女は［母語］グジャラート語の読み書きはできた。また、南アフリカ時代に英語の話し言葉を断片的に覚えた。彼女はそれを正規に習ったというよりも、機会あるごとにきれぎれに習得していった。ある白人刑務所長が、ガンディーの食の細いのは［刑務所が十分食物を与えないからではなく］自分自身の責任だと反論したとき、「夫はいつもそんなふうにいたずらをするんですよ」と笑ったという。アーガー・カーン宮殿では、ガンディーはふたたび彼女の教育不足を埋めようと努めた。七十四歳の夫人が、地理や一般常識を暗記しながら部屋を歩きまわっている姿は思い浮かべるだに微笑《ほほえ》ましい。しかし、授業時間が来ると、彼女の記憶力に狂いが生じ、「ラホール［インド北西部（現パキスタン領）パンジャーブ州の州都］」を「カルカッタの首都」など言ったりするのだった。

カストゥルバの最大の悩みの種は、問題児であった長男ハリラールのことであった。長男は親に反抗し、両親のもとを離れて暮らしていた。一九二五年にガンディーは、パンジャーブ州のラヤルプールから一通の手紙を受けとったが、それによると、彼の長男を重役の一人に加えていた「全インド小売業株式会社」なる会社がいんちき会社であることが判明した、とあった。ガンディーはその場で放蕩息子を社会的に義絶して言った。「わたしには、サッティヤーグラハの法則、すなわち愛の法則が永遠の原理です。私は善なるものすべてに協力を惜しまない。［しかし］わたしは、いっさいの不正［悪］には非協力でありたい——たとえその不正がわたしの妻や息子やわたし自身にかかわるものであろうと」。こうした息子との義絶は、父親にとっては、母親にとってよりも容易であった。かつて、息子ハリラールが公衆の面前で泥酔して、有罪の判決を受けたと聞いたとき、母は「この悲しみの重荷に耐えられない、か弱い老婆」のために立ちなおっておくれと、息子に哀願した。しかしハリラールは、ついに立ちなおることも、改心することもなかった。母の死の前日、息子は酒気を漂わせながら、母の病床の傍らに連れてこられた。その姿を見て、母は動顚《どうてん》し、息子は急いでその場から連れ去られなければならなかった。

愛する秘書と妻の死後、アーガー・カーン宮殿はガンディーには、暗く悲しい思い出ばかりが残る場所《ところ》となった。彼はまた、大勢のスタッフと監視の兵士たちに囲まれた急ごしらえの牢獄は、国民に多額の負担をかけているのではないかとの想いに悩まされた。しかし、早期釈放の見込みはなかった。彼は長期幽閉を覚悟していた。しかし一九四四年の初めごろから、彼の健康状態が政府を悩ませはじめていた。ガンディーはマラリアに罹《かか》り、高熱がつづいていた。［いっぽう］戦争の風向きは、このころにはすでに連合国に追い風になっていた。いまやガンディー釈放による危害は、起こりうる獄中死のそれよりははるかに実害は少ないと、政府は考えた。

釈放（一九四四年五月六日）は、ガンディーを喜ばせなかった。彼はむしろ獄中で病に倒れたことを恥じていた。ガンディーの身柄はボンベイに近い海辺の保養地ジュフーに移された。［診察の結果］マラリアの後遺症だけではなく、十二指腸虫症とアメーバー伝染病に罹《かか》り、極度の貧血を起こしていることがわかった。彼はこうした病のすべてを、「大いなる癒《いや》しの手」である神への信仰の欠如のためだと考えた。彼の有名な薬嫌いが、回復をいっそうむずかしくしていた。にもかかわらず、何週間も経たないうちに、ガンディーは国家が直面している問題に対応できるまでに回復していた。

一九四四年の夏には、インドは一九四二年の「反乱」のショックからまだ立ちなおってはいなかった。公然たる政治活動は抑圧されていたし、地下運動も低迷していた。民衆の挫折と不満はそれでもなお［必死に］表出を求めていたが、ガンディーの「インドを立ち去れ［インド撤退］」要求の重大な動機であったと同時に、それにたいする政府のとげとげしい反動の引き金でもあった日本軍による重大危機は、いまは明らかにうすらいでいた。このようにして、二年前にガンディーが計画はしていたが始めることのできなかった大衆による市民的不服従運動を、いま一九四四年に開始するのに問題はなかった。いっさいの秘密行動はサッティヤーグラハには法度《タブー》であったため、地下活動を続ける意味はなかった。かと言って、一九四四年のインドは、けっして平静ではなかった。戦争がこの国にもたらした経済的影響がひしひしと感じられていたからである。飢饉、あるいは飢饉寸前の状態が国内のいくつかの地方に蔓延《まんえん》していた。インド最大の政党［国民会議党］が非合法化され、ほとんどの州で憲法が一時停止され、中央では総督の任命のみによって構成された行政参事会［委員会］だけが機能するといった状況下で、新しい政治の動きが求められていたのは、火を見るよりも明らかであった。

ガンディーは政府高官たちのあいだでの彼の評判がけっしてよくはないこと、彼自身の誠意や国民会議党の信義が問題とされていること、さらにチャーチルに率いられるイギリス内閣では、彼とは反対方向に大きく天秤が傾いていること等々、なにもかも承知の上であった。それでもなお、彼は政府と国民会議党のあいだの政治的行き詰まりを打開すべく先頭に立って口火を切った。一九四四年六月十七日に、ガンディーは総督ウェーヴェル卿に手紙をしたため、国民会議党運営委員会のメンバーとの面談許可を求めた。これにたいして総督は、要求をはねつけたばかりか、彼らの見解の「人種的な相違点を考慮して」、ガンディーにすら会おうとしなかった。『ニュース・クロニクル』紙のスチュアート・ゲルダーのインタヴューのなかで、ガンディーは、中央立法府の選出議員〔総督指名ではなく選挙によって選出される議員〕による「国民政府」の設立を提案した。この提案は、総督からは「国王陛下の政府にはまったく受け容れがたいもの」として一笑に付された。ウェーヴェル卿は、ひたすら〔前任総督の〕リンリスゴー卿の政策に固執した。すなわちそれは、国民会議党が「クイット・インディア」決議を撤回し、指導者たちが前非を詫びて未来を約束するまでは、会議党との話し合いにはいっさい応じられない、というものであった。

一九四四年七月十七日にガンディーはチャーチル首相に宛てて、「貴国民とわが国民、ひいては世界人類のため、わたしを信頼し、お用いくださるように」と呼びかけた。しかし呼びかけは、もっとも不適切な相手に、しかも、もっとも不適切な時期《とき》になされたのである。すなわち、戦争が続行しているかぎり、そしてチャーチルがイギリス政府の首相の座にあるかぎり、国民会議党にたいする宥和政策の見通しは、事実上、望むべくもなかった。さらにイギリス政府の目には、ガンディーの胸襟《きょうきん》を開いた和平の申し入れは、一種の政治的な敗北感と、一九四二年の「反乱」の挫折から面目をとりもどそうとする会議党の狙《ねら》いに由来するものと映じた。このような憶測は、通常の政治感覚に則したものであった。しかしガンディーの言い分は違っていた。彼は、どんなときでも、戦闘員の力関係の強弱を度外視して、政敵との名誉ある和解はつねに歓迎されるべきものであるとのサッティヤーグラハの論理に従ったのである。ガンディーはまた、戦争が産み出し、悪化させた困難な問題に対応できるのは、国民政府だけであることを認識していた（このことは、一年後には、政府も認めざるをえなかった）。［思えば］一九三一年、市民的不服従運動が最高潮に達していたとき、ガンディーはアーウィン卿の誠意を信じていたがゆえに、政府との休戦に応じたのだった。そして一九四四年には、今度は会議党の立場が弱かったにもかかわらず、彼は政府に和解を求めたのである。

インド問題の難点は、イギリス政府がインドに権力を揮《ふ》るいたがっていることではなく、インド人自身のあいだに意見の一致が欠如していることだと、イギリスの政治家たちは論じていた。このような見方からするならば、インドの政治の行き詰まりは、イギリスとインドのあいだの問題というよりも、インド国民会議党と全インド・ムスリム連盟のあいだの問題ということになった。後者［ムスリム連盟］は一九四〇年以来、一貫して「パキスタン」要求に固執してきた。すでに述べたとおり、ガンディーはこの主張を、国家のためにも、またムスリム自身のためにもならないと考えていた。と同時に、彼は非暴力を誓いとする以上、その要求がムスリム社会の大半の支持を集めているとすれば、それを拒否することは論理的に筋が通らなかった。一九四二年四月に、国民会議党運営委員会は民族自決の原則を承認した。そして国民会議党は、この国のどの地方も人民の意志に反してインド連合にとどまるよう強制されてよいとは考えていない旨を宣言した。一九四二年、逮捕前にガンディーは、イギリス政府がムスリム連盟に国民政府の樹立を呼びかけるなら、国民会議党はそれを歓迎するだろう、と申し出た。ジンナーはこの提言を本気にしなかった。ジンナーの一般国民向けの声明に応えて、獄中からガンディーはジンナーに手紙を送ったが、政府はそれを差し抑えた。ガンディーは彼［ジンナー］と政府を不仲にさせようとしている、とジンナーはコメントした。言うまでもなく、ムスリム連盟の指導者には、政府当局とことをかまえる意図《つもり》はなかった。一九四二年八月の国民会議党指導者たちの一斉逮捕は、時の政治舞台を牛耳《ぎゅうじ》り、州での自党の立場を強化するために、会議党への憤《いきどお》りを宣伝するまたとない機会をジンナーに与えた。

ガンディーは出獄後に、政府と国民会議党間の政治的暗礁の打開に失敗したとき、ジンナーに同調を求めた。マハートマは「ムスリム連盟の」二国民論に賛成ではなかったが、この理論がムスリムの知識層たちに歓迎されている心理状況を理解するだけの心のゆとりはあった。彼がジンナーとの話し合いを申し出た論拠は、マドラス州前知事のラージャゴパラチャーリーの発案した、いわゆる「ラージャジー方式」であった。ラージャジーは、会議党内でもっとも切れる知恵者の一人であった。ラージャゴパラチャーリーの提案によれば、民族の自決と、戦時下の暫定政府の設立という国民会議党の要求を、ムスリム連盟が支持してくれれば、会議党もインドの北西地方［現パキスタン］と北東地方［現バングラデシュ」のムスリム人口が多数を占める地方の境界線引きに同意し、これらの地方のすべての成人住民によって、自由なインド連合〔連邦〕にとどまるか、それとも別個の国家への道を選択するかを決定することを承認する、というのであった。もし最終的に分離が認められれば、両国は防衛、通信、その他重要問題で相互間の意見の一致を見なければならなかった。

ガンディー＝ジンナー会談は、一九四四年九月八日に始まり、九月二十七日に終了した。二人がこの時点で醸成《じょうせい》した楽観的な気分は、両指導者の見解の一致へのほんとうの見通しから生じたものではなく、たんに、政治的な挫折の一般社会の疲労感を反映したものにすぎなかった。あるいは、ムスリム連盟と国民会議党の和解への社会全体がいだく願望を表わしたものと言ってもよかった。第一回会談からの帰路、ジンナーから何か得るものがあったかとたずねられたとき、ガンディーは「花束だけです」と答えた。続く会見では、それ以上、目に見える収穫は得られなかった。ジンナーはガンディーの資格〔身分〕を問題にした。マハートマが一九三四年以来、国民会議党の党員でなかったのはたしかである。しかし、会議党の協議におけるガンディーの存在と発言の重みは、党員証や役職の有無とは関係がないことも、ジンナーは百も承知していた。ムスリム連盟の指導者のこうした態度は、現実を無視した空理空論に徹していた。彼は、全インド＝ムスリム連盟は、インド在住のすべてのムスリム〔実際には、ムスリム連盟に所属しないイスラーム教徒や、国民会議党に所属、あるいは重要ポストで活躍するムスリムも数多かったが〕に成り代わって発言する独占的権利を有する政党であることを、ガンディーに承認させるよう望んだ。彼はまた、地理的境界線の線引きや、その詳細を議論する以前に、パキスタンの原理を認めさせたがっていた。ムスリム人口が多数を占める地方で、ノン・ムスリム［ヒンドゥー教徒・シク教徒ほかイスラーム教徒以外の住民］が自分たちの将来を決定する住民投票に参加するなどということについて、ジンナーは聞く耳をもたなかった。これらの地方では、自決権はムスリムだけが行使できると、ジンナーは論じた。

ガンディーは、国境の設定や住民投票の原則は前もって決めておくことは可能だとしても、実際の分離（たとえそれが不可避であっても）は、イギリスからインドへの権力の譲渡後になされるべき問題であり、譲渡に先行してはならない、と提言した。イギリスが立ち去ったあとも、インドの各コミュニティーは、自由のさわやかな空気のなかで、相互的な融和を学び、国家の分離の必要が生じることのないよう、ガンディーは願っていた。［いっぽう］ジンナーは、ガンディーの望みどおりになることを怖れた。ムスリム連盟の指導者［ジンナー］は、［ともかくやってみようという］危険な賭《かけ》に出ることを望まなかった。したがって彼は、分離をインド独立の前提条件にしたのである。ジンナーはまた、防衛・通信・外交問題の二国間の条約の合意についての提案を、新しく誕生する国家の統治権に［悪い］影響をおよぼすものとして拒否した。ガンディーにとっては、「相互間の敵意以外にはなに一つ共通性をもたない」宗教関係にもとづく二国間の前途が［いちばん］気がかりであった。文化面・経済面の自治権の追求は言わずもがなのことであったが、二国間の軍備競争や武力抗争を防ぐために、なんらかの安全策が必要であった。

こうした会談は、ガンディーにとっては一種の［政治思想の］復習であったが、ジンナーには政治力の拡大の好機であった。ガンディーの方からわざわざ訪ねてきたという事実《こと》は、ジンナーの威信を高めた。［以来独立までの］四年間、ムスリム連盟の指導者は、一九四〇年三月に彼が確保した位置［上座］から微動だに身じろぎしなかった。このたびの一連の出来事は、ジンナーの要求するすべてを承認したのであった。折衝の出発点となった「ラージャジー方式」は、ジンナーの〈駄々の捏《こ》ね得《どく》〉を表わすものではなかったが、すくなくとも、国家の分離もありうるとの可能性を認めるものであった。かつてインドの分割を「罪」と呼んだマハートマを、自決権を行使する仕組みを論じるところまで軟化させたという事実は、ジンナーのみごとなお手並であった。長期にわたるパキスタン運動の戦略から見るとき、ガンディー＝ジンナー会談は、一九四〇年八月のリンリスゴー提案、ならびに、一九四二年三月のクリップス特使の提案をさらに一歩進めた、もう一つの画期的な歴史的段階であった。

政治的な行き詰まりを打開しようとした、つぎに述べる二つの試みは、彼ら［イギリスの政治家たち］がどれほどジンナーの戦略にふりまわされたかを伝えるものとして興味深い。一九四五年に、中央立法議会の国民会議党の指導者の一人であったブラバーイ・デサーイとムスリム連盟の副官［的地位にあった］ナワーブザダ・リヤーカト・アリー・カーンが、ムスリム連盟と国民会議党が対等の代表権を有する暫定国民政府を樹立するという提案について協議した。ブラバーイ・デサーイには無念ではあったが、リヤーカト・アリーは、協議はいかなる同意にも到達しなかったというデサーイの見解を否定した。しかしながら、国民会議党とムスリム連盟を同格とする考え方は、ウェーヴェル卿が一九四五年六月から七月にかけて召集した「シムラー会談」で公認されていた。ウェーヴェル卿はつい先立って、インド側指導者たちと協議の場である参事会の再編提案に、イギリス内閣の意見の一致を得て、本国から［インドに］帰ったところであった。国民会議党の指導者たち［彼らは最近、牢獄から釈放されたばかりであった］と、ジンナーに率いられるムスリム連盟の首脳たちとの会談が、総督の［持ち帰った］提案を議論すべくシムラーでおこなわれたのである。ガンディーは会議の代表の一人ではなかったが、総督からも会議党運営委員会からも相談を受けていた。ウェーヴェル卿は、行政参事会における「カースト・ヒンドゥー［上位三カーストのヒンドゥー］」とムスリムの資格の平等を提案したが、会議終了時までに、ジンナーはムスリムと他のすべてのコミュニティーとの平等を要求していた。会議は、総督参事会のムスリム・メンバーをムスリム連盟が指名する独占権をもつべきだとするジンナーの主張のために、事実上決裂した。これは国民会議党からすれば、［結党以来、標榜してきた］組織と見解を放棄せずしては譲歩できない重大事であった。結論的に言えば、この時点ではジンナーが妥協に関心がなかったのは、いかんともしがたいことであった。彼は合意の機が熟したとは考えていなかったからである。いずれにせよ、政府からより好条件を引き出そうとしているときに、国民会議党に理解を示すなど、ジンナーには思いもかけぬことであった。

　戦争がいよいよ終わろうとしていたとき、インドにおける新しい対策の必要が切実に感じられた。シムラー会談は、この必要性の認識の表われであった。ヨーロッパの戦争は五月に終結し、日本は八月に降服した。イギリスでは、戦後の第一回総選挙で労働党が政権の座に返り咲いた。新インド担当国務大臣ペシク・ローレンスは、英印間の対等の提携について語った。総督はすでに、一九三四年ならびに三七年以来存在してきた中央ならびに地方〔州〕立法府の選挙を、できるだけ早期に実施する旨を通達していた。一九四五年のロンドン訪問から帰印した総督は、クリップス提案の精神にのっとって、憲法制定機関を召集するつもりであるとの政府の心算《こころづもり》を公示したが、この発表は、大きな熱狂をもって迎えられることはなかった。〔そこで〕労働党政府は、超党派のイギリス議会代表団をインドへ派遣し、自治政府はすでに掌中にあることを国民に納得させようと決めた。

第50章　近づく独立の跫音《あしおと》

一九四六年一月にガンディーが自由主義者の老練政治家シュリーニヴァーサ・シャーストリを訪問したとき、たまたま話題は、そのころインドを来訪していたイギリス議会の超党派代表団におよんだ。死の床にあったシャーストリは、「代表団からはなに一つ引き出せないことはわかっています」と、切り出した。「労働党であろうと保守党であろうと、インドにかんするかぎりは、彼らはみな似たりよったりです」と。権力の譲渡が目前に迫っていたときに、しかも、つねにイギリスの味方と目されていた人物の口から、このようなうっとうしい見通しが語られたというのは興味深い。インドにおけるイギリス支配の当事者たちも、これほど早期の離印をほとんど考えていなかったからである。

表面的には、第二次世界大戦末期のインドにおけるイギリス権力が、かつてこれほど強大であったためしはなかった。インドの領地内に、これほど多くのイギリス軍人が駐留したことはなかった。国民会議党の組織そのものは活動を禁じられていたし、ガンディーを除く民族運動の指導者たちのほとんどが獄中に繋《つな》がれていた。ムスリム連盟はパキスタン運動にやっきであったが、その標的はイギリス政府ではなく、国民会議党に向けられていた。六州で合法的政府は開店休業状態であったし、残る五州でも概して政府に友好的な内閣が権力の座にあった。一九四二年に採《と》られた弾圧的手段〔国民会議党指導者たちの一斉検挙〕は、イギリス人官吏たちに気楽な休暇のひとときを与えていた。お蔭でこの六年間、役人たちはもっぱら机上の仕事に精を出していればよかった。「インドにおけるイギリス人」高等文官といえば、自己の光明〔すぐれた力量〕で責任を果たす勤勉な文官といったイメージが強いが、かつてゴーカレが言ったように、「彼らの輝きはぼやけている。そして、その能力について言えば、今日の制度では、きわめて限られた能力以上のものを発揮するのは不可能であり、その水準はいまや限界に達しているというのが、私の信念である」。ゴーカレは一九〇五年にこう語った。それから四十年後、一九四五年には、「インド国民の」躍進的覚醒と経済的変化は、文官たちの統治能力の不足に拍車をかけていた。一九四五年には、彼らが体験し、形成に参与し、愛してやまぬ古い秩序が大きく――意識するとしないにかかわらず――侵食されていると考える根性のある文官はほとんどいなかった。

戦争はこうした侵食の過程を早めた。それ〔戦争〕は一部少数者を戦争成り金にしたが、大多数のインド人の心にとっては、困窮と物価の高騰の別名にほかならなかった。怖るべき大飢饉――それは人災と自然災害の重なったものであった――が、ベンガル地方に荒れ狂った。この悲劇の因《よ》って来たるところが、どこまでベンガル州政府の怠慢と腐敗によるものであったか、また中央政府の時宜を得た介入を妨げた法的手続きの煩雑さと〔役人たちの〕やる気のなさによるものであったか、人民は知らなかったし、おそらくそんなことは気にもかけていなかったろうと思われる。食糧や衣類の欠乏は、ほとんど国中に蔓延《まんえん》していた。供給を抑制して配給制にしようとする努力は、結果的に腐敗をもたらした。戦争は社会の道徳水準を低下させた。それは戦時下の束の間の好景気の陽のあたるうちにと、多くの人びとをひと儲けに走らせた。

いずれにせよ、戦争から平和への移行は、当然ながら遅々とした痛ましい過程《みちのり》であった。その数十八万九千名から二百二十五万名に膨《ふく》れあがった軍隊の解体は、気の遠くなるような大事業であった。インド兵はもはや、徴募士官が農村からかき集めたかつての無知な農民のままではなかった。兵士たちはマレーやビルマや中東の前線で戦い、帝国が崩解するのを目のあたりにし、やっかいな疑問を投げかけることを学んでいた。政府当局も、戦争によって産み出された疲労と緊張感をまったく無視していたわけではなかった。種々の戦後計画が、中央と州当局で練られていたが、これらの計画はどれも現実味に欠けていた。上級行政官たちは、地税の徴収やインド刑法などしちめんどくさい法律には通じていたが、野心的な青写真には疑いの目を向ける傾向があった。政治面でも経済面でも、早急にものごとを変えるというのは、インドでは可能ではないし、また好ましいことではない、というのが役人たちのきまり文句であった。いずれにせよ、なにかを変えるということは、税の引き上げばかりではなく、イギリス支配に忠実な特権階級、すなわち藩王や地主や富裕な資本家たちには迷惑千万な話であった。

しかしながら、それがどんなにむずかしいことであったにせよ、在印イギリス人官吏たちの志気は高く、これから先何十年も、彼らはインドを統治していけるものと確信していたことは指摘しておかなければならない。戦後一年も経《た》たないうちに、インドが独立に向かって大きく歩み出したとすれば、それは統治者たちの側になんらかの弱さがあったからというよりも、イギリスの政治風土に変化が生じたからであった。端的に言えば、アトリー政権がインド・ナショナリズムと合意に達することを決意したからであった。

　イギリスの歴史家たちのあいだには、一九四七年の事件を、一九一七年八月の宣言［モンタギュー＝チェムスファド宣言］に謳《うた》われた政策的理論の終極とみなす傾向がある。時のインド総督としてモンタギューの宣言を擁護したチェムスファド卿は、自らこのように提言した。「八月宣言には、これが遠い将来の目標であるという、明確な宣言がともなわれなければならない」と。われわれはここで、ゴーカレとの対談について語ったモーリー［十九世紀末から第一次世界大戦前に、アイルランド担当相（アイルランドの自治を主張した）やインド担当相を歴任したイギリス自由党の政治家で、インド統治に大改革をおこなった］のコメントを思い出す。「彼［ゴーカレ］は、インドもいつの日にか自治領の地位に達するだろうとの最終的な希望と目標の夢を隠さなかった。私も同じく、それは来たるべき遠いいつの日にか――私たちに残されている短い時間を遙かに超えたいつの日にかの、夢であるとの確信を隠さなかった」という。「私の目の黒いうちは」と、モーリーはまた言った――ロイド・ジョージやモンタギュー、マグドナルドやベン、ボールドウィンやホーア［別名テンプルウッド］、チャーチルやエーメリら［それぞれ二十世紀前半にイギリス首相やインド担当相を務めた有力政治家たち］がインドの独立について語った見解は現実のものにはならないだろう、と。［たしかに］これらイギリスの政治家たちは、議会政治が大英帝国に根づくまでの長期にわたる闘いと発展の歴史と、カナダやオーストラリアが政治的に成熟するまでに要した長い年月のことはよく知っていた。そしてこの過程《みちのり》は、宗教や文化の複雑多岐な東洋の国［インド］では、もっと長い時間を要するのは、自明の理と思われていた。

一九一七年以来続けられてきたイギリス政府の対印政策の骨子は、「段階的な自治［の譲渡］」であった、この［牛歩的］前進方式の問題点は、毎回の自治の小出しで、それが現実に与えられたときには、すでに時代遅れになっていたことである。

一九一九年の「インド統治（一九一九年）法の改革」は、一九〇九年のインドの政治運動を慰撫《いぶ》するものであったし、一九三五年の改革は、一九一九年の［第一回非協力運動の］熱狂を再現した。そして、一九四〇年のクリップスの平等への呼びかけは、［たしかに］英印関係に新しい一章を開くものではあったが、それは国民会議党と政府、ヒンドゥーとムスリムの不和を一時的に停止しただけのことであった。

この牛歩的前進にたいして、ガンディーは一九二〇年に致命的な一撃を加えた。「一年以内に自治《スワラージ》を」という彼の公約は、けっしてたんなるはったりではなかった。なぜなら隷属状態は、彼の考えでは、本質的に精神の状態だからである。国民は、自由になろうと決意したその瞬間から自己を解放しはじめるのである。彼の非暴力の抵抗の方法であるサッティヤーグラハは、イギリスにやっかいな問題を提起した。政府がそれを無視すれば、相手を勢いづけることになる、さりとて攻勢に出れば、［インド］国内でも海外でも同情を集めることになる。弾圧は長い目で見れば、効果的でないばかりか、イギリスの民主主義と相矛盾する。イギリス国民はインド問題には気まぐれな関心をもっていただけであるが、彼らは彼らなりに自由主義的《リベラル》な伝統を誇りにしていたために、四億のインドの民《たみ》が彼らの自由意志に反して高圧的に統治されていることには賛成しなかった。サッティヤーグラハ運動が繰り返されるたびに、民族主義者たちの反対勢力を見せつけられたために、［イギリス］支配に不平不満を唱えているのは少数の反対分子だけだとする、政府の擁護論者の言い分は通じなくなっていった。

第二次世界大戦は、インドにたいするイギリスの世論を成熟させる一助となった。戦争は世界の地図と力の均衡《バランス》を大きく塗り変えたが、それは同時に、人びとの思考をも変えた。一九四五年の「イギリス総選挙における」労働党の勝利に見られた国民の知的・社会的興奮は、その国の伝統的な政治の長所を再評価することになった。イデオロギー的にも労働党政府は新政策を打ち出したが、インド状勢も現実問題として、同じ方向に進行していた。一九四七年三月六日にイギリス議会［下院］で、一九四五年十一月と十二月のインド情勢を分析して、労働党内閣の閣僚の一人で、政権譲渡の過程に深くかかわったアレグザンダー氏はつぎのように発言した。「インド［政府］の権力者たちは、文字どおり火山の噴火口に坐っていたといえるかもしれない。そして戦後に発生した状況の結果として、革命がいつ発生しても不思議ではなかった」と。

一九四六年明けの何か月かには、こうした評価が確認された。民衆はたいへん怒りっぽくなっていたために、ごくわずかな挑発でも、あるいはときには挑発がなくとも、暴動が発生した。一九四六年二月には、インド国民軍［イギリス軍から投降したインド人将校や兵士、東南アジア在住のインド人たちを日本軍が組織したインド解放軍、戦後イギリス軍事法廷で裁かれた］のムスリム将校の軍事法廷の判決に怒ったムスリムがカルカッタでデモ行進をおこない、やがて無法集団と化し、商店を略奪し、電車やバスに火を放った。また、ボンベイでは、［インド人兵士による］空軍の暴動や海軍の大反乱が発生した。いくつかの州では、警察内に不満が蔓延した。イギリス支配が頼みの綱としてきた法と秩序の番人たちが当てにならなくなったのである。

こうした権力への敬意が失われてゆく事態に直面して、政府にとっていま必要なのは、行政の直接的な力の強化であった。しかし戦争は、イギリス人の目から見れば、「優秀な行政官僚」たちの痛ましい弱体化をもたらしていた。政府の活動の範囲はものすごく拡大していたが、［反面］インドの上級行政官僚と警察官僚の募集は、戦時中、停止されたままであった。主要な地位を占めるべきヨーロッパ人［イギリス人］の数は少なくなるいっぽうであった。年長の官僚たちが定年退職したあと数年間は、彼らの職務を継ぐ高官の数は減少したままであった。

行政の質的低下が［イギリス議会の］閣僚たちの弁明に目立ってとりあげられたというのは、まさに予想どおりであった。この要因を強調するというのは、問題の観念的な側面よりも実際的な側面を強調するイギリス人の「経験主義」の習性に由来するものであったと思われる。しかしながら、イギリスからインドへの権力の譲渡が、もし政治的な必要性の認識からのみなされたとしたなら、世界史上それほど重大事件とはいえなかったかもしれない。［歴史的］事件の必然性だけではなく、そこには、一九四六年から四七年にかけてアトリー首相が導入し、実践した政策に若干の理想主義が採《と》り入れられていたのである。そして、イギリス政府が英印関係に新しい一章を開きたいとする願望によって、イギリス政府がこの理想主義へと駆り立てられたかぎりにおいて、それは、およそ三十年間の長きにわたって英印二国間の関係改善を叫びつづけてきたガンディーの勝利であった。この改善の提唱者たちのなかには、ヒューム、ウェッダーバーン、C・F・アンドルーズ、ホーラス・アレグザンダー、ブレイルスファド、ブロックウェイ、ラスキ、カール・ヒース、レスター・ミューアリアル、アガサ・ハリソンといった［イギリスの著名な行政官や、政治・歴史・社会学者、宗教家・ジャーナリストなど親印家の］名前が見られたが、インドの運動への彼らの同情はけっして揺るぐことはなかった。彼らはそれぞれ生きた時代には、小さな、けっしてさほど影響力があるとはいえない少数派の代表者たちにすぎなかったが、やがて時《とき》満ちたとき、彼らの主張は、その国の国民的政治論の主流になったのである。

イギリスの政策の変化の理由が何であったにせよ、一九四六年三月の内閣使節団の訪印は、イギリス政府の政権譲渡が本気であることをインド側に確信させるのに役立った。三人の使節のなかで、ペシク・ローレンス卿とスタッフォード・クリップス卿は、ガンディーとは旧知の間柄であった。使節団は滞在中しばしば、公式・非公式にガンディーに相談をもちかけた、彼らは四百七十二名もの［各政党・宗教集団・藩王国などの］代表者たちと会見したが、最初から重きをおいていたのは、国民会議党とムスリム連盟との話し合いだけであった。そして［会談の］最大のポイントは、インドが現状のまま一国として存続するか、それとも［ムスリム連盟の要求するように］分離独立するか、という点であった。国民会議党は祖国の分離には反対したが、百歩譲って文化・経済・地方の自治には同意する用意はあった。シムラー会談は、会議党と連盟の見解の相違を埋めることはできなかった。内閣使節団は、五月十六日の声明で妥協案を提示した。使節団はここで、三段構造からなる憲法上の骨組みをインド側に示した。すなわち上段には、イギリス領インドと藩王国を含む「インド連合」があり、その権限は外交・防衛・通信〔運輸〕とする。下段には、「自治的単位としての」各州と藩王国がおかれ、［外交・防衛・通信］以外のすべての権限が賦与されるとする。そして中間に、それぞれ共通の問題を有する州（州が望むなら）によって形成される地域集団《グループ》を設けるとする。憲法制定議会（諸州と藩王国の代表者をもって構成する）は、予備会談を経て、三つの地域に分けられることが提案に記された。（A）地域は、マドラス・ボンベイ・連合州・ビハール・オリッサの諸州、（B）地域は、パンジャーブ・シンド・北西辺境州、（C）地域は、ベンガル・アッサムから成るとされ、各地域は、そこに挙げられた州で一つの集団《グループ》を形成するかどうかを決めることができる。その場合、集団内の主導権と議会をどうすべきかが重要問題となった。

内閣使節団の提案にたいするガンディーの当初の反応は、好意的であった。一九四六年五月二十六日の『ハリジャン』紙に彼は書いた――「四日間にわたって綿密に精査したあと、本案はイギリス政府が現状で考えた最上の文書だとの確信に至った」と。ところが計画案には、ガンディーを悩ませるいくつかの問題点があった。（王冠〈イギリス帝国〉の至上権が傾きはじめたという事実からすれば）五百六十二ある藩王国と個々に問題を解決することのむずかしさは、火を見るよりも明らかであった。しかし［それ以上に］彼が賛同しかねたのは、州のグループ分けについての条項であった。この条項は、ムスリム連盟に配慮して、内閣使節団の提案に導入されたものであった。中央政府の権限を［外交・防衛・通信の］三つの分野に限定し、その他の権力を州政府に賦与《ふよ》するというのは、将来のインド連邦を弱体化することになる。さらに中間に地域集団を設定するのは、別の分離主義的な力を招きかねない。しかし、この犠牲ですら、それが国家の結合《ユニティー》を保証できるというのであれば、それなりに価値はあったろう。［ところが］残念なことに、ムスリム連盟は内閣使節団案を［そのまま］受け容れたばかりか、自治州というよりも、パキスタンへの一つの段階《ステップ》になるだろうとの希望《のぞみ》を隠さなかった。

内閣使節団が帰国したあとに起こった目まぐるしい、かなり混乱した政治情勢を理解するためには、権力譲渡前夜のイギリス政府と、［インドの］二大政党〔国民会議党とムスリム連盟〕の態度を手短かに述べておく必要がある。［労働党の］アトリー首相は、彼が果敢にも引き受けた主導権を維持すべく懸命であった。彼の一つの熱望は、権力の譲渡を迅速かつ円滑におこないたいということであった。イギリス政府にとって、インドの憲法問題は、妥協と「ギブ・アンド・テイク」の精神をもってことに当たれば、解決可能な政治問題であった。イギリス政府には、国民会議党とムスリム連盟が同意しうる実行可能な協定でありさえすれば、なんでも受け容れる用意はあった。

［ところが］ガンディーの見解は違っていた。権力の譲渡は便宜上の問題や、政治力学上の問題ではなく、正義と道義的解決を必要とし、またそれらなしには認められない問題であった。ガンディーは、多数派が少数派の不安にとことん耳を傾けるよう求めたが、分離に向かう集団の暴走は願っていなかった、それは長い目で見れば、インドにとっても、またヒンドゥー＝ムスリム両コミュニティー

にとっても、害あって益なし、と思われたからである。ガンディーは、ジンナーを疎外すまいとするイギリス政府のもっともな配慮は理解できたし、またそれゆえにこそ苦悩した。ガンディーは国民会議党に性急に調停を受諾せぬよう勧告した。そうすることは、時を経て、後に悔《く》いを残してはならないと考えたからである。最悪の場合、国民会議党党員は［政権を離れて］ふたたび野《や》にくだる覚悟をしなければならなかった。この勧告は、国民会議党の指導者たちには歓迎されなかった。なぜなら彼らは［イギリス人同様］、状況を政治的な必要性からのみ判断し、優柔不断や遅滞によって内戦に陥ることばかりを危惧《きぐ》していたからである。ともあれ、指導者たちの内戦の恐怖は、ガンディーのそれよりも大きかった。ガンディーは、イギリス人がインドを去ったあと、数日間は流血騒動を見ることになるだろうが、やがて双方ともに正気にもどるだろうと信じていた。［しかし］中国やスペインの近年の歴史を見れば、このような楽観論が通用するとは思えなかった。［イギリス］労働党政府は、ともあれ、イギリス議会も世論も、秩序ある権力の譲渡を約束しないような解決は認めないだろうことはたしかであった。

イギリス政府の宣言にもかかわらず、インド在住の少なからぬイギリス人たちを見ていると、彼らが本気で宣言を考え、それに従って行動しているとは、とうていガンディーには思えなかった。イギリス軍の即時撤退とか、藩王国からの宗主権の即刻撤廃といった劇的なジェスチャーは、たしかに、さまざまな政党や利害関係者たちを、彼らが歩んできた軌道から揺さぶることはできた。イギリス人がインドを退去する決意したことが明らかになって以来、ガンディーを断えず悩ませつづけてきた一つの問題は、長年にわたる隷属ののちに、インド国民が自由のショックにどのように反応するだろうか、ということであった。彼はイギリスのジャーナリスト、ブレイルスファドにこのように言った。「このたびは、イギリス人が本気だとわたしは信じています。しかし、その申し出はあまりにも唐突に舞いこんできました。インドは独立に向けて急発進するでしょうか。わたしはこのところ、大しけの海で船のデッキの肘掛け椅子に坐って、自分の足もとを見失った船客のように感じています」。

ガンディーは、彼を歓迎するために鉄道の駅に群がる、あるいは彼が講演する集会場に押しかける大群衆を心配げに見守っていた。彼らのある者たちはけっこう落着いていたが、他の者は不安げで、そわそわしていた。彼は膨張《ぼうちょう》する無規律が気がかりであった。それは一部には、一九四二年「の民衆反乱」以来の後遺症であったし、またある部分は、戦後の不安感の表われでもあった。一九四六年二月に、「いかにして憎悪の水路を転じうるか」と題した『ハリジャン』紙の論説でガンディーは書いた。「憎しみがあたりに充満している。性急な愛国者たちは、独立達成のためならば、暴力をもってしても、機会があれば、そうした空気を喜んで利用するだろう。それは、いつ、どこでも間違っているとわたしは言いたい。（中略）結果的には憎悪を深め、憎悪にたいする憎悪を、復讐心を双方にいだかせるだけである。（中略）しかも本音を言えば（そうしなければならないが）、わたしたちの非暴力の行動は中途半端な心のこもらぬものになるだろう。多くの人びとは、口先では非暴力を唱《とな》えるが、心底に暴力を隠しているのだ」。

ガンディーが見たとおり、最大の危険は憎悪と暴力であり、それらはまたもや都市に襲いかかっていた反英感情や、コミュナル暴動に表われた。暴動については、ヒンドゥーはムスリムを、ムスリムはヒンドゥーを互いに非難した。そして双方ともに、フーリガン［公共の広場であばれまわる若者たち］を非難した。「フーリガンとは何者か」と、ガンディーは自問自答して言った――「わたしたちがその烙印《らくいん》の押印者なのだ」と。フーリガンたちが暴れまわるのは、知識人が［憎悪の］害毒をばらまき、興奮を煽《あお》るときである。ガンディーは三十年代の終わりに提唱した「平和部隊」の編成をあらためて繰り返した。「平和部隊」の隊員たちは、暴徒に正気をとりもどさせるという高貴な使命のなかで、嬉々として死ぬ覚悟がなければならない。同時に、いっぽう、必要とされる一《ひと》つのことは、大きな変化がやって来たとき、それを冷静に告知することができるように、発言や文書に気を配り、［過大表現を］抑制することであった。

残念ながら、ガンディーと国民会議党に政治的熱気の低下を求めさせた理由そのものが、ジンナーとムスリム連盟を対極へと駆り立てた。後者にとっては、それは「ふたたびめぐってくることのない千載一遇の好機《チャンス》」であった。長期にわたる内閣使節団との交渉でも、パキスタン案に反対しているのは国民会議党だけではなく、労働党政府も会議党と連盟を同一憲法の枠内にとどめる解決策を望んでいるらしいことがわかってきた。内戦、あるいは内戦の脅威のみが、分離にたいする国民会議党の反対と、イギリス政府の疑念を払拭できるように思われた。内閣使節団案は、［たしかに］一《ひと》つの妥協案ではあったが、ほんとうに両党に手を結ばせるものではなかった。結果的に、内閣使節団によって決着を見たように思われた問題は、三人の使節たちが帰英の途についた直後から蒸し返された。

二つの重要案件、すなわち州のグループ分けと中間政府の構成について、論争は熾烈《しれつ》をきわめた。一九四六年七月二十七日に、ムスリム連盟評議会は内閣使節団案の受諾を撤回、憲法制定会議のボイコットを決議し、パキスタン成立のために「直接行動」の計画を発表した。ジンナーは宣告した――「ムスリムは合憲的方式とは訣別した。われわれはピストルを製造し、いまそれを使用することができるのだ」と。運動は暴力的なものか、非暴力的なものかと問われたとき、彼は「道徳的議論をすること」を拒否した。連盟の彼の参謀たちは、それ以上に露骨《ろこつ》な物言いをした。しかしながら、相手が平和的な運動であれば、怒声や焦燥は、［かえって］「直接行動」にとってみじめな前哨戦に思われた。

緊張が昂《こう》じたとき、国民には強力で安定した政府を中核に据えることが絶対に必要であった。内閣使節団は、国民的な臨時政府の成立に失敗した。そこで総督ウェーヴェル卿はふたたび主導権《イニシアチブ》を握り、［アーザードに代わって国民会議党の議長に就任した］ネルーに政権を担うよう要請した。ネルーから話し合いを求められたが、それを拒否したジンナーは、［ネルーら国民会議党の首脳部を］「カースト・ヒンドゥー［ヒンドゥー上層三階級］のファシストとその取り巻き連中」と揶揄《やゆ》し、彼らは「イギリスの銃剣の助けをかりて、インドのムスリムやその他の少数派コミュニティーを支配しようともくろんでいるだけだ」と、痛烈な批判をした。

この辛辣な敵意は、国民が重大危機を乗りきるために模範的な自制を必要としていた秋《とき》がときだけに、不幸を予告した。八月十六日にムスリム連盟が祝賀した「直接行動の日」は、続く十二か月間、インドを震撼させた暴力騒動の連鎖の発端となった。

第51章　消火活動

ムスリム連盟は［宣告どおり］一九四六年八月十六日を「直接行動の日」として実力行使に出た。この日カルカッタの市《まち》は、おおよそ市民の記憶にはない規模と熾烈さのコミュナル暴動に見舞われた。丸四日間、棍棒や槍、手斧、火器［ピストルや銃］で武装したフーリガンの群れが市中を徘徊し、略奪と殺害をほしいままにした。「カルカッタの大殺戮」（『スティツマン』紙の容赦のない見出しを用いるならば）は、死者五千名以上、負傷者一万五千名という犠牲者をかぞえた。

ベンガル州は、H・S・スフラーワルディー[★5]を首班とするムスリム連盟内閣によって統治されていた。『スティツマン』はこのように書いた――「かえりみれば、ある種の暴動の善し悪しを判断するのは、政敵の申し立てによってだけではなく、暴動以前のムスリム連盟の行動である」と。非難は実際、じゅうぶん予想された暴動に備えなかった州政府に向けられた。さらに、暴動が発生したとき、スフラーワルディー［州首相］が迅速かつ公正に警察に行動させなかったことにも向けられた。

当時も指摘されたように、暴動の発生がパキスタンの建国を願うムスリムの待望の強さを示すものであったとすれば、それは両刃の剣であった。カルカッタの［ヒンドゥーやシク教徒ほか］非《ノン》ムスリムたちは、当初は衝撃のあまり浮き足立ったが、やがて彼らは数の優位をたのみに烈しい反撃に出た。ベンガル州では内閣はムスリム連盟であったが、カルカッタの「力くらべ」ではヒンドゥーが勝った、との印象がひろがった。二か月後、東ベンガル［現バングラデシュ］のムスリム人口が多数を占めるノーアカリー地方で報復が始まった。ここでは、コミュニケーション不足をよいことに、狂信的な僧侶や野心的な政治家たちにけしかけられて、［ムスリムの］フーリガンたちがヒンドゥーの家屋や家具を焼き打ちしたり、穀物を掠奪し、寺院を冒瀆《ぼうとく》［たとえば牛の首を投げこむなど］した。とりわけショッキングな新手《あらて》は、ヒンドゥー教徒の強制改宗と、婦女子の誘拐であった。何千というヒンドゥーが家を捨てて逃亡した。この増大する無法の年に、東ベンガルがインドの農村にしたことは、カルカッタが都市のためにしたことと変わらなかった。すなわち宗教の名のもとに、あるいは表面的には政治の目的のために、どれほど人は、非人間的な行為をしでかすかを見せつけたのである。

東ベンガルから［惨事の］ニュースが届いたとき、ガンディーはデリーに滞在していた。彼はとりわけ、女性にたいする犯罪行為に心を痛めた。ガンディーはすべての予定を中止して、東ベンガルへ行こうと決意した。友人たちは、彼に思いとどまるよう説得した。［第一に］彼の健康はすぐれなかった。［つぎに］彼の助言を必要とする重要な政治的案件が差し迫っていた。「わたしが彼の地《か》へ行っても、何ほどのことができるかはわかりません」と、彼は言った——「わたしにわかっているのは、わたしが行かなければ、わたしの心が安らぐことはないだろう、ということです」。

カルカッタでガンディーは、八日間暴動の惨状に遭遇した。そして「人間を獣《けだもの》類以下に変える集団の狂気を目のあたりにして、虚脱感に襲われた」と告白した。彼はイギリス人知事を表敬訪問し、スフラーワルディー首相や閣僚たち、ベンガル地方のヒンドゥーならびにムスリムの指導者たちとも会った。そして彼は、検察官や裁判官として来たのでないことを明言した。彼は、いずれのコミュニティーにも、また個人にも罪を申し立てる意志はなかった。二つのコミュニティーが平和な生活にもどれる条件づくりだけが彼の関心事であった。スフラーワルディー首相は初めのうちは、快く協力的で、閣僚一名と、議会の秘書官二名をガンディーに同行するよう任命した。

東ベンガルには、恐怖と憎悪と暴力の空気が充満していた。一つの声明文でガンディーは、誇張と虚偽の真只中に自分がおかれていると宣言した。「わたしは真理を見出すことはできない。ここにあるのは、恐るべき相互不信である。古くからの友情の絆はぷっつり切れた。わたしが誓いをたてている、そしてわたしの知るかぎり、この六十年間わたしを支えてきた真理と非暴力《アヒンサー》は、わたしがそれこそが真理であり非暴力であると考えてきた特性を発揮できなくなっているようだ。真理と非暴力を試すために、さらに言えば、わたし自身を試すために、わたしはシュリランプル村へ行こうとしているのだ」。

ノーアカリー地方のシュリランプル村では、二百軒あったヒンドゥー教徒の家族のうち、最近の宗教騒動のあと難を逃れたのは、たったの三家族だけであった。ガンディーは近隣の村々へも身近な弟子たちを分散させた。ピアレラール、スシラー・ナーヤル〔ガンディーの秘書ピアレラール・ナーヤルの妹で、ガンディーの主治医の一人〕、アバーとカヌー・ガンディー〔二人ともガンディーの身内で、晩年のガンディーの身のまわりの世話をしていた〕、スチェータ・クリパラーニ〔J・B・クリパラーニ教授夫人、国民会議党の女性指導者」らが、それぞれの村に落ち着いた。シュリランプルへガンディーに同行したのは、速記者のパルシュラムと、ベンガル語の通訳ニルマール・クマール・ボース教授［カルカッタ大学の人類学の教授で、独立運動の戦士としても知られている］、マヌー・ガンディー［ガンディーの長男ハリラールの娘］の三人だけであった。それから六週間は、薄い敷きぶとんを掛けた木製の寝台が、日中は彼の事務所として、夜はベッドとして使用された。一日の仕事時間は十六時間、ときには二十時間にもおよんだ。ガンディーは短時間の睡眠をとり、少量の食べ物を口にし、ベッド作りをし、衣類を繕い、料理をし、膨大な量の郵便物に目をとおし、訪問者たちに会い、地方のムスリムたちを訪ねて歩いた。数年来ガンディーは、ムスリム連盟系の新聞で「インド＝ムスリムの仇《かたき》ナンバー・ワン」と敵視されていたが、彼はその評価をシュリランプルのムスリムたちに委ねた。

しかしながら、両コミュニティーの信頼の回復は遅々として進まぬ、苦難の隘路《あいろ》であった。ムスリム地域にヒンドゥー「特別区《ポケット》」をつくり、警察と軍隊の保護を強化すべきであるという要求には、ガンディーは同意しなかった。少数派がほんとうに頼れる唯一の保護は、［警察や軍隊ではなく］隣人によって心から隣人に与えられるものである、と彼は主張した。と同時に、東ベンガルの暴動の報道は、ムスリム内閣の評判を貶《おとし》めるためのヒンドゥー系新聞のでっちあげだとするムスリムの政治家たちのまことしやかな弁明をも認めなかった。幾千という民衆がほとんど家を失い、無一文になろうとしていたという、そのことだけでもカルカッタの閣僚たちに腹を立てていたのである。ガンディーは平和の問題を、政治の段階から人道的段階へとひきあげた。未来の政治地図がどうなるにしても、文明生活の基準を放棄してはならない、このことはすべての政党の共通の基盤である、とガンディーは説いた。

　ガンディーの存在は、東ベンガルの村々に精神を鎮静させる香油のはたらきをした。それは緊張をほぐし、怒りを鎮《しず》め、憤りを和らげた。この成功は、もしムスリム系の新聞が彼にたいする執拗な逆宣伝を続けていなければ、もっと見栄《みば》えがしただろう。けれども新聞は、彼の使命の「深い政治的努力」に疑いの目を注ぎつづけていた。州の政党のボスたちからの、おそらくは連盟の指令本部からの圧力で、スフラーワルディー首相はガンディーの農村行脚を批判し、ガンディーは即刻ベンガルを立ち去るべきだとの抗議に加わった。ガンディーはこのような悪意にみちた反対に屈することはなかった。もし彼がムスリム連盟の指導者たちの確信を黙らせることができなければ、責任は自分にある、と彼は論じた。彼は自省的というよりも、ほとんど自己懲罰的な気分になっていた。一九四七年一月二日の日記の書き出しには、このように記されている――「わたしは午前二時から目覚めている。神の恩寵《おんちょう》だけがわたしの支えである。わたしは、今日起こったすべての出来事の原因ともいうべきある重大な欠陥が、わたしの内部《うち》のどこかにあると感じることができる。わたしをとり巻く周囲《あたり》は、すべて真っ暗な闇だ。いつになったら、神はこの暗闇から光へとわたしを連れ出してくれるのだろうか」[※9]。

　同じ日［の夜明け］、彼はシュリランプルを離れて、村から村をめぐる行脚に出た。チャンディプル村では、サンダルを脱ぎ、古《いにしえ》の巡礼者のように裸足《はだし》で歩いた。村の小径《こみち》は［ぬかるんで］滑りやすく、ときには［いやがらせに］野イバラやガラスの破片がばらまかれていた。いまにも崩れ落ちそうな竹橋は、見るからに危っかしく、渡るのがやっとであった。この村でガンディーは、穴のあいた壁、焼けただれた屋根、黒焼げの廃墟、そしてばらばらにちらばった死骸の断片を目のあたりにした。ガンディーが好んで聴いたタゴールの歌の一つは、彼の苦悶のいくつかを表現していた――

ひとり歩め。

呼べど応える人なくば、歩め、ひとりで。
恐怖《おそれ》のあまり　壁に向かって黙って立ちすくむとき、

おお、不運なる者よ、
心を開き、ひとり語れ。
曠野を越えるとき、人びとがおまえを離れて　見捨てるとき、

おお、不運なる者よ、
おまえの足もとに荊棘《いばら》を踏みつけ、
血ぬられた小径に沿って、ひとり旅せよ、
夜が嵐にさいなまれ、だれも灯《あか》りをかかげてくれなければ、

おお、不運なる者よ、
苦痛の稲光りで、おまえ自身の心に点火せよ、
そして、その光をただひとり　燃えあがらせよ。

一九四七年三月二日にガンディーは、ヒンドゥーの農民たちがノーアカリーの事件への恐るべき復《ふく》讐《しゅう》を、ムスリムの少数派に加えていると聞き、［ただちに］ビハール州へと向かった。ガンディーが最初ビハールの暴動について聞いたのは、一九四六年十月の最後の週にノーアカリーへ向かう途上であった。このとき彼は、ヒンドゥーの農民たちが平静さをとりもどしてくれなければ、「死に至る断食」を開始するだろうと宣言した。この警告は、ビハール州政府［国民会議党政府］の採《と》った厳正な処置と、ジャワーハルラール・ネルーの同地への訪問と相まって、すみやかに秩序を回復させた。とは言っても、死者の数は膨大で、救済と復興の問題は途方もなく大きかった。
［ヒンドゥーが多数を占める］ビハールでも、ガンディーの自制の教えは［ムスリムが多数を占める］東ベンガルの場合と同じであった。多数派は己の行為を悔い改め、贖《あがな》わねばならない、また［いっぽう］被害を受けた側の少数派は、赦《ゆる》し、一《いち》から出直さなければならない。彼は発生してしまった事件についての弁明には耳を傾けようとしなかった。東ベンガルの暴動者たちの悪行を並べたてて、ビハールで起こったことを正当化しようとする人びとをたしなめた。正しい行為とは、相手がしたこととは関係なく、すべての個人と、すべてのコミュニティーがなすべき義務である、と彼は主張した。ガン

ディーはムスリムの被害者の救済のために、ヒンドゥーから義捐金《ぎえんきん》を募った。またビハール州政府に、暴動者たちによって追放されたムスリムが、ふたたび元の地で安住できるような行き届いた救済策を用意するよう勧めた。［たしかに］状況が、一九四六年から四七年にかけて間断なく、烈しく動揺した政治情勢の反映であったという事実《こと》がなければ、すべてはもっと迅速に改善の方向へ向かっていたことだろう。

ガンディーが東ベンガル、ビハールの両州で和平活動に没頭していたあいだ、インドの政治的風景は大きく変化していた。読者もすでに見たように、あれほど忍耐を重ね、用意周到に作成された内閣使節団案は、使節たちがインドを去ってまもなく機能しなくなっていた。ムスリム連盟は同案の受諾を［いったんは承認しておきながらも］拒否し、パキスタン国家建設のために「直接行動運動《キャンペーン》」に乗り出したのである。カルカッタの大騒擾《そうじょう》は、東ベンガルとビハールの各地で、連鎖的な暴力事件を喚び起こしていた。小規模な事件が、ほとんど他のどの州でも発生していた。この激化する無法の横行に驚いて、総督ウェーヴェル卿はムスリム連盟を臨時政府に参加させることにしたが、この連立の成立――それは過去七年間、インドの政治的宿痾《しゅくあ》の万能薬のように言われてきたが――は、病を除去するどころか、かえって政治論争を煽り立てた。［独立インドの］憲法制定会議は十二月九日に招集されたが、ムスリム連盟は代表者を会議に参加させないだろうと宣言していた。憲法の行き詰まりは、にっちもさっちもいかなくなったように思われた。そこで、一九四六年十一月の最後の週に、どたん場になって各党派を集めることができたとき、イギリス本国政府は、総督ならびに、ネルー、ジンナー、リヤーカト・アリー・カーン〔ムスリム連盟書記長で、ジンナーの右腕と呼ばれた。のちパキスタン初代首相となる〕、パルデーヴ・シン〔ネルー暫定内閣国防相〕をロンドンに呼び寄せた。議論は不毛であったが、政府は一九四六年十二月六日に声明を発表して、内閣使節団案の州のグループ分けについて懸案事項を明らかにした。この説明はおおいに目的にかなったものであったが、ムスリム連盟は憲法制定会議のボイコットを撤回しようとはしなかった。

一九四七年は、インドの政治の地平線上に、想像しうるもっとも暗い夜が明け染めた。インドは宣戦布告のない（あいまいな宣言らしいものはあったが）内戦へと突入していった。そして前線は、ほとんどすべての町や村を総なめにしつつひろがっていった。中央政府は上から下までばらばらに分断され、州における政府の結合や団結にしめしをつけることはできなかった。総督ウェーヴェル卿は、自分が調停することも支配することもできなかった分裂的な圧力《ちから》に直面して、完全に敗北したように思われた。総督は、イギリスのインド撤退を州ごとにおこなえばよいといった、その場しのぎのなげやりな提案すらおこなった。混乱の行き着く先を見とどけるために、いま必要なのは新しい政策と、それを実行に移す新しい総督であるというのが、アトリー首相の到達した結論であった。首相は一九四七年二月二十日の下院で、イギリス政府は一九四八年六月までに間違いなくインドを撤退するであろうと宣言した。そして、もしその日までにインドの各政党が全印的な憲法に同意しなければ、権力は「なんらかの形で英領インドの中央政府か、現行の州政府のいくつかの地域か、あるいはもっとも合理的と思われる他の方法で、インド国民に最上の利益となるよう」譲渡されるであろう、と明言した。同時に、ウェーヴェル卿の後任として、マウントバッテン卿［イギリス海軍軍人。ヴィクトリア女王の曾孫。第二次世界大戦中、東南アジア連合軍最高司令長官。戦後、英領インドの最後の総督となる（次章六九七頁参照）］を総督に任命することが発表された。

二月二十日のアトリー声明について、ジャワーハルラール・ネルーは「賢明にして勇気ある……」と高く評価した。ところがジンナーは、この歴史的声明を鼓舞した大胆な突進と豊かな信念によってというよりも、一九四八年六月が「現行の州政府に」権力の譲渡がなされるという［現実の］可能性に印象づけられたのだった。まさしくムスリム連盟は、憲法制定会議を抜けることで全印的な憲法を挫折させ、連盟がパキスタン国家を要求していた東西両州で権力を手に入れたのである。これらの州では、ベンガルとシンドではすでにムスリム連盟が組閣しており、バルティスターン［パキスタン北部のカシュミール地方］はおおかた連盟に支配されていた。アッサム州と北西辺境州には国民会議党内閣が、パンジャーブ州には国民会議党とアカーリー［パンジャーブ州のシク教徒の有力な地方政党］の連立内閣があった。ムスリム連盟の当面の戦略は、これら［ムスリム人口の多い］三州の内閣を解体させて、それをムスリム政府にすげ替えることであった。「直接行動」運動《キャンペーン》は、これら三州で開始され、強化された。その結果、とりわけパンジャーブの状況は凄惨であった。西パンジャーブにおけるヒンドゥーとシクの少数派は、東ベンガルのヒンドゥー少数派とビハール州のムスリム少数派が嘗《な》めたのと同じ悽愴《せいそう》な苦痛を体験した。軍隊の力で、いくらか秩序は回復したものの、緊張は続いた。同州［パンジャーブ州］の二大都市――ラホールとアムリッツァルは未曾有のゲリラ戦争に巻きこまれた。市内では発砲や刺殺、放火が警察のパトロール中にも、あるいは夜間外出禁示令中にも横行した。

パンジャーブの騒動のニュースを、ガンディーはビハール州訪問中に聞いた。一九四六年十月以来、ガンディーは暴力の潮流《ながれ》を食い止めようと懸命に努めながら、州から州へと彷徨《さまよ》っていた。一つの州で仕事が終わらないうちに、他の州で暴動が発生した。ある人は肩をすくめてこのように言った——今日の無政府状態は、イギリス人が退去すると決まったときにわかっていたことだ、なぜならイギリス人こそが、ヒンドゥーとムスリムが互いに攻撃し合うのを阻止してきたのだから、と。「インドで起こっている怖るべき虐殺は、私には驚くにはあたらない」と、一九四七年九月にチャーチルは言った。「言うまでもなく、われわれが見たのは、獰猛《どうもう》な共食いで互いに他に襲いかかる恐怖と残忍行為の序の口にすぎない。しかもそれをやっているのは、最高の文化に値する民族であり、何世代にもわたってイギリス国王と議会の広量にして寛容、かつ公正な支配のもとで、おおむね平和に共存してきたはずの民族である」と。

ガンディーにとっては、一九四六〜四七年の暴力騒動はショッキングで、途方に暮れる現象であった、全生涯をかけて彼は、インドが世界に非暴力の実例を示す日のために闘ってきたのである。彼が心にたいせつにいだきつづけてきたものと、いま目の前に見ている現実との落差はあまりにも大きく、深い挫折感に責《せ》めさいなまされずにはいられなかった。彼を襲った最初の衝動は、自己非難であった。自分の手法は誤っていたのだろうか。自分は軽率で、不注意で、無頓着で、せっかちではなかったのだろうか。国民が全体として、外国支配との闘争で暴力を抑制していたとき、彼らがイギリス人に悪意をいだきつづけていたことを、あのときどうして気づかずにいたのだろうか。宗教社会《コミュナル》間の暴力というのは、口先では非暴力を讃美していた人たちの胸中に煮えたぎっていた暴力が表面化しただけのことだったのだろうか。

　ガンディーが自らの哲学と、インドの政治闘争における自らの役割という立場から、この悲劇を解き明かそうとしたのは、きわめて自然なことであった。［しかし］思えば、彼は自分自身の責任と非暴力の失敗を誇張して考えていたようにも思われる。三十年余にわたって、ただひとりの指導者――彼がいかに偉大であったにしても――が、広大なインド亜大陸に住む四億の国民から、完全に憎悪と暴力を拭い去ることができたと考えるほうがおかしい。彼が指導したいくたびかのサッティヤーグラハ運動で、暴力がほとんどとるにたりないほど小さく、民族主義の覚醒とは切っても切り離せない［敵対者への］憎悪をいだかず、民衆がそれに目覚め、体験したことこそが注目に値しよう。

　一九四二年八月の国民会議党の指導者たちの一斉検挙に続いた無法状態が、大衆行動の水準をひきさげたということはたしかであるが、一九四六～四七年の暴力沙汰の真の説明は、パキスタン運動の主唱者と反対者のいずれもを駆り立てた緊張感にこそ求められるべきである。この運動の根本的な前提には、ヒンドゥーとムスリムは過去も現在も、そして未来永劫、共有しうるものはなにもない、という発想があった。住民の大部分は漠然とした希望、あるいはひとしく漠然とした恐怖感にとらわれていた。インドは一つの独立国でありつづけるのか、それとも二つ、またはそれ以上の小国に分裂するのか、あるいはパンジャーブやベンガルは、それぞれの境界線を維持していけるのか、分割されるのか、また藩王国は独立インドに統合されるのか、ばらばらの自治国になるのか——これらの問には、ひとりとして確信をもって答えられる者はいなかった。中央州の原住民とアッサム州のナガ族［インド北東部ナガ丘陵一帯に居住するモンゴロイド系種族］は、これまで彼らが考えたこともない「独立」の闘士たちを産んだ。南インドでは、ドラヴィスタン［ドラヴィダ人の国］と、来たるべきパキスタンの両翼をつなぐ一千マイルの回廊の話題までもちあがった。「インドのバルカン化［第一次世界大戦後にバルカン半島の小国が互いに分裂し対立した］という、かつては不吉とされた語が現実的な危機感をはらみはじめた、こうしたことすべてが、民衆の白日夢をかきたてた。社会的不穏が、来たるべき権力の譲渡のときに、十八世紀ムガル帝国の歴史の黄昏《たそがれ》期に起こったような空白状態を思い出させた。

こうした危機に臨んで、インド中央政府はまるで離散家族のようであり、地方［州］政府は規律を失うばかりであった。イギリス人官吏たちは、彼らの経歴が終わることに腹を立てていた。加えて、至るところで噴出する火山のような暴力に立ち向かう気力と能力をもつ官僚はほとんどいなかった。インド人官吏たちは、人種的偏見がないときでも、かならずしも小専制君主［イギリス人上司］の家臣であることをやめようとはしなかった。［金満家や地主たちに雇われた］私兵や、ムスリム連盟自衛隊や、民族自治奉仕団等々の出現は、法と秩序の機関への大衆の信頼が揺らいでしまっていたことの［なによりの］証拠であった。

ガンディーは、こうした状況の爆発の可能性を敏感に嗅《か》ぎつけていた。彼はカルカッタの大虐殺についてこのようにコメントした——「わたしたちはまだ内戦状態にいるわけではありませんが、それに近づきつつあるようです」と。彼はデリーを発って ノーアカリーに向かった十月の末からは、宗教間の対立の狂気を鎮めることを彼の最大の使命にしていた。彼は余人と同様、政党間の合意が「なによりも」安定獲得に役立つことを知っていた。しかし、彼はまた、政治的解決が見えてこないだけではなく、暴力が政治的解決のあるべき姿を左右していることをも見ぬいていた。指導者たちを説得できないで、どうして民衆を説得できようかと、ガンディーはいぶかった。彼のベンガルとビハールへの行脚は、民衆の再教育には成功したが、彼の声がかつてのように、ムスリム中産階級の耳に届かなかったという事実に苦しめられた。ヒンドゥーもまた反抗的になっており、ガンディーの求める「「ヒンドゥーへの」一方的な武装解除」の政策（と彼らが信じていたもの）に批判的であった。とはいっても、彼はそれでもなおヒンドゥーに影響力をもっていた。

宗教社会間の和平を維持していこうとするガンディーの努力が、ムスリム中間層に「和平への」献身を命じることのできるだれかの協力を得ていたならば、彼の仕事の苦難は半減されたであろう。一九四六〜四七年には、ムスリム知識層へのジンナーの影響力は絶頂期にあった。彼はまさしく、「彼の名につけられる尊称どおり」「クァイド・イ・アザーム（偉大なる指導者）」であった。彼が首を縦に振れば、だれもが従った。もしジンナーが東ベンガルと西パキスタンに足を運んでいたならば、暴動を制止すべく力を貸してくれていたかもしれない。しかし、それはないものねだりであり、ムスリム連盟の指導者「ジンナー」からは一笑に付されただけであろう。彼の政治的本性は、断食や行脚などを受けつけなかったからである。

法律家であり国会議員でありながら、ジンナーが暴力を信じていたなどとは、考えがたい。しかし彼は、暴力の脅威を信じていた。一九三八年にジンナーは、ズデーテンのドイツ人たちがチェコスロヴァキアを転覆させたように、［インドの］ムスリムにもインドの統一を分裂させることができると、国民会議党を脅していたことはすでに述べたとおりである。「カルカッタの大虐殺」と、これに続くベンガル、ビハール両州の大暴動のあとで、いまやコミュナル騒動は、彼のパキスタンへの信念の最大の論拠になっていた。インドが分割されなければ、もっと不幸なことになるだろう、と彼は警告した。ジンナーは、和平への呼びかけに署名することで、ウェーヴェルやマウントバッテンを喜ばせるいっぽう、彼の好戦的な側近たちを制止する努力はほとんどしなかった。彼自身も、暴力を非難すると言いながら、それをやむなしとする二枚舌的な声明を発表していた。

第52章　敗者の勝利

イギリスのインド撤退が確定し、二月二十日付の声明で日程も決まった。「ムスリムとヒンドゥーのあいだに大きく口を開けた千年来の溝が、たったの十四か月間で埋まるだろうなど、どうして望めましょうか」と、チャーチルは下院で質問をした。［しかし］インドの状況の実相を知る者にとっては、十四か月は撤退を成功させるのには、短すぎるのではなく、［むしろ］長すぎるように思われた。ダウニング街のアトリー首相の［官邸］の窓から見えるインドの地平線上の真っ黒な暗雲は、まさに内乱の脅威を示すものであった。アトリーは彼の回想録に、「秩序ある政権交替の好機だとは思わなかったが、それを緩和してくれる」一人《ひとり》の人物がいると考えていたと記している。その人こそ、一九四七年三月に総督ウェーヴェル卿の後任として来印した、海軍少将マウントバッテン卿であった。

新総督がまず最初にしたのは、ガンディーを招いて会談することであった。マハートマは、ビハール州での彼の和平運動を中断して、急遽《きゅうきょ》汽車でニューデリーへ向かった。彼はマウントバッテンに、国民会議党とムスリム連盟の連立内閣を解消して、ジンナーに組閣を要請するよう勧めた。明らかにガンディーの目的《ねらい》は、このうえない意志表示をもって、国民会議党とヒンドゥーへのジンナーの疑念を取り除くことであった。しかしながらイギリス政府にとっては、その提案はあまりにも唐突で信じ難いものに思われた。国民会議党の指導者たちは、中間政府［暫定政府］のムスリム連盟の同僚たちが、「白紙委任状」を彼らに求めていたことに気づいた。いずれにせよ、そうした話し合いの時期はすでに過ぎていた。マウントバッテンに会ったとき、ジンナーはずばりインド分割の要求を繰り返した。

総督の肩の荷は、国民会議党の態度を分離に向かわせたことで軽くなった。これまでは、分離についてはすくなくとも政治的自由に先行すべきではなく、独立後に続くべきものであり、（マウラーナー・アーザードの名台詞を借りるならば）結婚以前に離婚話はありえない、というのが国民会議党の主張であった。しかし、数か月におよぶ中間政府内の嵐のような共同生活は、国民会議党の指導者たちに親密な結合へのすべての夢を断ち切らせた。一九四七年春には、選択は彼らにとって、無政府状態か分離かの二者択一であった。国民会議党の指導者たちは、インドの四分の三［のヒンドゥー教徒］を、国民全体を脅かす混乱から救出するためには、分離は受け容れざるをえなかった。

このようにして、「いよいよ」「六月三日裁定」が発表された。すなわち、この裁定のもとに、一九四七年八月十五日にイギリス政府から後継二か国に権力が譲渡されることになったのである。［新］総督が十週間にわたる疲れを知らぬ折衝と、彼の才能と外交手腕を存分に使い果たした最終結論［六月三日裁定］は、国民会議党とムスリム連盟の主張の共通分母を提示するものであった。もっともそれは、最終決定を民主的な手続きに、すなわち州議会メンバーか、あるいは住民による投票にまかせるというものではあったが。裁定では、パンジャーブ州とベンガル州の分割と同様、インドの分割もありうるとの結論であった。

現実は、ガンディーが危惧《きぐ》していたとおりであった。インドは分割されなければならなかったが、分離は外から押しつけられてはならなかった。分離は、ジャワーハルラール・ネルー、ヴァッラブバーイ・パテールをはじめ、国民会議党運営委員会の大多数のメンバーが承認していた。ガンディーは最終的な折衝にはかかわらなかったが、彼が分離に反対していたことは公然の秘密であった。その理由は、彼がこれまでいくたびか繰り返し述べてきたことと同じであった。「イギリスの権力がなおインドで機能しているうちは、わたしたちは筋をとおして整然と物事を考えることはできません。イギリスの機能は、インドの地図を変えることはできません。イギリスがまずもってなさねばならないのは、インドから手を退《ひ》き、インドを立ち去ることです。撤退は、約束の日か、それ以前に、できれば秩序正しく、あるいは混乱があっても実施されるべきです」。国民会議党の同志たちの見解でも、イギリス政府の見解でも、分離にはどうしても避けがたいとする暴力それ自体は、ガンディーにとっては反論せずにはいられない議論であった。内乱を怖れるがゆえに分離を受け容れるというのは、「狂気じみた暴力を見境いなく揮《ふる》えば、なんでも手に入る」という理不尽を承認することになりかねないと、ガンディーは論じた。

分離についてのこのような確固たる見解からすれば、ガンディーがマウントバッテン提案［裁定］に反対するだろうことは、じゅうぶんに予想できた。総督は事実、この点についていくらか懸念をいだいていた。アラン・カンベル・ジョンソンは、マウントバッテンがある種の「不安感」をもってマハートマとの会談に臨んだことを記している。けれどもガンディーには、イギリス政府ばかりか国民会議党と連盟の指導者たちが受け容れた合意を妨害する意図などみじんもなかった。マウントバッテン裁定を議論した全インド国民会議党委員会の席上で、ガンディーは自らの懸念を包み隠さず述べたが、その承認には賛成した。この自己を無にする献身的行為によって、ガンディーは自らの節操を曲げることなく、危機的瞬間に国民会議党の分裂を救ったのである。

分離はいまや既定の事実になっていたため、その後のガンディーの努力は、危険を軽減することに向けられた。彼は、パキスタンにおけるヒンドゥー少数派にたいする平等の権利と特権についてのジンナーの約束を歓迎した。そして未来のインド連邦に、少数派を［ただたんに］正しくではなく、寛大な心をもって接することで隣人［パキスタン人］に実例を示すよう促した。

来《き》たりつつある式典は、一九四七年八月十五日にイギリスからインドへの権力の譲渡を記念するものであったが、ガンディーは、どうしても楽隊や手旗行進のことを考える気分にはなれなかった。彼が待ち望んでいた、そしてそのために生涯をささげた日がついに来たが、彼は喜べなかった。インドの自由が国家の統一を犠牲にして獲得されたばかりか、住民の大多数が未来に不安をいだいていたからである。

八月初めに、ガンディーは数日間のカシュミール訪問を終えて、西パンジャーブを通り、同州で最近発生した騒動がもたらした大惨事を目のあたりにした。それから彼は、東ベンガルへと向かったが、そこではヒンドゥー教徒の住民が、パキスタン建国後の新たな騒動の波におびえていた。

カルカッタに着いてガンディーは、市《まち》全体が一年間にわたって翻弄《ほんろう》されてきた宗教騒動の無法状況におかれているのを目のあたりにした。ムスリム連盟内閣の退陣と、ムスリム官吏や警官の大半がパキスタン〔東パキスタン、現バングラデシュ〕へ移転すると同時に形勢は逆転した。それはあたかも、カルカッタのヒンドゥー教徒たちが積年の恨みを霽《はら》そうと決意したかのようであった。スフラーワルディーはもはや首相の地位にはなかった。そこで彼はいくらか〔これまでのガンディーにたいする仕打ちを〕悔やんでいた。彼はガンディーと会って、ノーアカリーへ出立するまえにカルカッタの和平を回復してくれるよう要請した。ガンディーは、つぎのことを条件に申し出に同意した。すなわちそれは、スフラーワルディーにカルカッタ滞在中は彼と一つ屋根の下で生活をともにすること〔ヒンドゥーとムスリムが同じ屋根の下で暮らすということはほとんど考えられない〕、〔東ベンガルの〕ヒンドゥー少数派を庇護《ひご》するために同地方のムスリムの主張に彼〔スフラーワルディー〕の影響力を役立てること、であった。マハートマが宿所《やど》として白羽の矢を立てたのは、ムスリムに〔とっても〕危険とされていたベリガタと呼ばれる地区の、とあるムスリムの労働者の家であった。ガンディーが新しい宿所に移るとまもなく、八月十三日に、ヒンドゥーの若者たちの一団が彼の平和活動に異を唱え、大挙して押し寄せて来た。ガンディーは若者たちに、彼がどのように兄弟殺しの抗争《あらそい》をやめさせようと努めてきたか、そして、憎悪や暴力は彼らになんの益ももたらさないかを、諄々《じゅんじゅん》と説き聞かせた。彼の言葉は、渇《かわ》ききった大地に降り注ぐ慈雨のように若者たちの心にしみこんだ。若者たちは悔悟《かいご》しながら、それぞれの家へ帰っていった。暴動は止んだ。八月十四日に、独立の前夜祭が両コミュニティーによって共同で祝われた。ヒンドゥーもムスリムも街《まち》にくりだし、いっしょになって踊り、歌った。一九四六年八月［のカルカッタの大虐殺事件］以来、市の中心に居坐っていた悪魔が突如として姿を消したかのようであった。祝典の日には、ヒンドゥーとムスリムが互いに挨拶を交わし、贈り物を交換した。その光景は、一九二〇～二二年のキラーファト運動中の平和なよき日を思い出させた。三～四千人もの市民が、ガンディーの祈禱集会に出席した、そこには、インド、パキスタン両国の国旗が並んで立っていた。ガンディーはうれしかった。「わたしたちは憎しみの毒薬を飲んできた、それゆえに、今日の親和の甘露はひとしお甘く感じられる」と、彼は言った。

［ところが］この友好は、ものの二週間とは続かなかった。というのは、パンジャーブ地方から、またもや大虐殺と、パンジャーブを追われて移動を始めた同胞［ヒンドゥー］難民たちの新たな怒りの声が伝わってきたからである。八月三十一日の夜にベリガタのガンディーの宿所を、ヒンドゥーの暴徒たちが急襲した。暴徒の群れは怒り、口々に罵声を発し、暴力的になっていた。群衆は窓を蹴破り、力づくで家の中に押し入った。マハートマの言葉は激しい騒音にかき消された。煉瓦のつぶてが彼の身近かに飛び散った。棍棒の殴打がすんでのところで彼をかすめた。いまやふたたび、カルカッタは暴動の巷《ちまた》にもどろうとしていた。

これは、和平に向けてのガンディーの努力にとっては由々しい後退であった。暴徒たちへの彼の応答は、九月一日をもって始めるという断食宣言であった。それは、カルカッタの市《まち》が平静にもどるまでは終結しないというものであった。「わたしが言葉では言えないことを、断食が語ってくれるかもしれない」と、ガンディーは言った。宣言は電光石火カルカッタの市中に伝わり、ムスリムは感動し、ヒンドゥーは恥じた。カルカッタのフーリガン［暴徒］たちでさえ、ガンディーの死は自分たちの責任だと考えるようになった。トラック何台分かの隠し兵器が、地下の宗教組織から供出された。すべての宗教教団の指導者たちが和平を誓い、ガンディーに断食を終結するよう懇願した。ガンディーは要請に応えたが、誓約が破られるという不名誉な事態が再発すれば、二度とふたたび取り消すことのない断食を再開することを予告した。

ガンディーのカルカッタでの断食は、世にひろく——しばしば引用される『ロンドン・タイムズ』紙の記者の言葉を借りるなら——『奇蹟』と称《たた》えられた。かくして、数連隊の軍隊をもってしてもなしえなかったであろうことを、ガンディーはたったひとりでなしとげたのである。その後、カルカッタとベンガルは平静をとりもどした。コミュナル紛争の熱病が治まったのである。

これでガンディーは、ただちにパンジャーブへとって返せると思った。ある意味では、八月中旬に発生した同州での騒動は、一九四七年三月の先の暴動の続き［いわば後篇］であった。パンジャーブのどの村も町も、［独立への］夢のような希望と、異常な恐怖におののきながら、同時に［来るべき］戦闘準備に忙しかった。宗教主義にもとづく［政府］幹部の交代と、警察や軍隊へのコミュナリズムの浸透によって惹《ひ》き起こされた行政の麻痺が、八月末までには、ヒンドゥーが西パンジャーブに、ムスリムが東パンジャーブにそれぞれとどまっていられないような状況を醸成していた。

五百万というヒンドゥー＝シク両教徒が西パンジャーブから東パンジャーブへと移動し、同じほどの数のムスリムが反対方向へと難を逃れるという聳動《しょうどう》的な人間悲劇は、思うだに悲愴な光景であった。しかしながら、それ以上に危険だったのは、悲痛な体験談をもった難民たちが彼らの目的地に到着したとき、暴力がさらに拡大したことであった。そのとおりのことが、実際に、九月の第一週にデリーで発生した。ガンディーは、インドの首都が史上最悪の暴動の一つによって麻痺するのをその目で見た。首都デリーが炎上しているときに、パンジャーブへかけつけても意味はない、と彼は考えた。「新生インド」政府は、迅速かつ精力的な行動をとった。ジャワーハルラール・ネルー首相は、暴力は断固、取り締まられるだろうことを、すなわち、内閣に非常事態委員会を発足させて、市中に軍隊を導入することを宣言した。しかしガンディーは、警察や軍隊の力によって押しつけられる平和には満足しなかった。暴力は国民の心から洗い浄《きよ》められなければならない、と彼は考えた。それは至難の業《わざ》であった。市中には無数の難民キャンプが設営され、そのうちあるものは、西パキスタンから逃れてきたヒンドゥーやシク教徒が雨露《あめつゆ》をしのぐための仮設小屋であり、またあるものは、これから国境を越えてデリーを旅立とうとするムスリムの野営地であった。

ヒンドゥーやシクの難民たちはやりきれぬ思いであった。家も土地も仕事もすべてを奪われた彼らの多くは、これから貧困という未知の苦痛を経験しようとしていたのである。彼らのある者は暴動で親兄弟を失ったが、だれもがいちように悲痛な思いであった。彼らはデリーの経済《くらし》に活路を求めることができるかどうか不安であった。彼らの目は、彼らがパキスタンに残してきた家々や商店に代わって、ムスリムの家々や商店に注がれた。難民たちは、「忘れなさい、赦しなさい」と教え、彼らがその手にかかって苦しめられた者たちにも、心に遺恨をいだいてはならないというマハートマの切言《せつげん》を理解することはできなかった。彼らはインドの分離の責任についてもマハートマを非難していた。彼の非暴力は、暴力に大差をつけられてきた、と難民たちは言った。あるときガンディーが、難民たちはいつの日にかパキスタンの家へ帰れるだろうと言ったとき、彼らは疑いの表情で冷嘲《れいちょう》した。ガンディーは、難民たちがその目で見たことを見てはいないのだ、彼らが苦しんだことを苦しんではいないのだ、と彼らは思っていた。しかし彼らは、大惨事がどのように彼の上に重くふりかかっていたかを知らなかったのである。ガンディーが質素な食事をとろうと坐ったとき、彼は飢えている人びとのことを考えていたのだ。夜、彼がそのころ滞在していたビルラー邸の屋根に静かに降り注ぐ雨音を聞きながら目覚めていたとき、彼は、身を寄せる住処《すみか》のない人びとに思いをはせていた。彼が耳にした難民たちの体験談は、激しく彼の魂を燃えあがらせた。しかし、非暴力だけが憎悪と暴力の連鎖を終わらせることができるという信念は、けっして揺らぐことはなかった。毎日の夕べの祈禱集会で、彼のスピーチはコミュナル問題にふれた。ガンディーは報復の無益さを強調した。彼はデリー市民を再教育しようとする努力で、へとへとに疲れ切っていた。ガンディーは人びとの不満の声に耳を傾け、解決法を示唆し、数えきれない面談に快く応じ、あるいは、おだやかに叱ることもあった。彼はまた「自らすすんで」難民キャンプを訪れ、地元の役人たちと接触をつづけた。それは心身を使い果たし、ときには気のめいるような日課であった。

ガンディーは半ば真面目に、半ば冗談めかして、自分は百二十五歳まで生きたいと言った。百二十五歳というのは、ヒンドゥーの伝統によると、人の生きうる最長年限であった。そう言いながらも、「カルカッタの大虐殺事件」とともに始まったコミュナル暴動があまりにも悲惨であったために、ガンディーはしばしば、「兄弟殺しの争いの生き証人」にだけはなりたくないものだ、とも繰り返した。彼の誕生祝賀会でガンディーは集まった人びとに問いかけた――「どこに祝賀気分の入りこむ余地がありましょうか。お悔《くや》みのほうがよほどふさわしくはありませんか」と。また、［ヒンドゥー教の秋の大祭］ディーワーリー［毎年カールティカ月（太陽暦の十～十一月）の新月の夕べに、信者たちは家々に燈火《あかり》をともして富の女神ラクシュミーに祈る］がめぐってきたとき、「人びとの心に愛の光明が消えてしまったこのようなときに、わたしにはとてもディーワーリーを祝うことなどできません」とも言った。イギリス人の愛弟子ミラー・ベーンが、一九四八年三月［ガンディーは一九四八年三月にはすでに暗殺されており、この年月は、著者の思い違いか、印刷の誤りであろう］に、ヒマラヤ山麓に建立した彼女のアーシュラムを訪ねてくれるよう招待したとき、ガンディーは答えた――「［魂の抜けた］亡骸《なきがら》のような人間に、なにかを期待されても、なんの益がありましょうか」と。

　死が間近かに迫っていることを、ガンディーが予感していたかどうか、あるいはこうした言葉は、このころ彼が遭遇していた心や精神の苦悶をときどきもらすだけのものであったかどうかは、知る由もない。かつて彼は、「生と死は、同じ一枚の硬貨の表裏である」と言ったことがあった。彼は死を「無類の友」として語った。彼の生命《いのち》がか細い糸で吊りさげられている［風前の灯火のような］と感じた、いくたびかの機会があった。彼が［南アフリカの］ダーバンの街路《とおり》で、暴徒たちにあわや殴り殺されそうになったのは、まだ二十七歳のときであった。それから十一年後、こんどはヨハネスバーグで、屈強な同胞の一人に襲撃されたこともあった。一九三四年には、プーナの公会堂へ向かう途中、爆弾を投げつけられ、すんでのところで難を逃れた。またいくたびかの断食は、彼を死の淵へと誘《いざ》なった。そのうち二回を、彼は奇蹟的に生きのびた。非暴力の戦士として、おそらく彼は、戦場の多くの将軍たちよりも、数多くの危険をくぐりぬけてきたのだった。

一九四八年一月十三日に、ガンディーは断食を開始した。「わたしの生涯最大の断食」と、彼はミラー・ベーンに書いた。それはまた、彼の最後の断食になるはずのものであった。断食は、デリーが平静をとりもどすまでは終結しないことが宣言された。市《まち》は表面上は静かになった。政府の採《と》った厳重な措置によって、殺し合いは止んだ。しかし、ガンディーがこの四か月半、懸命に求め、実現に努力してきた平和は、そのような「墓場の静けさ」ではなく、人びとの心の結合の象徴《あらわれ》としての静穏であった。しかし、そのような和平の徴候はほとんど見られなかった。ムスリムはあえて市中を自由に歩きまわろうとはしなかった。西パキスタンから逃れてきた［ヒンドゥーの］難民たちは、土地のムスリムたちを商店や家々から追い出そうとあの手この手の手段を用いているとの報告が、ガンディーのもとに寄せられた。［しかし］ヒンドゥー、シク両教徒たちが同じように、西パキスタン中で不安な生活を送っているとの言い分は、ガンディーには見当違い［の言い訳］に思われた。

断食はパキスタンにも気分を一新させる衝撃を与えた。それは、十年来ガンディーをイスラーム教の敵とみなしてきた巧妙な宣伝網に風穴を開けた。西パンジャーブ州の立法議会で、ムスリム連盟の指導者たちから心のこもった謝辞がガンディーにささげられた。インドでは、感情のうねりが高まった。断食は国民に、ガンディーが生命《いのち》を賭して戦っている問題について、あらためて考えさせた。ことは一刻をあらそった。ガンディーが断食を終結できるような情況を生みだすために、なにかを早急にしなければならなかった。インド政府はガンディーの要請で、友好の意志表示として五万五千万ルピー（四千四百万ポンド）をパキスタン側に支払った。これは、インド連邦の資産の一部になるはずのものであったが、カシュミール紛争を理由に支払いが差し止めになっていたものであった。一九四八年一月十八日に、デリーの各コミュニティーと党派の代表たちが、ガンディーの前で、デリーの和平を保証する誓約書に署名した。断食を終えるにあたり、マハートマは代表者たちに、一九四七年九月にカルカッタで和平を誓った署名者たちに彼が言ったことを、すなわち、彼らの誓約が守られなかった場合は、彼は死ぬまで断食を続けるだろう、と言った言葉を繰り返した。

断食のあと、コミュナル間の暴力の高潮は目に見えて引きはじめた。ガンディーはこれでやっと、国家の将来計画に着手できると感じていた。彼は西パキスタンから逃れてきた難民たちに、すべての家族が生まれ故郷の都市《まち》や村に復帰するまでは、休まず活動を続けるだろうことを約束していた。しかし、相手国の政府の許可がなければ、パキスタンへは行けそうにないことはわかっていた、それまでのあいだ、彼はセヴァーグラムのアーシュラムに帰ろうと思いついた。このところの数か月間は、ガンディーはもてる時間のほとんどをコミュナル問題にささげてきた。この問題がいかに急務であったにしても、より広い目で見るならば、それはこの国の行く手に立ちはだかる障害物の一《ひと》つにすぎなかった。インド国民の社会的・経済的向上の問題は、片時も彼の脳裏から離れることはなかった。そのいくつかについては、夕べの祈禱集会のスピーチで、ガンディーは声を大にして語っていた。彼はこの国の食糧不足に思いをいたして言った——「この国には肥沃な土地と膨大な労働力があります。わたしたちがその両方をうまく利用すれば、食糧を統制する必要はなくなるでしょう」と。衣料についても、農村の幾百万という農民たちが仕事のない農閑期に、彼らの草屋で必要な布を織ることができるとガンディーは信じていた。そして、これから先《さき》何をなすべきかについて考えていた。憲法はまもなく制定されるだろう。彼には独立インドで政府入りすることも、積極的な政治活動に従事することも念頭にはなかった。そして、建設的事業の新しい道を切り拓くためならば、少しは役立てるだろうと考えていた。一九四七年十二月に、ガンディーは彼の援助で創設された種々の建設的組織の代表者たちを一堂に招集した。これらの組織はそれぞれ独自の専門分野をもっていた。たとえば、不可触民制の撤廃だとか、基礎教育やカーディ［手織綿布］、農村産業の普及などといったような。ガンディーは、これらの事業の共通の目標である非暴力の社会秩序を実現させるための建設的組織を統合する可能性について話し合った。

政治的自由［独立］は、いまや現実のものになっていた。ガンディーの心はいよいよ独立インドの社会的・経済的改革へ、さらには彼の非暴力の方法に磨きをかける方向へと向けられていた。

けれども、運命はガンディーに、パキスタンへ行くことも、建設的プログラムの糸を紡ぐことすらも許さなかった。それを知らせる最初の警告が、一月二十日の夕方に届けられた。彼がビルラー邸内の祈禱集会で講和をしていたとき、手榴弾《しゅりゅうだん》が彼から二メートルと離れていないところで炸裂したのである。ガンディーは爆発に気づかなかった。翌日彼は、爆発後も平静でいられたことで各方面から寄せられた祝辞について述べた。「もしわたしが爆発の結果斃《たお》れ、しかも頬に微笑《えみ》をうかべ、暗殺者にいっさいの悪意をいだかずにいたとしたなら」、そのときこそ、祝辞を受けるに値するだろう、と。彼は爆弾を投じた犯人を「誤った教育を受けた若者」と呼び、犯人を責めることなく、説得と愛情をもって改心させるよう警察に切言した。逮捕されたパンジャーブからの難民の一人マダン・ラールは、実はガンディーの生命を付け狙う暗殺団のメンバーの一人であった。神経を苛立たせていた若者たちは、ヒンドゥー教が外からはイスラーム教によって、内からはガンディーによって危うくされていると思いこんでいた。マダン・ラールが獲物を仕留め損ねたとき、プーナから若いジャーナリストのナートゥラーム・ゴドセーがデリーに出てきていた。男は拳銃をポケットにしのばせ、ガンディーが滞在し、毎夕祈禱集会を催していたビルラー邸のまわりを彷徨《うろ》ついていたのである。

なんとなく陰謀計画を疑いながら、市当局は警戒の目を光らせていた。けれども、ガンディーは警察に、祈りの集会に参加する市民を詮議するのを許さなかった。ガンディーは警官たちに向かって言った――「もしわたしが死ななければならないとすれば、わたしは祈禱集会の場で死ななければなりません。あなたがたは、わたしを災いから護れると信じているなら、思いちがいをしておられます。神こそがわたしの庇護者《ひごしゃ》だからです」と。一月三十日の夕方、ガンディーはビルラー邸の彼の部屋を出て、祈禱集会へと向かった。それは歩いて二分ほどの距離であったが、その日はサルダール・

パテールとの面談に手間どっていたため、いつもより遅くなっていた。彼は従兄弟《いとこ》の孫娘マヌーとアバーの肩にそれぞれ手を掛け［ガンディーはおもしろがって、二人を「歩く杖」と呼んでいた］元気よく歩き出した。彼が祈りの場に近づいたとき、五百人ほどの参集者たちが道を開けた。その多くは立ちあがり、ある者はうやうやしく頭をさげた。ガンディーは時刻に遅れたことを詫び、手を揚げて挨拶《ナマスカール》を返した。その瞬間、ゴドセーが群衆をかき分けて進み出て、マハートマの足もとにひれ伏すかのように身を低くしたかと思うと、やにわにピストルを取り出して、三発つづけさまに発砲した。ガンディーは「ヘー・ラーマ［おお、神よ］」とつぶやきながら、足もとからその場にくずれるように倒れていった。

非暴力の使徒が暴力によって最期《さいご》を迎えたというのは、いかにも曰《いわ》く言い難い皮肉である。憎しみの邪悪な力が勝利したかに思われたが、それはピュロスの勝利［過大な犠牲を払った引き合わない勝利］であった。ガンディーの胸を貫通した銃弾は、何百万という人びとの胸にはねかえったのである。犯罪の卑劣さそのものが、ちょうど稲妻に照らし出される対象物のように、宗教間対立《コミュナル》の愚劣さと無益さを露呈した。一九四八年一月三十一日の夕暮れ、ヤムナー川の岸辺でマハートマの遺体は火葬に付された［ここは現在「ガンディー・ガート」と呼ばれ、マハートマの墓所として、日々インド中から訪れる参詣者の列はたえない］。その［薪の］火は、一九四六年八月以来インド＝パキスタン亜大陸に燃えさかった大火の最後の焔とならなければならなかった。ガンディーは存命中、力のかぎりを尽くしてこの火と格闘したのである。彼の死は、最終的にその火を消しとめることになった。

エピローグ

南アフリカから故国に帰って五年も経たないうちに、ガンディーはインドの政治舞台の中心人物になっていた。一九二〇年までに、第一戦の政治家たちのほとんどが、ガンディーの旗幟《はたじるし》のもとに集結し、余人は実際には数える程度であった。政治的席巻が、これほどみごとに、かつ完全になされたためしはなかった。次の三十年間には、彼の敵対者たちが、彼を使用済みの薬莢《やっきょう》として廃棄しようとした時期もあった。しかしそれは、「願ってさえおれば、なんでも思いどおりになる」ことを証明しただけのことであった。ガンディーは、自ら選んだときに、しかも彼の影響力を少しも減じることなく［彼の指導力を］もとにもどすことができたのである。

この流星のごとき人気の高まりと、持続的な影響力を説明する鍵の一つは、彼がインドの民衆の想像力《こころ》をとらえた衝撃の大きさにあったといえよう。マハートマ崇拝は、マハートマの実践活動を［かえって］不便なものにした。それは彼の行脚《あんぎゃ》［遊説旅行］をおそろしく苛酷なものにしたが、いっぽう、それはまた彼の威信を、運動にはつきものの成功や失敗とはかかわりのないものにした。

この卓越性にはまた、もう一つの理由があった。南アフリカでの闘争が彼を成熟させていたのである。イギリス留学時代と帰国後の弁護士開業時代についてまわった生来の内気さをガンディーは克服し、あふれんばかりの自信と、恐怖心《おそれ》のない謙虚さを兼ね備えていたのだった。ガンディーの魅力の虜《とりこ》となり、それぞれの生来の資質までも変えた人たちのなかには、［たとえば］C・R・ダースやモティラール・ネルーといった弁護士や議員たち、マダン・モーハン・マーラヴィヤやラージェンドラ・プラサードのような人道主義者、ヴァッラブバーイ・パテールやラージャゴパラチャーリーのような現実主義者、それからジャワーハルラール・ネルーやジャヤ・プラカーシュ・ナーラヤン★6をはじめとする理想主義者たちの名が見られた。彼らは［ひとしく］ガンディーの唱える非暴力の方法のなかに、インドの政治が従来いたずらに振りまわされてきた言葉だけの闘いや、爆弾を投げつけるテロ行為に代わる、これぞという実践可能な行為の道［ヒンドゥー教に言う「カルマ・ヨーガの道」］を探り当てたのである。彼らはそれぞれ、個人的な安逸や職業的な野心をかえりみることなく、彼らの人生の最良の時間を［運動に駆けまわる］鉄道列車や政府の刑務所で過ごした。彼らは政治や経済についてのガンディーの考をかならずしも共有したわけではなかった。［わけても］彼の宗教思想をともにしたものはごく少数であった。それでもなお、彼らは深い感情《こころ》の絆でガンディーと結ばれていたのである。ガンディーは、ただたんに政治指導者であったばかりではなく、「バープー」、すなわち愛と尊敬を受けるに値する「父・お父さん」であった。彼は民衆の心に訴えかける強大な力と、国民会議党の指導者たちとのひとことでは表現しがたい特有の関係によって、その人格のうちに、四半世紀以上にわたってインド・ナショナリズムの基本的統一《ユニティー》を象徴してきた。こうして彼は、ややもすれば分裂に至る致命的な傾向の前に防波堤として立ち塞《ふさ》がったのである。他の政党との関係でも、彼は争点よりもむしろ接点を強調し、自分と見解を異にする者を揶揄《やゆ》したり、誹謗することはなかった。「政府寄りといわれた」自由党の三人の指導者たち――テージ・バハドゥール・サプルー、M・R・ジャヤカル、シュリーニヴァーサ・シャーストリとも頻繁に文通を交わし、しばしば思うところを率直に述べ、彼らの忌憚《きたん》のない意見を求めた。「あなたの誠実さは、あなたのご協力よりもわたしにはたいせつです」と、ガンディーはシュリーニヴァーサ・シャーストリに書いた。彼がムスリム連盟の指導者とも同様な関係を発展しえなかったというなら、それはけっして彼の努力が足りなかったからではなかった。

インド独立運動の真《まこと》の重要性は、ガンディーの目からすれば、それが非暴力のうちに闘われたことであった。国民会議党がサッティヤーグラハを採用し、非暴力に賛同していなかったら、ガンディーはそのような闘争に興味を示さなかったであろう。ガンディーが暴力に反対したのは、武力闘争においては武器をもたない民衆に成功の機会がほとんどなかったという理由のみならず、暴力は武器が解決する以上に多くの問題を「連鎖的に」惹《ひ》き起こし、さらなる憎悪と敵意を後《あと》に残すと考えたからであった。

このような非暴力の強調は、それぞれ異なる理由からであったにせよ、イギリスとインドのガンディー批判者たちの耳には不快に聞こえた。前者にとっては、非暴力はカムフラージュであり、後者にはたんなるセンチメンタリズムに映じた。インドの闘争をヨーロッパ史のプリズムを通して見がちであったイギリス人にとっては、非暴力の宣言はあまりにもご立派すぎて、本気とは思われなかった。

彼らの目は、ガンディー運動の驚くばかりの平和的特質によりも、偶発的に生じる暴力行為に向けられていた。他方、フランス革命やロシア革命、イタリアやアイルランドの民族主義者たちの闘争の歴史を繙読《はんどく》してきたインドの急進的政治家たちにとっては、力は力にのみ屈するものであり、政治によりも倫理にふさわしいような理論のために、戦術的な勝利をみすみす犠牲にするのは、愚の骨頂と思われたのは言うまでもなかった。

ガンディーの批判者たちは、暴力の戦争を計る物指しを、彼の非暴力の闘争に適用しがちであった。サッティヤーグラハは［そもそも］なにか特定の目的を「獲得する」ために、あるいは相手を「踏みつぶす」ためにもくろまれたものではなく、相手を回心《かいしん》に導くことができるよう力を発動させるものであった。こうした戦略では、一つ一つの前線ではことごとく敗北しながら、戦争に勝つということも完全にありうることである。事実、勝つとか負けるとかいうことは、サッティヤーグラハ闘争の目的を語るには不適切な表現であろう。双方にとって名誉ある和平こそが闘争の目的だからである。

ガンディーの指導のもとに展開されたインド解放闘争は、このようにして道徳的、あるいは別な言い方をすれば、心理的［精神的］な前線で闘われたのである。一九二〇年一月に彼はこのように書いている。「もっとも対立の激しい情況のときですら、イギリス人たちが理性と説得に耳を傾けることにわたしは気づいた。そして、彼らはつねに正しいことを装おいたがっているのだから、だれよりも彼らを辱《はずかし》めて正しきをなさしめるのは容易である」と。改心の過程《みち》はいずれの側にも通じる二方向的なものであった。インド人も、イギリス人同様、改心を必要としていた。ガンディーはインドにおけるイギリス支配について、いろいろ手厳しいことを言ってはきたが、インド社会を内部《うち》から分裂させ、腐食《ふしょく》させてきた害毒については、もっと痛烈な言《げん》を呈した。

一九四七年の最終結果、すなわちイギリスからの権力の移譲は、数々の民族的・国際的要因の相関関係によるものであったが、イギリスの撤退の時期と方法については、四半世紀にわたってガンディーが主張し、実践してきたことによるところ大であった。思えば、一九二〇～二二年、一九三〇～三二年ならびに、一九四〇～四二年の前後三度の大規模なサッティヤーグラハがじゅうぶんに間隔をおいたものであったために、ガンディーの究極の狙いどおり、イギリス人に再考を促し、改心させるため時間のゆとりを与えた。一九四七年八月に、インド国民は「長い年月担《かつ》いできた」重荷を肩からおろしてほっとしたばかりでなく、インド在住のイギリス人たちも、ようやく、初めて清々《すがすが》しい気分を味わっていたことは記憶に値する。

インドの政治的解放におけるガンディーの役割は、必然的に世界の目に大きく映し出されたが、彼の生涯の主要動機は政治にではなく、「むしろ」宗教にあった。「わたしが成し遂げたいと思っていること――この三十年来、わたしが成し遂げようと努め、切望してきたこと、それは神にまみえ、解脱《モクシャ》に到達することでした。この目標を求めて、わたしは生き、活動し、そして存在してきたのです」と、ガンディーは『自叙伝』に書いている。彼が最大限の努力を払ったのは、精神的なものであった。政治的代表団のなかに彼を見たとき、インド担当大臣であったモンタギューは叫んだ――「社会改革者であるあなたが、どうしてこのような連中のなかに顔を見せるのですか」と。

ガンディーは、政治参加は彼の社会活動の延長にすぎないことを説明して言った。「わたしは全人類との結合を感じずには、宗教生活を送ることはできません。したがって、政治に参加せずに、宗教生活を送ることなどできない相談です。人間の活動万般は、今日、不可分な全体を構成しています。ですからわたしたちは、社会的・経済的、そして純粋な宗教活動を完全に切り離すことはできないのです」と。人間の活動と切り離された宗教は考えられない、と彼は言った。精神の法則は、精神の分野でのみはたらくものではなく、人間の日常的活動をとおして表わされるものである。真に宗教的であるためには、人はヒマラヤの山中に隠棲したり、家や宗派の安全地帯に逃げこむ必要はない、とつけ加えた。

しかしながら、政治と宗教、国家権力と倫理の不一致があまりにも長く続いてきたために、清浄な心の人たちは、それら二つが混ざり合うことに反対してきた。真理や慈悲心や愛は、家族や社会の領分でのみ実行可能な美徳と思われ、政治の世界では、御《ご》都《つ》合《ごう》主義が万事を動かす動機と思われてきた。ガンディーの全生涯は、この道徳の二元性への反抗であった。彼は聖なるものと俗なるものを切り離すことをしなかった。彼の政治への関心は、彼が一つの方法、すなわちサッティヤーグラハを発展させたという事実から生まれたものであり、それは宗教の精神を政治に導入しようとするものであった。ガンディーは［本質的に］聖者なのか、それとも政治家なのかという疑問が、しばしば西洋の研究者たちから問われてきたが、彼は政治の世界に入ったときにも、一人の人間でありつづけることをやめなかった聖者［傍点は訳者］であった。

ガンディー自身は、聖者という語は尊《とうと》すぎて、自分にはふさわしくないと考えていた。彼は「一介のとるにたりない真理の探究者」であり、「かの強烈な光彩《ひかり》のごくわずかなひと閃《ひらめ》き」をかいまみたにすぎなかった。彼は人生の永遠の真理のいくつかについて実験をしているのだと言ったが、彼の方法をもって科学的に正しいといえる不謬《ふびゅう》の証拠を示すことはできないし、近代科学が要求するような絶対に正確な実験結果を見せることができないのだから、社会科学者をもって任じることもできなかった。彼は自らの無誤謬性を主張しなかった、そして世間に向かって、自分が暗闇のなかを手探りで歩いていたときのことを包み隠さず正直に語った。もし彼が、自らを神の道具であるかのように考え、語ったとしたならば、それは自らを特に神の意志を体《たい》する選ばれた器《うつわ》とみなしたからではなかった。ガンディーは言った――「かれ〔神〕はすべての人間にかれ自身を啓《あら》わしていると、わたしは信じている。しかしわたしたちは、かれの小さな内なる静かな声に耳を閉ざしているのだ」と。ある人が、自らをクリシュナ神の化身だと称したとき、ガンディーはその人を神の冒瀆《ぼうとく》者と呼んだ。彼はしばしば、彼の崇拝者たちの称讃が常識の域を超えるようなとき、称讃を控えるようたしなめた。彼の〔遊説〕行脚の途上、ある村の住民たちがガンディーの来訪の僥倖《ぎょうこう》のおかげで村の井戸に水があふれ出たと言ったとき、彼は村人たちを叱った。「あなたがたはばかげています。井戸に水があふれたのは偶然であることは疑いの余地はありません。あなたがたと同様、わたしも神を動かすことなどできません。牛が椰子《やし》の樹の上に坐ったら、たちどころに樹は地面に倒れましょう。鳥の重みで樹が倒れると思いますか」と。

彼の謙虚さは、教養人の洗練された徳性ではなく、子どものころから生命《いのち》の尽きる日まで片時も休むことなく持続した自己完成への闘いから生じたものであった。「マハートマにとっては、内なる敵との闘いは外敵との闘いよりもいっそう烈しかった」と、秘書マハーデヴ・デサーイは書いている。ガンディーは自らを、平均的な能力以上でも以下でもない、ごく普通の人間と評した。「わたしは知的にはきれる方ではないことを自認している」と、彼は記している――「しかし、そんなことはいっこうに気にならない。［なぜなら］知性の成長には限度があるが、心の成長には限度がないからだ」と。知的聡明さの欠如を引き合いに出してまで、心の善性を強調したとき、ガンディーはこのように自らの知性が凡庸だと言ったものと思われる。彼は書物による知的学習にはあまり関心を示さなかったが、再三にわたる牢獄暮らしは彼の読書に役立った。そして読んだものは、直接実生活に生かされた。彼の著書『自叙伝』と『南アフリカにおけるサッティヤーグラハの歴史』は、彼の抜群の記憶力の証《あかし》である。そして彼の同僚も敵対者も、ともどもに彼の鋭敏な知性について証言している。にもかかわらず、理性にたよることは、直感力［魂の力］によって制御され方向づけられなければ、ある点を超えて、かえって道を誤まらせる、と彼が考えていたのは事実である。彼が求めた真理は、固定したものではなく、その多彩な様相《かお》を果てしなく現出しつづけるダイナミックな実体であった。ガンディーは「過去に言ったこととの」矛盾を指摘されると、過去の言葉としてではなく、真理の一貫性をもって対応した。彼は新たな経験の光にてらして、彼の思想を修正し、訂正し、そして拡大した。人は、彼の日びの祈りのなかにさえ進歩の過程をはっきり認めることができた。祈禱集会は、南アフリカ時代には、ヒンドゥー教の教典とキリスト教の聖書の読誦をもって始まっていたが、やがてそれらに、『ゼンド・アベスタ［ゾロアスター教の経典］』や『コーラン［イスラーム教の聖典］』、仏教や日本の仏典からの経文も加わった。死のほんの数時間前にも、ガンディーはベンガル語の練習問題を書き終えたばかりであった。ベンガル語は、暴動に疲弊《ひへい》した同地方の人びとにもっとも効果的に奉仕できるようにと、一年前から学びはじめたばかりであった。最期まで、彼は勉学に学生のような情熱と真面目さをもちつづけていたのである。［ちなみにある学者は、ガンディーのベンガル語の学習のもう一つの目的として、タゴールの詩を原語で味読したいという願いがあったことを指摘している］

彼はつねに、すべての問題について彼の思想を推稿してきたのだから、カーストや機械や手織物についての彼の初期の発言と、後期の思想との齟齬《そご》をつきつけ、不一致を指摘するのは容易であった。彼が生きた苛酷な現実社会に光を当てて見るとき、彼の行動と言葉の一つ一つは社会の財産であったが、たとえそれが夢のなかで、一瞬彼の心を横切《よぎ》った卑しい思いであったとしても、彼はすすんでそれを世人に打ち明けた。彼がトルストイについて書いたことは、彼自身にも当てはまる――「トルストイの矛盾は、真理への彼の登攀《とうはん》と情熱的な敬心のしるしであった。彼は休むことなく彼自身の教えを拡大していったために、しばしば［他人《ひと》の目には］矛盾しているような印象を与えた。彼の敗北は社会が負うべきものであり、彼の闘いと勝利は、彼個人のものであった」。

ラビンドラナート・タゴールはかつて、いみじくもガンディーを評して、本質的には「思想を愛する人ではなく、人間を愛する人だ」と言ったことがある。ガンディーはすべての問題を彼の精神論に還元することを好んだが、彼はけっして自分の意見をだれの喉にもつめこもうとはしなかった。「なんであれ、たとえそれがマハートマ〔「偉大な魂」と呼ばれる聖者、このときはまだガンディーは「マハートマ」との尊称で呼ばれていなかった〕によって説かれたものであっても、〔『聖書』の〕福音書的な真理のように受けとられてはなりません」と、ガンディーは最初の政治信条の書『ヒンド・スワラージ』で警告した。同書には、近代文明とそれを信奉する学派の道具である鉄道や病院にたいする辛辣《しんらつ》な攻撃が述べられていたが、ガンディーは彼の哲学を弟子たちに強要するよりも、「インド式の」腰布をまとよう奨《すす》めた。アガサ・ハリソンは、ガンディーが「イギリス式の」喫茶の風習の弊害を彼女に説こうとしたことを記しているが、彼女が彼の行脚《あんぎゃ》に同行したときにはかならず、午後四時になると、きまって紅茶がふるまわれたと伝えている。彼と面接し、あるいは文通を交わした内外の多くの人びとは、彼の多忙な先約にもかかわらず、けっして忙しいとは言わずに示してくれた、こまやかな好意や愛情をたいせつに心にしまっていた。彼は「だれにもまして、持たざる者、身分賤しき者、敗れし者」に自らを同化しようと願った。沐浴のときには石けんの代わりに小石を用い、手紙は小さな紙っ切れに、指のあいだにはさめないようなちびた鉛筆を使って物を書いた。また粗末な国産の剃刀《かみそり》で髭をあたり、「刑務所を出所するとき、記念にもらって帰った」囚人用の椀から木製のスプーンで食事をとった。こうしたすべてのきびしい耐乏生活は、彼自身の内面の要求のいくつかを満たすものであったが、なによりもまず第一に、片時も彼の脳裏を離れることのなかった貧しく惨《みじ》めなインドの民衆と感情《おもい》をともにすることであった。そのことは、彼のすべての政治的・社会的・経済的活動を突き動かす原動力であり、民衆の心をつかむユニークな魅力であった。しかしそうした行為は、しばしば、彼と都会育ちのインドの知識層とのあいだの障壁になった。

ガンディーは禁欲主義の上に軽々と座していた。禁欲主義は、彼を退屈な人間にはしなかった。彼はいつも子どものように陽気であった、彼を訪ねる人はだれもが、一つ二つ彼からジョークを聞けるのをたのしみにしていた。「あなたは神経的にいらいらすることはありませんか」と、一人の女性訪問者にたずねられたことがあった。「わたしは世間とはうまく折り合いをつけてやっていますが、彼女とはなかなかうまくまいりません、妻はそんなふうに言うでしょう」と。これを聞いて、マイルズ夫人は言った――「おやおや、私の夫は私とうまくやっておりますよ」と。「それならご主人のマイルズさんは、きっと奥さんに多額の賄賂《わいろ》を支払ってきたのでしょう」と、ガンディーはやりかえした。どうしてあなたは飲酒家たちに手きびしいのでしょうか、と質問されたとき、ガンディーは答えた――「わたしはその呪いの結果《ため》に苦しんでいる人たちに情け深いからです」と。またあるとき、「あなたは何人子どもをお持ちですか」と、ガンディーは「船旅の途上」船員の一人にたずねた。「八人です。息子が四人、娘が四人です」という答えが返ってくると、「わたしは、息子四人だけです」と、マハートマは言った――「それなら、途中までしかあなたと駆けくらべはできませんね」と。こんな具合に、ガンディーはどんなに行き詰まった状況のときでも、陽気さをひき出した。一九三二年九月に、「ガンディーの決死の断食のとき」ヒンドゥーの指導者たちが、「プーナの断食」の危険を聞きつけてヤラヴァダー刑務所に集合したとき、ガンディーはテーブルの真ん中に坐って、くすくす笑いながらこう言った。「それでは、みなさん、只今からわたしが議長を務めます」と。

ガンディーは［独立を眼前にした］彼の人生最良の一時期を、一《ひと》つの重大な問題にささげた。すなわち、どのようにしてアヒンサー［非暴力］を、人間関係のなかで完成し、ひろげればよいか、という問題に。いくたびか彼は、ヨーロッパやアメリカから受けた招聘《しょうへい》旅行を辞退した。それは、自国で成功を証明しないでおいて、外国で非暴力を説くことの愚かさを知っていたからであった。そしてついに、ガンディーが久しく待ち望んでいたとおり、イギリス人が対等の基盤に立って英印関係を改める、無血革命の光明《ひかり》が遥か沖の彼方に見えはじめたとき、インドは忌まわしい宗教対立の狂気と流血の呪縛《じゅばく》にとらえられたのである。ガンディーは、なによりもたいせつにしてきた国民的結合の織物が目の前でびりびりにひき裂かれるのを見た。彼は暴力の趨勢を和平の道へと導こうとあがけばあがくほど、深い敗北感に見舞われた。彼の名声は衰えることはなく、「国民の父」と歓呼されていた。［独立］政府の指導者たちは、彼に鑽仰をささげた。行くところどこでも、「マハートマ・ガンディー・キー・ジャイ［マハートマ・ガンディー万歳（勝利あれ）］」と呼びながら、大群衆がつき従った。この叫びは、つねづね彼の耳に苛立たしく聞こえていたが、いまや彼の胸にぐさりと突きささった。なぜなら、インドのあちこちで人びとが恐怖と暴力に戦っているとき、彼には万歳も勝利もあったものではなかったからである、悲劇はいくつかの理由によって起きていた。そのいくつかは、近年のインドの歴史にもとづくものであり、他は一時的に人びとの心から平静を失わせていた政治的・宗教的煽動のせいであった。ガンディーは長く生きたお蔭で、彼の［非暴力］の手法による二つの壮観な勝利を見ることができた。一つは、彼の断食［の威力］によって、カルカッタとデリーの市民たちを恥じ入らせ、和平をもたらしたことである。そして他は、彼の死によって、彼が死の瞬間まで成し遂げようと努めたことを、すなわちインド＝パキスタン亜大陸に正気をとりもどそうとしたことを［一時的にせよ］成就したことであった。

けれどもガンディー自身にとっては、非暴力の重要性は、成功や失敗とはかかわりのないことであった。『ヒンド・スワラージ』に述べられた彼の西洋物質文明や軍国主義批判は、ヨーロッパがその威信と権勢の頂点にあった第一次世界大戦勃発の五年前になされたものである。それらの批判は、半世紀前［初版一九〇九年］には、空想的《ドン》・非現実的《キホーテ》なものに思われたかもしれない。しかし、世界が第三次世界大戦の危機に瀕していた時代、それらの言葉は、むしろ予言的にすら聞こえた。精神的な価値観を犠牲にする物質的進歩を寄せつけず、また最終的に暴力を放棄することによって、ガンディーは二十世紀を支配した二つのイデオロギー、すなわち資本主義とも共産主義とも明確に一線を劃《かく》して反対したのである。彼は人間社会《コミュニティ》にいちばん必要なもの［それ以上を望まなかった］を提供する社会をはっきりと心に思い描き、そのような社会の実現のために努め励んだ。彼の求めた社会は、経済的・政治的構造の非中央集権化［分散化］によって、社会内部での搾取と、外部での紛争の動機を最少限にとどめることを願うものであった。そのような社会は、近代国家の強制的機構を排除し、秩序の維持のためのみならず、外的侵略への防衛のためにも、非暴力の手法によってそれらをなしうると、ガンディーは信じてやまなかった。

ガンディーの夢が実現できるかどうかは、曰《いわ》く言いがたい。国家も個人同様、踏みならされてきた道を歩みつづけようとするものである。ガンディーは、彼の非暴力の夢を現実の世界に転化することのむずかしさを重々承知していた。しかし彼は、己《おのれ》が根本原理なりと信じるものに妥協を認めるのを拒否した。最後まで彼は、正しい目的は絶対にいかがわしい手段をもって正当化することはできない、と断言した。われわれのほんとうの敵は、われわれ自身の恐怖心や、欲望や、自己本位である。われわれは他人《ひと》を変えようとするように、自分自身を変革しなければならない。家族の法《のり》、真理の法、愛の法、慈悲の法は社会集団にも、宗教社会にも、国家にも適応できるはずである。なかんずく、「暴力が獣類の法則であるように、非暴力はわれわれ人類の法則である」ことを、ガンディーは強調した。国家の運命を担う指導者たちには、こうしたことはすべて望ましいとは思えるだろうが、きわめて遠い理想に聞こえるかもしれない。しかし、今日の核兵器時代にあっては、もし文明がばらばらにひき裂かれた肉塊や焼けただれた鉄塊になりはててはならないとすれば、ガンディーの前提はそのまま現実的意義をもつことになる。

訳者註

【第一部】人格形成期

第1章　少年時代

★1　ジンナー（一八七六～一九四八）「パキスタン建国の父」と呼ばれるイスラーム教の政治家。カラチ（現パキスタンの都市）に生まれ、イギリスに留学して法学を学び、帰国後ボンベイで弁護士として名をなす。政治家としては、初めインド国民会議党に入党したが、やがて同党をヒンドゥー政党として慊焉《けんえん》するようになり、ムスリム連盟に移り、指導的役割を果たした。後年ことごとに国民会議党の政策とガンディーの宗教的・倫理思想に反対して、パキスタンの分離独立に邁進した。この間の消息については、第四二章・四九章・五〇章ほかに詳しい。

★2　十七世紀初頭に始まったイギリス東インド会社のインド進出（侵略）の進行過程で、イギリスは当時のインド（ムガル帝国）領内に乱立していた大小さまざまな藩王（土候）国［イギリス領一州に相当する大国から、村落程度の小国に至るまで、その数《かず》五百数十をかぞえた］を巧みに温存し、互いに勢力を争わせ、敵対・監視させながら、民族の統一結合を妨げる防波堤とした。その効果は、一八五七～五八年のインド大反乱（世に言う「セポイの反乱」）のときにみごとに実証された。イギリス支配者たちは、藩王たちに驕侈《きょうし》な生活をあおり、王たちの多くは、王国の政治や経済、人民の暮らし向きのすべてを宰相にまかせて、大規模な狩猟（虎狩りや象狩りなど）や、宝石の蒐集、豪邸の建設などにうつつをぬかした。こうして、藩王国の宰相《ディワーン》といえば、聞こえはよいが、現実には責任と労のみ多い、激務であったようである。

第2章　イギリス留学

★3　古代インドの二大叙事詩の一つ『マハーバーラタ』の一部で、七百頌より成り、ヒンドゥー教最高の聖典として、ひろくヒンドゥー教徒のあいだで愛唱されている。内容はクル国における親族決戦を前にして、戦争と同族間の殺戮に疑念をいだく王子（アルジュナ）を激励して、御者《ぎょしゃ》に身をやつしたクリシュナ（最高神ヴィシュヌの化身）が自己の義務の私心なき遂行と、最高神への絶対的信愛をじゅんじゅんと説いたものである。この行動への呼びかけは、独立運動期の民族主義者たちの心をおおいに鼓舞し、ある者は同書を正義のための戦闘の指針としたが、ガンディーはあくまでも非暴力の信念に立って、『ギーター』のことばを、行動と信仰の拠りどころとした。ガンディーは言った――「わたしにとって『ギーター』は、行動のまがうことなき道案内です」と。

第3章　依頼人の来ない法廷弁護士《バリスター》

★4　フィロゼッシャー・メヘター（一八四五～一九一五）。若くしてイギリスに留学、法学を学び、帰国後ボンベイ州・立法参事会会員となる。一八八五年のインド国民会議党の創立に参画、一八九〇年、一九〇九年に議長を務めるなど、つねに会議党穏健派の中心的指導者として、イギリス政府への嘆願や政策批判をもってする漸進的改革の立場をつらぬいた。

★5　ダーダーバーイ・ナオロジー。インド民族運動初期の最有力指導者の一人（一八二五～一九一七）。ボンベイのエルフィストン大学卒業後、母校でインド人として最初の数学・物理学の教授となる。一八五五年渡英、在英インド人を結集して「東インド協会」を設立、イギリス国会と国民にイギリス統治下でのインドの富の流出の実情を訴えるいっぽう、インド人の官吏登用の道を拓こうと努めた。帰国後、インド国民会議党の創立に参加、三たび議長を務めた。この間、再度イギリスに渡り、自由党に入党、インド人としてイギリス国会での最初の議席を獲得した。

★6　ヴァルナーシュラマダルマ。「ヴァルナー」の本義は「色」を意味し、前一五〇〇年前後に、西方からアーリア人がインド西北地方に侵入したとき、アーリア人たちはヴァルナ（肌色）の異なる色の黒い原住被征服民族を職業によって分化し、彼らを職業的階級的制度の下に組みこんだ、これが後世インド社会の基盤をなす「カースト制度」の起源とされている。ガンディーは生涯をとおして、カーストの差別、とりわけ不可触民への理不尽な迫害に反対し、その撤廃に努めたが、他方、人種や肌色、宗教、言語や地方的伝統文化、慣習をさまざまに異にするインド社会を急激に改革することは、いたずらに社会の混乱・分裂を招くものと考え、ヴァルナーシュラマダルマを擁護し、問題を独立後の社会改革に持ち越したのではないか、と訳者は考えている。

第4章　運命を決した旅

★7　ガンディーが渡阿し「南アフリカに渡り」、やがて彼の生涯の「南アフリカ時代」と呼ばれる重要な政治活動の舞台となった当時（十九世紀末から二十世紀初頭にかけての二十年間）の南アフリカは、二つの異なる白人政権の統治する四つのコロニーから成っていた。すなわち①ナタール（首都ピーターマリッツバーグ、門戸ダーバン港は工業都市としても知られる）と、②ケープ植民地（首都ケープタウンは「喜望峰」として有名）の二つのイギリス帝国の直轄領ならびに、「ボーア人」と呼ばれていたオランダ人系移民の支配する二国③トランスヴァール共和国（首都プレトリア、とりわけ同国南部の都市ヨハネスバーグは「黄金の都《まち》」の異名をもつ世界的金鉱業都市）と④オレンジ自由国（首都ブルームフォンテイン）である。

なお、本文中にも年代、・事件を追って記述されているように、一八九九〜一九〇二年に発生したボーア戦争で、イギリス軍がボーア人二国を制圧し、一九一〇年に四つのコロニーがイギリス連邦内の一つとして「南アフリカ連邦」を設立。さらに同連邦は、一九六一年にイギリス帝国支配を離脱して、今日の「南アフリカ共和国」となった。

第5章　政治の世界に飛びこむ

★8　インド国民会議党。一八八五年に創立されたインドの代表的民族主義政党。当初は、インドの知識層のあいだに芽生えつつあった反英気運を早期に摘みとるために、イギリス政府の肝煎《きもいり》で組織され、「王冠」への忠誠を旨《むね》として、政府との協調のもとに、漸次、政治的・社会的改革をおこない、インド人の要求を獲得していこうという、きわめて穏健な知識層の政治団体であったが、やがて、イギリス帝国主義支配の強化と、インド人の民族意識の高揚によって、民族主義政党へと変貌していった。ことに一九〇五年のベンガル分割令に反対した過激派（急進派）のスワラージ（自治）運動を経て、第一次世界大戦後ガンディーの指導のもとで非協力運動を展開するにおよび、名実ともに、インド独立闘争の中心的政党へと脱皮した。なお、インド国民会議党は第一回のボンベイ大会以来、毎年十二月末に、インド各地の主要都市で年次大会を開催し、次年度の議長を選出し、闘争プログラムを議決した。

★9　『旧約聖書』「創世記」十六章の物語によると、族長アブラハムには、妻サライとのあいだに久しく子がなかったため、妻に仕えるエジプト人の女奴隷ハガルに子を産ませ、イシュマエルと名づけたが、母子ともにサライによって追放された。その後、九十九歳のアブラハムは妻サライとのあいだに世嗣《よつぎ》イサクをもうけ、イシュマエルは北アラビヤで遊牧民の始祖となった。なお、エサウはアブラハムの息子イサクの双児の息子の兄で、一食を得るために長子の権利を弟ヤコブに譲ったことから、クリューガのここで言わんとしたことは、奴隷女の息子は、同じ父アブラハムの息子の血をひいていても、孫子《まごこ》の代まで奴隷（隷民）の身分に変わりはない、ということである。

★10　ボーア戦争。十九世紀後半に、南アフリカにおけるオランダ移住民の子孫であるボーア人の二国（オレンジ自由国とトランスヴァール共和国）に金鉱が発見されたが、これに目をつけた［イギリス領］ケープ植民地首相セシル・ローズは、トランスヴァールにおけるイギリス人移民の参政権問題を口実にして、一八九九年十月に両国にたいして戦争を仕掛けた。来るべきイギリス軍の進攻に備えていた両国は、緒戦はよく抵抗し、一時はイギリス軍を撃退したが、ついに力つきて一九〇二年五月に降伏した。これが史上、「帝国主義の侵略戦争」の典型として知られる、いわゆる「金の戦争」ボーア戦争である。このとき、若きガンディーは、英国市民としての義務感と、大英帝国におけるインド人の地位向上を願い、非暴力による戦争協力を申し出、野戦衛生看護隊を募《つの》って、敵味方なく傷病兵たちの救助にあたったが、後年これを「わたしの犯した過《あやま》ちの一つ」にかぞえている。

第6章　リンチ事件

★11　ゴーカレ（一八六六～一九一五）。思想的には国民会議党穏健派に属したが、「まとめ役」「調停者」などと渾名《あだな》されたように、政治家として、その人物と思想の大きさには定評があった。長年ファーガソン・カレッジで教授を務め、経済理論家・教育者としても著名であった。一九〇五年に国民会議党議長の重責を担うと同時に、自ら「インド奉仕者協会」を創立して、合憲的手法による国民の利益の獲得をめざした。

★12　ティラク（一八五六～一九二〇）。「ロカマーニャ（民衆に愛される人）」の呼称で知られ、ガンディー登場以前のもっとも大衆的な政治指導者。インド西部のマハラーシュートラ州のバラモン出身で、マータラ人固有のヒンドゥー民族意識にもとづき、『ケーサリー』『マーラタ』などの新聞を発行して、青年層に直接行動によるスワラージ（自治）の要求を呼びかけた。一九〇五年ベンガル分割反対闘争にさいしては、国民会議党内の過激派の領袖《りょうしゅう》として広汎な大衆運動を組織・展開したが、「自治」の解釈をめぐって穏健派と対立し、一時期会議党を離脱。一九〇八年に逮捕されて、六カ年のビルマ流刑に処せられ、出獄後はインド自治連盟を結成するなど、ガンディーの大衆政治運動への布石を打った功績は大きい。

第7章　パンを求めて石を与えられる

★13　『新約聖書』「マタイ伝」七章（九）の有名な「あなたがたのだれが、パンを欲しがる自分の子どもに、石を与えるだろうか」を章題にしたもの。

第8章　宗教の探究

★14　『マヌスムリティ（マヌ法典）』、紀元年前二世紀から後二世紀ごろに編纂《へんさん》されたとされるヒンドゥー教の生活規範を定めた古法典。人類の始祖マヌによって説かれたとされ、バラモンを最上位とするカースト社会の維持・倫理を骨子とし、今日なおヒンドゥー社会への影響力は大きい。

★15　一八七五年にロシア生まれの神秘家E・P・ブラヴァツキー夫人が、神との合一体験による直観的な神認識にもとづく東西の宗教・哲学の帰一性を説き、ニューヨークに神智学協会を創立、のち同協会はイギリス、インドなどに多くの信者をもつようになった。ガンディーはイギリス留学中、ロンドンの神智学協会の集会で、ブラヴァツキー夫人ならびに、そのころ無神論者から神智学論者に改宗してロンドン市民を驚かせていた、著名な女性社会運動家アニ・ベザント夫人（一八四七～一九三三）に紹介された。夫人は一八九三年にインドに渡り、マドラスに神智協会を設立してその普及に努めるかたわら、インド民族運動をも積極的に支持し、ティラクとともに「スワラージ運動」の先頭に立った。

★16　十九世紀イギリスの代表的な評論家・歴史家として知られるトマス・カーライル（一七九五～一八八一）は、ガンディーに多大な思想的影響を与えたことでも知られている。カーライルは物質主義・功利主義に反対して、個人の魂と意志力を尊重し、世界の歴史はそうした理想と至誠の人たち、すなわち英雄たちの伝記であると語った。著書『英雄と英雄崇拝論』（一八四一）は、そうした歴史的偉人たちを、英雄・予言者・詩人・高僧・文人・王者の六篇に分けて説いた講演集で、十九世紀をつうじて世界の青年層にひろく読まれた名著である。ほかに『フランス革命』『衣服哲学』『過去と現在』などの著書もひろく知られている。

★17　ラーイチャンドバーイ。ボンベイで宝石店を営む在家の宗教者で、イギリス留学から帰ってまもないガンディーと親交をもった。ガンディーは、初対面のときから、この人の豊かな学識と高潔な人格に心をうたれ、彼のうちに純粋な真理の探究者の生きた実例を見、種々指導を仰いだという（本文一〇九頁参照）。

★18　シュリー・オーロビンド（・ゴーシュ）。二十世紀インドの最大の哲学的詩人（一八七二～一九五〇）。若くしてイギリスに留学、ケンブリッジ大学に学び、帰国後、反英政治運動に身を投じ、当時の国民会議党の妥協的政策を痛烈に批判して、会議党を大衆政党へと脱皮させる必要を叫び、過激派青年に「血と火による浄《きよ》め」を呼びかけて、有名なアリプル爆弾事件を起こして逮捕された。裁判中に宗教的回心を体験、一九〇九年にフランス領ポンディチェリーに逃れて隠棲、アーシュラム（修道院）を設立し、瞑想と著述の、文字どおり『聖なる生活』（主著表題）をおくった。カルマ・ヨーガ（行為的実践）を強調し、絶対者の力を地上に実現することを思想原理とした。

第9章　変　身

★19『南アフリカにおけるサッティヤーグラハ闘争の歴史』（一九二八）。ガンディーは一九二二年に第一回反英非協力運動の最高指導者として逮捕、禁錮六か年の判決を受けてヤラヴァダー刑務所につながれたとき、南アフリカ時代からの習慣に従い、獄中で読書と研究、著述を開始した。こうして、求められていた『自叙伝』に先だって、「長年心にあたためてきた南アフリカにおけるサッティヤーグラハ闘争の歴史」の執筆にとりかかり、『インディアン・オピニオン』紙に連載を開始した。ここで彼が、自らの歩んできた人生を年代的に振り返るまえに、言わば、当然『自叙伝』の一部にくみこまれるべき南アフリカ時代を先行して書いたのは、やがて国民とともに歩むことになるサッティヤーグラハの実例と真相を、ひろく同志や、民衆に伝えておく必要を痛感したからであろう。

★20　ジョン・ラスキン（一八一九〜一九〇〇）。十九世紀イギリスの代表的な美術評論家、社会思想家。「勤労なき芸術は罪であり、芸術なき勤労は野獣的である」と主張し、産業社会のもたらす弊害にたいし、美的立場から社会改革の必要を説き、「カーライル（第8章★16参照）亡きあとの当代の予言者的おもかげがあった」と言われている。後年ガンディーは、畏友ラーイチャンドバーイ（第八章★17参照）と、『神の国は汝らのうちにあり』の著者トルストイ、『この最後の者にも』のラスキンを、「わたしの生涯に大きな影響を与えた三人の現代人」と呼んだ。

★21　ヘンリー・ソロー（一八一七〜一八六二）。代表作『森の生活』（一八五四）で世界的に知られる十九世紀のアメリカの詩人・思想家。同書は、作者が生地コンコード近くの小湖ウォールデンに独居して、大自然のなかで労働と簡素な生活をいとなみつつ書き記した思索的随想。しかし彼は、いわゆる厭世《えんせい》的隠遁《いんとん》者ではなく、個人の自由にのしかかる社会制度と産業中心主義、奴隷制度に反対し、『市民としての反抗』（一八四九）によって政府に抵抗し、人頭税の不払いをおこなった。ガンディーは初め南アフリカにおける彼の闘争を、トルストイにならって「受動的抵抗《パッシヴ・レジスタンス》」と呼んでいたが、その後ソローの「市民的不服従《シヴィル・ディサビディアンス》」という語に深い感銘を受け、同書の一部分を自らグジャラート語に翻訳して『インディアン・オピニオン』紙に発表して以来、その運動を「市民的不服従」と名づけた。やがてこの語が「サッティヤーグラハ」に置き代えられるようになった経緯《いきさつ》は本文にも詳しい。

第10章　肉体と精神

★22　ラーダークリシュナン博士（一八八八〜一九七五）。

二十世紀インドを代表する世界的思想家・哲学者。マドラス、マイソール、カルカッタの諸大学で哲学を講じたのち、アジア人として初めてオックスフォード大学「東洋の宗教および倫理学」講座の教授に迎えられ、帰国後、ベナレス・ヒンドゥー大学副学長となる。この間、代表作『インド哲学史（二巻）』をはじめ、『東洋の宗教と西洋の思惟』『ヒンドゥーの人生観』『ウパニシャッドの哲学』『バガヴァット・ギーター』ほかの名著をつぎつぎに刊行し、インドの哲学と西洋思想の比較・融合を説き、「東西文化と思想の連絡将校《リエゾン・オフィサー》」と呼ばれた。」またプラトンにも比せられる「哲人政治家」として、独立インドの駐ソ大使、ユネスコインド代表などを歴任後、インド共和国副大統領、大統領を十五年間にわたって務めた。さらに、初期作品の一つ『タゴールの哲学』（一九二〇）から、後年の『マハートマ・ガンディー——生涯と思想への（世界からの）讃仰の書』の編者として、同時代の二つの「インドの顔」を世界的に輝かせた功績は大きい。

★23　たとえば、フロイトのリビドー（性欲・性的衝動）の理論を個人と社会の関係（アイデンティティー）へと展開したアメリカの著名な精神分析学者E・H・エリクソンの名著『ガンディーの真理——戦闘的非暴力』（邦訳=星野美賀子訳、みすず書房、一九七三〜一九七四）などは、フロイト後の心理学者たちによるすぐれたガンディー研究の一つである。

第11章　サッティヤーグラハの発見

★24　ケープ・タウン生まれのボーア人系の軍人・政治家（一八七〇〜一九五〇）。ケンブリッジ大学に学び、トランスヴァール共和国政府の要職につき、ボーア戦争では軍最高司令官としてイギリス軍に善戦した。敗戦後は対英協力政策を推進して自治領を獲得。一九一〇年の南アフリカ連邦の成立に尽力して国防相となった。第一次世界大戦中、イギリス戦時内閣の閣僚となる。戦後国際連盟の創立に重要な役割を演じ、南アに帰って二度連邦首相を務めた。ガンディー個人には敬意をいだいていたが、南アの頑迷な差別政策の推進者として、歴史的には、ガンディーの好敵手の役を演じた。なお、南アフリカを去るにあたり、ガンディーが獄中で手作りしたサンダルをスマッツ将軍に贈り、将軍がそれを生涯たいせつに保持していたというエピソードは有名である（本文一六〇頁参照）。

第12章　最初のサッティヤグラハ運動

★25　このときガンディーは、本人の言葉を借りれば、「わたしはエドワード国王のホテル［国王陛下経営のホテル（刑務所）］に宿泊するトランスヴァールきっての幸福な男」であった。

第13章　第二ラウンド

★26　「蛇《へび》」について、ガンディーは著書『南アフリカにおけるサッティヤーグラハ』に、以下のような興味深いエピソードを記している――「カレンバッハ氏とわたしはいつも宗教について話し合っていた。話題はきまって非暴力、すなわち愛、真理といった根本問題が中心だった。蛇その他の生き物を殺すのは罪だとわたしが言ったとき、カレンバッハ氏は、ほとんど他のヨーロッパ人の友人たちと同様、それを聞いてショックを受けたようだった。しかし最終的に、彼はその原理を理論的には認めてくれた。わたしたちの親交の初めから、カレンバッハ氏はなるほどと思った原理は、すべて実行に移すのが正しいことであり、義務であると考えていた。だからこそ、彼は一瞬もためらわずに、彼の人生で重大な変化をやってのけることができたのである。さて、蛇などを殺すのがよくないというのなら、蛇たちとも仲よくならなければならない、とカレンバッハ氏は考えた。［そこで氏は、蛇にかんする書物をつぎつぎと読んで知識をひろめ、ついには農園で見つけた大蛇を飼うという始末であった。］わたしは穏やかに彼を説得して言った――「あなたはこうしたことをすべて友愛の精神でやっていますが、あなたの友情は蛇にはまったく伝わっていないかもしれませんよ。とりわけあなたの親切心には恐怖心がないとはいえないからです。大蛇が野放しにされていたなら、あなたにもわたしにも大蛇と遊ぶ勇気などありません。わたしたちがほんとうに身につけなければならないのは、その種の勇気です。ですから、蛇を手なづける行為には友情はありますが、非暴力［愛］はありません。わたしたちの行為は、蛇にも見抜けるようなものでなければなりません。

第14章　最終段階

★27　両人ともに、はじめ宣教師として来印したが、やがて詩人タゴールの人と文学に心をひかれ、「宣教師というより真の意味でのキリスト者」として自らの信じるところに従って生きようと、所属の教団を脱退し、アンドルーズはデリーの聖スティーヴンズ大学で教鞭をとり、ピアソンはシャーンティニケタンのタゴールの教育事業に参加した。二人は一九一三年に（本文に述べられているように）、ゴーカレの要請で南アフリカのサッティヤーグラハ運動の実情調査に赴き、ガンディーと会ってから、終生、マハートマの熱心な崇拝者・協力者として、英印関係の改善に尽くした。ピアソンは不幸にして一九二三年に若くして鉄道事故で世を去ったが、アンドルーズは一九四〇年に六十九歳で亡くなるまで、ガンディーとタゴールの親友として、またインド民衆の奉仕者として、独立運動を内外から支援し、インド人から「ディーナバンドゥ（貧しき者の友）」と呼ばれ、尊敬された。

第15章　南アフリカの実験室

★28　一九〇八年にトルストイは、一人の若いインド人革命論者（ジャーナリスト）から雑誌の寄稿の要請を受け、書簡形式の論文を送り、「インド国民が暴力の奴隷になりはてるならば、それはこれまでも、またいまもなお自らが暴力によって生きているからであり、人間性に内在する永遠の法《のり》に気づいていないためである」と、暴力のナンセンスを説いた。この手紙（論文）は、インドでも海外でもひろく読まれ、当時、南アフリカで市民的不服従運動＝受動的抵抗運動に従事していたガンディーの精神《こころ》を深く魅了した。ガンディーは一九〇九年に、南アフリカから初めてトルストイに手紙を送り、トルストイの論文を、自らが編集する『ヤング・インディア』紙に掲載した。こうして、若きガンディーと、最晩年のヤースヤナ・ポリャーナ（トルストイの生地）の老作家とのあいだで文通が交わされた。ガンディーが自著『ヒンド・スワラージ』を送ったとき、トルストイは一九一〇年四月二十日の日記に、「夕方ガンディーの文明論を読む、すばらしい」と書き、翌日も「ガンディーについて読む。ひじょうに重要である。私は彼に手紙を書かなければならない」と記した。

なお、ガンディーがいかにトルストイを崇拝していたかは、一九一〇年にヨハネスバーグに新しく開設した農園を「トルストイ農園」と命名したことからもうかがえよう。

【第二部】ガンディー登場

第16章　見習い期間

★1　マハートマ・ムンシー・ラーム。スワミー・ヴィヴェカーナンダ。両者ともに十九～二十世紀の著名なヒンドゥー教の宗教改革者・愛国者。思想的には、個々の人間の魂（アートマン）のうちに「神的なもの」がやどるとする伝統的なヒンドゥー教の教理にもとづき、人間が人間を地位や権力によって支配したり、抑圧することに反対し、久しくヒンドゥー教社会に巣食ってきた因襲や偏見を厳しく指弾した。ヴィヴェカーナンダ（一八六二～一九〇二。スワミーは「導師」を意味する敬称）は、近代インド最大の宗教的天才・聖者の一人とされる師ラーマクリシュナンの説いた、個別の宗教や宗派を超えた一《いっ》なる神への信仰と実践の道を世界に伝えるべく、「ラーマクリシュナン教団《ミッション》」を創立し、アメリカやイギリス、フランスにも支部を設立して、世界宗教の実現に尽くした。

マハートマ・ムンシー・ラーム（一八五六～一九二六。出家後はシュラッダーナンダと改名したが、ガンディー同様、一般から「マハートマ〈偉大なる魂〉」の敬称で呼ばれた）。古代インドの「ヴェーダの精神に帰れ」を合言葉に、十九世紀に有力なヒンドゥー教の宗教改革運動を展開したダヤーナンダ（第18章★6参照）に従い、偶像崇拝や霊場巡礼などの習俗を排し、とりわけヒンドゥー社会の女性蔑視と階級差別に反対し、教育をとおしてヒンドゥーの平等の地位向上に努めた。いっぽう、一九一九年にガンディーの第一回反英非協力運動が始まると、積極的にサッティヤーグラハ闘争で指導的な役割を果たした。晩年はガンディーにならい、ヒンドゥー＝ムスリム両宗教の融和を熱心に説いたが、ムスリム（ガンディーは自宗ヒンドゥー）の狂信者の手で暗殺された。

★2　J・B・クリパラーニ（一八八八～一九八二）。現在パキスタン領のハイダラーバードの出身。ビハール州のムザッファプル大学の歴史学の教授職にあったとき、ガンディーのチャンパーラン農民運動に参加して以来、生涯を民族運動にささげた。一九二〇～二七年にガンディーの創立したグジャラート国民大学の学長を務め、「アーチャールヤ（学者・知者）」の尊称で呼ばれた。国民会議党の書記長・議長を歴任、数回投獄された。ガンディーの政治哲学を論じた『ガンディーの方法』は名著。

★3　D・B・カーレルカル（別名「カーカーサハブ」）。一八八五年にマハラーシュトラ州のバラモンの名門に生まれ、西インドの学部プーナのファーガソン大学に学び、法律家を志したが、民衆と社会に直接奉仕すべくバローダ藩王国の学校教師の道を選んだ。そのころから、一人の人間として、自己の魂の解脱に励むべきか、それとも国民の解放のために献身すべきかという人生問題に悩み、ヒマラヤ山中（四千メートル級の高山）に隠棲して、瞑想と古典書の研究に専念した。三年後ガンジス源流の聖地にハルドワールに下り、いくつかの修道場《アーシュラム》や学校で教壇に立った。一九一四年にタゴール［前年タゴールはノーベル文学賞を受賞］のシャーンティニケタンのアーシュラムに迎えられたが、翌年（本文中にに述べられているように）、ガンディーとの運命的出会いによって、久しく求めつづけていた「人生の師」とめぐり会い、その後の人生の方向が決定した。一九二〇年の第一回非協力運動に参加。以来ガンディー思想の実践者として、師の説く教育事業や宗教間の融和、農村産業の復興などに献身した。独立後、一九五二年から六四年まで国会議員を務めながら、ヒンディー語、グジャラート語、マーラティー語、英語で旺盛な著作活動をつづけ、二十世紀インドの「賢者《リシ》」の一人にかぞえられた。いっぽう、その高潔で簡素な人格と、厳格で慎み深い生き方によって、知識層からも民衆からも「カーカー（おじさん）」とよばれしたしまれた。ちなみに訳者は、一九七四年に、自ら「ガンディー旅行」と称して、ガンディーゆかりの地と人びとを訪ねてインド各地を旅して歩いたとき、ニューデリーで一週間、毎朝の何時間かカーカーと会い、ガンディーの思い出を聞く僥倖《ぎょうこう》にめぐまれた。そのとき拝聴したガンディーの貴重なエピソードのいくつかは、著書やテレビ、ラジオ、講演などで繰り返したが、そのたびに、この人をとおしてガンディーを髣髴《ほうふつ》としのんだ。

第18章　インドの民族主義運動

★4　わが国の高校の世界史の教科書などで、通常「セポイの反乱」と呼びならわされている一八五七年のインドの大反乱は、たしかに、東インド会社の傭兵《セポイ》［正確には「シパーヒー」］が反乱の口火を切り、火の手はたちまち民衆的・民族的な反英抗争の性格をもって北インド一帯にひろがった。それゆえ、イギリスの歴史家たちによる「セポイの反乱」という呼称は、軍隊内の待遇に不満をいだいたセポイによる反乱のような印象を与えるもので適切ではない。インドの革命家V・D・サヴァルカールは、一九〇九年に早くもこの事実に注目し、『インド独立戦争』を著して、反乱の大衆的性格を明かそうとしたが、いっぽうそれは、かならずしも計画された最初の「民族の蜂起」とは言いがたく、今日インドでは、「一八五七年の反乱」あるいは「大反乱」と呼ぶのが一般的である。なお、一八五八年十一月に、ようやく反乱を鎮圧したイギリス政府は、インドの統治権を従来の東インド会社による間接統治の手から「国王（女王）」の名による政府の直接統治へと移行した。

★5　ラーム・モーハン・ローイ。十九世紀のインドの民族的覚醒に先駆的な役割を果たした宗教・社会改革者（一七七二〜一八三三）で、「近代インドの父」と呼ばれている。彼は『ヴェーダ』や『ウパニシャッド』のインド古来の精神にかえり、宇宙（世界）を創造し支配する唯一者のブラフマン（梵）のみを拝すべきことを説き、「人種やカースト」の隔てなく、すべての人に扉を開く「ブラフモ（梵）協会」を創立するいっぽう、英語教育や西洋の科学の導入によるインドの近代化にも熱心であった。晩年、（一八三〇）、ムガル皇帝の使者として渡英したが、彼の時代にはまだ、イギリスのインド植民地が確立しておらず、官民ともに彼を手厚く遇した。

★6　十九世紀インドの民族覚醒運動は、「近代インドの父」と呼ばれたラーム・モーハン・ローイ（第18章★5参照）を先駆者とし、ついでインド各地で勃興したヒンドゥー教の宗教・社会の改革運動によって活発化し、やがて二十世紀に入って、外国支配からの「自立」や「独立」を叫ぶ政治行動へと発展していった。ここに記された三人の宗教者の名は、インド独立史上とりわけ忘れがたい。

スワミー・ダヤーナンダ（一八五二〜一八八三）は、ガンディーと同郷の西インドのカーティヤーワール地方の裕福なバラモンの地主の家に生まれた。父は熱心なシヴァ宗の信者であったが、ダヤーナンダは少年のころ、寺院でネズミが神像の上をかけまわり、供物を食いあらすのを見て、偶像崇拝に失望した。良家の子弟として村の学僧から古典サンスクリット語の手ほどきを受け、やがてヴェーダ聖典に説かれた宇宙神秘のなぞを究めようとヒマラヤ山中に聖者や霊場を訪ねて二十年間にわたる厳しい修行をつんだ。その後も、インド亜大陸最南端のカニヤークマリー（コモリン岬）まで巡礼しつつ、「ヴェーダ」（四書）にこそ、神と人間の最高の真理が説かれていると教えた。一八七四年に「ヴェーダに帰れ」を合言葉に、ボンベイにアーリヤ・サマージを設立し、偶像崇拝をはじめ、カースト制度、女性蔑視、幼児婚、霊場巡礼など、ヒンドゥー教とその社会にはびこる悪習を痛撃し、ヒンドゥー教を「神（真理）は唯一無二なり」と教え、ヒンドゥー教の精神浄化に努めた。

ラーマクリシュナ・パラマハンサは、ダヤーダナンダとほぼ同時代（一八三六〜八六）を、カルカッタのカーリー寺院の一寺僧として生きた、インド宗教史上稀有の天才的聖者。ダヤーナンダとは異なり、ベンガルの寒村の貧しいバラモンの農民の家に生まれた。幼児期から神（宇宙）との合一の神秘体験を繰り返す。ラーマクリシュナは正規の学校教育や宗教教育を受けず、文字はほとんど読めなかったが、バラモンの資格で、ある奇特な金持ち夫人が寄進したカーリー寺院の寺僧に迎えられた。以来、若き僧は、一途《いちず》に見神を求めて、文字どおり寝食も歳月も忘れ、厳しい瞑想修行とヨーガを実践し、ついに諸宗教の真理を体験的に悟得し、仏陀ともキリストともムハンマドとも神秘体験によって合一した。やがて彼のもとに数多くの求道者や信者が集まったが、彼はすべての宗教は根源において一つであることを、やさしい日常語をもって巧みに説いた。たとえば、人びとが沐浴や水汲みや洗濯をするために集まる「ガート」と呼ばれる石段を例に、このように教えた。「一つの池にたくさんのガートがある。ある人はそのガートの一つから水を汲んで、それをベンガル語で『ジョル』だと言い、別な人は他のガートから汲んだ水をヒンディー語で『パーニー』と呼ぶ。そしてもう一人は、別なガートから汲んだ水を、英語で『ウォーター』と呼ぶ、しかし、名は違っていても、実態はどれも同じ水だ。それなのに、やれこれはジョルだ、パーニーだ、いやウォーターと言って争ったとしたら、それこそ笑い話ではないか」。

ラーマクリシュナの高弟スワミー・ヴィヴェカーナンダ（第16章★1参照）は、ラーマクリシュナ・ミッションを創立して、師の普遍宗教の教えを、広くアメリカやヨーロッパ諸国にひろめた。なお、ついでながら、この師弟の世界宗教の福音と理想を最初に西洋世界に伝えたのは、フランスのノーベル賞作家ロマン・ロランの不朽の名著『ラーマクリシュナの生涯』と『ヴィヴェカーナンダの生涯と普遍的福音』（邦訳＝両書とも宮本正清訳、みすず書房）であったことは特筆されなければならない。

★7　正式名＝インド・ムスリム連盟。一九〇五年に、国民会議党をヒンドゥー政党とし、これに対抗するイスラーム教独自の政党を創立しようとの気運がムスリム保守的上層階級のあいだに高まり、イギリス政府の「分割統治」の方針に後押しされ、翌年ダッカで発足した。一九三〇年代後半から、連盟は辣腕政治家ジンナーの指導のもとに勢力を拡大し、「パキスタン（「清浄の国」の意）」の分離独立へと邁進した（なお、この間の消息は、第42章以下に詳しい）。

第20章　農民と労働者

★8　ラージェンドラ・プラサード（一八八四～一九六三）。カルカッタのプレジデンシ大学を卒業して弁護士となる。一九二〇年のガンディーの第一回非協力運動に参加。終生ガンディーの忠実な弟子の一人として、ガンディー思想の実践者として民族運動に献身した。この間、国民会議党書記長・運営委員・議長などを歴任、数回投獄された。一九五二年独立インドの初代大統領となり、五七年の任期満了にさいしては「当然のことのように」共産党からも支持を受けて再選された。その人格の「謙譲と倹素、非暴力と平和への真摯な帰依は、ひろく民衆の崇敬を集める国民的財産であった」（元駐日大使C・S・ジャー）という。

★9　マハーデヴ・デサーイ（一八九二〜一九四二）についての、バロダ大学チャヴァダ教授のつぎの言葉ほど正鵠を得た寸評はあるまい――「ガンディージーは多くの人材を育成した。そしてその返礼に、彼はそれらの人民によって、いっそう偉大な『マハートマ（大いなる魂）』へと登りつめていったのである。』無比の献身と愛情をもって二十五年間、ガンディーの身近に秘書として仕えたマハーデヴ・デサーイは、まさにそうしたガンディーの心友の一人であった」。デサーイはガンディーと同郷のグジャラート地方の港町スーラトの由緒あるバラモンの家に生まれた。父はアフマダバードの女子訓練学校の校長を勤めていたが、母とは七歳のときに死別した。一九一〇年にボンベイの有名大学エルフィンストン大学を卒業後、マハーデヴは銀行マンとして人生を始めたが、生来の思索や古典文学愛好への傾斜を強め、人生いかに生きるべきかの問題に悩んでいた。一九一七年八月、おりしもチャンパーランの農民サッティヤーグラハを指導する南アフリカ帰りの新参指導者ガンディーの噂を耳にしたマハーデヴは、矢も楯もたまらず同地を訪ね、ガンディーとの初対面の日（三十一日）に、その場でマハートマを「人生の師」として選び、生涯を祖国とこの人に献《ささ》げることを決意したという。その後のガンディーとマハーデヴの師弟愛と政治的努力の二人三脚ぶりについては、本書の随所に詳しいが、とりわけ、一九四二年八月十五日の獄中（アーガー・カーン宮殿での幽閉中）の、愛弟子の急逝を悲しんだガンディーの悲嘆についての感動的な記述（第四部49章）は、印象深い。

また、ガンディーのグジャラート語の著作や論文の英語訳への貢献、『ヤング・インディア』『ハリジャン』両紙に定期的に掲載された誠実でユーモアあふれるエッセイや記事の健筆ぶりは周知のこととして、彼のまさに「ボズウェル的な」長年にわたる『日記』（全十巻）はガンディー研究の貴重な第一資料として特筆されよう。

★10　ヴァッラブバーイ・パテール（一八七五〜一九五〇）。一九一六年アフマダーバードで弁護士開業中にガンディーと出会い、同地の労働争議や第一回非協力運動に参加。二八年にバルドリーの租税引き上げの反対運動を指導して、ガンディーから「サルダール（指導者）」の尊称で呼ばれた。一九三一年に国民会議党議長、三五年から四〇年にかけて同党の州政参加を指導し、四二年の「クイット・インディア（インドを立ち去れ）」闘争で投獄された。独立後はネルー内閣の副首相として、とりわけ独立インド最大の難問といわれた藩王国の連邦参加に敏腕を揮《ふる》い、統一インドを実現した功績は大きい。意志強固、剛毅果断の人で、「鉄の独裁者」「インドのビスマルク」などとも渾名《あだな》された。

★11　マウラーナー・ムハムマド・アリー（一八七六〜

一九三一)、ショウカト・アリー(一八七三〜一九三八)兄弟(「マウラーナー」は「保護者、われらが主・神」などの意で、ムスリムの兄弟に冠《き》せられた敬称)。兄弟は、はじめ十九世紀末からヒンドゥーの政治勢力に対抗して擡頭《たいとう》したムスリムの文化運動アリーガル主義者として、むしろ親英的であったが、一九一二〜三年のバルカン戦争(バルカン同盟とトルコ帝国の戦争)でイスラーム国トルコが敗北して以来、過激な反英政治運動を指導して投獄された。一九一九年に釈放されると、キラーファト[トルコのカリフ制擁護運動]を指導し、一九二〇年代初頭のガンディーの第一回非協力運動で積極的な役割を果たした。弟のムハムマド・アリーは一八二四年に国民会議党議長を務めたが、「狂信的と思えるほどイスラーム信仰が深かった」(ネルー)ため、やがて兄弟は、キラーファト運動の衰退とともに国民会議党から離脱した。

第21章 アムリッツァルの影

★12 ラージャゴパラチャーリー(実名C・ラージャゴパーラーチャールヤ=一八七九〜一九七二)。南インドの由緒あるバラモン出身の弁護士。ガンディーの第一回非協力運動を機に、職をなげうって民族闘争に参加、国民会議党の書記長・運営委員などを歴任。会議党の州政参加にさいしてはマドラス州首相となり、独立まで五回投獄された。独立後、ベンガル州知事を経て、マウントバッテン卿のあとを継ぎ、インド人として最初で最後の総督となる。その後、ネルー内閣の重要ポストについたが、会議党政府の経済政策を痛烈に批判して、農業立国を究極目標とする保守政党スワタントラ(独立)党を結成した。

★13 サロジニー・ナーイドゥー。「インドのナイチンゲール」と呼ばれた独立闘争期の抒情閨秀詩人(一八七九〜一九四九)。代表詩集(英語)に『黄金のしきい』『時の鳥』『やぶれた翼』などがある。彼女はまた第一次世界大戦中にベザント夫人らの自治運動や女性解放運動に参加、のち、ガンディーの非暴力闘争のよき協力者・指導者として果敢に行動し、一九二五年に国民会議党初の女性議長に選出された。生涯に三たび投獄された。

第22章 キラーファト運動

★14 [マウラーナー] アブル・カラーム・アーザード(一八八八〜一九五八)。国民会議党所属の民族主義ムスリムの有力指導者。インド人を父に、アラブ人を母としてメッカに生まれた。カイロのアル・アザール大学に学び、帰国後ただちに反英活動に入り、ウルドゥー語「北インドのムスリム語」の新聞『アル・ヒラール』を発刊し、第一次世界大戦中はインド政府によって監禁された。

一九二〇年にガンディーの非協力運動に参加して以来、ガンディーの支持者として活躍。三たび国民会議党の議長を務め、数回投獄された。独立にさいしては、インド憲法制定会議議員として重要な役割を果たした。いっぽう、民族主義ムスリムの立場からヒンドゥー＝ムスリム両教徒の融和に努めたが、ムスリム連盟からは。彼が会議党にいること自体が裏切り行為とされ、連盟の攻撃の的になった。独立後はネルー内閣の文相となる。イスラーム神学の権威で、『コーラン』の註釈は有名である。

第23章　反乱への道

★15　アフガニスタン＝バーラクザーイ朝第六代の王アマヌッラー・カーン。一九一九年に英領インドからの独立を宣言して、第三次アフガン戦争を起こしたが、戦争は決着せず、イギリスはアフガニスタンの独立を承認した。インドは、この戦争への多大の軍事費を負担させられた。

第24章　一年以内に自治を

★16　マダン・モーハン・マーラヴィヤ（一八六一～一九四六）。国民会議党古参の有力指導者。カルカッタ大学を卒業後、学校教員となる。一八八六年カルカッタで催された第二回国民会議党全国大会に出席、会場を驚嘆させた名スピーチによって、ヒンディー語の週刊紙『ヒンドゥスターン』の編集を託され、やがて同紙を日刊紙とする。この間、独学で法学を学んで弁護士となる。その後国民会議党議長に四たび選出される。またベナレス・ヒンドゥー大学の設立に貢献、国民から「パンデット（学者）の敬称でしたしまれた。政治的には、ガンディーの大衆による直接運動を批判し、合憲的議会運動を唱えた。

★17　C・R・ダース（チッタ・ランジャン・ダース。一八七〇～一九二五）。典型的な中産知識層に生まれ、渡英して弁護士となる。父の影響のもとで若くして愛国心に目覚め、「自治」を叫び。一九一九年のアムリッツァル虐殺事件では非公式の調査委員に加わり、ガンディーの非協力運動に参加して逮捕される。出獄後は国民会議党議長に選出されるが、ガンディーのサッティヤーグラハ方式に異議を唱え、「議会内部からの非協力」をモットーとするスワラージ党（自治党）を結成した。その高潔な人格と献身的な愛国心によって、ひろく国民から「デシュバンドゥ（国家の友）」としたわれた。

★18　ジャワーハルラール・ネルー（一八八九～一九六四）。ネルー家は遠く、カシュミールの伝説的バラモンに発するが、ジャワーハルラールの祖父がデリーのムガル宮廷で、イギリスの東インド会社のファキール（法律顧問・弁護士）の地位につき、ついで父モティラール（一八六一～一九三一〔二四〇頁本文中内、訳註参照〕）は、アラーハーバード高等裁判所の筆頭弁護士として成功をおさめ、同市内にその名も「アーナンドバワン（幸福の館《やかた》）と命名した大邸宅をかまえた。「口に銀のスプーンをくわえて生まれた」といわれたジャワーハルラールはこの家で、三人の姉たちとなに不自由のない少年時代を過ごした。当時のインドの最高の上流家庭の風習にならって、ジャワーハルラールは英人家庭教師のもとで西洋式の教育を受け、十五歳でイギリスの名門校ハローからケンブリッジへと進学し、自然科学を専攻した。ついで弁護士資格を取得して、「一人のインド人というよりも、一人のイギリス人」として帰国、父と同じ法廷に立った。二十六歳のとき、同郷カシュミールの大実業家の娘カマラーと結婚、イギリス統治時代インド人に約束された最高の人生設計を歩みはじめていた。時あたかも、アムリッツァルの大虐殺事件後で、国民に非協力運動への参加を呼びかけるガンディーのクラリオンが、国中に鳴り響いていた。若きネルーの血は燃え、思い悩んだ末に、ガンディーの呼びかけに応える決意を父に打ち明けた。父は激怒し、反対したのは言うまでもない。父と子は、毎晩深夜まで口論し、――ネルーの『自叙伝』によると――いつも最後に父が怒りを爆発させ、話し合いは物別れに終わった。「あとでわかったことだが、そのころ父は、毎夜床の上に毛布一枚を敷いて寝ていた（将来、わが子が嘗《な》めなければならないであろう牢獄の苦痛を自ら体験していたのである）」。ついに父は、ガンディーに手紙を書き、息子に一時的な感情に走らぬように諭してほしいと申し出た。ガンディーは血気にはやる若者に、なにごとにもあせってはならない、とりわけ父上を悲しませてはならない、と説いた。しかし、息子の決意は真正で、不変だとわかったとき、ガンディーとネルーは強い師弟の絆で結ばれたのである。やがて運動が進行するなかで父も、母までもがそれぞれの立場で運動に参加した。父は「法の番人」として国民会議党の穏健派の中心人物として、息子は革新左派グループを率いる闘士として。一九三〇年前後の第二回非協力運動のときには、ネルーは四十歳の若さで国民会議党の議長に選出され、ガンディーの指導のもとに、塩のサッティヤーグラハを国民的規模で展開した。そうした活動のために、彼は生涯九回、延べ九年間（ガンディーよりも長く）獄中生活を送らなければならなかった。さすがに最初の下獄のときには、牢内の無為を嘆き、師ガンディーにやりきれぬ焦燥感を訴えて、獄中生活を人生いかに役立てればよいかを問うた。そのときガンディーは愛弟子にこのように書いた――「なんぴとも獄中にあっては、外界の出来事を正確に判断し、運動を指導することはできません。したがって獄中にあっては、外界のことはいっさい念頭から忘れ去り、もっぱらなにか「有意義な」大きな研究や手仕事

（糸車など）をするように」と。ネルーは生涯、師のこの助言を忠実にまもり、大著『父が子に語る世界歴史』（邦訳、全八巻、みすず書房）や『インドの発見』（邦訳、上下二巻、岩波書店）ほかを書きあげたのである。

なお、一九四七年の印パ分離独立にさいし、インド側代表として見せた政治手腕と、新生インドの憲法制定に果たした国家へのネルーの貢献は、現代インド史に大書されている。またインド初代首相として、アジア・アフリカ新興諸国をひきいて、第二次世界大戦後の激しい米ソ両大国の冷戦のなかで、第三の平和の道を模索し、提唱した平和外交は、いまも世界の人びとの記憶に新しい。

★19　一九〇九年十一月に、ガンディーはイギリス本国政府への陳情からの帰阿船上で、乗客用便箋二百七十一枚に、母語グジャラート語で三万語におよぶ文明論を一気呵成に書きあげた。ガンディー自身「右手が痛くなり、最後の五十枚ほどは「左手で書いた」と、執筆のすさまじさを語っているが、それはかなずしも彼の速筆・健筆を伝えるものではない。南アフリカで過ごした十六年間におよぶ壮絶な闘争と、人間と社会、文明への彼のつきつめた思索と省察《せいさつ》のためであったろう。彼の脳裏には、すでに論文の全容、あるいは細かい文章までが構成されていて、ペンの走りまでもどかしく思われたことだろう。「ガンディー思想の精髄」「近代機械文明への警鐘の書」と評される『ヒンド・スワラージ』の誕生である。帰阿後ただちにガンディーは、論文を彼の主宰する週刊紙『インディアン・オピニオン』に連載し、翌年一月に単行本として出版した。ところが、近く英自治領の成立（五月）を目ざしていた南アフリカ政府は、この本（グジャラート語版）の発禁を命じた。そこでガンディーは、ただちに同書を英語で書き改め、インド国内で出版したが、これを読んだ女性の読者の一人から、イギリス議会を評した「石女《うまずめ》」という語の不適切さ（今日でいう「差別用語」）を指摘され、ガンディーは素直に不覚を詫び、この一語を削除した。その後同書は、アメリカほか海外でも出版され、「改訂版」も上梓されたが、ガンディーは「一語を削除した以外は」全く加筆訂正をする必要はなかったと記している。

★20　スバース・チャンドラ・ボース（一八九七〜一九四五）。カルカッタ大学を卒業後渡英、ケンブリッジ大学に学び、インド高等文官試験に合格して、官吏として将来を嘱望されて帰国するが、ガンディーの第一回非協力運動が開始されるや、官職をなげうって運動に参加した。以来、行動の人として国民会議党の急進左派の先頭に立ち、若干二十四歳で会議党運営委員に選出された。その後カルカッタ市長や会議党議長などを歴任、前後四回投獄された。祖国の独立を急ぐあまり、非暴力主義を認めず、ガンディーや会議党主流派と激しく対立。離党して「前衛ブロック党」を結成、戦闘的ナショナリズムを唱えた。一九四一年軟禁中のカルカッタの自宅を脱出、アフガニスタン経由でドイツへ亡命をはかり、ヒトラーに軍事援助を求めたが成功しなかった。そこでつぎに日本軍への接近を試み、当時すでに在日インド人革命家ラッシュ・ビハリー・ボースの努力で、東南アジア在住インド人や英軍インド人捕虜兵士をもってシンガポールを拠点に結成されていた「インド国民軍（ＩＮＡ）」の統帥となり、「自由インド仮政府」を樹立、日本軍のインパール作戦に参加、インド国内へ進軍しようとしたが、一九四五年日本の敗戦とともに夢は敗れた。終戦直後、ボースは台北空港からソヴェトへ飛び立ち、再度新たな革命運動を期したが、離陸直後の飛行機事故で死去した。こうした手段を選ばぬ彼の過激行動については、当時からインド国内に賛否両論があったが、いずれにせよ、その熱烈で英雄的《ヒロイック》な愛国心への評価は高く、とくに、出身地のベンガル地方では称賛者は多い。

第25章　国民会議党マハートマに従う

★21　ラーラー・ラージパト・ラーイ（一八六五～一九二八）。初期国民会議党の重鎮。一九〇五～八年のベンガル分割反対の抗議運動では、ティラクやパールらと闘争の先頭に立った。熱血漢で「パンジャーブの獅子」の異名をとった。一九二八年のサイモン委員会ボイコット運動で、六十四歳のラーイは果敢に非暴力のデモ隊の先頭に立ち、イギリス人警官の棍棒《こんぼう》で撲殺された。

★22　B・C・パール［ビピン・チャンドラ・パール（一八五八～一九三二）］。東ベンガル州（現バングラデシュ）出身の有力なジャーナリスト、国民会議党初期急進（過激）派の指導者。一九〇六年にインド民族運動史上有名な日刊紙『バンデー・マータラム』を創刊、一九〇八年にシュリー・オーロビンドのテロ活動に連座したとして強制的にロンドンへ追放された。帰国後『ヒンドゥー・レヴュー』紙を発刊。ティラクやベサントの自治運動に積極的に参加したが、ガンディーの非協力運動――主としてキラーファト運動やアリー兄弟との連携を批判し、国民会議党の主流から離反していった。

★23　ガンディーによって新しく提案された国民会議党の組織図を、本文に従ってつぎに表示しておく。

議長（毎年12月末に国内各地の都市で開催される運営委員会から翌年度の議長を選出する）

↑

運営（執行）委員会（C・W・C）〔少人数（20名以下有力委員で構成される党の最高政策決定機関〕

↑

全インド国民会議党委員会（A・I・C・C・各州委員会～選出される代表350名より成る

↑

州（地方）委員会（複数のタシール委員会の集合体）

↑

タシール委員会（県の下の小行政区の委員会）

↑

村落委員会連合（複数の村落委員会の合同体）

↑

村落委員会（最小単位）

これによって国民会議党は創立以来の一握《ひとにぎ》りの上層知識階級の雄弁術を弄《もてあそ》ぶ政治サロン的な議論や陳情の場から、完全に民衆の意志を表現する闘う政党へと脱皮したのである。――なお国民会議党には四アンナ（四分の一ルピー）の党費を払えば、だれでも加入できた。

第27章　引き潮《アンチクライマックス》

★24　「両氏」ともに最終的には、第一回非協力運動に参加はしたが、かならずしもサッティヤーグラハの闘争方針にしたがったわけではなかった。すなわち――

　ナラシンハ・C・ケルカール（一八七二～一九四七）は、ガンディー登場以前の民族運動の重鎮ティラクの創刊した民族主義週刊紙『ケーサリー』『マハラッタ』の編集者を四十五年にわたって務め、ティラクのビルマ流刑中は「自治連盟《ホーム・ルール》」運動の中心的活動家であった。また、

　ヴィタルバーイ・パテール（一八七三～一九三三）は、ガンディーのもっとも信頼すべき協力者であったヴァッラブバーイ・パテールの兄で、高名な弁護士として総督の中央立法参事会委員に選出され、議長をも務めた、いわば権力者側の政治家であった。いっぽう彼は祖国の自治を求め、議会内からの政治の改革の必要を唱えたが、民衆運動には賛成しなかった。ルイス・フィッシャー『ガンジー』（古賀勝郎訳）によると、「パテールは建設的な仕事をして、イギリス当局からもらうかなりの額の俸給の半分以上も、毎月小切手でガンジーの手もとへ送ってきていた」という。

★25　ロマン・ロラン（一八六六～一九四四）。フランスの人道主義作家。大河小説『ジャン・クリストフ』によって一九一五年にノーベル文学賞を受賞。第一次大戦中、絶対平和論を唱えてスイスに亡命。レマン湖畔のロラン邸には、「世界の良心たち」と呼ばれた作家や芸術家、各国の政治や社会運動の指導者たちがつぎつぎに訪れた。いっぽうロランは、インドの神秘思想と宗教思想に関心をいだき、『ラーマクリシュナの生涯』と『ヴィヴェーカーナンダの生涯』を、名著『ベートーベンの生涯』を始めとする一連の伝記作品に加え、インドの精神性をヨーロッパに紹介した。また彼は、タゴール、ガンディーとも深い友情で結ばれ、数次にわたって二人の訪問を受けるとともに、数多くの書簡を交わした。わけてもガンディーの非暴力主義に共感し、第一回非協力運動後まもなく、『ガンディーの生涯』を著わしたが、同書は、その後四半世紀を生き、活躍したマハートマの人と思想をみごとに予告した好著である（邦訳、宮本正清訳、みすず書房）

【第三部】対立と和解

第28章　議会戦線

★1　アジマール・カーン（一八六三～一九二七）、M・A・アンサーリー博士（一八八〇～一九三六）ともに、著名なムスリムの指導者で、ガンディーの第一回非協力運動に参加、ヒンドゥー＝ムスリムの融和に尽力した。アジマール・カーンは一九〇四年のムスリム連盟の創立メンバーの一人として、M・A・アンサーリーは高名な外科医で、ネルーの親友の一人としても知られ、カーンは一九二一年に、アンサーリーは一九二七年にそれぞれ国民会議党の議長を務めた。

★2　シュリニヴァーサ・アイヤンガル（一八七四～一九四一）。南インドの由緒あるバラモンの出身で、インド古典法に精通し、マドラス高等裁判所弁護士、マドラス大学評議員などを務めるが、一九二〇年にガンディーの呼びかけに応《こた》えて公職をなげうち、非協力運動に参加した。一九二六年にゴウハーティ大会で国民会議党議長を務め、二七年にサイモン委員会反対の先頭に立った。二八年にヨーロッパを旅し、西洋の革新思想の影響を受け、帰国後、ジャワハルラール・ネルー、チャンドラ・ボースら会議党の若い進歩勢力を集めて「独立連盟」を結成した。

第29章　宗教社会《コミュナル》間の対立戦線

★3　ヒンドゥー教とイスラーム教は、宗教的・慣習的に見て、ほとんど両極といえるほど性格を異にしている。たとえば、(一) ヒンドゥー教の多神教的信仰にたいして、イスラーム教はアッラーの他に神なしとする絶対的一神教である、(二) ヒンドゥー教の礼拝には偶像が不可欠であるが、イスラーム教ではいっさいの偶像が排除される、(三)ヒンドゥー教の祭典は太鼓や笛、シンバルといった楽器がにぎやかに奏でられるが、イスラーム教の礼拝は静粛を旨とし、礼拝中の音楽は排除される、(四) ヒンドゥー教徒の神聖視する牛をムスリムは食用にし、ムスリムの忌み嫌う豚肉を口にするヒンドゥー教徒がいる、等々である。こうしたことから、第一回非協力運動中にヒンドゥー＝ムスリムの結合が叫ばれたとき、両教徒は互いの習慣を慮って、ムスリムは牛の屠殺を、ヒンドゥーはイスラーム寺院近辺での音楽をさしひかえていた。

第30章　仕切りなおし

★4　ピアレラール・ナーヤル（一般には、家名よりも個人名のピアレラールとして知られている）は、一八九九年にデリーに生まれ、ラホール大学（現パキスタン領）で英文学を専攻、一九二〇年、修士課程修了直前に、ガンディーの第一回非協力運動への参加の呼びかけを聞き、サーバルマティーのアーシュラムへ馳せ参じた。以来、ガンディー暗殺まで二十八年間、マハーデヴ・デサーイとともにガンディーの個人秘書として、『ヤング・インディア』『ハリジャン』両紙に師の非暴力思想の宣揚に健筆を揮《ふる》い、国内をまわって建設的プログラムの普及に挺身（この間八回投獄された）した。このように、生涯をガンディーに完全に寄り添って生き、一九三〇年の第二回円卓会議ではイギリスへ同伴、帰路ガンディーのロマン・ロラン訪問にも同席した。また、晩年のガンディーの死線を越えたヒンドゥー＝ムスリムの融和の行脚にも随行した〈第51章以下参照〉、なお、マハーデヴ・デサーイが一九四二年に早逝したため、ピアレラールはただ一人の側近秘書となった）。しかし、なんといってもピアレラールが後世に遺した偉業は、長年ガンディーの身近で生活し、共に考え、行動した愛弟子ならではの、愛情にみちた、正確かつ詳細な『マハートマ・ガンディー研究』全七巻である。著者はまず、ガンディーの死後、師の生命《いのち》のぬくもりを忘れないうちに――そう考えたかどうかはいざ知らず――『晩年（後半生）』三巻（一九五六～五八）から筆を起こし、『初期』（一九六五）を書きあげ、ついで『サッティヤーグラハの発見、誕生、実践』の三巻（一九八〇～一九八九）をもって完成した。最終巻は、著者の死後、晩年のガンディーの主治医でもあった令妹スシーラー・ナーヤルの手で完結された。

追記――一九七四年に、訳者がワルダーのガンディー・アーシュラムを訪ねたとき、たまたまその夜、宿泊させていただいたのが、ピアレラールが起居していた部屋だったと知ったときは、さすがに身震いする思いであった。十畳ほどの仄《ほの》暗い土間に机と本箱、木製の粗末なベッドとロッカーが備えられただけの一室は、まるで隠者の瞑想の洞窟のようであった。そしてその旅からニューデリーに帰り、こんどはピアレラールご自身にお会いする機会にめぐまれたのは、生涯の僥倖としていまも忘れることはできない。

★5　ミラー・ベーン（マドレーヌ・スレイド）は一八九二年にイギリスの海軍総督の家に生まれ、なに不自由なく育ったが、三十歳のころ人生の問題に苦悩し、フランスの作家ロマン・ロランに助言を求め、ガンディーの存在を知った。ロランの『ガンディーの生涯』と「（紹介された）ガンディーの著作をことごとく読んで」感銘を深め、一九二五年ロランの紹介で渡印、ガンディーのアーシュラムの門をくぐった。以来、インド名ミラー・ベーンを与えられ、師の身近に仕え、非協力運動の先頭にも立ち、二回投獄された。ガンディーの死後、ヒマラヤ山麓にアーシュラムを建立（第52章参照）したが、やがて故国イギリスに帰国、晩年はオーストラリアに隠棲してベートーヴェン研究に従事、一九八三初め、訳者はその人の訃報に仄聞《そくぶん》した。

第32章　猶予の年

★6　バガート・シン（一九〇七～三一）。熱烈な愛国主義者・革命の志士として知られる。一九二九年のサイモン委員会来印中にニューデリーの中央立法議会で「インクイラブ・ジンダーバード（革命万歳）」を叫びながら爆弾を投じて捕えられる。三一年三月、ガンディーのカラチ訪問に時を合わせるかのように、ラホール中央刑務所に収監中であったシンの絞首刑が執行された。遺体は家族に引き渡されず、サトレジ河畔に埋められた（ちなみに、カラチとラホールはともに現パキスタン領内にある）。

第33章　市民的不服従運動

★7　いずれもガンディーのもとで祖国独立に貢献した国民会議党の有力指導者であるが、次の三名については本文・訳註で未紹介のため簡単に略歴を記しておく――

J・M・セン・グプタ（一八八五～一九三三）。ベンガル州国民会議党の中心メンバーの一人で、議会闘争を唱えた自治主義者《スワラージスト》に属し、C・R・ダースの死後、同派を率いた。

B・G・ケール（一八八八～一九五七）。「ヴェーダンタ哲学」の権威で、ヴィヴェカーナンダの説いた「カルマ・ヨーギン（無私のヨーガ行者）」としても知られる。政治の分野では、当初スワラージストとしてガンディーの議会や裁判所のボイコット運動に批判的であったが、塩のサッティヤーグラハ闘争に参加して以来、マハートマに従い、一九三〇～四五年のあいだに四度《たび》、計五年の歳月を獄中で過ごした。

K・M・ムンシー（一八八七～一九七一）。学生時代シュリー・オーロビンドの影響を受けて、過激派の政治活動に入る。一九一七年にアニー・ベサント夫人の「自治連盟《ホーム・ルール・リーグ》」の書記を務め、二七年にボンベイ州州議会議員に選出されたが、三〇年にガンディーの塩のサッティヤーグラハに参加して投獄される。以後、国民会議党の要職を歴任、第三回非協力運動（「インドを立ち去れ」）では指導的な役割を果たした。学者・教育者・著作家としても高名で、多分野にわたって著書が多い。

第34章　休戦

★8　高名な憲法学者で、元総督参事会のメンバーであったテージ・バハドゥール・サプルーと共に、ボンベイ高等裁判所弁護士、ボンベイ大学法学教授、インド連邦裁判所判事などを歴任したM・R・ジャヤカルは、祖国の独立運動期にしばしば、インド政府と国民会議党民族主義者とのあいだで、すすんで「仲介人」的な役割を果たそうと努めた。

★9　ジャイラムダース・ダウラトラムは、西インドシンド地方の由緒ある素封家の出身で、ボンベイ大学で法学を学び、早くからゴーカレやティラクの知遇を得た。初めベザント夫人のインド自治連盟《ホーム・ルール・リーグ》に参加したが、アムリッツァルの大虐殺事件を機にガンディーの非協力運動に転じ、民族主義日刊紙『ヒンドゥー（のち『ヒンドゥスターン』と改名）』の編集長を務め、政府の不興を買って二か年獄中生活をおくる。一九二八年の総選挙でボンベイ州州議員に選出されたが、ガンディーの第二回非協力運動が始まると、ただちに公職を棄《す》ててサッティヤーグラハの組織活動に奔走した。ガンディー逮捕後『ヤング・インディア』紙の編集に当るが、ただちに逮捕された。ガンディーの建設プログラムの熱心な推進者としても知られた。

　サイッド・マフムド（一八八九～一九七一）。裕福なムスリムのザミーンダール（地主）の家に生まれ、アリカール大学に学んだのちケンブリッジ大学に留学、リンカーン法学院で弁護士資格を取得して帰国。パトナ高等裁判所などで弁護士を務めるが、一九一九年のガンディーの第一回非協力運動の呼びかけに応えて公職をなげ、キラーファト運動に身を投じた。その後も国民会議党の運営委員、州政参加では、教育大臣・産業大臣などの要職を歴任した。

★10　「十一か条の要求項目」。一九三〇年三月十二日に塩のサッティヤーグラハ［ダンディー行進］を開始する一か月半前に、ガンディーは総督宛に「十一か条の要求」を提出（『ヤング・インディア』紙一月三十日号に掲載）し、イギリス政府がこれらの項目を受け容れてくれるなら、国民会議党は市民的不服従運動を回避する用意があることを伝えた（ちなみにガンディーは、いつの場合にも、最終段階に至ってなお、政府との正面衝突を避けようと努めたが、政府官僚たちの多くは、ガンディーと聞くと、「喧嘩好き」「突っかかり屋」と考えていたらしい）。

　このためガンディーは、目下現実に両国民間に禍《わざわい》をもたらしていると考えられる問題を、次の十一か条にまとめて要望した――（一）酒類販売の全面禁止（ガンディーは国民の健康・道徳面からのみ禁酒を説いたのではなく、イギリスの輸入酒税の不公正への抗議の意味も考えられる）、（二）英印両貨幣（イギリスのペンスとインドのルピー）の交換レートの公平化、（三）地租の半減、（四）塩税の撤廃、（五）軍事費の半減［イギリスが（第一次世界大戦やアフガン戦争などに）参戦するたびに、植民地インドが負担させられた軍事費は莫大であった］、（六）高級官吏の給与の削減、（七）外国（主としてイギリス）

製衣類の輸入税の徴収、(八) インド人の海運貿易の保護、(九) すべての政治犯の即時釈放（ただし、暴力行為による受刑囚は除く）、(十) ＣＩＯ［イギリス犯罪捜査局］の廃止、(十一) インド人の小火器の所持の許可［大反乱（セポイの反乱）以後、インド人の武器の所持は厳しく禁じられていた］。

★11 「塩の行進」を合図に始まった第二回非協力運動は、インド各地で壮絶な非暴力の抵抗運動を展開させた。その一つ「ペシャワール事件」は、ガンディーの言う「勇者の非暴力」の理想的な典型として今日に語りつがれている。この地方では「辺境州のガンディー」と渾名《あだな》された高名な非暴力主義者アブドゥル・ガッファール・カーンに率いられたパターン族［「パターン族」というと気性の荒い戦闘的なムスリムの代名詞になっていた］の「クダーイ・キドマトガール（神の僕《しもべ》）」という国民会議党の義勇隊（この組織は彼らの制服から「赤シャツ隊」と呼ばれていた）の非暴力の活躍は特筆するに値する。

　彼らは、指導者たちの理由なき相つぐ逮捕に抗議してデモ行進を繰り返したが、これにたいし政府は強大な軍隊を動員してデモ隊を粉砕しようとした。しかしデモ隊は、待ちかまえる兵士たちの銃口に向かって、胸を張って平然と行進を続けた。発砲が命じられ、何百という死傷者を出した。それでも行進は止むことはなかったと伝えられる。このとき、ヒンドゥー教徒のガルワーリー族の傭兵《ようへい》たちは、上官の命令を無視してムスリムのデモ隊に発砲しなかった（彼らはその場で武装解除され、のちに軍法会議で重刑を申し渡された）。ついに政府は戦車や飛行機まで投入して、赤シャツ隊狩りに乗り出した。赤シャツ隊の規律正しい非暴力の英雄的行為とガルワーリー兵の美談はインド中をわかせ、イギリス政府を震撼させた。

第37章　正面衝突

★12 オタワ協定。一九三二年カナダの首都オタワで開催された恐慌克服のためのイギリス連邦経済会議で、十二の条約がとりきめられた。これによって、イギリス本国と自治領間およびインドのあいだで特恵関税制度による相互通商協定が締結した。すなわち、イギリス本国は諸外国にたいして関税を引き上げるが、自治領およびインドにたいして低率の関税を許し、逆に自治領およびインドもまた、イギリス本国の商品にたいして関税の低率化を適用することになった。

第38章　ハリジャン（神の子）

★13 バーラクリシュナ・シヴァラーム・ムーンジェ（一八七二〜一九四八）。高名な医師（眼科医）で、大学卒業後は政府の伝染病行政にたずさわるが、一八九九年に南アフリカでボーア戦争が勃発すると、海を渡って、医療活動に従事し、戦場でガンディーを知る。帰国後ティラクを政治上の師とし、スワデシー（国産品愛用＝イギリス製品ボイコット）運動で活躍する。一九二一年ガンディーの第一回非協力運動に参加。一九二六年に中央立法府議員に選出されたが、三〇年の第二回非協力運動で国民会議党の呼びかけに呼応して辞職。ヒンドゥー保守政党ヒンドゥー・マハーサバーの代表として円卓会議に臨む。ハリジャンの代表者M・C・ラージャとハリジャンの代表権について「ムーンジェ＝ラージャ協定」を結んだ。

★14　ビームラオ・ラームジー・アンベードカル（一八九一～一九五六）。南インドの被抑圧階級（いわゆる「不可触民カースト」）「マハール」の出身。早くから才能を認められ、ボンベイのエルフィンストン大学卒業後、バローダ藩王国の奨学金を得てアメリカ＝コロンビア大学に留学、ついでイギリスに渡り、政治学・経済学を修め、弁護士資格を取得してボンベイ高等裁判所に入るが、このころから政治・社会改革運動を始める。幼いころの被差別体験から「国家の独立達成よりも社会改革を優先すべきである」と主張し、国民会議党指導者たちと対立した。一九二六～三四年にボンベイ立法参事会議員に選出され、円卓会議に被抑圧階級の代表として臨み、不可触民の地位向上に努めた。生涯、ヒンドゥー教とヒンドゥー社会を激しく弾劾し、とりわけガンディーをその代表者とみなして反抗した。独立後、ネルー内閣の法相、憲法起草委員会委員として活躍。死の二か月前に数十万のハリジャン大衆を率いて、ヒンドゥー教との決別を掲げ、仏教に集団改宗した。この運動は、仏教信仰への帰依というよりも多分に政治的であり、彼の仏教は、旧来の仏教と区別して「新仏教（ネオ・ブッティスト）運動」と呼ばれた。

★15　A・V・タッカール（一八六九～一九五一）。父の影響で若くして社会奉仕活動に目覚め、土木工学技師の職を棄てて、ゴーカレのインド奉仕者協会に参加。ゴーカレの紹介でガンディーを知る。やがて、ボンベイに低カーストの子弟のための学校を設立するなど、ハリジャンの解放運動に尽力する。プーナ協定後、ガンディーの要請を受けて、「ハリジャン・セヴァー・サング（ハリジャン奉仕団）」の活動に従事、一九三三年～三四年のガンディーの「ハリジャンの解放行脚」［本文四九二～四九五頁参照］に同行した。一九四四年に、カストゥルバ［ガンディー］夫人の献身の生涯を記念して創立された「カストゥルバ記念基金」の事務局長に任命された。

第39章　政治から身を退く

★16　ちなみに、ガンディーの対英サッティヤーグラハでは、外国商品のボイコットや衣類の焼却、地税の不払いからデモ行進に至るまで、闘争の内容・手法など、すべて公開《オープン》を旨《むね》とし、事前に当局に届け出て、正々堂々と行動した。すなわち、不意打ちや、相手の裏をかくような、いわゆる秘密工作をおこなうことは固く戒められていた。そのためにかえって、官憲側は疑心暗鬼をつのらせ、不気味がったという。

第41章　国民会議党政権をになう

★17　ザキール・フサイン博士（一八九七～一九六九）。ハイダラーバードの上流中産階級出身のムスリムとして、アリーガル大学に学ぶ。青年期に、ガンディーの提唱した国民会議党とキラーファト運動の提携による対英非協力運動に参加、いわゆる「ヒンドゥー＝ムスリムの蜜月時代」を体験した。一九二三年にドイツのベルリン大学に留学、帰国後、研究教育活動に入り、ジャミア・ミルリア大学で副学長を務めたが、一九三八年にガンディーの農村復興・基礎教育《ターリー・サング》事業に賛同して、セヴァーグラムに入り、教育協会の議長に選出される。独立後は、アリーガル・ムスリム大学副学長、インド上院議員、ビハール州知事、インド副大統領などの要職を歴任した。

★18　N・B・カーレ博士（一八八二～一九六九）。バラモン階級出身の高名な医師。第一回非協力運動時に国民会議党に入党、その後、州政府の下院議員となるが、一九三〇年の「塩のサッティヤーグラハ」では、ガンディーの呼びかけに応えて公職を放棄した。一九三七年の国民会議党の州政参加にさいして、中央州首相に任じられたが、翌年、組閣問題で国民会議党ならびにガンディーと対立して辞職、離党した。この間の詳しい消息は本文でも詳《つまび》らかではないが、その後のカーレの略歴から、彼の政治的・宗教的な保守右翼傾向にあったと察せられる。彼はこの事件を根にもち、新聞や講演、著書『回想録』で、国民会議党とガンディーを非難しつづけ、一九四二年には総督参事会メンバーに選出され、独立後はヒンドゥー・マハーサバー［ヒンドゥー教、とりわけバラモンの優位を唱える国粋主義的コミュナル政党］の党首を歴任するなど、生涯にわたって両者を恨んだという。

第42章　パキスタンの起源

★19　サイイド・アフマド・カーン（一八一七～一八九八）。近代インド史上、わけてもインド＝ムスリム（イスラーム教徒）の歴史に重大な足跡を残したこの人物の思想と業績については本文に詳しいので、ここでは彼の略歴について簡単に補足しておく。アフマド・カーンの祖先は十七世紀ムガル帝国第五代皇帝以来、宮廷に仕える高官であったが、サイイド・アフマドは若くして帝国の衰運に気づき、新しい支配者たるべき東インド会社に職を求め、法学を学び、会社（政府）内で重宝された。一八五七年の「大反乱」では、多くのイギリス人の生命を救い、表彰された。一八六九年にロンドンに渡り、西洋の教育学を研究し、イギリス王立アジア協会の名誉会員となり、エディンバラ大学から名誉学位を贈られた。彼はイギリス支配下でのムスリムの地位向上に腐心し、ムスリム正統派の反対をよそに、一八七五年にアリーガルに、西洋近代教育によるムハマダン・アングロ・オリエンタル・カレッジを設立。ムスリムの文化教育運動の拠点を創《つく》った。カレッジは一九二〇年にアリガール・ムスリム大学へと発展し、数多くのムスリムの政治指導者たち（国民会議党のムスリム民族主義者とともに、ムスリム連盟のコミュナリスト）を輩出した。

★20　ナワーブ・ヴィクアル・ウル・ムルク（一八四一～一九一七）。一族はムガル帝国の重臣。ムルク自身、ハイダーラバードのニザーム［統治者・藩王］に仕え、「ナワーブ［長官・太守］」の称号を与えられた。ムルクが政治運動に入ったのは、十九世紀末にイギリス政府がインド北西部諸州に、ムスリムの言語ペルシャ文字に代えて、ヒンドゥーのデーヴァナーガリー文字を導入しようとしたことへの反対に端を発した。以来、彼の鋒先《ほこさき》は政府よりも多数派であるヒンドゥー社会に向けられた。ムルクはサイイド・アフマド・カーンと親交を深め、ムスリムの権利主張のために、一九〇六年、ダッカにムスリム教育会議（全インドムスリム連盟の前身）を招集し、初代総書記の任についた。ムルクは、インドにおける国民政府の要求は、少数派であるムスリムには不利であるとして、ムスリム＝コミュニティにイギリス帝国への忠誠を呼びかけた。

★21　そもそも「パキスタン案（構想）」は、一九三〇年のムスリム連盟大会の議長演説で、汎イスラーム主義詩人ムハマッド・イクバールが、西北インドに「ムスリム・インド（当初は主権国家なみの自治権を有する連邦内の自治州を考えていた）」の建設を提唱したことに端を発したといわれる。ついでイクバールの提案に啓発されたイギリス留学中の一人のムスリム学生が、円卓会議のために訪英していたムスリムの代表団に、**パ**ンジャーブ、**ア**フガン（北部辺境州）、**カ**シミール、**シ**ンド、バルチスターンから成るムスリムの人口の多い地方に別個のムスリム国家を建立するように訴えた。そしてその国を、最初の四州の頭文字P・A・K・Sと、バルチスターンのStan［州・国の意］をとって、パキスターン（「清浄の国」「聖なる国家」の意）と呼ぶことを提案した。しかし当時は、こうした構想は、ムスリム連盟の指導者たちからさえ、「詩人や学生の構想」として、また「実現不可能な夢物語」として見過ごされた。

★22　ちなみに、合同家族というのはヒンドゥー社会の伝統的な家族制度で、父系の長男を家長として、兄弟のそれぞれの家族が一つ屋根の下で、共に助け合って暮らすという形態であるが、各家族は合同家族から分かれて独立することは可能である。

【第四部】　悲願達成

第44章　試される非暴力

★1　「目的と手段」は、ガンディー思想の重要なキー・ワードの一つである。世間では通常、手段は目的に到達するための便宜的な方便にすぎず、「手段はしょせん手段にすぎない」と考えられがちであるが、ガンディーの発想はむしろこれとは逆であった。彼によれば、目的は手段の積み重ね、集大成であり、どんな高邁な理想や目的であっても、手段が誤っておれば到達することはできない。「わたしが大海を渡りたければ、船を使ってはじめて海を渡ることができる。その目的のために馬車を使ったのでは、馬車もわたしも、たちまち海底の藻屑《もくず》となるだろう」と、目的と手段の正しい相関関係をみごとに解明し、「独立」という大義のためならば、多少の欺瞞や策略、ときには人を殺傷するのもやむなしとする血気にはやる若きテロリストたちを厳しく戒めた。（ガンディー『ヒンド・スワラージ』参照）

第46章　亀裂の拡大

★2　アーチャールヤ・ヴィノーバ・バーヴェ（本名ヴィナヤーク・ナラハリー・バーヴェ。「アーチャールヤ」は「学者・教師」などの意で、バーヴェに冠《き》せられた個人的敬称）。一八九五年にマハーラーシュトラのバラモンの家に生まれ、一世紀にわたって生涯を祖国とガンディーにささげた。一九一六年、南アフリカから帰ったばかりのガンディーを、バーヴェは「この人こそ生涯の師とするにたる人」と心に決め、ガンディーに「精神《こころ》の息子」にしてくれるよう申し出たという。それ以来、サーバルマティー・アーシュラムの中心メンバーの一人となり、第一回、第二回（塩のサッティヤーグラハ）の非協力運動で民衆の先頭に立って、非暴力の闘争を指導し、ガンディーからその清廉な人格と勇気ある行動を「アーシュラムのたいせつな真珠」と評された。後年はとくに「ハリジャン」解放運動に力を注ぎ、ヒンドゥー教徒の重要な表象《ひょうしょう》であるバラモンの「聖紐《せいちゅう》」をはずして、ハリジャンへの奉仕を誓ったという。独立後は、ガンディーの遺志を継いで、地主たちの良心に呼びかけ、土地をもたない貧農たちに耕作地を寄進・分与するブーダーン運動［土地改革運動］を展開した。ついでながら、一九七四年、訳者がワルダーにバーヴェ師を訪ねたときは、ちょうど一年間の「無言の行《ぎょう》」の途上で、筆談によって質問に答えていただいた思い出は懐かしい。ネルーをガンディーの政治後継者だとすれば、宗教的・精神的後継者はバーヴェだと言われる。

第47章　クリップス特使

★3　一九四一年十二月八日（日本時）の日本海軍による真珠湾奇襲後、二十二日にチャーチル英首相とローズベルト米大統領がワシントンで会見、アメリカの参戦について討議した。

第48章　インドを立ち去れ《クイット・インディア》［インド撤退要求］

★4　サー・シカンダール・ハイヤト・カーン（一八九二～一九四二）。西パンジャーブ州（現パキスタン領）のナワーブ（太守・長官）と呼ばれるムガル帝国伝統の名門の家に生まれた。アリーガルに学び、イギリス（ロンドン大学）に留学。帰国後は州の財務長官、州知事行政参事会委員などを歴任。第二次世界大戦の勃発とともに州知事に任命され、募兵や軍事費の募金で政府に貢献した。敬虔で熱心なムスリムとして知られ、イスラーム教の日の祈りや、定められたラマダーン月の断食などはかかすことはなかったという。彼はまた、統一インドの独立を願い、反ジンナー、反パキスタンを主唱した数少ない統一独立派の一人であった。

第51章　消火活動

★5　H・S・スフラーワルディー（一八九三～一九六三）。ベンガル州ミドナプルの名家の生まれ。カルカッタ大学に学んだのち、イギリスに留学、オックスフォード大学で政治・経済学の学位を取得した。帰国後は弁護士を経て、カルカッタ市副市長となる。一九二一年にムスリム連盟に入党、ベンガル州立法府議員、いくつかの州大臣を歴任。ムスリム連盟の唱える二民族［二国家］論の強硬論者で、国民会議党を「インドの国民的政党」とすることに反対した。ベンガル州首相中に発生した彼の生涯の最大事件となった「カルカッタ騒動」については本文に詳しいが、パキスタン独立後東西パキスタン問題をめぐって、ジンナーの右腕といわれたパキスタンの初代首相リヤーカット・アリー・カーンと対立。ムスリム連盟を離党して、東パキスタン［現バングラデッシュ］に「アワミ・ムスリム連盟（AML）」を創立、のち同連盟はムスリム色を払拭するため「アワミ連盟（AL）」と改称した。

エピローグ

★6　ジャヤ・プラカーシュ・ナーラヤン（一九〇二～七九）。ビハール州出身。名門パトナ大学在学中に第一回非協力運動に巡り合い、運動に呼応して公立校を退学した。一九二二年に奨学金を得てアメリカに留学、八年間にわたりシカゴ、ウィスコンシン、オハイオほかの大学で学位を取得、思想的には過激派社会主義者《ラディカル・ソシャリスト》となる。帰国後、ベナレス［ヴァーラナシー］・ヒンドゥー大学教授に迎えられるが、夫の不在中、サーバルマティー・アーシュラムに身を寄せ、「ガンディーの娘」とまで呼ばれていた妻プラバーヴァティーをとおしてマハートマを知り、国民会議党に入党。左派の論客として同志たちと党内に社会党を結成した。第二次世界大戦にさいしては、イギリスの帝国主義的戦争目的を痛烈に批判するいっぽう、ムスリム連盟の分離独立要求にも反対した。社会主義者の立場からガンディーの農村改革運動に積極的に参加、四〇年に逮捕されたが、二年後に脱獄し、左派の地下組織活動を指導した。独立後は新政府への参加を拒否し、インド人民社会党を創立したが、思想的にはマルクス主義からしだいにガンディー主義へと傾斜し、ガンディーの高弟ヴィノーバ・バーヴェとともにブーダーン運動［土地改革運動］に献身した。

原書註

【第一部】人格形成期

第1章　少年時代

※1『マハーデヴ・デサーイの日記』第一巻。一九三二年三月三十一日付。なお、マハーデヴ・デサーイは、ガンディーの愛弟子の一人で、第一秘書。

第2章　イギリス留学

※2『アムリタ・バザール・パトリカー』［ベンガル語の代表的日刊紙］。本文は一九五〇年一月二十六日付「共和国記念号」掲載論文より。

第4章　運命を決した旅

※3　M・K・ガンディー『自叙伝』アフマダーバード（一九四五）、一六八頁。

第5章　政治の世界に飛びこむ

※4　R・P・マサニー『ダーダーバーイ・ナオロジー』四六八頁、ロンドン。

第6章　リンチ事件

※5　テンドゥルカール著『マハートマ』（全八巻中）第一巻、一八九六年十月十八日書簡よりの引用。

第7章　パンを求めて石を与えられる

※6　ガンディー『南アフリカにおけるサティヤーグラハ』一一六頁、マドラス、一九二八年。

第8章　宗教の探究

※7　ガンディー『自叙伝』九二頁。

※8　ガンディー『自叙伝』一五四～一五五頁。

※9　ジョセフ・J・ドウク『M・K・ガンディー――南アフリカのインド人愛国者』九四頁。

※10　マハーデヴ・デサーイ『ガンディーによるギーター』一三〇頁。

※11　ナテサン（編）『マハートマ・ガンディーの講演と著述』一〇六一頁、マドラス（第四版）。

第9章　変身

※12　ジョゼフ・J・ドウク『M・K・ガンディー』、六～八頁、マドラス。

第10章　肉体と精神

※13　ガンディー『自叙伝』一九頁。
※14　前掲書二一頁。
※15　テンドゥルカール編『ガンディージー』一二頁より。
※16　ガンディー『自叙伝』九五頁。
※17　前掲書九五頁。
※18　前掲書二五頁。
※19　『ヤング・インディア』紙一九二五年四月二日号。
※20　『ハリジャン』紙一九四七年六月十五日号。
※21　『自叙伝』二五九頁。
※22　M・K・ガンディー『自制と放縦』序文。
※23　『ハリジャン』紙一九三六年十月三日。

第11章　サッティヤーグラハの発見

※24　サー・アラン・バーンズ『人種的偏見』七三頁、ロンドン、一九四八年。
※25　S・ラーダークリシュナン編『ガンディー、その生涯と業績についての論文と回想』六七頁、ロンドン、一九三九。
※26　ガンディー『自叙伝』四八頁。
※27　ガンディー『南アフリカにおけるサッティヤーグラハ』一六一頁。
※28　前掲書一六八頁。
※29　ジョゼフ・J・ドウク『M・K・ガンディー』、八八頁。

第12章　最初のサッティヤーグラハ運動

※30　ガンディー『南アフリカにおけるサッティヤーグラハ』二〇八頁。
※31　ガンディー『南アフリカにおけるサッティヤーグラハ』二五一頁。

第13章　第二ラウンド

※32　ポウラク『ガンディーさん、その人となり』九四頁。
※33　テンドゥルカール著『マハートマ』第一巻一四〇頁。
※34　ガンディー『南アフリカにおけるサッティヤーグラハ』三七五頁。
※35　前掲書三七一頁。

第14章　最終段階

※36　ペンズハースト館［イングランド・ケント州の中世に建てられた有名な館《やかた》］のハーディング卿『わがインドでの歳月』九一頁、ロンドン（一九四八）。

※37　前掲書。

※38　ガンディー『南アフリカにおけるサッティヤーグラハ』四八五頁。

※39　チャトゥルヴェディー＝M・サイクス共著『チャールズ・フリアー・アンドルーズ』九七頁、一九四九。

※40　J・C・スマッツ『ジャン・クリスティアン・スマッツ』一〇六頁。

※41　S・ラーダークリシュナン編『マハートマ・ガンディー』二七七〜七八頁、ロンドン一九三九。

【第二部】　ガンディー登場

第16章　見習い期間

※1　J・B・クリパラーニ（シュクラ編『ガンディーの生涯の諸事件』一一八頁）、ボンベイ、一九四九年、収録論文より引用。

※2　ラージクマリー・アムリト・カウル（前掲書、七頁）収録論文より引用。

※3　K・R・クリパラーニ『ガンディー・タゴール・ネルー』一頁。

※4　ガンディー『自叙伝』四七一頁。

第17章　サーバルマティー・アーシュラム

※5　ガンディー『ヤラヴァダー・マンディルから』一頁。

訳者追記——一九三〇年五月に、ガンディーは第二回対英非協力運動（塩の行進）の主謀者として逮捕・ヤラヴァダー刑務所に投獄された。獄内でのガンディーは、いつもの習慣《ならわし》どおり、時間の多くを読書と研究、執筆、糸車などの手仕事に費やした。この間、毎週火曜の午前中はきまってアーシュラム［修道場］の同志や門人たちに宛て、書簡形式で、真理・非暴力・純潔などアーシュラムの誓願・戒律について、信じるところを十六回にわたって書き送った。なお、「マンディル」は「寺院」の意であるが、ガンディーは刑務所を「祈りの宮＝寺院」と呼んでおもしろがった。後年これらの書簡は『ヤラヴァダー・マンディルから』の表題《タイトル》で一巻にまとめられ出版された（邦訳『獄中からの手紙』森本訳、岩波文庫）

第19章　すばらしい孤立

※6　カンジ・ドゥワルカダース『私の日記の頁に残るガンディー』一〇頁。
※7　G・N・ナテサン「思い出の記」より（一九四四年ガンディー生誕七十五周年記念出版『ガンディージー』三一五頁）。

第20章　農民と労働者

※8　ラージェンドラ・プラサード「ガンディーがチャンパーランに来てから」（シュラク編『ガンディージーの生涯における諸事件』二七〇頁。一九四九年、ボンベイ）
※9　M・O・デサーイ『正義の闘い』四五頁。
※10　ガンディー『自叙伝』四二五頁。
※11　ナテサン編『マハートマ・ガンディーの講演と著作から』四〇九頁。

第21章　アムリッツァルの影

※12　シータールヴァード『回想と反省』三〇七頁。
※13　トンプソン＝ガラット共著『インドにおけるイギリス支配の勃興と成立』六〇九頁。
※14　シータールヴァード『回想と反省』三一一頁。

第22章　キラーファト運動

※15　マハーデヴ・デーサイ『モウラーナー・アーザード』二七頁。アーグラ、一九四〇年。

第23章　反乱への道

※16　ナテサン編『マハートマ・ガンディーの講演と著作から』三一〇頁。
※17　『自叙伝』三〇〇頁。
※18　『ヤング・インディア』一九二一年十月二十日号。
※19　モウラーナー・ムハムマド・アリー、ショウカト・アリー兄弟【訳註第20章★11参照】
※20　第20章参照。
※21　ボンベイ管区知事ジョージ・ロイド。

第24章　一年以内に自治を

※22　ガンディー『ヒンド・スワラージ』二七頁。
※23　総督チェムスファド宛書簡（一九二〇年六月二十二日付）
※24　ナテサン編『マハートマ・ガンディーの講演と著作から』三四一頁。
※25　前掲書五二三頁。
※26　S・C・ボース『インドの闘争』一〇四頁、一九四六年（邦訳『闘へるインド』綜合インド研究室、昭和十八年）。

第25章　国民会議党マハートマに従う

※27　J・L・ネルー『自由に向かって（自叙伝）』七七頁（ロンドン、一九四五年）。

第26章　上げ潮《クライマックス》

※28　第二一章参照。
※29　レディング侯爵『初代レディング侯爵アイザクス・ルーファス』第二巻一九九頁。

第27章　引き潮《アンティクライマックス》

※30　S・C・ボース『インドの闘争』一〇八頁、一九四八年、カルカッタ（邦訳＊26参照）
※31　クリシャンダース『マハートマ・ガンディーと共に過ごした七週間』第一巻四一〇頁、アフマダーバード、一九二八年。
※32　前掲者、三六九〜三七一頁。
※33　テンドゥルカール『マハートマ』第二巻、三頁より引用。
※34　ロマン・ロラン『マハートマ・ガンディー』一三二頁、一九四二年、ロンドン。
※35　レディング侯爵『初代レディング侯爵アイザクス・ルーファス』第二巻二四九頁。
※36　前掲書三三六頁。

【第三部】　対立と和解

第28章　議会戦線

※1　G・I・パテール『ヴィタルバーイ・パテール』第二巻、五四〇頁。
※2　前掲書、五三七頁。
※3　カーカー・カーレルカル編『あるガンディー主義資本家に宛てて』五七頁。
※4　レディング侯爵『初代レディング侯爵アイザクス・ルーファス』第二巻三〇四頁。
※5　テンドゥルカール『マハートマ』第二巻、二六六頁。
※6　マニベーン・パテール編『サルダール・パテールへの手紙』四頁。アフマダバード。一九五二年。

第29章　宗教社会《コミュナル》間の対立戦線

※7　テンドゥルカール『マハートマ』第二巻、一九八頁。
※8　アジム・フサイン・『ファズル・イ・フサイン』一七八頁。
※9　第26章参照。
※10　バーケンヘッド『最終段階』第二巻二四五～六頁。

第31章　加速するテンポ

※11　J・ネルー『自叙伝』一七〇頁。
※12　ナルハリー・パリカ『サルダール・ヴァッラブバーイ・パテール』上巻三一三頁。
※13　レディング侯爵『初代レディング侯爵アイザクス・ルーファス』第二巻二八三頁。
※14　ナルハリー・パリカ『サルダール・ヴァッラバーイ・パテール』上巻三八六頁。
※15　アラン・カンベル・ジョンソン『ハリファックス伯爵』一九〇頁。
※16　レディング侯爵『初代レディング侯爵アイザクス・ルーファス』第二巻三四二頁。

第32章　猶予の年

※17　G・I・パテール『ヴィタルバーイ・パテール』第二巻、一〇五三頁。
※18　サイモン子爵『回想録』一五一頁。
※19　G・I・パテール『ヴィタルバーイ・パテール』第二巻、一〇七一頁。ボンベイ、一九五〇年。

第33章　市民的不服従運動

※20　ミラー・ベーン『ミラー宛のバープーの手紙』一〇一頁。

第34章　休戦

※21　マハーデヴ・デサーイ『日記』（一九三一年七月十九日記）

※22　テンドゥルカール『マハートマ』第三巻、一〇九頁。

第35章　円卓会議

※23　シュラク編『ガンディーの生涯の諸条件』二四頁。

※24　B・チャトゥルヴェディー、M・サイクス共著『チャールズ・フリーア・アンドルーズ』二五四頁、ロンドン、一九四九年。

※25　シュラク編『ガンディーの生涯の諸事件』二九四頁。なおガンディーとロマン・ロランの会見・対談は、ロマン・ロラン日記『インド』に（邦訳宮本正清、波多野茂弥訳、みすず書房）詳しい――訳者付記。

※26　マハーデヴ・デサーイ『日記』（一九三二年五月二十六日記）。

第36章　休戦の結末

※27　フィリップ・ウッドラフ『保護者たち』二四八頁。

第37章　正面衝突

※28　ガンディー『自叙伝』四五七頁。

第38章　ハリジャン（神の子）

※29　ピアレラール『壮絶なる断食』一四五頁。

※30　アンベードカル『国民会議党とガンディーは不可触民に何をしてきたか』一八七頁。

第39章　政治から身を退く

※31　『サルダール・パテール宛書簡（一九三四年四月二十三日付）』マニベーン・パテール編『ガンディー書簡集』一九五二年、アフマダーバード。

※32　「一九三四年八月十七日付（ガンディー）書簡」テンドゥルカール『マハートマ』第三巻に引用。

第40章　農村経済

※33　M・K・ガンディー『百パーセントのスワデシー』一八頁。

※34『ハリジャン』一九三五年三月二十二日号。

※35「基礎教育」についての詳細は、次章「国民会議党政権をになう」を参照されたい。

※36『ハリジャン』一九三六年一月十一日号。

※37　C・ラージャコパラチャーリー＝J・C・クーマーラッパ編『国民の声』一二九頁。

※38『ヤング・インディア』一九二九年十二月五日号。

第41章　国民会議党政権をになう

※39　テンプルウッド卿（サムエル・ホーア卿）『騒然たる九年』九八頁。

※40『ハリジャン』一九三七年五月一日号。

※41　G・D・ビルラー『マハートマの影《かげ》響のもとで』二〇七頁。

※42『ハリジャン』一九三八年七月九日号。

※43　レジナルド・クープランド『インド――再論』一五九頁。

※44　G・D・ビルラー『マハートマの影《かげ》響のもとで』二四三頁。

※45　フィリップ・ウッドラフ『帝国の守護者たち』二四四頁。

第42章　パキスタンの起源

※46　A・H・アルビルニー『パキスタンの建設者たち』一〇九頁。

※47　ヘクター・ボライソウ『ジンナー』六五頁。

※48　ジャミルディーン・アフマド『ジンナー氏の近年の講演と著述』一二六頁。一九四六年、ラホール。

※49　ヘクター・ボライソウ『ジンナー』一一八頁引用より。

※50『アジア評論』一九四〇年七月号。

※51　ウィルフレッド・カントウェル・スミス『インドにおける近代イスラーム』二七五頁、一九四六年、ロンドン。

【第四部】　悲願達成

第44章　試される非暴力

※1　『ヤング・インディア』一九二八年九月三十日号。

第45章　インドと世界大戦

※2　『ハリジャン』一九三九年九月三十日号。

※3　『ハリジャン』一九三九年十月十四日号。

※4　ブレイルスファッド（一九四〇年三月十六日号『ハリジャン』紙より引用）。

※5　『ハリジャン』一九三九年十一月十一日号。

第47章　クリップス特使

※6　第34章参照。

※7　フィリップ・ウッドラフ『帝国の守護者たち』三〇五頁。

第48章　インドを立ち去れ《クイット・インディア》［インド撤退要求］

※8　『ガンディーとインド政府との往復書簡（一九四二〜一九四四年）』アフマダバード、一九四五年。

第51章　消火活動

※9　ピアレラール『マハートマ・ガンディーの生涯——終局』第一巻、四七〇頁。

訳者あとがき

本書は巻頭の「凡例」に記したとおり、独立の父マハートマ・ガンディーを核として展開されたインド独立史研究の世界的権威の一人として知られるB・R・ナンダの古典的名著『ガンディー――一つの伝記』（日本語版副題〈インド独立への道〉）の全訳である。訳者はここに、同書の翻訳を思い立ち、今回ようやく完成に至った長い歳月の歩みを回想し、もって「あとがき」に代えたい。

一九七四年に私（訳者）は、当時現役教員として勤務していた名城大学から六か月のサバティカル（研究休暇）をもらってインドに旅立つことになった。さて、この貴重な半年間をかの地でどのようにして有効に過ごすべきか。それ以前にも、私はいくたびかインドに長期滞在したり、旅行したことはあったが、今回の旅行では、それ自身一つの目的をもって完結したい、と考えた。そこで私は、この旅行を自ら「ガンディー旅行」と銘うって、ガンディーに関する必要文献の蒐集《しゅうしゅう》と、マハートマゆかりの地を再訪することを思い立った。と同時に、ガンディーと同時代を生き、ともに独立の道を歩んだ指導者たちや弟子たち、あるいはサッティヤーグラハ運動に参加した有名無名の戦士たちと会って、ガンディーの個人的な思い出や印象、エピソードなどを語ってもらい、マハートマの人格と人間像をヴィヴィッドに心に焼きつけたいと願った。たぶんこれは、私にとって最後の好機《チャンス》になるだろうと思われたからである。

インド独立の戦士たちを訪ねて

インド独立を知ったとき、私は二十歳の青年であった。私が会いたいと思ったインド人たちのほとんどが、当時はすでに人生の半ばを過ぎていたのだから、相当な年配であることは容易に想像できた。帰国後、その人たちの何人かの訃報を聞くにつけ、ほんとうに得がたい体験であったと、感謝の思いを新たにした。そのときの彼らとの貴重な出会いについては、いつの日か「回想」を記したい。

私は一九六一年のタゴール生誕百年祭に招かれ、百年祭の名誉議長であったネルー首相とお会いし、当時出版されたばかりの首相の書簡集（『忘れえぬ手紙より』〈全三巻〉、みすず書房）の拙訳書を直接著者に手渡す幸運にめぐまれたが、このたびの旅行でも、ガンディーのよき協力者として生涯を祖国にささげたJ・B・クリパラーニ、カーカー・カーレカル、ピアレラール（マハーデヴ・デサーイとともにガンディーの秘書として献身した）をはじめ、本伝記中にその名をとどめる何人かの独立の戦士たちと会うことができた。

「旅行」とはいっても、それはいうまでもなく名所旧跡を巡る観光旅行ではない。ガンディーの歩んだ足跡をたどる、いわば「巡礼の旅」である。かつてガンディーについて「このような人物が、肉と血をもってこの地上を歩んだとは、未来の世代には信じられないだろう」と言った、二十世紀最大の科学者アインシュタインの讃頌を胸に、まさにガンディーが「血と肉をもって」歩いた広大なインド亜大陸を、西から東へ、北から南へと巡礼する旅であった。ヒンドゥー教徒は、巡礼の旅は「裸足《はだし》でおこなわれなければならない」と言うが、それは、さすがに外国人にはできない相談であったが、ガンディーが起居したサーバルマティーとワルダーのアーシュラムへは、それくらいの謙虚さをもって訪れた。ワルダーで私が一夜を明かしたのが、ピアレラールの居室であったことを知り、身のひきしまる思いで、なかなか寝つけなかったのも、いまなお忘れられない思い出である（ついでながら、先年二〇〇五年に、サーバルマティーのアーシュラムを再訪したとき、その荒廃ぶりに愕然としたことも併せて記しておかなければならない）。

B・R・ナンダ氏との出会い

「ガンディー旅行」に出発するにあたって、研究と旅行の拠点として、私は、ニューデリーのジャワーハルラール・ネルー大学（通称JNUと呼ばれるインド最高の大学院大学の一つ）と、一九六六年にネルー首相の官邸跡のティーンムルティに創設された国立ネルー博物館＝図書研究所に希望を申し出たところ、両機関からフェローとして迎えたいとの、ありがたい回答を得た。

ニューデリー到着後すぐに、私は両機関へ挨拶に参上し、あたたかい歓迎を受けた。約束の時刻に図書研究所を訪ねると、館長のB・R・ナンダ氏が玄関先で出迎えてくれ、熱い握手を交わした。宿舎との距離が近かったこともあるが図書館には、私がガンディー研究を始めて以来、目を通したいと切望していた資料が、公文書から個人の書簡に至るまですべてマイクロフィルムに収録、保管されており、私は来る日も来る日もティーンムルティへ足を運んだ。

そんなある日、私は館長に誘われ、喫茶室《キャンティーン》でひとときの閑談をたのしんだ。話題はいつしかナンダ著『ガンディー』におよんだ。私が同書こそ、これまで読んだガンディー伝として、フランスのノーベル賞作家ロマン・ロランのそれ（一九二四年の第一回非協力運動直後までの伝記）とならぶ、authenticな（真正で信頼にたる）伝記として愛読していることを伝えると、著者はうれしそうに微笑《ほほえ》まれ、どちらからともなく、日本語版の出版の話が出た。帰国後、追いかけるようにインド版『ガンディー──一つの伝記』が届き、本の扉には「森本達雄教授に──尊敬と愛情のしるしとして」と、心あたたまる献辞が記され、つづいて「わたしたちの互いの申し出が、マハートマ・ガンディーの生涯と仕事を偉大な日本人に語り伝え、両国民のあいだに貴重なつながりを生み出してくれることを」との、日本語版出版を激励する言葉が添えられていた。私は雀躍し、この本の日本語訳をこれからの人生の一つの課題として、翻訳には贈呈いただいた記念の書を底本にしようと心に決めた。

五年の歳月をかけての翻訳作業

そんなある日、思いもかけず、当時創設まもなかった第三文明社編集部のM氏が大学の研究室に訪ねてこられ、タゴールの詩と思想を一巻にまとめる訳書を編んでくれまいか、との相談を受けた。私はその場で申し出をひき受けたが、いざ作品選びとなると、膨大なタゴールのベンガル語全集と、何十冊にもおよぶ英文作品を前に途方に暮れた。私はそのことを率直に編集部に申し出たところ、それならばと、タゴール著作集の企画へと話は進展した。編集委員に、戦前からタゴール作品の翻訳を続けてこられた山室静、タゴール作品を愛好した作家の野間宏、わが国ベンガル文学の専門家である吾妻和男の三氏を迎え、詩集・小説・戯曲・哲学書ほか全十巻と、日本、インド、イギリス、中国、韓国からも寄稿を得て別巻『タゴール研究』を十年がかりで完成した。編集を担当してくれたY氏の著作集にかける情熱には頭のさがる思いであった。

いっぽう、インドの哲学・思想・文学、そしてインド人の現実の生活を内から知り、理解するためには、インド研究者としてどうしても避けて通れぬ関所があった。それは、ガンディー自身「わたしはよきヒンドゥー教徒でありたい」と言った、〈ヒンドゥー教〉である。私は定年を待ってその仕事に挑戦するつもりでいたが、いつもの手法で、まずその分野の名著といわれる書をできるだけ丁寧に日本語に移すという作業から始めた。こうしてインドを代表する作家の一人N・チョウドリーの訳書をみすず書房から上梓した（一九九六年）。つづいて、三十年来、私なりに体験し、考えをついできた『ヒンドゥー教』の執筆を始め、定年三年後に一冊の小著として中公新書から出版し、予想外の好評を得た。

ところが翌年、私ははからずも胃癌を告知され手術を受けた。幸い早期発見であったため、術後十日目ぐらいから病室に本を持ち込んで仕事を再開した。私は、せっかく生かされたこれからの時間は長年歩みつづけてきた一筋の道を、力のかぎり歩きつづけたいと、念願した。

そんなおり、思いがけなく、私はインド政府の文化関係会議（ＩＣＣＲ）から招聘され、娘にともなわれて、二度とふたたび訪ねることはあるまいと思っていたインドへの二週間の旅に出かけた。招待者は受け入れに先立ち、私の訪問希望地に沿って綿密な旅程《アイテナリー》を作成してくれた。いまさら未知の観光地を選ぶまでもなく、私は、ガンディーの郷里やアーシュラムなど、いくたびか訪れたマハートマゆかりの地再訪の希望を申し出た。

この旅行では、旅の目的とは別に、いくつかの僥倖にめぐまれた。その一つは、Ｂ・Ｒ・ナンダ氏との何十年かぶりの再会であった。私は離印直前の二〇〇五年十月一日の夕べ、ガンディー終焉の地ビルラー邸に設立されたガンディー記念館（Gandhi Smriti and Darshan Samiti）で催されたガンディー生誕祭にゲストとして迎えられ、記念講演をおこなうという、ガンディー研究者として人生最上の栄誉を与えられた。

とりわけ嬉しかったのは、聴衆席の最前列に、懐かしいナンダ氏夫妻の顔を見たことであった。スピーチを終え、壇上での私への名誉学位授与が終わるのを待って、ナンダ氏と私は互いに初対面のときのように固く握手を交わし、旧交をあたためた。私の目に涙がこみあげた。そして、翌日のガンディー生誕祝賀式にも、ナンダ氏はふたたび足を運んでくれ、ガンディー夫妻の大きな肖像画の前で、並んで娘のカメラにおさまった（本書奥付ページに掲載）。

帰国して私は、まっさきに何十年か前のナンダ氏との約束を成就すべく、『ガンディー――一つの伝記』の翻訳を再開した。出版は第三文明社が快く引き受けてくれ、編集部が全面協力してくれることになった。この間も私は、『ガンディー語録集――知足の精神』（人間と歴史社、二〇〇八年）と、ガンディー精神の中核の書ともいうべき『獄中からの手紙』（岩波文庫、二〇一〇年）の二冊の翻訳を並行して進めたが、これは、日々ガンディーの言葉にじかに触れていたかったためである。さて本書の訳註――とりわけ人名の註の作成には思いのほか多くの時間を要し、完成には、ナンダ氏との再会から五年もの歳月を要した。出版は二〇一一年一月三十日のガンディー暗殺の記念日ときまった。そして、そのことを報告しようと著者宛にメールを送ったが、折返しの返事は来なかった。ナンダ氏は今年五月三十一日に逝去されていたのである。私は自分の怠惰とうかつさを深く恥じ、額を打ってくやしがったが、すべては後の祭りであった。私は健康さえ許せばインドへ赴き、直接著者に訳書を手渡すつもりであった。ここに、心からの謝意、哀悼の意を表し、長年の友情に感謝したい。

末段ながら、本訳書の完成までの五年間という長期にわたって、老弱の訳者（ご丁寧に二〇〇七年には「右慢性硬膜下血腫」とやらの手術まで受けた）をたえずやさしく叱咤激励し、ゴールまで二人三脚で歩みつづけてくれた担当編集者に、この場を借りて心からの謝辞を表したい。索引、ならびに、ガンディー活躍当時の南アフリカと、イギリス統治時代のインドの地図も編集者が作成してくれた。

なお本訳書に「参考文献」をかかげなかったのは、英文文献については、著者の「原註」それ自体が最良の文献であり、日本語については、近年パソコンで容易に詳しい検索が可能と考えたからである。

二〇一〇年十二月二日

森本達雄

追記

訳者は「あとがき」文に、原著について、あえて舌たらずの感想を述べなかったが、それはインド版の出版時に掲載された、つぎの有名各紙の寸評が、的確かつ簡潔に内容をコメントしていると考えたからである。

本書は、ガンディーを、彼の感傷《センチメンタル》的な称讃者たちからと同時に、露骨な誹謗者たちから救出し、その人と業績を彼の生きた時代を背景に正しい視座で物語っている。　（イギリス『タイムズ』紙）

本書は政治家の伝記をはるかに超えたものである。それは、真実を解説する高い水準の評論である。

偉大なる人物の精神の発展の、完全な、しかも読んで面白い素描である。

（インド『ガンディー・マルグ』誌）

本書は、ガンディーの生涯の驚嘆すべき記述であり、ここには、比類なく、魅力的な人物の人間像が語りつくされている。

（アメリカ『ニューヨーク・タイムズ』紙）

著者Ｂ・Ｒ・ナンダはここに、ガンディーの生涯とインド独立運動のすぐれた決算書を提示した。しかも著者のすぐれた並々ならぬ研究成果は、ガンディーのサッティヤーグラハの原理とともに、その政治的・社会的実践を、公正かつ正確に論じた驚嘆に値する研究書である。

（アトリー首相の言葉、イギリス『スペクテイター』紙より）

ナンダ氏の著作は、英語で書かれた、たぶん他のどの言語で書かれたものより、ガンディーの最高の伝記と評しても過言ではあるまい。

（イギリス最高の文芸評論紙『タイムズ・リタラリー・サプリメント』）

著者の立場は、ガンディーへの共感にみちたインド人の視線ではあるが、彼はかならずしもガンディーの弟子というわけではない。ただガンディーの生涯の「論理」を見きわめようと懸命に努めている。

（ラガヴァン・アイヤール『社会主義論評』）

本書は、包括的理解にみちたガンディー伝である。時代のもっとも重大な出来事とかかわった人物の、生涯の重要な事件を、巧みに簡潔にまとめあげている。……著者ナンダの「実況放送」は、正確で含意にみちている。

（『ナショナル・ヘラルド』紙）

【り】

【る】

【れ】

【ろ】

【わ】

【め】

【も】

【や】

【よ】

【ら】

【ま】

【み】

【む】

【ふ】

【へ】

【ほ】

【の】

【は】

【ひ】

【と】

【な】

【に】

【ね】

【た】

【ち】

【て】

【す】

【せ】

【そ】

【こ】

【さ】

【し】

【き】

【く】

【け】

【お】

【か】

【う】

【え】

索　　　引

（ガンディー、カストゥルバーイなどの下の子項目は原書の索引にならって年代順に並べました）

【あ】

【い】

著者略歴

B.R.ナンダ

（バール・ラーム・ナンダ、1917〜2010）


近現代インド史研究の第一人者。1958年に生涯の代表作で、ガンディー研究の古典的名著とされる『ガンディー――一つの伝記』（本訳書）を出版。イギリス、アメリカ、その他英語圏で広く読まれた（2008年まで39版を重ねる）だけでなく、フランス語、スペイン語、イタリア語ほか13のヨーロッパ諸語に翻訳され、国際的に高い評価を受ける（「訳者あとがき」参照）。以来その死まで旺盛な研究、執筆活動を続けるいっぽう、1964年のネルー首相の死後、ただちに政府の要請を受け、ニューデリーの首相官邸跡（通称ティーンムルティ）に国立ネルー記念博物館・図書研究所を創設、初代館長としてインド独立史関係の膨大な史料（公文書のみならず、個人書簡に至るまで）の蒐集・保存に努める。退職後ふたたびニューデリーの国立ガンディー博物館の館長に任ぜられる。これらの業績によって、2003年インド政府より最高の国民栄誉賞「パドマ・ヴィブーシャン」を授与される。

著書・編書・論文の数は驚異的に多いが、本書につづく以下の書は、インド独立史研究の必読書とされている。『汎イスラーム主義、帝国主義、民族主義』『モティラール・ネルーとジャワーハルラール・ネルー』『ゴーカレ、ガンディー、ネルー父子』『インド穏健派とイギリス支配』、『ジャワーハルラール・ネルー選集』（編集委員）

（著者〈右〉と訳者。2005年、ニューデリーにて）

訳者略歴

森本達雄（もりもと・たつお）

1928年、和歌山市に生まれる。同志社大学神学部卒業。インド国立ヴィシュヴァ・バーラティ大学（通称タゴール大学）准教授を経て、帰国後、名城大学教授等を歴任。名城大学名誉教授。現代インド思想・文学専攻。

著書に『ガンディー』（講談社）、『ガンディーとタゴール』（第三文明社）、『インド独立史』『ヒンドゥー教――インドの聖と俗』（中公新書）など。

訳書に『タゴール著作集』（第三文明社）、ガンディー『獄中からの手紙』（岩波文庫）、タゴール『ギタンジャリ』、K・クリパラーニ『タゴールの生涯』（上）（下）『ガンディーの生涯』（上）（下）、ガンディー『わが非暴力の闘い』『非暴力の精神と対話』（以上、第三文明社）、『インドのうた』（法政大学出版局）、ガンディー『わたしの非暴力』ネルー『忘れえぬ手紙より』（以上、みすず書房）、ガンディー『「知足」の精神』（人間と歴史社）など。

ガンディー ―― インド独立《どくりつ》への道《みち》

2011年1月30日　初版第1刷発行

著　者　B.R.ナンダ
訳　者　森本達雄《もりもとたつお》
発行者　大島光明
発行所　株式会社　第三文明社

東京都新宿区新宿1-23-5　〒160-0022
電話番号　編集代表　03(5269)7154
　　　　　営業代表　03(5269)7145
URL　http://www.daisanbunmei.co.jp
振替口座　00150-3-117823

印刷所　明和印刷株式会社
製本所　大口製本印刷株式会社

ISBN978-4-476-03308-3